Le différend frontalier Cameroun-Nigeria

Apport de la décision de la Cour internationale de Justice à l'exécution de ses décisions

Kourra Félicité OWONA MFEGUE

Le différend frontalier Cameroun-Nigeria

Apport de la décision de la Cour internationale de Justice à l'exécution de ses décisions

Préface d'Alain Pellet

L'Harmattan

Du même auteur

Le droit de vote des Camerounais de l'étranger, Paris, Ladoxa, 2016.
Les ressources naturelles dans les conflits armés en RDC, Paris, L'Harmattan, 2012.
Le bal des salauds, Editions du Schabel, Yaoundé, 2018.

5-7, rue de l'Ecole-Polytechnique, 75005 Paris

http://www.editions-harmattan.fr

ISBN : 978-2-343-15833-4
EAN : 9782343158334

Collection
JUSTICE INTERNATIONALE
Dirigée par Joseph Bemba

La collection « Justice internationale » des Editions L'Harmattan se fixe avant tout pour but d'être un témoin privilégié de l'évolution de la justice internationale et des sujets connexes dans un monde marqué par le passage presque inespéré de la mondialisation des injustices à l'émergence d'une mondialisation de la justice. Elle est une contribution au devoir de mémoire auquel est tenue l'humanité entière, singulièrement depuis l'entrée en fonction de la Cour pénale internationale, le 1er juillet 2002.

Pour la première fois dans l'histoire de l'humanité, un nouveau système juridictionnel permet d'appliquer le droit international à des personnes physiques incluant les plus hauts responsables politiques et militaires qui se sont rendus coupables des crimes les plus graves (crimes de guerre, crimes contre l'humanité, crime de génocide, crime d'agression, autres violations graves du droit international humanitaire) et ce, indépendamment du bon vouloir des Etats concernés. On mesure le chemin parcouru depuis Nuremberg et Tokyo et celui qui reste à parcourir pour promouvoir la démocratie, les droits de l'Homme et les libertés fondamentales, les droits de ces victimes qui doivent enfin pouvoir obtenir justice et laisser à nos enfants et petits-enfants un monde nouveau où s'appliquera la règle du droit et de la justice. Ainsi, le 21e siècle sera le siècle de la Justice internationale.

Dans cette perspective, la collection « Justice internationale », qui concerne l'ensemble des juridictions internationales pénales et non pénales, y compris les juridictions régionales et les tribunaux spéciaux établis ou parrainés par les Nations unies, est ouverte à toutes les approches du droit. Tout en publiant aussi des ouvrages à vocation professionnelle ou pédagogique, elle est susceptible de rassembler des recherches originales tirées notamment des travaux de doctorat, des ouvrages collectifs et entend faire une place importante au commentaire des décisions de la justice internationale, au règlement des différends par l'arbitrage international ainsi qu'aux contributions mettant l'accent sur l'apport de la Francophonie dans la lutte contre l'impunité.

Le but fondamental de la collection est d'informer sur l'évolution de la Justice internationale et les sujets connexes et de contribuer, par ses publications, à ce que la Justice internationale devienne une justice au quotidien.

Déjà parus

Dictionnaire de la justice internationale, de la paix et du développement durable : principaux termes et expressions, 3e édition, Joseph Bemba, 2018.

La paix au Congo-Brazzaville : Diagnostic et remèdes, Dieudonné Antoine-Ganga. Préface d'Albert K. Ekue, 2017.

Le procès de Laurent Gbagbo devant la Cour pénale internationale, Joseph Bemba, 2016.

Statistique(s) et génocide au Rwanda – La genèse d'un système de catégorisation « génocidaire », Facil Tesfaye, 2014. Prix "Faculty Research Award for Junior Tenure Track Professoriate Staff" de la faculté des Arts de l'Université de Hong Kong, 2015.

Le procureur de la Cour pénale internationale : Une évaluation de son indépendance, Fanfan Guerilus, 2013.
L'effectivité du droit à l'éducation au Sénégal : Le cas des enfants talibés dans les écoles coraniques, Sophie D'Aoust, Préface de Patrice Meyer-Bisch, 2012.
La protection des droits de l'accusé devant la Cour pénale internationale, Séraphine Tergalise Nga Essomba, Préface d'Annie Beziz-Ayache, 2012. Prix de l'Association des consultants internationaux en Droits de l'homme, CID, mai 2012. Prix de la thèse Droits de l'homme 2013, Editions Robert Badinter.
L'outrage aux tribunaux pénaux internationaux, Julie Pétré, Préface du professeur Hervé Ascensio, 2012.
Côte d'Ivoire : Quelques réflexions d'ordre juridique, Joseph Bemba, 2011.
Le recours à l'arbitrage par les organisations internationales, Stéphanie Bellier, Avant-propos d'Ahmed Mahiou, 2011.
La convention des Nations Unies sur le droit de la mer : Instrument de régulation des relations internationales par le droit, Leslie-Anne Duvic-Paoli, Préface de Guillaume Devin, 2011.
Dictionnaire de la justice internationale, de la paix et du développement durable : principaux termes et expressions (2e édition revue et complétée), Joseph Bemba, 2011
Le Canada face au terrorisme international, Emilie Grenier, Préface du Professeur Bernard Duhaime, 2011.
Vers la création d'une prison internationale : L'exécution des peines prononcées par les juridictions pénales internationales, Evelise Plénet, Préface du professeur Jean-Charles Froment, Avant-propos de Koffi Kumelio A. Afande, 2010.
La Cour pénale internationale et les Etats-Unis : Une analyse juridique du différend, Mayeul Hiéramente, 2008.
Justice internationale et liberté d'expression : Les médias face aux crimes internationaux, Joseph Bemba, Préface de Loïc Hervouët, 2008.
Monnaie africaine : La question de la zone franc en Afrique centrale, Dominique Kounkou, Préface du professeur Edmond Jouve, 2008.
Dictionnaire de la justice internationale, de la paix et du développement, 1re édition, Joseph Bemba, 2004.
La profession d'avocat dans l'espace francophone : principaux textes et documents, Joseph Bemba, 2004.

Dédicace

A mes enfants, Chiara et Eythan.

A la mémoire de mes défuntes homonymes, Mfegue Félicité Kourra Haidara, et feu Martin Mbida de l'Institut des Relations Internationales du Cameroun (IRIC).

Remerciements

A

M. le Professeur émérite Alain Pellet,

M. le Professeur émérite Alain Ghozi,

M. le Professeur Joseph Bemba,

Mme la Professeure Muriel Ubeda-Saillard,

S.E.M. Jacques Fame Ndongo, ministre de l'Enseignement supérieur du Cameroun,

S.E.M. Salomon Ehet, directeur de l'Institut des Relations Internationales du Cameroun, ministre plénipotentiaire,

Ma mère Guindo Woya Oumou pour son anour inconditionnel et le temps dédié à ma progéniture.

Sommaire

Liste des sigles et abréviations

I. ANNUAIRES, RECUEILS ET REVUES

A.A.D.I.	Annuaire Africain de Droit International
A.F.D.I.	Annuaire Français de Droit International
Afric. JIL	African Journal of International Law
Afric. YBIL	African Yearbook of International Law
A.J.I.L.	American Journal of International Law
A.J.C.R.	African Journal on Conflict Resolution
Ann. C.D.I.	Annuaire de la Commission du Droit International.
Ann. C.I.J.	Annuaire de la Cour Internationale de Justice
A.U.L.R.	American University International Law Review
A.Y.I.L.	African Yearbook of International Law
AUWCL	American University Washington College of Law
Austr. Y.B.I.L.	Australian Yearbook of International Law
B.Y.B.I.L.	British Yearbook of International Law
Chinese.J.I.L.	Chinese Journal of International Law
C.I.J. Rec	Recueil des arrêts, avis consultatifs et ordonnances de la CIJ
C.P.J.I. ***série A/B***	Recueil des arrêts, avis consultatifs de la Cour Permanente de Justice Internationale (depuis 1931)
C.P.J.I. ***série C/D***	Actes et documents relatifs à l'organisation de la Cour Permanente de Justice Internationale
Denver J.I.L.P.	Denver Journal of International Law and Policy
E.J.I.L. / J.E.D.I.	European Journal of International Law / Journal Européen de Droit International
G.J.I.C.L.	Georgia Journal of International and Comparative Law
G.Y.B.I.L.	German Yearbook of International Law
I.C.L.Q.	International and Comparative Law Quarterly
I.L.M.	International Legal Materials
I.L.R.	International Law Reports
Indian. J.I.L.	Indian Journal of International Law
J.D.I.	Journal de Droit International.
J.I.L.P.	Journal of International Law and Politics
J.S.S.	Journal of Social Sciences
Leiden. J.I.L.	Leiden Journal of International Law

N.Y.U.J.I.L.	New York University Journal of International Law and Politics
N.I.L.R.	Netherlands International Law Review
O.J.C.J.I.L.	Oxford Journal, Chinese Journal of International Law
P.R.C.S.P.	Polis Revue Camerounaise de Sciences Politiques
R.A.D.	Revue Africaine de Défense
R.B.D.I.	Revue Belge de Droit International
R.D.I.C.	Revue de Droit International et Comparé
R.C.A.D.I.	Recueil des Cours de l'Académie de Droit International de La Haye
R.C.R.I.	Revue Camerounaise des Relations Internationales
R.C.E.I.	Revue Camerounaise d'Etudes Internationales
R.D.I.	Revue de Droit International / Revista di Diritto Internazionale
R.D.I.D.C.	Revue de Droit International et de Droit Comparé.
R.D.I.L.C.	Revue de Droit International et de Législation Comparée
R.D.I.S.P.	Revue de Droit International et de Science Politique et Diplomatique
R.D.P.	Revue du Droit Public et de la Science Politique en France et à l'Etranger
R.D.S.P.	Revue de Droit et de Science Politique
Rev.afric.D.I.C.	Revue Africaine de Droit International et Comparé
Rev.afric.S.J.	Revue Africaine des Sciences Juridiques
Rev.égyp.D.I.	Revue Egyptienne de Droit International
Rev.esp.D.I.	Revista Espanola de Derecho Internacional
Rev. Hell.D.I.	Revue Hellénique de Droit Dnternational
R.G.D.I.P.	Revue Générale de Droit International Public
R.I.D.C.	Revue Internationale de Droit Comparé
R.R.J.	Revue de la Recherche Juridique
R.S.A.	Recueil des Sentences Arbitrales
R.S.D.I.E.	Revue Suisse de Droit International et de Droit Européen
R.T.N.U.	Recueil des Traités des Nations Unies
R.Q.D.I.	Revue Québécoise de Droit International

U.N.C.I.O.	Documents de la Conférence des Nations Unies pour l'Organisation Internationale
U.P.L.R.	University of Pittsburgh Law Review
Virginia.J.I.L.	Virgina Journal of International Law

II. JURIDICTIONS INTERNATIONALES ET INTERNES

C.I.J.	Cour Internationale de Justice
C.M.B.	Convention des Nations Unies sur le droit de la mer signée à Montego Bay
C.P.J.I.	Cour Permanente de Justice Internationale
Cr.A.D.H.	Cour Africaine des Droits de l'Homme et des Peuples
Cr.E.D.H.	Cour Européenne des Droits de l'Homme
Cr.I.D.H.	Cour Interaméricaine des Droits de l'Homme
C.V.D.T.	Convention de Vienne sur le Droit des Traités
C.M.C.N.	Commission Mixte Cameroun-Nigeria
G.C.C.N.	Grande Commission mixte Cameroun-Nigeria
G.O.N.U.B.A.	Groupe d'Observateurs des Nations Unies dans la Bande d'Aozou
T.A.M.	Tribunaux Arbitraux Mixtes
T.I.D.M.	Tribunal International du Droit de la Mer

III. ORGANISATIONS INTERNATIONALES ET SIGLES DIVERS

A.G.N.U.	Assemblée Générale des Nations Unies
B.A.D.	Banque Africaine de Développement
B.M.	Banque Mondiale
C.B.L.T.	Commission du Bassin du Lac Tchad
C.D.I.	Commission du Droit International
C.E.E.A.C.	Communauté Économique des Etats de l'Afrique Centrale
C.E.D.E.A.O.	Communauté Économique des Etats de l'Afrique de l'Ouest
C.E.M.A.C.	Communauté Économique et Monétaire de l'Afrique Centrale
C.G.G.	Commission du golfe de Guinée

C.O.P.A.X.	Conseil de Paix et de Sécurité de l'Afrique Centrale
C.S.	Conseil de Sécurité des Nations Unies
I.D.I.	Institut de Droit International
M.A.S.S.O.B.	Movement of the Actualisation of Sovereign State of Biafra (Mouvement pour l'Actualisation de l'État Souverain du Biafra)
M.C.M.	Mesures de Confiance Mutuelle
M.E.N.D.	Movement for the Emancipation of Niger Delta (Mouvement pour l'Émancipation du Delta du Niger)
O.E.A.	Organisation des États d'Amérique
O.N.U.	Organisation des Nations Unies
O.U.A.	Organisation de l'Union Africaine
U.A.	Union Africaine
S.d.N.	Société des Nations
S.F.D.I.	Société Française pour le Droit International
S.G.N.U.	Secrétaire Général des Nations Unies
U.E.	Union Européenne

Préface

L'ouvrage que l'on va lire répond pleinement à la vocation de la collection dans laquelle il est publié, qui entend informer sur l'évolution de la Justice internationale sans exclusive quand bien même les juridictions pénales y sont privilégiées. Elles sont, assurément plus visibles et attirent davantage l'attention du grand public que la justice inter-étatique et la Cour pénale internationale fait plus facilement les manchettes que sa grande sœur du Palais de la Paix, la Cour Internationale de Justice (CIJ) dont les fondations remontent à 1920. Ceci est une première raison pour se féliciter de la parution de l'étude de Maître[1] Kourra Félicité Owona Mfegue. Issu d'une thèse de doctorat soutenue à l'Université Paris-Nanterre, mais profondément remaniée, cet ouvrage constitue une analyse approfondie des problèmes liés à l'exécution d'un arrêt rendu par la Cour mondiale[2] dans l'une des affaires les plus importantes dont elle a été appelée à connaître.

Importante, l'affaire *Cameroun c. Nigeria* l'est d'abord « quantitativement » par la diversité des questions que la Cour avait à trancher. On la désigne souvent sous l'appellation « affaire de la péninsule de Bakassi » ; celle-ci est trop réductrice. Certes l'appartenance de Bakassi à l'une ou à l'autre des parties constituait l'objet principal, en tout cas emblématique, du litige ; mais le nom officiel que la Cour a donné à l'affaire rend mieux compte de son importance et de sa complexité : « *Frontière terrestre et maritime entre le Cameroun et le Nigeria (Cameroun c. Nigeria; Guinée équatoriale (intervenant)* ». C'est en effet toute la frontière terrestre, sur plus de 2100 kilomètres (qui comportait dix-sept points en litige), à quoi s'ajoute toute la frontière maritime, qui étaient en jeu. Et les différents secteurs de cette très longue frontière posaient à juger de redoutables problèmes factuels et juridiques d'une grande diversité : ceux qui concernaient le secteur du lac Tchad étaient fort différents de ceux portant sur Bakassi comme des difficultés de déterminer le tracé précis de la frontière dans les dix-sept secteurs contestés entre ces deux extrêmes. Quant à la frontière maritime, la situation géographique particulièrement défavorable du Cameroun en faisait presque un cas d'école, et elle suscitait de délicates questions en matière de droit des traités.

---

[1] On ne féminise pas encore cette manière de désigner les avocates – je le regrette...

[2] On englobe sous le vocable « Cour mondiale » la CIJ, instituée par la Charte des Nations Unies en 1945, et son prédécesseur, la Cour permanente de Justice Internationale (CPJI) créée en 1920.

La mauvaise volonté du Nigeria, les nombreuses complications procédurales qu'il a créées, ont ajouté à la complexité de l'affaire (et à la durée – excessive – de son règlement) : mesures conservatoires, exceptions préliminaires bien sûr, demandes de prorogation des délais, demandes reconventionnelles, requêtes en interprétation... ; l'intervention de la Guinée équatoriale – contrastant avec la non-intervention de Sao Tomé et Principe – a également contribué à pimenter l'affaire, dans laquelle sont intervenus de part et d'autre un très grand nombre de conseils, en majorité étrangers aux parties[3].

La diversité des questions posées et leur complexité ont permis à la Cour de se prononcer sur des aspects juridiques très divers, difficiles et, en partie, nouveaux. Mais ce ne sont pas ces aspects qu'il m'a paru utile de rappeler d'emblée, auxquels s'arrête Mme Owona Mfegue même si, à l'appui de la thèse qu'elle défend, elle est conduite à analyser avec finesse de nombreux éléments de l'arrêt. Ce qui fait le principal intérêt de son ouvrage consiste dans la manière extrêmement méthodique et complète dont elle rend compte, dans une perspective de sociologie du droit, de la manière dont l'arrêt a été exécuté, des difficultés que cette exécution a rencontrées et de la façon dont elles ont été surmontées.

L'auteure part d'un constat : l'exécution de l'arrêt du 10 octobre 2002 (l'arrêt sur le fond[4]) n'a été ni spontanée ni forcée ; elle résulte de ce que Mme Owona Mfegue appelle une « négociation provoquée », qui serait profondément marquée par le « particularisme africain » et la « régionalisation du suivi » de l'arrêt.

Malgré l'intérêt, très réel, que j'ai pris à la lecture de cet ouvrage, écrit dans un style agréable, qui le rend accessible aux non-spécialistes, j'avoue ne pas partager l'émerveillement étonné de l'auteure face à la nouveauté que constitueraient et des négociations conseillées par la Cour et l'africanisation du règlement... Sur le premier point, Mme Owona Mfegue elle-même se réfère abondamment à des précédents qui limitent assez considérablement le caractère novateur de notre arrêt. En relation avec le second, j'avais écrit, dans une contribution aux « Mélanges » offerts à mon ami Raymond Ranjeva, que « bien que les affaires 'africaines' soient l'occasion pour la Cour de préciser le sens et la portée de certains principes et règles de droit international, ce contentieux ne possède pas de spécificité marquée par comparaison avec celui

[3] Le signataire de ces lignes a été conseil et avocat de la République du Cameroun.
[4] Dans cette affaire, la Cour Internationale de Justice a rendu pas moins de cinq arrêts.

concernant les autres continents »[5]. Quitte à peiner nos lecteurs africains qui exagèrent souvent la spécificité du régionalisme continental, je persiste à le penser – y compris en ce qui concerne l'exécution des décisions de la Cour. Et si, en effet, la mise en œuvre de l'arrêt de 2002 présente des caractères singuliers, ceci me paraît tenir de bien davantage aux particularités de la situation factuelle qu'à son « africanité ».

Oui, il est relativement rare que le président de la Cour fasse une déclaration après le prononcé de l'arrêt ; mais cela arrive et, en l'espèce, la complexité et la diversité des questions abordées le justifiaient tout particulièrement. Oui, l'arrêt n'est pas tout d'une pièce et si le Cameroun obtient satisfaction en ce qui concerne les parties emblématiques de la frontière (Bakassi et la région du lac Tchad), les limites retenues par la Cour dans les 17 secteurs litigieux (pour lesquels la Cour a effectué selon l'expression de l'auteure un remarquable travail de « microchirurgie juridique ») ainsi que sa décision en ce qui concerne la délimitation maritime sont fort équilibrées et le Nigeria n'a pas lieu de s'en plaindre ; mais il ne s'agit pas là d'une transaction « à l'africaine », c'est le résultat de l'application nuancée du droit applicable aux faits de l'espèce. Et je ne vois pas pourquoi « les exigences de justice naturelle et d'équité » seraient « plus prononcées qu'ailleurs » dans un contexte interafricain.

En réalité, Mme Owona Mfegue perd largement de vue cette « piste africaine » à laquelle elle ne revient en une dizaine de pages que lorsqu'elle commente, dans l'avant-dernier chapitre de l'ouvrage, l'Accord de Greentree du 12 juin 2006, qui met un point (quasi- ?) final à l'affaire – au moins en ce qui concerne Bakassi. Du reste, loin de conclure sur une note régionaliste, l'auteure estime au contraire qu'« [a]u final, la technique [négociée] d'exécution retenue (...) est transposable » à d'autres Etats aussi bien africains que non africains. Et ceci est vrai tant en ce qui concerne la complémentarité du règlement juridictionnel et de la négociation ou le rôle éminent qu'a joué le Secrétaire général des Nations unies en tant que « tiers institutionnel » que la prise en considération de l'intérêt des populations des territoires concernés.

S'agit-il pour autant de « justice négociée » ? En l'espèce, les deux Etats – qui avaient envisagé, avant même le prononcé de l'arrêt, la mise en place d'un mécanisme devant faciliter sa mise en œuvre[6] – sont convenus, d'une certaine manière, de prolonger le dispositif, mais ils ne l'ont pas remis en question, ce qu'ils auraient pu faire, car l'autorité de la chose jugée ne constitue pas un

---

[5] « Remarques cursives sur les contentieux 'africains' devant la CIJ. » *in L'Afrique et le droit international – Variations sur l'organisation internationale, En l'honneur de Raymond Ranjeva* Liber Amicorum, Pedone, Paris, 2013, pp. 277-295.

[6] La Commission mixte Cameroun-Nigeria créée effectivement lors d'une réunion tenue à Genève le 15 novembre 2002 sous les auspices du Secrétaire général des Nations Unies.

principe de *jus cogens* et il est toujours loisible aux parties d'aménager par voie d'accord les solutions retenues par l'arrêt. Le très imaginatif Accord de Greentree, que Mme Owona Mfegue analyse en grands détails, se borne à mettre en œuvre les décisions de la Cour bien que j'admette volontiers qu'il combine une composante « sanctionnatrice » et une autre « compromissoire ». Mais dire que la première caractériserait le droit international général alors que la seconde serait la marque de fabrique du droit africain me paraît passablement réducteur ; il me semble plus exact de considérer que la négociation post-judiciaire permet d'aboutir à des compromis qui arrondissent les arrêts tranchés du règlement juridictionnel.

Il reste que la description détaillée de ce mécanisme, de la manière dont il a fonctionné, de son œuvre et celle de la coopération des parties à l'occasion de l'exécution de l'arrêt de la Cour, particulièrement bien informée, est l'une des plus grandes réussites de l'ouvrage. Délaissant le domaine du droit *stricto sensu*, l'auteure y montre que, par la conclusion d'un accord post-judiciaire prenant en compte les intérêts politiques vitaux en présence (l'accord de Greentree), « la coopération interétatique provoquée par le juge international apparaît comme un moyen détourné [pourquoi détourné ?] de 'créer les conditions de stabilité et de bien-être nécessaires pour assurer entre les nations des relations pacifiques et amicales' » selon la formule de l'article 55 de la Charte.

Tel est, à mon sens, l'apport essentiel de cet ouvrage original et utile qui présente avec sérieux une facette souvent négligée du règlement juridictionnel des différends internationaux : l'exécution de la décision judiciaire sous tous ses aspects, juridiques et diplomatiques et en prenant en considération toutes ses conséquences, humaines, économiques, constitutionnelles et, bien sûr, politiques.

Alain PELLET
Professeur émérite de l'Université Paris Nanterre ;
Ancien président de la Commission du Droit international des Nations unies ;
Président de la Société française pour le Droit international ;
Membre de l'Institut de Droit international.

« Il est toujours difficile au juriste de traiter les questions dont les réponses ne dépendent pas exclusivement de l'analyse de leurs aspects juridiques. »

M. SAHOVIC, « A l'aube d'une éventuelle nouvelle étape du développement de L'ONU. », in *Le droit international au service de la paix, de la justice et du développement, Mélanges Michel Virally*, Paris, Pedone, 1991, tome 2, p. 405.

Introduction générale

Le mérite des grandes décisions de jurisprudence, internationale ou interne est de susciter des commentaires qui, transcendant l'exégèse du cas d'espèce, rehaussent le débat et rejoignent les principes essentiels de l'ordre juridique[7]. Paul Valéry n'avait donc pas tort d'écrire qu'on ne tend jamais des filets trop haut[8]. A cet égard, il est des jurisprudences inaugurales comme on dit de certains actes qu'ils sont fondateurs. L'arrêt de la Cour internationale de Justice (CIJ) du 10 octobre 2002 en l'affaire *de la Frontière terrestre et maritime entre le Cameroun et le Nigeria (Cameroun c. Nigeria ; Guinée équatoriale (intervenant)*[9] se présente d'emblée comme un : « grand arrêt de la Cour internationale de Justice »[10].

Encore faut-il identifier ce qui est grand dans ce « grand » arrêt de la Cour internationale de Justice[11]. Un arrêt de la Cour est grand non par sa définition matérielle ou formelle, mais bien par sa définition fonctionnelle. Il est grand en raison des fonctions qu'il permet au juge international d'accomplir. On est renvoyé ici à la question classique des finalités de la justice internationale en vertu desquelles sont pensées les différentes fonctions de la Cour. La décision judiciaire met en jeu une fonction originaire qui est de régler un litige sur la base du droit (finalité de justice) et une fonction générée par son statut d'organe au service du maintien de la paix (finalité de paix)[12].

L'arrêt que l'on baptisera par commodité *Cameroun c. Nigeria* peut (encore), plus d'une décennie après sa proclamation, être présenté comme un grand arrêt. Bien avant son prononcé, il a entendu provoquer une négociation des parties à l'avantage de sa parfaite exécution. Les conditions de son exécution sont si insolites qu'elles suggèrent de reconsidérer la théorie générale de l'exécution des sentences rendues dans le domaine du contentieux international. Sa portée dépasse de loin la simple délimitation des espaces lacustres, terrestres et maritimes. Cette décision implique en effet une excursion hors du terrain traditionnel du contentieux international pour approcher les confins de la sociologie du droit lorsque ce n'est pas, plus frontalement, celle du juge. Les techniques d'exécution des décisions de justice territoriale mises en œuvre en l'espèce combinent réalités locales et spécificités géographiques, politiques, juridiques et historiques. C'est ainsi

---

[7] C. ROUSSEAU, « Préface », A. REYNAUD, *Les différends du Plateau continental de la mer du Nord devant la Cour internationale de Justice*, Paris, L.G.D.J., Bibliothèque du droit international, 1975, p. 13.

[8] P. VALERY, *Charmes ou Poèmes* (1922) repris sous le titre de *Charmes,* Paris, Gallimard, 1926, p. 12.

[9] CIJ., *Frontière terrestre et maritime entre le Cameroun et le Nigeria (Cameroun c. Nigeria ; Guinée équatoriale (intervenant),* arrêt du 10 octobre 2002, *Rec*., p. 421.

[10] E. JOUANNET, « Existe-t-il de grands arrêts de la Cour internationale de Justice? », *in* C. APOSTOLIDIS (Textes rassemblés par), *Les arrêts de la Cour internationale de Justice,* Dijon, Ed. Universitaires de Dijon, 2005, pp. 169-197.

[11] *Ibid*., p. 172.

[12] N. ROS, « La Cour internationale de Justice comme instrument de la paix par le droit », *Études internationales* 252, 1994, pp. 273–293.

avec un grand intérêt qu'elles renvoient à la fois à la problématique de l'exécution des arrêts en droit international (paragraphe I) et à celle liée à l'arrêt d'espèce (paragraphe II).

Paragraphe I. La problématique générale de l'exécution des arrêts en droit international

Liée à des questions plus générales concernant l'effectivité du système international ou encore son caractère de véritable ordre juridique, la question de l'exécution des arrêts internationaux a constitué le point central de toute analyse doctrinale en la matière (A). Dans cette perspective, elle a soulevé une problématique particulière en droit international (B).

A. La notion d'exécution

L'exécution des arrêts et des sentences des cours et des tribunaux internationaux est considérée du point de vue de ses suites et effets. Cette indication donnée, il faut préciser la notion d'autorité de la chose jugée qui est au centre du régime déterminant les suites et effets des jugements internationaux. L'autorité de la chose jugée exclut que ce qui a été jugé puisse être (si ce n'est en conséquence de l'exercice d'une voie de recours contre le jugement même) méconnu ou contesté[13]. De là, la maxime selon laquelle la chose jugée par la juridiction internationale comme par les tribunaux judiciaires doit être tenue pour la vérité (*res judicata pro veritate habetur*)[14].

La question spécifique de l'exécution de la chose jugée a fait l'objet de nombreuses études[15]. Dans une perspective internationaliste, trois types

---

[13] R. CHAPUS, *Droit du contentieux administratif*, Paris, L.G.D.J., 13e édition, 2008, p. 1084.

[14] *Ibid.* Voir aussi J. SALMON (dir.), *Dictionnaire de droit international public*, Bruxelles, Bruylant/AUF, 2001, p.170.

[15] E. HAMBRO, *L'exécution des sentences internationales*, thèse, Genève, 1936, 148 p. ; E. TUNCEL, *L'exécution des décisions de la Cour internationale de Justice selon la Charte des Nations Unies*, Neuchâtel, Imprimerie H. Messeiller, 1960, 136 p. ; E.K. NANTWI, *The Enforcement of International Judicial Decisions and Arbitral Awards in Public International Law*, Leiden, A. W. Sijhoff, 1967, 209 p. ; A. EL OUALI, *Effets juridiques de la sentence internationale*, Paris, L.G.D.J.,1983, 321p. ; E. LAMBERT-ABDELGAWAD, *Les effets des arrêts de la Cour européenne des droits de l'homme. Contribution à une approche pluraliste du droit européen des droits de l'homme*, Bruxelles, Bruylant, 1999, 624 p. ; A. AZAR, *L'exécution des décisions de la Cour internationale de Justice*, Bruxelles, Bruylant, 2003, 328 p. ; F. LAZAUD, *L'exécution par la France des arrêts de la Cour européenne des droits de l'homme*, Presses Universitaires d'Aix-Marseille, 2006, 2 tomes, 635 p. ; A. BEN MANSOUR, *La mise en œuvre des arrêts et des sentences des juridictions internationales*, Paris, Larcier, 2011, 622 p ; K. F. OWONA MFEGUE, *L'arrêt de la Cour Internationale de justice du 10 octobre 2002 relatif au différend frontalier Cameroun c. Nigeria : contribution à l'étude de l'exécution des décisions en*

d'analyses ont jusqu'à présent été menés dans le cadre de travaux à caractère universel.

- La première approche envisage la question de l'exécution des décisions des juridictions internationales comme relevant essentiellement de la sphère politique et se détachant du domaine juridique[16].
- La deuxième approche émet des doutes sur l'intérêt d'une longue discussion sur l'exécution des décisions judiciaires internationales, laquelle susciterait « peu de commentaires ». D'après J. Combacau et S. Sur, « Les questions d'application ne présentent aucune autonomie par rapport à celles que soulève l'exécution des normes internationales obligatoires en général. Dans la mesure où la décision juridictionnelle est destinée à produire des effets internes, elle est soumise aux règles qui gouvernent les rapports du droit interne et du droit international »[17].
- Enfin, la troisième approche, la plus répandue, a été réservée aux techniques susceptibles de faciliter l'application des décisions internationales. Cette vue se reflète parmi les travaux les plus anciens dédiés aux suites des jugements des juridictions internationales. On peut citer la célèbre et classique monographie de E. Hambro sur *L'exécution des sentences internationales* rédigée en 1936[18]. L'auteur part du cadre juridique existant : le caractère obligatoire des sentences internationales. Il examine ensuite les moyens à la disposition de l'Etat crédité par la sentence ou le jugement international pour amener l'autre Etat à se conformer à l'obligation d'exécution. Dans *L'exécution des décisions de la Cour internationale de Justice selon la Charte des Nations Unies*[19] publiée après la Deuxième Guerre mondiale, E. Tunçel est conduit à s'interroger sur les sources du droit de l'exécution (au sens d'« exécution

---

matière territoriale", thèse, Nanterre, 2013, 484 p. ; L. BOISSON DE CHAZOURNES, A . ANGELINI, « Regard sur la mise en œuvre des décisions de la Cour internationale de Justice ». *L'Observateur des Nations Unies*, 2016, vol. 40, les 70 ans de la Cour internationale de Justice, pp. 63-81.

16 Pour E. P. DEUTSCH: " (...) *Enforcement of decrees of an international tribunal is under international Law an entirely political function, completely separate from adjudication of the international dispute which resulted in the decree, the enforcement process is, in effect, a new dispute to be resolved politically* ": "Problems of Enforcement. Decrees of International Tribunals", *A.B.A.J.*, décembre 1964, vol. 5, p. 1135 ; M. O. HUDSON, *International Tribunals. Past and Future*, Washington, Carnegie End. 1944, p. 128 ; S. ROSENNE, « L'exécution et la mise en vigueur des décisions de la Cour internationale de Justice », *R.G.D.I.P.*, 1953, p. 538 ; N. SCANDAMIS, *Le jugement déclaratoire entre Etats. La séparabilité du contentieux international*, Paris, Pedone, 1975, p. 298.

17 J. COMBACAU et S. SUR, *Droit international public*, Paris, Montchrestien, 8ème éd., 2008, p. 606. Pour L. DELBEZ : « L'exécution des sentences est essentiellement volontaire : elle est confiée à la bonne foi des Etats plaideurs, exactement comme l'accomplissement de tout autre devoir international ». L. DELBEZ, *Les principes généraux du contentieux international*, Paris, L.G.D.J., 1962, p. 141.

18 E. HAMBRO, *op.cit.* note 15.

19 E. TUNCEL, *op.cit.* note 15.

forcée ») des sentences internationales avant la création des Nations Unies et des décisions de la Cour internationale de Justice après 1945. E. K. Nantwi en a rédigé l'équivalent en anglais[20]. Il y dégage les principes juridiques applicables en matière d'« exécution forcée » des arrêts et des sentences internationaux et les moyens d'amener l'État qui rejette le jugement rendu à son encontre à s'y conformer. La thèse plus récente est celle de Al-Qahtani Mutlaq : *Enforcement of International Judicial decisions of the International Court of Justice*. La question a été approfondie dans des articles de doctrine selon le même point de vue[21].

Ces études doctrinales sont néanmoins loin d'épuiser le sujet. Elles constituent dans la grande majorité des cas des monographies consacrées aux suites des décisions de telle ou telle juridiction (C.I.J, Cr. E.D.H)[22]. Elles se situent en général dans la perspective de l'exécution par un Etat ou une entité (individu ou personne morale) déterminé des arrêts d'une juridiction ciblée[23].

Ensuite, la plupart des études menées sur le sort des arrêts de la CIJ suivent presque systématiquement une *summa divisio* classique : examen de l'obligation d'exécution des arrêts de la CIJ dans le statut de celle-ci et la Charte des Nations Unies d'une part et analyse de l'« exécution forcée » d'autre part[24]. La doctrine de la seconde moitié du XXe siècle s'est, quant à elle, focalisée sur les techniques d'exécution forcée des jugements internationaux[25]. Touchant cet aspect du problème, A. Azar a adopté une position inédite. Elle a relevé la parenté entre les procédures garantissant l'application effective des décisions juridictionnelles en les clarifiant[26]. A. Ben Mansour a retourné la lorgnette et pris en considération le point de vue de l'Etat ayant succombé au procès et auquel il incombe de mettre en œuvre l'arrêt ou la sentence[27].

---

[20] E.K. NANTWI, *op.cit.*, note 10.

[21] Voir la Bibliographie générale.

[22] E. LAMBERT et F. LAZAUD, *op.cit.*, note 10.

[23] F. LAZAUD, *op.cit.* note 10.

[24] C'est le cas des thèses de : A. AZAR, A. BEN. MANSOUR, *op.cit.*, note 10 et du mémoire suivant : F. R. SAINT. PAUL, *L'exécution des décisions de la Cour internationale de Justice : faiblesses et malentendus*, Mémoire de l'Université de Montréal, 2006, 135 p.

[25] « *It has been suggested that measures to secure compliance with judgments of the Court may be of greater importance in the future if because of greater use of the Court's compulsory jurisdiction, a higher percentage of cases are submitted by unilateral submissions* ». Voir L. GOODRICH et E. HAMBRO, *Charter of United Nations*, New York, Columbia University Press, 1969, p. 263 ; Voir aussi W. M. REISMAN, *Nullity and Revision: the Review and Enforcement of International Judgments and Awards*, New Haven, Yale University Press, 1971, p. 671; E. KERLEY, « Ensuring Compliance with Judgments of the International Court of Justice », in L. GROSS, PH. JESSUP & E. HAMBRO (dir.), *The Future of the International Court of Justice*, N.Y. Oceana Publications, Dobbs Ferry, 1976, vol. I, p. 283.

[26] A. AZAR, *op. cit.*, note 10.

[27] A. BEN. MANSOUR, *op.cit.* note 10.

La question spécifique de l'inexécution des décisions de la CIJ n'a jamais été traitée à fond. Hormis l'article significatif de M. Kamto[28], il n'existe pas d'exposé entier et systématique en la matière alors qu'on a assez souvent discuté de l'exécution spontanée des décisions juridictionnelles. La pratique vient, hélas, tempérer cette représentation de la situation. Même si les problèmes de la phase post-arrêt finissent par être surmontés, plusieurs arrêts rendus par la CIJ n'ont pas été automatiquement exécutés, l'ont été partiellement ou tardivement. Ce sont *in fine* les difficultés d'exécution qui rendent plus préoccupante l'exécution des arrêts de la Cour du point de vue du droit international.

B. L'obligation d'exécuter les arrêts en droit international

Les décisions juridictionnelles sont revêtues de la force de chose jugée (ou arbitrée, dans certains cas). Elles sont définitives et obligatoires pour les Etats en litige. C'est là l'apanage du règlement juridictionnel des différends internationaux. Ce sont les Etats qui, en sollicitant un tel mode de règlement, consentent par principe au caractère obligatoire de la décision escomptée. L'obligation d'exécuter la chose jugée dérive, pour ce qui est des sentences arbitrales, de l'article 37 de la Convention de La Haye pour le règlement pacifique des différends internationaux de 1907, lequel dispose que : « le recours à l'arbitrage implique l'engagement de se soumettre de bonne foi à la sentence ». La Charte des Nations Unies prévoit que chaque membre de l'Organisation « s'engage à se conformer à la décision de la Cour internationale de Justice dans tout litige auquel il est partie »[29]. Cette obligation est absolue. Tel est le principe. Il a toutefois une portée relative. Les décisions sont en effet mises à la disposition des Etats. La violation de cette obligation de mise en œuvre est difficilement sanctionnable du fait de l'impuissance du mécanisme institutionnel prévu par la Charte des Nations Unies. Ce dernier reflète l'énigme d'un droit (international) dépourvu des attributs les plus manifestes de la juridicité. Or, la spécificité du droit international concourt à le distinguer du droit interne à l'aune duquel cette juridicité est (à tort ou à raison) appréciée. Cette « paradoxalité » se manifeste à deux niveaux :

---

[28] M. KAMTO, « Considérations actuelles sur l'inexécution des décisions de la Cour internationale de Justice », in *Law of the Sea, Environmental Law and Settlement of Disputes*, Leiden, Martinus Nijhoff Publishers, 2007, pp. 215-234.

[29]Article 94 de la Charte des Nations Unies. Concernant ce contrôle, voir notamment, A. PILLEPICH, « Article 94 », in J.-P. COT, M. FORTEAU et A. PELLET (dir.), *La Charte des Nations Unies, commentaire article par article*, Paris, Economica, 2005, 3ème éd., pp. 1987-1998.

- En matière internationale, l'existence d'obligations dont l'exécution ne peut faire en dernier ressort l'objet d'une procédure juridique a toujours constitué la règle plutôt que l'exception[30].
- Lorsqu'extraordinairement une affaire est soumise à un tiers impartial comme la CIJ ayant compétence pour rendre sur la base du droit une solution s'imposant aux Etats, la mise en œuvre de la décision dépend pour l'essentiel de la « bonne » volonté de la partie ayant succombé sans que celle ayant triomphé puisse « beaucoup » escompter une très hypothétique « force publique internationale » et de timides perspectives ouvertes par l'article 94 de la Charte des Nations Unies.

Ceci rappelle la distinction de théorie générale entre le rôle du juge et celui de l'agent exécutif. En l'absence d'un législateur permanent, il n'existe pas de pouvoir d'injonction du juge international ni de pouvoir exécutif habilité à s'imposer par la contrainte[31]. Le rôle d'une juridiction internationale revient à dire le droit, non à superviser l'exécution des jugements ou à l'assurer par le recours à la puissance publique. Certes, les décisions judiciaires empruntent les traits d'un ordre souverain adressé aux parties. Ces dernières conservent néanmoins tout pouvoir discrétionnaire quant aux moyens pour assurer leur exécution. Ceci accroît la difficulté d'imposer *de facto* l'exécution des décisions juridictionnelles.

L'obligation d'exécuter la chose jugée est donc susceptible de se heurter à des difficultés. Elle peut aussi être méconnue plus ou moins explicitement, plus ou moins durablement par les parties sans que de tels comportements puissent être palliés par les mécanismes prévus en la matière par la Charte de Nations Unies. Au total, la question traitée ici met en jeu le problème des sanctions en droit international public[32]. Si on procède de l'acception *lato sensu* de la sanction, celle-ci englobe tous les moyens déployés par le système international en réaction au refus d'exécution[33].

On peut les classer en trois catégories :

- L'exécution forcée constitue *grosso modo* une réaction du système juridique face à la violation et un moyen de pression qu'il déploie face au refus d'exécution dans le but de contraindre l'Etat récalcitrant à revenir à un comportement conforme au droit. C'est dans ce sens large

---

30 CIJ., arrêt du 18 juillet 1966, *Sud-Ouest africain* (2ème phase), *Rec.*, p. 46.

31 Partie I, Titre II, Chapitre I.

32 G. DUBE, « Les sanctions du droit international public dans la Charte des Nations Unies », *Les Cahiers de droit*, 1962, 5 (1), pp. 98-103 ; J. FERRERO, T. DEMARIA, « Sur un aspect de la sanction en droit international : le cas des dommages et intérêts punitifs », hors série mars 2016 - *Théories et réalités du droit international au XXIème siècle*, 31 mars 2016, *Revue québécoise de droit international*, pp. 97-133.

33 G. ABI-SAAB, « Cours général de droit international public », *R.C.A.D.I.*, 1987, vol. 207, p. 286.

recouvrant tous les moyens de pression et de contrainte que sera employé le terme « exécution forcée » et non dans le sens étroit utilisé quelquefois en droit interne et signifiant l'exécution de la prestation exigée directement par la puissance publique à la place du débiteur récalcitrant là où cela est faisable ou alternativement par l'emploi de la force à son encontre[34]. Ainsi, lorsque l'une des parties à un litige ne satisfait pas aux obligations lui incombant en vertu de l'arrêt de la Cour, la partie lésée conserve la possibilité de saisir le Conseil de sécurité des Nations Unies conformément au paragraphe 2 de l'article 94 de la Charte. En pareille hypothèse, il revient au Conseil de sécurité « de faire des recommandations ou de décider des mesures à prendre pour faire exécuter l'arrêt ». Soixante ans après sa création, les limites de ce système sont pourtant avérées. La rédaction de cette disposition est mauvaise. Ce droit fait par ailleurs face à l'obstacle technique de la composition du Conseil de sécurité.

- La responsabilité internationale constitue une autre conséquence juridique que le système international attache au manquement d'un Etat à ses obligations juridictionnelles. A la différence de l'exécution forcée, elle n'a pas pour objectif de contraindre l'Etat auteur de la violation à redresser son comportement, mais à en réparer les conséquences dommageables[35].
- La mise en œuvre de la responsabilité internationale a trait aux voies d'exécution ouvertes aux Etats agissant individuellement (*uti singuli*) telles que les mesures unilatérales admises classiquement par le droit international en cas de comportement illicite de l'Etat en défaut d'exécuter les obligations découlant de la juridiction à laquelle il s'était (volontairement) soumis. Là encore, les moyens mis à la disposition des Etats se heurtent aux vicissitudes du fonctionnement de la société internationale.

L'examen des solutions traditionnellement adoptées en matière d'exécution d'arrêts internationaux ne peut pas être jugé entièrement satisfaisant. La contrainte au service de l'application du droit (international) paraît diffuse et éparpillée. A défaut de voies d'exécution aussi crédibles qu'en droit privé[36] et en l'absence de toute possibilité pour une juridiction de dicter sa conduite aux Etats dans les faits, comment pourrait-on s'assurer qu'ils se conforment à une décision juridictionnelle ? A cet égard, il semble judicieux de concevoir un système d'exécution ayant le mérite de la souplesse et de la

---

[34] *Ibid.*

[35] J. COMBACAU, *Le pouvoir de sanction de l'ONU*, Paris, Pedone, 1974, pp.6 et 44.

[36] N. CAYROL, *Droit de l'exécution*, Paris, L.G.D.J, 2e édition, 2016, 488 p. ; S. GUINCHARD et T. MOUSSA (dir.), *Droit et pratique des voies d'exécution*, Paris, Dalloz, 8e édition, 2015/2016, 2273 p. ; G. CUNIBERTI, C. NORMAND et F. CORNETTE, *Droit international de l'exécution. Recouvrement des créances civiles et commerciales,* Paris, L.G.D.J., 2011, 392 p.

mesure. Il permettrait à chaque Etat de choisir les moyens d'exécution les plus conformes aux exigences de son ordre national. L'arrêt de la CIJ du 10 octobre 2002 en l'affaire de la *Frontière terrestre et maritime (Guinée équatoriale (intervenant)* permet d'éclaircir ce point.

Paragraphe 2. La problématique spécifique de l'exécution de l'arrêt de la CIJ du 10 octobre 2002

L'exécution de l'arrêt du 10 octobre 2002 constitue un cas d'école dans la jurisprudence internationale. Elle tire l'essentiel de son intérêt de certains de ses aspects pathologiques. En effet, elle illustre la difficulté de règlement d'un conflit frontalier complexe. Réalisée par étape, l'affaire dite « Bakassi » : le conflit informel entre les parties se transforme en différend relatif à la *Frontière terrestre et maritime entre le Cameroun et le Nigeria* devant la CIJ. Elle se démarque des autres, car elle renvoie à une affaire complexe **(A)** et consécutive à une longue procédure **(B).** Enfin, l'attention du juriste est attirée par l'exécution dans des conditions tout à fait particulières **(C).**

A. L'exécution d'un arrêt renvoyant à une affaire complexe

L'enchevêtrement entre l'affaire de la *frontière terrestre et maritime entre le Cameroun et le Nigeria* et celle plus ancienne du *Cameroun septentrional*, est tel qu'il complexifie les suites du jugement le plus récent **(1).** Ce dernier intervient après l'échec de plusieurs tentatives de règlement amiable **(2).**

1. L'intrication avec l'affaire du *Cameroun septentrional*

L'espèce s'inscrit dans une évolution socio-historique propre à rendre plus intelligibles les suites données à la décision de 2002[37]. Les relations bilatérales entre ces deux pays limitrophes retracent dans leur complexité les difficultés de cohabitation aux confins entre un pays au territoire très étendu, régi par une structure fédérale et un pays aux dimensions plus modestes, doté d'un régime unitaire décentralisé. En somme, « Un poids lourd *vs* un poids moyen »[38]. Le Nigeria est un Etat fédéral de l'Afrique occidentale doté d'une superficie de 923 768 km^2 et d'une population de 190.632.261 habitants[39]. Le Cameroun,

---

[37] Pour L. WEIS, comprendre les relations entre le Cameroun et le Nigeria nécessite au préalable de se placer dans une perspective historique. Voir L. WEIS, *Les migrations nigérianes dans le Sud-Ouest du Cameroun*, Thèse de doctorat en géographie, Paris IV, Sorbonne 1996, vol. 1, p. 150.

[38] G. LABRECQUE, *Les Différends territoriaux en Afrique : Règlement juridictionnel*, Paris, L'Harmattan, 2006, p. 342.

[39] Source *CIA* : 16 mars 2018.

Etat unitaire de l'Afrique centrale, a une superficie de 475 442 km^2. Sa population est estimée à 24.994.885 habitants[40]. La position dominante du Nigeria a pu alimenter chez ses dirigeants une volonté de puissance. La politique extérieure de ce pays a toujours reposé sur la conviction que « sa force et sa volonté » doivent diriger les rapports entre les riverains du golfe de Guinée[41]. Cette approche expansionniste explique en partie les incidents frontaliers du début des années 90. Ils ont culminé avec l'invasion les 18 et 19 février 1994 d'une partie de la presqu'île de Bakassi par l'armée nigériane. La remise en cause unilatérale par ce pays des acquis des négociations bilatérales[42] et de ceux des travaux de la Commission du Bassin du Lac Tchad[43], l'invasion des localités camerounaises de Darak et ses environs ont été le point d'orgue d'une longue série de tensions entre les deux pays à la suite de l'affaire du *Cameroun septentrional*[44].

Les péripéties historiques, juridiques et politiques entre ces deux pays sont anciennes. L'affaire du *Cameroun septentrional,* puisqu'il convient de l'appeler ainsi, démontre comment une interprétation controversée de l'accord de tutelle signé entre la Grande-Bretagne et l'ONU en 1946 a occasionné l'amputation d'une frange importante du territoire camerounais au profit du Nigeria[45].

La CIJ a rendu, le 2 décembre 1963, son arrêt dans l'affaire du *Cameroun septentrional*. Elle y a considéré « qu'elle ne pouvait statuer au fond sur la demande de la République fédérale du Cameroun », ce qui équivaut à une déclaration d'irrecevabilité de cette demande.

Le territoire du Cameroun septentrional formait avec le Cameroun méridional, le Cameroun sous mandat britannique qui fut placé, au lendemain de la Deuxième Guerre mondiale, sous le régime international de tutelle en vertu d'un accord du 13 décembre 1946. Le Cameroun septentrional, cependant, fut administré par le Royaume-Uni moins comme une entité séparée que comme faisant partie intégrante des deux provinces du nord du protectorat britannique du Nigeria. Le Cameroun sous tutelle française a accédé à l'indépendance le 1er janvier 1960. Le 20 septembre 1960, il est devenu membre de L'ONU. La Fédération du Nigeria est devenue indépendante le 1er octobre 1960. Elle a été admise aux Nations Unies six jours plus tard. Par un plébiscite effectué sous les auspices des Nations Unies les 11

---

[40] Source *CIA* : 16 mars 2018.

[41] C. KRAUTHAMMER, « The Unipolar Moment », *Foreign affairs*, 1991, p. 34.

[42] Il s'agit de la déclaration de Yaoundé II de 1971 et plus tard de la déclaration de Maroua de 1975.

[43] Ceci concerne le refus du Nigeria d'approuver le procès-verbal de la Commission signé par son chef d'Etat.

[44] CIJ., *Cameroun septentrional (Cameroun c. Royaume-Uni), Exceptions préliminaires*, arrêt du 2 décembre 1963, *Rec*., p. 189.

[45] T. HUBERT, « L'affaire du Cameroun septentrional (Cameroun c. Royaume-Uni) devant la Cour internationale de Justice », *A.F.D.I,* volume 9, 1963. pp. 358-360.

et 12 février 1961, la population du Cameroun septentrional a décidé à une majorité décisive d'accéder à l'indépendance en s'unissant à la Fédération du Nigeria. Conformément à la résolution 1608 (XV) de l'Assemblée générale des Nations Unies, elle lui a été effectivement rattachée. Le Cameroun indépendant a mal perçu ce rattachement et a considéré qu'il était la conséquence de la confusion administrative entre le Cameroun septentrional et le Nigeria, entretenue par l'autorité britannique sous le régime de tutelle.

Cet amalgame aurait constitué une violation de l'accord de tutelle du 13 décembre 1946, lequel aurait exclu que le Cameroun septentrional fût traité comme une partie intégrante du Nigeria. En conséquence, le Cameroun s'est adressé à la Cour pour lui demander de juger que : « Le Royaume-Uni, dans l'interprétation et l'application de l'Accord de Tutelle pour le Cameroun sous administration britannique, n'a pas respecté certaines obligations qui découlent directement ou indirectement dudit accord, et notamment de ses articles 3, 5, 6 et 7 ». Aussi, la Cour a-t-elle été saisie d'une demande singulière puisqu'il s'agissait pour la Haute juridiction de statuer sur une situation juridique appartenant à un passé révolu ; l'accord de tutelle du 13 décembre 1946 n'étant plus en vigueur (depuis la résolution 1608 XV de l'Assemblée générale de l'O. N. U.).

La Cour était appelée à prononcer un jugement « déclaratoire » pouvant sans doute contenir des conséquences sociopolitiques, mais dont les effets juridiques semblaient hypothétiques. La Cour a refusé de s'engager dans cette voie en évitant de statuer au fond.

Les motifs de la décision de la Cour présentent à cet égard un grand intérêt. Le juge international s'est refusé en statuant sur les exceptions préliminaires du Royaume-Uni (qui ont été envisagées dans leur ensemble et non séparément) à fonder sa décision sur des considérations exclusivement procédurales.

Bien qu'ayant admis l'existence d'un « différend » entre le Royaume-Uni et le Cameroun, la Cour a précisé la portée de l'article 32 paragraphe 2 de son règlement. Elle a cependant écarté résolument les difficultés résultant des notions classiques de compétence et de recevabilité qui auraient pu paraître fondamentales en l'espèce.

A travers cette affaire, la Cour a placé sa « fonction judiciaire» au premier plan. C'est ce concept de fonction judiciaire de la Cour impliquant des droits et partant des devoirs qui domine tout l'arrêt et en assure la valeur autant que la vigueur. D'ailleurs, une quarantaine d'années plus tard, ce concept pèsera tout autant sur le contentieux frontalier camerouno-nigérian.

Cette fonction judiciaire paraît être « sauvegardée » par la Cour elle-même. Dans une espèce déterminée, elle doit décider si cette fonction est « en jeu » ou si au contraire les demandes des parties lui imposent une tâche étrangère à cette fonction. Cette appréciation peut ou non exiger l'examen au fond de l'affaire.

On se bornera ici à citer trois passages fondamentaux de l'arrêt: celui où la Cour définit sa fonction et celui (qui précède immédiatement le dispositif) où elle constate que les limites de cette fonction ne lui permettent pas de statuer en l'espèce :

> « La fonction de la Cour est de dire le droit, mais elle ne peut rendre des arrêts qu'à l'occasion des cas concrets dans lesquels il existe, au moment du jugement, un litige réel impliquant un conflit d'intérêts juridiques entre les parties. L'arrêt de la Cour doit avoir des conséquences pratiques en ce sens qu'il doit pouvoir affecter les droits ou obligations juridiques existants des parties, dissipant ainsi toute incertitude dans leurs relations juridiques[46]».
> « La Cour doit s'acquitter du devoir sur lequel elle a déjà appelé l'attention et qui consiste à sauvegarder sa fonction judiciaire. Qu'au moment où la requête a été déposée la Cour ait eu ou non compétence pour trancher le différend qui lui était soumis, il reste que les circonstances qui se sont produites depuis lors rendent toute décision judiciaire sans objet. La Cour estime dans ces conditions que, si elle examinait l'affaire plus avant, elle ne s'acquitterait pas des devoirs qui sont les siens[47]».
> « La réponse à la question de savoir si la fonction judiciaire est en jeu peut dans certains cas où cette question se pose, exiger d'attendre l'examen au fond. Mais, dans la présente affaire, il est déjà évident que la fonction judiciaire ne saurait être en jeu[48] ».

Les répercussions de l'affaire du Cameroun septentrional ont été cruciales[49]. Les approximations du tracé des frontières héritées de la colonisation entre le Cameroun et le Nigeria ont entretenu le contentieux ressurgi dans les années 90. D'ailleurs, cette question n'est pas sans rapport avec celle relative à la quête d'autodétermination du *Southern Cameroons*. Depuis l'époque de la réunification entre le Cameroun indépendant anciennement sous tutelle française et le Cameroun méridional anciennement sous tutelle britannique, l'amertume de certains acteurs anglophones qui, du fait du plébiscite onusien, s'étaient retrouvés privés de la possibilité de se prononcer en faveur de l'indépendance séparée du Cameroun méridional, est demeurée intacte. Elle a alimenté les revendications sécessionnistes des

---

[46] CIJ., Affaire du *Cameroun septentrional (Cameroun c. Royaume-Uni, Exceptions préliminaires)*, Arrêt du 2 décembre 1963, *Rec*, p. 15.
[47] *Idem.*
[48] *Ibidem.*
[49] Dans sa plaidoirie devant la CIJ. dans l'affaire du Cameroun septentrional, P. WEIL affirmait à propos de la décision de la Cour qu'« elle est obligatoire pour les parties, mais l'inscription dans les faits des conséquences de cette décision relève de l'ordre politique ». Mémoires, plaidoiries et documents, Affaire du Cameroun septentrional (Cameroun c. Royaume-Uni), A.W. Sijthoff, 1965, p. 370.

Amazoniens à l'origine des troubles politiques ayant débuté le 11 octobre 2016 et qui perdurent dans le Cameroun actuel[50]. C'est d'ailleurs à la suite de l'épisode judiciaire de 1963 que le Cameroun s'est longtemps abstenu d'adhérer au système de la clause facultative de juridiction obligatoire de la CIJ. En 1994, soit trente et une années plus tard, l'Etat camerounais va, contre toute attente, fonder la compétence de la CIJ sur les déclarations par lesquelles les deux parties avaient accepté la juridiction de la Cour conformément au paragraphe 2 de l'article 36 de son statut. Cette saisine de la Cour intervient après de nombreuses tentatives de règlement de ce conflit « latent » entre le Cameroun et le Nigeria.

2. L'insuccès des tentatives de règlement amiable du différend

L'interdiction de recourir à la force entre Etats ou de menacer d'y recourir sauf en cas de légitime défense a mis « la guerre hors la loi »[51]. Cette règle est la pierre angulaire de la Charte des Nations Unies de 1945[52]. Pour la CIJ, cette interdiction constitue un exemple de règle de droit international relevant du *jus cogens*[53]. Elle a pour corollaire celle imposant aux parties à tout différend dont la prolongation est susceptible de menacer le maintien de la paix et de la sécurité internationales, d'en rechercher la solution avant tout par la voie pacifique[54]. L'absence de juridiction de la Cour ne dispense pas les Etats de cette obligation[55]. Les parties ont ainsi tenté un règlement diplomatique bilatéral **(a),** multilatéral assorti d'une médiation **(c).** Cette optique a été néanmoins envisagée après la mise en œuvre d'une stratégie militaire **(b).**

a) L'échec de la stratégie de la négociation bilatérale

Conformément à l'article 2 § 3 de la Charte relatif aux modes de règlement pacifique, la dynamique initiale de règlement du différend frontalier camerouno-nigérian fait la part belle aux démarches directes. Cette stratégie

[50] De 2016 à 2018, la situation créée par la question anglophone au Cameroun est en voie d'aggravation. http://www.lemonde.fr/afrique/article/2017/06/16/au-cameroun-la-dechirure-anglophone_5145582_3212.html .

[51] V. H. M. WALDOCK, « The Regulation of the Use of Force by Individual States in International Law », *R.C.A.D.I.,* vol. 81, 1952, p. 492.

[52] Le texte de cet instrument est disponible sur le site internet des Nations Unies : www.un.org

[53] CIJ., *Activités militaires et paramilitaires au Nicaragua et contre celui-ci*, arrêt du 27 juin 1986, Rec., p.100. D'après la Convention de Vienne sur le droit des traités (article 53), une norme impérative du droit international général (*Jus cogens*) est une norme acceptée et reconnue par la communauté internationale des Etats dans son ensemble en tant que norme à laquelle aucune dérogation n'est permise et qui ne peut être modifiée que par une nouvelle norme du droit international général ayant le même caractère.

[54] Article 33 § 1 de la Charte des Nations Unies.

[55] CIJ., *Incident aérien du 10 août 1999*, arrêt du 21 juin 2000, par. 53.

de la négociation bilatérale a consisté en entretiens téléphoniques entre les deux présidents ainsi qu'en échanges d'émissaires. A la suite des incidents du 21 décembre 1993 et à partir du 19 février 1994, le chef de l'Etat camerounais, M. Paul Biya a adressé un message d'apaisement au général Sani Abacha, chef de l'Etat nigérian. Il l'y exhortait à persévérer dans les efforts communs de négociation en cours pour trouver une solution juste, équitable et conforme au droit international y compris par voie juridictionnelle. Le 7 janvier 1994, le ministre nigérian des Affaires étrangères, M. Babagana Kingibe a été reçu par le chef de l'Etat camerounais. Le 13 janvier de la même année, son homologue camerounais, M. Ferdinand Léopold Oyono, a été reçu à son tour par le président nigérian. La création d'un comité mixte a résulté de cette audience. Les 9 et 10 février 1996, une rencontre entre les délégations camerounaise et nigériane a été organisée à Buea (Cameroun). Une revendication de souveraineté du Nigeria sur la presqu'île de Bakassi[56] a néanmoins voué cette négociation à un cuisant échec. La délégation camerounaise dirigée par le général J. Tataw a par la suite transmis un pli au président nigérian de la part de son homologue camerounais[57]. Le 17 février de la même année, soit 24 heures avant les premiers accrochages entre les forces armées camerounaises et nigérianes à Bakassi, le ministre nigérian de l'Agriculture, M. I. Mohamed a été reçu par le président Paul Biya. Une délégation camerounaise conduite par le ministre délégué aux Relations extérieures, M. F. Kwain s'est rendue à Abuja (Nigeria) par la suite. Cette stratégie de « règlement fraternel » au niveau bilatéral n'ayant pas abouti, des actions plus radicales lui ont succédé.

b) L'échec de la stratégie militaire

Le recours des autorités camerounaises à la voie diplomatico-politique paraît pragmatique si l'on considère le rapport dit asymétrique du fort (Nigeria) au « faible » (Cameroun). Le gouvernement camerounais semble avoir misé sur la force du droit international proclamée par un organe habilité à le dire (la CIJ) plutôt que sur la force des armes. L'argument de civilité a primé[58]. En réalité, les dirigeants camerounais n'ont pas eu d'autre choix que de récuser la stratégie militaire ou au pire de ne l'envisager que dans

---

[56] Z. NGNIMAN, *Nigeria-Cameroun, la guerre permanente*, Yaoundé, Ed. Clé, 1996, p. 15.

[57] H. MGBALE MGBATOU, *Le conflit frontalier Cameroun-Nigeria, explication socio-politique, enjeux et déterminants d'une crise bilatérale*, Mémoire de DESS en relations internationales, I.R.I.C., 1999, p.96.

[58] L. SINDJOUN, « La civilisation internationale des mœurs : éléments pour une sociologie de l'idéalisme structurel dans les relations internationales », *Études internationales*, vol. XXVII-4, décembre 1996, pp. 841-859.

l'hypothèse exceptionnelle d'une « guerre de défense ». Cette dernière n'a été néanmoins entreprise que « dans l'intention droite d'assurer la paix »[59].

Initialement, la stratégie militaire camerounaise est restée confidentielle. Aucune information officielle n'a fait état des choix tactiques des forces armées camerounaises à l'exception d'un communiqué du Secrétaire général de la présidence de l'époque, M. Joseph Owona, publié le 19 février 1994. L'armée nigériane a gagné du terrain à Bakassi en direction du Rio del Rey. Le rapport de force militaire a vite penché en faveur du Nigeria comme l'a admis un des conseillers du Cameroun, M. Jean-Pierre Cot dans sa plaidoirie du 8 mars 1996 relative à la demande en indication de mesures conservatoires du 12 février 1996[60].

Les troupes nigérianes ont occupé des espaces supplémentaires dans la presqu'île litigieuse : Uzama, Kombo-a-Janéa, Idabato II. Le Cameroun a sollicité la médiation de la France. En dépit des accords de défense entre ces deux pays, l'intervention française au Nigeria paraissait aléatoire en raison de leurs intérêts économiques réciproques. Malgré cela, le général Rigot, chef de la mission de coopération militaire au ministère français de la Coopération a déclaré en février 1996 lors de sa visite au Cameroun : « Entre les intérêts et l'amitié, la France choisit l'amitié »[61]. Par la suite, le Cameroun a adopté une stratégie diplomatique tous azimuts.

c) L'échec de la stratégie de la diplomatie multilatérale préalable au recours au juge international

Confronté à l'insuccès du recours aux mécanismes bilatéraux, le président de la République du Cameroun a envoyé un message à son homologue nigérian lui suggérant de résoudre le problème par la voie diplomatique, en vain. Cette démarche préalable cadre avec la vision d'unité et de paix telle que posée dans le préambule de l'Acte constitutif de l'Union africaine. Le 28 février 1994, il a simultanément saisi l'organe central du Mécanisme de l'Organisation de l'Unité Africaine (OUA) pour la Prévention, la Gestion et le Règlement des Conflits et le Conseil de sécurité des Nations Unies.

L'Organisation régionale a dépêché une mission d'information au Cameroun et au Nigeria, mais n'a pu se rendre à Bakassi. Deux procédures

[59] Propos tenu par M. Ferdinand Léopold OYONO *in Jeune Afrique Economie* du 20 mai 1996, n° 218, p. 10.

[60] Les forces nigérianes tiendront longtemps ces positions, malgré les mesures conservatoires indiquées à l'attention des gouvernements camerounais et nigérian par l'ordonnance du 15 mars 1996 de la CIJ et la demande adressée par les membres du Conseil de sécurité des Nations Unies le 29 février 1996 pour le retour des parties à leurs positions initiales. Voir Plaidoirie de M. J-P. COT, *Frontière terrestre et maritime (Guinée équatoriale (intervenant)*, demande en indication de mesures conservatoires, CR/1996/4, 10 mars 1996, pp. 61 et s.

[61] Le rôle joué par la France sera déterminant pour la suite.

ont été menées parallèlement. D'une part, les présidents égyptien (président en exercice de l'Organisation) et togolais se sont efforcés de promouvoir un règlement diplomatique du différend. D'autre part, l'organe central du Mécanisme pour la Prévention, la Gestion et le Règlement des Conflits s'est réuni à cette même fin en session extraordinaire le 11 mars 1994. Le président du Togo de l'époque, M. Eyadema, préféré à M. Omar Bongo du Gabon, a entrepris une médiation ayant abouti à deux évènements majeurs :

- La rencontre de Tunis en marge du sommet de l'OUA entre les présidents du Cameroun et du Nigeria le 14 juin 1994. Au terme de cette rencontre, il est décidé de créer une « Commission mixte sous les auspices du président de la République togolaise en vue de rechercher les voies et moyens d'une solution pacifique et juste sans préjudice des recours devant la Cour internationale de Justice » ;
- La rencontre de Kara (Togo) du 4 au 6 juillet 1994 entre les ministres camerounais et nigérian des Affaires étrangères a donné lieu à la signature d`un accord prévoyant « l'engagement des deux pays à retirer leurs troupes de toutes les zones de tension et, en ce qui concerne Bakassi, de les ramener à leurs positions d'avant le 21 décembre 1993, selon un calendrier à définir[62] ».

Les bons offices entrepris par les Etats tiers se sont avérés infructueux. Les deux pays s'affrontaient dans une guerre larvée, « une guerre limitée, un drôle de conflit », d'après Luc Sindjoun[63].

Aux Nations Unies, le Conseil de sécurité n'a pas donné suite à la demande du Cameroun en vue d'une réunion urgente renouvelée le 20 avril 1994. Le 29 avril de la même année, le président de cet organe adressa des lettres identiques aux représentants permanents du Cameroun et du Nigeria auprès des Nations Unies. Il y indiquait que les membres du Conseil avaient pris note du communiqué publié par l'organe central du Mécanisme de l'OUA et se félicitaient de la saisine de la CIJ ; qu'ils accueillaient avec satisfaction l'initiative prise par le président en exercice de l'OUA et les autres efforts de médiation et qu'ils demandaient au Secrétaire général des Nations Unies (SGNU) agissant en consultation avec celui de l'OUA, de suivre la situation et d'offrir ses bons offices[64].

Compte tenu de la persistance du différend entre les deux pays, le Cameroun l'a porté devant la Cour. La saisine de l'organe judiciaire des Nations Unies est présentée côté camerounais comme une *ultima ratio*[65]. Le Nigeria a reproché au demandeur d'internationaliser le conflit tout en lui

---

[62] Mémorandum de la République du Cameroun sur la procédure du 9 avril 1997.

[63] L. SINDJOUN, « Cameroun - Nigeria : le conflit ambigu », *Revue Limes*, no 3, 1997, p. 200.

[64] *Mémoire de la République du Cameroun de 1995*, p. 17.

[65] Maître Douala Moutome (ministre camerounais de la Justice de l'époque) : « Nous sommes persuadés qu'avec le Nigeria, nous ne pourrons jamais dans le cadre d'une négociation aboutir à quoi que ce soit » : *Cameroon tribune*, n° 2324 du 9 février 1996.

suggérant de poursuivre les entretiens bilatéraux. Les autorités camerounaises ont néanmoins estimé qu'une procédure juridictionnelle aboutissant à une solution à portée obligatoire serait conforme aux mœurs diplomatiques africaines[66]. La Cour a entamé le règlement global du litige. Le contentieux juridictionnel apparaît dès lors comme l'échec des négociations diplomatiques préalables au recours au juge international et/ou un moyen de les relancer[67]. Cette situation présente des correspondances avec la logique de la « conciliation préparatoire »[68] obligatoire ou encore celle de la « Med-arb »[69] plus encensées dans le monde du droit privé. La procédure judiciaire permettra aux parties de réussir dans l'exécution là où elles avaient auparavant échoué : négocier. Cette affaire est également consécutive à un long procès.

B. L'exécution d'un arrêt consécutif à une longue procédure

Si on se réfère à la longueur et aux péripéties de la phase contentieuse, l'affaire de la *Frontière terrestre et maritime entre le Cameroun et le Nigeria* traduit un contentieux vers lequel une des parties s'est dirigée en traînant les pieds tandis que l'autre l'accusait de tergiverser. L'arrêt à exécuter est par conséquent consécutif à une procédure constituant l'un des plus beaux exemples de succession d'incidents de procédure **(1).** Ceci a inévitablement conduit à un rallongement de la procédure **(2)** qui a donné lieu à un arrêt de fausse facture classique **(3).**

---

[66] La revendication par le Nigeria d'un règlement exclusivement bilatéral « à l'africaine » ou dans le cadre d'une instance interafricaine a été constante. Lors de la réunion de la première session extraordinaire de l'organe central de l'OUA, le 11 mars 1994, la représentante nigériane accusa le Cameroun d'avoir internationalisé le conflit et exprima le souhait que l'organe judiciaire principal de l'ONU se dessaisisse du dossier au prétexte que des négociations directes permettraient de débloquer la situation. Le 21 février, le ministre nigérian des Affaires étrangères, M. Baba Gana Kingibe avait, selon une dépêche de l'Agence France Presse, « déploré la décision annoncée dimanche par Yaoundé de porter la querelle frontalière entre les deux pays devant le Conseil de sécurité des Nations Unies et la Cour Internationale de Justice de La Haye (...). Aucun de ces organismes ne saurait imposer au Nigeria une solution contraire à sa volonté », a-t-il conclu. Annexe, *Mémoire de la République du Cameroun de 1995*, p. 351.

[67] Dans cette affaire, la diplomatie traditionnelle secrète a été mobilisée. A titre d'exemple, le président camerounais Paul Biya a envoyé de nombreuses personnalités aux quatre coins du monde au sujet de l'affaire « Bakassi » ; les ministres Kontchou Kouomegni, Joseph Owona et Kwain ont été reçus au Kenya et en Ouganda (mars 1994), en Tanzanie et au Zimbabwe (avril 1994). A ce sujet, on retrouve des initiatives similaires du côté nigérian.

[68] A. AB-DER-HALDEN et P. ROUSSEL GALLE, « La conciliation améliorée », *Revue des procédures collectives,* n°4, luillet 2014, dossier 29, 7 p.

[69] Lire en ce sens M. E. TELFORD, “Med-Arb: A Viable Dispute Resolution Alternative”, *IRC Press Industrial Relations Centre*, Queen's University, 2000, 19 p. ; P. VAN LEYNSEELE, « La « med-arb » et ses dérivés – plaidoyer pour un mode de résolution des conflits efficace », Liber amicorum Georges-Albert Dal, Bruxelles, Larcier, 2013, pp. 833-864.

1. L'épuisement de la quasi-totalité des incidents de procédure

Le contentieux ayant opposé ces deux Etats de l'Afrique subsaharienne constitue à l'instar de l'affaire relative au *Génocide (Bosnie-Herzégovine c. Serbie-et-Monténégro)*, l'une des « plus longues affaires » tranchées par la Cour[70]. Saisi par voie de requête unilatérale le 29 mars 1994 par le Cameroun[71], le juge international a rendu son arrêt sur le fond le 10 octobre 2002. La complexité de l'affaire « Bakassi » devenue l'affaire de la *Frontière terrestre et maritime entre le Cameroun et le* Nigeria transparaît à travers la mission confiée à la Cour de La Haye. Cette dernière a été appelée pour la première fois à se prononcer en matière de souveraineté territoriale (sur la presqu'île de Bakassi[72]) et à opérer simultanément une délimitation terrestre, maritime, voire lacustre, d'une frontière[73] allant du lac Tchad jusque dans le golfe de Guinée au voisinage des espaces maritimes revendiqués par la Guinée équatoriale.

Ensuite, le recours à la quasi-totalité des facettes procédurales de toute instance potentielle devant la CIJ distingue cette affaire de toutes les autres. A l'exception du renvoi spécial devant la Cour, du désistement et de la requête en révision dont le spectre a néanmoins été agité[74], une majeure partie de l'arsenal processuel à disposition des Etats a été utilisée : mesures conservatoires, exceptions préliminaires, requête en interprétation, demandes reconventionnelles, demande d'intervention d'un Etat tiers[75]. Près de 5 arrêts ou ordonnances (en dehors des ordonnances de procédure) ont été rendus afin de déterminer la portée de la saisine et de préciser la compétence de la Cour d'abord contestée par le défendeur puis élargie à l'ensemble du différend entre

---

[70] CIJ., *Application de la Convention pour la prévention et la répression du crime de génocide (Bosnie-Herzégovine c. Serbie-et-Monténégro),* arrêt du 26 février 2007, *Rec*., p. 167. Cf. p.19 et p.259 note 1119 où le delai de 13 ans est indiqué.

[71] Il s'agit de l'une des rares affaires africaines introduites par ce type de requête. Voir également l'arrêt de la CIJ, *Sentence arbitrale du 31 juillet 1989* (Guinée-Bissau/Sénégal), arrêt du 12 novembre 1991, *Rec*., pp. 52-184.

[72] Requête introductive d'instance, p. 4.

[73] Les affaires concernées sont : CIJ., *Différend territorial et maritime (Nicaragua c. Colombie), Rec*., 2007, p. 832. ; CIJ., *Délimitation maritime et questions territoriales entre Qatar et Bahreïn (Qatar c. Bahreïn), Rec*., 2001,p. 40 ; CIJ., *Différend frontalier terrestre, insulaire et maritime (El Salvador c., Honduras)*, requête à fin d'intervention, *Rec*.,1990, p. 135 et CIJ., *Demande en révision de l'arrêt du 11 septembre 1992 en l'affaire du Différend frontalier terrestre, insulaire et maritime (El Salvador c. Honduras ; Nicaragua)*, ordonnance du 27 novembre 2002, *Rec*.,2002, p. 618.

[74] Voir les articles 89, 88 du Règlement et 61 du statut de la Cour. Le 5 octobre 2012, soit peu de temps avant l'expiration du délai autorisé pour l'introduction éventuelle d'une requête en révision, le gouverneur nigérian de l'Etat de Cross River State, Liyel Imoke, avait déclaré que le président Goodluck Jonathan avait mis sur pied un comité chargé de discuter de la possibilité de faire réviser l'arrêt de la CIJ reconnaissant la souveraineté camerounaise sur Bakassi. Cette démarche n'a pas été concrétisée par l'introduction d'une requête en ce sens. Source : www.africapresse.com, consulté le 11 juin 2013.

[75] Voir *infra*.

les deux Etats[76]. L'affaire est donc emblématique par son objet, ses perspectives juridiques et ses accélérations et décélérations procédurales.

Suite à certains évènements[77], le 6 juin 1994, la République du Cameroun a déposé au greffe une requête additionnelle « aux fins de l'élargissement de l'objet du différend » à un différend présenté comme portant essentiellement sur « la question de la souveraineté sur une partie du territoire camerounais dans le lac Tchad »[78]. La Cour a été priée de préciser définitivement la frontière entre le Cameroun et le Nigeria du lac Tchad à la mer. La stratégie du demandeur était astucieuse. Cette requête a été traitée comme un amendement de la requête initiale par une ordonnance du 16 juin 1994[79]. Nonobstant l'existence d'une base de compétence constituée par les déclarations d'acceptation de la juridiction[80] de la Cour au titre de l'article 36 § 2 du statut de la CIJ, le Nigeria a soulevé une série d'exceptions préliminaires pour défaut de compétence et/ou irrecevabilité de la requête camerounaise en décembre 1995[81]. Ce type d'embarras lié à la saisine étroite de la Cour ne surprend guère. Dans cette hypothèse, les Etats défendeurs soulèvent de manière quasi systématique des exceptions préliminaires[82]. Leur

---

[76] Voir *infra*.

[77] En réponse à une note de protestation camerounaise contre l'occupation « civile » de Kotcha et « militaire » de Darak, localités situées respectivement dans la province camerounaise de l'Adamaoua et dans la région du lac Tchad, le Nigeria a affirmé dans une note du 14 avril 1994 sa souveraineté sur Darak qui, selon lui, aurait « *always been part and parcel of Wulgo District of Ngala Local Governement Area of Borno State of Nigeria and which has since time immemorial been administered as such...* », Annexe, *Mémoire de la République du Cameroun de 1995*, p. 355.

[78] *Ibid.* Voir également, Chronique, *J.D.I.*, 1995, pp. 713-715.

[79] CIJ., Ordonnance du 14 janvier 1994, *Rec.*, p. 3.

[80] La déclaration d'acceptation de la juridiction obligatoire désigne un « acte discrétionnaire par lequel un Etat souscrit un engagement de juridiction obligatoire, attribuant unilatéralement compétence à une juridiction pour des catégories de litiges définis à l'avance ». Cf. J. SALMON, (dir), *Dictionnaire de droit international public*, *op.cit.*, p. 303 ; Voir aussi F. GHARBI, « Le statut des déclarations d'acceptation de la juridiction obligatoire de la Cour internationale de justice », *Les Cahiers de droit*, 2002, 43(2), pp. 213–274 ; F. GHARBI, « Le déclin des déclarations d'acceptation de la juridiction obligatoire de la Cour internationale de Justice », *Les Cahiers de droit*, 2002, 43(3), pp. 433–502.

[81] Bien que cela puisse paraître à première vue « insolite », il importe de signaler que l'article 79 § 1 du Règlement de la Cour laisse ouverte la possibilité pour l'Etat demandeur de soulever lui-même des exceptions préliminaires comme ce fut le cas dans l'affaire suivante : CIJ., *Or monétaire pris à Rome (Italie c. France, Royaume-Uni et Etats-Unis d'Amérique)*, arrêt du 15 juin 1954, *Rec.*, p. 19.

[82] L'exception préliminaire est un « moyen invoqué au cours de la première phase d'une instance et tendant à obtenir que le tribunal saisi tranche une question préalable avant d'aborder l'examen du fond de l'affaire, le but de l'exception étant le plus souvent d'obtenir qu'il ne soit pas passé à l'examen du fond ». Cf. J. SALMON, (dir), *Dictionnaire de droit international public*, *op.cit.*, p. 474 ; Lire aussi entre autres M. MABROUK, *Les exceptions de procédure devant les juridictions internationales*, Paris, L.G.D.J., 1966, 351 p. ; G. ABI-SAAB, *Les exceptions préliminaires dans la procédure de la Cour internationale : étude des notions fondamentales de procédure et des moyens de leur mise en œuvre*, Paris, Pedone, 1967, 279 p. ; J.-C. WITENBERG, « La recevabilité des réclamations devant les juridictions internationales », *R.C.A.D.I.*, 1932-III, t. 41, pp. 1-136 ;

but est de mettre un terme précoce à la procédure. Moyennant quoi, l'Etat demandeur saisit le plus souvent la Cour d'une demande en indication de mesures conservatoires en application de l'article 41 de son statut[83].

Par une ordonnance du 10 janvier 1996, le président de la Cour a suspendu la procédure sur le fond. Il a fixé au 15 mai 1996 pour le Cameroun, la date d'expiration des pièces écrites relatives aux exceptions. Le demandeur a alors repris l'initiative. Après que le Nigeria eut déposé des exceptions préliminaires, il a présenté ses observations et conclusions y relatives conformément à l'ordonnance du 10 janvier 1996. Avant que ces exceptions ne soient tranchées, le Cameroun a introduit par une lettre du 10 février 1996 une demande en indication de mesures conservatoires en raison d'incidents frontaliers survenus entre-temps. Par une ordonnance du 15 mars 1996, la Cour a indiqué les mesures conservatoires visant principalement l'arrêt des hostilités. Elle a en outre demandé aux parties de prêter assistance à une mission d'enquête de l'Organisation des Nations Unies (ONU)[84].

Le contentieux est alors revenu à la question des exceptions préliminaires. Le 2 février 1998, le Nigeria a demandé à produire un volume de documents supplémentaires, demande acceptée par le Cameroun quatorze (14) jours plus tard. Le demandeur a souhaité à son tour produire de nouveaux documents. Les audiences sur les exceptions préliminaires se sont déroulées du 2 au 11 mars 1998. Dans son arrêt du 11 juin 1998, la Cour a affirmé sa compétence pour statuer sur le fond du différend et la recevabilité des demandes du Cameroun. Elle a rejeté sept des huit exceptions préliminaires soulevées par le Nigeria en joignant la huitième au fond en raison de son caractère non exclusivement préliminaire[85]. Plus de quatre années se sont ainsi écoulées depuis le dépôt de la requête. Les rebondissements de ce feuilleton judiciaire

---

M. BOS, *Les conditions du procès en droit international public*, Leiden, Netherlands, BibliothecaVisseriana, E. J. Brill, 1957, 344 p. ; E. GRISEL, *Les exceptions d'incompétence et d'irrecevabilité dans la procédure de la Cour internationale de Justice,* Berne, Ed. Herbert Lang & Cie, 1968, 241 p ; C. SANTULLI, « Observations sur les exceptions de recevabilité dans l'affaire du Mandat d'arrêt », *A. F. D. I*, 2002, pp. 257- 280 ; J. COMBACAU, et S. SUR, *Droit international public*, Paris, Montchrestien, 9ème éd., 2010, 816 p.

[83] A. PELLET, « Harmonie et contradictions de la justice internationale », in *Harmonie et contradictions en droit international*, colloque de Tunis des 11, 12, et 13 avril 1996, Paris, Pedone, 1996, p. 199 ; A. PELLET, « Le renforcement du rôle de la CIJ », *in* Y. SANDOZ (dir.), *Quel droit international pour le 21ème siècle ?* Actes du colloque de Neuchâtel, Bruxelles, Bruylant, 2007, p. 136.

[84] CIJ, Ordonnance du 15 mars 1996, pp. 22-23. Chronique, *J.D.I.,* 1997, pp. 843-852. Voir également : J. P. COT, « A propos de l'ordonnance du 15 mars 1996. La contribution de la CIJ au maintien de la paix et de la sécurité en Afrique », *A.Y.J.I.L.,* 1997, vol.5, pp.115-136 ; T. GARCIA, « Les mesures conservatoires rendues par la CIJ., le 15 mars 1996 dans le différend frontalier entre le Cameroun et le Nigeria », *A.F.D.I.*, XLII, 1996, pp. 409-427.

[85] CIJ., *Frontière terrestre et maritime entre le Cameroun et le Nigeria, Exceptions préliminaires* (*Cameroun c. Nigeria)*, arrêt du 11 juin 1998, *Rec*., pp. 275-418. Chronique, *J.D.I.*, 1999, pp. 868-879. Voir également, H. BARATI, « Frontière terrestre et maritime (Cameroun c. Nigeria) : exceptions préliminaires, interprEtation, intervention », *A.F.D.I.*, XLV, 1999, pp. 371-412.

étaient pourtant loin d'être terminés. Avant de déposer son contre-mémoire, le Nigeria a introduit le 21 octobre 1998 une procédure jusqu'à ce jour inédite devant la Cour : une demande en interprétation de l'arrêt sur les exceptions préliminaires. Cette requête visait notamment la question de la responsabilité internationale pour les incidents frontaliers relatés dans le passage de l'arrêt querellé relatif à la 6e exception préliminaire. Cette requête a donné lieu à une nouvelle affaire ne s'inscrivant pas dans le cadre de la procédure pendante[86]. Cependant, le Nigeria avait eu l'honnêteté (ou la maladresse) d'indiquer qu'une réponse rapide était souhaitée de manière à rédiger son contre-mémoire de l'instance principale. Il serait donc illusoire d'y voir deux affaires distinctes. Le 5 mars 1999, la Cour a accepté de prolonger le délai imparti au Nigeria pour le dépôt de son contre-mémoire, ce dernier arguant de l'impossibilité d'achever à temps sa rédaction en raison de l'absence de réponse à sa demande d'interprétation[87]. Par son arrêt du 25 mars 1999, la Cour a estimé que la requête était irrecevable[88].

Ayant déposé son contre-mémoire le 31 mai suivant dans un délai tel que prorogé par la Cour, le Nigeria a introduit des demandes reconventionnelles ayant trait à la même question : celle des incidents frontaliers susceptibles d'engager la responsabilité du Cameroun. La Cour a admis la demande reconventionnelle formée par le Nigeria par ordonnance du 30 juin 1999[89]. Enfin, pour la seconde fois seulement depuis sa création en 1945[90], la Cour a

[86] Article 98 § 2 du Règlement : « Une demande en interprEtation ne peut être introduite que par voie de requête ou de compromis ».

[87] J. -M. SOREL, F. POIRAT, *Les procédures incidentes devant la CIJ : exercice ou abus de droit ?* Paris, Pedone, Collection Contentieux international, 2001, pp. 3-35.

[88] CIJ., *Demande en interprétation de l'arrêt du 11 juin 1998 en l'affaire de la frontière terrestre et maritime entre le Cameroun et le Nigeria (Nigeria c. Cameroun)*, arrêt du 25 mars 1999, *Rec.*, p. 35, § 10 ; Chronique, *J.D.I.*, 2000, pp. 793-796.

[89] *Ibid.*

[90] Voici les affaires relatives à l'intervention :1) devant la CPJI: la Cour a admis la demande d'intervention de la Pologne sur la base de l'article 63 du statut dans l'affaire Wimbledon (CPJI, *Vapeur Wimbledon*, G-*B, France, Italie, Japon c. Allemagne (Pologne, intervenant)*, arrêt du 17 août 1923, Série A, n°1, pp. 15 et 22) Devant la CIJ. : - demande d'intervention de Fidji dans l'affaire des *Essais nucléaires*, mais la Cour n'a pas pu statuer sur cette demande, car elle avait déclaré que l'instance n'avait plus d'objet dans son arrêt sur les exceptions préliminaires (CIJ., *Essais nucléaires (Australie c. France et Nouvelle-Zélande c. France)*, arrêts du 20 décembre 1974, *Rec.*, respectivement pp. 253 et s. et, p. 457 et s.) ; demande d'intervention de Malte dans l'affaire du plateau continental entre la Tunisie et la Libye, mais la Cour a rejeté la demande d'intervention pour défaut d'un intérêt juridique en cause (CIJ., *Plateau continental (Tunisie c. Jamahiriya arabe libyenne))*, arrêt du 24 février 1982, *Rec.*, p. 144.- demande d'intervention italienne dans l'affaire du *Plateau continenta*l, mais la Cour l'a rejetée, car l'Italie n'avait pas justifié de l'existence d'un lien juridictionnel; demande d'intervention du Nicaragua dans l'affaire du *Différend frontalier terrestre, maritime et insulaire entre le Honduras et El Salvador*. Dans cette affaire, la Cour a admis, pour la première fois, une demande en intervention, mais en tant que non partie (CIJ., *Différend frontalier terrestre, insulaire et maritime (El Salvador/Honduras : Nicaragua (intervenant)*, arrêt du 11 septembre 1992, *Rec.*, p. 358.-demande d'intervention des Philippines dans l'affaire Pulau Sipidan et Pulau Litigan, mais la Cour a écarté la demande pour

autorisé au titre des articles 62 et 63 du statut, par son ordonnance du 21 octobre 1999, l'intervention de la Guinée équatoriale. Il est à noter qu'elle avait elle-même suggéré à cet Etat ainsi qu'à Sao Tomé et Principe d'intervenir dans son arrêt sur les exceptions préliminaires[91]. Entre le 29 mars 1994 et le 21 octobre 1999, plus de 5 années se sont écoulées et l'affaire n'avait pas encore été jugée au fond[92]. C'est après un long échange de mémoires, contre-mémoires, répliques, dupliques, réponses, soumission de nouveaux documents, demandes reconventionnelles du Nigeria, que les audiences publiques se sont tenues sur le fond (du 18 février au 21 mars 2002). La quasi-totalité des possibilités processuelles a été épuisée par les parties. Ce qui laissait déjà présager de résistances futures dans la phase postérieure à l'arrêt.

Au total, l'objet du différend, la qualité des relations diplomatiques interétatiques déterminent le mode de saisine et le déroulement de la phase judiciaire et post-judiciaire. Les incidents de procédure ont donc considérablement modifié le cours de l'affaire. Dans ces circonstances, les difficultés d'exécution d'un arrêt rendu à la suite d'une procédure ayant elle-même entraîné une contestation de la compétence de la Cour, ne déconcertent guère. La durée de l'affaire sur le rôle de la Cour est également édifiante.

2. La durée de l'affaire sur le rôle de la Cour

Le contexte processuel de cette affaire reflète l'élaboration d'une stratégie susceptible de rejaillir sur l'après-jugement. C'est ce que G. de Lacharrière a appelé la « politique juridique extérieure ». Elle correspond à une logique

---

défaut d'un intérêt juridique en cause (CIJ., *Souveraineté sur Pulau Ligitan et Pulau Sipadan (Indonésie c. Malaisie)*, requête à fin d'intervention, arrêt du 23 octobre 2001, *Rec.*, p. 596, § 47.- demande d'intervention de la Grèce dans l'affaire des immunités juridictionnelles, troisième acceptation d'une demande en intervention dans la jurisprudence de la Cour. (CIJ., *Immunités juridictionnelles de l'Etat (Allemagne c. Italie)*, demande reconventionnelle, ordonnance du 6 juillet 2010, *Rec.*, 2010, p 310. Sur le sujet, voir la thèse de M. SIDIBE, *L'Intervention devant la CIJ.,* Université Paris X, 2012, 367 p. ; A. A. CANÇADO TRINDADE, « Le statut de la Cour Internationale de Justice », *United Nations Audiovisual Library of International Law*, 2016, p.7 et s. ; E. DOUSSIS, « Intérêt juridique et intervention devant la Cour Internationale de Justice », Consulté en Ligne sur https://www.academia.edu. ; I. DIAITE, *L'intervention devant les juridictions internationales,* Thèse de Doctorat, Université de Paris I, 1968, 816 p.

[91] Cette demande a été largement incitée par la CIJ. dans son arrêt du 11 juin 1998 à la suite d'un argumentaire développé par le défendeur sur les conséquences éventuelles de l'arrêt sur le fond pour certains Etats de la région. CIJ., *Frontière terrestre et maritime entre le Cameroun et le Nigeria,* (Cameroun c. Nigeria), requête à fin d'intervention de la Guinée équatoriale, ordonnance du 21 octobre 1999, *Rec.*, p. 1029 *Ibid.*, pp. 797-799. Voir également, P. H. F., BECKER, « Land and Maritime Boundary between Cameroon and Nigeria (Cameroon v. Nigeria : Equatorial Guinea Intervening) », *A.J.I.L.*, 2003, vol. 97, n°2, p. 387-397.

[92] Voir les §§ 20 à 22 de l'arrêt, CIJ., *Frontière terrestre et maritime entre le Cameroun et le Nigeria, (Cameroun c. Nigeria ; Guinée équatoriale, intervenant)*, arrêt du 10 octobre 2002, *Rec.*, p. 303.

d'utilisation optimale des ressources du droit international à l'aune des intérêts nationaux[93]. Au vu de la multiplication des étapes de procédure, les politiques judiciaires des deux Etats semblaient motivées par des visées réalistes.

Même si la Cour n'est pas entièrement responsable de cet état de choses, sa lenteur dans cette affaire peut être perçue comme une dérive. Elle n'a pu rattraper le retard qu'elle avait laissé s'accumuler dans le traitement de cette affaire. Si la procédure orale liée aux mesures conservatoires n'a duré que trois jours (5-8 mars 1996), les plaidoiries au fond se sont étalées sur cinq semaines (18 février-21 mars 2002). La Cour a, de nombreuses fois, accordé aux parties des prorogations de délai. Il en a été ainsi pour le dépôt du contre-mémoire du Nigeria comprenant les demandes reconventionnelles. Dans son ordonnance du 30 juin 1999, la Haute juridiction a en outre réservé le droit du Cameroun de s'exprimer une seconde fois par écrit sur les demandes reconventionnelles du défendeur dans une pièce additionnelle dont le dépôt était lui-même susceptible de faire l'objet d'une ordonnance ultérieure. En janvier 2001, le Cameroun a fait savoir à la Cour qu'il souhaitait s'exprimer une seconde fois par écrit sur les demandes reconventionnelles. Le Nigeria ne s'étant pas opposé à une telle requête, la Cour a autorisé pareille procédure. D'une certaine manière, l'obsession judiciaire pour le respect du principe de consensualisme et le caractère contradictoire de la procédure ont alourdi le traitement de l'affaire. Sous un autre angle, il faut relever que cela a servi le respect du principe de bonne administration de la justice[94]. Pour A. Pellet, « on peut être agacé par le formalisme de la procédure, regretter sa lourdeur et s'impatienter de sa lenteur, tout en admettant que ces défauts – certains – ont leur revers positif : ils sont nécessaires à une justice méthodique, dont la solennité accroît l'autorité »[95].

Il a ainsi fallu plus de quinze mois à la Cour pour programmer les audiences dans l'affaire *Cameroun c. Nigeria* après la fin de la procédure écrite. Elle a délibéré durant presque 7 mois. Ce délai paraît excessif dans de telles circonstances nécessitant la résolution d'un problème de « paix et de guerre »[96].

L'espèce soulève par ailleurs la question de l'(in)efficacité de la CIJ[97], mais surtout celle de l'inconstance ou, mieux, de l'insaisissabilité des humeurs de

---

93 G. de LACHARRIERE, *La politique juridique extérieure*, Paris, Economica, 1983, pp.199-201.

94 Sur ce principe, voir H. PAULIAT, « L'administration de la justice et la qualité des décisions de justice », in Pascal MBONGO, *La qualité des décisions de justice*, Actes du colloque de Poitiers, Editions du Conseil de l'Europe, 2007, pp. 116-131

95 A. PELLET, « "La Cour" supputations indécises sur l'avenir de la CIJ », in *Ombres et lumières du droit international, Mélanges en l'honneur du professeur Habib Slim*, Paris, A. Pedone, 2016, p. 393.

96 A. PELLET, « Le renforcement du rôle de la CIJ », *op.cit.*, p. 138.

97 A. PELLET, « Remarques sur l'(inefficacité) de la Cour Internationale de Justice et d'autres juridictions internationales », *Liber Amicorum J-P COT, Le Procès international*, Bruxelles, Bruylant, 2009, pp. 206 -207.

la Cour[98]. Certes, la pratique devant la Cour en la matière varie d'une affaire à l'autre[99], au gré des faits ou/et de l'objet du différend en cause qui conditionne les délais. La Cour a par exemple délibéré en un peu plus de quatre (4) mois dans l'affaire relative à *Certaines questions concernant l'entraide judiciaire en matière pénale Djibouti c. France* - une affaire pourtant réputée « simple »[100]. A l'autre extrême, elle a délibéré pendant presque dix mois dans l'affaire plus compliquée du *Génocide (Bosnie-Herzégovine c. Serbie-et-Monténégro)*[101]. L'arrêt de la Cour a été rendu treize ans après sa saisine. Dans l'affaire de la *délimitation maritime et des questions territoriales entre Qatar et Bahreïn*, l'arrêt sur le fond a été prononcé le 16 mars 2001, c'est-à-dire au terme de dix (10) années environ[102]. Cette pratique renseigne sur le caractère plus judicieux des saisines par voie de compromis. A l'inverse des saisines unilatérales, elles semblent moins susceptibles de donner lieu à d'interminables joutes judiciaires encombrant le rôle de la Cour.

Cet engorgement du rôle de la Cour ne doit pas masquer d'autres inconvénients, matériels cette fois-ci. Ce type de procédure qui n'en finit pas renchérit le coût de l'affaire soumise à la Cour[103]. Comme le souligne un auteur : « la justice internationale est chère (...) la lenteur augmente ce coût »[104]. Il est commun de constater cette réalité également dans le cadre du contentieux en droit interne.

---

[98] S. BOUIFFROR, *Le pouvoir d'appréciation de la Cour internationale de Justice,* Thèse, Paris-Nanterre, 5 décembre 2008, 475 p.

[99] *Application de la convention pour la prévention et la répression du crime de génocide (Croatie c. Serbie). exceptions préliminaires* : 5,7 mois ; *Certaines questions concernant l'entraide judiciaire en matière pénale (Djibouti c. France)* : 4,2 mois ; *Souveraineté sur Pedra Branca Pulau Batu Puteh, Middle Rocks et South Ledge (Malaisie c. Singapour)* : 6 mois ; *Différend territorial et maritime (Nicaragua c. Colombie), exceptions préliminaires* : 6,3 mois ; *Différend territorial et maritime entre le Nicaragua et le Honduras dans la mer des Caraïbes (Nicaragua c. Honduras)* : 6,6 mois ; *Ahmadou Sadio Diallo (République de Guinée c. République démocratique du Congo), exceptions préliminaires* : 5,8 mois ; *Application de la convention pour la prévention et la répression du crime de génocide (Bosnie-Herzégovine c. Serbie-et-Monténégro)* : 9,8 mois ; *Activités armées sur le territoire du Congo (nouvelle requête : 2002), (République démocratique du Congo c. Rwanda), exceptions préliminaires* : 7 mois ; *Activités armées sur le territoire du Congo (République démocratique du Congo c. Ouganda)*: 7,8 mois ; *Différend frontalier (Bénin c. Niger) (Chambre)*: 4,1 mois ; *Certains biens (Liechtenstein c. Allemagne)* : 7,9 mois. (Liste non exhaustive).

[100] CIJ., *Certaines questions concernant l'entraide judiciaire en matière pénale, Djibouti c. France*, arrêt du 4 juin 2008, *Rec.*, p. 10.

[101] CIJ., *Application de la Convention pour la prévention et la répression du crime de génocide (Bosnie-Herzégovine c. Serbie-et-Monténégro),* arrêt du 26 février 2007, *Rec.*, p. 167. Cf, p. 13 et p. 259.

[102] CIJ., *Délimitation maritime et questions territoriales entre Qatar et Bahrein (Qatar c. Bahrein)*, arrêt du 16 mars 2001, *Rec.*, p. 77, par. 114.

[103] Partie II, Titre I, Chapitre II de l'étude.

[104] A. PELLET, « Le renforcement du rôle de la CIJ. », *op. cit.,* note .78.

En somme, les problèmes de délais posés par le procès *Cameroun c. Nigeria* dévoilent les difficultés causées par l'absence de saisine conjointe[105]. L'atmosphère qui avait entouré aussi bien le déroulement que l'issue de cette procédure judiciaire étalée sur plusieurs années était peu propice à une application spontanée de la décision. En consentant à la juridiction de la Cour, le défendeur avait pris le « risque du droit ». Néanmoins, il lui semblait peu probable que le Cameroun, qui s'était abstenu d'adhérer à la juridiction obligatoire de la Cour depuis 1963 (l'affaire du *Cameroun septentrional*)[106], la saisisse vingt et un jours après avoir accepté cette juridiction[107]. Et ce, en dépit du précédent de l'affaire du *droit de passage*[108].

Le défendeur s'est d'une certaine manière retrouvé « piégé » par cette utilisation astucieuse du système de la clause facultative de juridiction obligatoire du Cameroun. Il était donc prévisible qu'il se montre peu enclin à mettre en œuvre une décision rendue au fond sans son « véritable » accord. Une décision rendue dans de telles conditions a été ressentie par le défendeur comme une violation du principe du consensualisme, lequel donne compétence au juge international. Le défendeur n'a du reste pas caché qu'il acceptait de mauvais gré l'intervention de la CIJ. Il a participé à la procédure à son corps défendant. Il est arrivé que le demandeur le suive également dans cette voie. L'utilisation par les parties du droit processuel reflète leurs stratégies judiciaires le plus souvent prolongées dans la phase post-judiciaire. Selon Alain-Didier Olinga, « Si l'intégrité de la fonction judiciaire et la légitimité de l'administration de la justice ne sont nullement en cause du fait d'une telle attitude de résistance à l'autorité des énoncés juridictionnels de la Cour, la sentence judiciaire n'est pas moins grevée politiquement d'une forte dose d'incertitude quant à son effectivité »[109]. Par ailleurs, l'arrêt semble de fausse facture classique.

---

[105] Sur la saisine, voir M. TIMSIT-DAUBA, *Les modes de saisine de la cour internationale de justice à travers la jurisprudence et la doctrine*, Thèse de Doctorat en Droit Public, Université de Paris I, 1994.

[106] CIJ., *Cameroun septentrional, (Cameroun c. Royaume-Uni), exceptions préliminaires*, arrêt du 2 décembre 1963, *Rec.*, p. 189. Voir au sujet de la défiance du Cameroun envers la juridiction obligatoire de la CIJ., N. MOUELLE KOMBI, *La politique étrangère du Cameroun*, points de vue, Paris, L'Harmattan, 1996, pp. 194-197 ; A. OLOA ZAMBO, *L'affaire du Cameroun septentrional Cameroun/Royaume-Uni*, Paris, L'Harmattan, Etudes africaines, 2007, pp. 184-185.

[107] Le Nigeria fait partie des premiers pays à avoir adhéré à la juridiction de la Cour par une déclaration datée du 14 août 1965 remise au Secrétaire général des Nations Unies le 3 septembre 1965. Comme on le sait, l'affaire a été introduite par requête du cameroun sur la base de l'article 36 § 2 du statut de la Cour, seulement 21 jours après son consentement à la juridiction (le 3 mars 1994). La première exception préliminaire du Nigeria avait soulevé cette question. CIJ., *Frontière terrestre et maritime entre le Cameroun et le Nigeria, Exceptions préliminaires, (Cameroun c. Nigeria)*, arrêt du 11 juin 1998, *Rec.*, p. 275, § 21.

[108] CIJ., *Droit de passage en territoire indien, (Portugal c. Inde)*, arrêt du 12 avril 1960, *Rec.*, pp 36-37.

[109] A.D. OLINGA, *L'accord de Greentree du 12 juin 2006 relatif à la presqu'île de Bakassi*, L'Harmattan, Paris, 2009, p. 15.

3. Un arrêt de fausse facture classique

Rendu au terme d'un si long procès, minutieux et scrupuleux, censé mettre un terme à un contentieux latent depuis près d'un quart de siècle entre deux républiques d'Afrique subsaharienne, l'arrêt du 10 octobre 2002 est d'apparence simple. Certes, il ne s'agit pas d'un modèle de brièveté (152 pages[110]). Outre l'extrême longueur de la procédure, la multitude de points de fait et de droit le confirme[111]. Ce n'est pas, à vrai dire, « une » affaire que la Cour a tranchée, mais « plusieurs »[112]. Ce qui fait immédiatement penser à la figure des poupées gigognes.

De prime abord, la décision de justice paraît avoir été uniquement rendue en considération des circonstances particulières de l'affaire qu'elle tranche. *Omnia petita*. Dans cette hypothèse, son autorité serait ténue[113]. La Cour y a tracé la limite entre le Cameroun et le Nigeria. Elle a consacré la souveraineté du demandeur sur la presqu'île litigieuse de Bakassi. Elle a demandé au défendeur de retirer immédiatement son administration et ses forces armées et de police des territoires relevant de la souveraineté de la République du Cameroun. La même obligation a incombé au demandeur en ce qui concernait les territoires relevant de la souveraineté du Nigeria. Le juge international s'est inspiré en grande partie des *dicta* de l'affaire *du Différend frontalier entre le Burkina Faso et le Mali*[114]. Il a pris acte de l'engagement formulé à l'audience par le Cameroun de « continuer à assurer sa protection aux Nigerians habitant la péninsule de Bakassi et à ceux vivant dans la région du lac Tchad »[115]. Enfin, la Cour a rejeté le surplus des conclusions du Cameroun visant à engager la responsabilité internationale du Nigeria ainsi que les demandes reconventionnelles formulées à cet effet. Les coordonnées des lignes tracées par la Cour ont été indiquées dans le dispositif de l'arrêt.

De telles motivations semblent ordinaires sous la plume d'observateurs qualifiés tant les obligations qu'elles imposaient aux parties apparaissent comme une évidence première et fondamentale dans ce type de différend.

---

[110] Il n'est point question ici de sacrifier prématurément à l'examen d'une décision qui suscitera de nombreux commentaires. Première Partie, Titre I, Chapitre I.

[111] L'arrêt aborde plusieurs questions de droit international public : la mise en œuvre des autres modes de règlement pacifique des différends prévus par la Charte, la souveraineté territoriale, la succession d'Etats et la garantie des droits acquis, la protection des minorités, les rapports entre le droit international et interne, etc.

[112] Selon un des conseils du Cameroun : « Il n'est donc pas exagéré de considérer que ce sont huit, voire neuf, affaires distinctes qui sont soumises à la Cour » : Plaidoirie de M. A. PELLET, *Frontière terrestre et maritime (Guinée équatoriale (intervenant)*, CR/ 2002/2, 18 février 2002, pp. 43 et s.

[113] Décision d'espèce, G. CORNU, *op.cit.*, p. 370.

[114] Affaire du *Différend frontalier (Burkina Faso/République du Mali)*, Arrêt du 22 décembre 1986, *Rec.*, p. 573, par.39.

[115] CIJ., *Frontière terrestre et maritime entre le Cameroun et le Nigeria, (Cameroun c. Nigeria ; Guinée équatoriale (intervenant),* arrêt du 12 octobre 2002, *Rec.*, p. 457.

Cependant, la contemplation de l'évidence ne saurait suffire si l'on veut retrouver dans le contenu de l'arrêt certaines données essentielles du problème qui sera ici retenu : celui de l'exécution.

L'arrêt du 10 octobre 2002 est captivant. Il tranche des questions de droit controversées. La motivation générale de ce jugement semble de nature à lui procurer une certaine autorité en dehors de l'espèce jugée[116]. La grandeur de l'arrêt *Cameroun c. Nigeria* (au sens de son importance) tient en partie à son contenu jurisprudentiel. Des questions d'une extrême gravité en droit international se trouvent habilement disséminées un peu partout dans ce cas topique. L'arrêt touche par ailleurs à la menace de l'utilisation de la force. Elle est perçue comme porteuse d'enjeux graves en comparaison avec des domaines traditionnellement jugés comme secondaires tels que la délimitation terrestre et maritime et/ou les intérêts économiques et financiers. Le jugement d'espèce peut donc être considéré comme un grand arrêt en raison de l'importance de sa matière et de son objet, eux-mêmes considérés comme essentiels[117]. Malgré cela, c'est surtout par ses effets juridiques et extrajuridiques que l'arrêt *Cameroun c. Nigeria* revêt un intérêt croissant. De telles virtualités permettent de prendre conscience de l'existence s'agissant dans ce cas d'un grand arrêt de la CIJ qu'on aurait pu à première vue ne pas identifier comme tel en raison de sa facture classique. Pour toutes ces raisons, l'analyse des conditions particulières de son exécution est digne de considération.

C. La complexité de l'exécution de l'arrêt du 10 octobre 2002

La question de l'exécution de l'arrêt *Cameroun c. Nigeria* revêt, plus d'une dizaine d'années après son prononcé, un intérêt constant. Longtemps relégué au second plan par l'originalité de la jurisprudence européenne, internationale ou administrative, ce sujet demeure pourtant capital. Il a cependant été délaissé ou assez ignoré, « sous-pensé », voire minimisé par la doctrine internationaliste. Or, il est impossible de se faire une idée exacte de la justice internationale sans éprouver comment elle se manifeste dans la vie pratique[118]. L'intérêt mesuré de la doctrine pour la question de l'exécution de l'arrêt d'espèce **(1)** contraste avec son originalité **(2).**

---

[116] Décision de principe, G. CORNU, *op.cit.,* p. 720.
[117] E. JOUANNET, *op. cit.*, note 5, p.173.
[118] E. HAMBRO, *op.cit.,* note 10, p. 2.

1. Un intérêt « initialement » mesuré

Bien que l'arrêt *Cameroun c. Nigeria* soit l'une des décisions les plus importantes de la Cour et les plus commentées[119], les commentaires de jurisprudence internationale se sont plus appesantis sur le contenu de l'arrêt que sur ses suites[120]. Les commentateurs écrivent davantage sur les affaires ayant soulevé des difficultés d'exécution que sur celles n'en ayant pas posé[121]. G. Deharo estime d'ailleurs à ce sujet que l'exécution est « transparente parce que de nature volontaire »[122]. Faut-il en conclure que la mise en œuvre de cette décision a suscité une attention modérée parce qu'elle était considérée comme n'ayant soulevé aucune difficulté particulière[123] ?

En effet, ce n'est qu'exceptionnellement que la décision a été rangée par la doctrine au titre des espèces inexécutées ou ayant été très retardées, voire classées parmi les affaires où l'une des parties a contesté la validité et où le jugement a été si obscur qu'on a dû procéder à une nouvelle interprétation. Aloysius P. Llamzon est l'un des rares à le ranger parmi les *« Non compliance in Practice : five recent incidents »*[124]. Hélène Ruiz Fabri et Jean-Marc Sorel examinent au même titre les « difficultés d'exécution » de l'arrêt[125]. Enfin, Colter Paulson classe cette affaire comme étant un « *case involving some non compliance* »[126]. L'exécution de cet arrêt n'a été ni « transparente » ni « volontaire ». L'indifférence de la doctrine vis-à-vis des suites de cet arrêt doit de ce fait être corrigée. Le caractère inaccoutumé du mode de traitement de l'exécution dans cette affaire l'atteste.

---

119 Voir bibliographie générale de l'étude.

120 C. DIOP, M. PLANTE, D. ROCHETTE, « Démarcation entre le Cameroun et le Nigeria : un nouveau modèle pour l'Afrique », *Communiqué, Associations des Arpenteurs des Terres du Canada*, septembre 2006, vol. 10, N°2, pp. 1-4.

121 Pour les arrêts de la CIJ., voir M.E. O'CONNELL, « The Prospect for Enforcing Monetary Judgements of the International Court of Justice : A study of Nicaragua's Judgement against the United States », *Virginia Journal of International Law*, 1990, p. 891 ; A. PEYRO LLOPIS, « Après Avena : l'exécution par les Etats-Unis de l'arrêt de la Cour internationale de Justice », *A.F.D.I.*, 2005, pp. 140- 161.

122 G. DEHARO, *op. cit.*, p. 210.

123 C. DIOP, M. PLANTE, D. ROCHETTE, *op.cit.* note 115 ; A. D. OLINGA, *L'accord de Greentree du 12 juin 2006 relatif à la presqu'île de Bakassi, op cit.*.

124 A. P. LIAMZON, « Jurisdiction and Compliance in recent Decisions of the international Court of Justice », *E.J.I.L.*, 2004, pp. 835-838.

125 H. RUIZ. FABRI, J.-M. SOREL, « Chronique de jurisprudence internationale de la Cour internationale de Justice. Arrêt du 10 octobre 2002 (Fond). Frontière terrestre et maritime (Cameroun c. Nigeria) », *J.D.I.*, 2003, n°3, pp. 873-882.

126 C. PAULSON, « Compliance with Final Judgments of the International Court of Justice since 1998 », *A.J.I.L.*, 2004, pp. 434-461.

2. L'inhabituelle exécution de l'arrêt au prisme de la négociation provoquée

Dans cette affaire, on est passé d'un extrême à l'autre : de sérieuses difficultés d'exécution à une exécution authentique. Les remèdes apportés à de tels problèmes feront l'objet dans le présent ouvrage d'une systématisation doctrinale. Il est question d'extrapoler un modèle théorique à partir de l'arrêt du 10 octobre 2002 dont la singularité est mise en valeur par ses suites. Les aspects soulevés, s'ils ne sont pas nécessairement inédits et/ou originaux, se posent néanmoins avec une acuité nouvelle et des critères pouvant être étendus à d'autres situations. Cette entreprise permet de concilier l'étude d'un cas particulier et le dessein d'une hypothèse générale.

Le défaut d'unanimité de la doctrine quant à l'existence en amont des arrêts d'un « champ opératoire » du règlement des différends internationaux par la CIJ[127] et en leur aval d'un « domaine privilégié » de l'exécution ou la non-exécution[128] peut faire douter de l'élaboration d'une théorie générale de l'exécution d'un type particulier de décisions judiciaires à partir d'un *unicum*. Certes, il est possible de s'interroger à la fois sur l'objet du travail et sur sa possibilité méthodologique. Au-delà de l'histoire d'une relation diplomatique et de la décision de justice qui l'a ponctuée, cette étude permet toutefois de dégager certains standards entendus comme le comportement servant de référence pour apprécier la conduite d'un Etat dans un domaine donné[129]. Dans un contexte de prolifération des juridictions internationales et/ou de « buissonnement juridictionnel » selon l'expression de Bugorgue-Larsen[130] et d'influence croisée entre juridictions[131], ces standards sont autant d'éléments attestant que la solution fournie par l'exécution de l'arrêt peut s'appliquer *mutatis mutandis* à d'autres décisions de justice territoriale. Il importe d'appréhender les modalités de la contribution de la mise en œuvre d'un arrêt spécifique à l'élaboration d'une théorie générale.

---

[127] M. VIRALLY, « Le champ opératoire du règlement judiciaire international », *R.G.D.I.P.*, 1983, vol. 87, pp. 281-310.

[128] Ph. COUVREUR, « *The Effectiveness of the International Court of Justice in the Peaceful Settlement of International Disputes* » *in* MULLER A. S., *The International Court of Justice: Its Future Role after Fifty Year*, Leiden, Martinus Nijhoff, 1997, p. 90.

[129] G. CORNU, *op.cit.* p. 885.

[130] L. BUGORGUE-LARSEN, « Le fait régional dans la juridictionnalisation du droit international », SFDI, Colloque de Lille sur *La juridictionnalisation du droit international*, Paris, Pedone, 2003, p.11.

[131] G. CANIVET, « Les influences croisées entre juridictions nationales et internationales », Consulté sur http://www.ahjucaf.org/Les-influences-croisees-entre,7177.html ; G. CANIVET, « L'influence de la comparaison des droits dans l'élaboration de la jurisprudence », in *Études offertes au professeur Philippe MALINVAUD*, Paris, Lexis Nexis, Litec, 2007, pp.133-144.

D'abord, l'arrêt projette une lumière nouvelle sur le droit international général tout en prenant en compte le pluralisme juridique[132] et le droit régional africain. La négociation provoquée par le tiers judiciaire (ici la Cour) et institutionnel (l'ONU) dans un objectif de prévention de l'inexécution ainsi que d'incitation à exécuter permet d'adapter la solution juridictionnelle aux contraintes de terrain. Outre la quête de l'effectivité de la décision et partant du droit international, il est demandé aux parties de négocier pour satisfaire leur propre commodité et le but de la poursuite entre elles de relations cordiales. Il faut retenir que le prisme de la négociation provoquée n'est pas translucide. Il est diaphane. En particulier, on songe ici à l'idée selon laquelle l'exécution des arrêts de la CIJ est arrimée au naturalisme sociologique. Dans ce cas, les particularismes sociétaux imprègnent le processus de réception de l'arrêt de la Cour dans les ordres juridiques étatiques. La prise en compte de cet ancrage est capitale en ce qu'elle permet d'atténuer de quelle manière est perçue l'intrusion d'un arrêt international. Même si elle pose la question controversée de la mise en œuvre domestique d'un arrêt international, la consécration des droits fonciers coutumiers à des non nationaux opérée par l'accord post-arrêt est à cet égard atypique.

Il existe plusieurs manières de traiter le droit, la méthode logico-dogmatique[133] et la méthode sociologique. Cette dernière peut être appliquée à la question esquissée. En effet, un examen uniquement logique du droit ne permet pas de prendre en considération, en raison même des conditions constitutives propres à cette méthode, le problème ici traité. La première méthode conduit à des résultats scientifiques notables en droit international public avant tout dans les travaux de Kelsen[134]. Cependant, elle est caractérisée par le fait que l'examen reste circonscrit à la sphère du droit pur. Cette autolimitation de la démarche est parfaitement indiquée lorsqu'il s'agit de l'analyse de questions exclusivement juridiques. Mais, elle apparaît vite insatisfaisante lorsqu'elle s'attaque à des questions comme celle-ci se trouvant dans une certaine mesure en marge d'une juridiction exclusive du droit. Cette recherche ne peut donc pas être menée par déduction logique en raison de la place prépondérante laissée à la volonté des parties dans la mise en œuvre des décisions internationales.

---

[132] Sur cette notion, voir B. BARRAUD, *Théories du droit et pluralisme juridique. Les théories dogmatiques du droit et la fragilité du pluralisme juridique*, Marseille, Presses Universitaires d'Aix-Marseille - P.U.A.M., Collection : Inter-normes, Tome 1, 2017, 582 p.

[133] La méthode logico-dogmatique « est caractérisée par le fait que l'examen reste circonscrit à la sphère du droit pur. La relation du droit avec la vie sociale n'est pas prise en considération, le droit étant envisagé comme une structure normative reposant sur elle-même, parfaite et n'ayant pas besoin d'être complétée. Or, cette autolimitation de la méthode est parfaitement indiquée lorsqu'il s'agit de l'examen des questions qui ne sont réellement que juridiques, ou de la construction juridique d'une institution du droit ». D. SCHINDLER, « Contribution à l'étude des facteurs sociologiques et psychologiques du droit international », *R.C.A.D.I.*, tome 46 (IV), 1933, p. 235.

[134] H. KELSEN, *The Law of the United Nations. A Critical Analysis of Its Fundamental Problems*, Londres, Stevens and Sons Limited, 1950, 994 p.

D'où le recours dans cet ouvrage à une approche relevant de la sociologie du droit[135], teintée d'ethnographie, qui interroge les liens unissant les populations de la zone disputée au Nigeria sur la réalité post-coloniale. L'essence de ce discernement socio-ethnologique consiste dans le fait que les suites de l'arrêt du 10 octobre 2002 doivent être approfondies à l'aune de leurs rapports avec l'ensemble de la société. Si les caractères de la société internationale font des Etats les « exécuteurs naturels » de l'arrêt[136], les populations de la presqu'île litigieuse en sont les véritables destinataires[137].

Le droit international doit en conséquence s'adapter aux besoins sociaux.

Ceci correspond d'ailleurs à la marque d'une « politique qui a réussi »[138]. En effet, la vie sociale dans la zone concernée par l'arrêt est réglée non seulement par le droit, mais également par de nombreux facteurs distincts de celui-ci tels les us et traditions des populations de la zone litigieuse, la conciliation entre la délimitation frontalière et les réalités naturelles humaines[139], la présence de populations imbriquées hostiles au changement de souveraineté *de facto*, etc. Cette analyse s'occupe donc pour prendre une formule extrêmement résumée des rapports entre le droit (l'arrêt) et la réalité. Comme le précise D. Schindler : « une règle de droit compte avec l'action de forces extérieures au droit qui doivent amener, en concours avec lui, l'état approprié à la communauté »[140]. Ainsi, le droit « dit » par la CIJ s'interprète dans le contexte du cadre social dans lequel il a vocation à être appliqué. L'arrêt n'est pas là simplement pour proclamer des règles et des principes. Ces derniers sont à la disposition des destinataires de l'arrêt pour être utilisés et incidemment, enfreints, voire contournés.

Une approche relevant dans une certaine mesure de l'objectivisme sociologique est également pertinente. Le *credo* fondamental de cette doctrine dont le chef de file a été le Français George Scelle est de considérer que les

---

[135] J. CARBONNIER, « Les hypothèses fondamentales de la sociologie juridique théorique », in *Flexible droit*, Paris, L.G.D.J., 1979, pp. 5-19 ; J. CARBONNIER, « Sociologie juridique : Effectivité et ineffectivité de la règle de droit », in *L'année sociologique*, Paris, L.G.D.J., 1958, pp. 3 et suiv. Voir aussi, P. AMSELEK, *Méthode phénoménologique et théorie du droit*, Paris, L.G.D.J., 1964, 470 p.

[136] Ph. COUVREUR, « A propos de l'effectivité de la Cour internationale de justice dans le règlement pacifique des différends internationaux », *A.A.D.I.*, 1996, vol. 4, p. 110.

[137] J. CARBONNIER, « Effectivité et ineffectivité de la règle de droit », *op.cit.*, p.3 ; E. BLANKENBURG, « La recherche de l'efficacité de la loi - Réflexions sur l'étude de la mise en œuvre (Le concept d'« implémentation », *Droit et Société*, 1986, p 59.

[138] E. GIRAUD, « Le droit positif : ses rapports avec la philosophie et la politique », Hommages d'une génération de juristes au président Basdevant, Paris, Pedone, 1960, p. 234.

[139] Sur le sujet, F. GAULME, « Tribus, ethnies, frontières », *Afrique contemporaine*, n° spécial 164, octobre-décembre 1992, pp. 43-49

[140] D. SCHINDLER, *op.cit.* note 128, pp. 237-238.

normes juridiques, internationales résultent des réalités sociales[141]. Selon l'hypothèse objectiviste, l'essentiel de l'arrêt du 10 octobre 2002, en tant que norme sociale, consiste dans le respect, le maintien et le développement de la solidarité sociale qu'il favorise. Enfin, il est coutume de dire que « qui accepte de passer par l'univers du pluralisme juridique respire plus à l'aise »[142]. En l'occurrence, les parties se comportent dans la phase post-arrêt en réadaptant leurs divers systèmes juridiques à leurs appartenances.

A côté d'un ensemble d'ordre juridique, c'est surtout un faisceau d'éléments sociologiques qui entrent en jeu dans le processus post-jugement. Au-delà de l'image d'Épinal, une approche de la sensibilité de la question de l'exécution des décisions de justice territoriale au prisme de la psychologie sociale est ici amorcée. Il s'agit plus modestement de tenir compte du fait que pour diverses raisons qu'il importera d'aborder plus en détail, le contexte sociologique et la présence des populations frontalières imbriquées sont dotés d'un poids considérable qui influence les modalités d'exécution de l'arrêt de la Cour.

L'originalité de cette expérience réside dans la remise en cause de certains présupposés. Dans l'ordre juridique international où s'encadre l'interface entre ce que l'on appelle de « façon trompeuse, mais imagée »[143], la fonction législative, judiciaire[144] et en l'occurrence exécutive, cette dernière comporte traditionnellement, soit l'application volontaire par le sujet de droit, soit l'exécution forcée qui s'impose à lui contre son gré[145]. Or, l'exécution de l'arrêt du 10 octobre 2002 ne correspond à aucune des situations compartimentées par M. Kamto[146]. Elle n'a été ni spontanée ni forcée. Elle n'a pas non plus donné lieu à un différend sur l'exécution conduisant à un nouveau procès distinct du précédent.

Difficiles à classer, les conditions d'exécution de l'arrêt du 10 octobre 2002 proposent une reconsidération de la théorie générale de l'exécution des décisions rendues dans le domaine du contentieux territorial. La singularité de l'espèce réside en premier lieu dans la sollicitation exceptionnelle de la Cour

---

[141] G. SCELLE, *Précis de droit des gens, Principes et systématique*, Paris, Dalloz 2008, p. 210 ; A. PELLET estime que ce crédo est aussi le « sien » étant entendu qu'il y a de la place pour plusieurs sous-doctrines. Pour des explications plus élaborées sur ce point, voir A. PELLET, « Le droit international à l'aube du XXIe siècle (La société internationale contemporaine, permanences et tendances nouvelles) », *Cours général, Cours euro-méditerranéens de droit international,* vol. I, 1997, Aranzadi, Pamplona, 1998, p. 33 ; Voir également, A. PELLET, « Art du droit et "science" des relations internationales » in B. BADIE et A. PELLET (dir), *Les relations internationales à l'épreuve de la science politique - Mélanges Marcel Merle,* Paris, Economica, 1993, pp. 353-369.

[142] J. VANDERLINDEN, « Vers une nouvelle conception du pluralisme juridique », *RRJ*, 1993, p. 572.

[143] Le propos est de A. PELLET, « Préface », A BEN MANSOUR (A.), *op.cit.*, note 10, p. 5.

[144] Voir la définition de la fonction judiciaire dans A. AZAR, *op.cit.*, note 10, p. 2.

[145] A. AZAR, *Ibid.*, pp. 7-13. Voir également la définition donnée par G. SCELLE, « Théorie et pratique de la fonction exécutive en droit international », *R.C.A.D.I.*, 1936, pp. 91-92.

[146] M. KAMTO, « La volonté de l'Etat en droit international », *R.C.A.D.I.*, t. 310, p. 407.

à l'égard des suites de l'affaire. Chargée de tracer la frontière entre les parties, la juridiction internationale a été amenée à jouer un certain rôle dans l'application de la décision prononcée. Le balisage[147] diplomatique de l'exécution du futur arrêt de la Cour par le juge international lui-même a démenti la posture classique de l'absence d'intervention judiciaire dans le suivi des jugements internationaux, contrairement à la pratique des mécanismes de protection des droits de l'Homme[148]. Comme toute institution sociale, la Cour entend pouvoir s'appuyer sur la considération et la confiance de ses justiciables. Cette préoccupation est encore plus vive sur le continent africain où le risque de désaffection des Etats à l'égard d'un juge exogène demeure, plus qu'ailleurs, exacerbé. La prédilection des Etats africains pour les modes politiques plutôt que juridiques de règlement des différends est connue. M. Kamto évoque à ce sujet « une manière de scepticisme chez un certain nombre d'Etats, en particulier en Afrique, sur le bien-fondé du choix du recours devant la CIJ pour le règlement de leurs différends internationaux. Tout en maintenant leur adhésion au principe du règlement pacifique des différends entre Etats, certains Etats ont commencé à exprimer leur préférence pour d'autres mécanismes que la procédure judiciaire contentieuse »[149]. On peut à ce titre relever la volonté politique affichée par le Gabon et la Guinée équatoriale lors d'une réunion organisée le 19 janvier 2016 au siège des Nations Unies de trouver un compromis pour résoudre le différend les opposant sur la souveraineté des îles de Mbanié, Conga et Cocotier. Le 15 novembre 2016 à Marrakech, en marge de la 22e conférence des parties (COP22), les présidents gabonais et équato-guinéen ont procédé à la signature d'un accord soumettant à la CIJ ce différend frontalier[150]. Toutefois, l'évolution récente incite à l'optimisme pour ce qui est du recours à l'organe judiciaire principal de l'ONU en matière de délimitation territoriale. Le 28 août 2014, la République fédérale de Somalie a introduit une instance contre la République du Kenya devant la CIJ au sujet d'un différend relatif à la délimitation maritime dans l'océan Indien[151]. Cet enthousiasme ne s'amoindrit pas, même si le différend relatif à la délimitation de la frontière maritime entre le Ghana et la Côte d'Ivoire dans l'océan Atlantique a plutôt

---

[147] Cf, pp. 32, 44, 119 et 405.

[148] A-C. FORTAS, *La surveillance de l'exécution des arrêts et décisions des cours européenne et interaméricaine des droits de l'homme : Contribution à l'étude du droit du contentieux international,* Institut René Cassin de Strasbourg, A. Pedone, 644 p. ; E. LAMBERT ABDELGAWAD, « L'exécution des décisions des juridictions internationales des droits de l'homme : vers une harmonisation des systèmes régionaux », Bogotá, *A.C.D.I.,* Vol. 3 Especial, 2010, pp. 9-55.

[149] M. KAMTO, « Considérations actuelles sur l'inexécution des Décisions de la Cour internationale de Justice », *op.cit.,* p. 221.

[150] En 2008, sous l'égide de l'ONU, une médiation avait été mise en œuvre.

[151] CIJ, Communiqué de Presse n°2014/27 du 28 août 2014.

donné lieu à un arrêt d'une chambre spéciale Tribunal Maritime International du Droit de la Mer (TIDM) le 23 septembre 2017[152].

L'attitude de la Cour dans l'affaire à l'étude incite à réfléchir sur la confrontation entre la fonction judiciaire et la stratégie judiciaire des parties, ses conditions de mise en œuvre et ses limites éventuelles. Le juge international ne se comporte non plus seulement comme le « diseur de droit » dont les sources proviendraient de l'article 38 du statut[153], mais comme conciliateur, médiateur, pacificateur, voire animateur de la vie publique locale[154]. La méthode de la négociation provoquée par le tiers judiciaire (la Cour) à travers l'arrêt (« une décision en négociation » : notion empruntée au *management*)[155] est de nature à initier une réflexion sur l'indexation du règlement judiciaire sur le règlement politique et partant le réalisme de la fonction juridictionnelle. Une thèse a en effet pu être soutenue que toute saisine de la Cour devait être précédée de tentative de règlement politique et que le juge ne peut se prononcer sur une affaire avant d'avoir vérifié l'échec d'une telle tentative. De la sorte, le règlement juridictionnel serait nécessairement supplétif au règlement politique[156]. Des exceptions préliminaires avaient d'ailleurs été soulevées en ce sens par le Nigeria dans cette affaire au motif que la saisine de la Cour était prématurée, les moyens de règlement politique n'étant pas épuisés[157].

L'arrêt du 10 octobre 2002 a servi de support à la négociation provoquée en vue de l'élaboration d'un accord entre les parties. Ceci a démontré que l'on tend désormais, en même temps que l'on ne considère plus l'obligation de négocier comme un préalable à la saisine du juge, à en faire une nécessité inévitable, en fait et potentiellement en droit, dans la mise en œuvre de l'énoncé judiciaire. C'est désormais devant la Cour ou du moins directement devant elle que se déroule ce travail de décantage en même temps que le travail de règlement du différend ainsi circonscrit. Ceci rend le recours à la diplomatie d'autant plus impératif à l'issue du litige[158].

---

152 T.I.D.M, *Différend relatif à la délimitation de la frontière maritime entre le Ghana et la Côte d'Ivoire dans l'océan Atlantique*, arrêt du 13 septembre 2017.

153 A. PELLET, "Article 38" in A. ZIMMERMANN, Ch. TOMUSCHAT and K. OELLERS-FRAHM, *The International Court of Justice – A Commentary*, Oxford UP, 2006, p. 677.

154 A. GARAPON, « La question du juge ». *Pouvoirs n°74* - Les juges - septembre 1995 - p.13-27, p. 14. Sur le sujet, A. PELLET, « L'adaptation du droit international aux besoins changeants de la société internationale », *R.C.A.D.I.*, Leiden/Boston, Nijhoff, tome 329, 2008, pp. 9-47.

155 A. STIMEC « Critères et biais de décision en négociation », *Négociations* 2/2006 (n° 6), p. 127-144.

156 CPJI, *Zones franches de la Haute-Savoie et du pays de Gex*, 1932, Série A, n° 2, p. 13. ; CIJ, ordonnance du 29 juillet 1991, *Passage par le Grand Belt, Finlande c. Danemark, Rec.* 1992, p.12 ; CPJI, *Concessions Mavrommatis en Palestine et à Jérusalem, Rec.* 1924, p.15

157 Arrêt du 11 juin 1998, *Frontière terrestre et maritime entre le Cameroun et le Nigeria, exceptions préliminaires*, arrêt, CIJ., Rec.1998, p. 275.

158 A. D. OLINGA, *L'accord de Greentree du 12 juin 2006, op.cit.*, note 118, p. 11.

L'accord issu de telles négociations pourrait évoquer légitimement le contrat de transaction du code civil[159]. Ce dernier apparaît comme un contrat ayant pour objet le règlement d'un litige, voire la prévention d'un litige à naître. À l'encontre de cette analyse, l'on peut douter de la réunion des conditions de validité de ce contrat. Si l'on peut envisager que les litiges entre Etats reposent sur des droits disponibles, la négociation provoquée par la Cour dans cette affaire n'a pour objet ni de régler un litige – il vient de l'être par l'arrêt – ni même de prévenir le litige qui pourrait naître de son exécution[160]. C'est une négociation en vue de la mise en œuvre de la décision devenue définitive et revêtue de la formule exécutoire. Ici, c'est la fonction que l'on a fait jouer à la négociation qui est particulièrement saisissante.

En l'espèce, la négociation provoquée s'incorpore au processus post-judiciaire en ayant œuvré pour la prévention d'un litige éventuel sur les difficultés de l'exécution. Ici, la négociation sert l'exécution, soit en raison d'un *vacuum* intentionnel du juge devant laisser aux parties une certaine marge de manœuvre dans l'adaptation de l'énoncé judiciaire, soit en adaptant celui-ci aux contraintes locales.

Il semblerait d'ailleurs que cette tendance se soit accentuée dans la jurisprudence de la Cour en matière territoriale postérieure à l'arrêt de 2002. A titre d'illustration, dans l'affaire du *Différend maritime (Pérou c. Chili)* ayant donné lieu à un arrêt du 27 janvier 2014, le juge international a pris en compte les circonstances de l'affaire. La Cour a déterminé le tracé de la frontière maritime entre les parties sans en préciser les coordonnées géographiques exactes. Elle a rappelé que les parties ne lui avaient pas demandé de le faire dans leurs conclusions finales. Elle précise qu'elle attend d'elles qu'elles « procèdent à la détermination de ces coordonnées conformément au présent arrêt et dans un esprit de bon voisinage »[161].

L'action de prévention de l'inexécution de l'organe judiciaire principal des Nations Unies est relayée par celle plus substantielle d'incitation à exécuter le futur arrêt du Secrétaire général de l'Organisation. Ce déploiement de la négociation provoquée en amont de l'arrêt, consolidé par un recours à la négociation provoquée entre les parties en aval de celui-ci, a assuré une contribution éminente à l'étude de décisions de justice territoriale impliquant des populations imbriquées.

C'est au stade post-contentieux que le particularisme régional (ici africain) dont le juge international était dans une certaine mesure resté éloigné dans

---

[159] Il s'agit du contrat par lequel les parties à un litige déjà porté devant un tribunal ou seulement né entre elles, y mettent fin à l'amiable en se faisant des concessions réciproques (C. Civ. Article 2044). G. CORNU, *op.cit.*, p. 928. En droit international, l'expression désigne dans son acception générale, le fait de transiger ; accords entre sujets de droit international dont l'objet est de renoncer à tout ou partie de leurs prétentions. J. SALMON (dir.), *Dictionnaire de droit international public*, *op.cit.*, p. 1098.

[160] Ce n'est pas son but premier, mais cela peut en constituer un effet.

[161] CIJ, *Différend maritime (Pérou c. Chili)*, arrêt du 27 janvier 2014, *Rec.*, p.3.

l'arrêt, retrouve sa vigueur. L'efficacité des mécanismes régionaux d'exécution auxquels les deux pays concernés ont eu recours et dont le principe peut être exporté et adapté à d'autres situations similaires a rejailli sur l'ensemble du droit international. Se fondant sur une approche spécifiquement régionale (ici africaine) du droit international, le mécanisme *sui generis* de la Commission de mise en œuvre de l'arrêt du 10 octobre 2002, l'accord du 12 juin 2006 et les arrangements post-judiciaires servent de complément au système judiciaire classique.

Cette régionalisation du suivi d'un arrêt de la Cour permet également d'appréhender le phénomène de la fragmentation du droit international sous un angle exclusivement positif et non plus sous celui plus réservé des difficultés découlant de la diversification et de l'expansion du droit international[162]. C'est en cela que l'arrêt considéré reflète la pratique en la matière et fournit des éléments pour l'ébauche d'une théorie générale de l'exécution effective des décisions de justice en matière de délimitation territoriale.

L'étude de l'exécution de l'arrêt de la CIJ du 10 octobre 2002 propose une technique d'exécution nouvellement isolée. La contribution à l'exécution des décisions de justice en matière de délimitation frontalière et territoriale consiste en effet en un recours insolite à la négociation provoquée en vue de l'exécution (Première Partie). L'exécution par la négociation provoquée (Deuxième Partie) conduit à proposer un modèle de pratiques au service d'une plus grande effectivité des décisions de justice.

Première Partie. La négociation provoquée en vue de l'exécution

Deuxième Partie. L'exécution par la négociation provoquée

---

[162] Un groupe d'étude sous la présidence de Martti Koskenniemi a travaillé sur « La fragmentation du droit international : difficultés découlant de la diversification et de l'expansion du droit international », *AGNU*, A/CN.4/L.682 du 13 avril 2006.

Première partie.
La négociation provoquée en vue de l'exécution

Il est difficile de contraindre les Etats dont la volonté souveraine constitue la clef de voûte du système international, ce qui inféode la future exécution de la décision à celle-ci. Les arrêts de la CIJ sont revêtus d'une autorité à la fois juridictionnelle et conventionnelle. L'autorité juridictionnelle découle du principe *res judicata* (article 59 du statut de la CIJ) obligeant les parties à respecter l'arrêt[163]. L'autorité conventionnelle provient du fait que la CIJ est partie intégrante de la Charte des Nations Unies. Ainsi, conformément au principe *Pacta Sunt Servanda*, « chaque membre des Nations Unies s'engage à se conformer à la décision de la Cour internationale de Justice dans tout litige auquel il est partie »[164]. Les jugements et arrêts qui ne sont pas exécutés ou qui ne le sont pas comme il le faudrait, représentent une infime minorité par rapport à l'ensemble de ceux que rendent les juridictions internationales. La plupart des arrêts ne soulèvent pas de difficulté particulière, chacune des parties accomplissant les prestations que le juge a mises à sa charge. A titre d'exemple, l'arrêt de la CIJ « *Ahmadou Sadio Diallo (République de Guinée c. République démocratique du Congo (Indemnisation due par la République démocratique du Congo à la République de Guinée))* » du 19 juin 2012 a été exécuté en 2013, soit moins d'une année après son prononcé[165].

Les cas d'inexécution définitive d'arrêts de la Cour se comptent sur les doigts de la main. Les comportements contraires au respect dû à la chose jugée ne doivent toutefois pas être considérés comme dérisoires. Il n'est jamais acceptable que la chose jugée soit méconnue. Les meilleurs arrêts du monde ne mènent à rien s'ils ne sont pas suivis d'effets[166]. On trouve des éléments d'inexécution dans les suites des affaires territoriales soumises au règlement juridictionnel. Il devient alors malaisé de discerner les contours de l'exécution et partant ceux de l'inexécution. Un nombre important d'arrêts ont ainsi été pris en compte avec difficulté, voire ignorés par la partie perdante sans être considérés *stricto sensu* comme inexécutés[167].

---

[163] CIJ, 18 novembre 2008, *Application de la convention sur le génocide, Croatie c. Serbie*, Rec. 2008, §§ 71,76.

[164] La Charte des Nations Unies étant un traité, l'article 26 de la Convention de Vienne du 23 mai 1969 affirme que : « *Tout Traité en vigueur lie les parties et doit être exécuté par elles de bonne foi* ».

[165] CIJ., *Ahmadou Sadio Diallo, exceptions préliminaires (République de Guinée c. République démocratique du Congo)*, *Rec.*, 2010, vol. II, p. 69. La Guinée avait saisi la Cour le 28 décembre 1998 et le 30 novembre 2010, la Cour internationale de Justice avait considéré que la RDC avait violé les droits fondamentaux de l'intéressé. La Cour avait également décidé que le montant de l'indemnité due par la République démocratique du Congo à la République de Guinée pour le préjudice subi par M. Diallo s'élevait à 95 000 dollars américains.

[166] J-P. COSTA, « La prise en compte par la CEDH des contraintes nationales d'exécution », in Compte rendu du brainstorming du lundi 23 mai 2016 sur le thème de "L'exécution des arrêts de la Cour européenne des droits de l'homme", 1ère Table Ronde, p.12.

[167] S. ROSENNE, « L'exécution et la mise en vigueur des décisions de la CIJ. », *op.cit.*, note 11. p. 533.

Louis Renault se référait à cet effet à la sentence arbitrale rendue à l'occasion du différend frontalier entre la Bolivie et le Pérou par le président de la République argentine. Elle a donné lieu à des manifestations populaires contre le tiers arbitre[168]. On pourrait également citer l'arrêt relatif au *Détroit de Corfou*[169]. Une autre décision qui a été exécutée péniblement est celle rendue dans l'affaire du *Droit d'asile*[170]. D'autres fois, c'est la lenteur qui a posé question comme dans l'arrêt du 20 juin 1959 rendu dans l'affaire relative à la *Souveraineté sur certaines parcelles frontalières*[171]. Suite à l'arrêt relatif au *Temple de Préah Vihéar* rendu pour régler le différend entre le Royaume du Cambodge et la Thaïlande. Le gouvernement thaïlandais a contesté le jugement de la Cour et entrepris de boycotter la session de l'Organisation du Traité de l'Asie du Sud-Est. Il menaça par ailleurs de rappeler son ambassadeur à Paris en raison de la présence des professeurs Pinto et Reuter auprès de l'agent cambodgien. Il finit par rompre ses relations commerciales avec la Pologne au motif que la Cour était présidée par un juge polonais, M. Winiarski[172]. Quelques soubresauts ont de nouveau été signalés au sujet de ce temple en 2009, lorsque l'UNESCO lui a alloué le statut d'héritage mondial de l'humanité. Quarante-neuf ans plus tard, soit le 28 avril 2011, le Cambodge a déposé au greffe de la Cour une requête introductive d'instance contre la Thaïlande en demandant à la Cour d'interpréter l'arrêt qu'elle a rendu le 15 juin 1962 en l'affaire du *Temple de Préah Vihéar (Cambodge c. Thaïlande)*. Le 11 novembre 2013, l'organe judiciaire principal de l'ONU a adjugé au Cambodge la zone autour du temple de Préah Vihéar qu'il se disputait avec la Thaïlande et a ordonné à celle-ci de mettre fin à sa présence militaire et

---

[168] L. RENAULT, « Le différend entre la Bolivie et le Pérou et l'arbitrage international », *R.G.D.I.P.*, 1909, p. 371.

[169] L'arrêt rendu le 15 décembre 1949 à propos de l'affaire du *Détroit de Corfou* se retrouve en première ligne dans la catégorie dans la mesure où il n'a été exécuté qu'à la suite de l'accord intervenu entre le Royaume-Uni et l'Albanie, le 8 mai 1992. CIJ., *Détroit de Corfou, (Royaume-Uni c. Albanie),* arrêt du 15 décembre 1949, *Rec.*, 1949, p. 36.

[170] En octobre 1948, des poursuites judiciaires ont été engagées contre Victor Haya De La Torre, chef de l'Alliance populaire révolutionnaire américaine, accusé d'avoir organisé une rébellion militaire au Pérou le 3 octobre 1948. De La Torre s'est réfugié à l'ambassade de Colombie à Lima. Dans son arrêt du 20 novembre 1950, la Cour conclut que l'asile offert par la Colombie n'est pas conforme au droit applicable et doit prendre fin. Cette décision n'a pas aidé à l'exécution de l'arrêt, car Haya De La Torre est resté à l'ambassade de la Colombie à Lima jusqu'à l'accord intervenu en mars 1954, qui lui a permis d'aller au Mexique. Voir CIJ., *Rec.,* 1949, pp. 266 et 267.

[171] Les Pays-Bas ont commencé à exécuter l'arrêt seulement 25 ans après son prononcé, car les deux Etats ont dû mettre en place une commission mixte pour procéder à un règlement amiable des problèmes et à la délimitation du secteur litigieux. Les procès-verbaux y relatifs furent signés le 26 avril 1974 et le 31 octobre 1995 respectivement. *Affaire relative à la souveraineté sur certaines parcelles frontalières* (CIJ., *Souveraineté sur certaines parcelles frontalières (Belgique c. Pays-Bas),* arrêt du 20 juin 1959, CIJ., *Rec.*, pp. 212 et 222).

[172] Informations rapportées par J-P. COT, « Jurisprudence et juridictions internationales - Cour internationale de Justice », *Chroniques de l'A.F.D.I.*, 1962, p. 246.

policière autour du temple hindou, situé du côté cambodgien de la frontière entre les deux pays[173].

Dans les affaires de la *Compétence en matière de pêcheries* (1974), les arrêts de la Cour avaient été rejetés par l'Islande. Quant à l'arrêt rendu dans l'affaire du *Personnel diplomatique et consulaire des Etats-Unis à Téhéran,* il n'a été exécuté qu'à la suite de l'action conjointe de contre-mesures et de négociations[174]. La Cour s'est prononcée au sujet du différend territorial et maritime opposant depuis 2001 la Colombie et le Nicaragua en réaffirmant la souveraineté de la Colombie sur sept îlots rocheux, mais en accordant la majeure portion du territoire maritime au Nicaragua. A la suite de ce jugement, la Colombie s'est retirée du pacte de Bogota le 29 novembre 2012[175]. Le 18 décembre 2012, le gouvernement colombien a annoncé qu'il présenterait au début de l'année 2013 un recours en révision de l'arrêt rendu le 19 novembre 2012[176]. À l'exception des affaires relatives aux *Droits des ressortissants américains au Maroc*[177] *ou au Mandat d'arrêt du 11 avril 2000 (République Démocratique du Congo c. Belgique*[178]*),* les cas d'exécution problématiques se sont multipliés[179].

C'est d'ailleurs dans l'hypothèse la plus délicate concernant l'exécution des arrêts de la CIJ signalée par le président Guillaume[180], celle où la Cour attribue un territoire disputé à un Etat alors qu'un autre l'occupe *de facto*[181], que les difficultés vont croissant. Cette situation contraste avec celle dans laquelle la décision rendue par la Haute juridiction ne fait qu'entériner la situation prévalant sur le terrain et n'induit de ce fait aucune action positive

---

173 CIJ., *Temple de Préah Vihéar (Cambodge c. Thaïlande*), arrêt du 15 juin 1962, *Rec.* 1962, p. 16. Le 29 novembre 2012, la CIJ. a tenu des audiences publiques en l'affaire relative à la *Demande en interprEtation de l'arrêt du 15 juin 1962 en l'affaire du Temple de Préah Vihéar* (*Cambodge c. Thaïlande)*, ordonnance du 18 juillet 2011, *Rec*., p. 189 ; CIJ., *Demande en interprétation de l'arrêt du 15 juin 1962 en l'affaire du Temple de Préah Vihéar (Cambodge c. Thaïlande) (Cambodge c. Thaïlande),* arrêt du 11 novembre 2013, *Rec*., p.123.

174 CIJ., *Personnel diplomatique et consulaire des Etats-Unis à Téhéran*, ordonnance du 24 décembre 1979, *Rec*.1979, p. 413.

175 N. BOEGLIN, « Le retrait du pacte de Bogota de 1848 par la Colombie ». Source : http://www.sciencespo.fr, consulté le 1 février 2013.

176 Voir la déclaration de la ministre colombienne des Affaires extérieures, Maria Holguín du 18 décembre 2012 dans un communiqué, au terme de sa rencontre avec le Secrétaire général de l'ONU, Ban Ki-moon :

177 *J.D.I.*, vol. 30, 1953 pp. 559-561.

178 « Le mandat retiré : et après ? », *La Libre Belgique*, 15 février 2002, consulté le 15 juillet 2011.

179 Cette situation concerne les cas où le débiteur du jugement ne s'y conforme pas immédiatement et/ou formellement.

180 G. GUILLAUME, « De l'exécution des décisions de la Cour internationale de justice », *R.S.D.I.E*., 1997, vol. 7, p. 435, publié également dans G. GUILLAUME, *La Cour internationale de Justice à l'aube du XXIème siècle. Le regard d'un juge*, Paris, Pedone, 2003, p. 125.

181 Voir à ce propos les affaires Tchad-Libye à propos de la Bande d'Aozou attribuée au Tchad par la Cour alors qu'elle était occupée par la Libye depuis 20 ans, Botswana-Namibie à propos de l'île de Kasikili Sedudu, sur le fleuve Chobe, attribuée par la Cour au Botswana, Cameroun-Nigeria à propos du différend frontalier, etc.

spécifique de la part des Etats en différend. Plus facilement « exécutable », elle est en général exécutée dès son prononcé. L'affaire relative à la *Souveraineté sur certaines parcelles frontalières* étaye cette assertion[182]. L'arrêt rendu en faveur de la Belgique était exécutoire par lui-même. Son exécution ne nécessitait aucun suivi puisque l'espace litigieux avait toujours été considéré par la Couronne belge comme faisant partie intégrante de sa structure administrative[183]. Il suffisait pour mettre en œuvre l'arrêt que les Pays-Bas s'abstiennent dans le futur de formuler toute revendication sur les parcelles disputées en évitant par exemple de publier des cartes nationales contraires à la délimitation frontalière opérée par la CIJ[184].

Dans les hypothèses d'exécutions problématiques, la question de la possibilité d'une exécution forcée apparaît alors au tout premier plan, ce qui est en quelque sorte déroutant dans un contexte où « *l'affectio enim pax* » est admis comme impératif ultime[185]. Ainsi, même avec le constat de l'exécution problématique qui participe de la fabrication du motif de la mise en mouvement éventuelle du moyen de l'exécution forcée, la voie de l'exécution pacifique devrait toujours apparaître en bout par rapport à tout cheminement et même instinctivement[186] dans l'hypothèse de l'indisponibilité de l'exécution volontaire. À l'inverse de l'ordre juridique interne, l'ordre juridique international ne dispose que peu ou prou de mécanismes exécutifs qui en constituent l'appareil et seraient en mesure d'imposer « de l'extérieur » au sujet récalcitrant le respect des décisions de justice internationale[187]. Cette lacune porte préjudice à la crédibilité même du caractère juridique du droit international[188]. Après tout, comme le constate un observateur averti, « le droit international est essentiellement un droit sans juge dans lequel l'intervention d'une juridiction ayant compétence pour rendre les décisions ayant l'autorité de chose jugée est l'exception bien davantage que la règle. Au surplus, dans une société décentralisée comme la société internationale, la source de l'autorité est incertaine et diffuse »[189].

---

182 CIJ., *Souveraineté sur certaines parcelles frontalières*, (Belgique c. Pays-Bas), arrêt du 20 juin 1959, CIJ., *Rec.*, pp. 212 et 222.

183 C. SCHULTE, *Compliance with decisions of the ICJ*, Oxford University Press, New York, 2004, vol. XXXIII, p. 125.

184 *Ibid.*

185 Voir en ce sens article 1, alinéa 1.

186 « Avant-tout… » comme on peut le lire dans l'article 33.

187 M. VIRALLY, *L'organisation mondiale*, Paris, A. Colin, 1972, p. 177.

188 L'une des critiques majeures à l'encontre du droit international à partir du XXème siècle tient au caractère inefficace des voies d'exécution des décisions judiciaires internationales. Pour les penseurs de l'époque, le concept de juridicité renvoie à un ordre obligatoire, contraignant, susceptible d'exécution forcée par l'autorité centralisée d'un Etat. Dans cet ordre, le rôle de la sanction est déterminant en cas de non-respect de la norme. Voir, J.-. F. PERRIN, (J.-.F), *Pour une théorie de la connaissance juridique*, Genève/ Paris, Librairie Droz, 1979, p. 92.

189 A. PELLET, « Préface », L. BRANT, *L'autorité de la chose jugée en droit international public*, Paris, L.G.D.J., 2003, p. 1.

D'où l'utilité de rechercher des moyens de préserver l'autorité des juridictions internationales, telle la CIJ, et de lutter contre l'affaiblissement du caractère obligatoire de leurs décisions. L'arrêt du 10 octobre 2002 est à cet égard d'une importance capitale. Davantage qu'un cas d'inexécution, il correspond à l'hypothèse d'une exécution tardive ou contrastée. Sur ce point, peut-être faut-il se demander si la CIJ n'est pas un peu laxiste dans la mesure où la Cour Européenne des Droits de l'Homme[190] par exemple a eu à condamner expressément l'inexécution ou l'exécution tardive[191]. A-t-elle les moyens de le faire ? En a-t-elle l'opportunité ? *In globo,* sous un prisme analytique des incidences de cette considération, que l'on soit aux confins de cette tolérance « involontaire » ou intolérance, il est avant tout ici question pour l'acteur jurisprudentiel de gérer au mieux le risque de systématisation de la fragilité de l'autorité de la chose jugée attachée à ses décisions. Selon la doctrine[192], cette attitude du juge international constitue assurément un risque sérieux d'ébrécher l'autorité des cours supranationales et partant de leurs jurisprudences.

La phase post-judiciaire a en effet connu des changements, des revirements et des incertitudes qui l'ont fait stagner, voire régresser[193]. Au total, l'arrêt *Cameroun c. Nigeria* a réuni tous les qualificatifs évoqués par le président Guillaume lorsqu'il affirmait que certains arrêts avaient été exécutés de « mauvais gré », « avec lenteur » ou « avec difficultés »[194].

Cet aspect pathologique a pu être surmonté grâce à des techniques exécutives innovantes pour l'étude de la fonction exécutive en droit international[195]. C'est probablement une des rares fois dans l'histoire du

---

[190] C.E.D.H., 21 janvier 2010, Barret et Sirjean contre France, req. n°13829/03, §§ 39-47 et CEDH, 2 décembre 2010, Sud Est Réalisations contre France, req. n°6722/05, §§ 49-61.

[191] G. PAYAN, « La jurisprudence européenne (relative au droit à l'exécution des décisions de justice) », 1er Forum mondial sur l'exécution – 1st Global Forum on Enforcement - Strasbourg – 10 Dec. 2014, 22 p.

[192] J. CAZALA, « La contestation de la compétence exclusive de la Cour de justice des Communautés européennes. Étude des relations entre divers systèmes de règlement des différends », *R.T.D.E.*, 2004, n° 3, pp. 505-532. ; S. TOUZE, « La remise en cause de l'autorité des cours supranationales », Communication lors du Colloque Université Toulouse 1, capitole, sur le thème : *La protection des droits de l'homme par les Cours supranationales*. 9 octobre 2015, Support audiovisuel, source : Dailymotion.

[193] C'est le sens que donne le dictionnaire au terme « obstacle », lequel désigne : « ce qui gêne, s'oppose au passage » ; « ce qui s'oppose à l'action, à l'obtention d'un résultat » ; qui empêche, gêne : *Le Robert de poche plus, 2011*, p. 494.

[194] G. GUILLAUME, « Le suivi de l'exécution des décisions de la Cour Internationale de Justice au sein des organisations internationales » in *Effectivité des organisations internationales : mécanismes de suivi et de contrôle*, Paris, Pedone, 2000, p.126.

[195] Cette fonction a été définie dans l'introduction générale. Ceci, si l'on se situe du point de vue de la théorie des « fonctions d'organisation » qui distingue dans tout système juridique une fonction législative, une fonction exécutive et une fonction judiciaire. Voir à ce sujet, Hervé ASCENSCIO, *L'autorité de chose décidée en droit international public,* Thèse de doctorat, Université Paris X, 1997, p. 636.

règlement pacifique des différends internationaux qu'une méthode inédite : la négociation provoquée est utilisée par la communauté internationale par anticipation des difficultés d'exécution du futur arrêt de la Cour. Le double mouvement qui caractérise la matière réside d'une part dans le fait que l'exécution de l'arrêt est obtenue par la négociation provoquée par les tiers (Titre I) et d'autre part, parce que l'arrêt doit s'exécuter par la négociation provoquée en raison d'obstacles potentiels et/ou réels (Titre II).

Titre 1.
La négociation provoquée par les tiers

Le fait que la mise en œuvre des sentences internationales dépende d'un processus consensuel caractérise l'ensemble du contentieux. Toutefois, l'exécution des sentences rendues en matière territoriale implique une mobilisation plus active des Etats parties et des tiers. Des négociations post-juridictionnelles sont en effet indispensables pour soumettre les parties à la décision du juge lorsque des difficultés naissent de la mise en œuvre de ce type de décisions juridictionnelles et/ou lorsqu'on sait par avance que de telles difficultés vont surgir. Elle prend en l'espèce la forme d'une technique destinée à faciliter le processus d'exécution : la négociation provoquée par les tiers. Listée en premier lieu par l'article 33 § 1 de la Charte des Nations Unies, bien avant le règlement juridictionnel, la négociation diplomatique est à la « base de toutes relations internationales »[196]. Pour la CIJ, « la négociation diplomatique est la méthode la plus propre à résoudre des différends »[197]. Comme l'a précisé l'arrêt du 11 juin relatif aux *Exceptions préliminaires* soulevées par le Nigeria, elle ne constitue un préalable au règlement juridictionnel que si les parties y sont autrement tenues[198]. Cependant, le fait que les négociations se poursuivent activement pendant la procédure « ne constitue pas, en droit, un obstacle à l'exercice par la Cour de sa fonction judiciaire »[199].

---

[196] CIJ., *Plateau continental de la mer du Nord (République fédérale d'Allemagne c. Pays-Bas*) et *(République fédérale d'Allemagne c. Danemark)*, arrêt du 26 avril 1968, *Rec*., p. 3.

[197] CIJ, 25 juillet 1974, arrêt, *Compétence en matière de pêcheries*, Royaume-Uni de Grande-Bretagne et Irlande du Nord c. Islande, *Rec.* 1974, p.31, § 73.

[198] Dans cette affaire, le Nigeria avait soulevé une deuxième exception préliminaire, en exposant que la saisine de la Cour était prématurée, les moyens de négociation n'étant pas épuisés : « au moins vingt-quatre ans avant le dépôt de la requête, les parties ont, au cours des contacts et des entretiens qu'elles ont eus régulièrement, accepté l'obligation de régler toutes les questions frontalières au moyen des mécanismes bilatéraux existants ». Ce à quoi la Cour avait répondu que « la négociation et le règlement judiciaire sont l'une et l'autre cités comme moyens de règlement pacifique des différends à l'Article 33 de la Charte des Nations Unies ». La Haute juridiction observe qu'il n'existe ni dans la Charte ni ailleurs en droit international, de règle générale selon laquelle l'épuisement des négociations diplomatiques serait un préalable à la saisine de la Cour et qu'un tel préalable n'avait pas été incorporé dans le statut de la Cour permanente de Justice internationale, contrairement à ce qu'avait proposé le Comité consultatif de juristes en 1920 ». CIJ., *Frontière terrestre et maritime entre le Cameroun et le Nigeria, Exceptions préliminaires,* (Cameroun c. Nigeria), arrêt du 11 juin 1998, *Rec*., pp. 48-60.

[199] CIJ, *Affaire du Plateau continental de la Mer Egée*, Grèce c.Turkie, arrêt du 19 décembre 1978, *Rec*., p.12, § 29.

L'utilité des tiers dans cette affaire est quant à elle soulignée par Shabtaï Rosenne comme étant : « un trait commun de la diplomatie qu'on ne peut dissocier de la conception moderne relative au commerce politique entre Etats »[200]. L'originalité réside dans les modalités de leur intervention : la prévention de l'inexécution par le tiers judiciaire (Chapitre 1) et l'incitation à exécuter du tiers institutionnel (Chapitre 2).

[200] S. ROSENNE, *op.cit.,* p. 565. Pour Julien Fouret et Mario Prost, la systématisation du recours à des tiers impartiaux pour la résolution des différends internationaux pourrait en effet aller de pair avec le développement et la diffusion d'un droit plus adapté, plus performant et plus efficace, au fond, d'un meilleur droit international. J. FOURET et M. PROST, « La multiplication des juridictions internationales : de la nécessité de remettre les pendules à l'heure, Chronique de règlement pacifique de différends internationaux », *R.Q.D.I.*, vol. 15. 2, p. 127.

Chapitre 1.
La prévention de l'inexécution par le tiers judiciaire

Une juridiction internationale n'a pas à proprement parler de rôle dans l'application des sentences internationales[201]. Cette conception s'inscrit dans un courant doctrinal faisant du juge « la bouche qui prononce les paroles de la loi »[202].

Disposant traditionnellement d'un pouvoir lié à la *juridictio* (se limitant à la capacité de dire le droit)[203] et de possibilités d'actions relevant de l'*imperium* (pouvoir d'imposer une solution aux parties) ; le juge a « les mains liées » tant en ce qui concerne le moment d'exécution de la décision que ses modalités concrètes[204]. Le principe a été énoncé pour la première fois par la CPJI à l'occasion de l'affaire des *Concessions Mavrommatis à Jérusalem* : « S'il rentre dans les attributions de la Cour de proclamer le droit du concessionnaire à la réadaptation de ses contrats, elle ne saurait fixer elle-même les modalités que cette réadaptation comporte ; il ne peut appartenir qu'aux parties elles-mêmes et subsidiairement aux experts désignés en conformité de l'article 5 du Protocole, de procéder aux opérations diverses de la réadaptation »[205].

---

[201] En principe, la CIJ. ne se préoccupe pas des suites de ses décisions. Ainsi, «*Lata sententia, judex dessinit esse judex* » (le jugement rendu, le juge cesse d'être le juge). A ce propos, la doctrine est unanime pour dire que « dans le droit des gens, la séparation entre le prononcé de la sentence et son exécution constitue le postulat essentiel du juge international ». Voir S. ROSENNE, *op.cit.*, p. 534 ; L. DELBEZ, *Les principes généraux du droit international public*, 3e éd., Paris, L.D.G.J., 1964, 666 p., p. 141. Voir également L. N. CALDEIRA BRANT, « L'autorité des arrêts de la Cour internationale de justice », in C. APOSTOLIDIS (dir.), *Les arrêts de la Cour internationale de justice*, Études Universitaires de Dijon, 2005, p. 142.

[202] Selon l'expression de Montesquieu, in *De l'esprit des lois*, Livre XI, chap. VI.

[203] M. DUBISSON, *La Cour internationale de Justice*, Paris, L.G.D.J., 1964, p. 255.

[204] A. PELLET, « Préface », dans A. BEN MANSOUR, *La mise en œuvre des arrêts et sentences des juridictions internationales*, *op. cit.* note 10, p. 6.

[205] Voir C.P.J.I., *Concessions Mavrommatis à Jérusalem* (Grèce c. Grande-Bretagne), arrêt du 26 mars 1925, Série A, n° 5, p. 50. À ce sujet, M. DUBISSON, sans fournir de justification à l'incompétence de la CIJ., considère que le seul cas où la Cour pourrait le faire est celui où elle statuerait, à la demande des parties *ex-aequo et Bono*, conformément à l'article 38§2 du Statut. M. DUBISSON, *La Cour internationale de Justice*, *op.cit.*, p. 254. Ce principe a maintes fois été évoqué dans les décisions rendues par la CIJ. ayant succédé à la C.P.J.I. A titre d'exemple, l'arrêt de la CIJ. rendu dans l'affaire *Haya de la Torre du 13 juin 1951* affermit la conception selon laquelle se prononcer sur les modalités d'exécution de ses jugements conduirait à dépasser la fonction judiciaire de la Cour. Dans une telle hypothèse, rien n'empêche cependant que la Cour assiste les parties, si le compromis ou tout autre accord convenu entre elles lui en donne compétence. Voir CIJ., *Haya de la Torre (Colombie c. Pérou)*, arrêt du 13 juin 1951, *Rec.*, p. 79. Les réticences de la Cour dans cette dernière affaire pour préciser les modalités de l'exécution de l'arrêt, ont été justifiées, non pas par le principe du libre choix, mais par les circonstances

Bien qu'elle soit l'« organe judiciaire principal des Nations Unies »[206], la Cour n'est pas un législateur à l'échelle mondiale. A ce titre, elle ne doit pas privilégier son interprétation au détriment de l'autonomie des Etats ayant consenti à sa juridiction. Le droit étant comme l'affirmait Jean Giraudoux « la plus puissante école de l'imagination », le risque de produire « un règlement de juges », c'est-à-dire d'aller bien au-delà de sa fonction et de ses pouvoirs, serait trop important. Un tel « règlement des juges » reviendrait à créer le droit (jurislateur) alors qu'il est simplement demandé à la Cour d'appliquer celui-ci[207]. Ce débat a d'ailleurs été au cœur de l'affaire des *« Zones franches »*[208].

Au vu du caractère éminemment consensuel de la phase post-juridictionnelle et de la propension des Etats (africains) pour les modes politiques de règlement des différends[209], il arrive que la Haute juridiction lie son prononcé judiciaire à un renvoi à la négociation. Cette prévention de l'inexécution est assurée par le tiers judiciaire dans la perspective d'endiguement anticipé de complications contentieuses que la méconnaissance de la chose jugée est susceptible de provoquer. Cette diplomatie judiciaire[210] de prévention de l'inexécution de la décision judiciaire escomptée reste toutefois conditionnée par le consentement des parties à la mise en œuvre de l'arrêt. La négociation provoquée devient alors une

politiques de l'affaire. En revanche, le principe de l'absence d'intervention du juge dans l'exécution de ses décisions est tempéré au cas où les parties lui en font expressément la demande. Il arrive en effet que les parties au litige confient par voie de compromis, à la Cour, certaines compétences touchant à l'exécution des jugements à intervenir. L'affaire opposant le Burkina Faso au Mali est une expérience instructive à cet égard. Les parties avaient demandé à la Chambre de la Cour saisie du dossier de délimitation terrestre de nommer trois experts chargés de soutenir dans la démarcation de la frontière ainsi fixée. La Chambre de la Cour jugea que « rien dans le Statut de la Cour, ni dans la jurisprudence établie, ne s'oppose à ce qu'elle exerce ce pouvoir et désigne ces experts ». Voir CIJ., Ordonnance du 9 avril 1987 portant désignation d'experts, CIJ., *Rec.*, p. 8.

206 Article 92 de la Charte et 1er du statut de la Cour.

207 C'est parce que le juge n'a fait qu'appliquer le droit qu'il faut quelque peu relativiser l'opinion développée notamment par G. ABI-SAAB selon laquelle la Cour, dans toutes ces affaires, a fait prévaloir une conception « transactionnelle » de la justice internationale. G. ABI-SAAB, « De l'évolution de la Cour Internationale. Réflexions sur quelques tendances récentes », *R.G.D.I.P.*, 1992, p. 290.

208 Dans cette affaire, le compromis conclu entre la France et la Suisse demandait à la Cour d'élaborer le régime économique des zones franches, tâche que le juge s'est refusée, en estimant que « ces questions sont en dehors du domaine où une Cour de Justice dont la tâche est d'appliquer des règles de droit, peut aider à la solution des différends entre deux Etats » (Série A, n°24).

209 La classique suspicion que ceux-ci ont à cet égard manifestée a toujours été remarquée par la doctrine. Si, dans une période récente, les Etats africains ont affiché une attitude moins réservée à l'égard de cette justice, au point de compter parmi les saisissants les plus réguliers de la CIJ., ils n'en restent pas moins toujours tentés de régler leurs différends par des moyens « politiques » présentant une plus grande « souplesse » par rapport au règlement juridictionnel.

210 Il convient à ce propos de signaler une étude de N-E, GHOZALI, « La négociation diplomatique dans la jurisprudence internationale », *R.B.D.I.*, 1992, pp. 323-350.

technique de prévention de l'inexécution se déclinant par l'incitation judiciaire à l'exécution négociée dans l'arrêt de la Cour (Section 1) puis par l'incitation à la transaction dans la négociation provoquée (Section 2).

Section 1. L'incitation à une exécution négociée dans l'arrêt de la Cour

Un système remarquable de prévention de l'inexécution de la chose jugée et en même temps d'incitation à exécuter que l'on peut qualifier de système d'aide à l'exécution est ici mis en place. Inspiré du droit administratif français, le procédé originel en la matière a été institué par le décret du Conseil d'Etat du 30 juillet 1963 (art. 58 et 59 dont la teneur actuelle résulte du décret n° 830 du 3 juillet 1995)[211]. Conscient des difficultés susceptibles de surgir dans la phase post-juridictionnelle, le juge international a anticipé les suites de l'affaire. C'est en ayant à l'esprit, d'une part les arrêts antérieurs d'objet similaire ainsi que les difficultés rencontrées dans leur mise en œuvre et leur suivi et, d'autre part, les éléments sociologiques et géographiques relatifs à la cause que la CIJ a choisi d'anticiper de tels obstacles. A cet égard, deux types de mesures doivent être distingués : la sollicitation judiciaire à l'égard des suites de l'affaire (Paragraphe 1) et l'invitation judiciaire à négocier relayée par le président de la CIJ, M. Gilbert Guillaume : auteur d'une déclaration à la presse qui a fait date (Paragraphe 2).

Paragraphe 1. La sollicitation judiciaire à l'égard des suites de l'affaire

Nonobstant une séparation rigide entre phase juridictionnelle et phase d'exécution, le processus de règlement politique esquissé hors du prétoire imprègne les énoncés judiciaires de la Cour. Le pragmatisme domine la posture du juge international. Il fait œuvre de conciliation dans le contexte d'un droit en pleine évolution. Il a compris que l'important est moins de régler judiciairement un différend que de le faire pacifiquement. La Cour ne méconnaît pas le caractère subsidiaire de sa fonction à l'égard des négociations parallèles à son règlement. Celles-ci demeurent invariablement le principal moyen de règlement des différends internationaux. Dans un premier temps, le tiers judiciaire prône des négociations entre les parties (A). Une fois cette étape franchie, il oriente ces négociations vers la coopération interétatique (B).

---

211 R. CHAPUS, *op.cit.*, note 8, p. 942.

A. Des négociations préconisées

La jurisprudence démontre que la saisine de la Cour ne constitue pas un obstacle à l'engagement d'une négociation entre les parties afin de trouver une solution à leur différend[212]. Au contraire, le juge intègre les acquis du

---

[212] La Cour permanente internationale de justice (C.P.I.J.), devancière de la CIJ., remarquait dans l'affaire des *Zones franches de Haute-Savoie et du Pays du Gex* que : « le règlement judiciaire des conflits internationaux en vue duquel la Cour est instituée, n'est qu'un succédané au règlement direct et amiable de ce conflit entre les parties et que dès lors, il appartient à la Cour de faciliter pareil règlement direct et amiable ». Affaire des *Zones franches de Haute-Savoie et du Pays du Gex*, (C.P.J.I., *Zones franches de Haute-Savoie et du Pays du Gex*, série A, n° 22, p. 13). La CIJ., dans l'affaire de la *« Compétence en matière de pêcheries »*, a estimé que « la négociation diplomatique est la méthode la plus propre à résoudre les différends » (CIJ., *Compétence en matière de pêcheries, fond (République fédérale d'Allemagne c. Islande),* arrêt du 25 juillet 1974, *Rec*., pp. 203-205, §§ 71-76). Dans l'affaire du *Passage du Grand Belt*, la CIJ. a réitéré cette position en déclarant qu'en « attendant une décision de la Cour sur le fond, toute négociation entre les parties en vue de parvenir à un règlement direct et amiable serait la bienvenue ». (CIJ., *Passage par le Grand Belt, mesures conservatoires* (Finlande c. Danemark), ordonnance du 29 juillet 1991, *Rec*., 1991, p. 12). Il est utile de noter que plusieurs affaires ont été rayées du rôle suite aux négociations et au règlement amiable entre les parties, notamment par la conclusion de divers accords portant sur les questions litigieuses. Par exemple : affaire de *l'Incident aérien du 3 juillet 1988* (CIJ., *L'incident aérien du 3 juillet 1988 (Iran c. Etats-Unis d'Amérique)),* arrêt du 22 février 1986 ; affaire de la *Délimitation maritime entre la Guinée-Bissau et le Sénégal* (CIJ., *Délimitation maritime entre la Guinée-Bissau et le Sénégal (Guinée-Bissau c. Sénégal)),* arrêt du 8 novembre 1995 ; affaire relative aux *Actions armées frontalières et transfrontalières* qui a été rayée du rôle le 27 mai 1992 après que le Nicaragua eut renoncé à faire valoir ses droits à la suite de l'accord visant à favoriser le développement de relations de bon voisinage avec le Honduras ; affaire de *Certaines terres à phosphate à Nauru* (CIJ., *Certaines terres à phosphate à Nauru (Nauru c. Australie)*, arrêt du 10 septembre 1993. Dans son arrêt du 24 mai 1980, *Personnel diplomatique et consulaire des Etats-Unis à Téhéran*, la CIJ. a par exemple réaffirmé le principe selon lequel la pluralité des lieux de règlement du différend dont la Cour est saisie ne constitue pas un obstacle à l'exercice par la Cour de sa fonction judiciaire. L'arrêt y relatif n'a été mis en œuvre qu'à la suite de l'action conjointe suggérée par la Cour de contre-mesures et de négociations. (CIJ., *Personnel diplomatique et consulaire des Etats-Unis à Téhéran* (*Etats-Unis c. Iran*), arrêt du 24 mai 1980, *Rec*., p. 12). L'on songe également au contentieux de la délimitation, maritime notamment. Dans les arrêts du 20 février 1969 et du 24 février 1982, relatifs au *Plateau continental de la mer du Nord*, (CIJ., arrêt du 20 février 1969, *Recueil* 1969, p. 3) et au *Plateau continental* (CIJ. *Plateau continental* (Tunisie c. Jamahiriya arabe libyenne), arrêt du 24 février 1982, *Rec.*, 1982, p. 18), la Cour a renvoyé les parties à des négociations directes. La Cour a ainsi procédé en matière de délimitation maritime. Dans l'affaire du *Plateau continental de la mer du Nord*, la CIJ. indique que la délimitation frontalière par le biais d'accord bilatéral correspond à un principe de droit international applicable dans ce cas. Elle recense en outre les éléments à prendre en compte au cours de telles négociations dans son dispositif. Dans l'affaire relative à la *Compétence en matière de pêcheries*, la Cour affirme que les parties ont l'obligation d'engager des négociations de bonne foi pour régler leurs dissensions concernant leurs droits respectifs. (CIJ, *Compétence en matière de pêcheries*, arrêt du 25 juillet 1974, *Rec.*, p. 3). Il en est de même dans l'affaire du *Droit d'asile* (CIJ., arrêt du 28 novembre 1951, *Rec.*, p. 83). D'autres exemples existent : l'affaire des *Prisonniers de guerre pakistan*ais, (CIJ., ordonnance du 29 septembre 1973, *Rec.*, pp. 247 et 328). La CIJ. y avait exhorté les parties à négocier en leur accordant de longs délais si bien que le Pakistan s'est désisté. Est également concernée : l'affaire des *Essais nucléaires*, (CIJ., *Essais nucléaires, (France c. Australie et Nouvelle-Zélande*), arrêt du 20 décembre 1974, *Rec.*, 1974,

règlement politique d'aide à l'exécution dans la solution judiciaire. Un auteur signale à ce propos que « le principe *electa una via* n'existe pas en droit international, les différents modes de règlement pacifique des différends ne s'excluent pas, ils se renforcent »[213].

L'attitude favorable de la Cour à l'égard des procédés diplomatiques de règlement ne doit pas masquer la spécificité du raisonnement judiciaire dans l'arrêt du 10 octobre 2002. La Cour y estime qu'une négociation peut être engagée parallèlement à sa saisine pour régler le différend. Lorsqu'il y a matière à penser qu'il est recommandable de prévenir une inexécution ou une exécution insuffisante ou erronée ainsi que d'exercer une incitation judiciaire à exécuter, les interventions adéquates auprès des parties peuvent être pratiquées par la Haute juridiction elle-même relativement à l'exécution de ses propres arrêts. Cette posture conduit à ne pas prendre au pied de la lettre les dénégations de la Cour quant à son impossibilité d'envisager l'inexécution de ses arrêts ou au silence de ses décisions sur les détails de leur application. Les tensions entre le Cameroun et le Nigeria et l'éventualité d'un arrêt non suivi d'exécution ont motivé cette incursion du juge dans le champ exécutif[214].

En l'espèce, il n'existait aucune obligation des parties à épuiser les procédés diplomatiques avant la saisine de la Cour[215]. Cette dernière a eu lieu

p. 319). Dans l'affaire relative au projet *Gabcykovo-Nagymaros*, la CIJ. a demandé à la Hongrie et à la Slovaquie de trouver une solution qui tienne compte des objectifs du traité qu'elles ont signé, ne les renvoyant qu'à leur propre compromis. (CIJ., *Gabcykovo-Nagymaros* (*Hongrie c. Slovaquie*), arrêt du 25 septembre 1997, *Rec.,* 1997, p. 7). Dans celle relative à la *Licéité de l'emploi de l'arme nucléaire*, l'avis du 8 juillet 1996 engage les Etats, sur la base du traité de non-prolifération, à poursuivre de bonne foi des négociations pour un désarmement. CIJ., *Licéité de la menace ou de l'emploi d'armes nucléaires*, avis consultatif du 8 juillet 1996, *Rec.*, p. 226 (Liste non exhaustive).

213 A. PELLET, P. DAILLIER, M. FORTEAU, *Droit international public*, Paris, L.G.D.J., 8e éd., 2009, p. 1212.

214 Le 20 février 2002, lors de la première audience, l'agent du Cameroun, M. Amadou Ali déclare : « Ce tableau est sombre, Monsieur le Président. Il existe pourtant des raisons d'espérer, ne fût-ce que parce que le Nigeria, qui avait toujours laissé planer un doute menaçant sur ses intentions quant au respect de l'arrêt de la Cour a, pour la première fois, pris le 17 août 2001, dans une note de son haut-commissaire à Yaoundé au ministre des Relations extérieures, l'engagement, tardif mais bien venu, de le respecter ». Plaidoirie de M. AMADOU ALI. CIJ., *Frontière terrestre et maritime entre le Cameroun et le Nigeria (Cameroun c. Nigeria, Guinée équatoriale (intervenant),* CR/2002/3, 20 février 2002, p. 29, § 16. De même, une phrase énoncée par le juge du Nigeria, le prince Bola Ajibola, dans son opinion dissidente jointe à l'arrêt du 10 octobre 2002, laisse perplexe : « Il est possible que, même ayant rendu son arrêt, la Cour n'ait pas mis fin à cette affaire », p. 595, § 178.

215 CIJ., *Frontière terrestre et maritime entre le Cameroun et le Nigeria, exceptions préliminaires (Cameroun c. Nigeria),* arrêt du 11 juin 1998, *Rec.*, p. 324, § 116. La question de l'obligation de négocier a été récemment soulevée dans l'affaire relative à *l'Obligation de négocier un accès à l'océan Pacifique* (CIJ., *Obligation de négocier un accès à l'océan (Bolivie c. Chili), Ordonnance du 18 juin 2013*. Le 24 avril 2013. L'Etat plurinational de Bolivie a introduit ce jour devant la CIJ. une instance contre la République du Chili au sujet d'un différend ayant trait à «l'obligation du Chili de négocier de bonne foi et de manière effective avec la Bolivie en vue de parvenir à un

par voie de requête unilatérale du Cameroun dans un contexte délétère. Le Nigeria a soulevé un grand nombre d'exceptions préliminaires. Une d'entre elles portait sur l'incompétence de la Cour du fait de l'existence d'autres forums « possibles » de règlement des différends et l'existence d'un début de solution politique de l'affaire[216]. Le juge l'a rejeté. Toutefois, le simple fait de l'examiner et de ne pas l'exclure du débat atteste de ce qu'il n'y a pas de la part de la CIJ, un préjugé de principe à l'égard du règlement politique et que chaque fois que des parties l'évoquent devant elle, elle leur répond. Cependant, dans l'affaire des *obligations relatives à des négociations concernant la cessation de la course aux armes nucléaires et le désarmement nucléaire*, la CIJ rejette l'idée selon laquelle « une notification ou des négociations préalables seraient requises lorsqu'elle a été saisie sur la base de déclarations faites en vertu du paragraphe 2 de l'article 36 du Statut à moins que cela ne soit prévu dans l'une de ces déclarations »[217].

C'est le caractère prévisible des difficultés d'exécution de la décision judiciaire qui a conduit la CIJ à provoquer la négociation entre les parties alors que rien institutionnellement ne l'y prédisposait. Une attitude comparable peut être constatée dans l'affaire des *Activités armées sur le territoire du Congo*. La Cour y a lié les prononcés militaires de l'ordonnance en indication de mesures conservatoires du 1er juillet 2000[218] à la compétence des instances diplomatiques. Là non plus, il n'était pas question d'engagement conventionnel de règlement diplomatique préalable.

En l'espèce, le tiers judiciaire exhorte, par ses recommandations, les parties à trouver des solutions inspirées de considérations de courtoisie et de bon voisinage. Ceci revient à les tancer d'exécuter la *res judicata* de manière négociée. Le rôle du tiers judiciaire se limite à une simple orientation des parties à travers des recommandations. Cette action de provocation de la négociation est visible à travers plusieurs motifs de l'arrêt. Ainsi, au paragraphe 107, la Cour énonce : « S'il s'était avéré que le village de Turu s'est étendu au-delà de la ligne de partage des eaux, il appartiendrait aux

---

accord assurant à celle-ci un accès pleinement souverain à l'océan Pacifique ». Voir sur le site de la CIJ., Ordonnance du 18 juin 2013. Voir sur le site de la CIJ.

216 Sur cette affaire, J. ESSOMBE EDIMO, « Considérations juridiques sur le différend frontalier de la péninsule de Bakassi », *R.A.D.I.C.*, 1995, vol.7, pp. 99 et s. ; T. GARCIA « Les mesures conservatoires rendues par la Cour Internationale de Justice, le 15 mars 1996, dans le différend frontalier entre le Cameroun et le Nigeria », *A.F.D.I.* 1996, pp. 409-427, ainsi que H. BARATI, « Frontière terrestre et maritime (Cameroun c/ Nigeria), Exceptions préliminaires, interprEtation, intervention », *A.F.D.I.*, 1999, pp.371 et s.

217 CIJ., arrêt du 5 octobre 2016, compétence et recevabilité, *Iles Marshall c. Inde*.

218 Sur cette affaire, E. PAILLARD, « Affaire des activités armées sur le territoire du Congo (République démocratique du Congo c. Ouganda). Demande en indication de mesures conservatoires », *A.F.D.I.* 2000, pp. 242-254 ; F. DUBUISSON, « L'ordonnance de la Cour Internationale de Justice du 1er juillet 2000 rendue dans l'affaire des *Activités armées sur le territoire du Congo* (République démocratique du Congo c. Ouganda) », *R.B.D.I.*, 2000-2, pp. 591-605.

parties de trouver une solution aux problèmes qui en résulteraient, aux fins d'assurer le respect des droits et intérêts de la population locale »[219].

Dans le paragraphe 123 portant sur les villages de Turu et Kotcha qui se sont étendus de part et d'autre de la ligne frontière entre les deux pays, la CIJ soutient : « il appartiendra en revanche aux parties de trouver une solution aux problèmes qui en résulteraient aux fins d'assurer le respect des droits et intérêts de la population locale »[220].

Au paragraphe 313 de l'arrêt, la Cour donne pour exemple à suivre l'épilogue de l'affaire du *Différend territorial entre le Tchad et la Libye* par la signature le 4 avril 1994 d'un accord prévoyant l'évacuation de la bande d'Aozou par la Libye sous le contrôle d'un groupe mixte d'officiers tchadiens et libyens et d'observateurs des Nations Unies[221]. Le rapprochement entre ce précédent considéré comme l'un des plus probants en matière de suites des décisions de la CIJ et l'affaire de la *Frontière terrestre et maritime entre le Cameroun et le Nigeria* n'est pas fortuit. Le contexte était tout aussi difficile puisque la Libye occupait, depuis plusieurs années, une grande partie du territoire tchadien et que la Cour avait repoussé dans sa décision toutes les prétentions de Tripoli. La présence des troupes libyennes était reconnue comme illégale par la décision du 3 février 1994 et l'exécution de l'arrêt impliquait le retrait des institutions et des troupes libyennes de la zone querellée[222]. Malgré les problèmes soulevés au stade post-jugement dans cette affaire, « tout a été réglé tambour battant entre les deux Etats intéressés de la façon la plus agréable et expéditive qui soit »[223]. A l'inverse de l'arrêt de 2002, l'arrêt de 1994 ne comportait aucune énonciation sur ses modalités pratiques de mise en œuvre. En somme, aucune diplomatie judiciaire de

---

[219] CIJ, *Frontière terrestre et maritime entre le Cameroun et le Nigeria, (Cameroun c. Nigeria ; Guinée équatoriale (intervenant)*, arrêt du 10 octobre 2002, *Rec.*, § 107, p. 370.

[220] *Ibid.*, § 123, p. 374.

[221] La célérité avec laquelle la négociation diplomatique entre la Libye et le Tchad a conduit à la mise en œuvre (effective) de l'arrêt dans ce cas demeure exceptionnelle. Dans son arrêt rendu en date du 3 février 1994, la CIJ. attribue la souveraineté sur la Bande d'Aozou au Tchad. La Libye refuse dans un premier temps d'exécuter l'arrêt. Par la suite, l'armée libyenne renforce son dispositif (soit de 6 000 à 7 000 hommes), et y maintient autant ses troupes que son administration. Le Tchad brandit la menace de saisir le Conseil de sécurité sur la base de l'art. 94 § 2 de la Charte des Nations Unies. Ceci incite la Libye à reprendre le chemin des négociations avec le Tchad pour la mise en œuvre de l'arrêt du 3 février 1994. Les deux Etats signent le 4 avril 1994 un accord prévoyant un retrait libyen d'Aozou, prévu du 15 avril au 30 mai 1994. Ce retrait devait avoir lieu sous la supervision d'un groupe mixte d'officiers tchadiens et libyens et des observateurs des Nations Unies. Trois mois seulement après le rendu de l'arrêt, soit le 4 juin 1994, est signé un traité d'amitié, de bon voisinage et de coopération qui parachève le règlement définitif du différend territorial tchado-libyen.

[222] CIJ, *Différend territorial (Jamahiriya arabe libyenne/Tchad)*, arrêt du 3 février 1994, *Rec.*, p. 33.

[223] L. CONDORELLI, « Des lendemains qui chantent pour la justice internationale? », in *Le droit international au service de la paix, de la justice et du développement, Mélanges offerts à M. Virally*, Paris, Pedone, 1991, p. 280.

prévention de l'inexécution n'est perceptible dans cette décision rendue à l'issue d'une saisine par voie de compromis[224].

Dans l'arrêt du 10 octobre 2002, le juge international va plus loin que la simple exhortation classique à négocier. Il tient compte du principe selon lequel le procès relève des Etats. Il est la « chose » des parties. Plusieurs dispositions de la décision (§§ 117, 123, etc.) dévoilent que le juge international demeure attentif à ce que pourra être la volonté des Etats à la suite de son arrêt. Ce volontarisme dénote le réalisme de la fonction judiciaire.

Malgré la dignité inhérente à sa fonction judiciaire, celle-ci ne constitue qu'un moyen au service d'une fin. A cet effet, la Cour propose aux parties des solutions tennant compte du contexte dans lequel ses prononcés sont appelés à produire leurs effets. L'institution fait elle-même entrer l'exécution négociée dans la problématique du règlement judiciaire. Par cet entendement réaliste de sa fonction, la Cour emploie la négociation provoquée non pas pour régler le différend, ce à quoi elle s'attelle également, mais afin de garantir l'acceptabilité politique de la décision escomptée. En somme, la Cour dit le droit tout en introduisant dans son arrêt des indications de portée concrète destinées à orienter les négociations dans un sens précis. La CIJ sert à la fois avec une triple téléologie : la recherche de l'efficacité du système d'exécution de ses décisions, l'affermissement de la paix et la sécurisation de sa fonction judiciaire[225]. Cette vision du rôle de la décision judiciaire prescrivant aux parties des mesures salutaires afin d'éviter des obstacles à son application est inaccoutumée. La réflexion du juge Stephen Schwebel en sa qualité de président de la CIJ n'a en ce sens pas perdu de sa clairvoyance : « La Cour ne devrait pas être uniquement regardée comme une sorte de dernier recours judiciaire, bien qu'elle soit cela mais aussi comme un partenaire dans la diplomatie préventive qui est un élément vital des mécanismes déployés par

---

[224] En effet, dans certains cas, la requête par voie de compromis des parties contient des dispositions prévoyant la possibilité d'un accord consécutif à l'arrêt. C'est ainsi que dans l'affaire du *Plateau continental* (Tunisie c. Libye), la Haute juridiction rappelle par exemple que les parties se sont engagées à se réunir à la suite de l'arrêt afin de le mettre en œuvre, ce qui constitue un engagement non seulement à conclure un traité, mais également à appliquer les règles préconisées par la Cour. Voir à cet effet CIJ., *Plateau continental (Tunisie c. Jamahiriya arabe libyenne),* arrêt du 24 février 1982, *Rec.*, p. 18, § 24, et CIJ., *Plateau continental* (*Jamahiriya arabe libyenne c. Malte),* arrêt du 21 mars 1984, *Rec*, p. 13, § 48). La référence judiciaire à la conclusion d'accords ultérieurs (et donc aux suites des décisions de la CIJ.) est rendue possible par le contenu du compromis conclu entre les parties en 1977. L'article 2 du compromis tuniso-libyen énonçait : « Quand la Cour aura rendu son arrêt, les deux parties se réuniront pour appliquer ces principes et règles de manière à déterminer la ligne de délimitation de la zone du plateau continental relevant de chacun des deux pays en vue de la conclusion d'un traité à cet égard ». D'ailleurs, le compromis malto-libyen du 23 mai 1976 renfermait une disposition analogue. CIJ., *Plateau continental* (*Jamahiriya arabe libyenne c. Malte*), arrêt du 21 mars 1984, *Rec.*, p. 16, § 2).

[225] Dans le même sens, voir B. M. METOU, « Le Cameroun et la Cour Internationale de Justice », in A. D. OLINGA (dir), *Le Cameroun et le prétoire international*, Yaoundé, Afrédit, 2015, pp. 40-47.

les Etats qui s'efforcent de résoudre des différends »[226]. Cette tendance a été confirmée par la pratique devant les juridictions internationales. Il arrive de plus en plus que ce soit l'une des parties qui interpelle la Cour en l'exhortant à inciter l'autre partie à la négociation. La jurisprudence récente du TIDM est d'ailleurs assez significative à cet égard. Dans l'affaire opposant le Ghana à la Côte d'Ivoire, cette dernière a prié la chambre spéciale d'« inviter les parties à mener des négociations afin de s'entendre sur les modalités de la réparation due à la Côte d'Ivoire »[227].

B. Des négociations orientées vers la coopération interétatique

Si la nécessité de négociations post-juridictionnelles se ressent pour la plupart des jugements, il est en revanche rarissime que de telles négociations soient spécifiquement dirigées dans un sens bien déterminé. Dans les sentences, il n'est en principe pas fait état de détails relatifs à l'exploitation des ressources naturelles, aux populations et à la démarcation à moins que les Etats en aient expressément exprimé la volonté. Les juges observent en général une certaine réserve vis-à-vis des effets escomptés de la délimitation juridictionnelle de la frontière sur le terrain. Ils veillent ainsi à occulter les aspects laissés à la décision souveraine des Etats. Les conséquences humaines de la délimitation des frontières ne sont donc *a priori* pas abordées sur le plan judiciaire. C'est une tendance générale observée jusque dans les années quatre-vingt-dix. Les difficultés des individus se trouvant sur un territoire dont la souveraineté était attribuée à un Etat différent de celui qui l'occupait *de facto* ou dont le village allait être traversé par la ligne frontière tracée par la Cour n'étaient pas évoquées dans les décisions. Ce sont des arrêts récents qui ont réglé de telles questions en renvoyant la responsabilité de telles modalités aux Etats. Ainsi, la Chambre saisie dans l'affaire du *Différend terrestre, insulaire et maritime entre El Salvador et Honduras*, a précisé aux Etats parties que : « Convaincue que les mesures qui seraient nécessaires pour tenir compte de cette situation seront élaborées et exécutées par les deux parties dans le respect total des droits acquis comme dans un souci d'ordre et d'humanité, la Cour constate avec satisfaction que les présidents de l'une et l'autre parties ont, par une déclaration commune du 31 juillet 1986, reconnu qu'il fallait mettre en place « *...una Cominsión Especial que estudie y proponga soluciones a los problemas humanos, civiles y económicos que pudieran afectar a sus connacionales, una vez resuelto el problema fronterizo* ». (« ...une Commission spéciale chargée d'étudier et de proposer

---

[226] Rapport du président de la CIJ. à l'AGNU, 1998.

[227] TIDM, Chambre spéciale, arrêt du 23 septembre 2017, *Différend relatif à la délimitation de la frontière maritime entre le Ghana et la Côte d'Ivoire dans l'océan Atlantique (Ghana/Côte d'Ivoire)* §4, p. 26.

des solutions aux problèmes humains, civils et économiques susceptibles d'affecter leurs coressortissants, une fois qu'aura été résolu le problème frontalier... »)[228].

L'accompagnement du règlement judiciaire par la négociation provoquée par le juge international lui-même promeut donc la coopération entre Etats[229]. C'est néanmoins de leur propre gré que ceux-ci se livrent à des efforts de coopération dans la mise en œuvre d'une décision juridictionnelle[230]. Il en est ainsi dans l'affaire opposant la Malaisie et Singapour au sujet de Pedra Branca[231] et dans celle relative à la délimitation maritime de la région située entre le Groenland et Jan Mayen. Nonobstant la décision de la Cour, le Danemark et la Norvège se sont mis d'accord pour fixer eux-mêmes les coordonnées de délimitation[232].

Le volontarisme étatique est moins expansif en ce qui concerne le règlement des différends à haute tonalité politique. Dans ces conditions, la coopération est plus fortement provoquée par le juge, et ce, dans l'optique de laisser la liberté aux parties de transiger[233]. A l'instar de ce qu'ils ont fait dans l'affaire de *l'île Kasikili/Sedudu*[234], les juges de La Haye intègrent dans l'arrêt

---

[228] CIJ., *Différend frontalier terrestre, insulaire et maritime (El Salvador/Honduras ; Nicaragua, intervenant)*, Arrêt du 11 septembre 1992, *Rec.*, 1992, p. 401, § 66.

[229] Dans le différend frontalier entre le Qatar et Bahreïn, par exemple, les pays avaient un intérêt économique commun pour résoudre les questions maritimes et terrestres. La décision de la Cour a trouvé une solution au différend de longue date en incitant les parties à la coopération. (Gulf Centre for Strategic Studies, « A New Dawn in Bahrain-Qatar Relations »), *Bahrain Brief*, vol. 2, 2001, p. 40.

[230] L'affaire de la sentence arbitrale du 31 juillet 1989 relative aux frontières maritimes de la Guinée-Bissau et du Sénégal en témoigne. Après s'être engagés dans de nouvelles négociations fondées par une volonté de coopération, la Guinée-Bissau et le Sénégal ont conclu une convention de gestion et de coopération pour l'exploration conjointe d'une zone spécifiquement délimitée maritime. CIJ., *Frontière maritime de la Guinée-Bissau et du Sénégal (Sénégal c. Guinée-Bissau)*, arrêt du 12 novembre 1991, *Rec.*, p. 65. Voir l'Accord de gestion et de coopération, le Sénégal et la Guinée-Bissau, 14 octobre 1993. M. KAMTO, « Le contentieux de la frontière maritime entre la Guinée-Bissau et le Sénégal », *R.G.D.I.P.*, 1997, n°3, pp. 696-697.

[231] Les Etats eux-mêmes ont convenu d'établir un sous-comité technique chargé de superviser la conduite de l'enquête conjointe qui travaille à préparer la voie à des négociations sur les questions maritimes à l'intérieur et autour de la zone. Les Etats ont également convenu que si un incident s'est produit à l'intérieur et autour des eaux de Pedra Branca, Middle Rocks et South Ledge, l'idéal de coopération entre les deux parties les conduit à fournir une assistance humanitaire aux navires impliqués. Le résultat de cet effort de coopération consiste en une solution qui soit avantageuse à la fois pour les deux Etats. Voir, CIJ., *Souveraineté sur Pedra Branca/Pulau Batu Puteh, Middle Rocks et South Ledge (Malaisie c. Singapour)*, arrêt du 23 mai 2008, *Rec.*, p. 12.

[232] CIJ., *Délimitation maritime dans la région située entre le Groenland et Jan Mayen* (*Groeland c. Jan Mayen)*, arrêt du 14 juin1993, *Rec.*, p. 38.

[233] M. LEFEBVRE, *Le jeu du droit et de la puissance*. Précis de relations internationales, Paris Puf, 4ème édition, 2013, p.173.

[234]CIJ., *Île de Kasikili/Sedudu (Botswana c. Namibie)*, arrêt du 13 décembre 1999, *Rec.*, 1999, p. 606. La Cour affirme avoir adopté « un tracé linéaire alors que le « penchant colonial pour les lignes géométriques » aurait pu être tempéré par la prise en considération du régime de circulation

Cameroun c. Nigeria, des considérations liées à la protection des populations. Ils anticipent à travers les motifs de l'arrêt, les occasions de préservation des intérêts des populations. Ils ont relevé l'engagement du Cameroun pris au cours des plaidoiries de bien traiter la population nigériane. Ils ont de ce fait invité les parties à collaborer entre elles pour le bien-être de la population en constatant au §316 de l'arrêt du 10 octobre 2002 que : « l'exécution du présent arrêt donnera aux parties une occasion privilégiée de coopération dans l'intérêt des populations concernées afin notamment que celles-ci puissent continuer de bénéficier des services scolaires et de santé comparables à ceux dont elles jouissent actuellement »[235]. La Cour de La Haye prend ainsi acte de cette volonté de coopération en ce qui concerne précisément les populations nigérianes de Bakassi et de la région du lac Tchad[236]. Elle aborde par ailleurs la question des villages que le tracé frontalier viendrait partager[237]. Elle prévoit que dans le cas où un village se serait étendu en territoire nigérian au-delà de la ligne de partage des eaux, c'est-à-dire qu'un village se retrouve de fait coupé par la frontière, « Il appartiendra aux parties de trouver une solution aux problèmes qui en résulteraient aux fins d'assurer le respect des droits et des intérêts de la population locale »[238].

Cette propension de la juridiction permanente à se préoccuper du sort des populations est alimentée par la volonté d'anticipation des difficultés prévisibles qu'allait susciter l'évacuation de la presqu'île de Bakassi. En creux, la démarche de la Cour est proche du modèle de la dignité[239] comme facteur de construction des voies de résolution des conflits. La sensibilité judiciaire aux considérations sociopolitiques de l'arrêt *Cameroun c. Nigeria* se situe dans la lignée de l'arrêt du 26 février 2007 relatif à *l'Application de la Convention pour la prévention et la répression du crime de génocide* (*Bosnie-Herzégovine c. Serbie-et-Monténégro)*[240].

Au vu de ces observations et à rebours d'une conception trop traditionaliste de la fonction judiciaire, le juge international paraît se préoccuper des conséquences de ses décisions sur les individus. En raison de l'existence de limites liées aux contours de cette fonction, il s'abstient toutefois d'énoncer

---

des populations frontalières » ; P. WECKEL, « Chronique de jurisprudence internationale. Affaire de l'île de Kasikili/Sedudu », *R.G.D.I.P.*, 2001-1, p. 243.

[235] CIJ., *Frontière terrestre et maritime entre le Cameroun et le Nigeria,* (*Cameroun c. Nigeria, Guinée équatoriale, intervenant*), arrêt du 10 octobre 2002, *Rec.*2002, p. 41, § 316.

[236] *Ibid.*, p. 149, § 317. La prise en compte de l'engagement camerounais par la CIJ. fait écho au paragraphe 317 de l'arrêt. CIJ., *Frontière terrestre et maritime entre le Cameroun et le Nigeria, (Cameroun c. Nigeria, Guinée équatoriale, intervenant),* arrêt du 10 octobre 2002, § 317.

[237] CIJ., *Frontière terrestre et maritime entre le Cameroun et le Nigeria* (*Cameroun c. Nigeria, Guinée équatoriale (intervenant), Ibid.*, p. 143, § 107.

[238] *Ibid*, p. 303.

[239] D. HICKS, *Eloge à la dignité : Le rôle essentiel qu'elle joue dans la résolution des conflits*, Paris, Nouveaux Horizons – Ars, 2015, p. 2.

[240] CIJ., *Application de la convention pour la prévention et la répression du crime de génocide (Bosnie-Herzégovine c. Serbie-et-Monténégro),* arrêt du 26 février 2007, *Rec.*, p. 43.

des mesures frontales en rapport avec de telles questions. La juridiction permanente observe une grande retenue quant aux effets économiques et écologiques de ses décisions afin de ne pas dépasser les limites de sa fonction et d'anticiper des modalités d'exécution de ses jugements devant être négociées par les Etats. Elle adopte une attitude similaire quant aux détails techniques de l'application des arrêts. Dans son jugement relatif à l'affaire du *Plateau continental* entre la Tunisie et la Libye, la Cour a préféré laisser la détermination du point le plus occidental du golfe de Gabes aux experts des deux parties[241]. Elle se contente de convier les parties à tenir compte de la situation des personnes sur l'espace querellé et d'attirer leur attention sur des problèmes spécifiques. L'office du juge se manifeste *in concreto*, l'édile ne l'exerçant que dans la mesure où il est assuré de l'impact de sa juridiction. Aucune disposition textuelle du statut ou de la Charte n'interdit d'ailleurs à la Cour d'intégrer dans sa démarche juridique des considérations diplomatiques. Comme l'affirme le juge Lachs : « Le caractère souvent inhabituel des problèmes que doivent affronter les Etats de nos jours oblige à utiliser le plus d'instruments et à se réserver le plus de voies possibles pour résoudre les questions complexes et souvent multidimensionnelles qui se posent. Il y a souvent avantage à utiliser plusieurs méthodes ensemble ou successivement. Il ne faut donc pas voir une incompatibilité entre les divers instruments (…) dont les Etats peuvent user, car ils se complètent les uns les autres »[242].

Au total, le caractère nécessairement contextuel de l'acte juridictionnel se traduit par l'accompagnement du règlement judiciaire par une technique nouvelle : la négociation provoquée dans un but d'éviter l'inexécution de la décision à venir. L'enseignement de la pratique devant son prétoire semble révéler que l'organe judiciaire principal des Nations Unies oscille entre plusieurs facettes : juge-manager qui veut maintenir son attractivité auprès des Etats, « juge-pacificateur », « juge-arbitre », « juge-entraîneur »[243], « juge-psychologue » qui apaise les perceptions antagonistes des parties[244].

Le plus important à relever ici est que la CIJ a montré à travers l'arrêt le rôle détourné qu'elle est amenée à jouer dans l'exécution de ses arrêts. Un jugement qui provoque la négociation de manière anticipée semble incontestablement plus commode à exécuter pour son destinataire. Ce rôle de facilitation de la mise en œuvre de ses décisions a le mérite de ne pas

---

241 CIJ., *Demande en révision et en interprétation de l'arrêt du 24 février 1982 en l'affaire du Plateau Continental (Tunisie/Jamahiriya arabe libyenne) (*Tunisie c. Jamahiriya arabe libyenne), arrêt du 10 décembre 1985, p. 228, §§ 66.

242 Juge Lachs, *op. ind.*, CIJ., *Plateau Continental de la mer Égée*, arrêt du 19 décembre 1978, *Rec.*, p. 52.

243 F. OST, « Juge–pacificateur, juge-arbitre, juge-entraîneur. Trois modèles de justice », in PH. GERARD, M. VAN DE KERCHOVE, F. OST (dir), *Fonction de juger et pouvoir judiciaire, Transformations et déplacements*, Saint-Louis, Bruxelles, Publications des Facultés Universitaires, 1983, pp. 1-70.

244 J. C. IRWIN, « An alternate role for the ICJ: applied to Cameroun v. Nigeria », *D.J.I.L.P.*, 1998, vol. 26, n°4, pp. 756-773.

transcender les limites d'une fonction judiciaire sans cesse réinventée, manifestation de l'utilisation du « raisonnable »[245] par la Cour comme outil d'occultation des obstacles à l'exécution de sa décision.

La jurisprudence postérieure à l'arrêt *Cameroun c. Nigeria,* notamment celle relative aux exceptions préliminaires soulevées en l'affaire des *Violations alléguées de droits souverains et d'espaces maritimes dans la mer des Caraïbes* (Nicaragua c. Colombie) et *Question de la délimitation du plateau continental entre le Nicaragua et la Colombie au-delà de 200 milles marins de la côte nicaraguayenne* (Nicaragua c. Colombie) [246], montre néanmoins que la tendance judiciaire à se prononcer sur des situations liées à la phase post-arrêt, est loin d'être systématique. Parmi les questions qui avaient été longuement débattues entre les parties, il y en a une que la Cour a soigneusement évité de trancher, à savoir le rôle qu'elle peut jouer pour assurer l'exécution de ses arrêts. En effet, la Cour a préféré ne pas s'intéresser à la question de savoir si les négociations diplomatiques conduites par les parties avaient rendu possible l'exécution du jugement de 2012 dont les deux arrêts de 2016 sont la suite logique.

A terme, le juge international essaie de respecter la liberté souveraine des Etats en leur faisant comprendre que c'est à eux qu'il revient de négocier les modalités d'exécution de ces décisions. Ce balisage diplomatique de la phase post-jugement par le juge international est également mis en évidence par la déclaration à la presse du président de la CIJ, M. Gilbert Guillaume du 10 octobre 2002.

---

[245] O. CORTEN, *L'utilisation du « raisonnable » par le juge international*, Bruxelles, Bruylant, 1997, 718 p.

[246] CIJ., *Violations alléguées de droits souverains et d'espaces maritimes dans la mer des Caraïbes* (Nicaragua c. Colombie), arrêt du 19 novembre 2012, *Rec*., p. 624. CIJ., *Violations alléguées de droits souverains et d'espaces maritimes dans la mer des Caraïbes* (Nicaragua c. Colombie), exceptions préliminaires, arrêt du 17 mars 2016 ; CIJ., *Question de la délimitation du plateau continental entre le Nicaragua et la Colombie au-delà de 200 milles marins de la côte nicaraguayenne* (Nicaragua c. Colombie), exceptions préliminaires, arrêt du 17 mars 2016, *Rec*., p. 100. Le 19 novembre 2012, la Cour a tranché le différend territorial et maritime entre le Nicaragua et la Colombie. Un an plus tard, le Nicaragua a introduit une nouvelle instance devant la Cour invoquant la violation des droits souverains et des espaces maritimes reconnus par l'arrêt de 2012 ainsi que la menace de la Colombie de recourir à la force pour commettre ces violations. Dans son arrêt du 17 mars 2016, la Cour a retenu la deuxième exception préliminaire soulevée par la Colombie concernant l'existence d'un différend relatif aux prétendues violations par la Colombie de l'obligation de s'abstenir de recourir à la menace ou à l'emploi de la force, mais elle a rejeté les autres exceptions se déclarant par conséquent compétente pour statuer sur le différend concernant les violations que la Colombie aurait commises dans les zones maritimes dont le Nicaragua affirme qu'elles lui ont été reconnues par l'arrêt de 2012.

Paragraphe 2. L'incitation extrajudiciaire : la déclaration du président de la CIJ

La prédisposition de la Cour à encourager les parties à négocier tant à travers ses jugements que par le biais de déclarations hors prétoire s'inscrit dans une logique de fusion de deux procédés de pacification des relations interétatiques : négociation et règlement judiciaire. C'est dans cet ordre d'idées que se situe la déclaration *ex officio* à la presse du président de la CIJ, M. Gilbert Guillaume par laquelle il se propose de fournir un bref résumé de l'arrêt (A). Dépassant le cadre de ce qui était annoncé, le président de la Cour exhorte les parties à une exécution alliant droit et diplomatie, ce qui conduit à se poser la question de la portée d'une telle déclaration (B).

C. Une « déclaration-résumé » de l'arrêt

Cette déclaration lue le jour du prononcé d'un arrêt ou d'un avis est plutôt inhabituelle. La pratique postérieure de la Cour en la matière le confirme. Il est difficile d'identifier l'auteur des déclarations par lesquelles la Haute juridiction se prononce. Relativement à l'affaire relative au *Projet Gabčíkovo-Nagymaros (Hongrie/Slovaquie)*, la Cour prend acte du désistement slovaque dans la procédure tendant au prononcé d'un arrêt supplémentaire[247]. La déclaration de M. Guillaume revêt une importance particulière non seulement parce qu'elle émane d'un membre de la Cour doté d'une autorité particulière, mais également parce qu'elle semble se produire dans des affaires spécifiques probablement plus médiatisées que d'autres. La lecture des communiqués de presse[248] (discours et allocutions) figurant sur le site internet de la CIJ atteste d'un suivi surtout informatif des affaires. Le président de la Cour rend en général compte des évolutions et constats opérés par l'arrêt sans faire allusion à des évènements postérieurs à la décision. Ce type de mention ne figure guère dans les documents des Nations Unies ou dans les rapports d'activité présentés par le Secrétaire général de l'Organisation.

Huit déclarations à la presse ont été effectuées de 1994 à 2017[249]. La déclaration du président de la CIJ du 10 octobre 2002 est atypique au regard

---

[247] Communiqué de presse n °2017/31 du 21 juillet 2017.

[248] Les communiqués de presse de la Cour, qui sont des avis au public, ne constituent pas des documents officiels comme le spécifie le site de la CIJ. : http://www.icj.org. Par communiqués de presse, l'on remarque que les déclarations à la presse effectuées par le président de la Cour à l'attention des médias, immédiatement après la lecture de l'arrêt, ne sont pas systématiques et semblent uniquement motivées par les facteurs et enjeux déterminants du différend, lesquels justifieraient qu'une attention particulière soit accordée aux médias.

[249] Entre 2013 et 1994, (de la plus récente à la plus ancienne), les déclarations à la presse effectuées par le président de la CIJ. sont celles relatives aux arrêts suivants : CIJ., *Application de la convention pour la prévention et la répression du crime de génocide (Bosnie-Herzégovine c. Serbie-et-Monténégro)*, arrêt du 26 février 2007, déclaration à la presse de S. Exc. Mme Rosalyn

de la fréquence de cette pratique. Elle se démarque ensuite par son contenu. Ce dernier laisse d'abord penser que la déclaration constitue un simple commentaire de l'arrêt. En vérité, le président de la CIJ va au-delà de la simple récapitulation de la décision. M. Gilbert Guillaume y développe un style personnel et unique[250], dominé par la nécessité de conduire les parties à une exécution consensuelle. Faut-il voir cette pratique comme un nouvel élément de la compétence du président de la Cour ? Ou bien, c'est au gré des spécificités de la cause que celui-ci décide (ou bien la Cour par sa « bouche »), de s'engager dans la phase post-jugement ? Le président est dans une logique visant à parachever l'office de la Cour afin de s'assurer de l'exécution effective. Lorsqu'on examine cette déclaration, on est frappé par sa teneur pédagogique. Elle expose aussi brièvement et simplement que possible le long jugement rendu par la Cour.

Le président-juge tente selon ses propres termes « d'expliquer certaines questions juridiques complexes en des termes aisément compréhensibles »[251]. Il anticipe en quelque sorte sur les chicanes éventuelles de la phase post-judiciaire. Il pose surtout les balises pour une simplification de l'exécution. Son discours est par ailleurs imprégné par la culture africaine des mœurs diplomatiques. Il s'approprie le vocabulaire des parties en reprenant la métaphore du « pays frère et ami » couramment utilisée par les autorités

---

Higgins, présidente de la Cour internationale de justice ; CIJ., *Usines de pâte à papier sur le fleuve Uruguay, Demande en indication de mesures conservatoires,* (Argentine c. Uruguay), arrêt du 13 juillet 2006, déclaration à la presse de S. Exc. Mme Rosalyn Higgins, présidente de la Cour internationale de justice ; CIJ., *Activités armées sur le territoire du Congo* (*République démocratique du Congo c. Rwanda*), arrêt du 3 février 2006 et CIJ., *Mandat d'arrêt du 11 avril 2000* (*République démocratique du Congo c. Belgique*), arrêt du 11 avril 2000, déclaration à la presse du président Shi Jiuyong ; CIJ., *Frontière terrestre et maritime entre le Cameroun et le Nigeria* (*Cameroun c. Nigeria, Guinée équatoriale (intervenant),* arrêt du 10 octobre 2002, déclaration à la presse de S. Exc. M. Gilbert Guillaume, président de la Cour internationale de justice, du 14 février 2002 ; enfin CIJ., *Délimitation maritime et questions territoriales entre Qatar et Bahreïn (Qatar c. Bahreïn),* arrêt du 16 mars 2001, déclaration effectuée par M. Gilbert Guillaume, président de la Cour internationale de justice. Des six déclarations effectuées par un(e) président(e) de la CIJ., une seule porte sur une demande en indication de mesures provisoires. Il s'agit de la déclaration précitée postérieure à l'arrêt rendu dans l'affaire suivante : CIJ., *Usines de pâte à papier sur le fleuve Uruguay (Argentine c. Uruguay),* arrêt du 13 juillet 2006, par la présidente Rosalyn Higgins, 13 juillet 2006. En 2017, le président a détaillé les décisions de la CIJ sur les demandes de deux pays dans les affaires jointes relatives à « *Certaines activités menées par le Nicaragua dans la région frontalière* » (Costa Rica c. Nicaragua), Instance jointe à « *Construction d'une route au Costa Rica le long du fleuve San Juan* » (Nicaragua c. Costa Rica) le 17 avril 2013.

[250] Il s'agit d'un style que le président Bedjaoui qualifie de « style de la maison », M. BEDJAOUI, « La fabrication des arrêts de la Cour Internationale de Justice », in *Le droit international au service de la paix, de la justice, du développement, Mélanges Michel Virally*, Paris, Pedone, 1991, p. 99.

[251] CIJ., *Usines de pâte à papier sur le fleuve Uruguay* (Argentine c. Uruguay), arrêt du 13 juillet 2006, *Recueil* 2010, p. 14, déclaration de Mme Rosalyn Higgins, présidente de la Cour internationale de justice.

camerounaises et nigérianes. Cette référence du président de la CIJ comporte une tonalité diplomatique[252].

Une étape supplémentaire est franchie lorsque le juge réitère cette affirmation sous une autre forme notamment au paragraphe 9 de sa déclaration du 10 octobre 2002. Il y précise : « J'ajouterai que la Cour a été heureuse d'apprendre que les deux chefs d'Etat du Cameroun et du Nigeria se sont rencontrés le 5 septembre dernier en présence du Secrétaire général des Nations Unies. Elle s'est réjouie des résultats de cette rencontre et espère que l'arrêt qu'elle rend aujourd'hui contribuera aux relations amicales entre les deux pays frères ».

Ce paragraphe ne peut être considéré comme faisant partie *stricto sensu* du résumé de l'arrêt au regard de son contenu et de sa signification. La retenue traditionnelle de la Cour relativement aux effets futurs de l'énoncé juridictionnel n'est plus de mise. Entrevoyant les conséquences de la délimitation et l'attribution de souveraineté territoriale à l'échelle interétatique, le président s'exprime au « nom de la Cour » dans le cadre de la diplomatie préventive enclenchée avant le rendu de l'arrêt. La déclaration de M. Gilbert Guillaume ne correspond donc plus à un simple exposé.

Le magistrat y aborde par ailleurs des aspects non traités par l'arrêt : d'abord, l'assistance du Secrétaire général des Nations Unies dans l'exécution de l'arrêt ; ensuite, les suites escomptées du jugement en particulier la contribution de l'arrêt au développement des relations amicales[253]. Cette attitude contraste avec celle du juge Bedjaoui dans l'affaire de la *Licéité de la menace ou de l'emploi d'armes nucléaires*. Il y avait « simplement » déploré les imperfections du droit international tout en conviant la communauté internationale à les corriger. Dans le même sens, dans l'affaire *Bosnie-Herzégovine c. Serbie-Monténégro*, la juge Higgins fait une déclaration similaire en expliquant notamment la différence entre la Commission de l'acte de Génocide et le manquement au devoir de le prévenir. Cette posture de la Cour renseigne davantage sur les nouveaux axes de la politique de la Cour en matière d'exécution de ces arrêts. Dans cette figure, la déclaration-résumé du président fait office d'« avenant » au dispositif de l'arrêt, une sorte d'ordonnance en indication des modalités pour une exécution effective.

---

[252] Suite à l'arrêt rendu le 16 mars 2001 CIJ., *Délimitation maritime et questions territoriales entre Qatar et Bahreïn* (Qatar c. Bahreïn), arrêt du 16 mars 2001, M. Gilbert Guillaume déclare « La Cour a rendu aujourd'hui son arrêt dans l'affaire de la *Délimitation maritime et des questions territoriales entre Qatar et Bahreïn.* Cet arrêt est obligatoire, définitif et sans recours. Il met un terme à un différend qui opposait depuis de longues années ces deux Etats frères ».

[253] Dans cette affaire, comme dans celle ayant opposé le Qatar au Bahreïn, l'arrêt est conçu par son président (Gilbert Guillaume) comme devant ouvrir une « nouvelle étape » amicale entre les Etats intéressés. « L'arrêt met un terme à un différend qui opposait depuis de longues années ces deux Etats frères, ouvrant ainsi une nouvelle étape dans leurs relations » ; CIJ., *Délimitation maritime et questions territoriales entre Qatar et Bahreïn (Qatar c. Bahreïn),* arrêt du 16 mars 2001, déclaration de S. Exc. M. Gilbert Guillaume, président de la Cour internationale de justice.

Ces précautions mettent en relief la logique de concertation entre les acteurs d`une organisation politique, les Nations Unies, notamment le président de la Cour et son Secrétaire général. La provocation de la négociation entre les parties par le président de la Cour rentre plus dans le cadre de ses attributions diplomatiques que juridiques. Il emploie ici une technique relationnelle[254] dont le but est de faciliter la compréhension des énoncés juridiques de la Cour. Plus que de diplomatie, il s'agit de pédagogie au service de l'effectivité du droit. Lorsqu'on mesure le préjudice causé à l'époque par certaines opinions publiques nationales à l'exécution des arrêts de la Cour[255], le rôle de relais entre la Cour, son président et les parties est louable. Il témoigne d'une redéfinition des contours d'une fonction juridictionnelle moins figée qu'on ne pourrait le croire et susceptible de s'adapter à certains contentieux potentiellement préjudiciables aux populations. Au-delà de s'adapter progressivement aux réalités du Monde[256], elle a eu pour préoccupation d'être plus attentive aux préjugés ancrés dans chaque espèce. Cette pratique a été affermie par une démarche inédite, l'actualisation régulière des informations relatives aux travaux de la Commission mixte Cameroun-Nigeria sur le site internet du Bureau des Nations Unies pour l'Afrique de l'Ouest[257].

Les suggestions formulées dans la « déclaration-résumé » de l'arrêt de la CIJ du 10 octobre 2002 par le président de la CIJ sont d'autant plus remarquables qu'elles sont d'ordinaire plus fréquentes pour ce qui est des ordonnances en indication de mesures conservatoires. Dans cet ordre d'idées, le président de la Cour peut convoquer la CIJ (article 20 § 6 du Règlement). « En attendant que la Cour se réunisse, le président peut inviter les parties à agir de manière à ce que toute ordonnance de la Cour sur la demande en indication de mesures conservatoires puisse avoir les effets voulus » (article 74 § 4 du Règlement). Outre l'affaire de la *Frontière terrestre et maritime entre le Cameroun et le Nigeria* au stade des mesures conservatoires, il existe d'autres illustrations de la tendance de la Cour et/ou de ses membres à donner des directives concrètes d'exécution aux parties. Cela est illustré par la déclaration

---

[254] Si aujourd'hui, par « technologies relationnelles » on entend vaguement des techniques de communication, ce périmètre est beaucoup moins vaste que ce que l'on pourrait penser de prime abord. La CIJ. utilise des techniques de communication à l'adresse des Etats. Or, toute communication se déployant sur deux dimensions, une dimension opératoire ou technique et une dimension relationnelle, il est question de déterminer celle empruntée par le juge dans cette affaire et ses effets potentiels sur le rôle de la Cour relativement à l'exécution de ses jugements. Voir, V. SAINT-DIZIER DE ALMEIDA, « La dimension relationnelle des communications : Étude d'interactions homme-machine tutorielles-didactiques », *Activités*, vol. 6 n° 2, octobre 2009, Groupe de Recherche sur les Communications. Laboratoire InterPsy, Université de Nancy, pp. 75-99.

[255] Partie I, Titre I, Chapitre II.

[256] R. J. DUPUY, « L'adaptation de la Cour Internatioanle de Justice au monde d'aujourd'hui », *R.B.D.I.*, 1966-1, pp.28-49.

[257] Partie II, Titre I, Chapitre I.

du juge Rosalyn Higgins du 13 juillet 2006 en l'affaire des *Usines de pâte à papier sur le fleuve Uruguay (Argentine c. Uruguay) – Demande en indication de mesures conservatoires*. La présidente de la Cour y fait allusion à la nécessité de coopération interétatique[258]. Les affaires du *Différend frontalier* entre le Burkina Faso et le Mali[259] et des *Activités armées sur le territoire du Congo (RDC c. Ouganda)*[260] sont également édifiantes à cet égard.

En définitive, la déclaration du président de la Cour effectuée par voie de presse le 10 octobre 2002 complète la démarche de provocation de la négociation diplomatique de la CIJ Pourtant, des interrogations subsistent quant à son opportunité et sa valeur juridique.

D. La portée de la déclaration

Mettant à profit la nuance qu'implique l'emploi du terme « déclaration », le président de la CIJ renforce le pouvoir d'orientation du juge international en matière d'exécution de ses arrêts. D'après le *Dictionnaire juridique de la Cour internationale de Justice*, la déclaration renvoie à « l'acte de déclarer, c'est-à-dire de faire connaître une volonté, d'affirmer, d'annoncer, de signifier ou de dire une contestation, une intention ou plus rarement un engagement». En droit international public, il arrive quelquefois qu'une déclaration soit entendue comme ayant un effet juridique[261]. Cette hypothèse doit être vérifiée en ce qui concerne la déclaration du 10 octobre 2002.

Les indications fournies par le président de la CIJ ne sont pas signées du juge intéressé et ne sont pas authentifiées dans l'exemplaire officiel de l'arrêt. Le lieu où se déroule cette annonce fournit quelques indices quant à sa portée. La lecture de l'arrêt se déroule dans la grande salle de justice du Palais de la Paix tandis que la déclaration du président se déroule dans la petite salle de justice du palais. La séparation de commodité architecturale, l'asymétrie spatiale reflètent, certes, une différence en termes de solennité, néanmoins insuffisante pour intercepter toute la portée de cet acte. Considérant la nature juridique, on peut relever un écart en termes d'effets entre la proclamation de l'arrêt lui-même et la déclaration du président. L'arrêt ayant pour vocation d'être exécuté est prononcé en toute solennité dans la première salle tandis que la déclaration en question a lieu dans une salle restreinte et séparée.

Ensuite, cette déclaration est faite « au nom de la Cour ». Quelle conclusion tirer sur la portée de la déclaration ? L'allusion au contentement de l'instance judiciaire internationale (« La Cour se réjouit ») lui confère une

---

258 CIJ., *Usines de pâte à papier sur le fleuve Uruguay, mesures conservatoires* (Argentine c. Uruguay), ordonnance du 23 janvier 2007, *Rec.*, p. 3.

259 CIJ., *Différend frontalier*, arrêt du 22 décembre 1986, *Rec.*, p. 554.

260 CIJ., *Activités armées sur le territoire du* Congo *(République démocratique du Congo c. Ouganda),* arrêt du 19 décembre 2005, *Rec.*, p. 168.

261 M. KDHIR, *Dictionnaire juridique de la Cour internationale de Justice,* Paris, L.G.D.J., 1997, p. 106.

solennité non négligeable même si sa portée juridique n'est pas aussi forte que celle d'une décision judiciaire. Pour Alain-Didier Olinga, l'attitude du président est cohérente : « Il eut été étonnant que l'organe judiciaire principal des Nations Unies se montrât indifférent à une démarche du premier fonctionnaire de L'ONU., relative au règlement d'une affaire dont il était par ailleurs saisi »[262].

Le président de la CIJ confirme la volonté du juge international de s'immiscer dans le champ de l'exécution négociée de l'arrêt. Au paragraphe 5 de la déclaration, il recense les modalités d'exécution éventuelles : « Dans les motifs de son arrêt, la Cour a en outre constaté que l'exécution de son jugement donnerait aux parties une occasion privilégiée de coopération dans l'intérêt des populations concernées ». La Cour use ici d'un outil déterminant : son statut, sa stature et sa légitimité.

Cette formule a un sens novateur, au regard de la pratique des déclarations effectuées par le président de la CIJ Ce dernier esquisse les contours de la négociation provoquée par la Cour. Cette attitude ressurgit au paragraphe 6 de sa déclaration relative à l'engagement pris à l'audience par le Cameroun envers les ressortissants nigérians. Le « premier » juge de la Cour se comporte en « bon père de famille » soucieux d'anticiper les tensions perceptibles pour éviter d'inutiles querelles perturbatrices dans l'exécution de l'arrêt de la Cour. Ce faisant, il privilégie la dimension (et pression) politico-diplomatique et la dimension (et pression) extrajudiciaire. Sa déclaration se situe dans la lignée de l'activisme judiciaire en vue de l'exécution de l'arrêt, avant même son prononcé.

On peut alors se demander si la provocation de la négociation en dehors de l'exercice de la fonction juridictionnelle entendue *stricto sensu* est compatible avec la mission statutaire du président de la CIJ

Comment en effet qualifier ce comportement au regard des trois facettes essentielles de la fonction du président de la CIJ à savoir la fonction judiciaire, administrative et gracieuse ? Le président agit-il en vertu de la délégation de pouvoir qui lui est accordée quand la Cour ne siège pas ? Il est possible d'en douter. Il bénéficie d'un tel pouvoir en ce qui concerne, soit la date de l'ouverture de la procédure orale (art. 54 §3 du Règlement), soit en cas d'urgence (art. 20 § 6 du Règlement), soit relativement à une indication de mesures conservatoires (art. 74 § 4 du Règlement). Or, la déclaration visée ne rentre dans aucune de ces catégories prévues par le règlement de la Cour. La faculté d'émettre des déclarations à la presse ne rentre donc pas dans le champ de la fonction judiciaire du président de la CIJ

---

[262] A D. OLINGA, « L'accord de Greentree, la géopolitique au secours du droit international : enjeux », *Bulletins d'analyses géopolitiques pour l'Afrique centrale*, Yaoundé, 29 octobre-décembre 2006, p.17. Voir également G. GUILLAUME, « Les déclarations jointes aux décisions de la Cour internationale de Justice », dans *Liber Amicorum in memoriam of Judge Jose Maria Ruda*, Kluwer Law International, London, 2000, pp. 421-435.

D'ordinaire, les missions extrajudiciaires du président de la CIJ exercées dans le cadre de sa fonction gracieuse peuvent avoir leur origine dans un grand nombre d'actes internationaux ou dans un contrat de droit privé prévoyant que dans certaines circonstances, les parties contractantes puissent demander au président de la Cour de désigner des arbitres, un surarbitre, des membres d'une Commission de conciliation ou des personnes chargées d'accomplir des tâches. Cependant, le rôle judiciaire du président de la Cour suppose non seulement l'interprétation des textes, mais également toute action pouvant mener à l'extinction définitive du différend. Quand bien même par sa déclaration, le président de la Cour « n'exerce aucun pouvoir juridictionnel *a priori* »[263], sa démarche a une incidence sur les parties qui ont répondu favorablement à l'appel du président. Tout au plus prend-il là une mesure extrajudiciaire distincte de sa fonction gracieuse[264]. La déclaration aux médias du 10 octobre 2002 de M. Gilbert Guillaume ne correspond pas non plus à une attribution administrative. Le siège de la fonction administrative du président de la Cour réside dans l'article 12 du règlement de la Cour énonçant : « Le président contrôle les services de la Cour. »

En vérité, la portée de cette déclaration découle moins des règles écrites que des qualités *intuitu personae* de M. Gilbert Guillaume. Outre les qualités traditionnelles d'un juge (impartialité, rigueur, conscience, etc.), le président est tenu pour diplomate, conciliateur, pédagogue[265]. Le fait qu'il détienne sur le plan quantitatif la palme des déclarations effectuées par les présidents en exercice de la CIJ est édifiant[266]. Il apparaît comme l'un de ces juges qui ajoutent aux textes le « supplément d'âme » permettant à la Cour d'assister les parties, préalablement à tout problème d'exécution et dans l'espoir d'en faire l'économie.

Sur le plan statutaire, l'action du président de la CIJ empiète néanmoins sur le rôle d'autres structures de la Cour, particulièrement le greffe et le greffier. Organe administratif permanent de la Cour, le greffe assume une fonction administrative, judiciaire et diplomatique. En tant qu'administrateur et diplomate, le greffier « fait en sorte que des renseignements sur la Cour et son activité soient mis à la disposition des

---

263 M. BEDJAOUI, « Le président de la Cour internationale de Justice », in *Mélanges Nicolas Valticos*, Paris, A. Pedone, 1999, p. 263.

264 Voir *« Le président de la CIJ. »*, in M. KDHIR, *Dictionnaire juridique de la Cour internationale de Justice*, *op. cit.* note 252, pp. 261-264. La fonction extrajudiciaire sus-évoquée ne doit pas être confondue avec celle mettant en jeu des charges extrajudiciaires, dont les exigences et limites ont été décrites dans une lettre du 11 mai 1970 adressée par Gilbert Guillaume à Sir Muhammad Zafrulla Khan, voir M. BEDJAOUI, *op. cit.* p. 265.

265 *Ibid.*

266 Trois des six déclarations à la presse aux fins de « résumer » les jugements de la CIJ. entre 1994 et 2002 ont été faites par Gilbert Guillaume, président de la CIJ. de 2000 à 2003.

gouvernements »[267]. La lecture de l'article 26 du Règlement de la CIJ[268] prouve que rien n'empêcherait le greffier de résumer ou d'expliquer l'arrêt au public comme l`a fait jusqu'à présent, le président de la CIJ À l'évidence, une réflexion s'impose sur la répartition des attributions des différents membres de la Cour.

Au final, tant la teneur des négociations suscitées entre les parties par la Cour que celle de la déclaration du président Guillaume à la suite du prononcé de l'arrêt corroborent l'idée que la décision du 10 octobre 2002 sert de support à la négociation provoquée entre les parties par les tiers. Ceci paraît indiquer en langage diplomatique que les parties pourront à toutes fins utiles s'éloigner des termes de l'arrêt. À l'issue de ces remarques, il est permis de s'interroger sur l'incitation judiciaire à la transaction dans la négociation provoquée.

Section 2. L'incitation à la transaction dans la négociation provoquée

En raison des conditions de l'ordre au sein duquel il exerce son office, le juge international affiche de plus en plus une propension à assurer une satisfaction minimale aux parties, voire à exercer un compromis entre leurs prétentions respectives. Cette tendance est si accusée dans la jurisprudence relative aux différends territoriaux que l'on peut y dénoter l'existence d'une « politique judiciaire de transaction ». En principe, l'expression « transaction » désigne un « accord entre sujets de droit international, dont l'objet est de renoncer l'un ou l'autre à tout ou partie de leurs prétentions »[269]. Il s'agit d'une « convention par laquelle les parties, au moyen de concessions réciproques, terminent une contestation née, ou préviennent une contestation à naître ». Elle est régie par l'article 2044 du code civil français[270]. Le concept

---

[267] « Greffier (fonctions) » dans M. KDHIR, *Dictionnaire juridique de la Cour internationale de Justice, op cit.* note 252, p. 186.

[268] L'Article 26§1 énonce : « Dans l'exercice de ses fonctions, le greffier : a) sert d'intermédiaire pour les communications émanant de la Cour ou adressées à celle-ci et en particulier assure toutes communications, notifications et transmissions de documents prévues par le Statut ou le présent Règlement, en veillant à ce que la date de leur expédition et de leur réception puisse être facilement contrôlée, ; b) tient, sous le contrôle du président et dans la forme prescrite par la Cour, un rôle général de toutes les affaires, qui sont inscrites et numérotées dans l'ordre selon lequel les actes introductifs d'instance ou les demandes d'avis consultatif parviennent au greffe, etc. ».

[269] J. SALMON (dir.), *Dictionnaire de droit international public*, *op.cit.*, p. 1097.

[270] Ce code demeure en vigueur au Cameroun ; selon la législation résultant des lois et des règlements applicables dans l'Etat fédéral du Cameroun et dans les Etats fédérés à la date d'entrée en vigueur de la Constitution du Cameroun du 2 juin 1972. Comme le signale le professeur J. OWONA, dans *Le contentieux administratif de la République du Cameroun*, Paris, L'Harmattan, 2011, p. 8, « le professeur H. JACQUOT l'estime possible au Cameroun et cite à l'appui l'arrêt n° 66 du 30 septembre 1969 de la chambre administrative de Yaoundé, *Augustin Lucien Cantan c. Etat du Cameroun Oriental*. Le Code général des Impôts du Cameroun et l'article 329 du code des douanes de l'U.D.E.A.C. prévoient expressément de telles procédures. Toutefois, la

ainsi entendu ne vise pas l'intervention d'un tiers. Il a toutefois l'avantage de rendre compte de cette « façon spéciale » de régler les différends, cette volonté de mener les parties à un résultat équilibré, symptomatique de l'ensemble du règlement juridictionnel des affaires liées aux revendications territoriales. Lorsqu'on traite de l'arrêt du 10 octobre 2002, la signification particulière que revêt dans ce cadre l'expression « transaction » est entendue au sens large. Le tiers judiciaire essaie de prononcer une solution juridictionnelle qui, sans être strictement équilibrée, conduit les Etats à réaliser postérieurement à la décision judiciaire, un compromis entre leurs revendications respectives. Bien qu'approximative, l'expression « incitation à la transaction » semble pouvoir être utilement retenue pour décrire la finalité de la négociation provoquée : pousser les parties à envisager une renonciation simultanée et réciproque de tout ou partie de leurs exigences au cas où la mise en œuvre de l'arrêt de la Cour poserait problème. La première manifestation de l'incitation à la transaction est repérable à travers le compromis global exercé entre les réclamations formulées à titre principal par les Etats parties (Paragraphe 1). La seconde concerne le traitement fait par le juge de questions plus accessoires (Paragraphe 2).

Paragraphe 1. L'incitation à la transaction relativement aux prétentions principales

Chargée de départager les revendications relatives au titre valable sur un territoire disputé par le Cameroun et le Nigeria et au tracé d'une frontière terrestre et maritime, la Cour de La Haye adopte une approche globale ne suivant intégralement aucune des lignes revendiquées par l'une ou l'autre des parties. (A). Par ailleurs, le juge instaure indirectement un partage dans l'attribution des ressources (B).

A. L'alternance de la reconnaissance de certaines prétentions des parties

L'inclination à l'alternance des revendications respectives des Etats litigants renvoie à un phénomène ancien[271]. Bien qu'elle s'apparente à certains

transaction ne saurait passer outre les règles réputées comme étant d'ordre public », dans *Le contentieux administratif de la République du Cameroun, Ibid.*

[271] C'est avec l'arbitrage de la rivière Sainte Croix relatif à la frontière entre les Etats-Unis et la Grande-Bretagne que se généralise le phénomène d'inclusion de solution négociée dans le règlement judiciaire. Voir également les déclarations des commissaires en vertu de l'article V du traité de 1794 entre les Etats-Unis et la Grande-Bretagne concernant le vrai fleuve Sainte croix, 25 octobre 1978, RSA, vol. XXVIII, pp. 1-5. Voir J. B. MOORE, *International Adjudications*, New York, Oxford University Press, 1929, vol. II, pp. 367-368. Dans le même sens, la sentence,

égards à « l'arbitralisation de la Cour »[272] inspirée par le Traité de Jay de 1794[273], « la politique judiciaire de transaction »[274] s'en démarque. La CIJ se défend d'ailleurs d'un recours systématique à ce procédé qui ne saurait avoir de valeur scientifique sans une synthèse du résultat des décisions pertinentes[275]. L'objectif du juge est généralement de rendre une décision ménageant les intérêts respectifs des parties[276]. Cette préoccupation conduit à

---

rendue par les commissaires le 25 octobre 1798 consacre un tracé sur la base du compromis. Le professeur Moore, commentant cette sentence, met en lumière l'ajustement réalisé entre les prétentions concurrentes en ces termes: « *It certainly is true that the decision did not fully allow the claim of either party; but it is permissible to take the view that what appeared to the advocate of one of the parties, and no doubt equally to the advocate of the other party to be « a negotiation » rather than a « judicial determination»* J. B. MOORE, *International Adjudications*, New York, Oxford University Press, 1929, vol. II, pp. 367-368.

272 Parmi les articles ayant pour objet le phénomène de l'arbitralisation de la Cour, M. PROST et J. FOURET, « Du rôle de la CIJ. : peau neuve ou peau de chagrin ? Quelques réflexions sur l'arbitralisation de la Cour mondiale », *R.Q.D.I.*, 2003, pp. 191-234 ; G. ABI-SAAB, « De l'évolution de la CIJ. Réflexion sur quelques tendances récentes », *op.cit.*, note 201. Voir également J.-B. NJEM IBOUM, *L'arbitralisation de la Cour internationale de Justice : une étude critique,* Editions Universitaires Européennes, 2010, 212 p.

273 Conclu entre les Etats-Unis d'Amérique et la Grande-Bretagne, ce traité d'amitié, de commerce et de navigation prévoyait la constitution de commissions composées en nombre égal d'arbitres chargés de régler un certain nombre de questions pendantes que les deux Etats n'avaient pu résoudre par la négociation. Sans constituer à proprement parler des organes de règlement par recours à une tierce partie, ces commissions mixtes étaient destinées à fonctionner dans une certaine mesure comme des tribunaux. Elles ont éveillé un nouvel intérêt pour la méthode de l'arbitrage. Durant tout le XIXe siècle, les Etats-Unis et la Grande-Bretagne y ont recouru ainsi que d'autres Etats d'Europe ou d'Amérique. Voir L. CAVARE, « L'arrêt de la Cour internationale de Justice du 18 novembre 1960 et les moyens d'assurer l'exécution des sentences arbitrales » *in Mélanges offerts à Henri ROLLIN, Problème de droit des gens,* Paris, Pedone, 1964, p. 77.

274 Au sens large, la politique est définie comme « une manière concertée de conduire une affaire, une façon d'envisager les choses, un calcul intéressé », *Le nouveau Petit Robert 2009,* p. 1955. L'existence d'une politique désigne la façon de régler un différend en privilégiant un résultat prédéterminé.

275 CIJ., *Application de la convention pour la prévention et la répression du crime de génocide* (Bosnie-Herzégovine c. Serbie-et-Monténégro), arrêt du 26 février 2007. A ce sujet, Mme Rosalyn Higgins, présidente de la Cour internationale de justice déclare à la presse : « Ces considérations judiciaires nous ont conduits à rendre des conclusions moins tranchées que ne l'escomptaient l'une et l'autre parties. Ce qui ne signifie pas, bien entendu, que la Cour s'est évertuée à rechercher un compromis politique, et encore moins qu'elle a cherché à parvenir à un résultat déterminé à l'avance ». Voir la déclaration à la presse du 26 février 2007 sur le site de la CIJ.

276 Cette recherche d'équilibre est observable dans l'affaire opposant Qatar et Bahreïn. La frontière définie par la Cour résulta d'un compromis entre les prétentions des parties, si bien qu'aucune d'entre elles ne s'est considérée comme perdante à la suite de l'arrêt CIJ., *Délimitation maritime et questions territoriales entre Qatar et Bahreïn, (Qatar c. Bahreïn)*, arrêt du 16 mars 2001, *Rec,* p. 40. Voir à ce sujet, C. SCHULTE, *Compliance with Decisions of the International Court of Justice,* Oxford, Oxford University Press, 2004, 500 p., note 9, p. 238. Dans le différend maritime entre la Roumanie et l'Ukraine, l'arrêt au fond a alloué une plus grande partie de la zone contestée à la Roumanie. Ceci n'a pas suscité un grand enthousiasme de l'Ukraine. En revanche, la décision divise dans une certaine mesure la zone marine de la mer Noire le long d'une ligne située entre les revendications de chaque pays et pourrait donc être perçue comme presque équitable. CIJ., *Délimitation maritime en mer Noire (Roumanie c. Ukraine),* arrêt du 3 février 2009, *Rec.*, p. 61.

la reconnaissance des prétentions de l'une ou l'autre des parties en matière de délimitation terrestre et maritime (1), couplée à l'octroi à la partie adverse de compensations (2).

1. En matière de délimitation terrestre

L'impossibilité pour le juge international de se soustraire à la dimension politique de son office le conduit quelquefois à céder aux sirènes d'une justice « transactionnelle »[277]. Se situant entre droit et transaction, la Cour essaye dans la mesure du possible d'introduire dans l'arrêt des éléments rendant sa décision au moins partiellement acceptable pour le « perdant » lorsqu'il en est un »[278]. Le « truc » étant, comme le précise Thomas Franck, « de tenter de rendre la décision la moins « douloureuse » possible pour ce dernier. Il est question de se rapprocher le plus possible d'une solution susceptible de contrarier les germes du conflit afin de lubrifier au mieux le *process* de mise en œuvre de la décision escomptée. En ce sens, il s'agira généralement d'éviter tout arrêt qui, en donnant totalement raison à l'un, donne intégralement tort à l'autre[279]. A ce sujet, l'arrêt du 10 octobre 2002 n'apparaît pas de prime abord comme le plus représentatif de l'inclination au compromis dans la jurisprudence internationale. La première impression est en effet celle d'un règlement de type manichéen[280] ne conduisant pas les parties à transiger.

La décision conduit à la détermination du titulaire exclusif de la souveraineté sur la presqu'île de Bakassi (Cameroun) et décide du retrait par le défendeur de ses troupes de la région[281]. Elle semble ainsi consacrer une

---

Cette attitude est enfin visible dans l'arrêt *Gabcykovo Nagymaros*, où la Cour souligne : « Sauf si les parties en conviennent autrement, la Hongrie devra indemniser la Slovaquie pour les dommages subis par la Tchécoslovaquie et par la Slovaquie du fait de la suspension et de l'abandon par la Hongrie de travaux qui lui incombaient ; et la Slovaquie devra indemniser la Hongrie pour les dommages subis par cette dernière du fait de la mise en service de la solution provisoire par la Tchécoslovaquie et de son maintien en service par la Slovaquie ». CIJ., *Projet Gabcykovo Nagymaros (Hongrie c. Slovaquie)*, ordonnance du 5 février 1997, *Rec.*, p. 3.

[277] G. ABI SAAB, « De l'évolution de la CIJ. Réflexion sur quelques tendances récentes », *op.cit.*, p. 273.

[278] T. FRANCK, *Judging the World Court*, New York, Priority Press, 1986, p. 213, cité par, PROST et J. FOURET, « Du rôle de la CIJ. : peau neuve ou peau de chagrin ? Quelques réflexions sur l'arbitralisation de la Cour mondiale », *R.Q. D. I.*, 2003, p. 229.

[279] *Ibid.*

[280] Sur certains points de l'affaire, il était en effet impossible que le juge favorise de tels arrangements. C'est ainsi le cas de tout ce qui, dans la requête camerounaise, renvoie à la détermination de la souveraineté sur la presqu'île de Bakassi et la délimitation de la frontière allant du lac Tchad jusqu'à Bakassi. La mission de la CIJ. ne pouvait donc sur ce point consister qu'à déclarer la souveraineté sur Bakassi en faveur du Cameroun ou du Nigeria et à délimiter la zone environnante sur la base d'une telle attribution.

[281] CIJ., *Frontière terrestre et maritime entre le Cameroun et le Nigeria (Cameroun c. Nigeria, Guinée équatoriale, intervenant)*, arrêt du 10 octobre 2002, § 319.

issue défaitiste pour le Nigeria, ce qui expliquerait sa réticence ultérieure à exécuter la décision. La jurisprudence n'est pas dénuée de situations identiques. Suite à la requête unilatérale déposée en 1959 devant la Cour de La Haye par le gouvernement de Phnom Penh lui demandant de « déclarer que la souveraineté territoriale sur le temple de Préah Vihéar appartient au Cambodge », la Cour ne pouvait que déclarer la souveraineté sur le temple en faveur de l'un et en défaveur de l'autre Etat[282]. Nonobstant cette perception initiale, on se rend compte que lorsque la Cour avantage le demandeur concernant le tracé de la frontière terrestre dans le secteur du lac Tchad, elle accorde des « consolations » au Nigeria. Bien qu'absent du raisonnement judiciaire, un phénomène de « partage » s'illustre dans le résultat de certaines décisions rendues dans le contentieux de délimitation des frontières et d'attribution de territoires[283]. En comparant à titre d'exemple les lignes revendiquées par les parties dans l'affaire *du Différend frontalier entre le Burkina Faso et le Mali*, on se rend compte que la frontière délimitée semble initialement avantager le Burkina Faso puis le Mali. Elle traduit donc globalement un compromis. Le résultat général s'avère tout à fait équilibré et

---

[282] CIJ., *Temple de Préah Vihéar* (Cambodge c. Thaïlande), fond, arrêt du 15 juin 1962, Rec., p. 6. La Thaïlande, après avoir rejeté l'arrêt, a retiré ses troupes militaires du Temple (Cf. infra, p. 475, par. 642). Cependant, depuis 2008, le différend a ressurgi entre les deux Etats, lorsque le Cambodge a demandé l'inscription du Temple au patrimoine mondial.

[283] CIJ., *Essais nucléaires* (Nouvelle-Zélande c. France, Australie c. France), arrêt du 20 décembre 1974. Dans cette affaire, la Cour, tout en accueillant les thèses françaises quant à la compétence et au fond, a cherché à ménager l'Australie et la Nouvelle-Zélande en constatant – bien que les demandes australiennes et néo-zélandaises soient à ses yeux « sans objet » et donc qu'il n'y ait « pas lieu à statuer » – que la France était désormais tenue de ne plus faire d'essais atmosphériques. La Cour aurait pu, en invoquant les limites de sa fonction judiciaire comme dans l'affaire du *Cameroun septentrional* (CIJ.,*Cameroun c. Royaume-Uni)*, arrêt du 2 décembre 1963, *Rec*, p. 189.), s'arrêter là. En effet, la France s'était engagée à stopper les essais et la Cour a considéré (9 voix contre 6) que la déclaration unilatérale de la France portant arrêt des essais était opposable, et qu'elle rendait sans objet les requêtes présentées. Ce qui revenait en fait à rendre une décision déclaratoire puisque la France s'était engagée à ne plus faire d'essais et que la Cour a reconnu cette déclaration de la France comme source d'obligation internationale. La CIJ. estimera à ce sujet que « tout acte unilatéral n'entraîne pas des obligations, mais un Etat peut choisir d'adopter une certaine position sur un sujet [...] lorsque les Etats font des déclarations qui limitent leur liberté d'action future, une interprEtation restrictive s'impose ». Donc en décidant que la France devait arrêter les essais, la Cour rendait une décision dans une affaire qui n'existait plus. Dans cette situation, la Cour est allée au-delà de sa fonction judiciaire qui consiste, disait-elle dans l'affaire du *Cameroun septentrional,* à dire le droit sur « des cas concrets dans lesquels il existe, au moment du jugement, un litige réel ... ». Ceci fera dire à certains que la Cour, dans cette affaire, s'est comportée en « conciliateur juridique » ou encore que « quant au fond, la Cour s'en est sortie par une décision qui constitue un vrai compromis entre la tentation de formuler une déclaration d'illicéité contre les essais nucléaires et une déclaration d'incompétence qui aurait en quelque sorte « blanchi » le défendeur : elle prononcera un « non-lieu » ». Voir B. BOLLECKER-STERN, « L'affaire des essais nucléaires français devant la Cour internationale de Justice » *A.F.D.I.*, 1974, pp. 299-333. B. BOLLECKER-STERN cité par Blaise TCHIKAYA, *Mémento de la jurisprudence du droit international public*, Paris, Hachette supérieur, 2e édition, 2001, p. 102.

susceptible de contenter les deux Etats d'après M. Decaux[284]. La même tendance est observable dans l'affaire opposant *El Salvador au Honduras* en 1992. Le premier secteur tracé par la CIJ est plus avantageux pour le Salvador sans toutefois suivre totalement la frontière qu'il revendique. Le deuxième secteur est plus favorable au Honduras sans toutefois correspondre au tracé qu'il revendique[285]. Toutefois, à la différence de ces précédents, l'incitation à la transaction dans l'arrêt *Cameroun c. Nigeria* doit être considérée globalement et non pas par rapport à des points particuliers de la délimitation. La Cour y consacre des solutions proches des thèses nigérianes en ce qui concerne la frontière du lac Tchad à la presqu'île de Bakassi (non comprise)[286].

* *La délimitation de la frontière dans la région du lac Tchad, et le concept de consolidation historique* (§§ 40-70)

L'incitation à la transaction concernant cette région ressort de la manière dont la Cour retient certaines solutions suggérées par le défendeur tout en rejetant quelques-unes de ces théories. La Cour expose en premier lieu les vues divergentes du Cameroun et du Nigeria quant à l'existence d'une délimitation définitive dans la région du lac Tchad.

Le Cameroun soutient de manière générale que sa frontière avec le Nigeria dans le lac Tchad a fait l'objet d'une délimitation conventionnelle entre les anciennes puissances coloniales, la France et le Royaume-Uni ainsi que d'une démarcation dans le cadre de la Commission du Bassin du Lac Tchad (CBLT). Pour le Nigeria, la frontière dans cette région n'était pas encore entièrement délimitée. Les instruments ultérieurs n'auraient pas corrigé de nombreuses imperfections sur le terrain. L'absence d'une délimitation complète constituerait l'une des raisons pour lesquelles jusqu'à ce jour, il n'aurait pu être convenu d'une démarcation.

La Cour étudie les textes juridiques qui lui sont présentés par les parties[287]. Elle recherche si la Déclaration Milner-Simon de 1919 et les instruments concernant la délimitation dans cette région lui ayant succédé sont à l'origine d'une ligne frontière s'imposant aux parties. Cette déclaration a été signée le 10 juillet 1919 par le Vicomte Milner : secrétaire d'Etat aux Colonies de la

---

[284] Voir E. DECAUX, « L'arrêt de la Chambre de la Cour Internationale de Justice dans l'affaire du différend frontalier (Burkina Faso/Mali*)* », *A.F.D.I.*, vol. 32, 1986, p. 238.

[285] CIJ., *Différend frontalier terrestre, insulaire et maritime* (*El Salvador c. Honduras : Nicaragua (intervenant)*, arrêt du 2 septembre 1992, *Rec*., pp. 351-618. Voir également la représentation cartographique de la délimitation terrestre dans les six secteurs in P. M. EISENMANN et P. PAZARTIS, *La jurisprudence de la Cour Internationale de Justice*, Paris, Pedone, 2008, pp. 300, 302, 304, 306, 308 et 309.

[286] Il s'agit de la partie de l'arrêt la plus détaillée, partie qui nécessite une certaine simplification dans cette recherche en raison de l'importance relative de certaines parcelles délimitées.

[287] *Ibid.,* par. 48.

Grande-Bretagne et Henry Simon : ministre des Colonies de la République française. Le problème qui se pose est de savoir si l'article premier du mandat confié par la SDN à la Grande-Bretagne confirme la ligne indiquée dans la Déclaration Milner-Simon. D'après la Cour, le contenu de la Déclaration Milner-Simon constitue le premier « accord international » par lequel la France et la Grande-Bretagne, après la Première Guerre mondiale, sont parvenues à fixer leurs zones d'influence dans la région, du lac Tchad à la mer.

Ensuite, la Cour se livre à l'examen de la Déclaration Thomson-Marchand de 1929-1930 venue préciser la précédente déclaration. Cette déclaration a été signée le 29 décembre 1929 et le 31 janvier 1930 par Sir Graeme Thomson : gouverneur de la colonie et du protectorat du Nigeria et Paul Marchand : commissaire de la République française au Cameroun.

De l'examen de ces différents instruments juridiques, il ressort qu'une délimitation conventionnelle suffisant à la démarcation a été effectuée[288]. En invalidant les prétendus vices des traités et titres juridiques soulevés par le Nigeria, la Cour confirme de façon discrète, mais significative, le principe fondamental de l'intangibilité des frontières évoqué par le Cameroun. Il l'emporte sur les considérations avancées par le défendeur[289].

La Cour se penche ensuite sur les travaux menés par la CBLT entre 1983 et 1991[290]. Les divergences entre parties au différend quant au caractère définitif ou non de la délimitation dans cette zone du lac Tchad[291] appelée *Koura* (« grand ») par les Kanouri sont profondes[292]. D'emblée, la Cour précise la différence entre les opérations de délimitation et la démarcation : un acte matériel opérant l'application de la délimitation sur le terrain[293].

Tout en constatant que le Nigeria n'est pas lié par le procès-verbal de bornage de 1988 qu'il avait à l'époque refusé de signer, la Cour est du même avis que le Cameroun. Les instruments juridiques applicables délimitent effectivement la frontière dans la région du lac Tchad. La Cour donne par la suite, sur le fondement des textes précités, la détermination exacte de la longitude du tripoint Cameroun-Nigeria-Tchad dans le lac Tchad, et celle de l'embouchure de l'Ebedji. Après avoir identifié la position exacte de

---

[288] *Ibid.*, par. 50.

[289] *Ibid.*

[290] Initialement vouée à la coordination des actions des Etats membres dans l'utilisation des eaux du Bassin et à la résolution des différends, la compétence de la C.B.L.T s'est étendue sur la question frontalière suite aux incidents de 1983. (CIJ., *Frontière terrestre et maritime entre le Cameroun et le Nigeria (Cameroun c. Nigeria, (Guinée équatoriale, intervenant)*, arrêt du 10 octobre 2002, p. 41, § 36).

[291] H. ABDOURAMAN., *Frontières et découpages territoriaux dans l'extrême-Nord du Cameroun : enjeux et implications (XIV*e*-XX*e *siècle)*, thèse de doctorat / PhD d'Histoire, Université de Ngaoundéré, 2007, 234 p.

[292] CIJ., *Frontière terrestre et maritime entre le Cameroun et le Nigeria* (*Cameroun c. Nigeria ; Guinée équatoriale (intervenant)*, arrêt du 10 octobre 2002, *Rec.*, pp. 40-51.

[293] *Ibid.*, par. 83.

l'embouchure de l'Ebedji sur la base de l'échange de notes Henderson-Fleuriau, la Cour indique de là la frontière qui doit se diriger en ligne droite jusqu'aux points de bifurcation où la rivière Ebedji se sépare en deux chenaux, les parties étant d'accord sur le fait que ce point se trouve sur la frontière[294].

* *La consolidation historique du titre revendiquée par le Nigeria* (§§ 62 à 70)

La Cour aborde ensuite les revendications du Nigeria fondées sur sa présence dans certaines zones du lac Tchad. Le défendeur revendique la souveraineté sur des zones du lac Tchad. Sa revendication repose sur trois fondements s'appliquant à la fois séparément et conjointement, et dont chacun se suffit à lui-même : une occupation de longue durée par l'Etat nigérian et ses ressortissants ; une administration exercée effectivement en tant que souverain et l'absence de protestation suite aux manifestations de souveraineté. Le tout, parallèlement à l'acquiescement par le Cameroun à sa souveraineté sur Darak et les villages avoisinants du lac Tchad[295]. Cet acquiescement constituerait un élément majeur de la consolidation historique d'un titre.

Quant au Cameroun, il considère qu'en tant que titulaire d'un titre territorial conventionnel sur les zones contestées, il n'a pas à démontrer l'exercice effectif de sa souveraineté sur celles-ci, un titre conventionnel valide prévalant sur d'éventuelles effectivités contraires[296].

Pour départager les parties, la Cour rappelle sa jurisprudence sur la notion de consolidation dans l'affaire des *Pêcheries* (*Royaume-Uni c. Norvège*). Elle fait remarquer que ce concept est resté sans précédent en matière territoriale. Rien dans l'arrêt d'espèce ne laisse entendre que la « consolidation historique » autoriserait à faire prévaloir l'occupation d'un territoire terrestre sur un titre conventionnel établi. Cela d'autant plus que les effectivités revendiquées par le Nigeria ne s'étalent que sur une courte période d'une vingtaine d'années. Par ailleurs, ce concept ne saurait se substituer aux modes d'acquisition de titre reconnus par le droit international. Ils tiennent compte de nombreux autres facteurs de fait et de droit[297]. La Cour en conclut donc que les localités (trente-trois au total) situées à l'est de la frontière confirmée dans l'Échange de notes Henderson-Fleuriau de 1931 sont demeurées sous souveraineté camerounaise.

**Tracé de la frontière terrestre depuis le lac Tchad jusqu'à la presqu'île de Bakassi* (§§ 71 à 192)

Le juge international utilise ensuite une « méthode aussi vieille que l'humanité, le *do ut des* magnifié, la concession sur un point pour obtenir un

---

[294]*Ibid.*, par. 61.
[295]*Ibid.*, par. 62.
[296]*Ibid.*, par. 64.
[297]*Ibid.*, par. 65.

résultat favorable sur un autre »[298]. Le Cameroun proposait une délimitation globale. Il avait demandé à la Cour de « préciser définitivement la frontière » avant de lui proposer de se contenter de confirmer les termes de ces instruments.

Le Nigeria avait prié la Cour d'examiner certains points de la frontière terrestre entre le lac Tchad et la borne 64 en suivant vingt-deux sections litigieuses. Or, la Cour en a retenu dix-sept. Le défendeur réclamait une délimitation détaillée afin de pouvoir à terme mieux réaliser la matérialisation de la ligne frontière. Bien plus, le défendeur attendait de la Cour qu'elle donne des « indications précises aux Parties et aux populations des régions frontalières quant à la position exacte de leur frontière commune, de manière à ce qu'elles puissent mieux prévenir les altercations frontalières mineures »[299].

En fin de compte, la Cour ne retient pas le nombre de points litigieux suggérés par le défendeur. Cependant, conformément aux vœux de celui-ci, elle s'adonne à un travail de « microchirurgie juridique » proche de la démarcation. Elle alterne la reconnaissance des thèses nigérianes et camerounaises relativement aux dix-sept points en litige sur la frontière terrestre allant du lac Tchad à la borne 64[300]. Géraldine Gireaudeau y voit le signe «d'un curieux marchandage » auquel la Cour s'adonnerait[301]. Ce sont en réalité des considérations juridiques qui conduisent à l'adoption par le juge de solutions favorables au Nigeria sur certains points litigieux (a) avant d'en conférer d'autres au Cameroun (b) et de consacrer des solutions neutres ou intermédiaires (c).

a.- Les solutions favorables au Nigeria

Dans de nombreux cas, les solutions retenues à cet égard sont favorables au Nigeria. C'est le cas de la rivière Keraua (Kirewa ou Kirawa)[302], des monts

---

[298] A. GROS, « La recherche de consensus dans les décisions de la Cour internationale de justice », *op.cit.*, p. 351.

[299] Voir CIJ., *Frontière terrestre et maritime entre le Cameroun et le Nigeria*, (*Cameroun c. Nigeria ; Guinée équatoriale, intervenant*), arrêt du 10 octobre 2002, *Rec.*, p. 213, § 223.

[300] Ces points sont : 1) Limani ; 2) la rivière Keraua (Kirewa ou Kirawa) ; 3) la rivière Kohom ; 4) la ligne de partage des eaux de Ngosi à Humsiki (Roumsiki)/Kamale/Turu (les monts Mandara) ; 5) du mont Kuli à Bourha Maduguva (la ligne erronée de partage des eaux de la carte Moisel) ; 6) Kotcha (Koja) ; 7) la source de la rivière Tsikakiri ; 8) de la borne frontière n° 6 à Wammi Budungo ; 9) le Maio Senche ; 10) Jimbare et Sapeo ; 11) Nomberou (Namberou)-Banglang ; 12) Tipsan ; 13) le franchissement du Mayo Yim ; 14) la région des monts Hambere ; 15) des monts Hambere à la rivière Mburi (Lip et Yang) ; 16) Bissaula-Tosso ; 17) la rivière Sama.

[301] G. GIRAUDEAU, *Les différends territoriaux devant le juge international : entre droit et transaction*, Leiden, Nijhoff, 2013, p. 171.

[302] CIJ., *Frontière terrestre et maritime entre le Cameroun et le Nigeria* (*Cameroun c. Nigeria ; Guinée Équatoriale (intervenant), op. cit.* p. 265.

Mandara[303], du Maio Senche[304], de Jimbare et de Sapeo[305], entre Namberou et Banglang[306] et de la frontière entre la rivière Akbang et le mont Tosso.

Point n° 2. La rivière Keraua (Kirewa ou Kirawa) (§§ 92 à 96)

Sur ce point, le Nigeria ne conteste pas l'applicabilité du paragraphe 18 de la Déclaration Thomson-Marchand. Il déduit néanmoins son caractère défectueux du fait d'une part que ladite déclaration mentionne l'existence d'une rivière alors qu'il existe deux bras de rivière et d'autre part qu'elle ne spécifie pas par lequel de ces bras de rivière passe la frontière à l'est des deux villages dénommés Schriwe et Ndeba[307]. Le défendeur nigérian affiche sa préférence pour le chenal oriental[308] à l'inverse du chenal occidental[309] suggéré par le Cameroun. Suite à l'examen de la carte Moisel, la CIJ retient finalement le chenal favorable au Nigeria. Elle laisse cependant aux parties le soin de trouver une solution concertée aux problèmes qui résulteraient de l'extension en territoire nigérian du village camerounais de Turu situé sur la ligne de partage des eaux de Ngosi à Humsiki et de l'extension en territoire camerounais du village nigérian de Kotcha situé au-delà de la ligne de partage des eaux[310]. La Cour exhorte ainsi les parties à négocier d'éventuelles solutions de rechange au cas où des problèmes d'exécution surviendraient concernant les villages coupés en deux par le tracé juridictionnel.

Point 3. La rivière Kohom (par. 97 à 102)

L'interprétation du paragraphe 19 de la Déclaration Thomson-Marchand pose le problème de l'identification du cours de la rivière Kohom par lequel doit passer la frontière. La lecture de la Déclaration Thomson-Marchand ne paraissant pas déterminante à la Cour, elle a donc recours à d'autres moyens d'interprétation. La Cour s'estime ainsi en mesure de déterminer sur la base d'une comparaison du croquis établi en mars 1926 par des fonctionnaires français et britannique, ayant servi de base à la rédaction des paragraphes 18

---

303 *Ibid.* p. 367.
304 *Ibid.* p.378.
305 *Ibid.* p.385.
306 *Ibid.*, p.384.
307 Concernant les exemples de délimitations fautives et questions relatives à la « ligne erronée de partage des eaux », Plaidoirie de M. ALASTAIR MACDONALD, CIJ., *Frontière terrestre et maritime entre le Cameroun et le Nigeria (Cameroun c. Nigeria, Guinée équatoriale (intervenant)*, CR/2002/5, arrêt du 10 octobre 2002, p. 3.
308 *Ibid.*, p. 71, par. 93.
309 *Ibid.*, p. 72, par. 94. La Cour va utiliser la même technique cette fois-ci à l'égard du Cameroun dont elle reconnaît les prétentions relativement au point 6 Kotcha, mais en renvoyant les parties à la négociation post-juridictionnelle pour venir à bout des difficultés de mise en œuvre, notamment en ce qui concerne la question des villages coupés en deux.
310 Un problème comparable se pose au point 17 : la rivière Sama.

et 19 de la Déclaration Thomson-Marchand et des cartes fournies par les parties, que le cours du Kohom par lequel la Déclaration Thomson-Marchand fait passer la frontière est celui indiqué par le Cameroun. Elle précise toutefois que la ligne frontière réclamée par le Cameroun dans cette région va au-delà de la source de la rivière qu'elle a identifiée comme étant le Kohom. Elle ne saurait faire abstraction du fait que la Déclaration Thomson-Marchand prévoit explicitement que la frontière doit passer par une rivière qui prend sa source dans le mont Ngosi. Afin de respecter les termes de la Déclaration Thomson-Marchand, il incombe aux parties d'assurer la jonction entre la source de la rivière Kohom telle qu'identifiée par la Cour et la rivière Bogaza qui prendrait sa source dans le mont Ngosi. Au final, la Cour arrive à la même conclusion que le Nigeria. C'est bien la rivière Bogaza qui prend sa source dans le mont Ngosi, et non la rivière Kohom[311].

Point 4. La ligne de partage des eaux de Ngosi à Humski (Rousski), /Kamale/Turu (les monts Mandara) (§§ 103 à 114)

La localisation de la ligne de partage des eaux s'étendant de Ngosi à Roumsiki jusqu'aux monts Mandara : une longue chaîne de hautes terres dans la partie nord de la frontière là où celle-ci est définie par les articles 20 à 23 de la Déclaration Thomson-Marchand, pose problème. Une application divergente de la déclaration de 1931 par le Cameroun et le Nigeria en serait la cause[312]. De plus, plusieurs éléments essentiels du paysage (par exemple un pic) ne sont ni nommés ni clairement identifiés. La Cour examine ce secteur tronçon par tronçon en précisant que s'il est de sa compétence d'interpréter le libellé d'un instrument de délimitation, il ne lui est en revanche pas permis de modifier le tracé de la frontière tel qu'il a été établi par l'instrument juridique en vigueur. La Cour estime que la frontière suit le tracé décrit par le paragraphe 20 à 24 de la Déclaration Thomson-Marchand tel que précisé par le Nigeria.

Point 8. La borne frontière no 6 à Wammi Budungo (§§ 130 à 134)

On retrouve ici une situation digne de péripéties contées dans la *Mission des frontières* de Gilles Lapouge[313]. Les paragraphes 33 et 34 de la Déclaration Thomson-Marchand font référence à trois points marqués par autant de bornes alors que deux au moins de ces bornes ont disparu. L'examen de l'accord anglo-allemand de 1906, le matériau cartographique soumis par les parties,

---

[311] CIJ., *Frontière terrestre et maritime entre le Cameroun et le Nigeria* (*Cameroun c. Nigeria ; Guinée équatoriale (intervenant)*, arrêt du 10 octobre 2002, *Rec*., p. 67, par. 100.

[312] Plaidoirie de M. ALASTAIR MACDONALD, CIJ., *Frontière terrestre et maritime entre le Cameroun et le Nigeria (Cameroun c. Nigeria, Guinée équatoriale (intervenant)*, CR/2002/5, arrêt du 10 octobre 2002, p. 3.

[313] G. LAPOUGE, *La Mission des frontières*, Decitre, Livre de poche, 2007, 438 p.

ainsi que le texte de l'annexe 1 à l'accord anglo-allemand de 1906 auquel se réfère la Déclaration Thomson-Marchand ne permettent pas à la CIJ d'identifier la position de ces trois bornes. Aussi la Cour se prévaut-elle des arguments des deux parties successivement. Elle finit néanmoins par confirmer le tracé suggéré par le Nigeria[314].

Point 9. Le Maio Senche (§§ 135 à 139)

Outre les problèmes reliés aux cours d'eau, la Cour doit identifier la ligne de partage des eaux dont les deux parties ont proposé des représentations cartographiques différentes dans ce secteur. Le passage pertinent est le paragraphe 35 de la Déclaration Thomson-Marchand fixant la frontière[315]. Le défendeur nigérian est très critique à l'égard de la ligne proposée par le Cameroun qu'il considère comme du « mépris flagrant » pour la déclaration de 1931 susmentionnée. Cette ligne décalerait la frontière par rapport à la ligne de partage des eaux qu'elle est supposée suivre en vertu dudit paragraphe 35 de la Déclaration Thomson-Marchand. Le Cameroun soutient quant à lui que « la représentation de la ligne de partage des eaux dans la traversée des monts Atlantis et de la localisation du village de Batoum »[316] dont il est question dans cette région pose un problème de démarcation dont ne devrait pas se préoccuper la Cour. Après étude du matériau cartographique fourni par les deux parties, la Cour observe que la ligne de partage des eaux est celle proposée par le Nigeria. Celle-ci « passe entre le bassin du Maio Senche et celui de deux rivières qui se trouvent plus au sud, venant de la chaîne des Balakossa »[317].

Point 10. Jimbare et Sapeo (§§ 140 à 146)

La description de la frontière que contient l'article 35 à 38 de la Déclaration Thomson-Marchand semble d'une part comporter une série d'erreurs matérielles. D'autre part, certains passages s'avèrent en contradiction avec la

---

314 La Cour fait ainsi passer la frontière par les points de coordonnées ci-après : 12° 53' 15" de longitude est et 9° 04' 19" de latitude nord, 12° 51' 55" de longitude est et 9° 01' 03" de latitude nord, et 12° 49' 22" de longitude est et 8° 58' 18" de latitude nord.

315 CIJ., *Frontière terrestre et maritime entre le Cameroun et le Nigeria* (*Cameroun c. Nigeria, (Guinée équatoriale, intervenan))*, arrêt du 10 octobre 2002, *Rec.*, p. 79, § 135: « Puis par la ligne de partage des eaux du Mao Wari à l'Ouest et du Mayo Faro à l'Est pour rejoindre les monts Alantikas ; de là par la ligne de partage des eaux de la Bénoué au Nord-Ouest et du Faro au Sud-Est jusqu'au pic du Sud des monts Alantikas en un point situé à 2 kilomètres au Nord de la source de la rivière Mali ».

316 Plaidoirie de M. Alastair Mac Donald. CIJ., *Frontière terrestre et maritime entre le Cameroun et le Nigeria (Cameroun c. Nigeria ; Guinée équatoriale (intervenant)*, CR/2002/11, 5 mars 2002, p. 20, par.79.

317 CIJ., *Frontière terrestre et maritime entre le Cameroun et le Nigeria (Cameroun c. Nigeria ; Guinée équatoriale (intervenant)*, arrêt du 10 octobre 2002, *Rec.*, p. 421.

représentation faite de cette frontière sur la carte de 1931 annexée à la Déclaration. La Cour note toutefois qu'en ce qui concerne la région au nord de Nananoua visée au paragraphe 36 de la Déclaration Thomson-Marchand, les parties sont d'accord pour considérer que les rivières dont la frontière suit le cours sont le Leinde et le Sassari. De même, les représentations cartographiques de ce segment de la frontière proposées par les parties correspondent en tous points. Au sud de Nananoua, il n'existe par contre pas d'accord entre le Cameroun et le Nigeria.

Le demandeur observe que la Cour doit confier à une équipe chargée de la démarcation le soin de régler ce problème, tandis que le défendeur soutient que les insuffisances mentionnées créent globalement un problème de délimitation conséquent[318]. Dans un premier temps, la Cour opère un tri entre les solutions des parties, précisant que les paragraphes 35 et 36 de la Déclaration Thomson-Marchand doivent être interprétés comme faisant passer la frontière par le Hosere Bila qu'elle a identifié comme étant le « pic du sud des monts Alantikas » visé au paragraphe 35. Enfin, la Cour reprend en tous points l'argumentation développée dans les pages 346 et 350 de la duplique du Nigeria[319]. Elle estime que les paragraphes 37 et 38 de la Déclaration Thomson-Marchand doivent être interprétés comme faisant passer la frontière par le tracé présenté par le Nigeria.

Point 11. Nomberou (Namberou)-Banglang (par. 147 à 152)

La Déclaration Thomson-Marchand comporte des erreurs matérielles en ce qui concerne Nomberou-Banglang. Elle fait cas d'une vallée orientée nord-est puis sud-est alors que l'étude du matériau cartographique fourni par les parties révèle qu'il n'existe aucune vallée présentant une telle orientation. Le raisonnement de la CIJ au point litigieux n°11 Namberou est similaire à celui adopté relativement à la délimitation concernant Jimbare et Sapeo (point n°10). D'après la Cour, la fin du paragraphe 38 de la Déclaration Thomson-Marchand soulève des difficultés d'interprétation à cause d'erreurs matérielles fondamentales. Elle relève en outre que seule la partie de la frontière située au sud de la source du Nomberou soulève des difficultés. Au nord de ce point, le Cameroun et le Nigeria sont en effet d'accord pour faire passer la frontière par le cours du Nomberou tel que cela est confirmé par le tracé de la frontière sur les cartes camerounaises et nigérianes. La Cour s'éloigne du tracé de la frontière proposé par la Déclaration Thomson-Marchand, car il ne lui permet pas de déterminer exactement la frontière dans ce secteur.

---

[318]*Ibid.*, p. 84, § 143.

[319] Le Nigeria avait suggéré dans sa duplique comment il fallait interpréter ces articles en y ajoutant le procès-verbal signé par les fonctionnaires britanniques et français, MM. Logan et Le Brun en 1930. CIJ., Duplique de la République fédérale du Nigeria du 4 janvier 2001, *Frontière terrestre et maritime entre le Cameroun et le Nigeria (Cameroun c. Nigeria, Guinée équatoriale (intervenant),* p. 10.

Comme au point litigieux précédent (n°10), la Cour privilégie la ligne proposée par le Nigeria sur la base du tracé contenu dans le procès-verbal Logan-Le Brun. Ce dernier est plus détaillé et fixe le point d'aboutissement de la frontière à Hosere Tapere situé par 120° 14' 30'' de longitude est et 80° 22' 00'' de latitude nord. Afin de renforcer l'acceptabilité de son arrêt, la Cour signale tout de même aux parties que cette ligne est finalement plus favorable au Cameroun que celle qui figure sur ses propres cartes.

Point n° 16. Bissaula-Tosso (par. 180 à 184)

Dans ce secteur, les parties conviennent l'une comme l'autre du tracé jusqu'au point où l'affluent de la rivière Donga se sépare en deux tributaires aux environs du mont Tosso et de la localité de Bissaula.

L'un des conseils du Nigeria, M. Alistair Macdonald se plaint devant la Cour des entorses faites par le Cameroun aux « termes parfaitement clairs » de l'Ordre en conseil de 1946[320]. Il suggère que cet instrument juridique soit interprété en tenant compte du fait que la rivière Akbang possède plusieurs affluents parmi lesquels, seul l'affluent sud doit être considéré[321]. Le Nigeria ajoute par ailleurs que le tumulus de pierres visé par le texte aurait été retrouvé[322].

Le Cameroun s'efforce pour sa part de démontrer que l'interprétation que le Nigeria fait du texte est erronée. Il avance que l'Akbang se situe à l'est et que le tumulus de pierres n'aurait jamais été retrouvé, contrairement à ce que prétendait le Nigeria. Dès lors, le problème consiste en un simple problème de démarcation[323].

La Cour donne toutefois raison au Nigeria sur l'ensemble de ces points. Elle conclut qu'il convient d'interpréter l'Ordre en conseil de 1946 comme faisant passer la frontière par le point où l'affluent sud de la rivière Akbang coupe la route Kentu-Bamenda, puis de ce point par l'affluent sud jusqu'à son confluent avec la rivière Akbang tel que le défendeur le propose. Après avoir suivi la ligne proposée par le Nigeria dans ces différents secteurs, la C.I.J adopte le tracé proposé par le Cameroun sur d'autres points.

b.- Solutions favorables au Cameroun

Ces solutions sont plus proches des thèses camerounaises pour ce qui est du village de Kotcha[324], de la zone des monts Hambere et de la rivière Sama.

---

320 Plaidoirie de M. ALASTAIR MAC DONALD. CIJ., *Frontière terrestre et maritime entre le Cameroun et le Nigeria (Cameroun c. Nigeria ; Guinée équatoriale (intervenant), op. cit.*, note 253, p. 10, par. 90.
321 *Ibid.*, par. *83.*
322 *Ibid.*, par. 85.
323 CIJ., *Frontière terrestre et maritime entre le Cameroun et le Nigeria (Cameroun c. Nigeria ; Guinée équatoriale (intervenant),* arrêt du 10 octobre 2002, *Rec.*, p. 96, par. 182.
324 *Ibid.*, par.73.

Point 6 Kotcha (Koja) (par. 120 à 124)

On retrouve, relativement à ce point, le même schéma argumentatif que l'on avait au point litigieux n°13) : le franchissement du Mayo Yim. Comme au point précédent (point n°16, Bissaula-Tosso), l'interprétation des dispositions de la Déclaration Thomson-Marchand est épineuse.

Pour le Nigeria, « les paragraphes 26 et 27 de la Déclaration Thomson-Marchand ci-dessus présenteraient un problème dans la mesure où sur les quatre bornes mises en place en 1920 qui y sont indiquées, une seulement pourrait éventuellement être identifiée aujourd'hui »[325]. Le défendeur demande à la Cour de retenir la frontière passant par la ligne de partage des eaux sauf à proximité de Kotcha, village nigérian qui s'est étendu de part et d'autre de celle-ci[326]. Le Cameroun considère quant à lui qu'il existe une contradiction entre la Déclaration Thomson-Marchand et la ligne frontière invoquée par le Nigeria à proximité de Kotcha[327].

La Cour constate que dans la région de Kotcha, la difficulté provient uniquement de ce que, comme le reconnaît le Nigeria, le village nigérian de Kotcha s'est étendu du côté camerounais de la frontière[328]. La conclusion à laquelle la Cour est arrivée au sujet du village de Turu (dont il est fréquemment fait mention dans les plaidoiries du Nigeria), est la même concernant les villages coupés en deux. Au paragraphe 123 de l'arrêt du 10 octobre 2002, la Cour considère qu'elle : « n'a pas compétence pour modifier une ligne frontière délimitée même dans l'hypothèse où un village auparavant situé d'un côté de la frontière se serait étendu au-delà de celle-ci. Il appartiendra en revanche aux Parties de trouver une solution aux problèmes qui en résulteraient aux fins d'assurer le respect des droits et intérêts de la population locale »[329].

La Cour conclut que la frontière dans la région de Kotcha, où les terres cultivées se trouvent du côté camerounais de la ligne de partage des eaux, demeure en territoire camerounais. Pourtant, son « pointillisme juridique » la conduit à stimuler la transaction entre les parties. Comme elle l'a fait au point n° 2 de Kotcha où elle s'était montrée favorable au Nigeria, la Haute juridiction conseille aux parties de transiger pour résoudre les difficultés pratiques qui résulteraient de l'arrêt. Seul un accord ponctuel leur permettrait de résoudre les éventuels problèmes d'exécution et d'assurer le respect des droits et intérêts de la population locale[330].

---

325 *Ibid.*, par.121.
326 *Ibid.*
327 *Ibid.*, par.123.
328 *Ibid.*
329 *Ibid.*
330 *Ibid.*

La Cour reprend ici une technique appliquée à d'autres points. Ce procédé consiste en la consécration d'une solution de l'une ou l'autre des parties avec une exhortation à la négociation quant aux points délicats comme la question des villages coupés en deux. A chaque fois que la Cour fait droit aux prétentions d'une partie, elle estime nécessaire de rappeler à l'autre, d'une part qu'aucun triomphalisme n'est de mise et d'autre part que seule une exécution négociée permettrait de dénouer les difficultés liées à l'exécution de la décision à venir[331].

Au point n° 14. La région des monts Hambere (§§161 à 168)

Au point n°14 ayant trait à la région des monts Hambere, la Cour scrute les procès-verbaux des déclarations, déchiffre la toponymie des lieux qui varie selon les parties, se penche sur la traduction des textes. Le juge a à choisir entre la version française signalant un « pic assez proéminent » et la version anglaise du Nigeria utilisant le terme *« pic pointu »* ; pic qu'elle recherche sans le trouver et sans savoir s'il s'agit du même que le précédent. Il fait prévaloir la solution favorable au Cameroun en décidant que la Déclaration Thomson-Marchand doit être interprétée comme faisant passer la frontière par la ligne de partage des eaux au travers des monts Gesumi ou Hambere telle que produite en l'instance par le Nigeria, jusqu'au pied du mont Tamnyar : mont que la Cour a identifié comme constituant le « pic assez proéminent » visé par la déclaration[332].

Point n°17. Point rivière Sama (§§ 185 à 189)

Ce secteur est défini non pas par la Déclaration Thomson-Marchand, mais par l'Ordre en conseil de 1946. Il pose une difficulté analogue à celle suscitée par le point litigieux n°1, Limani et le point 2, la rivière Keraua (Kirewa ou Kirawa). La Cour cherche à savoir si dans le secteur de la rivière Sama, la frontière remonte jusqu'au point où elle se divise. A partir de ce point (qui n'est pas précisé), il existerait deux confluents possibles là où des affluents se jettent dans la rivière Sama, tous deux arrivant de l'ouest : l'un au nord ; l'autre au sud. Pour le Nigeria, c'est l'affluent méridional qui irrigue le confluent visé par l'ordonnance de 1946[333]; le Cameroun, quant à lui, se réfère à l'affluent septentrional[334]. En définitive, le cours de la rivière Sama suit selon

[331]*Ibid.*, par. 123.
[332]*Ibid.*, par. 165.
[333]*Ibid.*, par.186.
[334]*Ibid.*, par.187.

l'arrêt le tracé présenté par le Cameroun[335]. Par la suite, la CIJ retient un tracé différent de celui réclamé par l'une et l'autre des parties.

c.- Solutions intermédiaires ou neutres

La Cour retient des solutions intermédiaires ou en partie « neutres » pour certains secteurs comme Limani[336], les sources du Tsikakiri[337], Tipsan[338] et les monts Hambere à la rivière Mburi[339], des monts Hambere à la rivière Mburi[340].

Point n°1. Limani (§§ 87 à 91)

Dans la région de Limani, l'interprétation du paragraphe 14 de la Déclaration Thomson-Marchand mentionne dans cette zone l'existence d'une seule rivière alors qu'il existe plusieurs bras de rivière entre le marais d'Agzabam et le confluent situé à environ 2 kilomètres au nord-ouest du village de Limani. Un examen du texte de la Déclaration Thomson-Marchand et du matériau cartographique fourni par les parties mène la Cour aux conclusions suivantes :

Tout d'abord, le deuxième bras à partir du nord, préconisé par le Cameroun pour le tracé de la frontière ne saurait être retenu, car il est éloigné du village[341]. Le bras méridional proposé par le Nigeria pose d'autres problèmes. Il est très court et s'arrête bien avant le marais. La Cour ne saurait davantage retenir ce bras. La Cour constate en revanche qu'il existe un autre bras de la rivière appelé Nargo sur la feuille « Ybiri N.W» de la carte DOS reproduite à la page 23 de l'atlas annexé à la duplique du Nigeria qui remplit les conditions posées par la Déclaration Thomson-Marchand[342]. Ensuite, la Cour conclut que la « rivière » visée au paragraphe 14 de la Déclaration Thomson-Marchand est le bras coulant entre Narki et Tarmoa et que la frontière partant du marais d'Agzabam doit suivre ce bras jusqu'à son confluent avec la rivière Ngassaoua[343]. Finalement, la Cour trace la frontière dans ce secteur en faveur du bras central[344] sans retenir les prétentions des deux parties.

---

[335] *Ibid.*, par.398.
[336] *Ibid.*, par.363.
[337] *Ibid.*, p.375.
[338] *Ibid.*, p.85.
[339] *Ibid.*, p.395.
[340] *Ibid.*, p.90.
[341] *Ibid.*, p.87.
[342] *Ibid.*, p.90.
[343] *Ibid.*, p. 91.
[344] *Ibid.*, p. 363.

Point n° 7. La source de la rivière Tsikakiri (§§ 125 à 129)

La multiplication des petits problèmes pratiques obstruant le travail de la Cour telle la difficulté d'identification de la source principale d'une rivière qui reste introuvable est repérable concernant le secteur de la rivière Tsikakiri. La Cour met en avant une forme de réalisme. Elle affirme en premier lieu « qu'il n'existe, du point de vue de la science géographique, aucune définition permettant de déterminer en toute certitude les facteurs à prendre en considération aux fins de l'identification de la source principale d'une rivière lorsque celle-ci possède plusieurs sources »[345]. Elle choisit la solution géographique la plus raisonnable en concluant que la frontière dans la région visée au paragraphe 27 de la Déclaration Thomson-Marchand part du point de coordonnées 13° 17' 50" de longitude est et 10° 03' 32" de latitude nord qui se trouve aux abords de Dumo[346]. Puis, de ce point, la frontière rejoint par une ligne droite le point que la Cour a interprété comme étant la « source du Tsikakiri » mentionnée par la déclaration, avant de suivre le cours de cette rivière[347].

Point n° 12. Tipsan (§§ 153 à 155)

La procédure orale devant la Cour durant la phase préliminaire s'est focalisée sur la localité de Tipsan[348]. Les dispositions débattues sont les articles 40 et 41 de la Déclaration Thomson-Marchand. L'emplacement de

---

[345]*Ibid.*, p.375, par. 128.

[346]*Ibid.*

[347]*Ibid.*

[348] Dans son arrêt du 11 juin 1998 (CIJ., *Frontière terrestre et maritime entre le Cameroun et le Nigeria, Exceptions préliminaires ((Cameroun c. Nigeria)*, arrêt du 11 juin 1998, *Rec.*, pp. 275, par. 90), la Cour a fait allusion aux « incidents survenus à Darak, à Bakassi et à Tipsan ». Cette localité est citée de manière récurrente dans les plaidoiries notamment en matière de responsabilité au stade des exceptions préliminaires d'abord, puis en ce qui concerne l'invocation par le Cameroun de la non-observation par le Nigeria de l'ordonnance en indication de mesures conservatoires de 1996. En ce qui a trait au premier point : plaidoirie de Sir. Arthur Watts, CIJ., *Frontière terrestre et maritime entre le Cameroun et le Nigeria, Exceptions préliminaires, (Cameroun c. Nigeria)*, CR/2002/8, 8 mars 2002, p. 15, § 31, Sir Arthur Watts estime que l'argumentation du Cameroun était confuse en juin 1998 et se réjouit de ce que « le Cameroun a renoncé à revendiquer Tipsan », en renonçant à ses demandes « individuelles » en matière de responsabilité. Quant au second point : l'ordonnance du 15 mars 1996 demandait aux parties de préserver les éléments de preuve pertinents aux fins de l'instance, dans la zone en litige. Or, le Cameroun accusait le Nigeria d'avoir fait disparaître les pierres posées par les Allemands à Tipsan qui définissaient la frontière ; le Nigeria, à travers Sir Arthur Watts s'en défend. Voir également le compte rendu des plaidoiries du 8 mars 2002, CR/2002/8, plaidoirie du conseil du Gouvernement de la République fédérale du Nigeria, Sir. Arthur Watts, *Ibid.* Dans son arrêt du 10 octobre 2002, la Cour infirme les allégations camerounaises puisqu'elle estime qu'aucune des parties n'apporte la preuve de ce qu'elle prétend. CIJ., *Frontière terrestre et maritime entre le Cameroun et le Nigeria (Cameroun c. Nigeria, Guinée équatoriale (intervenant)*, arrêt du 10 octobre 2002, *Rec.*, par. 112.

Tipsan et sa situation par rapport à la frontière dans cette zone ne font pas l'unanimité.

Le Cameroun soutient qu'un problème de démarcation, notamment l'identification sur le terrain des formations citées dans ces dispositions, se pose dans cette région. Il allègue qu'il existe en territoire camerounais une localité appelée Tipsan se situant à environ 3 kilomètres de la ville de Kotcha[349]. Le Nigeria remet en cause l'existence d'un tel village appelé Tipsan du côté camerounais de la frontière. Le seul lieu-dit Tipsan serait d'après lui un poste d'immigration situé en territoire nigérian[350].

La Cour observe qu'à l'audience, les parties se sont accordées pour reconnaître que la frontière doit passer par une ligne parallèle à la route Fort-Lamy-Baré et distante de celle-ci de 2 kilomètres à l'ouest comme le prévoit le paragraphe 41 de la Déclaration Thomson-Marchand. La Cour prend acte de cet accord. Elle précise toutefois pour lever toute ambiguïté qu'il convient d'identifier le point d'aboutissement de ce segment de la frontière à savoir le point situé sur le Mayo Tipsan « à environ 2 kilomètres au sud-ouest du point où le Mayo Tipsan est traversé par la piste », comme correspondant aux coordonnées 12° 12' 45" de longitude est et 7° 58' 49" de latitude nord. Ce point est choisi suivant un tracé différent proposé par la Cour[351]. Cette attitude concernant un point de la frontière terrestre qui était fortement relié aux questions de responsabilité internationale est significative. La Cour, en proposant une solution différente de celles des parties, s'inscrit dans une dynamique transactionnelle.

Point 15. Des monts Hambere à la rivière Mburi (Lip et Yang)
(par. 169 à 179)

Dans cette zone se pose un problème de traduction de l'Ordre en conseil de 1946, analogue à celui relatif au point 14 (la région des monts Hambere). Le texte soulève deux difficultés essentielles dans la région allant du « pic assez proéminent » (version française) ou du « pic pointu » (version anglaise) visé par la Déclaration Thomson-Marchand jusqu'à la rivière Mburi. La première difficulté consiste à opérer la jonction entre les lignes fixées par chacun des deux textes et en particulier à identifier le pic qualifié sans plus de

---

349 CIJ., *Frontière terrestre et maritime entre le Cameroun et le Nigeria, Exceptions préliminaires* (Cameroun c. Nigeria), arrêt du 11 juin 1998, *Rec.*, par. 154.

350 Le Cameroun reprochait au Nigeria d'avoir occupé son territoire et violé sa souveraineté en établissant un poste de contrôle de l'immigration du côté camerounais de la frontière ; ce faisant il aurait engagé sa responsabilité au regard du droit international.

351 CIJ., *Frontière terrestre et maritime entre le Cameroun et le Nigeria, Exceptions préliminaires*, (Cameroun c. Nigeria), arrêt du 11 juin 1998, *Rec.*, par.155.

précision par l'Ordre en conseil de « proéminent »[352]. La seconde consiste à déterminer le tracé de la frontière au-delà de ce point[353].

La Cour observe qu'à défaut de pouvoir désigner un mont en particulier, elle a été en mesure d'identifier la ligne de crête à laquelle ce mont doit appartenir. Cette crête commence à l'endroit où la ligne de partage des eaux qui passe au travers des monts Hambere oblique brutalement vers le sud au lieu dénommé Galadima Wanderi sur la figure 7.37 de la duplique du Nigeria pour se diriger plein sud jusqu'aux environs du point indiqué comme étant Tonn Hill sur la même figure[354]. La Cour conclut que d'Est en Ouest, la frontière suit la ligne de partage des eaux au travers des monts Hambere depuis le mont Tamnyar jusqu'à ce que cette ligne atteigne la ligne de crête marquant l'ancienne frontière franco-britannique[355]. Conformément à l'Ordre en conseil de 1946, la frontière suit ensuite cette ligne de crête vers le sud puis vers l'ouest-sud-ouest jusqu'à la source de la rivière Namkwer. La frontière emprunte alors le cours de la rivière Namkwer jusqu'à son confluent avec la rivière Mburi. Elle s'infléchit alors quelque 2 kilomètres plus loin, pour suivre une direction plein nord, là où la rivière Mburi est aussi appelée Manton ou Ntum[356]. De ce point de vue, la Cour s'est fait sa propre idée de la situation et est parvenue à des conclusions « propres ».

Point n° 5. Du mont Kuli à Bourha/Maduguva (la ligne erronée de partage des eaux de la carte Moisel) (§§ 115 à 119) :

Dans ce secteur, les parties sont en désaccord sur l'application du paragraphe 25 de la Déclaration Thomson-Marchand[357]. Après avoir étudié la carte Moisel, la Cour estime qu'il convient d'interpréter le paragraphe 25 de la Déclaration Thomson-Marchand comme faisant passer la frontière du mont Kuli au point marquant le début de la « ligne erronée de partage des eaux » situé par 13° 31' 47" de longitude est et 10° 27' 48" de latitude nord. Cette méthode est utilisée en alternance avec la ligne correcte de partage des eaux.

À première vue, la solution retenue en la matière paraît proche des thèses camerounaises. En réalité, la Cour se forge sa propre conviction. En effet, elle

---

[352] CIJ., *Frontière terrestre et maritime entre le Cameroun et le Nigeria (Cameroun c. Nigeria ; Guinée équatoriale (intervenant),* arrêt du 10 octobre 2002, *Rec.*, p. 421, par. 162.

[353] *Ibid.*

[354] CIJ., *Frontière terrestre et maritime entre le Cameroun et le Nigeria (Cameroun c. Nigeria ; Guinée équatoriale (intervenant), op. cit.*, p. 421, par. 165.

[355] *Ibid.*

[356] *Ibid.*

[357] La disposition prévoit que : « stipulant que la frontière continue vers le sud entre Mukta (anglais) et Muti (français), la ligne erronée de partage des eaux indiquée par la carte Moisel étant adoptée, laisse Bourha et Dahi en zone française, Madogoba Gamdira en zone anglaise, Bugela ou Bukula, Madoudji, Kadanahanga en zone française, Ouda Tua, et Tsambourga en zone anglaise et Buka sur le côté français » : CIJ., *Frontière terrestre et maritime entre le Cameroun et le Nigeria, (Cameroun c. Nigeria, (Guinée équatoriale, intervenant),* arrêt du 10 octobre 2002, *Rec.*, par.115.

écarte plus ou moins directement et complètement les thèses du Cameroun et du Nigeria. La Cour choisit un tracé différent de celui proposé par l'une ou l'autre des parties à Limani, dans les secteurs entre le mont Kuli et Bourha, concernant la source de la rivière Tsikakiri dans la zone allant des monts Hambere à la rivière Mburi. Le cours de la rivière Sama suit strictement, selon l'arrêt, le tracé suggéré par le Cameroun. Néanmoins, la Cour exhorte les parties à négocier pour résoudre certaines difficultés potentielles d'exécution. La négociation entre les parties est de la sorte provoquée par le tiers judiciaire. Dans les secteurs de la rivière Keraua, de la rivière Kohom, dans la région entre Ngosi et Humsiki, de Wammi Budungo, de Maio Senche, de Jimbare et Sapeo, de Nomberu et de Bissaula-Tosso, la Cour suit la ligne proposée par le Nigeria.

Plusieurs observations peuvent être faites à ce stade. En dépit de l'impression de vainqueur/vaincu que suscite l'attribution de la souveraineté sur l'espace concentrant véritablement le litige, au Cameroun, la CIJ a adopté au niveau des différents secteurs des lignes ne correspondant pas aux réclamations des parties. La Cour n'a pas suivi l'approche camerounaise visant à démontrer que le Nigeria incitait le juge international à faire œuvre de démarcation. Pour l'essentiel, la position du demandeur était de voir les traités coloniaux de frontières confirmés. D'après le Nigeria, cette approche était mauvaise (*wrong approach*). Bien que la délimitation de la frontière dans le lac Tchad ait été effectuée au bénéfice du Cameroun, la Cour a concédé quelques positions à chacune des parties relativement à certains points. La frontière allant de la région du lac Tchad à la péninsule de Bakassi semble globalement donner l'avantage au défendeur. La Cour de La Haye y consacre en effet la pertinence les méthodes nigérianes. Le Nigeria ne ressort pas de cette procédure entièrement perdant.

La CIJ innove dans la pratique d'une démarcation abstraite qui consiste à retrouver grâce à des cartes la description d'une frontière. On peut regretter à ce sujet qu'elle n'ait pas envoyé une mission d'investigation sur le terrain au lieu de se fier uniquement aux dires des parties relativement à tel ou tel emplacement précis. Quoiqu'elle ait fait évoluer son rôle en procédant à un travail proche de la démarcation[358], le résultat est finalement moins tranché qu'il n'y paraît[359]. L'ingéniosité de la Cour réside surtout dans la mise en œuvre d'un certain pragmatisme susceptible de déboucher sur une solution transactionnelle. Elle consacre un tracé résultant de la singularité de la

---

[358] Dans sa plaidoirie, le géomètre anglais, M. Alastair Mac Donald se défend pourtant de vouloir amener la Cour à procéder à une démarcation puisqu'il affirme « Il ne s'agit pas simplement d'une question de démarcation, c'est-à-dire de retrouver au sol la description d'une frontière ». Plaidoirie de M. ALASTAIR MAC DONALD, *CIJ., Frontière terrestre et maritime entre le Cameroun et le Nigeria (Cameroun c. Nigeria ; Guinée équatoriale (intervenant),* CR/2002/11, 5 mars 2002, p. 25 § 95

[359] *Ibid.*

décision judiciaire et non une ligne revendiquée par une des parties et dans le renvoi à la négociation en cas de problème comme elle l'a fait dans l'affaire opposant le Bénin au Niger[360]. Dans son opinion dissidente, le juge Koroma s'insurge d'ailleurs contre le fait que la Cour ait davantage tenu compte de la réalité politique plutôt que de l'application stricte du droit[361].

Délimitation d'une frontière à Bakassi et de l'attribution de la souveraineté sur la presqu'île (§§ 193 à 225)

Sur ce point, la Cour a pris une décision tranchée[362]. Cette question n'était en effet susceptible que d'une réponse nette donnant raison à l'un et par conséquent tort à l'autre.

La Cour écarte la théorie de la consolidation historique invoquée par le Nigeria. Elle considère que le traité conclu le 10 septembre 1884 entre les Anglais et les rois et chefs du Vieux Calabar ne constituait pas un traité de protectorat international puisque ces entités étaient dépourvues de personnalité internationale. Le traitement réservé entre 1913 et 1960 au segment méridional de la frontière définie par l'accord anglo-allemand du 11 mars 1913 prouve que la Grande-Bretagne a cédé le titre ainsi obtenu à l'Allemagne (puissance colonisatrice du Cameroun). La frontière à Bakassi est par conséquent déterminée par l'accord anglo-allemand du 11 mars 1913 (article XVII à XX). L'attitude ultérieure du Nigeria jusqu'à 1994 (au travers des documents postérieurs à l'Indépendance : déclarations de Yaoundé et de Maroua, demandes officielles formulées jusqu'au début des années 80), n'a pas contredit cette opinion[363].

Réaffirmant sa position adoptée dans l'affaire du *Différend frontalier (Burkina Faso/République du Mali)*[364], la Cour estime que les effectivités *contra legem* du Nigeria ne peuvent supplanter le titre conventionnel établi par le Cameroun. La Cour décide que la frontière entre la République du Cameroun et la République fédérale du Nigeria à Bakassi est délimitée par l'article XVIII à XX de l'accord anglo-allemand du 11 mars 1913. Par effet de la succession d'Etat et application du principe de l'*Uti possidetis juris* en vertu de la convention anglo-allemande du 11 mars 1913, la Cour conclut que la souveraineté sur la presqu'île de Bakassi est camerounaise.

---

[360] CIJ., *Différend frontalier (Bénin c. Niger)*, arrêt du 12 juillet 2005, *Rec.*, pp. 87-163.

[361] Opinion dissidente du juge A.G. Koroma, CIJ., arrêt du 12 juillet 2005, *Rec.*, p.473, §3.

[362] CIJ., *Frontière terrestre et maritime entre le Cameroun et le Nigeria (Cameroun c. Nigeria ; Guinée équatoriale (intervenant)*, arrêt du 10 octobre 2002, *Rec.*, §§ 193 à 225.

[363] Lorsque les deux Etats ont commencé à délimiter leur territoire dans les années 70, débutant par la mer, le Nigeria n'avait pas protesté concernant Bakassi (y compris pour les concessions pétrolières).

[364] CIJ., *Différend frontalier (Burkina Faso c. République du Mali)*, arrêt du 22 décembre1986, *Rec.*, p. 577.

En définitive, la délimitation terrestre entre le Cameroun et le Nigeria s'inscrit dans la dynamique d'incitation à la transaction par la négociation provoquée. La Haute juridiction y apparaît marquée par le souci de conduire les parties vers une application négociée dont elle se fait elle-même le catalyseur. Si la tendance au compromis judiciaire s'exprime plus ouvertement en ce qui concerne une partie de la frontière terrestre entre le Cameroun et le Nigeria, elle imprègne dans une certaine mesure la délimitation maritime[365].

2. Délimitation maritime : un résultat contrasté

Le tracé maritime avantage à première vue le Nigeria. Toutefois, la frontière délimitée ne correspond pas intégralement à l'ensemble de la ligne revendiquée par le défendeur. L'incitation à la transaction se manifeste d'une part à travers la délimitation maritime proprement dite (a) et d'autre part à travers la réponse nuancée du tribunal international au problème des droits des Etats tiers (b).

a.- La délimitation proprement dite

L'aspect général du littoral atlantique africain[366] et les enjeux économiques en cause conduisent la Cour à consacrer un compromis d'intérêts entre les tracés frontaliers proposés. Alors que le Cameroun et le Nigeria avaient échoué à délimiter l'ensemble de leur frontière maritime par voie d'accord et abandonné le terrain politique pour se placer au niveau juridique, la Cour les y ramène. En de telles circonstances, elle considère qu'il est de son devoir d'aider au rapprochement entre les parties tout en ne négligeant pas les prétentions de la Guinée équatoriale : Etat intervenant.

---

[365] La presqu'île de Bakassi a donné lieu à une attribution de souveraineté territoriale et non simplement à la délimitation d'une frontière. C'est le résultat de cette attribution qui détermine la frontière maritime et non l'inverse. Et ce précisément en ce qui a trait à son point de départ, car selon que la péninsule de Bakassi appartient au Cameroun ou au Nigeria, ce premier point de départ est situé, soit dans l'embouchure de l'Akwayafé, soit dans le Rio Del Rey, une baie s'enfonçant assez profondément dans les terres à l'est de la péninsule.

[366] Ainsi, le Cameroun et le Nigeria sont deux Etats situés sur la côte occidentale de l'Afrique. Leurs côtes sont adjacentes et sont baignées par les eaux du golfe de Guinée. Ce dernier présente un caractère concave au niveau des côtes du Cameroun et du Nigeria, est bordé par d'autres Etats, et en particulier par Sao Tomé et Principe et la Guinée équatoriale, dont l'île de Bioko fait face aux côtes des parties. Voir l'arrêt de la CIJ., *Frontière terrestre et maritime entre le Cameroun et le Nigeria, Exceptions préliminaires,* (Cameroun c. Nigeria), arrêt du 10 octobre 2002, *Rec.* § 30. Voir également M. KEGNE KAMGA, *Délimitation maritime sur la côte atlantique africaine,* Bruxelles, Bruylant, collection Droit international, 2006, 317 p.

* *La frontière maritime jusqu'au point G* (§§ 247 à 268)

La tâche dans ce secteur n'est pas aisée en raison du désaccord complet des parties sur la question de la frontière maritime[367]. Leurs prétentions respectives n'ont cessé de varier depuis l'introduction de la requête introductive d'instance. À rebours des certitudes exprimées par les parties en matière terrestre, leur équivoque en matière maritime pousse la Cour à construire un tracé plus consensuel[368].

Dans sa requête introductive d'instance, le Cameroun considérait que la frontière maritime part de l'embouchure de l'Akwayafé, et plus exactement de « l'intersection de la ligne droite joignant Bakassi à King Point et du centre du chenal navigable de l'Akwayafé jusqu'au point 12 »[369]. Il soutient que la délimitation de sa frontière maritime avec le Nigeria a été partiellement validée par la ligne de compromis adoptée le 4 avril 1971 dans la déclaration de Yaoundé II. Les parties n'ayant pu se mettre d'accord pour compléter la délimitation sus-évoquée, le Cameroun prie la Cour de bien vouloir déterminer le tracé de la frontière maritime « au-delà de celui qui avait été fixé en 1975 », c'est-à-dire jusqu'au point dit « G » prévu dans la déclaration de Maroua du 1er juin 1975[370], puis à partir de ce point G, en vertu d'une ligne équitable se poursuivant jusqu'à la limite extérieure des zones maritimes que le droit international place sous la juridiction exclusive des deux parties [371].

Ayant dénoncé l'ensemble des accords de délimitation en la matière, le défendeur nigérian estime à son tour qu'aucune frontière n'a été déterminée. La délimitation doit donc être établie de nouveau. D'après lui, la Cour doit s'abstenir de connaître de la revendication maritime du Cameroun à partir du point G. Premièrement, parce qu'elle empièterait sur des eaux revendiquées par des Etats tiers (en l'espèce, la Guinée équatoriale). Deuxièmement, l'obligation de procéder à des négociations préalables formulée aux articles 74 et 83 de la Convention de Montego Bay aurait été violée[372]. Ces deux

---

[367] S. ANTUNES, « The Pending Maritime Delimitation in the Cameroon vs Nigeria Case: A piece in the Jigsaw Puzzle of the Gulf of Guinea », *I.J.M.C.L.*, 2000, vol. 15, pp. 163-192.

[368] Ceci est particulièrement identifiable grâce aux formules pour le moins imprécises et aux plaidoiries moins percutantes en matière de délimitation maritime.

[369] CIJ., *Frontière terrestre et maritime entre le Cameroun et le Nigeria, Exceptions préliminaires* (*Cameroun c. Nigeria*), arrêt du 11 juin 1998, *Rec.*, pp. 275-418, par. 116.

[370] En substance, il revient à la CIJ. de déterminer la limite du Plateau continental et la Zone Économique Exclusive relevant de chacune des parties. La partie la plus problématique semblait concerner la délimitation au-delà du point G.

[371] Sous-paragraphe du point c) des conclusions du Cameroun, citées dans CIJ., *Frontière terrestre et maritime entre le Cameroun et le Nigeria* (*Cameroun c. Nigeria ; Guinée équatoriale (intervenant)*, arrêt du 10 octobre 2002, *Rec.*, p. 303, par. 27.

[372] Durant la phase préliminaire, le Nigeria avait soutenu que l'absence alléguée d'efforts suffisants du Cameroun pour négocier au sujet de leur frontière maritime commune impliquait l'incompétence de la Cour. Mais, la CIJ. avait dans son arrêt du 11 juin 1998 considéré que « les parties n'avaient pas été en mesure de se mettre d'accord sur la continuation des négociations au-delà du point G comme le souhaite le Cameroun ». CIJ., *Frontière terrestre et maritime entre le*

objections nigérianes avaient fait l'objet de l'arrêt du 11 juin 1998 dans lequel la Cour avait considéré que la question de la protection des tiers évoquée dans la septième exception « n'ayant pas un caractère exclusivement préliminaire »[373] devait donner lieu à une jonction au fond. Enfin, le Nigeria précise que la délimitation opérée par la Cour doit prendre en considération non seulement les revendications maritimes raisonnables d'Etats tiers, mais également les droits existants de prospection et d'exploitation des ressources minérales du plateau continental consentis par l'une ou l'autre des parties avant le 29 mars 1994, et sans protestation écrite.

La Cour aborde en premier lieu la demande du Cameroun tendant au tracé du secteur de la frontière maritime allant de l'embouchure de l'Akwayafé jusqu'au point G fixé par la déclaration de Maroua le 1er juin 1975. Ce premier secteur était d'une importance cruciale puisqu'il était intimement lié à l'attribution du titre territorial sur Bakassi[374]. La Cour avait déjà conclu que l'accord anglo-allemand était valide dans son intégralité et attribué la souveraineté territoriale sur la presqu'île litigieuse au Cameroun. Tout en reconnaissant que la déclaration de Yaoundé II a été remise en question plusieurs fois par le Nigeria après sa signature, la CIJ estime que les déclarations de Maroua et de Yaoundé II par lesquelles les chefs d'Etat nigérian et camerounais avaient en 1971 et 1975 convenu de la frontière maritime entre les deux pays depuis l'embouchure de l'Akwayafé jusqu'en un point G situé par 8° 22' 19'' de longitude est et 4° 17' 00'' de latitude nord, constituent un accord international régi par la Convention de Vienne sur le droit des traités (art. 2, § 1) à laquelle le Nigeria est partie depuis 1969 et le Cameroun depuis 1991.

Cameroun et le Nigeria, Exceptions préliminaires (Cameroun c. Nigeria), arrêt du 11 juin 1998, *Rec.*, p. 321, par. 107. Au Nigeria qui reprend cet argument lors de la phase contentieuse, le co-agent du Cameroun, M. KAMTO rapelle « Il faudra bien que la partie adverse se rende à l'évidence. La phase des exceptions préliminaires est bel et bien terminée ». Plaidoirie de M. KAMTO, CIJ., *Frontière terrestre et maritime entre le Cameroun et le Nigeria (Cameroun c. Nigeria, Guinée équatoriale (intervenant)*, CR/2002/7, 26 février 2002, p. 30, par. 9.

373 CIJ., *Frontière terrestre et maritime entre le Cameroun et le Nigeria, Exceptions préliminaires,* (Cameroun c. Nigeria), *op. cit.* note 307, pp. 275-418, par.17.

374 Le fait pour la Cour de déterminer selon deux secteurs frontaliers est décisif. M. Alain Pellet, conseil du Cameroun, le démontre dans sa plaidoirie du 22 février 2002 « Il n'est pas besoin d'être grand clerc pour comprendre pourquoi : admettre que le premier secteur de la frontière maritime a fait l'objet d'une délimitation – fût-ce pour en contester le tracé – reviendrait à reconnaître l'appartenance de Bakassi au Cameroun ». Plaidoirie de M. A. PELLET, CIJ., *Frontière terrestre et maritime entre le Cameroun et le Nigeria (Cameroun c. Nigeria, Guinée équatoriale (intervenant)*, CR/2002/4, 22 février 2002, p. 39, par. 5.

* *La frontière maritime plus au large*

Au-delà du point G, aucun accord ne peut être invoqué par l'une ou l'autre des parties au soutien d'une frontière[375]. Par ailleurs, les positions du Cameroun et du Nigeria sont diamétralement opposées en ce qui concerne tant le choix des méthodes de délimitation[376] que l'importance à accorder à des circonstances pertinentes permettant d'aboutir à un résultat équitable.

Le Cameroun s'estime desservi par la configuration particulière du golfe de Guinée obstruée du nord-est au sud-ouest par un chapelet d'îles[377]. Il récuse la méthode de l'équidistance/circonstances spéciales défendue par le Nigeria au motif qu'elle déboucherait sur une solution inéquitable pour lui en raison notamment de : i) la concavité du golfe de Guinée en général et des côtes camerounaises en particulier, ce qui crée un effet d'enclavement de son territoire maritime ; ii) de la présence de l'île de Bioko qui réduit sensiblement la projection de la côte camerounaise vers le large ; iii) de la disparité entre la longueur de ses côtes et celles du Nigeria[378].

Se prévalant du principe selon lequel toute délimitation doit aboutir à une solution équitable[379], il invoque le paragraphe 1 des articles 74 et 83 de la Convention de 1982 sur le droit de la mer, ainsi qu'un certain nombre de décisions de la Cour ou de tribunaux arbitraux[380]. Il se réfère notamment aux affaires du *Plateau continental de la mer du Nord*[381] ayant retenu l'équité comme notion juridique applicable. Il évoque également l'affaire de la *Délimitation maritime dans la région située entre le Groenland et Jan Mayen* (Danemark Norvège) [382] dans laquelle la CIJ a indiqué que « le but, dans toute situation, quelle qu'elle soit » doit être d'aboutir à « un résultat équitable ». Il finit enfin par invoquer le *dictum* du tribunal arbitral en l'affaire relative à la

[375] La frontière maritime au-delà du point G (par.269 à 307) de l'arrêt de la CIJ. du 10 octobre 2002.

[376] Le Nigeria fait valoir la méthode de l'équidistance stricte, tandis que le Cameroun estime qu'une solution équitable implique que cette équidistance soit ajustée pour tenir compte de diverses circonstances spéciales, etc.

[377] Le Cameroun affirme qu'il ne cherche pas à faire entrer en jeu des Etats tiers ; il ne demande pas non plus à la Cour de régler, aux dépens du Nigeria, les problèmes qui l'opposent à la Guinée équatoriale et à Sao Tomé et Principe. Il demande plutôt à la Cour de prendre en compte la situation géographique d'ensemble de la région. J. R.V. PRESCOTT, *The maritime Political Boundaries of the World*, Londres & New York, Methuen, 1986, 333 p.

[378] CIJ., *Frontière terrestre et maritime entre le Cameroun et le* Nigeria *(Cameroun c. Nigeria ; Guinée équatoriale (intervenant),* arrêt du 10 octobre 2002, *Rec.* 2002, §§ 296-300. Plaidoirie du conseil de l'agent de la République du Cameroun, M. KAMTO., *op. cit.* p. 2, par. 2.

[379] CIJ., *Frontière terrestre et maritime entre le Cameroun et le Nigeria* (Cameroun c. Nigeria ; Guinée équatoriale (intervenant), *op. cit.*, par. 239.

[380]*Ibid., par. 252.*

[381]*Ibid.*

[382]*Ibid.*

Délimitation du plateau continental entre le Royaume-Uni de Grande-Bretagne et d'Irlande du Nord et la République française[383].

La Cour devrait d'après le demandeur privilégier une solution équitable à l'aune des circonstances pertinentes[384]. Le Cameroun fait enfin état de la jurisprudence récente de la Cour sur cette question notamment l'affaire de la *Délimitation maritime et des questions territoriales entre Qatar et Bahreïn* (*Qatar c. Bahreïn)*[385]. Il rappelle qu'à cette occasion, la Cour avait déclaré qu'il convenait de « tracer d'abord, à titre provisoire, une ligne d'équidistance pour examiner ensuite s'il existe des circonstances devant conduire à ajuster cette ligne »[386].

Le Nigeria rejette la ligne du Cameroun dont il estime qu'elle a été construite au mépris des règles et concepts fondamentaux du droit international. Il la qualifie d'ailleurs de « fantaisiste »[387]. Les critiques du Nigeria portent principalement sur cinq points : la nature de la ligne ; les cotes pertinentes utilisées pour sa construction ; le traitement réservé aux îles dans cette construction ; la définition de la zone pertinente pour la délimitation ; et enfin la méthode suivie dans la construction de cette ligne[388]. D'après le défendeur, l'argumentaire camerounais au sujet de l'équité consiste en une manière détournée de vouloir refaire la nature. Or, ceci ne relève pas de la fonction judiciaire si l'on en croit l'affaire du *Plateau continental de la mer du Nord*[389]. Réfutant l'ensemble des circonstances jugées « pertinentes » par le Cameroun, le Nigeria incite la Cour à tenir compte des emplacements des

---

[383] *Ibid.*, CIJ., *Délimitation du plateau continental entre le Royaume-Uni de Grande-Bretagne et d'Irlande du Nord et la République française*, Sentence arbitrale du 30 juin 1977, R.S.A., vol. XVIII, p. 188, par. 97.

[384] Ces circonstances sont : la situation d'ensemble du golfe qui interdit à chacun des trois pays (Cameroun, Nigeria, Guinée équatoriale) de prétendre à des droits exclusifs rattachés au prolongement naturel du territoire terrestre de chacun, le droit du Cameroun à un plateau continental qui corresponde à la projection frontale de ses côtes, lesquelles, de configuration générale concave, ont pour effet d'enclaver quasiment le pays, la disparité des longueurs des côtes concernées, l'infléchissement de la côte nigériane à partir d'Akosso, la présence de l'ile de Bioko face à la côte du Cameroun, mais plus proche de celle-ci que de la Guinée équatoriale à laquelle elle appartient.

[385] CIJ., *Frontière terrestre et maritime entre le Cameroun et le Nigeria (Cameroun c. Nigeria ; Guinée équatoriale (intervenant), op. cit.* note 313, § 257.

[386] *Ibid.*

[387] Lors de ses plaidoiries devant la Cour, James Crawford, l'avocat du Nigeria, se propose de raconter l'histoire de la ligne équitable que revendique le Cameroun et qu'il considère comme une histoire d'aventuriers. Voir compte rendu de Plaidoirie du 7 mars 2002, « *picaresque storys* ». Plaidoirie de M. JAMES CRAWFORD, CIJ., *Frontière terrestre et maritime entre le Cameroun et le Nigeria (Cameroun c. Nigeria, Guinée équatoriale (intervenant)*, CR/2002/3, 7 mars 2002, p. 2, § 2.

[388] Plaidoirie de M. GEORGES ABI-SAAB, *Frontière terrestre et maritime entre le Cameroun et le Nigeria (Cameroun c. Nigeria, Guinée équatoriale (intervenant)*, CR/2002/8, 8 mars 2002, p. 30, §§ 78 à 80.

[389] CIJ., *Plateau continental de la mer du Nord* (*Danemark c. République fédérale d'Allemagne ; Pays-Bas c. République fédérale d'Allemagne)*, arrêt du 20 février 1969, *Rec.*, p. 4, § 91.

concessions pétrolières entre le Cameroun, le Nigeria et de la Guinée équatoriale[390]. Il renvoie à une ligne de *facto* à l'instar de ce qui avait été avancé dans l'affaire du *Plateau continental (Tunisie / Libye)*[391].

La Guinée équatoriale intervenant non partie à l'instance, prie le juge de s'abstenir de délimiter une frontière maritime entre le Nigeria et le Cameroun dans une zone plus proche d'elle que des parties à l'instance. Le but de l'Etat tiers intervenant est en vérité d'imposer l'application du principe de l'équidistance. Il désavoue « la ligne équitable » proposée par le Cameroun dont il se plaint par ailleurs de n'avoir eu connaissance qu'en décembre 1998[392]. Il soutient que cette ligne équitable utilise des points situés sur les côtes des Etats tiers afin de tracer des lignes de projection en particulier sur l'île de Bioko. Or, cette dernière, bien qu'étant plus proche des côtes camerounaises, demeure sous sa souveraineté.

Malgré les dénégations du gouvernement équato-guinéen à ce propos, cette intervention apparaît comme une manière pour les autorités de Malabo qui, en date du 23 septembre 2000, avaient conclu un traité portant délimitation de leur frontière maritime avec le Nigeria[393], de soutenir la position nigériane. Cette immixtion dans la procédure en cours a d'ailleurs été à l'origine d'une crise diplomatique entre le Cameroun et la Guinée équatoriale[394].

Avant de pouvoir tracer une ligne d'équidistance et d'examiner s'il existe des principes équitables/circonstances pertinentes (méthode proche de l'équidistance/circonstances spéciales) qui pourraient rendre nécessaire d'ajuster celle-ci ou de la déplacer afin de parvenir à un résultat équitable, la Cour détermine les côtes pertinentes des parties à partir desquelles seront fixés les points de base servant à la construction de la ligne d'équidistance[395]. Or, d'après l'arrêt rendu dans l'affaire de la *Délimitation maritime et questions territoriales entre Qatar et Bahreïn* (Qatar c. Bahreïn), « la ligne d'équidistance est en effet la ligne dont chaque point est équidistant des points

---

390 CIJ., *Frontière terrestre et maritime entre le Cameroun et le Nigeria* (*Cameroun c. Nigeria ; Guinée Équatoriale (intervenant),* arrêt du 10 octobre 2002, Rec., 2002, §§ 276-282.

391 CIJ., *Plateau continental (Tunisie c. Jamahiriya arabe libyenne)*, arrêt du 24 février 1982, *Rec.*, p. 18.

392 CIJ., *Frontière terrestre et maritime entre le Cameroun et le Nigeria, requête à fin d'intervention*, (*Cameroun c. Nigeria)*, ordonnance du 21 octobre 1999, *Rec.*, 1999, pp. 1029-1036.

393 *Ibid.*, *§* 284

394 Y. A. CHOUALA, « La crise diplomatique de 2004 entre le Cameroun et la Guinée équatoriale, fondements enjeux et perspectives », *Polis Revue Camerounaise de Science politique*, vol.12, numéro spécial 2004-2005, pp. 50-60.

394 CIJ., *Frontière terrestre et maritime entre le Cameroun et le Nigeria* (*Cameroun c. Nigeria ; Guinée équatoriale (intervenant),* arrêt du 10 octobre 2002, *Rec.*, § 280.

395 *Ibid.*

les plus proches des lignes de base à partir desquels la largeur de la mer territoriale de chacun des deux Etats est mesurée »[396].

Avant de débuter l'examen des circonstances pertinentes, les juges confortent la position traditionnelle de la Cour quant à la place de l'équité dans la délimitation maritime en rappelant que « délimiter avec le souci d'aboutir à un résultat équitable, comme le requiert le droit international en vigueur, n'équivaut pas à délimiter en équité. La jurisprudence de la Cour montre en effet que, dans les différends de délimitation maritime, l'équité ne constitue pas une méthode de délimitation, mais uniquement un objectif qu'il convient de garder à l'esprit en effectuant celle-ci »[397]. Sur ce point, l'équité constitue juste un référentiel et non le *ratio decidendi*.

Quant au Cameroun qui mettait en avant la concavité de ses côtes et celle du golfe de Guinée, la Cour répond que la concavité ne constitue pas une circonstance pertinente pour la délimitation. Elle en était déjà arrivée à cette conclusion dans plusieurs affaires dont celle du *Plateau continental de la mer du Nord*[398] ou l'affaire de la *Délimitation de la frontière maritime Guinée/Guinée-Bissau*. La Haute juridiction récuse l'aspect caractéristique de la concavité des côtes pertinentes. Elle précise que celles-ci ne couvrent pas l'ensemble du golfe de Guinée, mais essentiellement le secteur où elles font face à Bioko qui relève de la souveraineté équato-guinéenne[399].

La Cour n'accueille pas les arguments de la partie camerounaise à l'appui de l'adoption de sa « ligne équitable ». Il n'appartient pas au tribunal de gommer ce que la Nature a tracé. Si la « ligne équitable » revendiquée par le Cameroun avait été retenue, elle aurait inévitablement impliqué la Guinée équatoriale et Sao Tomé et Principe dans la délimitation. En dépit de l'hostilité plus ou moins partagée et affichée d'au moins une des parties pour cette méthode[400], la CIJ retient une ligne d'équidistance stricte aux fins de la

---

396 Cette ligne justifiera le choix de West Point et East Point qui sont les points les plus méridionaux sur les laisses de basse mer du Cameroun et du Nigeria. CIJ., *Frontière terrestre et maritime entre le Cameroun et le Nigeria*, (*Cameroun c. Nigeria)*, *Ibid.*, § 290.

397 *Ibid.*, § 294.

398 CIJ., *Plateau continental de la mer du Nord* (*Danemark c. République fédérale d'Allemagne ; Pays-Bas c. République fédérale d'Allemagne)*, ordonnance du 26 avril 1968, *Rec.*, p. 10.

399 *Ibid.*, § 297.

400 Il était certain que le Cameroun s'opposerait au choix de l'équidistance comme méthode de délimitation, puisqu'il avait fait appel à une ligne équitable. En ce qui concerne le Nigeria, bien qu'il ait revendiqué le recours à cette méthode pour le tracé de la frontière maritime entre les deux Etats (réplique du Nigeria de janvier 2001), il affiche une position plus ambiguë à cet égard. Il avait antérieurement fait référence dans sa législation interne, à la méthode de l'équidistance aux fins de la délimitation maritime avec les Etats dont les côtes sont adjacentes ou se font face. Voir article 1er §2 du décret du 5 octobre 1978 relatif à la ZEE, il est prévu que « *Subject to the provisions of any treaty or other written agreement between Nigeria and any neighbouring littoral State, the delimitation of the EEZ between Nigeria and any such State shall be the median or equidistance line* ». Pourtant, le 25 décembre 1998, cet Etat édicte un décret au terme duquel était désormais exclue toute référence à l'équidistance comme méthode de délimitation maritime avec les Etats voisins.

détermination de la frontière maritime entre elles au-delà du point G[401]. Ce faisant, elle endosse pour l'essentiel la méthode de délimitation suggérée par la Guinée équatoriale non partie à l'instance[402]. Pour prolonger le tracé de la frontière partielle délimitée par voie de négociations (la déclaration de Maroua n'étant pas basée sur la méthode de l'équidistance, mais sur celle des lignes astronomiques), la CIJ retient la ligne d'équidistance Cameroun/Nigeria lui ayant paru aboutir à des résultats équitables dans les relations entre les deux Etats. Animée par la crainte que la ligne adoptée par elle , empiéte sur les droits de la Guinée équatoriale, elle se limite à en indiquer la direction sans fixer le point de trijonction entre les trois Etats : Cameroun/Nigeria/Guinée équatoriale[403].

Le comportement de la Cour traduit la volonté d'assurer la « praticabilité » de sa future décision au regard de la question des concessions pétrolières. En fait, la Cour semble progressivement animée par cette obsession de l'aval de ces productions jurisprudentielles. Ceci contribue à modeler sa personnalité. La Guinée lui avait expliqué les répercussions que pourrait avoir l'arrêt de la Cour sur le comportement des sociétés pétrolières[404]. Quant à l'argument soulevé par le Nigeria sur le rôle déterminant de la pratique pétrolière des parties pour l'établissement de la frontière maritime[405], la Cour recherche si d'autres motifs auraient pu rendre nécessaire un ajustement de la ligne d'équidistance afin de parvenir à un résultat équitable[406]. S'inscrivant dans la continuité jurisprudentielle[407], la CIJ estime à ce sujet que les concessions et

---

401 CIJ., *Frontière terrestre et maritime entre le Cameroun et le Nigeria (Cameroun c. Nigeria ; Guinée équatoriale (intervenant),* arrêt du 10 octobre 2002, *Rec.,* § 307.

402 Répondant à M. Alain Pellet qui, dans sa plaidoirie du 19 mars 2002, avait déclaré : « La Guinée équatoriale intervient dans cette affaire aux côtés du Nigeria », l'agent de la Guinée équatoriale, Ricardo Mangué Obama N'fubé, dans sa plaidoirie du 20 mars 2002, nie toute collusion avec le Nigeria puisqu'il précise « La Guinée équatoriale n'intervient pas aux côtés du Nigeria ». Plaidoiries de M. OBAMA N'FUBÉ. CIJ., *Frontière terrestre et maritime entre le Cameroun et le Nigeria (Cameroun c. Nigeria, Guinée équatoriale (intervenant)*, CR/2002/19, 19 mars 2002, p. 18, §§ 78 à 80.

403 *Ibid.*, § 314.

404 *Ibid.*

405 CIJ., *Frontière terrestre et maritime entre le Cameroun et le Nigeria (Cameroun c. Nigeria ; Guinée équatoriale (intervenant),* arrêt du 10 octobre 2002, *Rec.* 2002, *§§* 303 à 305.

406 *Ibid.*

407 Notamment en conformité avec l'affaire du *Plateau Continental* (Tunisie c. Jamahiriya arabe libyenne) dans laquelle la Cour a refusé de tenir compte de la « *ligne en direction du nord servant de limite aux zones pétrolières libyennes* » (*Plateau continental, requête à fin d'intervention (Tunisie c. Jamahiriya arabe libyenne*), arrêt du 14 avril 1981, *Rec.* 1981, p.83, §117). Elle s'était contentée de dire qu'à proximité des côtes, les concessions des parties révélaient et confirmaient que s'était établi un *modus vivendi*, bien que niant les manifestations d'un acquiescement ; alors que dans l'affaire du *golfe du Maine*, elle avait souligné leur importance tout en niant l'existence d'un *modus vivendi*. Dans le domaine de l'arbitrage international, le tribunal réuni pour trancher l'affaire *Guinée c. Guinée-Bissau* n'a pas jugé utile de tenir compte d'une concession pétrolière octroyée par le Portugal ; tandis que le tribunal arbitral, dans l'affaire de la *délimitation des*

les puits, s'ils peuvent indiquer un consensus des parties quant aux espaces maritimes qui leur reviennent, ne constituent pas pour autant des circonstances pertinentes susceptibles de justifier un déplacement de la ligne à moins qu'ils n'aient fait l'objet d'un accord express ou tacite. Or, un tel accord n'existe pas, la Cour conclut donc que cette ligne aboutit à un résultat équitable[408].

Nonobstant le fait que sur le terrain, des chevauchements de concessions sont constatés[409], la pratique pétrolière ne paraît pas pouvoir constituer une circonstance aux fins d'ajuster la ligne d'équidistance. Cette solution bénéficie au Nigeria dont l'exploitation de la plupart des concessions pétrolières dans la zone dure *a priori* depuis un demi-siècle[410]. Le défendeur sort avantagé par le refus de la Cour de s'impliquer en redistribuant les concessions. La Haute juridiction préserve ainsi les intérêts de la Guinée équatoriale qui attendait de la Cour qu'elle se retienne de fixer une frontière maritime coupant la ligne médiane qu'elle considère comme la limite de son territoire.

L'évolution de la jurisprudence internationale semble confirmer cette tendance. Dans l'ordonnance du 25 avril 2015, la chambre spéciale du Tribunal International du Droit de la Mer (TIDM), dans le différend maritime opposant le Ghana à la Côte d'Ivoire, a interdit au Ghana de poursuivre tout nouveau forage dans la zone contestée ainsi que d'utiliser toutes les informations confidentielles qu'il détient au détriment de la Côte d'Ivoire. Elle a enjoint aux parties de coopérer pour préserver les ressources du sol et du sous-sol ainsi que l'environnement marin dans l'attente de la délimitation de la frontière. C'est d'ailleurs la première fois que le TIDM. ordonne de telles mesures dans ce type de litige[411]. Dans l'arrêt du TIDM du 23 septembre 2017, la chambre spéciale, en se référant abondamment à l'arrêt de la CIJ du 10 octobre 2002[412], a rejeté l'argument du Ghana selon lequel la conduite des parties relativement aux concessions pétrolières constitue une circonstance pertinente. Elle a retenu l'argumentaire de la Côte d'Ivoire qui soutenait que l'existence de lignes de concessions pétrolières entre Etats adjacents n'est pas

---

espaces maritimes entre le Canada et la France (Saint-Pierre-et-Miquelon) (*R.S.A.*, vol. 21, p. 267), n'a accordé aucune importance aux concessions pétrolières octroyées par les parties.

408 CIJ., *Frontière terrestre et maritime entre le Cameroun et le Nigeria* (*Cameroun c. Nigeria ; Guinée équatoriale (intervenant)*, arrêt du 10 octobre 2002, *Rec.*, p. 422.

409 *Ibid.*

410 Plaidoirie de M. Georges Abi-Saab, CIJ., *Frontière terrestre et maritime entre le Cameroun et le Nigeria (Cameroun c. Nigeria ; Guinée équatoriale (intervenant),* CR/2002/7, 7 mars 2002, p. 34, §§ 78 à 80.

411. TIDM, Chambre spéciale, *Différend relatif à la délimitation de la frontière maritime entre le Ghana et la Côte d'Ivoire dans l'océan Atlantique (Ghana/Côte d'Ivoire),* arrêt du 23 septembre 2017.

412 TIDM, Chambre spéciale, *Différend relatif à la délimitation de la frontière maritime entre le Ghana et la Côte d'Ivoire dans l'océan Atlantique (Ghana/Côte d'Ivoire)*, arrêt du 23 septembre 2017., § 119, p.40.

en elle-même suffisante pour démontrer l'existence d'une frontière maritime entre eux[413].

Plusieurs constats peuvent être opérés.

Sur le plan de la technique juridique, la délimitation maritime opérée par l'arrêt de 2002 mettant aux prises des Etats tiers et leur intérêt juridique en tant qu'Etats riverains se situe dans la lignée de l'arrêt rendu dans l'affaire du *Différend frontalier terrestre insulaire et maritime (El Salvador c. Honduras).* La Cour y avait autorisé la demande d'intervention du Nicaragua[414]. La Cour a admis l'intervention de la Guinée équatoriale, car la délimitation maritime au-delà du point G mettait en cause ses droits[415]. La solution adoptée par la Cour en 2002 complète sur ce point l'ordonnance du 21 octobre 1999[416]. La Cour refusera de réitérer cette position dans l'affaire relative au *Différend territorial et maritime (Nicaragua c. Colombie).* La requête en intervention déposée par la République du Costa Rica en vertu de l'article 62 du statut de la Cour ne sera pas admise[417].

Sur le plan de la politique judiciaire : la Cour confirme l'engagement conventionnel du Nigeria en deçà du point G par effet de l'application des déclarations de Maroua et de Yaoundé I et II. Elle adopte une délimitation bi-sectorielle telle que suggérée par le Cameroun au détriment de la ligne revendiquée par le Nigeria. Non seulement le tracé frontalier jusqu'au point G n'est pas excessivement favorable au Cameroun[418], mais en plus, la Cour

---

413 109

414 La chambre de la Cour a déclaré que : « Si un Etat réussit à établir de manière satisfaisante devant la Cour qu'il a un intérêt d'ordre juridique susceptible d'être affecté par la décision qui sera rendue en l'espèce, il peut être autorisé à intervenir pour les besoins de cet intérêt. » (CIJ., *Différend frontalier terrestre, insulaire et maritime, requête à fin d'intervention (El Salvador c. Honduras),* arrêt du 13 septembre 1990, *Rec.*, p. 116§ 58. G. ABI-SAAB, « De l'évolution… », *op.cit.,* note 201, p. 290.

415 CIJ., *Frontière terrestre et maritime entre le Cameroun et le Nigeria, requête à fin d'intervention (Cameroun c. Nigeria),* ordonnance du 21 octobre 1999, *Rec.*, p. 1035, par.18.

416 CIJ., *Frontière terrestre et maritime entre le Cameroun et le Nigeria, Exceptions préliminaires,* (Cameroun c. Nigeria), arrêt du 11 juin 1998, *Rec.*, pp. 275-418, § 18. La Cour estime que par l'ordonnance du 21 octobre 1999, la Guinée équatoriale avait suffisamment établi qu'elle avait un intérêt d'ordre juridique susceptible d'être affecté par un arrêt que la Cour rendrait aux fins de déterminer la frontière maritime entre le Cameroun et le Nigeria, et l'a autorisée à intervenir dans l'instance.

417 Au sujet des raisons pour lesquelles la Cour n'a pas admis cette demande d'intervention, voir M. SIDIBE, *L'intervention devant la Cour internationale de Justice*, Thèse Université Paris X, 2012, 367 p.

418 Voir l'arrêt de la CIJ du 10 octobre 2002, point II B du dispositif, pp. 148-149. Par treize voix contre trois, « décide que, jusqu'au point G mentionné ci-dessous, la limite des zones maritimes relevant respectivement de la République du Cameroun et de la République fédérale du Nigeria suit le tracé suivant : - partant du point d'intersection entre le milieu du chenal navigable de la rivière Akwayafé et la ligne droite joignant Bakassi Point et King Point indiquée au point III C ci-dessus, la limite suit la ligne de compromis tracée conjointement par les chefs d'Etat du Cameroun

rejette radicalement la position camerounaise au-delà de ce point[419]. Dans l'ensemble, la CIJ adopte une méthode de délimitation proche des thèses nigérianes et équato-guinéennes[420]. Elle tient ainsi compte de la ligne d'équidistance revendiquée par la Guinée équatoriale. Ce faisant, le juge international paraît rechercher une solution d'égalisation des intérêts des Etats en cause. La jurisprudence de la CIJ a évolué autour de règles de délimitation orientées autour de la méthode de l'équidistance[421].

Le vote à l'unanimité (donc par les deux juges *ad hoc*) des points III. C et III. D de l'arrêt construisant la ligne d'équidistance constitue un indice supplémentaire de la recherche de consensus en matière maritime[422]. Par ailleurs, la Cour compense le rejet des lignes de délimitation proposées par le Cameroun, par le rejet de l'argumentaire nigérian relatif aux concessions pétrolières. Paradoxalement, l'affermissement de la jurisprudence judiciaire et arbitrale relative aux concessions pétrolières (§ 304) consolide la répartition *de facto* des concessions pétrolières. Ceci concourt à la « politique du fait accompli » du Nigeria redoutée par un des conseils du Cameroun[423]. La

et du Nigeria à Yaoundé le 4 avril 1971 sur la carte n° 3433 de l'Amirauté britannique (Déclaration de Yaoundé II) et passant par douze points numérotés, dont les coordonnées sont les suivantes, etc. ». *Cf.*, p. 52.

[419] La CIJ. a adopté un raisonnement identique au sujet de la ligne tracée entre le Honduras et le Nicaragua. CIJ., *Différend territorial et maritime entre le Nicaragua et le Honduras dans la mer des Caraïbes (Nicaragua c. Honduras)*, arrêt du 8 octobre 2007, *Rec.* 2007, p. 132. D'autres arrêts plus récents comme l'arrêt de la Cour internationale de justice du 3 février 2009 relatif à la *Délimitation maritime en mer Noire* s'inscrivent dans la même continuité. CIJ., arrêt du 3 février 2009, *Rec.*, p. 145.

[420] Déjà dans son arrêt sur les exceptions préliminaires, la Cour avait incité les Etats tiers intéressés (la Guinée équatoriale et Sao Tomé et Principe) à intervenir à l'instance, ce que la Guinée équatoriale avait fait de manière à sauvegarder l'intégrité de sa frontière maritime, tout en déclarant vouloir demeurer « non partie » à cette affaire. La présence des Etats tiers justifie en effet que la juridiction s'abstienne de prolonger la délimitation maritime, mais elle ne saurait avoir pour conséquence d'infléchir celle-ci.

[421] La CIJ. saisit l'occasion de l'arrêt du 3 février 2009 dans l'affaire de la *Délimitation maritime en mer Noire* (Roumanie c. Ukraine) pour consacrer définitivement la valeur obligatoire du recours à cette méthode de délimitation, quel que soit l'espace maritime concerné et quelle que soit la configuration des côtes, en l'absence de raisons impérieuses imposant le recours à d'autres méthodes. CIJ., *Délimitation maritime en mer Noire (Roumanie c. Ukraine)*, arrêt du 3 février 2009, *Rec.*, p. 61. Voir également, P. Von Mühlendahl, « L'arrêt de la Cour internationale de Justice dans l'affaire de la Délimitation maritime en mer Noire (Roumanie c. Ukraine) : l'aboutissement d'un processus vieux de quarante ans ?», *R.Q.D.I.*, vol. 22. 2, pp. 1-23.

[422] En définitive, la frontière maritime est fixée à la satisfaction du Cameroun jusqu'au point G, à rebours du Nigeria qui ne souhaitait à l'origine aucune délimitation au-delà du point G, mais selon une ligne plus favorable à celui-ci, et incidemment à la Guinée équatoriale, au-delà du point G, mais jusqu'au point X, qui ne rentre pas dans ce différend et touche à la zone sous juridiction équato-guinéenne.

[423] Plaidoirie de M. Alain Pellet, CIJ., *Frontière terrestre et maritime entre le Cameroun et le Nigeria, Exceptions préliminaires* (Cameroun c. Nigeria), CR/2002/11, 11 mars 2002, p. 28.

situation *de facto* profite en effet à ce pays qui exploitait jusqu'alors la plupart des champs pétrolifères de la région[424].

Comme elle l'avait fait dans l'arrêt *Plateau continental de la mer du Nord* du 20 février 1969[425], la CIJ rappelle aux parties, notamment au Cameroun, que la délimitation d'une frontière ne peut en aucun cas être assimilée à un partage. D'après Delphine Perrin : « le gouvernement de Yaoundé attendait sans doute de la CIJ plus qu'il ne peut faire lui-même. La correction des désavantages naturels invoqués est renvoyée à d'éventuelles négociations globales multilatérales dans le golfe de Guinée. La Cour opta dans cette affaire pour une solution particulièrement simple, renvoyant aux Etats leurs responsabilités quant à l'adaptation éventuelle de la délimitation ainsi opérée et sa mise en œuvre, d'autant plus qu'elle se limite à indiquer la direction générale de la frontière[426] ».

La politique jurisprudentielle par laquelle la CIJ trace la frontière maritime au milieu des revendications des parties[427] atténue les effets des revendications maximalistes du Cameroun. La délimitation est demeurée « inachevée »[428]

---

[424] Le Cameroun a signé son premier contrat d'exploration et d'exploitation pétrolières à Bakassi le 19 juin 2006 avec le groupe américain Dana Petroleum, pour une durée initiale de 8 ans.

[425] CIJ., *Plateau continental de la mer du Nord* (Allemagne c. Danemark ; Allemagne c. Pays-Bas), arrêt du 20 février 1969, *Rec*., p. 3. Dans cette affaire, la Cour a soutenu la ligne juste et équitable défendue par l'Allemagne en rappelant que la délimitation d'une frontière ne pouvait être assimilée à un partage, et affirmant le droit naturel de l'Etat côtier sur le prolongement de son territoire, *ipso facto* et *ab inito* en vertu de la souveraineté territoriale de ce dernier.

[426] D. PERRIN, *La Cour internationale de Justice et l'Afrique*, Marseille, Presses Universitaires d'Aix-Marseille, t. 1 et 2, 2005, 773 p., p. 469.

[427] Force est de constater que ce phénomène imprègne même la jurisprudence arbitrale. Par exemple, la délimitation réalisée en 1985 entre la Guinée et la Guinée-issau après avoir repoussé l'applicabilité de la Convention du 18 mai 1886, le tribunal choisit un tracé sur la base d'une ligne unique, se situant au milieu de celles invoquées par les parties. Voir N. Kingue, « La sentence du 14 février 1985 du Tribunal d'arbitrage dans l'affaire de la délimitation de la frontière maritime entre la Guinée et la Guinée-Bissau », *R.G.D.I.P.*, vol. 91, 1987, pp. 81-82. On peut encore signaler dans la même lignée la délimitation des espaces maritimes entre le Yémen et l'Erythrée par la décision du 9 octobre 1998 qui reflète une volonté de compromis et assure la répartition entre îles et aspects terrestres du différend entre les parties. Voir sentence du tribunal arbitral rendue au terme de la seconde étape de la procédure entre l'Erythrée et la République du Yémen (délimitation maritime), décision du 17 décembre 1999, RSA, vol. XXII, pp. 335-410. Enfin, un dernier exemple peut être fourni par la sentence du 11 avril 2006 relative à la délimitation maritime entre la Barbade et Trinité et Tobago puisqu'il témoigne de la même dynamique transactionnelle ; le tribunal ayant adopté une ligne d'équidistance favorisant la satisfaction minimale des deux parties au différend. Voir Barbade c. Trinité et Tobago, SA, 11 avril 2006, RBA, vol. XXVII, pp. 147- 251.

[428] KEGNE KAMGA évoque la distinction entre deux cas de figure : la délimitation globale et la délimitation inachevée. Par délimitation globale, il entend une délimitation qui concerne toutes les zones maritimes revendiquées par des Etats, de la mer territoriale à la limite extérieure de la zone exclusive ou du plateau continental. Après une délimitation globale, la question de la délimitation maritime entre les deux Etats est en principe définitivement réglée ; la délimitation inachevée concerne seulement le plateau continental, par exemple comme cela avait été le cas des premières affaires portées devant la justice internationale en la matière. Voir M. KEGNE KAMGA, *op. cit.* note 417, pp. 57-58.

comme l'avait souhaité la Guinée équatoriale. De la sorte, la Cour a restreint sa fonction judiciaire au motif qu'elle doit « rester pleinement consciente » (§ 238) comme toujours dans des situations de ce type, des limites qu'une telle présence impose à sa compétence[429].

Cette position a été critiquée par le juge Herczegh dans sa déclaration jointe à l'arrêt[430]. Le fait pour la Cour de ne pas se prononcer sur le tripoint Cameroun-Nigeria-Guinée équatoriale confirme l'emprise du consensualisme sur la délimitation maritime. On peut néanmoins regretter que la Cour ait restreint son pouvoir d'établir la situation juridique des parties pour prendre en considération la prétention de la Guinée (le tracé suivant une ligne médiane), laquelle, selon cette dernière, définirait le domaine réservé à la négociation. A l'instar de l'affaire relative à *Certaines terres à phosphates à Nauru*[431], la Cour a permis aux Etats tiers intéressés à l'instance qui ne sont pas parties au différend, d'interférer de manière substantielle sur celui-ci.

Au total, la Cour a provoqué la négociation non seulement entre les parties à l'instance, mais aussi entre celles-ci et les tiers intéressés qu'ils soient ou non présents à l'instance. Le juge se contente de préciser au sujet de tel ou tel procédé qui aboutit à une solution équitable, sans le justifier. Dans ces circonstances, « le recours à l'équité ou aux principes équitables, sans trop les définir ni leur donner un contenu objectif identifiable, rend plus aisée, la tâche d'arriver à des solutions transactionnelles d'espèce »[432]. La Cour se doit d'insister à ce propos sur le fait que délimiter avec le souci d'aboutir à un résultat équitable comme le requiert le droit international en vigueur n'équivaut pas à délimiter en équité. La jurisprudence de la Cour montre en effet qu'en ce qui concerne les différends de délimitation maritime, l'équité ne constitue pas une méthode de délimitation, mais uniquement un objectif qu'il convient de garder à l'esprit en effectuant celle-ci. La Cour évoque à ce sujet les affaires de la *mer du Nord* dans laquelle les juges ont estimé que « l'équité n'implique pas nécessairement l'égalité »[433].

Prenant acte de la déclaration de la Guinée équatoriale lors des plaidoiries conclusives selon laquelle elle était prête à négocier avec le Cameroun concernant leur frontière maritime commune[434], la Cour encourage les Etats

---

[429] *Ibid.*, par. 238.

[430] Déclaration du juge Herczegh jointe à l'arrêt de la CIJ. du 10 octobre 2002.

[431] CIJ., *Certaines terres à phosphates à Nauru, exceptions préliminaires (Nauru c. Australie)*, arrêt du 10 septembre 1993, *Rec.*, pp. 261-262, par. 55.

[432] G. LABRECQUE, *Les frontières maritimes internationales, géopolitique de la délimitation maritime*, Paris, L'Harmattan, collection Raoul-Dandurand, Géopolitique, 2004, 532 p, p. 352.

[433] CIJ., *Plateau continental de la mer du Nord (Allemagne c. Danemark ; Allemagne c. Pays-Bas)*, arrêt du 20 février 1969, *Rec.*, p. 3.

[434] Ricardo Mangué Obama N'fubé affirme : « La Guinée équatoriale est prête à négocier sa frontière maritime avec le Cameroun. La preuve, nous avons effectué une visite avec le Cameroun en 1989 ». Plaidoiries de M. OBAMA N'FUBÉ. CIJ., *Frontière terrestre et maritime entre le Cameroun et le Nigeria (Cameroun c. Nigeria, Guinée équatoriale (intervenant)*, CR/2002/19, 19 mars 2002, p. 18, par.79.

concernés à suivre l'exemple du Nigeria et de la Guinée équatoriale (ayant conclu un accord de délimitation maritime le 23 septembre 2000). C'est de cette manière que le tiers judiciaire provoque la négociation interétatique[435]. La tendance au compromis d'intérêt et le rôle diplomatique du juge international apparaissent également à travers la réponse donnée aux droits des tiers.

b.- La réponse nuancée de la Cour face au problème des droits des Etats tiers

Un autre élément pris en compte dans le raisonnement de la Cour réside dans le souci de rendre une solution acceptable pour les Etats tiers dans leur ensemble (qu'ils interviennent ou non à l'instance). Ceci explique l'indexation du règlement négocié sur le règlement juridictionnel. Dans l'arrêt rendu dans l'affaire de la *Frontière terrestre et maritime entre le Cameroun et le Nigeri*a, la Cour a adopté une position identique vis-à-vis de la Guinée équatoriale — qui était intervenue en tant que non-partie — et de Sao Tomé et Principe — qui s'était abstenue[436]. Il sied d'approfondir la logique de règlement global des questions de limites dans une zone maritime.

La dimension d'incitation à la transaction posée par le juge international ressort en premier lieu de l'invitation faite par la Cour pour que les tiers interviennent dans l'instance judiciaire. Dans son arrêt du 11 juin 1998 sur les *Exceptions préliminaires,* la CIJ avait déclaré qu'elle : « ne saurait exclure que l'arrêt demandé par le Cameroun puisse avoir sur les droits et intérêts juridiques des Etats tiers une incidence telle que la Cour serait empêchée de rendre sa décision en l'absence de ces Etats, auquel cas la huitième exception préliminaire du Nigeria devrait être retenue, tout au moins en partie. La question de savoir si ces Etats décideront d'exercer leurs droits à intervention dans l'instance conformément au Statut reste entière »[437].

---

[435] Il s'agit d'une étape décisive dans la délimitation de la frontière maritime entre les deux Etats. En effet, l'absence de délimitation de la frontière maritime entre les Etats a été à l'origine de bien des conflits et des malentendus ces dernières années, notamment depuis la découverte d'importants gisements de pétrole dans le golfe de Guinée, et la mise en place des Zones économiques exclusives (ZEE) subséquentes. La Guinée équatoriale (28 051 km²) doit défendre son intégrité territoriale sur les frontières externes de son ample ZEE (312 000 km²), face aux voisins. À noter que le règlement du tracé des frontières maritimes entre São Tomé et Príncipe et la Guinée équatoriale n'a pas été finalisé malgré un accord conclu il y a dix ans, en 1999. Un important contentieux maritime oppose par ailleurs la Guinée équatoriale et le Gabon, dans l'embouchure du Río Muni. Depuis 1972, ce pays occupe trois îlots (Mbanié, Cocotier, Conga), situés à 18 kilomètres de ses côtes, au sud de l'archipel équato-guinéen de Corisco et des îles Elobey.

[436] CIJ., *Frontière terrestre et maritime entre le Cameroun et le Nigeria (Cameroun c. Nigeria, Guinée équatoriale (intervenant),* arrêt du 10 octobre 2002, *Rec.*, p. 452, §318.

[437] La huitième exception préliminaire soulevée par le Nigeria avait été jointe au fond par la Cour au motif qu'elle n'avait pas un caractère exclusivement préliminaire. C.I. J., *Frontière terrestre et*

L'appel de la Cour a été reçu favorablement par la Guinée équatoriale (Sao Tomé et Principe s'étant abstenu). Il a déposé le 27 juin 1999 une demande d'intervention sur le fondement de l'article 62 du statut de la Cour et de l'article 81 de son Règlement[438] en exprimant le souhait de ne pas devenir partie à l'instance[439]. L'intervention en question a été autorisée par l'ordonnance du 21 octobre 1999[440]. Elle est basée sur le paragraphe 116 de l'arrêt rendu par la Cour le 11 juin 1998 sur les exceptions préliminaires du Nigeria[441].

En effet, la Cour avait rejeté la huitième exception préliminaire présentée par le défendeur. Elle avait considéré qu'elle ne pouvait la considérer comme une simple question préliminaire. Il a donc été nécessaire que la Cour l'examine au fond.

La mission de la Cour étant subordonnée au principe du consensualisme étatique, elle s`est refusée à fixer la frontière commune entre l'Etat tiers et les parties à l'instance. Dans sa recherche d'un résultat jugé équitable sur un plan global, le juge international s'est retrouvé confronté à une situation complexe. D'une part, la méconnaissance des intérêts extérieurs au prétoire pouvait menacer la stabilité des lignes frontières délimitées. D'autre part, le fondement consensuel du règlement des différends internationaux interdisait de rendre des décisions relatives aux intérêts d'Etats n'ayant pas souhaité soumettre leurs prétentions juridiques à un règlement juridictionnel[442]. Dans son arrêt du 11 juin 1998, la Cour rappelle, relativement à la huitième exception préliminaire soulevée par le Nigeria, que l'un des principes fondamentaux de son statut est qu'elle ne peut trancher un différend entre des Etats sans que ceux-ci aient consenti à sa juridiction. Toutefois, elle a précisé

---

maritime entre le Cameroun et le Nigeria, Exceptions préliminaires, (Cameroun c. Nigeria), arrêt du 11 juin 1998, *Rec*., pp. 275-324.

438 L'agent de la Guinée équatoriale, M. Ricardo Mangué Obama N'fubé, a par ailleurs précisé la position de son pays dans l'affaire en cause, au cours de son intervention, lors de la procédure orale en ces termes : « *Equatorial Guinea comes before the Court as a non-party intervening State in the case between Cameroon and Nigeria* ». Plaidoirie de M. OBAMA N'FUBÉ. CIJ., *Frontière terrestre et maritime entre le Cameroun et le Nigeria (Cameroun c. Nigeria, Guinée équatoriale (intervenant)*, CR/2002/8, 8 mars 2002, p. 18, §§ 78 à 80. Sur cette procédure dans l'affaire, voir H. BARATI, *op.cit.*, note 80. Sur cette procédure en général, voir S. TORRES BERNADEZ, « L'intervention dans la procédure de la Cour internationale de justice », *R.C.A.D.I.*, vol. 256, 1995, pp. 193-458.

439 CIJ., *Frontière terrestre et maritime entre le Cameroun et le Nigeria, requête à fin d'intervention (Cameroun c. Nigeria),* ordonnance du 21 octobre 1999, *Rec*., p.1029, § 2, la Guinée équatoriale déclare : « La Guinée équatoriale ne cherche pas à devenir partie à l'instance ».

440 *Ibid.*, pp. 1029-1036 ; H. BARATI, *op. cit.*, note 80, p. 15.

441 CIJ., *Frontière terrestre et maritime entre le Cameroun et le Nigeria, exceptions préliminaires* (Cameroun c. Nigeria), *Ibid.*, p. 324, § 116.

442 Voir les articles 36 et 59 du statut de la Cour. Il est également admis que la CIJ ne peut régler un différend lorsque l'intérêt d'un Etat tiers ne souhaitant pas intervenir fait l'objet même du différend, voir CIJ., *Or monétaire pris à Rome en* 1943, *question préliminaire* (*Italie c. France, Royaume-Uni de Grande-Bretagne et d'Irlande du Nord et Etats-Unis d'Amérique)*, arrêt du 15 juin 1954, *Rec*., 1954, pp. 19-36.

qu'elle n'est pas nécessairement empêchée de statuer lorsque l'arrêt qu'il lui est demandé de rendre est susceptible d'avoir des incidences sur les intérêts juridiques d'un Etat qui n'est pas partie à l'instance[443].

Il n'est pas toujours aisé d'accommoder ces deux préoccupations. Néanmoins, sur le plan procédural, le juge tient au principe du consensualisme comme condition d'exercice de sa fonction juridictionnelle. A l'instar de l'affaire des *Immunités juridictionnelles de l'Etat* dans laquelle l'Allemagne et l'Italie n'avaient pas soulevé d'objection à l'admission de l'intervention de la Grèce[444], l'accord des parties à l'intervention d'un Etat tiers confortait l'admission de la requête de la Guinée équatoriale[445]. La Cour elle-même avait reconnu dans son arrêt du 11 juin 1998, l'intérêt d'ordre juridique de cet Etat. La légitimité d'une intervention de caractère purement informatif avait déjà été tranchée en 1990[446].

Or, l'intervention des Etats tiers est traditionnellement acceptée de façon restrictive[447]. Dans le cas de l'intervention de la Guinée équatoriale, c'est

---

443 CIJ., *Frontière terrestre et maritime entre le Cameroun et le Nigeria, exceptions préliminaires (Cameroun c. Nigeria)*, *op. cit.* note 373, p. 324, §§ 112-117.

444 CIJ., *Immunités juridictionnelles de l'Etat, requête de la République Hellénique à fin d'intervention (Allemagne c. Italie)*, ordonnance du 4 juillet 2011, *Rec.*, pp. 2 et s., §§ 4-6.

445 CIJ., *Frontière terrestre et maritime entre le Cameroun et le Nigeria, requête à fin d'intervention (Cameroun c. Nigeria),* ordonnance du 21 octobre 1999, *Rec.*, p. 1033, §§. 7-10.

446 CIJ., *Frontière terrestre et maritime, Requête de la Guinée Équatoriale à fin d'intervention (Cameroun c. Nigeria),* ordonnance du 21 octobre 1999, *Rec.*, § 2.

447 Devant la C.P.I.J. : la Cour a admis la demande d'intervention de la Pologne sur la base de l'article 63 du statut dans l'affaire *Wimbledon* (C.P.J.I., *Vapeur Wimbledon*, *(Grande-Bretagne, France, Italie, Japon c. Allemagne, Pologne intervenant)*, arrêt du 17 août 1923, Série A, n°1, p. 20. En 2012, dans le cadre du contentieux devant la CIJ., on recense trois acceptations d'interventions. La demande d'intervention des Fidji dans l'affaire des *Essais nucléaires* (CIJ., *Essais nucléaires français* (France c. Australie et Nouvelle-Zélande), ordonnance du 20 décembre 1974, *Rec.*, p. 530), sauf que la Cour n'a pas pu statuer sur cette demande, car elle avait déclaré que l'instance n'avait plus d'objet dans son arrêt sur les exceptions préliminaires ; voir à cet effet l'affaire du *Différend frontalier terrestre insulaire et maritime* (CIJ., *Différend frontalier terrestre insulaire et maritime,* requête du Nicaragua à fin d'intervention *(El Salvador c. Honduras)*, arrêt du 13 septembre 1990, *Rec.*, p. 2) , la Cour a admis, pour la première fois, la demande d'intervention du Nicaragua, mais en tant que non-partie ; CIJ., *Frontière terrestre et maritime,* requête de la Guinée équatoriale à fin d'intervention *(Cameroun c. Nigeria, Guinée équatoriale intervenant)*, ordonnance du 21 octobre 1999, *Rec.*, , p.109. *Idem* pour la précédente affaire, la Cour a admis l'intervention en tant que non-partie ; CIJ., *Immunités juridictionnelles de l'Etat, requête à fin d'intervention de la République hellénique de Grèce (Allemagne c. Italie)*, Ordonnance du 4 juillet 2011 Rec., p. 12, la Cour a autorisé la Grèce à intervenir dans l'instance en tant que non-partie, conformément à l'article 62 du statut. C'est la troisième acceptation d'une demande en intervention dans la jurisprudence de la Cour. On compte quatre refus, fréquents dans les affaires relatives à l'emploi de la force : CIJ., *Affaire du Plateau continental, requête de Malte à fin d'intervention (Tunisie c. Jamahiriya arabe libyenne)*, arrêt du 14 avril 1981, *Rec.*, , p. 3 : La Cour a rejeté la demande d'intervention de Malte dans l'affaire du *Plateau continental entre la Tunisie et la Libye* pour défaut d'un intérêt juridique en cause ; CIJ., *Plateau continental, requête de l'Italie à fin d'intervention (Jamahiriya arabe Libyenne c. Malte),* arrêt du 21 mars 1984, *Rec.*„ p. 3. Dans l'affaire en question, l'Italie avait tenté d'intervenir sur la

l'Etat requérant qui a sollicité la délimitation du champ de l'intervention à l'aspect maritime (et la Cour l'a acceptée), alors qu'il arrive fréquemment que ce soit la Cour elle-même qui circonscrive l'intervention à cet aspect. La sensibilité du différend a sans doute justifié le développement d'une exception en ce sens. La solution en l'espèce a largement été inspirée par le précédent constitué par l'arrêt du 13 septembre 1990 rendu par une chambre de la Cour dans l'affaire du *Différend frontalier terrestre, insulaire et maritime (El Salvador/ Honduras)*[448].

La préoccupation pour le consensualisme explique la propension de la Cour à refuser de se prononcer sur les points extrêmes de frontières[449]. La plupart des décisions en matière de délimitation maritime s'abstiennent de déterminer le point terminal de la frontière de manière à ne pas empiéter sur les droits des Etats tiers[450]. La Cour reprend une technique appliquée en 1982

---

base de l'article 62 du statut de la Cour, mais la Cour a rejeté la requête italienne à 11 voix contre 5, car l'Italie n'avait pas justifié de l'existence d'un lien juridictionnel. Dans son arrêt du 21 mars 1984, la CIJ. précisa qu'elle se prononcerait uniquement sur les prétentions rivales de la Libye et de Malte », *Ibid.*, p. 27, § 43.CIJ., *Dans l'affaire relative à la souveraineté sur Puluu Ligitan et Pulau Sipauun, requête des Philippines à fin d'intervention* (Indonésie c. Malaisie) arrêt du 23 octobre 2001, *Rec.*, p. 60, la Cour a repoussé l'intervention philippine au titre que l'Etat requérant n'a pas « rempli son obligation de convaincre la Cour que des intérêts d'ordre juridique spécifiés pourraient être en cause » (par. 93), la Cour a écarté la demande d'intervention des Philippines pour défaut d'un intérêt juridique en cause. Il faut signaler les demandes récentes : CIJ., *Différend territorial et maritime, requête du Costa Rica à fin d'intervention* (Nicaragua c. Colombie*)*, arrêt du 4 mai 2011, *Rec.*, p. 123, la Cour a jugé que la requête à fin d'intervention en l'instance déposée par la République du Costa Rica en vertu de l'article 62 du statut de la Cour ne peut être admise ; CIJ., *Différend territorial et maritime, requête du Honduras à fin d'intervention du Honduras dans l'affaire du différend territorial et maritime entre le Nicaragua et la Colombie* (*Nicaragua c. Colombie),* arrêt du 4 mai 2011, *Rec.* 2011, p. 145, la Cour a décidé que la requête à fin d'intervention en l'instance, en tant que partie ou en tant que non-partie, déposée par la République du Honduras en vertu de l'article 62 du statut de la Cour, ne peut être admise.

[448] CIJ., *Différend frontalier terrestre insulaire et maritime, requête du Nicaragua à fin d'intervention* (El Salvador c. Honduras), arrêt du 13 septembre 1990, *Rec.*, p. 217.

[449] A. PELLET, « Land and Maritime Tripoints in International Jurisprudence » in *Coexistence, Cooperation and Solidarity, Liber Amicorum Rüdiger Wolfrum*, Martinus Nijhoff, 2011, pp. 245-264, spéc, p. 255. Voir également, C. G. LATHROP, « Tripoint Issues », in *Maritime Boundary Delimitation International Maritime Boundaries,* D. COLSON, R. W. SMITH, eds., *American Society of International Law*, 2005, pp. 3305-3375 ; J. CAZALA, « Retour sur les méthodes de délimitation juridictionnelle d'espaces maritimes mises en œuvre dans quelques affaires récentes », *A.F.D.I.*, vol. 54, 2008, pp. 411-427.

[450] Ce que la CIJ. fait dans l'affaire de la *Frontière terrestre et maritime* (CIJ., *Frontière terrestre et maritime Cameroun c. Nigeria, Guinée équatoriale (intervenant)*, arrêt de la CIJ. du 10 octobre 2002, *Rec.*2002, par. 238, 245 et 307, elle l'a déjà fait dans l'arrêt de 1982 relatif au *Plateau continental entre la Tunisie et la Libye* (CIJ., *Plateau continental entre la Tunisie et la Libye (Tunisie c. Jamahiriya arabe libyenne)),* arrêt du 24 février 1982, *Rec.*1982, p. 91, par. 130. De même, l'arrêt relatif au *Différend territorial et maritime entre le Nicaragua et le Honduras dans la mer des Caraïbes* laisse une portion de frontière et un point indéterminé CIJ., *Différend territorial et maritime entre le Nicaragua et le Honduras dans la mer des Caraïbes (Nicaragua c. Colombie*), arrêt 8 octobre 2007, p. 20, §§18 et 19.

dans l'arrêt relatif au *Plateau continental entre la Tunisie et la Libye*[451]. Elle avait également laissé une portion de frontière et un point indéterminé dans l'arrêt relatif au *Différend territorial et maritime entre le Nicaragua et le Honduras dans la mer des Caraïbes*[452].

Dans l'affaire *Cameroun c. Nigeria*, la portion de 34 km reliant le point terminal de la ligne frontière entre les deux Etats en différend à la zone sous juridiction équato-guinéenne est renvoyée à la négociation des parties. La position de la Cour par rapport aux points triples est particulièrement commode pour la Guinée équatoriale qui n'avait cessé de faire valoir que la ligne équitable proposée par le Cameroun sur la zone maritime au sud de la ligne était construite largement à ses dépens et non pas à ceux du Nigeria.

On perçoit néanmoins difficilement la logique poursuivie par la Cour. D'après le professeur E. Jouannet : « on peut quand même trouver une règle commune implicite qui semble ressortir de la jurisprudence et qui pourrait s'énoncer de la façon suivante : il faut rechercher un équilibre satisfaisant entre les droits des Etats parties et ceux des Etats tiers ; et donc il faut faire au mieux pour arriver à une solution qui soit acceptable par tous »[453].

La CIJ a pris en considération les motifs d'intervention de la Guinée équatoriale en procédant à la délimitation maritime entre le Cameroun et le Nigeria particulièrement au-delà du point G où s'était arrêtée la délimitation conventionnelle entre les deux Etats. Elle a voulu laisser à la Guinée équatoriale la possibilité de négocier ultérieurement sa frontière avec le Cameroun[454]. Le point de trijonction des frontières maritimes des trois Etats intéressés dépend de cette frontière[455].

451CIJ., *Plateau continental, requête à fin d'intervention (Tunisie c. Jamahiriya arabe libyenne)*, Arrêt du 14 avril 1981, *Rec.*, p. 91, §130.

452 CIJ., *Différend territorial et maritime entre le Nicaragua et le Honduras dans la mer des Caraïbes (Nicaragua c. Colombie)*, *op. cit.*, p. 20, §§18 et 19.

453 E. JOUANNET, « L'impossible protection des droits du tiers par la Cour internationale de Justice dans les affaires de délimitation maritime », in *La mer et son droit, Mélanges offerts à L. Lucchini et J.-P. Quéneudec*, Paris, Pedone, 2003, pp. 315-341.

454 Il convient de rappeler que la Guinée équatoriale avait déjà signé un accord de délimitation maritime avec le Nigeria (23 septembre 2000). Si tel était l'objectif de l'incursion de la Cour dans le champ des effets de son arrêt, celle-ci a été sur ce point vaine puisque, malgré une réactivation de la commission bilatérale de délimitation Guinée équatoriale-Cameroun en 2006, les parties ne sont parvenues à aucun accord probant.

455 La CIJ a considéré que « La limite des zones maritimes relevant respectivement du Cameroun et du Nigeria se poursuivra donc au-delà du point G en suivant une ligne en direction de l'ouest, jusqu'à ce qu'elle atteigne le point X aux coordonnées sus-indiquées. Cette limite s'infléchira au point X et se prolongera vers le sud le long de la ligne d'équidistance. La ligne d'équidistance retenue par la Cour ne saurait toutefois se poursuivre très au large. La Cour a déjà déclaré qu'elle ne pouvait pas prendre de décision qui puisse affecter les droits de la Guinée équatoriale, qui n'est pas partie à l'instance. Dans ces circonstances, la Cour ne s'estime pas en mesure de faire plus qu'indiquer, à partir du point X, la direction générale de la limite des zones maritimes relevant de chacune des parties. Celle-ci suivra une ligne loxodromique ayant un azimut de 187° 52" 27' », CIJ., *Frontière terrestre et maritime entre le Cameroun et le Nigeria*, (Cameroun c. Nigeria, Guinée équatoriale, intervenant), arrêt du 10 octobre 2002, §. 307.

Au total, l'intervention de la Guinée équatoriale dans le procès entre les parties fait apparaître une parenté entre le règlement juridictionnel des différends terrestres et maritimes et le règlement par voie de négociation. La négociation provoquée par le tiers judiciaire complète la solution juridictionnelle. Ce cas de figure récurrent en matière de contentieux maritime s'exprime ici avec plus de vigueur. L'affaire relative à la *Sentence arbitrale du 31 juillet 1989*[456], l'affaire du *Plateau continental Tunisie c. Libye*[457] et l'affaire du *golfe du Maine* entre les Etats-Unis et le Canada[458] l'illustrent. Plus récemment, le différend entre le Nicaragua et le Honduras relatif au traité de délimitation conclu par ce dernier avec la Colombie révèle l'intérêt d'une approche multilatérale du règlement des questions de frontières maritimes[459].

En revanche, les modalités (directes ou indirectes) de cette provocation de la négociation sont spécifiques en ce qui concerne l'arrêt du 10 octobre 2002. La Cour elle-même autorise les parties à corriger sa future décision par un « jugement de Salomon » sur lequel déboucherait la négociation entre Etats. En laissant ainsi toutes les options ouvertes quant à l'identification du tripoint des frontières potentiellement les plus riches en hydrocarbures de la façade atlantique africaine, ou en mettant en œuvre des principes de droit équitables, la Cour a consacré la négociation comme le mode idoine de résolution des contestations juridiques impliquant un Etat tiers. Elle a également voulu rechercher une solution politiquement acceptable au travers de la répartition spatiale des ressources attribuées aux Etats concernés.

B. La compensation spatiale et économique : la répartition des ressources dans le résultat de l'arrêt

Une délimitation maritime revient sur le terrain à partager l'espace revendiqué par les Etats entre ces derniers, ce qui conduit tout autant à un partage des richesses[460]. La part la plus stratégique de l'espace disputé a été accordée au Cameroun par l'arrêt du 10 octobre 2002. Toutefois, il s'agissait

---

456 Voir par exemple l'arrêt de la CIJ., *Sentence arbitrale du 31 juillet 1989* (Guinée-Bissau c. Sénégal), arrêt du 12 novembre 1991, *Rec.*, pp. 52-184. La Cour a demandé aux parties de négocier relativement à la délimitation de leur Zone économique exclusive, question non réglée par la sentence du 31 juillet 1989. Elle a rejeté la contestation, mais l'affaire a connu un épilogue amiable avec l'accord de Dakar du 14 octobre 1993.

457 CIJ., *Plateau continental (Tunisie c. Jamahiriya arabe libyenne)*, arrêt 24 février 1982, *Rec.*, p. 144. La Cour s'est bornée à recommander dans le dispositif de l'arrêt aux parties de négocier de bonne foi en vue de la fixation de la ligne de délimitation de leurs plateaux continentaux respectifs, tout en précisant que ce tracé devrait être établi par des experts.

458 CIJ., *Délimitation de la frontière maritime dans la région du golfe du Maine,* arrêt du 11 septembre 1992, *Rec.*, p. 305, § 130.

459 CIJ., *Différend territorial et maritime, exceptions préliminaires*, (Nicaragua c. Colombie), *Rec.*, p. 832

460 G. GIRAUDEAU, *Le juge international et le règlement transactionnel des différends territoriaux,* Univ. Carlos III, Madrid/Paris I, 2010, p. 178.

d'un espace restreint. Le Nigeria s'est vu attribuer une portion considérable de l'espace maritime revêtant un intérêt tactique et économique[461]. Une sorte d'équilibre d'ensemble est rétabli non seulement au niveau des espaces (frontière terrestre favorable au Cameroun, frontière du lac Tchad à la mer plus favorable au Nigeria de même que la délimitation maritime), mais également de la répartition des richesses sur les espaces querellés. Le Cameroun recouvre sa souveraineté (1) et le Nigeria voit ses intérêts pétroliers dans le golfe de Guinée sauvegardés (2).

1. Souveraineté du Cameroun sur Bakassi

La souveraineté territoriale implique celle sur les ressources naturelles[462]. L'arrêt du 10 octobre 2002 en attribuant la souveraineté sur la presqu'île de Bakassi, consacre la propriété des ressources de toute la péninsule au Cameroun[463].

---

[461] Le même type de procédé a été utilisé en matière arbitrale. Par exemple, comme le relève le professeur Munkman, la sentence de 1966 relative à la frontière entre l'Argentine et le Chili, bien que largement favorable à l'interprEtation argentine de la décision d'Edouard VII, ne laissait pas pour autant le Chili complètement perdant. L. W. MUNKMAN, *"Adjudication and Adjustment International Decision and the settlement of Territorial and Boundary Dispute", B.Y.I.L.*, vol. 46, 1972-73, p. 41. La même constatation peut être réalisée au sujet de la sentence relative à la frontière indo-pakistanaise dans la région de Rann de Kutch : si le tracé paraît *a priori* avantager l'un des deux Etats, le tribunal arbitral ne retient pour autant aucune des deux revendications et attribue les différents espaces aux Etats selon leurs intérêts particuliers. Voir à ce sujet *Frontière indo-pakistanaise occidentale* (Rann de Kutch) (Inde/Pakistan), sentence du 19 février 1968, RSA, Vol. XVII, pp. 1-576 ; voir également l'article de J. SALMON, « La sentence du 19 février 1968 dans l'affaire de la Frontière occidentale entre l'Inde et le Pakistan (Affaire Rann de Kutch) », *A.F.D.I.,* vol. 14, 1968, p. 236. Le procédé a également été employé en matière judiciaire. Le 28 mai 2008, l'arrêt rendu dans l'affaire relative à la *souveraineté sur Pedra Branca/Pulau Batu Puteh, Middle Rocks et South Ledge*, opère un partage parfait, puisqu'il attribue la souveraineté sur Pedra Branca/Pulau Batu Puteh à l'Indonésie, et celle sur Middle Rocks et South Ledge à la Malaisie. Voir CIJ., *Souveraineté sur Pedra Branca/Pulau Batu Puteh, Middle Rocks et South Ledge* (*Malaisie c. Singapour),* arrêt du 23 mai 2008, *Rec.*, p. 12.

[462] Résolution 1803 (XVII) AGNU du 14 décembre 1962, déclaration sur la souveraineté permanente sur les ressources naturelles. G. FISHER, « La souveraineté sur les ressources naturelles », *A.F.D.I.*, 1962, pp. 516-528 ; voir également D. ROSENBERG, *Le principe de souveraineté des Etats sur leurs ressources naturelles*, Paris, L.G.D.J., 1983, 400 p.

[463] L'interdiction de l'enrichissement sans cause est un principe général du droit reconnu par toutes les nations civilisées, lequel principe s'oppose à un transfert automatique des potentiels biens « nigérians » ou étrangers dans la zone au Cameroun. Ceci pousse à relativiser l'argumentaire de Mohamed BEDJAOUI, énoncé dans le cadre de la décolonisation dans son cours à l'académie de droit international (« Problèmes récents de succession d'Etats dans les Etats nouveaux », *R.C.A.D.I.*, 1970, II, pp. 455-855), lorsqu'il affirme : « La notion d'enrichissement sans cause paraît devoir ne pas dépasser l'horizon du droit privé et interne. On n'est même pas assuré qu'elle soit connue de tous les systèmes nationaux. En tout cas, elle n'est pas une notion, et encore moins une règle de droit international public » (p. 555). Que l'enrichissement sans cause soit d'un point de vue de cohérence logique inadapté au contexte de la décolonisation paraît pertinent. Mais son exclusion de la sphère de l'ensemble du droit international général paraît excessive.

Les implications socio-économiques de cette décision sont considérables[464] pour les deux parties. Kevin Ngang l'admet: « *though both countries continued to refute allegations that their interests in the area were focused the availability of huge oil reserves, the conflict was essentially over natural resources* »[465].

D'une part, le Cameroun, pays faiblement producteur de pétrole envisage, face un pays comme le Nigeria, d'étendre sa mer territoriale (12 milles nautiques) ainsi que sa zone contiguë (24 milles). Il est susceptible, à la faveur de l'arrêt rendu par la Cour, de disposer d'un cadre de relance de sa production pétrolière[466].

Francis Menjo Baye le démontre: « *In particular, Cameroon can now valorise her oil deposits and promote modern fishing in the Peninsula, especially at a time when the country is reaping the fall-outs of the 2006 completion point of the heavily indebted poor countries (HIPC) initiative* »[467].

Cet argumentaire est relativisé par le Nigérian Toyin Akinosh : « *An uneducated broadcast by one of the country's top radio presenters, that the Bakassi Peninsula contained one tenth of the world's store of oil and gas. But while the gas resource in Bakassi may be relatively significant, the potential for huge new oil reserves have been discussed in more or less hushed tones* »[468].

D'autre part, le Nigeria entend conserver la gestion *de facto* des infrastructures pétrolières dans desquelles ont été investis des milliards de dollars[469].

L'Etat tiers intervenant n'est pas non plus tout à fait désintéressé. Face aux appétits spatiaux de ses voisins immédiats (Cameroun, Nigeria, Gabon...); la Guinée équatoriale (28 051 km2) entendait défendre son intégrité sur les frontières externes de son ample ZEE (312 000 km2) sans toutefois devenir

---

464 MENJO BAYE, « Implications of the Bakassi conflict resolution for Cameroon», *A.J.C.R.*, vol. 10, n°1, 2010, pp. 9-34. Voir http://www.ajol.info.com , consulté le 12/10/2011.

465 K. NGANG, « Understanding the Bakassi Conflict. A Showcase of Conflict Prevention in Practice », E.P.U. (European University Center for Peace Studies), *Research Paper*, 2007, Autriche, pp. 1-36, p.18

466 En effet, la production pétrolière camerounaise est déclinante. Elle a connu une chute vertigineuse de 1990 à 2000 et fini par stagner à une moyenne d'environ 5 millions de tonnes par an. Par ailleurs, le pétrole léger disponible dans la zone de Bakassi est d'un type prisé sur les marchés internationaux et pourrait donc doper les recettes du secteur pétrolier, si la zone est rapidement mise en exploitation. Car le pétrole actuellement produit par le Cameroun est de mauvaise qualité (brut lourd), et subit par conséquent une décote sur les marchés internationaux. Source : Banque Mondiale, 2017.

467 F. MENJO BAYE, « Implications of the Bakassi conflict resolution for Cameroon », *A.J.C.R.*, vol. 10, n°1, 2010, pp. 27-28

468 T. AKINOSHO, « How much is Bakassi Worth? Will the Take over of new Territory rejuvenate Cameroon's Oil Industry? », *Kickers*, 29 juin 2009.

469 CIJ., *Frontière terrestre et maritime entre le Cameroun et le Nigeria, (Cameroun c. Nigeria ; Guinée équatoriale, intervenant)*, arrêt du 10 octobre 2002, *Rec.*, p. 303, par.282.

partie à l'instance. L'ambivalence de sa position était ravivée par l'absence de délimitation claire entre le Cameroun et la Guinée équatoriale ; le nœud de la dispute frontalière résidant dans le champ pétrolifère de Zafiro. Lorsque le 18 mars 2002, son conseil : Paul Colson fait projeter une série de cartes sur l'exploitation pétrolière avec les puits de chacun des trois pays dans le voisinage du tripoint, il déclare que : « Voici la figure 9. Vous pouvez constater que cette zone ombrée, selon qu'elle est plus ou moins étendue, risque de recouvrir bon nombre de symboles représentant les puits, installations et structures pétroliers mis en service sous l'autorité de la Guinée équatoriale. Est-il concevable que la Cour approuve une ligne de nature aussi agressive que celle proposée par le Cameroun, alors que cela porterait manifestement préjudice à la Guinée équatoriale qui n'est même pas partie à l'affaire ? »[470].

Au total, l'arrêt du 10 octobre 2002 ne consacre aucun perdant sur le plan économique. Le Cameroun qui avait réclamé une réparation dont le montant serait ultérieurement fixé pour occupation de la presqu'île de Bakassi n'est que partiellement reçu dans sa requête elle-même incomplète. La Cour ne fait pas droit à cette demande. Elle considère que la reconnaissance de la souveraineté camerounaise sur Bakassi est en soi une réparation suffisante. Cette situation inspire à l'auteur nigérian Ike Udogu ce commentaire : « *The outcome was theoretically a variable-sum-game of sorts. In fact, Cameroon did not get all it was seeking. The Court awarded other disputed parcels along the border to Nigeria and ordered each country to pull troops from land handed over to other. The Court rejected Cameroon's requests for compensation from Nigeria for its long occupation of the peninsula, saying that giving the land to Cameroon resolved the matter* »[471]. Par ailleurs, la décision du 10 octobre 2002 sauvegarde les intérêts pétroliers du Nigeria.

2. Préservation des intérêts pétroliers du Nigeria

À l'arrière-plan de la procédure judiciaire devant la CIJ se trouvent des convoitises sur les ressources pétrolières ou halieutiques du golfe de Guinée[472]. Il est fréquent que la pratique des Etats en matière d'exploitation des ressources pétrolières et gazières se retrouve au cœur des revendications maritimes. On ne peut dès lors s'étonner de la constance avec laquelle les juridictions internationales rejettent en théorie le critère de la pertinence des activités d'exploitation pétrolière et gazière pour ajuster une ligne provisoire

---

[470] T. AKINOSHO, *op.cit.* p. 59.

[471] E. UDOGU, « Historicizing and Contextualizing the Discourse on African International Law and a Concise Overview of the Pacific Settlement of the Cameroon-Nigeria Bakassi Peninsula Dispute », *A.A.S.*, vol. 7, n° 1, 2008, p. 95.

[472] C. AWOUMOU, « Le golfe de Guinée face aux convoitises », Rapport 11e Assemblée générale du CODESRIA, Yaoundé, septembre 2005, p. 12.

d'équidistance. L'évolution postérieure de la jurisprudence internationale semble confirmer cette tendance. Dans l'ordonnance rendue le 25 avril 2015, dans le différend maritime opposant le Ghana à la Côte d'Ivoire, la chambre spéciale du TIDM. a interdit au Ghana de poursuivre tout nouveau forage dans la zone contestée, ainsi que d'utiliser toutes les informations confidentielles qu'il détient au détriment de la Côte d'Ivoire. Elle a enjoint aux parties de coopérer dans l'attente de la délimitation de la frontière aux fins de préserver les ressources du sol et du sous-sol ainsi que l'environnement marin. C'est la première fois que le Tribunal International du Droit de la Mer ordonne de telles mesures dans ce type de litige. Dans l'arrêt du TIDM. du 23 septembre 2017, la chambre spéciale, en se référant abondamment à l'arrêt de la CIJ du 10 octobre 2002, a rejeté l'argument du Ghana selon lequel la conduite des parties relativement aux concessions pétrolières constitue une circonstance pertinente. Elle a retenu l'argumentaire de la Côte d'Ivoire qui soutenait que l'existence de lignes de concessions pétrolières entre Etats adjacents n'est pas en elle-même suffisante pour démontrer l'existence d'une frontière maritime entre eux[473].

En pratique néanmoins, la délimitation frontalière terrestre et maritime opérée par la CIJ répartit *de facto* les ressources de la zone à l'une ou à l'autre partie. Ce type de décision sur la délimitation a, non pas une valeur « déclarative », mais est bien de nature « constitutive », dans la mesure où, en présence d'un chevauchement des revendications des deux Etats, elle fait primer un droit sur l'autre. Les affaires relatives à la *Délimitation maritime dans la région située entre le Groenland et Jan Mayen entre le Danemark et la Norvège*[474] et *Qatar contre Bahreïn*[475] et au *Différend relatif à la délimitation de la frontière maritime entre le Ghana et la Côte d'Ivoire dans l'océan Atlantique* (Ghana/Côte d'Ivoire)[476], étayent cette assertion.

La CIJ consacre la souveraineté du Cameroun sur la presqu'île de Bakassi tout en retenant la méthode de l'équidistance/ circonstances pertinentes sur laquelle le Nigeria s'est fondé de façon récurrente. Les juges ont en effet considéré que celle-ci était devenue, au cours des dernières décennies, la méthode privilégiée par les cours et tribunaux internationaux pour parvenir à une « solution équitable » à la lumière des circonstances propres à chaque

---

[473] TIDM, Chambre spéciale, *Différend relatif à la délimitation de la frontière maritime entre le Ghana et la Côte d'Ivoire dans l'océan Atlantique* (Ghana/Côte d'Ivoire), arrêt du 23 septembre 2017, § 119, p.40.

[474] CIJ., *Délimitation maritime dans la région située entre le Groenland et Jan Mayen (Danemark c. Norvège)*, arrêt du 14 juin 1993, *Rec.*, p. 38.

[475]CIJ., *Délimitation maritime et questions territoriales entre Qatar et Bahreïn,* (Qatar c. Bahreïn), arrêt du 16 mars 2001, *Rec.*, p. 77, § 114.

[476] *Op.cit.*, note 472.

espèce[477]. Si cette solution parait à première vue cohérente, elle sert néanmoins la logique du fait accompli dans l'octroi des concessions pétrolières. Elle préserve certains intérêts du Nigeria dont l'ancienneté de la pratique pétrolière dans la région de 1960 à 1999 n'était plus à démontrer[478]. Au Cameroun qui argue du caractère « récent, secret, incohérent et illicite »[479] de la pratique nigériane en matière d'exploitation pétrolière, le conseil du Nigeria répond que le pétrole est exploité de manière équitable par les Etats se trouvant sur cette façade de la côte atlantique africaine. Il admet pourtant que plusieurs zones de chevauchement de concessions existent[480].

Les raisonnements du défendeur rejoignent ceux de la Guinée équatoriale. Il semblerait même que ces deux Etats aient défendu une cause commune à la fois sur le prétoire et sur le terrain.

Sur le prétoire de la Cour, la Guinée équatoriale a repris durant ses plaidoiries de nombreuses thèses du Nigeria au sujet du principe de l'équidistance devant les juges de la Cour[481]. Ceci fera d'ailleurs relever à l'un des co-agents du Cameroun que « la Guinée équatoriale intervient dans cette affaire aux côtés du Nigeria ; elle fait avec lui cause commune » ; « la Guinée équatoriale d'une part, le Nigeria d'autre part, se sont mis d'accord sur le dos

---

477 V. BORÉ EVENO, « Délimitation de la frontière maritime entre le Ghana et la Côte d'Ivoire dans l'océan Atlantique », 02/11/2017, https://humansea.hypotheses.org, consulté le 01/04/2018.

478 *Ibidem*. Le Nigeria fait valoir que sa pratique en matière de concessions pétrolières est établie depuis longtemps : contrairement à ce qu'affirme le Cameroun (voir § 283 de l'arrêt de la CIJ. du 10 octobre 2002), elle existait bien avant 1970, année à laquelle le Cameroun fait remonter le différend qui l'oppose au Nigeria au sujet de la frontière maritime. CIJ., *Frontière terrestre et maritime entre le Cameroun et le Nigeria (Cameroun c. Nigeria, Guinée équatoriale (intervenant),* arrêt du 10 octobre 2002, *Rec.,* p. 303, par. 283.

478 CIJ., *Frontière terrestre et maritime entre le Cameroun et le Nigeria (Cameroun c. Nigeria ; Guinée équatoriale (intervenant),* arrêt du 10 octobre 2002, *Rec.,* p. 9.

479 *Ibid.*, p. 24.

480 La délimitation des frontières maritimes entre Etats dans le golfe de Guinée est jugée complexe à cause de ce chevauchement de plusieurs zones maritimes revendiquées par le Cameroun, le Nigeria, le Gabon et Sao Tomé et Principe. Le conseil du Nigeria affirme : « Les zones de chevauchement sont indiquées en bleu sur la carte R25 du Cameroun. En réalité, le Cameroun n'exerce aucune activité dans la partie la plus méridionale de cette zone de chevauchement des concessions ; il n'y possède aucune installation et n'y a foré aucun puits. La zone de chevauchement est restreinte ; les parties ont compris que c'est le secteur qui devait faire l'objet d'une négociation, mais sans aucun préjudice – comme je l'ai dit hier – de la question de la souveraineté sur la presqu'île de Bakassi » : Plaidoirie de M. GEORGES ABI-SAAB, CIJ., *Frontière terrestre et maritime entre le Cameroun et le Nigeria (Cameroun c. Nigeria ; Guinée équatoriale (intervenant)*, CR/2002/13, 7 mars 2002, p. 38.

481 CIJ., *Frontière terrestre et maritime entre le Cameroun et le Nigeria (Cameroun c. Nigeria ; Guinée équatoriale, intervenant)*, arrêt du 10 octobre 2002, *Rec.*, p. 312, §§. 227 à 238. La Guinée équatoriale demande que la frontière qui sera fixée par la Cour n'empiète en aucun cas sur la ligne d'équidistance entre ses propres côtes et celles du Cameroun et du Nigeria. Voir également le compte rendu des plaidoiries du 19 mars 2002, CR/2002/19, Plaidoirie de l'agent du gouvernement de la République de Guinée équatoriale, OBAMA N'FUBÉ, *op. cit.*, p. 7.

du Cameroun »[482]. L'Etat intervenant « non-partie » a souligné qu'en conformité avec sa jurisprudence constante, la Cour devrait s'abstenir d'attribuer au Cameroun une zone qui était plus près de la Guinée équatoriale que des parties à l'affaire devant la Cour. Selon lui, le rôle de la Cour est restreint en ce qui concerne les zones se trouvant au nord et à l'est du point triple avec la Guinée équatoriale[483]. Dans le même sens, le défendeur a fait valoir que toutes les allégations de la Guinée équatoriale relatives à l'équidistance stricte sont pertinentes. La CIJ ne peut donc pas dans son arrêt tracer une ligne de délimitation au-delà du point triple équidistant les côtes du Cameroun, du Nigeria et de la Guinée équatoriale[484].

Hors du prétoire, la méthode d'équidistance retenue par la Cour en matière de délimitation maritime est largement appliquée par la Guinée équatoriale dans la délimitation de ses frontières maritimes[485]. Le Nigeria, au contraire, n'hésite pas lorsque ceci l'avantage à s'écarter de l'équidistance dans ses relations avec les « petits » Etats insulaires de la région. Le contenu de l'accord conclu le 23 septembre 2000 avec la Guinée équatoriale en témoigne puisque le Nigeria a délibérément écarté la ligne d'équidistance au détriment de celle-ci[486]. Le premier segment de la frontière définie par cet accord semble favorable au Nigeria dans la mesure où Bioko exerce un effet réduit au regard de la délimitation. Les deux Etats ont par ailleurs conclu le 3 avril 2002, un accord d'exploitation commune de l'important gisement de Zafiro-Kanga. Enfin, le Nigeria et Sao Tomé et Principe ont signé sur la même base, un traité créant une zone conjointe d'exploitation de ressources pétrolières et d'autres ressources dans certains secteurs de la Zone économique exclusive des deux Etats en date du 21 février 2001[487].

Pour conclure, la délimitation juridictionnelle de 2002 a respecté, pour l'essentiel, les exploitations pétrolières existantes. On peut légitimement se

[482] Plaidoirie de M. ALAIN PELLET, CIJ., *Frontière terrestre et maritime entre le Cameroun et le Nigeria, Exceptions préliminaires (Cameroun c. Nigeria),* CR/2002/22, 19 mars 2002, p. 28, p. 20, § 12.

[483] Voir les observations écrites de la République fédérale du Nigeria sur la déclaration écrite de la République de Guinée équatoriale, juillet 2001, pp. 4-5, §§ 8-9.

[484] CIJ., *Frontière terrestre et maritime entre le Cameroun et le Nigeria (Cameroun c. Nigeria ; Guinée équatoriale (intervenant)*, arrêt du 10 octobre 2002, *Rec.* 2002, p. 117, § 238. Voir sur ce sujet, M. MENDELSON, « The Cameroon-Nigeria case in the International Court of Justice: Some Territorial Sovereignty and Boundary Delimitation Issues », *B.Y.I.L.*, n°75, 2004, pp. 223 - 247; Y. TANAKA, «Reflections on Maritime Delimitation in the Cameroon/ Nigeria Case », *I.C.L.Q.*, pp 369-406, p. 396.

[485] M. KEGNE KAMGA, *Délimitation maritime sur la côte atlantique africaine, op. cit.*, p. 112.

[486] Plaidoirie de M. A. PELLET, CIJ., *Frontière terrestre et maritime entre le Cameroun et le Nigeria (Cameroun c. Nigeria, Guinée équatoriale (intervenant)*, CR/2002/21, 26 février 2002, p. 58, § 6.

[487] S. S. NDUTUMU, *Géopolitique maritime du golfe de Guinée au XXIe siècle*, Paris, L'Harmattan, 2012, p. 63.

demander si elle ne risque pas d'encourager les Etats parties à un différend frontalier maritime à se livrer à une « course à l'exploitation » dans la zone litigieuse, tant que celle-ci n'aura pas été effectivement délimitée. Le juge international a précisé que les concessions pétrolières déjà accordées peuvent être prises en compte lors de négociations ultérieures entre les parties dans le cadre de l'application de l'arrêt[488]. Il semble donc ressortir de ces éléments que même si la répartition des ressources était préjudiciable pour l'un des Etats parties au différend, cette considération ne serait pas pertinente pour dicter un réajustement de la ligne d'équidistance. La négociation, voire la transaction, a en revanche permis ce résultat.

Cette exhortation judiciaire aux Etats concernés à engager des négociations sur des arrangements provisoires de caractère pratique est appréciable, bien que quelquefois démentie par les faits. La frontière adjacente reliant Bata et Kyé-Ossi entre le Cameroun et la Guinée équatoriale demeure une source de conflits entre les populations frontalières. Au début de l'année 2013, un litige lié à la pratique pétrolière des deux pays est survenu au sujet d'une île située à l'embouchure du fleuve Ntem. Nonobstant la signature d'un compromis en date du 15 novembre 2016, en marge de la COP22 (Maroc), visant à soumettre leur différend relatif à la souveraineté sur les îlots de Mbanié, de Conga et Cocotier à la Cour internationale de justice, le Gabon et la Guinée équatoriale semblent avoir opté pour la poursuite des pourparlers diplomatiques[489].

En définitive, il appert que le réalisme de la fonction juridictionnelle conduit le juge à ne pas mésestimer la « compétition mondiale dans les ressources en hydrocarbures, telle que celle du golfe de Guinée »[490], lorsqu'il tranche le différend entre le Cameroun et le Nigeria. Ce phénomène correspond à ce que certains auteurs ont appelé le tracé des frontières « économiquement équitable »[491]. Le Cameroun obtient Bakassi riche en ressources. Le Nigeria ne perd pas pour autant les revenus de son investissement dans la zone.

Du point de vue de la répartition des ressources économiques, le résultat escompté de l'arrêt rendu dans l'affaire de la *Frontière terrestre et maritime entre le Cameroun et le Nigeria*, s'inscrit dans une politique globale encourageant les parties à transiger à la suite de l'arrêt, au cas où surviendraient des litiges relatifs à la matérialisation de la délimitation juridictionnelle. Le but du juge semble consister en l'incitation des Etats à

---

488 CIJ., *Frontière terrestre et maritime entre le Cameroun et le Nigeria* (Cameroun c. Nigeria ; Guinée équatoriale (intervenant), arrêt du 10 octobre 2002, *Rec.*, p. 421.

489 D. SALA, *Le différend frontalier entre le Gabon et la Guinée équatoriale sur la souveraineté des îles Mbanié, Conga et Cocotier*, Mémoire de Master, IRIC, 2010, 90 p.

490 G. LABRECQUE, *op.cit.*, note 421, p. 33.

491 Voir à ce sujet M. P. POZO SERRANO, « Hacia una solución económicamente equitativa ? Reflexiones sobre la evolución de la jurisprudencia internacional en materia de delimitación marina », *A.D.J.*, vol. 13, 1997, pp. 407-466.

délimiter leurs frontières maritimes par la voie diplomatique conformément à l'article 74 de la Convention de Montego Bay de 1982. Cette disposition prévoit que la délimitation de la frontière maritime « entre Etats dont les côtes sont adjacentes ou se font face est effectuée par voie d'accord conformément au droit international tel qu'il est visé à l'article 38 du Statut de la Cour internationale de Justice, afin d'aboutir à une solution équitable ».

L'interprétation de la Cour porte à penser que la méthode de l'équidistance devrait être prise en compte par les articles 74 et 83 de ladite convention. L'approche de la Cour sur ce point permettra d'affermir la prévisibilité du droit de la délimitation maritime. A d'autres égards, la mise en œuvre d'une approche pragmatique de sa mission par le juge international semble s'appliquer plus largement aux questions annexes soulevées par les parties.

Paragraphe 2. L'incitation à la transaction relativement aux prétentions secondaires : le souci judiciaire de ne pas attiser les tensions entre les parties

L'incitation judiciaire à la transaction est remarquable[492]. Un arrêt condamnant trop vivement la partie s'avérant être *de facto* l'« Etat fort »[493], est susceptible de porter préjudice au processus post-jugement. Pour cette raison, la CIJ est demeurée prudente quant à la question du non-respect des mesures conservatoires du 15 mars 1996[494](A). Qui plus est, elle a circonscrit les questions liées à la responsabilité pour faits d'occupation ou d'invasion (B).

A. L'interprétation restrictive des conditions d'indication de mesures conservatoires

La Cour tient de l'article 41 du statut le pouvoir d'indiquer des mesures conservatoires lorsqu'un préjudice irréparable risque d'être causé aux droits

---

492 Pour L. CONDORELLI, (« L'autorité des décisions des juridictions internationales permanentes », Colloque S.F.D.I. de Lyon, *Les juridictions internationales permanentes,* Paris, Pedone, 1987, pp. 277-313, p. 286), cette tendance de la Cour conduit à un glissement du règlement juridique vers le règlement politique. Il en est ainsi lorsque le juge se préoccupe, plus que d'appliquer strictement le droit, de régler définitivement le différend, il tente de démontrer l'utilité de son œuvre en proposant une solution acceptable de type transactionnel ; tout en les orientant vers une mise en œuvre négociée dans la phase post-judiciaire, il encourage ainsi les Etats à recourir davantage à la Cour.

493 A. PELLET distingue les « petits Etats » des « Etats forts » :« Harmonie et contradictions de la Justice internationale », *Harmonie et contradictions en droit international*, colloque de Tunis des 11, 12, et 13 avril 1996, Paris, Ed. Pedone, 1996, pp. 195-214.

494 Pour rappel : le 8 février 1996, le ministre des Relations extérieures de la république du Cameroun attire l'attention de la Haute juridiction sur des incidents armés s'étant déroulés en date du 3 février 1996 dans la presqu'île de Bakassi. Le 12 février de la même année, l'agent du

en litige dans une procédure judiciaire[495]. Dans le cas d'espèce, le souci du juge d'encourager les parties à transiger est tout aussi perceptible durant la procédure d'indication de mesures conservatoires que dans le reste de la phase contentieuse[496]. Cette dernière est engagée à la suite du dépôt d'exceptions préliminaires par le Nigeria le 13 décembre 1995[497]. Par une lettre datée du 10 février 1996, l'agent du Cameroun soumet à la Cour le texte d'une demande en indication de mesures conservatoires sur la base des articles 41[498] et 73 §1 du Règlement de la Cour[499]. Le requérant prie entre autres, la Cour de bien vouloir indiquer les mesures suivantes :

« 1. Les forces armées des Parties se retireront de l'emplacement qu'elles occupaient avant l'attaque armée nigériane du 3 février 1996 ; 2. Les Parties s'abstiendront de toute activité militaire le long de la frontière jusqu'à l'intervention de l'arrêt de la Cour ;

3. Les Parties s'abstiendront de tout acte ou action qui pourrait entraver la réunion des éléments de preuve dans la présente instance ».

Cameroun, se référant aux « graves incidents qui opposaient les forces des deux parties dans la péninsule de Bakassi depuis le 3 février 1996 », a demandé à la Cour d'indiquer des mesures conservatoires, sur le fondement des articles 41 du statut 73 du Règlement de la Cour. La Cour internationale de justice recommande aux parties d'éviter tout acte et en particulier de leurs forces armées qui risquerait de porter atteinte aux droits de l'autre partie au regard de tout arrêt que la Cour internationale de justice pourrait rendre en l'affaire ou qui risquerait d'aggraver ou d'étendre le différend porté devant elle. Elle met en œuvre une « politique judiciaire inspirée des exigences de paix » (A. PELLET, « Le glaive et la balance – Remarques sur le rôle de la Cour internationale de Justice en matière de maintien de la paix et de la sécurité internationales », dans Yoram Dinstein ed. *International Law at a Time of Perplexity - Essays in Honour of Shabtai Rosenne*, Dordrecht, Nijhoff, 1989, pp. 539-566. Dans la continuité de l'arrêt rendu par la Chambre dans l'affaire *Burkina Faso c. Mali*, la CIJ. prescrit ici des mesures allant plus dans le sens de la prise en compte de considérations générales relatives à la paix et la sécurité internationales que des préoccupations strictement juridiques. Voir également J. P. COT, « À propos de l'ordonnance du 15 mars 1996. La contribution de la CIJ. au maintien de la paix et de la sécurité en Afrique », *A.Y.I.L.*, 1997, vol. 5, pp. 115-136.

495 Voir, par exemple, CIJ., *Application de la convention internationale pour la répression du financement du terrorisme et de la convention internationale sur l'élimination de toutes les formes de discrimination racia*le (Ukraine c. Fédération de Russie), mesures conservatoires, ordonnance du 19 avril 2017, par. 88.

496 T. GARCIA, *op.cit.* note 79 ; J. P. COT, *op.cit.* note 79.

497 Le Cameroun a déposé son mémoire dans les délais fixés par la Cour. En revanche, le 13 décembre 1995, le Nigeria a déposé comme l'y autorise le Règlement de la Cour des exceptions préliminaires à la compétence de la Cour et à la recevabilité des requêtes.

498 L'article 41 du statut de la CIJ énonce : « La Cour a le pouvoir d'indiquer, si elle estime que les circonstances l'exigent, quelles mesures conservatoires du droit de chacun doivent être prises à titre provisoire. 2. En attendant l'arrêt définitif, l'indication de ces mesures est immédiatement notifiée aux parties et au Conseil de sécurité ».

499 L'article 73 § 1 du statut de la CIJ. : « une partie peut présenter une demande en indication de mesures conservatoires par écrit à tout moment de la procédure engagée en l'affaire au sujet de laquelle la demande est introduite ». Pour une appréhension plus globale, G. LE FLOCH, *L'urgence devant les juridictions internationales*, Paris, Pedone, 2008, 517 p.

Une communication du 16 février 1996 intitulée « Le Gouvernement du Cameroun oblige les Nigérians à s'inscrire et à voter aux élections municipales » du défendeur nigérian, adressée à la Cour, fait suite à cette requête du Cameroun[500]. Le Nigeria y conteste la compétence de la Cour pour indiquer les mesures conservatoires requises[501].

A l'heure de prononcer de telles mesures, la CIJ a pris en compte les circonstances de l'espèce, notamment le fait que le Cameroun a introduit une telle demande peu de temps après les exceptions préliminaires soulevées par le Nigeria. Le caractère incident (donc éventuellement tactique) de la demande en indication de mesures conservatoires du Cameroun par rapport aux objections du Nigeria incite le juge international à la circonspection.

Avant d'apprécier si elle doit prendre des mesures conservatoires, la Cour décide de se pencher en premier lieu sur les exceptions préliminaires du défendeur. Ecartant l'argumentation nigériane relativement à son incompétence, la CIJ affirme que « les déclarations faites par les Parties conformément au paragraphe 2 de l'article 36 de son Statut constituent *prima facie* une base sur laquelle sa compétence pourrait être fondée en l'espèce »[502].

En principe, la Cour peut indiquer des mesures totalement différentes de celles sollicitées par le demandeur, soit par substitution, soit en plus de telles mesures comme elle l'a fait dans l'affaire du *Différend frontalier Burkina Faso/Mali*[503].

---

[500] CIJ., *Frontière terrestre et maritime entre le Cameroun et le Nigeria, mesures conservatoires*, (Cameroun c. Nigeria), ordonnance du 15 mars 1996, *Rec.* 1996 (I), p. 18, § 20.

[501] Le Nigeria prétendit par exemple que la poursuite de la procédure en indication de mesures conservatoires pourrait constituer un obstacle à l'harmonie internationale dans la mesure où elle pourrait nuire aux discussions politiques en cours entre chefs d'Etats, *Ibid.*

[502] *Ibid.*, p. 19. La Cour commence par relever que chacune des deux parties a fait une déclaration reconnaissant la juridiction obligatoire de la Cour conformément au paragraphe 2 de l'article 36 du statut de la Cour. La Cour est aussi d'avis qu'en l'espèce, la requête consolidée du Cameroun n'apparaît pas *prima facie* irrecevable au regard des exceptions préliminaires soulevées par le Nigeria. D'ailleurs, les cinq mesures édictées dans l'affaire *Cameroun c. Nigeria* au stade conservatoire présentent, comme l'a remarqué le juge Mbaye, des similitudes frappantes avec celles indiquées dans l'ordonnance de 1986 en l'affaire du *Différend frontalier entre le Burkina Faso et le Mali. Différend frontalier*, (CIJ., *Différend frontalier entre le Burkina Faso et le Mali. Différend frontalier, mesures conservatoires* (Burkina Faso c. Mali), ordonnance du 10 janvier 1986, *Rec.*, p. 8, par. 10. Voir également CIJ., ordonnance du 7 décembre 2016, *Immunités et procédures pénales, Guinée équatoriale c. France*, §31.

[503] Trois mesures similaires se sont retrouvées dans le dispositif de l'ordonnance du 15 mars 1996. S'y sont ajoutées celles imposant un cessez-le-feu et l'assistance à une mission d'enquête internationale. Il s'agit de trois mesures typiques indispensables au règlement d'un conflit armé, à savoir l'abstention de tout acte risquant d'aggraver le différend, l'abstention de tout acte entravant la réunion des éléments de preuve et le retrait des troupes. Voir à cet effet l'ordonnance précitée du 10 janvier 1986, *op. cit.* pp. 3 et suiv. Ce type de mesures se retrouve dans d'autres affaires de cette nature : CIJ., *Activités militaires et paramilitaires au Nicaragua et contre celui-ci (Nicaragua c. Etats-Unis d'Amérique)*, arrêt du 27 juin 1986, *Rec.*, p. 167 ; CIJ., *Application de la convention pour la prévention et la répression du crime de génocide (Bosnie-Herzégovine c. Yougoslavie (Serbie-et-Monténégro))*, arrêt du 26 février 2006, *Rec.*, 1993, p. 3. Toutefois, le tryptique ne survit

Dans l'ordonnance de 1996, la Cour de La Haye indique *proprio motu* des mesures conservatoires différentes de celles demandées par le Cameroun (en particulier la 2e et la 5e mesure[504]). Cette attitude est fréquente en matière territoriale lorsque les mesures demandées préjugent du fond du différend. Ceci explique le sort accordé par la Cour à la mesure sollicitée par le Cameroun concernant le retrait du territoire concerné par le Nigeria[505]. De plus, la Cour répond en général favorablement à la mesure sollicitée portant sur l'extrême gravité de la situation sur le terrain[506].

En revanche, la Cour indique exceptionnellement des mesures conservatoires visant à préserver des éléments de preuve[507]. Elle a pourtant indiqué la cinquième mesure conservatoire relative à la nécessité de sauvegarder des éléments de preuve dans la présente instance[508]. Il est utile de noter que le juge *ad hoc* du Nigeria (Prince Bola Ajibola) et les conseils du

---

pas à l'affaire des *Activités armées sur le territoire du Congo* (CIJ., *Activités armées sur le territoire du Congo (République démocratique du Congo c. Ouganda),* arrêt du 19 décembre 2005, *Rec.*, p. 168).

504 À l'unanimité, la Cour a ordonné que « les deux Parties veillent à éviter tout acte, et en particulier tout acte de leurs forces armées, qui risquerait de porter atteinte aux droits de l'autre partie au regard de tout arrêt que la Cour pourrait rendre en l'affaire, ou qui risquerait d'aggraver ou d'étendre le différend porté devant elle ». Par seize voix contre une, elle a prescrit que « les deux parties se conforment aux termes de l'accord auquel sont parvenus les ministres des Affaires étrangères à Kara (Togo), le 17 février 1996, aux fins de l'arrêt de toutes les hostilités dans la presqu'île de Bakassi ». Par douze voix contre cinq, elle a indiqué que « les deux parties veillent à ce que la présence de toutes les forces armées dans la presqu'île de Bakassi ne s'étende pas au-delà des positions où elles se trouvaient avant le 3 février 1996 ». Par seize voix contre une, elle a ordonné que « les deux parties prennent toutes les mesures nécessaires pour préserver les éléments de preuve pertinents aux fins de la présente instance dans la zone en litige ». Par seize voix contre une, elle a préconisé que « les deux parties prêtent toute l'assistance voulue à la mission d'enquête que le Secrétaire général de l'organisation des Nations Unies a proposé de dépêcher dans la presqu'île de Bakassi ». CIJ., *Frontière terrestre et maritime entre le Cameroun et le Nigeria, mesures conservatoires*, (Cameroun c. Nigeria), ordonnance du 15 mars 1996, *Rec.*, p. 24, § 49.

505 La demande en indication de mesures conservatoires soumises par le Cameroun le 10 février 1996 précisait ainsi que : « La République fédérale du Nigeria a le devoir de mettre fin à sa présence militaire sur le territoire camerounais, et d'évacuer sans délai et sans condition ses troupes de la presqu'île camerounaise de Bakassi ».

506 CIJ., *Frontière terrestre et maritime entre le Cameroun et le Nigeria, mesures conservatoires*, (Cameroun c. Nigeria), ordonnance du 15 mars 1996, *Rec.*, (I), pp. 13 et suiv.

507 L'ordonnance du 10 janvier 1986 dans l'affaire du *Différend frontalier* entre le Burkina Faso et le Mali décida que les deux Etats devaient s'attacher à éviter « d'entraver la réunion des éléments de preuve ». CIJ., *Différend frontalier, mesures conservatoires* (Burkina Faso c. Mali), ordonnance du 10 janvier 1986, Rec., p. 4.

508 T. GARCIA, *op.cit.*, note 79, 480, p. 65. Cet aspect de la question a bien été évoqué dans l'affaire relative au *Plateau continental de la mer Egée*, la CIJ. a estimé qu'il lui était impossible d'indiquer des mesures conservatoires à cet effet. Dans une affaire où il a été fait droit à une telle demande, celle du *Différend frontalier entre le Burkina Faso et la République du Mali* (CIJ., *Différend frontalier, mesures conservatoires* (Burkina Faso c. Mali), ordonnance du 10 janvier 1986, Recueil 1986), il y avait eu accord entre les parties qui s'étaient entendues au préalable sur une ligne de cessez-le-feu clairement définie entre le Cameroun et le Nigeria, *A.F.D.I.*, XLII, 1996, pp. 409-427.

Nigeria dans leurs plaidoiries orales s'étaient fortement opposés à l'indication d'une telle mesure[509]. Le caractère « bilatéral » de cette mesure en matière de preuve traduit donc un désaveu par la Cour de la stratégie nigériane sur ce point. Elle ne prescrit pas non plus systématiquement le recours à une mission d'enquête de l'ONU. sollicitée par le demandeur. Cette mission s'est d'ailleurs soldée par un revers puisqu'elle a été transformée en mission de bonne volonté. Le conseil du Nigeria s'y réfère dans sa plaidoirie du 8 mars 2002 : « Le conseil du Cameroun a reproché aussi au Nigeria d'avoir transformé la mission d'enquête envisagée par l'Organisation des Nations Unies en simple mission de bons offices [510]».

La position du juge est inspirée par des préoccupations strictement juridiques liées à la préservation des droits en litige dans l'instance judiciaire. Elle laisse intact le droit des gouvernements du Cameroun et du Nigeria de faire valoir leurs moyens en ces matières. Elle est également déterminée par des considérations plus générales relatives au règlement pacifique des différends et maintien de la paix. Conscients de la fragilité, la délicatesse du recours juridictionnel pour le règlement des questions maritimes et territoriales, les juges de La Haye se sont appuyés sur un accord entre les parties pour déterminer la ligne faisant office de référence pour le retrait des troupes militaires[511]. Le juge Ranjeva observe à bon escient que le texte de l'ordonnance de 1996 « ne se limite pas à prescrire des mesures conservatoires de droit au sens traditionnel »[512]. Il convie les parties à prendre des mesures à tonalité diplomatico-militaire : cessation des hostilités, abstention de tout acte

---

[509] Dans son opinion dissidente jointe à l'ordonnance en indication de mesures conservatoires du 15 mars 1996, le juge *ad hoc* prince Aji Bola déclare : « Eu égard à sa jurisprudence et à sa position face à la demande en indication de mesures conservatoires du Cameroun, la Cour peut difficilement exercer son pouvoir discrétionnaire pour faire droit à cette demande en ce qui concerne la troisième mesure sollicitée, qui est que « les parties s'abstiendront de tout acte ou action qui pourrait entraver la réunion des éléments de preuve dans la présente instance » alors que la Cour ne saurait, à mon avis, indiquer pareille mesure pour les raisons suivantes :
a) Comme je l'ai dit, nul n'a montré clairement où se trouvent actuellement stationnées les forces armées camerounaises et nigérianes. Les éléments de preuve produits par les deux parties sont contradictoires et il n'existe aucun accord entre elles à ce sujet. Les cartes ne sont pas d'un grand secours non plus.
b) La Cour n'a pas précisé la nature des éléments de preuve à réunir. Il a été produit des preuves montrant que le préfet camerounais avait quitté précipitamment Idabato sans rassembler les documents dont il disposait là-bas. (…) Toutes ces raisons m'amènent à conclure que la Cour ne saurait faire droit à cet élément de la demande du Cameroun. Il s'ensuit que la Cour ne saurait indiquer aucune des trois mesures que contient la demande du Cameroun du 10 février 1996 », pp. 54-55. http://www.icj-CIJ.org .

[510] Plaidoirie de M. JAMES CRAWFORD, CIJ., *Frontière terrestre et maritime entre le Cameroun et le Nigeria* (Cameroun c. Nigeria, Guinée équatoriale (intervenant), CR/2002/14, 8 mars 2002, p. 22, § 49.

[511] *Ibid.*

[512] Déclaration Ranjeva, CIJ., *Frontière terrestre et maritime entre le Cameroun et le Nigeria, mesures conservatoires* (Cameroun c. Nigeria), ordonnance du 15 mars 1996, *Rec.*, 1996, p. 29.

des forces armées, gel de la position des forces militaires[513]. La forte connotation politique du différend éclaire sur cette posture. Dans le différend postérieur relatif à la *Délimitation maritime dans l'océan Indien (Somalie c. Kenya)*, aucune demande en indication de mesures conservatoires n'a été formulée par les parties, et partant, édictée par la Cour[514].

A l'instar de la résolution du Conseil de sécurité du 25 août 1976 rendue relativement à l'ordonnance du 11 septembre 1976 en l'affaire du *Plateau continental de la mer Egée*[515], le contenu de l'ordonnance de 1996 a facilité les concessions mutuelles entre les parties[516]. La réaction du juge international face à des mesures prises sur une base contestée par les parties est intéressante. Ce défaut d'application ressort de la persistance des tensions dans la zone. Elles ont été aggravées par les autorités fédérales nigérianes à travers l'organisation des élections locales (municipales) du 5 au 6 décembre 1998 dans la presqu'île litigieuse[517]. Au demeurant, l'ordonnance aurait pu rester inappliquée puisque la ligne choisie correspondant aux positions des forces militaires en présence avant le 3 février 1996 faisait l'objet d'un désaccord entre les parties[518].

S'appuyant sur le caractère obligatoire de l'indication de mesures conservatoires dans l'affaire *LaGrand*[519], le Cameroun a affirmé que le Nigeria a engagé sa responsabilité pour non-respect des mesures conservatoires. La Cour a cependant estimé que le demandeur n'apportait pas la preuve de ses allégations[520]. L'usage restreint par la Cour de l'ordonnance en indication de mesures conservatoires de 1996, lors de la procédure au fond de 2002, atteste du souci du juge de ne pas compromettre davantage les

---

513 *Ibid.*

514 Le 28 août 2014, la Somalie a prié la Cour de déterminer, conformément au droit international, le tracé complet de la frontière maritime unique départageant l'ensemble des espaces maritimes relevant de la Somalie et du Kenya dans l'océan Indien, y compris le plateau continental au-delà de la limite des 200 milles marins. Un arrêt sur les exceptions préliminaires soulevées par le Kenya a été rendu le 7 octobre 2015. La procédure est pendante (2018).

515 CIJ., *Plateau continental de la mer Egée*, *mesures conservatoires*, ordonnance du 11 septembre 1976, *Rec.*, 1976, p. 3, p. 11, § 32.

516 *Ibid.*

517 Lettre datée du 10 décembre 1998 adressée au président du Conseil de sécurité de l'ONU par le ministre des Relations extérieures du Cameroun, S/1998/1159, p. 2.

518 CIJ., *Frontière terrestre et maritime entre le Cameroun et le Nigeria (Cameroun c. Nigeria)*, mesures conservatoires, ordonnance du 15 mars 1996, *Rec.* 1996, p. 24.

519 La Cour réaffirme que ses «ordonnances indiquant des mesures conservatoires au titre de l'article 41 [du Statut] ont un caractère obligatoire» et créent donc des obligations juridiques internationales pour toute partie à laquelle sont adressées lesdites mesures. CIJ., *LaGrand (Allemagne c. Etats-Unis d'Amérique)*, ordonnance du 5 mars 1999, *Rec.* 1999, pp. 28 et s. ; M. GHANTOUS, « Les mesures conservatoires indiquées par la Cour internationale de Justice dans le cadre de conflits territoriaux et frontaliers : Développements récents », *Canadian Yearbook of International Law*, Vol. 50, 2013, pp. 35-93

520 CIJ., *Frontière terrestre et maritime entre le Cameroun et le Nigeria, mesures conservatoires, (Cameroun c. Nigeria)*, *op. cit.*, p. 24, § 321.

chances d'un règlement définitif du litige interétatique. En 1996, le juge avait joué un rôle restreint dans le rétablissement de la paix. En 2002, le « *right preserving* » a rejoint le « *peace preserving* »[521].

Dans une affaire plus récente, la Cour a indiqué des mesures conservatoires, demandant aux parties : « de s'abstenir de tout acte qui risquerait d'aggraver ou d'étendre le différend dont elle est saisie ou d'en rendre la solution plus difficile »[522]. Elle ne manque pas de rappeler qu'elle a le pouvoir d'indiquer des mesures conservatoires lorsqu'un préjudice irréparable risque d'être causé aux droits en litige, et que ce pouvoir ne sera exercé que s'il y a urgence, c'est-à-dire s'il existe un risque réel ou imminent qu'un préjudice irréparable soit causé aux droits concernés[523]. Le traitement réservé par la CIJ à la demande en indication de mesures conservatoires de 1996 s'inscrit dans la démarche du juge visant à encourager une logique transactionnelle des parties. Il en est de même pour les questions relatives à la responsabilité internationale étatique.

B. **Le traitement résiduel des questions de responsabilité internationale**

Dans l'affaire de la *Frontière terrestre et maritime entre le Cameroun et le Nigeria*, l'invocation simultanée de la responsabilité internationale d'un Etat dans le cadre d'un différend territorial n'a pas semblé opportune[524]. La Cour a donc traité cette question de manière résiduelle. Il est utile d'appréhender les motifs d'une telle attitude.

S'il n'est pas rare que l'occupation des territoires s'accompagne de l'emploi de la force[525], toute requête visant à engager la responsabilité

---

[521] J. P. COT, *op.cit.* note 480, p. 123.

[522] CIJ., *Certaines activités menées par le Nicaragua dans la région frontalière* (Costa Rica c. Nicaragua*), Construction d'une route au Costa Rica le long du fleuve San Juan* (Nicaragua c. Costa Rica, Demande en indication de nouvelles mesures conservatoires), ordonnance du 22 novembre 2013, Rec., p. 354.

[523] CIJ., ordonnance en indication de mesures conservatoires du 7 décembre 2016, *Immunités et procedures pénales, Guinée équatoriale c. France*, par. 81.

[524] E. MILANO, « Territorial disputes, wrongful occupations and State Responsibility: should the International Court of Justice go to the extra miles? », *The Law and Practice of International Courts and Tribunals*, vol. 3, 2004, p. 509. Il arrive également que le litige porte sur un espace restreint, n'ayant pas fait l'objet d'une occupation permanente de la part d'un Etat. Ce type de différend est souvent centré autour de la question du territoire et non des règles internationales protégeant la souveraineté. Pour finir, le professeur Milano estime que les Etats ne prennent pas toujours le risque de soulever la question de la responsabilité par crainte du « *winner takes all* », *Ibid.*

[525] Il en fut de même quelques années plus tôt entre le Burkina Faso et le Mali lorsque ces Etats se mirent d'accord pour soumettre à la Cour leur différend par compromis (lettre conjointe du 16 septembre 1983). CIJ., *Différend frontalier (Burkina Faso c. Mali)*, ordonnance du 10 janvier

internationale étatique peut entraîner une crispation des parties. En effet, l'institution de la responsabilité internationale[526] vise à sanctionner l'exercice des compétences étatiques en vertu desquelles un sujet de droit international auquel est imputable un acte ou une omission contraire à ses obligations internationales est tenu d'en fournir réparation à un autre sujet de droit international qui en a été victime en lui-même ou dans la personne ou les biens de ses ressortissants ou agents[527].

De telles considérations éclairent sur la circonscription par le juge international de la portée des questions les plus controversées. Le cheminement procédural de la question de la responsabilité confirme un tel dessein[528]. Il paraît primordial de récapituler les circonstances dans lesquelles la Cour a été appelée à examiner les questions de responsabilité étatique, les conclusions des parties à ce propos ainsi que la position de la Cour.

La stratégie du Cameroun depuis le début de l'instance judiciaire a été d'établir que l'occupation de la zone lui revenant, constituait une violation du droit international[529]. Déjà sa requête introductive d'instance annonçait la

---

1986, *Rec.*, p. 12. Leurs relations se détériorèrent au point que des affrontements armés survinrent dans le courant du mois de décembre de l'année 1985 ; les parties demandant chacune à la Cour l'indication de mesures conservatoires. Dans l'affaire relative à la sentence arbitrale du 31 juillet 1989, la Cour refusa d'indiquer des mesures conservatoires suite à la requête déposée en ce sens par la Guinée-Bissau le 18 janvier 1990 contre le Sénégal au motif qu'elle n'était pas compétente *prima facie* pour ce faire (ordonnance du 2 mars 1990), estimant que le lien entre les mesures réclamées et le différend qui lui était soumis à titre principal n'existait pas.

[526] Le principe de la responsabilité a été affirmé par la C.P.J.I. dans l'affaire relative à *l'Usine de Chorzów* où elle a énoncé que « c'est un principe du droit international, voire une conception générale du droit que la violation d'un droit comporte l'obligation de réparer ». Voir C.P.J.I., *Usine de Chorzów (Allemagne c. Pologne),* arrêt du 13 septembre 1928, série A, n° 17, p. 29.

[527] Afin d'approfondir cette thématique, voir les anciens rapports présentés par Roberto Ago à la Commission du droit international sur « La responsabilité des États » de 1969 à 1980, *A.F.D.I.*, vol. II, 1969, pp. 129-146 ; 1970, vol. II, pp. 189-211 ; 1971, vol. II, 1re partie, pp. 209-289 ; 1972, vol. II, pp. 77-174 ; 1976, vol. II, 1re partie, pp. 3-57 ; 1977, vol. II, 1re partie, pp. 3-47 ; 1978, vol. II, 1re partie, pp. 29-57 ; et 1979, vol. II, 1re partie, pp. 3-69 ; l'additif au 8e rapport a été publié en 1980, vol. II, 1ère partie, pp. 13 et suiv. Voir égalemnt l'œuvre autant abondante que récente de A. PELLET sur cette question : « Les rapports de R. AGO à la CDI sur la responsabilité des États », *The Shellbook/La Bibliothèque*, 2002, pp. 222-229 ; « Les articles de la C.D.I. sur la responsabilité de l'État pour fait internationalement illicite – Suite - et fin? », *A.F.D.I.*, 2002, pp. 1-23 ; « La codification du droit de la responsabilité internationale : Tâtonnements et affrontements », in BOISSON DE CHAZOURNES et V. GOWLLAND-DEBBAS dirs., *L'ordre juridique international, un système en quête d'équité et d'universalité, Liber Amicorum Georges Abi- Saab*, La Haye, Kluwer, 2001, pp. 285-304 ; « Remarques sur la jurisprudence récente de la Cour internationale de Justice dans le domaine de la responsabilité internationale », *in Perspectives du droit international au XXIème siècle - Liber Amicorum Professor Christian Dominicé in Honour of his 80th Birthday*, Leiden, Nijhoff, 2012, pp. 321-345.

[528] *Ibid.*

[529] Cette stratégie est corroborée par l'introduction en date du 10 février 1996 d'une demande en indication de mesures conservatoires par le Cameroun suite à de graves incidents entre les forces armées des deux parties dans la péninsule de Bakassi la nuit du 3 février 1996. Le Cameroun invoque au stade de sa demande en indication de mesures conservatoires l'occupation armée par le Nigéria de la péninsule litigieuse. Durant la phase orale et les débats au fond en 2002, les

cadence. Six conclusions sur les sept formulées par le gouvernement camerounais au sujet de Bakassi portaient sur la question de la responsabilité du Nigeria, et une sur la question des réparations[530]. Le Cameroun s'est également plaint de l'occupation armée par le Nigeria de la presqu'île de Bakassi au stade de sa demande en indication de mesures conservatoires[531].

Cette combinaison de questions tenant à la responsabilité étatique à une procédure préliminaire a été considérée comme peu propice au règlement consensuel du litige par le professeur Crawford, conseil du Nigeria dans cette affaire[532]. Cela, d'autant plus que le contentieux devant la Cour impliquait un usage de la force armée de la part des deux pays[533]. Le Cameroun n'a cessé de soutenir que le Nigeria ne se serait pas contenté d'envahir unilatéralement le territoire disputé. Il aurait commis des actes caractérisés par une grande violence à l'égard de personnes[534]. Le demandeur a réclamé à ce titre une réparation *in integrum* des préjudices causés tout en se réservant ultérieurement la possibilité d'introduire devant la Cour une évaluation précise des dommages provoqués par le Nigeria. Il s`est également prévalu du préjudice moral de l'Etat camerounais en se basant sur la doctrine Anzilotti[535]. Les arguments du Cameroun relatifs à la responsabilité étatique du Nigeria renvoient à la jurisprudence antérieure[536].

La Cour a été appelée une troisième fois à examiner de telles questions durant la procédure relative aux exceptions préliminaires. Dans sa sixième

---

commentaires dédiés à l'aspect de la responsabilité internationale furent abondants. À l'ouverture des audiences, la stratégie argumentative du Cameroun fut expliquée en ces termes : M. Amadou Ali, garde des Sceaux camerounais rappelle avec insistance qu'il s'agissait, non pas seulement d'une affaire de frontières, mais « d'*une affaire de responsabilité* ». Plaidoirie de M. AMADOU ALI. CIJ., *Frontière terrestre et maritime entre le Cameroun et lè Nigeria (Cameroun c. Nigeria), demande en indication de mesures conservatoires*, CR/1996/3, 6 mars 1996, p. 23.

530 CIJ., *Frontière terrestre et maritime entre le Cameroun et le Nigeria, requête introductive d'instance* (Cameroun c. Nigeria), par. 20 et suiv.

531 CIJ., *Frontière terrestre et maritime entre le Cameroun et le Nigeria, mesures conservatoires* (Cameroun c. Nigeria), ordonnance du 15 mars 1996, *Rec.*, p. 24.

532 Plaidoirie de M. JAMES CRAWFORD, CIJ., *Frontière terrestre et maritime entre le Cameroun et le Nigeria (Cameroun c. Nigeria, Guinée équatoriale (intervenant)*, CR/2002/18, 14 mars 2002, p. 47. ABI-SAAB reprendra le même argument ultérieurement en soulignant le caractère inapproprié de l'accumulation entre différend territorial et question de responsabilité Etatique en se basant sur la pratique et l'absence de précédent, voir CR/2002/10, p. 26, §§ 10 et 11.

533 Requête introductive d'instance camerounaise du 29 mars 1994, §13.

534 CIJ., Mémoire du Cameroun, *Frontière terrestre et maritime entre le Cameroun et le Nigeria* (Cameroun c. Nigeria, Guinée équatoriale (intervenant), chapitre 6, p. 567.

535 Il y a près de cent ans paraissait un essai cité aujourd'hui encore par la meilleure doctrine. D. ANZILOTTI, « La responsabilité internationale des Etats à raison des dommages soufferts par des étrangers », *R.G.D.I.P.*, 1906, pp. 26 et suiv., repris par F. LATTANZI, *Garanzie dei Diritti dell'Uomo nel diritto internazionale generale*, Milan, Giuffré, 1983, pp. 21 et suiv.

536 CIJ., *Frontière terrestre et maritime entre le Cameroun et le Nigeria* (Cameroun c. Nigeria ; Guinée équatoriale (intervenant), arrêt du 10 octobre 2002, *Rec.*, par.319. Voir également les chapitres 6 et 7 du mémoire camerounais.

exception, le Nigeria avait soutenu que les demandes relatives à la responsabilité étatique présentées par le Cameroun devaient être déclarées irrecevables. Dans son arrêt du 11 juin 1998, la Cour a rejeté cette exception[537]. Suite à ce rejet, le défendeur a introduit une demande en interprétation de l'arrêt sur les exceptions préliminaires sur ce point[538]. Le juge international s'est par ailleurs penché sur les questions de responsabilité étatique dans l'arrêt relatif à la demande en interprétation présentée par le Nigeria du 25 mars 1999[539].

L'arrêt du 10 octobre 2002 constitue ainsi la quatrième occasion d'examen judiciaire des questions relatives à la responsabilité étatique[540]. Il s'agit d'une procédure plus complexe que les précédentes. Auparavant, la Cour avait (simplement) jugé des requêtes du Cameroun en ce sens. Or, elle a dû répondre en plus aux arguments croisés des parties en la matière du fait de l'introduction de demandes reconventionnelles par le Nigeria. Cet aspect du différend, *a priori* accessoire, a eu pour effet de retarder la procédure au fond. Des mesures conservatoires avaient été demandées à son propos, puis suivies d'un arrêt sur les exceptions préliminaires dont la réponse n'a pas satisfait le défendeur. Pour cette raison, il a demandé une interprétation de l'arrêt puis introduit une demande reconventionnelle jugée recevable cette fois-ci[541].

En réaction aux accusations camerounaises, le Nigeria a entendu présenter des demandes reconventionnelles. Il a ainsi consacré plus de 150 pages de sa réplique à arguer du non engagement de sa responsabilité internationale pour les faits visés par le Cameroun[542]. D'après les conseils du défendeur, quand bien même la souveraineté sur la presqu'île de Bakassi devrait être déclarée

---

[537] CIJ., *Frontière terrestre et maritime entre le Cameroun et le Nigeria, exceptions préliminaires,* (Nigeria c. Cameroun), arrêt du 11 juin 1998, *Rec.,* pp. 17-19.

[538]CIJ., *Demande en interprEtation de l'arrêt du 11 juin 1998 en l'affaire de la Frontière terrestre et maritime entre le Cameroun et le Nigeria, exceptions préliminaires* (Cameroun c. Nigeria), arrêt du 21 octobre 1999, *Rec.*, p. 35, § 10.

[539]*Ibid.,* p. 12.

[540] Sur le sujet, A. MAKON MA MBEB, *L'arrêt du 10 octobre 2002 et le droit de la responsabilité internationale,* Mémoire de DEA, FSJP/Université de Yaoundé II- SOA, 2008-2009, 140 p.

[541] Ph. WECKEL, « Chronique de jurisprudence internationale de la Cour internationale de Justice. Arrêt du 10 octobre 2002 (Fond). *Frontière terrestre et maritime (Cameroun c. Nigeria)* », *J.D.I.*, 2003, 130E, n° 3, pp. 873-882, p. 884.

[542] James Crawford, conseil du Nigeria dans sa plaidoirie du 8 mars déclare : « C'est en toute franchise que le Nigeria a précisé que l'on ne gagne rien à joindre des demandes en matière de responsabilité internationale à une série de différends frontaliers. Mais, étant donné que les parties sont et doivent être dans une situation d'égalité devant la Cour, à tous égards, le Nigeria a présenté des demandes reconventionnelles concernant une série d'incidents le long de la frontière qui engagent la responsabilité Etatique du Cameroun ». Plaidoirie de M. J. CRAWFORD, *CIJ., Frontière terrestre et maritime entre le Cameroun et le Nigeria (Cameroun c. Nigeria, Guinée équatoriale (intervenant),* CR/2002/14, 8 mars 2002, p. 35, § 8. Plus précisément, pour le Nigeria, « ne pas faire de demandes reconventionnelles aurait été accepter la version camerounaise des faits, version d'un voisin faible, inoffensif, menacé en permanence par des incursions militaires le long de cette frontière ». Propos tenus par James Crawford, conseil du Nigeria, *Ibid.,* p. 48.

revenir au Cameroun, l'occupation de l'espace visé ne pourrait en soi impliquer une violation d'une norme de droit international[543].

Le Nigeria ne dément pas qu'il occupe la zone disputée[544] : « le Nigeria est chez lui à Bakassi, il ne peut donc être rendu coupable d'agression ou d'occupation »[545]. Le conseil de ce pays évoque au soutien de son argumentation une doctrine connue en *Common Law*, la théorie du « *honest belief and reasonable mistake* »[546]. Le défendeur prévoit qu'au cas où la Cour lui donnerait tort, elle devrait reconnaître de sa part une « erreur raisonnable ». Animé d'une « croyance sincère », le Nigeria aurait agi en croyant de bonne foi que l'espace occupé lui revenait de droit. Son occupation est paisible et l'usage de la force armée dont il a fait montre constituerait de la légitime défense. Les déploiements de force en question « auraient eu pour objet de régler des questions d'ordre intérieur et de réagir à une campagne d'empiètements systématiques du Cameroun sur le territoire nigérian »[547]. Le défendeur spécifie à propos de la création de la commune de Bakassi que si « la Cour devait reconnaître la souveraineté du Cameroun sur ces zones, il n'y aurait rien d'irréversible dans les dispositions adoptées à cet égard par le Nigeria »[548].

Les conclusions abondantes des parties n'ont pas emporté la conviction du juge international dont la réponse sur ces questions paraît succincte et peu argumentée[549]. Le contraste est saisissant entre la place occupée pour les parties par la question de la responsabilité des Etats et des réparations (tant dans la procédure orale qu'écrite) et celle résiduaire lui ayant été dédiée dans l'arrêt.

---

543 *Ibid.*

544 À aucun moment le Nigeria ne conteste qu'à « l'heure actuelle des forces armées et une administration nigérianes sont installées (...) sur des territoires qui, conformément au présent arrêt, relèvent de la souveraineté du Cameroun », constate la CIJ., *Frontière terrestre et maritime entre le Cameroun et le Nigeria* (Cameroun c. Nigeria ; Guinée équatoriale (intervenant), arrêt du 10 octobre 2002, *Rec.* 2002, § 312.

545 Plaidoirie de G. ABI-SAAB, CIJ., *Frontière terrestre et maritime entre le Cameroun et le Nigeria (Cameroun c. Nigeria, Guinée équatoriale (intervenant),* CR/2002/14, 8 mars 2002, p. 20. La doctrine de l'occupation de bonne foi invoquée par le Nigeria pourrait être recevable en droit, mais l'occupation paisible de la zone concernée par le Nigeria paraît une hypothèse difficilement vérifiable sur le terrain. En effet, l'occupation de la presqu'île de Bakassi et du lac Tchad s'était traduite *a minima* par la présence des forces militaires nigérianes et *a maxima* par de violents affrontements entre les deux parties. Plaidoirie de G. ABI-SAAB, *Ibid.*, pp. 6-8, 22 et 23, §§ 22 à 35.

546 *Ibid.*

547 CIJ., *Frontière terrestre et maritime entre le Cameroun et le Nigeria (Cameroun c. Nigeria ; Guinée équatoriale (intervenant)*, arrêt du 10 octobre 2002, *Rec.*, 2002, § 311.

548 *Ibid.*, par. 312. Le Nigeria a tenu parole, une commune "Nouvelle Bakassi" a été créée à la suite de l'arrêt du 10 octobre 2002.

549 Les prétentions des parties sur ce point sont ramenées à l'essentiel, c'est-à-dire brièvement résumées, l'accent étant mis sur la réponse de la Cour.

La question de la responsabilité internationale n'est abordée pour la première fois par la Haute juridiction qu'à partir de la cent cinquantième page de l'arrêt. La réponse de la Cour est sommaire[550]. Un seul paragraphe traduit les revendications du Cameroun en matière de responsabilité (§ 319). La Cour n'approfondit pas son raisonnement relativement aux demandes du Cameroun en la matière[551]. D'après la Haute juridiction : le préjudice est réparé *primo* par l'évacuation des troupes nigérianes ; *secundo* par la proclamation de l'arrêt qui correspond à une forme de réparation du préjudice moral du demandeur. La CIJ repousse la demande du Cameroun inspirée de la jurisprudence *LaGran*d qui visait à contraindre le Nigeria à lui fournir des garanties de non-répétition de faits illicites[552].

Alors que le Cameroun est le seul à avoir formulé une telle demande, la CIJ s'adresse aux parties en « bilatéralisant » son raisonnement comme elle l'a fait dans l'ordonnance en indication de mesures conservatoires du 15 mars 1996. C'est le motif de la cessation du fait illicite qui conduit les juges à ne pas examiner les demandes du Cameroun en matière de réparation. Le projet d'article de la Commission de droit international énonce en son article 35 que « la réparation intégrale du préjudice causé prend la forme de restitution, d'indemnisation et de satisfaction, séparément ou conjointement ». La Cour estime ainsi d'après l'unique paragraphe concluant de l'arrêt en matière de responsabilité que : « dans les circonstances de l'espèce (…), du fait même du présent arrêt et de l'évacuation du territoire camerounais occupé par le Nigeria, le préjudice subi par le Cameroun en raison de l'occupation de son territoire aura en tout état de cause été suffisamment pris en compte » (§ 319).

La position de la Cour concernant les réparations dans cette affaire consiste à faciliter un règlement négocié entre les parties. Cette partie du jugement semble conforme à l'opinion du juge Anzilotti selon laquelle l'élément économique est loin d'avoir dans les rapports interétatiques le même poids qu'il a dans les rapports entre particuliers. Dans le cas du préjudice moral, la satisfaction en termes de regrets ou d'excuses présentées par l'Etat responsable à la victime peut être considérée comme une réparation à la fois adéquate et suffisante[553].

---

[550] CIJ., *Frontière terrestre et maritime entre le Cameroun et le Nigeria* (Cameroun c. Nigeria ; Guinée équatoriale (intervenant), *op. cit.* pp. 143-146.

[551] Pour engager la responsabilité d'un sujet de droit international, il faudrait qu'en plus des quatre conditions sus-évoquées, l'illicéité de l'acte ne soit pas couverte par une exception reconnue par le droit international. L'argumentaire de la Cour ne détaille pas lequel de ces éléments a orienté son raisonnement.

[552] La demande fait écho à l'article 30 b) du projet d'articles de la CDI sur la responsabilité des Etats. A/RES/56/53 et commentaire in rapport de la Commission du droit international, 53e session, *op. cit.* pp. 236, § 9 et suiv.

[553] D. ANZILOTTI, « La responsabilité internationale des Etats à raison des dommages soufferts par les étrangers », *op.cit.*, p. 285 ; E. BORCHARD, « The diplomatic protection of citizens abroad or the law of International claims », New York, *The Banks law Pub.Cy*, 1928, pp. 359 et s.

La réparation vise à rétablir l'équilibre rompu par la violation d'une obligation internationale. C'est ce que confirme l'affaire relative au *Temple de Préah Vihéar* (qui ne portait pas à proprement parler sur un problème de responsabilité). La Cour, après avoir attribué la souveraineté sur le temple au Cambodge, a ordonné à la Thaïlande la restitution des objets qu'il contenait[554]. Ce n'était pas là l'objet de la demande initiale comme l'ont signalé dans leurs déclarations communes les juges Tanaka et Morelli[555]. Et jusqu'en 2009, les objets en cause n'avaient toujours pas été restitués dans leur totalité[556].

La réparation dans l'affaire *Cameroun c. Nigeria* paraît matériellement incomplète parce qu'elle ne rétablit pas la situation qui aurait existé si le fait illicite n'avait pas été commis comme dans la jurisprudence *Chorzów*[557]. Ensuite, après avoir esquissé un parallèle avec les précédents[558], la Cour demande au Nigeria de retirer dans les plus brefs délais et sans condition, son administration et ses forces armées et de police du territoire camerounais. La même demande est formulée à l'endroit du Cameroun.

Sous couvert de réciprocité, il est clair, précise Pierre d'Argent, que ces mesures d'incitation à la transaction « s'adressent essentiellement au Nigeria qui occupe la plus grande partie des territoires disputés[559] ». En réalité, ces ordres de cesser de commettre des faits illicites au sens de l'article 30 a) du projet d'articles de la Commission du droit international sur la responsabilité internationale des Etats[560], tendent à ouvrir la voie à l'harmonie entre les deux Etats.

Dans le même sens, la Cour prend acte de l'engagement unilatéral du Cameroun à protéger les ressortissants nigérians vivant sur son sol[561]. Elle

---

[554] CIJ., *Affaire du temple de Préah Vihéar,* (Cambodge c. Thaïlande), arrêt du 15 juin 1962 : *Rec.*, p. 36.

[555] *Ibid.* p. 38.

[556] *Ibid.*

[557] C.P.J.I., *Interprétation des arrêts n°7 et 8 Usine de Chorzów* (Allemagne c. Pologne), arrêt du 16 décembre 1927, Série A, n°13, p. 20.

[558] Il s'agit de l'affaire Libye-Tchad dans laquelle la Libye avait été soumise à la même obligation (CIJ., *Différend territorial* (*Jamahiriya arabe libyenne c. Tchad),* précité, p. 33) et de l'affaire du Temple de Préah Vihéar (*op. cit.* note 47) dans laquelle la Thaïlande avait été tenue de retirer ses troupes du territoire cambodgien. Il est utile de relever que le Nigeria avait tenté, lors des plaidoiries orales, d'utiliser cette référence jurisprudentielle figurant dans l'argumentaire camerounais à son avantage en disant que « en outre, aucune allégation plausible n'a été avancée selon laquelle le Nigeria se serait emparé de biens culturels ou d'autres biens de l'Etat camerounais dans les régions contestées, contrairement au Cambodge, qui avait émis une allégation de cette nature en l'affaire du *Temple de Préah Vihéar.* Voir le compte rendu des plaidoiries du 8 mars 2002, CR/2002/14, p. 34, § 5.

[559] P. D'ARGENT, « Des frontières et des peuples : l'affaire de la frontière terrestre et maritime entre le Cameroun et le Nigeria (arrêt sur le fond) », *A.F.D.I.,* XLVIII, 2002, p. 314.

[560] A/RES/56/83 Responsabilité de l'Etat pour faits internationalement illicites, 28 janvier 2002 et commentaire in *Rapport de la Commission du droit international*, 53e session, A/56/10, pp. 233 et suiv.

[561] P. D'ARGENT, « Des frontières et des peuples : l'affaire de la *frontière terrestre et maritime entre le Cameroun et le Nigeria* (arrêt sur le fond) », *op.cit.,* note 542, p. 315.

rejette les demandes reconventionnelles du Nigeria dans ce domaine en constatant qu'aucune des parties n'apporte des preuves suffisantes pour les faits allégués ou de leur imputabilité à l'autre partie[562]. Elle écarte les conclusions du Cameroun liées à la violation des mesures conservatoires du 15 mars 1996[563]. Au terme de plaidoiries volumineuses consacrées à cet aspect du litige, le juge international écarte cette question sur le fondement de motifs lacunaires. Ce faisant, il ne cherche pas à savoir si les préjudices se trouveraient réparés par l'exécution de l'arrêt du 10 octobre 2002.

L'attitude du juge, relativement aux questions de responsabilité et de réparation est-elle convenable[564]?

Selon le schéma classique, l'engagement de la responsabilité internationale étatique résulte de la réunion de plusieurs conditions dont certaines semblent réunies en l'espèce[565]. Cet aspect déborde le champ de la présente recherche. Il suffit néanmoins de préciser que ces conditions (caractère du fait illicite et du fait dommageable, imputation du fait) semblent *a priori* réunies. Cette affaire correspond vraisemblablement à une situation d'illicéité internationale imputable à l'une ou l'autre des parties, ayant causé un préjudice sans qu'aucune exonération de responsabilité puisse être invoquée pour couvrir l'illicéité dudit acte. Le caractère réciproque des actes illicites des deux parties « annule »-t-il pour autant leur illicéité ? C'est en tout cas ce que laisse penser l'attitude du juge international qui consacre de la sorte une espèce d'exception d'inexécution à rebours.

La réticence de la Cour à s'étendre sur certains points de l'affaire ou à traiter favorablement la requête en reconnaissance de responsabilité et réparation en matière territoriale est symptomatique. Elle révèle son opposition aux tentatives d'instrumentalisation du fait de la stratégie argumentative et souvent « maximaliste » des parties. Il arrive fréquemment qu'un Etat sollicite une réparation tout en demeurant conscient des faibles chances de l'aboutissement d'une telle demande. Il cherche dans ce cas plus à

---

562 La CIJ. rejette pour des motifs analogues (faute de preuve) l'allégation camerounaise de la responsabilité du Nigeria engagée par effet d'incidents frontaliers survenus de 1970 à 2001. Le Tribunal rejette de même – en deux paragraphes (323 et 324) – la demande reconventionnelle du Nigeria fondée sur des allusions similaires.

563 CIJ., *Frontière terrestre et maritime entre le Cameroun et le Nigeria* (Cameroun c. Nigeria ; Guinée équatoriale (intervenant), arrêt du 10 octobre 2002, *Rec.*, p. 451, § 319.

564 Classiquement, le régime juridique de la responsabilité Etatique prévoit, en ce qui concerne la réparation, trois modes : la réparation en nature ou *restitutio in integrum*, la réparation par équivalent et la satisfaction, laquelle s'applique au préjudice moral.

565 Le « fait générateur » doit être imputable à un sujet de droit international. La jurisprudence et la doctrine considèrent que ce fait qui donne naissance à la responsabilité d'un sujet de droit international est constitué de deux éléments supplémentaires : un élément objectif réalisé par la commission d'une infraction internationale et/ou d'un dommage et un élément organique, constitué par l'existence d'un lien d'imputation entre l'infraction ou le dommage considéré et le sujet de droit international réputé en être l'auteur. M. SINKONDO, *Droit international public*, Paris, Ellipses Marketing, Collection : Universités Droit, 1997, p. 222.

démontrer la mauvaise foi de la partie adverse qu'à recevoir une réparation des conséquences de l'occupation ou de l'usage de la force à son égard. Ce type de stratégie est repérable dans les affaires : *Nicaragua contre Honduras*[566] et *Différend territorial entre le Nicaragua et la Colombie*[567]. La prudence de la Cour en matière de responsabilité internationale permet d'atténuer le caractère tactique des pétitions en la matière.

La nécessité d'accepter ce raisonnement de la Cour ne saurait faire oublier que les considérations liées au maintien de la paix par le droit ne doivent pas primer sur des exigences juridiques et éthiques devant lesquelles même les Etats les plus puissants doivent s'incliner. Dès lors que les conditions recensées *supra* sont remplies et s'il n'existe pas de cause d'exonération, la responsabilité de l'Etat mis en cause devrait être engagée. Curieusement, le juge semble retenir la satisfaction comme mode de réparation du préjudice moral du Cameroun sans avoir établi de responsabilité. Il s'agit plus d'un raccourci de langage que d'un véritable raisonnement. L'espèce aurait pu constituer un prétexte pour la Cour de transcender sa timidité sur la question. Or, il ne saurait en principe y avoir de réparation sans responsabilité préalablement établie. La conception traditionnelle assigne au seul Etat incriminé une obligation « civile » de réparation ou « satisfaction diplomatique ». Ce schéma orthodoxe a été méconnu dans l'arrêt du 10 octobre 2002. Le prononcé de l'arrêt – estime la Cour – est « satisfactoire » pour la partie camerounaise.

En réalité, la Cour a minimisé la responsabilité internationale des deux parties. Elle rejette les prétentions jugées « maximalistes » du Cameroun pour ne pas avoir à juger de celles du Nigeria. L'examen des questions de responsabilité étatique et de réparation par le juge satisfait d'ailleurs la partie nigériane. Son juge *ad hoc* a approuvé le rejet de ses propres demandes reconventionnelles, en reconnaissant que celles-ci étaient prématurées.

Il ne faut pas porter un regard trop critique sur ce qui dévoile la volonté du juge d'utiliser la méthode de la négociation provoquée pour réduire les tensions diplomatiques entre les deux Etats et leur permettre de transiger en cas de désaccord. Le silence des juges sur les questions « fâcheuses » (préjudice, réparation) est inspiré par le bon sens. La reconnaissance de la responsabilité du Nigeria et/ou du Cameroun (et de l'obligation de réparer) aurait réduit les chances d'une exécution consensuelle de l'arrêt de 2002. La Cour se montre d'une part soucieuse de ne pas prolonger sur le plan procédural le litige par d'interminables débats sur des questions indemnitaires. D'autre

---

566 Voir requête nicaraguayenne du 8 décembre 1999, p. 7, par. 7, disponible sur le site de la Cour.

567 Voir requête nicaraguayenne du 6 décembre 2001 soumettant le différend terrestre et maritime à la CIJ., p. 9, par. 9, disponible sur le site de la Cour.

part, elle ne souhaite pas susciter d'additionnelles acrimonies entre les parties[568] et partant, compromettre la mise en œuvre de son arrêt.

La contribution de l'arrêt relatif à la *Frontière terrestre et maritime entre le Cameroun et le Nigeria* à l'exécution des décisions de justice territoriale impliquant de fortes tensions politiques entre les parties est si éminente qu'elle a servi de référence aux tribunaux arbitraux dans l'affaire de la *Délimitation des frontières maritimes entre le Guyana et le Suriname*[569]. Sur le fondement du précédent entre le Cameroun et le Nigeria, les arbitres repoussèrent le concept de bonne foi et des mains propres revendiqué par le Suriname : *« In a like manner (Cameroon v. Nigeria), this Tribunal will not seek to ascertain wheter and to what extent suriname's responsibility to Guyana has been engaged as a result of the CGX incidents of 3 June 2000 »*[570]. Ils refusèrent en conséquence de rechercher dans quelle mesure le Guyana avait engagé sa responsabilité.

La manière dont la question de responsabilité a été traitée dans cette affaire et le sort réservé à l'ordonnance en indication de mesures conservatoires du 15 mars 1996 contribuent, sur le strict plan juridique, à infléchir le schéma de la responsabilité internationale. Il est regrettable que le juge international ait écarté de manière un peu factice les conclusions des parties dans ce domaine. Il a ainsi raté une occasion de réaffirmer la portée pratique du mécanisme de la responsabilité internationale. Il faut espérer que ce positionnement judiciaire particulièrement abstentionniste n'aura pas pour conséquence d'ouvrir une boîte de Pandore en donnant un mauvais signal aux Etats se livrant à des incursions frontalières qui portent préjudice aux populations des zones concernées. Le dessein de provocation judiciaire d'une exécution négociée explique cette attitude.

En conclusion, l'arrêt du 10 octobre 2002 se situe dans la lignée des décisions servant de cadre utile aux négociations post-juridictionnelles. La Cour décide de son exécution par la négociation. Cette dernière est conçue comme un moyen d'adapter les productions judiciaires aux contraintes locales. La visée d'anticipation de l'exécution de son futur arrêt par le juge est susceptible de conduire les parties à transiger dans l'éventualité de la

---

[568] Opinion dissidente du juge Bola AJIBOLA, CIJ., *Frontière terrestre et maritime entre le Cameroun et le Nigeria (Cameroun c. Nigeria ; Guinée équatoriale (intervenant)*, arrêt du 10 octobre 2002, *Rec.*, p. 295, par.175. « *The Court was not created to consciously or unconsciously create eternal disharmony between brother States. A claim of this nature can only engender bad blood between the States, and the Court should not lend its support to any decision that would create such eternal acrimony* ».

[569] Le 24 février 2004, le Guyana a adressé au Suriname une notification écrite de requête d'arbitrage concernant un litige relatif à la délimitation de la frontière maritime entre les deux Etats. Le tribunal arbitral a été constitué conformément à l'annexe VII de la Convention des Nations Unies sur le Droit de la Mer (CNUDM. Il a rendu la *Sentence du Tribunal arbitral* le 17 septembre 2007, *I.L.M.*, vol.47/2, 2008, §§ 26 et 264.

[570]*Ibid.*, § 421.

survenance d'autres divergences ultérieures. C'est un puissant facteur d'originalité qui témoigne de l'alchimie entre le règlement judiciaire et le règlement négocié. L'inventivité propre à la Cour est fortement appréciable. Il s'agit d'un juge à cheval sur son temps, au regard de l'essor progressif de la doctrine de la déjudiciarisation du règlement des conflits. Cette démarche témoigne du réalisme de la fonction juridictionnelle dans l'ordre juridique international. En matière de contentieux territorial, la Cour recherche la paix à travers le droit[571]. Elle remplit un certain rôle d'orientation à titre préventif, dès l'élaboration et le prononcé de son jugement, en suggérant aux Etats les mesures qu'ils pourraient prendre au niveau de l'exécution. Le juge pense l'après-jugement afin d'anticiper sur les éventuelles chicanes à son exécution.

C'est un constat évident de la puissance du juge, une posture pleinement assumée dans le cadre de cette espèce. La décision ne sera pas donc rendue in *abstracto*, mais en fonction du contexte dans lequel elle intervient, et de la réalité concrète dans laquelle elle doit s'insérer.

Ce procédé apparaît comme la méthode idoine pour régler des différends qui, s'ils semblent entièrement juridiques, comportent un élément politique[572]. Dans ces conditions, la négociation provoquée entre les parties par l'organe judiciaire principal de l'ONU ouvre les perspectives d'une étroite collaboration institutionnelle entre la Cour et le Secrétaire général de l'ONU en matière de mise en œuvre des décisions judiciaires.

---

[571] Sur le sujet, voir G. CLARK et L. N. SOHN, *World Peace through World Law : two alternative Plans*, Harvard University Press, 1966, 535 p ; N. ROS, *op.cit.*, note 6.

[572] Sir Robert JENNINGS, « The Role of the International Court of Justice », *British Year Book of International Law (B.Y.B.I.L.)*, 1997, p. 3.

Chapitre 2.
La négociation provoquée par le tiers institutionnel (le Secrétaire général de l'ONU) aux fins de l'engagement des parties à respecter le futur arrêt

Le dispositif diplomatique d'accompagnement des décisions de la CIJ par des tiers, apprécié à la fois par les juges[573] et par la doctrine[574], paraît dans certains cas constituer une réaction appropriée face à l'insuffisante articulation entre la procédure judiciaire et les autres éléments du processus de règlement des litiges frontaliers[575]. Vu la récurrence des « bruits de bottes » dans la presqu'île de Bakassi[576] et la perspective que chaque partie recoure à la force pour se maintenir dans la zone adjugée par l'arrêt à la partie adverse, la négociation entre elles s'avère indispensable[577]. Les effets de l'inexécution du futur arrêt de la Cour étaient redoutés[578]. De telles considérations ont déterminé l'implication des tiers, en vue de l'exécution de l'arrêt de la Cour du 10 octobre 2002.

Cette dynamique participe de la tactique d'incitation à la négociation des parties au cas où des difficultés surgiraient après le prononcé du jugement. D'après la doctrine, trois degrés sont possibles selon une gamme ascendante : les bons offices et la médiation, l'enquête et enfin la conciliation internationale[579]. Ils ont été mobilisés sous des formes différenciées dans le processus d'application de l'arrêt *Cameroun c. Nigeria*. Certains de ces procédés ont été utilisés en amont de l'arrêt, d'autres en son aval[580].

---

573 À ce propos, voir les remarques du juge R. HIGGINS, *in* C. PECK, R. S. LEE, *Increasing the Effectiveness of the International Court of Justice, Proceedings of the ICJ/UNITAR Colloquium to celebrate the 50th Anniversary of the Court*, La Haye, Martinus Nijhoff Publishers/UNITAR, 1997, p. 358.

574 Ph. WECKEL, « Les suites des décisions de la Cour internationale de Justice », *A.F.D.I.*, 1996, p. 440.

575 *Ibid.*

576 Expression utilisée par A. PELLET, « Le renforcement du rôle de la CIJ. », *op.cit.*, p. 138.

577 C. PAULSON, *op. cit.*, pp. 434-461.

578 M. KAMTO, *op.cit.*, note 23, p. 221.

579 W.-J. DIXON, « Third Party techniques for preventing conflict Escalation and promoting peaceful Settlement », *International Organizations*, 1996, pp. 653-681.

580 Du point de vue de l'histoire des idées politiques, dans le langage ordinaire et la pratique courante, le « tiers » est au début une tierce personne qui intervient dans un procès entre deux personnes. Le tiers médiateur, facilitateur a, au départ, une fonction sociale. La question du tiers qui était contingente, est devenue essentielle et centrale, car constitutive du règlement du différend interEtatique. Sur la notion du « tiers », E. VOLCKRICH, « Les dispositifs de médiation et la question du tiers. Vers une interprEtation pragmatique du tiers », *in*, *Avons-nous encore besoin*

Toutefois, le degré d'intervention des tiers dans la phase post-arrêt a été si variable qu'il importe d'exclure de ce chapitre les acteurs dont l'intervention n'aura pas été décisoire pour la réalisation de la chose jugée.

Il est à noter que le Conseil de sécurité a adopté une attitude modérée en comparaison avec celle adoptée dans l'exécution de l'arrêt relatif au *Différend frontalier* entre la Libye et le Tchad[581]. La négociation provoquée à titre de pression par l'organe exécutif des Nations Unies avait été dans ce cas déterminante. A l'inverse, dans l'affaire de la *Frontière terrestre et maritime entre le Cameroun et le Nigeria*, le Conseil ne s'est pas formellement impliqué[582]. Et ce, nonobstant la correspondance du chef de l'Etat camerounais du 10 mars 1996 adressée au président du Conseil de sécurité des Nations Unies[583]. Il a en revanche mandaté le Secrétaire général de l'Organisation d'une mission de bons offices dans la région. Elle s'est prolongée dans la phase post-contentieuse[584]. La négociation est provoquée par le Conseil de sécurité selon trois modalités : par le biais du Secrétaire général de l'Organisation, à travers les facilités financières accordées à la Commission mixte Cameroun-Nigeria par le Conseil[585] et enfin grâce à sa participation aux travaux de la Commission de suivi de l'accord de Greentree[586]. Du fait de son caractère indirect, l'action de provocation de la négociation diplomatique par le Conseil de sécurité de l'ONU ne sera pas détaillée.

L'implication de l'Assemblée générale de l'ONU est également sobre. A l'inverse du Conseil de sécurité, elle n'est pas investie d'une compétence en matière d'exécution des décisions de la CIJ Les règles de la Charte n'excluent pas pour autant la possibilité pour cet organe de formuler des recommandations en vue de faciliter la négociation entre les parties[587]. Aucun

---

d'un tiers ? J.-P. LEBRUN et E. VOLCKRICH, Toulouse, ERES « Humus - subjectivité et lien social », 2005, pp. 133-157, p. 143.

[581] La bande d'Aozou est un territoire situé au nord du Tchad que la Libye avait annexé militairement en 1975. Voir G. NALDI, « Case Concerning the Territorial dispute (Libyan Arab Jamahiriya/Tchad) », *L.C.L.Q.*, 1995, p. 683.

[582] Cette attitude du Conseil est constante à partir de l'année 1996. Comme le constate C. SCHULTE « *While Cameroon complained about non-compliance with the order to the Security Council, it did not formally request any enforcement action, and the Council did not take action. The UN Standing Advisory Committee on the Security Questions in Central Africa adressed the dispute between Cameroon and Nigeria several times and directed its call specifically to Nigeria « to comply strictly with the interim measures of protection laid down by the Court » -a diplomatic measure with the aim of increasing the pressure for compliance* ». C. SCHULTE, *op. cit.*, note 102, p. 363.

[583] *Cameroon tribune* n°2344 du lundi 11 mars 1996, p. 5.

[584] G. GUILLAUME, *op.cit.*, note 253, p. 132.

[585] Partie II, Titre I, Chapitre I.

[586] Partie II, Titre I, Chapitre II.

[587] Il est clairement envisageable que les questions et affaires visées par l'article 12 précité aient trait à l'inexécution d'une décision de la CIJ. Pour l'argument selon lequel l'Assemblée générale

argument *a contrario* fondé sur l'article 94 § 2 ne peut circonscrire la portée générale de ses fonctions et pouvoirs en vertu de l'article 10[588] et de l'article 11 § 4 de la Charte. L'action de l'Assemblée générale en la matière peut d'ailleurs trouver un fondement juridique dans l'article 11 § 1 lui attribuant le pouvoir de débattre de toutes questions liées au maintien de la paix et la sécurité internationales[589], sous réserve des stipulations de l'article 12 § 1 précité[590]. Toutefois, les limites de la compétence de l'Assemblée générale ont été expressément prévues aux articles 11 § 2 et 12 §1 au cas où l'inexécution de l'arrêt de la CIJ du 10 octobre 2002 porterait atteinte à la paix et la sécurité internationales[591].

Concernant l'arrêt du 10 octobre 2002, l'Assemblée générale n'a pris aucune initiative notable. Elle n'a pas formulé de recommandations au Conseil de sécurité à ce sujet[592], pas plus qu'à des Etats tiers[593]. Son intervention s'est limitée à l'examen et au vote du budget proposé par le Secrétaire général des

---

est compétente en la matière, voir à ce sujet, E. KERLEY, *op. cit.*, note 20, p. 282. A.TANZI, « Problems of Enforcement of Decisions of the International Court of Justice and the Law of the UN », *E.J.I.L.*, 1995, vol. 4, pp. 539-572, p. 546 ; E. TUNCEL, *op. cit.*, pp. 75-78 ; W. M. REISMAN, *Nullity and Revision: the Review and Enforcement of International Judgments and Awards,* Londres, New Haven,Yale University Press, 1971, 900 p., p. 729 ; S. ROSENNE, *op.cit.*, p. 575.

588 Voir, l'article 10 de la Charte des Nations Unies. Dans la période postérieure à la création de l'ONU (1945), à la suite de l'initiative du Nicaragua, les Etats membres de l'Organisation ont en effet voulu pallier la carence du Conseil de sécurité en matière d'exécution des décisions de la CIJ. découlant du droit de veto des grandes puissances. Il était question de transférer le débat sur la compétence de celle-ci sur les questions de non-respect des décisions de la CIJ du Conseil de sécurité à l'Assemblée générale. Autrement dit, il s'agissait de doter la « petite Assemblée » d'attributions en la matière. La résolution dite « Union pour le maintien de la Paix » résulte d'un tel effort. Cf. Résolution du 3 novembre 1950 de l'Assemblée générale des Nations Unies. Voir à ce sujet, H. KELSEN, *The Law of the United Nations*, *op. cit.*, p. 953 et suiv.

589 Voir l'article 11§ 1 de la Charte.

590 Voir l'article 12 § 1 de la Charte.

591 Il suffit d'ailleurs de faire un parallèle entre l'action déterminante de l'Assemblée générale de l'ONU dans la phase post-judiciaire et l'affaire des *Activités militaires et paramilitaires au Nicaragua et contre celui-ci* pour s'apercevoir de son rôle limité concernant l'affaire *Cameroun/Nigeria*. Dans le cas précédent, l'Assemblée générale des Nations Unies s'est appuyée sur l'article 94 §1 de la Charte pour réclamer de manière répétée, mais réaliste, l'exécution concertée de l'arrêt du 27 juin 1986. Elle avait alors demandé aux parties « que soit pleinement et immédiatement appliqué, conformément aux dispositions pertinentes de la Charte, l'arrêt que la Cour Internationale a rendu le 27 juin 1986 », Résolutions adoptées par l'AG en 1987 et 1988 lors de ses 42ème et 43ème sessions.

592 Un retour vers le Conseil de sécurité serait douteux si l'affaire a été portée à l'attention de l'Assemblée générale en raison d'une impasse du Conseil de sécurité. Pourtant, dans un tel scénario, l'Assemblée pourrait donner de nouvelles impulsions à une situation de blocage de la mise en œuvre et exercer une certaine pression politique sur les membres du Conseil pour empêcher leur inaction.

593 Des recommandations peuvent être adressées à des Etats nommément désignés jouissant d'un rôle particulier dans la communauté des Etats. De telles recommandations auraient pour effet d'augmenter la pression sur le débiteur du jugement et de faciliter l'engagement de la partie récalcitrante à mettre en œuvre l'arrêt.

Nations Unies aux fins du financement des travaux de la Commission mixte Cameroun-Nigeria[594].

Etant donné la spécificité africaine de l'affaire, on se serait *a priori* attendu à ce que l'exécution par la négociation provoquée ait pour support des méthodes traditionnelles et indigènes africaines de règlement des litiges. Malgré l'hétérogénéité des pratiques de médiation dans les deux pays subsahariens en cause, il était loisible d'escompter une action diplomatique exercée au titre de l'article 52 de la Charte des Nations Unies au niveau de l'Union africaine (UA)[595]. Elle aurait eu pour but d'inviter les parties à s'accorder en vue de l'exécution de la décision de la CIJ du 10 octobre 2002[596]. L'U.A. dispose en effet de compétences identiques à celle de l'ONU.[597]. Une Commission de bons offices figure parmi les institutions *ad hoc* mises en place par l'U.A. et une autre au sein du Conseil de Paix et de Sécurité. Il n'existait en somme aucune restriction de principe, à ce que le Secrétaire général ou le président de la Commission africaine provoque la négociation dans l'exécution comme l'a fait le Secrétaire général de l'ONU en l'espèce.

Malgré une certaine efficacité reconnue à l'Organisation[598]. « Les efforts de règlement institutionnels des différends en Afrique ont été très largement décevants »[599]. Bien que conçue à l'image de l'organisation à vocation universelle, l'Organisation continentale n'en a « ni la machinerie ni les moyens »[600]. N'ayant ni force matérielle pour s'imposer à ses membres ni

---

[594] Communiqué de presse AG/AB816 du 26 mai 2004 et communiqué AG/AB3634 du 15 octobre 2004.

[595] Les méthodes traditionnelles de résolution des conflits en Afrique impliquent la prise de décision par consensus, les chefs traditionnels, les églises, les organisations régionales comme l'UA, la CEMAC etc. Ces dernières peuvent en effet apporter leur assistance au Cameroun et au Nigeria au titre de l'article 52 § 1 de la Charte qui énonce : « Aucune disposition de la présente Charte ne s'oppose à l'existence d'accords ou d'organismes régionaux destinés à régler les affaires qui, touchant au maintien de la paix et de la sécurité internationales, se prêtent à une action de caractère régional, pourvu que ces accords ou ces organismes et leur activité soient compatibles avec les buts et les principes des Nations Unies ». Ce type d'intervention permet à ces organismes de contribuer au règlement pacifique des différends et s'inscrit dans le cadre de leurs activités touchant au maintien de la paix et de la sécurité internationales.

[596] Deux autres voies possibles resteraient ouvertes aux parties : le recours aux moyens unilatéraux de pression reconnus par le droit international et l'appel aux juridictions nationales.

[597] A. FOGUE. TEDOM, « Union Africaine face au défi titanesque de la prévention, du règlement et de la gestion des conflits », *Juridis* n° 75, janvier-août-septembre 2008, p.77.

[598] P. DAILLIER, M. FORTEAU, A. PELLET, *op. cit.*, note 207, p. 680. Cette référence à l'efficacité des institutions africaines n'apparaît pas dans la 8ème édition mentionnée ci-dessus. L'OUA s'est tout de même impliquée dans le règlement pacifique de certains différends, soit en encourageant, soit en provoquant la négociation diplomatique. C'est le cas des différends frontaliers somali-kenyan, algéro-marocain, etc. Voir A. ZANGA, *L'OUA et le règlement pacifique des différends*, Paris, Ed. ABC, 1998, 214 p., p. 112 ; J. -E. PONDI, M. KAMTO, L. ZANG, *L'OUA retrospective et perspectives Africaines,* Paris, Economica, 1990, p. 127.

[599] P.-M. DUPUY, *Précis de Droit international public*, Paris, Dalloz, 5ème édition, 2000, p. 507.

[600] E. JOUVE, *L'Organisation de l'Unité Africaine*, Paris, P.U.F., 1984, p. 9.

vocation supranationale au strict plan juridique, elle n'a en fin de compte qu'une marge de manœuvre restreinte dans le processus d'exécution d'un arrêt interafricain[601].

Tout bien considéré, parmi les tiers institutionnels, c'est celui auquel la Charte des Nations Unies reconnaît un rôle diplomatique éminent[602], à savoir le Secrétaire général des Nations Unies, qui a provoqué la négociation entre les parties sur un mode méritant de retenir l'attention. En amont comme en aval de la solution juridictionnelle, il a favorisé un processus dont la communauté régionale et/ou internationale a semblé se réjouir malgré quelques atermoiements manifestés par l'une ou l'autre partie durant le processus. L'originalité de la négociation provoquée par le Secrétaire général de l'ONU est révélée par les bons offices, la médiation du tiers institutionnel aux fins de l'engagement des parties à respecter le futur arrêt de la Cour (Section I). Son impact permet d'ébaucher une méthodologie juridique de la négociation provoquée par le Secrétaire général des Nations Unies (Section II).

Section 1. Les bons offices, la médiation du tiers institutionnel aux fins de l'engagement des parties à respecter le futur arrêt de la Cour

Par la négociation provoquée, le Secrétaire général de l'ONU utilise l'Organisation mondiale comme un instrument de mise en œuvre des décisions rendues par son organe judiciaire. Cette action repose sur le chapitre VI (règlement des différends) de la Charte et sur des considérations liées au maintien de la paix et la sécurité dans cette région d'Afrique[603]. Dans cette optique, les initiatives du premier fonctionnaire de l'Organisation demeurent imprégnées de la marque onusienne en tant qu'« oracle et gardien de la paix et la sécurité internationales »[604].

Le soutien du Secrétaire général aux parties vient suppléer à celui tardif des autres organes[605]. Le Conseil de sécurité n'avait pas donné suite à la demande du Cameroun en vue de l'organisation d'une réunion urgente du

---

601 *Ibid.*

602 L'article 99 de la Charte des Nations Unies du 26 juin 1945 énonce : « Le Secrétaire Général peut attirer l'attention du Conseil de Sécurité sur toute affaire qui, à son avis, pourrait mettre en danger le maintien de la paix et de la sécurité internationales ».

603 En tant que structure de coopération entre Etats, articulée autour de buts communs, l'ONU entretient avec le Cameroun et le Nigeria qui ont respectivement adhéré à l'Organisation les 20 septembre 1960 et 7 octobre 1960, des rapports particuliers, dont le but premier est le maintien de la paix et de la sécurité internationales. C'est à l'article 1§1 de la Charte des Nations Unies qu'il faut se référer pour trouver la formulation du but ultime de l'Organisation : « maintenir la paix ».

604 L. SINJOUN, *op. cit.*, p. 4.

605 Voir CIJ. Mémoire de la République du Cameroun du 16 mars 1995, *Frontière terrestre et maritime entre le Cameroun et le Nigeria* (Cameroun c. Nigeria), Livre I, p. 17, § 1.25. Il est disponible sur le site de la CIJ. : http://www.icj-CIJ..org/docket/files/94/8599.pdf.

Conseil. La requête fut renouvelée en vain le 20 avril de la même année[606]. Le laconisme de la réaction du Conseil de sécurité de l'ONU augurait d'une certaine réticence quant à son implication formelle dans l'affaire. Il n'a d'ailleurs pas été contredit par les faits[607]. Constant Schulte commente l'attitude de l'ONU. par rapport à l'exécution de certaines décisions et au comportement des parties : « *UN involvement in the enforcement of ICJ decisions has been very limited. The analysis of practice has shown that this is in the first place due to the scarcity of genuine requests by the states that are creditors of a decision*»[608].

L'espèce rappelle que le Secrétaire général peut jouer un rôle extrêmement utile en entrant en contact avec les parties en vue de faciliter l'exécution des arrêts de la Cour. Ses bons offices et sa médiation « offerte » anticipent les difficultés d'exécution de l'arrêt à venir. De tels procédés peuvent se révéler utiles dans la recherche de solutions à des problèmes frontaliers analogues. La négociation provoquée par le Secrétaire général a pour vecteurs : la diplomatie préventive, les bons offices et la médiation pré-judiciaire (Paragraphe 1) et la médiation onusienne post-judiciaire (Paragraphe 2).

Paragraphe 1. Bons offices, diplomatie préventive, et médiation pré-judiciaire

L'exécution de l'arrêt du 10 octobre 2002 se présentait sous des auspices peu favorables[609]. C'est pour les conjurer que le Secrétaire général a provoqué la négociation entre les deux Etats en employant les bons offices (A), la diplomatie préventive et la médiation (B).

A. Les bons offices

Les bons offices correspondent au degré le plus modeste de l'intervention d'Etat tiers et/ou du Secrétaire général de l'ONU. La plupart du temps, ce sont les Etats tiers qui y recourent. Un premier exemple est fourni par la dernière phase, celle de la mise en vigueur dans l'affaire du *Détroit de Corfou*[610]. C'est le refus albanais d'exécuter l'arrêt de 1949 qui a conduit le gouvernement britannique à trouver satisfaction par d'autres moyens, en particulier la

---

606 Introduction générale de l'étude.

607 Partie I, Titre I, Chapitre I.

608 C. SCHULTE, *Compliance with Decisions of The International Court of Justice*, London, Oxford University Press, 2004, XXXIII, 500 p., p. 417.

609 Partie I, Titre II, Chapitres I et II.

610 CIJ., *Détroit de Corfou, Exceptions préliminaires*, (Royaume-Uni de Grande-Bretagne et d'Irlande du Nord c. Albanie), 25 mars 1948, *Rec.* 1948, p. 15 ; fond, 9 avril 1949, *Rec.* 1949, p. 4 ; fixation du montant des réparations, 15 décembre 1949, *Rec.* 1949, p. 244.

création d'une Commission tripartite (composée des gouvernements de la République française, du Royaume-Uni, et des Etats-Unis). Cette démarche a été à l'origine de l'affaire de *l'Or monétaire pris à Rome en 1943*[611].

L'actualité récente fournit une seconde illustration en la matière, avec le succès de la médiation algérienne dans l'affaire du *personnel diplomatique et consulaire des Etats-Unis à Téhéran* (Etats-Unis d'Amérique c. Iran)[612]. À la suite de la décision rendue en l'affaire du *Différend frontalier entre le Burkina Faso et le Mali* en date du 11 décembre 1986, la démarcation de la frontière a pu être effectuée grâce à l'assistance financière de la Confédération suisse par une Commission de trois experts nommés par la Cour à la demande des parties[613]. Une autre occasion d'assistance des tiers, en particulier de la Cour, se trouve dans l'affaire du *Projet Gabcykovo-Nagymaros* ayant donné lieu à l'arrêt du 25 septembre 1997[614]. L'organe judiciaire principal arriva à la conclusion que la Hongrie avait engagé sa responsabilité internationale du fait de la suspension et de l'abandon des travaux lui incombant dans le cadre du projet de barrage, et qu'il en allait de même de la Slovaquie en raison de la mise en œuvre de la solution de rechange provisoire. Il décida également que la Hongrie et la Slovaquie devaient négocier de bonne foi en prenant en considération toutes les mesures nécessaires pour assurer la réalisation des objectifs du traité du 16 septembre 1977, selon les modalités dont elles

---

[611] *CIJ.*, 15 juin 1954, DHN, JOHSON, *ICLQ* 1955, p. 93. Un accord signé à Paris entre alliés avait institué une agence interalliée de réparation et de restitution de l'or monétaire récupéré en Allemagne ou en pays tiers. La partie III de l'accord, dans son article unique, indiquait que cet or serait réparti entre les pays victimes spoliés par l'Allemagne. Voir B. TCHIKAYA, *Mémento de jurisprudence. Droit international public*, Paris, Hachette Éducation Technique, 5ème éd., 2010, pp. 70-71.

[612] Dans l'affaire dite des *Otages américains de Tehéran de 1979*, CIJ., *Rec.* 1980, p. 3. Le différend n'a pu être reglé, ni par l'action des Nations Unies ni par celle la CIJ. ayant rendu l'arrêt du 24 mai 1980, mais seulement grâce à la médiation d'un Etat tiers, l'Algérie.

[613] Ordonnance de la Cour du 9 avril 1987, CIJ, *Rec.* 1987, p. 8. À ce sujet, Tim Daniel relate : « *The parties had asked the Court in its judgment to nominate three experts to assist in the demarcation operation. The Court declined to do so but said that it would take surroundings from both sides, particularly regarding practical aspects of the contemplated exercise. One significant practical aspect was expense. Both countries are among the world's poorest nations (in 1985 Burkina Faso's GNP was 140$* per capita, *and that of Mali 130$). There was no way that they could contemplate themselves funding a demarcation exercise with all the associated expense*». T. DANIEL, « After Judgment Day », *in* C.H. SCHOFIELD, G. H. BLAKE (dir.), *The Razor's Edge: International Boundaries and Political Geography, Essays in honour of professor Gerard Blake*, Londres, Londres Kluwer Law International, 2002, pp. 273-274.

[614] La Cour a rendu son arrêt le 25 septembre 1997 après avoir effectué pour la première fois dans son histoire une descente sur le terrain. Or, le 3 septembre 1998, la Slovaquie déposa au greffe de la Cour une demande tendant au prononcé d'un arrêt supplémentaire, au motif que la Hongrie n'était, selon elle, pas disposée à exécuter l'arrêt rendu le 25 septembre 1997. Elle demandait à la Cour de déterminer les modalités d'exécution de l'arrêt et invoquait comme fondement de sa demande, le compromis susmentionné en date du 7 avril 1993. Voir à ce sujet, *Special Agreement for Submission to the International Court of Justice of the Differences Between Them Concerning the Gabcíkovo-Nagymaros Project (Hung./Slovk.)*, 7 Apr. 1993, *ILM*, p.1293.

conviendraient. Les parties reprirent les négociations auxquelles la Cour les avait renvoyées. Depuis lors, elles informent régulièrement la Cour de celles-ci.

Enfin, dans son arrêt du 3 février 1994, la Cour fixa la frontière entre la Libye et le Tchad en attribuant à cet Etat la Bande d'Aozou occupée depuis une vingtaine d'années par la Libye. Cette dernière a très rapidement évacué la zone litigieuse selon une procédure agréée par les deux gouvernements sous le contrôle d'un groupe d'observateurs constitué à cet effet par le Conseil de sécurité de l'ONU[615]. Dans l'affaire *Cameroun c. Nigeria*, les bons offices en vue de l'exécution de l'arrêt de la Cour sont exercés par la France[616] et le Secrétaire général de l'ONU. Avec la médiation onusienne, une étape supplémentaire est franchie.

B. Diplomatie préventive et médiation pré-judiciaire

L'alchimie entre la diplomatie préventive et la médiation pré-judiciaire du Secrétaire général de l'ONU impressionne. Ayant mis les protagonistes en présence, le tiers médiateur pose les bases de la négociation et intervient dans le déroulement de celle-ci[617]. Il propose une solution non contraignante aux deux Etats afin de faciliter la conclusion d'un accord d'exécution de l'arrêt ou pour marquer l'engagement du Nigeria insatisfait du jugement, à respecter la future sentence et à ne pas entraver sa mise en œuvre.

Le balisage à titre préventif par le biais de procédés juridico-diplomatiques d'une décision qui n'est pas encore rendue, est atypique. Il apparait possible pour le tiers institutionnel d'inciter les parties à adopter des mesures susceptibles de faciliter la concrétisation de la chose jugée[618]. Le nouveau

---

[615] La célérité avec laquelle la négociation diplomatique entre la Libye et le Tchad a conduit à la mise en œuvre (effective) de l'arrêt, demeure exceptionnelle. Dans son arrêt rendu en date du 03 février 1994, (CIJ., *Différend territorial* (Jamahiriya arabe libyenne c. Tchad), arrêt du 3 février 1994, *Rec.*), la CIJ. attribue la souveraineté sur la Bande d'Aozou au Tchad. La Libye refuse dans un premier temps d'exécuter ledit arrêt. Au contraire, l'armée libyenne renforce son dispositif (soit de 6000 à 7000 hommes), et y maintient autant ses troupes que son administration. Le Tchad brandit la menace de saisir le Conseil de sécurité, sur la base de l'art. 94§2 de la Charte des Nations Unies. Cette pression incite la Libye à reprendre le chemin des négociations avec le Tchad pour la mise en œuvre de l'arrêt du 03 février 1994. Les deux Etats signent le 04 avril 1994 un accord prévoyant un retrait libyen d'Aozou, fixé du 15 avril au 30 mai 1994. Ce retrait devait avoir lieu sous la supervision d'un groupe mixte d'officiers tchadiens et libyens et d'observateurs des Nations Unies. Trois mois seulement après le rendu de l'arrêt, soit le 04 juin 1994, est signé un traité d'amitié, de bon voisinage et de coopération, qui parachève le règlement définitif du différend territorial tchado-libyen.

[616] Voir *infra*.

[617] Z. CANAL-FORGUES et P. RAMBAUD, *Droit international public*, Paris, Champs université, 2ème édition, 2007, p. 285.

[618] La réforme des systèmes des procédures d'urgence, issue de la loi du 30 juin 2000, comporte deux institutions : le référé-suspension et le référé-liberté.

système de négociation provoquée par le Secrétaire général de l'ONU a le mérite de tenir compte de la caractéristique volontariste de cet ordre juridique.

Il faut en déduire qu'en matière internationale comme ailleurs, la diplomatie participe à l'élaboration du droit et à sa mise en œuvre. L'efficacité sociale du droit international repose sur le fonctionnement d'un champ politique différencié et un ensemble d'institutions juridico-politiques qui en relaient la force. Elles ont mis en branle la diplomatie préventive plus d'un mois avant le rendu de l'arrêt. Ces mécanismes trouvent leurs racines dans l'article 1 de la Charte des Nations Unies.

L'approche de prévention des conflits aux Nations Unies en émane[619]. Le terme diplomatie préventive associe deux concepts renvoyant à une méthode (diplomatie) et à un objectif (prévenir). C'est l'art de la négociation politique mis au service de la prévention. Il s'agit pour Michael Lund en 1995 d'« actions ou institutions employées pour empêcher que les conflits politiques qui se dressent entre/ou dans les nations, ne cèdent à l'escalade de la force armée. Ces efforts sont nécessaires au moment et aux endroits où les relations internationales et les politiques nationales existantes apparaissent incapables de contrôler les tensions sans qu'il y ait une éruption de violence »[620].

La diplomatie préventive tend en général à le circonscrire, à faciliter le rétablissement de la paix (*peace-making*) puis à consolider celle-ci (*peace-keeping*)[621]. Dans un rapport rédigé en janvier 1992 quant au futur rôle des Nations Unies dans la prévention des conflits, l'établissement de la paix et le maintien de la sécurité internationale, le Secrétaire général Boutros Boutros-Ghali fait observer que la « diplomatie préventive » a pour « objet d'éviter que des différends ne surgissent entre les Parties, d'empêcher qu'un différend

---

619 Ce concept de diplomatie préventive ici appliqué aux relations entre le Cameroun et le Nigeria intéresse les Nations Unies depuis qu'un premier usage a été attribué, à tort ou à raison, à un rapport de 1960 du Secrétaire général Dag Hammarskjöld à l'Assemblée générale des Nations Unies. Celui-ci l'a employé dans le contexte de la guerre froide et de la prévention des conflits pouvant aboutir à un engagement des deux superpuissances. On pourrait supposer que la médiatisation de ce phénomène date de cette époque. Maurice Bertrand abonde dans ce sens quand il écrit : « Les seuls succès de ce genre ont reçu en revanche toute la publicité souhaitable : Trygve Lie facilitant, en 1949, les négociations entre les Etats-Unis et l'Union soviétique en organisant une réunion informelle sur la crise de Berlin, conduisant à la levée du blocus ; Hammarskjôld, en janvier 1955, contribuant à une détente entre la Chine et les Etats-Unis en obtenant la libération de 15 aviateurs américains capturés en 1952 et condamnés à mort ; U Thant, en 1962, lors de la crise de Cuba, réussissant à obtenir une réponse conciliante de Kennedy et de Khrouchtchev et à faciliter le retrait des missiles soviétiques». M. BERTRAND, « Vers une stratégie de prévention des conflits ? », in *Politique étrangère*, n°1 – 1997, 62ème année p. 112. Dans l'ensemble, la « diplomatie discrète » a pourtant été d'une inéficacité flagrante, l'histoire de l'ONU étant surtout celle de ses échecs à empêcher les nombreuses guerres qui ont eu lieu depuis 1945, et dans lesquelles les membres permanents du Conseil de sécurité sont souvent dans la position d'agresseurs.

620 M. S. LUND, « Underrating Preventive Diplomacy », *Foreign Affairs*, 74 (4), juillet-août 1995, pp. 160-163.

621 Voir Cours de géopolitique du forum des étudiants de Sciences Po Paris, *Portée et limites de la diplomatie préventive*.

existant ne se transforme en conflit ouvert et, si un conflit éclate, de faire en sorte qu'il s'étende le moins possible »[622]. Dans ce cas précis, la diplomatie préventive de l'ONU sert une visée pragmatique, obtenir l'engagement préalable des parties à respecter le futur verdict. Son caractère anticipé confirme que l'arrêt de la Cour n'est pas perçu comme porteur d'une solution exclusive pour le règlement du litige.

Cela est illustré par l'affaire de la délimitation du *Plateau continental* entre la Tunisie et la Libye dans le golfe de Gabes. Les négociations entre les parties en vue de la mise en œuvre des principes de délimitation fixés par la Cour dans son arrêt du 24 février 1982 restèrent infructueuses pendant près de deux ans. Elles aboutirent au dépôt par la Tunisie d'une triple demande devant la Cour visant la révision de l'arrêt de 1982, son interprétation ainsi que la rectification de certaines erreurs matérielles alléguées. A la suite de la décision de la Cour sur ces demandes, les négociations reprirent et aboutirent dans le courant de l'année 1988, lorsque les deux Etats concernés lancèrent un plan d'exploitation conjointe du plateau continental[623]. Le processus ayant été longtemps bloqué, seule la diplomatie préventive exercée par des Etats tiers a été décisive dans la signature des accords de Benghazi du 11 avril 1998.

Dans l'affaire *Cameroun c. Nigeria*, la diplomatie préventive est dictée par le particularisme de l'affaire. Comme dans le cas tchado-libyen, le différend soumis à la Cour occasionnait des incidents armés. La précédente affaire avait été réglée grâce aux arrangements entre les parties sur les modalités d'application de la décision de la CIJ[624] et obtenus grâce aux médiations égyptienne et algérienne et à celle du Conseil de sécurité de l'ONU.

Dans ce cas précis, les forces armées des deux Etats demeuraient positionnées dans la presqu'île de Bakassi suite aux affrontements de mai-juin 2001. Sur le fondement de la déclaration de 1988 sur la prévention et l'élimination des différends et des situations susceptibles de menacer la paix et la sécurité internationales[625], le Secrétaire général de l'époque a pris

---

[622] Le 17 juin 1992, le Secrétaire général de l'ONU, BOUTROS BOUTROS-GHALI a présenté au Conseil de sécurité son rapport intitulé : *Agenda pour la paix, diplomatie préventive, rétablissement de la paix, maintien de la paix*. Le Secrétaire général y définit les diverses phases du maintien de la paix et remarque que, dans l'ensemble, le maintien de la paix traditionnel est en train de devenir beaucoup plus complexe et d'impliquer un bien plus grand nombre d'acteurs que par le passé. Le but de son rapport est de clarifier le rôle de l'ONU et plus largement de renforcer l'efficacité des opérations de paix. Comme le signalent M. Alain Pellet et *al.* « Comme il l'avait annoncé dans son premier rapport général, le Secrétaire général des années 80, (M. Perez de Cuellar), a tenté d'y trouver le fondement – le plus souvent implicite – de ses initiatives en vue de prévenir les différends internationaux ». Voir, P. DAILLIER, M. FORTEAU, A. PELLET, *op.cit.*, p. 948.

[623] CIJ., *Plateau continental,* (Tunisie c. Jamahiriya arabe libyenne), arrêt du 24 février 1982, *Rec.*, p. 144.

[624] Le Tchad et la Libye conclurent par exemple un accord le 4 avril 1994 sur les modalités pratiques de l'exécution de l'arrêt de la CIJ. du 4 avril 1994 : <www.untreaty.un.org>.

[625] Ce texte prévoit en son § 21 : « Le Secrétaire général devrait envisager d'entrer en rapport avec les deux Etats directement concernés par un différend ou une situation pour tenter d'empêcher que

l'initiative d'offrir ses bons offices en vue de décrisper les relations entre les deux pays. En visite au Cameroun au début du mois de mai 2000, M. Kofi Annan s'est entretenu avec le président camerounais au sujet du différend sur la *Frontière terrestre et maritime entre le Cameroun et le Nigeria*[626]. C'est à l'automne 2002 qu'il a réuni les chefs d'Etat du Nigeria et du Cameroun à Saint-Cloud (France), avant le prononcé de l'arrêt, aux fins « d'examiner ensemble les moyens de désamorcer la tension que pouvait susciter le futur arrêt de la Cour »[627].

La démarche préventive ayant conduit à cette rencontre est probablement unique dans le règlement judiciaire des différends internationaux[628]. Les plaidoiries étant terminées et l'arrêt attendu, les plus hautes autorités des deux Etats en conflit ont été réunies par le Secrétaire général des Nations Unies dans un exercice de diplomatie préventive. Cette démarche n'avait pas pour but de stopper le processus judiciaire par une procédure de désistement ou de règlement à l'amiable, ce qui est possible. Elle entendait créer les conditions d'application du verdict par des voies pacifiques.

Le 5 septembre 2002, alors que l'organe judiciaire principal de l'ONU demeure saisi de l'intégralité de la frontière terrestre et maritime entre les deux Etats, un sommet tripartite ONU-Cameroun-Nigeria est organisé à Saint-Cloud (France). Au terme de la déclaration adoptée à la fin de cette rencontre, les présidents Paul Biya du Cameroun et Obasanjo du Nigeria se sont engagés en présence du président français de l'époque, M. Jacques Chirac et du Secrétaire général des Nations Unies à respecter et exécuter le verdict attendu de la CIJ. Les parties ont également envisagé plusieurs mesures de confiance, y compris la démilitarisation de la zone[629], la création d'un mécanisme de mise en œuvre avec le soutien de l'ONU et enfin de reprendre, dès le 30 septembre 2002, les réunions de haut niveau de la Commission mixte frontalière entre les deux Etats[630]. Il fut également convenu de la visite imminente du président

---

le différend ou la situation en question ne mette en danger la paix et la sécurité internationales ». Voir également, T. TREVES, « La prévention des conflits internationaux dans la Déclaration adoptée en 1988 par l'Assemblée générale de l'ONU », *A.F.D.I.,* vol.34, 1988. pp. 436-453.

626 Pour les détails de la visite de M. Kofi Annan au Cameroun, Voir, *Cameroon tribune*, n°7092 du 18 mai 2000.

627 A. D. OLINGA, *L'accord de Greentree du 12 juin 2006 relatif à la presqu'île de Bakassi, op.cit.,* note 152, p. 24.

628 M. SHAW « In order to preempt any implementation difficulties, the UN-Secretary had convened a meeting of the Presidents of the two States » : M. SHAW, « Setlling Territorial Disputes », in *Liber amicorum Jean-Pierre Cot, le Procès international,* Bruxelles, Bruylant, 2009, pp. 255-281, p. 274 ; J. NDUMBE ANYU, « Prior to the 2002 ICJ ruling, Annan met with Nigerian President Olusegun Obasanjo and Cameroonian President Paul Biya » : NDUMBE ANYU, « The international Court of Justice and Border-Conflict Resolution in Africa : the Bakassi Peninsula Conflict », *Mediterranean Quartely*, vol. XVIII, pp. 39-55, p. 51.

629 Déclaration du 5 septembre 2002, ONU, communiqué de presse, SG/SM/8368.

630 *Ibid.La médiation anticipée du Secrétaire Général est évoquée par Malcolm Shaw: « In order to preempt any implementation difficulties, the UN Secretary General had convened a meeting of*

camerounais au Nigeria et de l'exclusion de déclarations ou de communiqués provocateurs sur la question de Bakassi par l'une et l'autre parties[631].

Les deux présidents ont enfin reconnu que la question de la presqu'île de Bakassi devait être envisagée dans le contexte élargi des relations d'ensemble entre le Nigeria et le Cameroun. Il était question de restaurer les relations fraternelles et de bon voisinage qui existaient auparavant entre eux. Fait rare dans de telles circonstances, les protagonistes ont également discuté des possibilités de coopération.

La singularité du processus transparaît à travers le caractère téléologique de la mobilisation de la communauté internationale, notamment de la France et du Secrétaire général de l'ONU, laquelle envisage la future décision de la Cour comme le cadre de négociations en vue du bien-être des populations concernées. Ce facteur est conluant en matière de mise en œuvre d'une décision de justice territoriale. Ainsi, le président français M. Jacques Chirac a « prêté » le Château de Saint-Cloud pour la rencontre diplomatique. Il a participé à l'effort diplomatique visant à l'acceptabilité politique de l'arrêt escompté »[632]. Autrement dit, la France compte parmi les initiateurs du dialogue anticipé entre les parties en vue de la mise en œuvre du verdict de la CIJ Cette attitude édifie sur les potentialités régionales conduisant des Etats tiers à réfléchir d'avance au meilleur moyen de mettre en œuvre une décision judiciaire au niveau international. Et ce, dans des conditions qui soient les plus acceptables pour chacun des deux pays.

Il s'agit surtout d'une des rares occurrences où l'Organisation n'attend pas que les difficultés d'exécution de la décision de son organe judiciaire se matérialisent pour intervenir au titre de l'article 94 § 2 de la Charte. La provocation de la négociation par le tiers juridictionnel tend à éviter que la décision juridictionnelle aggrave un conflit en cours.

L'aspect relativement « directif » des bons offices puis de la médiation offerte par le Secrétaire général de l'ONU sur la base de l'article 98 de la Charte[633] rend la négociation ainsi provoquée relativement paradoxale. Il est essentiel de comprendre qu'elle a progressivement changé de consistance.

L'approche de la négociation provoquée par la Cour diffère. Elle incite les parties à une exécution négociée respectant autant que possible la lettre de

---

the Presidents of the two States a month before the ICJ gave its decision, at which the need to respect and implement the decision of the International court of Justice and to establish an implementation mechanism, with the support of the United Nations were affirmed » : M. SHAW, *op.cit.*, note 12, p. 274.

631 Ceci s'explique à cause de l'influence préjudiciable potentielle de l'opinion publique nationale sur le processus post-judiciaire. Partie I, Titre I, Chapitre II.

632 A. D. OLINGA, *op.cit.*, note 151, p.16.

633 Article 98 : « Le Secrétaire général agit en cette qualité à toutes les réunions de l'Assemblée générale, du Conseil de sécurité, du Conseil économique et social et du Conseil de tutelle. Il remplit toutes autres fonctions dont il est chargé par ces organes. Il présente à l'Assemblée générale un rapport annuel sur l'activité de l'Organisation ».

l'arrêt. La négociation provoquée par le tiers institutionnel évoque spontanément une autre réalité, quasiment un monde différent de l'univers judiciaire, celui de la préparation anticipée d'une convention d'exécution du futur arrêt de la Cour. Cette dynamique semble généralement devoir faire la plus large place à la liberté, au consentement libre et éclairé des Etats concernés. Elle paraît peu compatible avec toute forme de contrainte susceptible par définition d'en altérer l'existence ou l'intégrité. D'ordinaire, la procédure d'application des jugements internationaux n'est assistée par l'Organisation universelle que si les Etats en différend en font la demande.

Sauf que dans ce cas précis, la négociation a été fortement proposée aux parties. Force est de constater que l'action du Secrétaire général des Nations Unies revient au même en termes d'effets, c'est-à-dire à dissuader les parties de l'inexécution. C'est le Secrétaire général des Nations Unies qui a pris contact avec les parties à la suite de l'habilitation que lui avait donnée depuis 1996 le Conseil de sécurité. Jouant sur les ressorts de la persuasion diplomatique, la négociation ainsi provoquée exerce une contrainte diffuse sur les parties. Cette méthode peut s'expliquer par le fait que les Etats africains, ou plutôt les chefs d'Etat africains ressentent comme une sorte d'impudeur à solliciter la médiation de tiers dans un litige, car leur amour-propre les incite à sortir victorieux de leur adversaire[634]. Quoi qu'il en soit, cet aspect contraignant de la négociation provoquée est efficace. La variation sur l'aspect contraignant de la négociation provoquée, sa nature, l'évolution de ses modalités et de sa mise en œuvre contribuent de ce fait à l'effectivité de la décision judiciaire.

Cela est rendu sensible par la lettre du 17 mars 2002 adressée au président du Conseil de sécurité par le Secrétaire général. Ce dernier y écrit que la réunion de Saint-Cloud a « lieu en prévision de la décision de la Cour et en vue d'obtenir l'engagement préalable des deux pays à appliquer la décision attendue de la Cour concernant leur litige frontalier »[635]. Cette dynamique diplomatique a permis de mettre un terme aux affrontements armés

634 Voir à cet effet les développements d'Antoine Zanga sur le phénomène de la personnalisation du pouvoir en Afrique, A. ZANGA, *op.cit.*, note 581, p. 113. De plus, les nombreuses correspondances non publiques, personnellement consultées au bureau juridique du Sécrétariat général de l'ONU à New York, laissent penser que la Cour elle-même a sollicité une telle intervention, de façon officieuse, au vu des circonstances de l'affaire. À ce sujet, deux écoles s'affrontent. Pour M. Maurice Kamto, "Certes il ne revient pas à la Cour d'assurer le suivi de l'exécution de ses décisions (…) mais, le juge ne peut être – et de fait, il n'est pas totalement indifferent au sort de son jugement, (…). À cet égard, on note combien attentive a été la Cour, à l'application de son arrêt du 10 octobre 2002 (…). Et c'est avec un soulagement à peine dissimulé, que les membres de la Cour ont accueilli la conclusion de l'Accord de Greentree du 12 juin 2006 entre le Cameroun et le Nigeria ». M. KAMTO, « Considérations actuelles sur l'inexécution des décisions de la Cour Internationale de Justice », *op.cit.*, p. 221.

635 Voir document S/2004/298, 16 avril 2004, p. 1.

sporadiques entre les parties et à l'amorce de solutions pour l'établissement d'une paix durable. On imagine aisément que le procédé incitatif de la négociation provoquée, plus souple, soit potentiellement utilisable en amont de l'exécution forcée traditionnelle des décisions de justice territoriales, et dans l'espoir d'en faire l'économie.

L'exemplarité du processus diplomatique préventif de Saint-Cloud réside dans l'obtention par le tiers institutionnel de l'engagement des Etats parties à respecter la décision à venir de la CIJ, quelle qu'en soit l'issue et à créer un mécanisme avec le soutien de l'ONU. Dans ce type de différend, soumis par voie de requête unilatérale, il est rare de voir les litigants s'engager de la sorte à respecter le verdict de la Cour antérieurement à son prononcé. Certes, avant les plaidoiries orales devant la Cour sur le fond, le Nigeria avait pris l'engagement par le moyen diplomatique le plus solennel de respecter le verdict de la Cour. C'est ainsi que dans une note verbale, le haut-commissaire du Nigeria au Cameroun consignait : « Le Nigeria demeure engagé à promouvoir des relations pacifiques et de bon voisinage avec la République sœur du Cameroun, y compris la résolution pacifique de la situation de Bakassi. Ceci vous informe de la décision d'accepter le règlement judiciaire de cette affaire par la CIJ »[636]. Le défendeur réitéra cette promesse à travers une déclaration de son agent devant la Cour, lors des plaidoiries sur le fond.

Dans une déclaration à la presse au sortir de la réunion de Saint-Cloud, le président Biya a affirmé, d'après le communiqué de presse rendu public le 9 septembre 2002 par le Secrétaire général de la présidence de la République du Cameroun, qu'en attendant le verdict de la CIJ « il était nécessaire que les autorités politiques se rencontrent pour créer les conditions d'application du verdict »[637].

La pratique de ce type d'engagements préparatoires revêt des degrés divers. Elle déconcerte moins lorsqu'elle concerne des Etats ayant inclus dans un compromis leur engagement à consacrer l'arrêt de la Cour comme définitif et obligatoire. Dans ces conditions, le règlement judiciaire constitue le signe d'une « bonne entente entre les Parties »[638]. Le plus souvent, c'est après le prononcé de l'arrêt de la Cour que les Etats en différend manifestent leur volonté d'accepter (ou de refuser) le verdict.

Il faut déceler à travers la première hypothèse la volonté de se réserver une marge de manœuvre en fondant l'autorité de la décision juridictionnelle à venir sur une base consensuelle ou conventionnelle incluant la possibilité de la réviser par accord. L'on peut à titre d'illustration citer l'attitude respectueuse du Burkina Faso et du Mali vis-à-vis de la Haute juridiction dans

---

[636] Note verbale n°. R. 36/2001 du 23 août 2001.

[637] *Cameroon tribune*, 10 septembre 2002, p. 2.

[638] Ch. PHILIP et J.-Y. DE CARA, « Nature et évolution de la juridiction internationale » in *La juridiction internationale*, *S.F.D.I.*, colloque de Lyon, Paris, Pedone, 1987, p. 6.

l'affaire du *Différend frontalier*[639]. Outre l'article 4 du compromis relatif à l'arrêt de la chambre qui énonçait d'une part que les parties acceptaient l'arrêt comme définitif et obligatoire pour elles-mêmes ; celles-ci déclarèrent qu'elles procéderaient à la démarcation dans l'année suivant l'arrêt, avec l'aide de trois experts nommés par la Cour[640]. Les chefs des deux Etats ont transmis des correspondances au président de la chambre établie par la Cour en vue du règlement du différend visé (le juge, M. Mohammed Bedjaoui) pour exprimer leur acceptation du verdict et leur engagement à le mettre en œuvre[641].

Dans la même veine, le gouvernement béninois avait déjà conclu l'accord bénino-nigérien de Cotonou dont l'article 7 précisait que les parties acceptent comme définitif et obligatoire l'arrêt que la CIJ rendra en leur affaire. Mais il adressa un *mémorandum* à son peuple au sujet du différend frontalier l'opposant au Niger le 12 juillet 2005 dans lequel il consignait son acceptation du verdict de la CIJ[642].

Cette attitude n'est pas exclusivement africaine. Ce type de disposition se retrouve dans le compromis conclu entre le Canada et les Etats-Unis le 29 mars 1979 (*golfe du Maine*), entre El Salvador et le Honduras le 24 mai 1986 (*Différend frontalier insulaire et maritime*), entre la Hongrie et la Slovaquie le 7 avril 1993 (*Projet Gabcykovo Nagymaros*) entre l'Indonésie et la Malaisie le 14 mai 1998 (*Souveraineté sur Pulau Ligitan et Pulau Sipadan*)[643], etc.

Dans la seconde hypothèse, les Etats parties à un différend devant la CIJ s'engagent à respecter le verdict à l'issue de celui-ci[644]. C'est ainsi qu'au lendemain de l'arrêt de la CIJ rendu dans l'affaire de *Kasikili/Sedudu*, le président namibien (M. Sam Mujoma) avait déclaré : « En tant que Nation respectueuse de la loi et conformément à notre engagement, je tiens à assurer à la communauté internationale que la Namibie respectera le verdict de la CIJ et le respectera pleinement »[645]. Enfin, dans l'affaire de la *Délimitation maritime et des questions territoriales entre Qatar et Bahreïn (Qatar c.*

---

639 CIJ., *Différend frontalier* (Burkina Faso c. Mali), arrêt du 22 décembre 1986, *Rec.* , pp. 579-580, § 50.

640 *Ibid.*, p. 558 § 2. La Cour désigna les trois experts par une ordonannce du 9 avril 1987.

641 Message envoyé le 24 décembre 1986 au président de la chambre de la CIJ. par M. Thomas Sankara, chef d'Etat et de gouvernement du Burkina Faso et par son homologue, M. Moussa Troré du Mali, communiqué de presse n °87/17.

642 CIJ., *Différend frontalier (Bénin c. Niger)*, arrêt du 12 juillet 2005, *Rec.*, p. 96. Au § 77 dudit mémorandum, il est précisé : « Comme le Bénin s'y est formellement engagé, il acceptera toutes les conséquences qu'il convient de dégager de l'arrêt rendu par la Cour internationale de Justice le 12 juillet 2005 tant au plan diplomatique qu'administratif » : Mémorandum du Bénin relatif à l'arrêt rendu par la Cour internationale de justice le 12 juillet 2005 dans l'affaire du différend frontalier *Bénin c. Niger*, p. 41.

643 Affaires déjà citées.

644 Le moment et les formes d'expression de tels engagements dépendent de facteurs conjoncturels et de critères d'opportunité.

645 C. MALETSKY, « Kasikili KO », *The Namibian*, (Dec. 14, 1999), disponible sur le site : *http://allafrica.com,*.consulté le 15 août 2012

Bahreïn), les deux parties annoncèrent publiquement qu'elles acceptaient l'arrêt de la Cour dès que celui-ci était rendu. Cette adhésion instantanée au verdict de la Cour leur valut les félicitations du Secrétaire général des Nations Unies[646].

Quoi qu'il en soit, le fait que les parties acceptent ou rejettent l'arrêt de la Cour avant ou après son prononcé n'affecte pas l'autorité de chose jugée. Il est arrivé que des Etats rejettent une décision de la Cour puis se ravisent en l'appliquant. Il est également arrivé comme dans le cas étudié qu'ils y adhèrent tout en multipliant les manœuvres dilatoires pour surseoir à l'exécution. La *res judicata* repose en principe sur l'article 59 du statut de la Cour et l'article 94 de la Charte des Nations Unies. Cependant, la bonne (ou mauvaise) foi des parties à l'instance peut être déduite de leurs réactions vis-à-vis de l'arrêt.

Au regard des précédents, la rencontre de Saint-Cloud sous les auspices de la communauté internationale ayant abouti à l'engagement préalable des parties à respecter la décision de la Cour environ cinq semaines avant son prononcé, est extraordinaire. Elle démontre l'attachement du système juridique international à la présomption de bonne foi en faveur des parties et à la reconnaissance formelle de la vérité légale.

Plusieurs traits distinctifs ressortent de cette expérience :

- d'abord, l'engagement anticipé et exprès des parties à respecter l'arrêt du 10 octobre 2002 ne résulte pas d'une disposition compromissoire ; l'affaire ayant été introduite par voie de requête unilatérale ;
- ensuite, il est formulé non pas postérieurement à la décision juridictionnelle, mais avant. Cette démarche volontariste des Etats sous la pression de L'ONU. relève de la diplomatie préventive de provocation des négociations interétatiques. Elle constitue dans le contexte de déroulement concomitant du règlement judiciaire, une garantie supplémentaire pour chaque partie, de réciprocité et de bonne foi.

Il n'est pas certain que la Cour y attache une quelconque signification juridique dans l'arrêt qu'elle rendra. Il n'empêche que la juridiction universelle a jugé utile d'entériner ces considérations diplomatiques par souci de consolider l'autorité statutaire de la *res judicata*. Les incitations judiciaires à négocier contenues dans l'arrêt du 10 octobre 2002 et les opinions des juges jointes à l'arrêt se situent dans la lignée de la négociation provoquée par les autres tiers[647].

Pourrait-on alors redouter que la force obligatoire des arrêts de la CIJ (et donc de son statut) soit diluée au fil des actes diplomatiques confirmatifs et/ou infirmatifs ?

---

[646] Voir le document SG/SM/7751.

[647] Partie I, Titre I, Chapitre I.

La promesse faite par les parties d'exécuter (ou non) la sentence est superflue. Les reconnaissances de la force obligatoire de l'arrêt et l'engagement à s'y conformer juste avant ou après le prononcé de celui-ci ne correspondent qu'à de simples déclarations diplomatiques qui n'ajoutent et n'ôtent rien à l'autorité de l'arrêt. Même en l'absence d'un acte diplomatique confirmatif, la force obligatoire de l'arrêt découle du consentement juridictionnel préalable des Etats. *Ex consensu advenit vinculum*[648]. Le juge Edmond Ranjeva fait d'ailleurs observer à propos de l'engagement du Cameroun et du Nigeria d'assurer l'exécution de la Cour (pris le 5 septembre 2002) : « En l'absence ou non d'un engagement diplomatique particulier, les Parties litigantes sont liées dès l'expression de leur consentement [à la juridiction de la Cour] et le rejet des exceptions relatives à la recevabilité ou à la compétence. Le jugement s'impose sans aucune autre condition particulière ou supplémentaire »[649].

Ceci infléchit la portée du dicton populaire : « En faisant une promesse, on contracte une dette ». Cette dernière (ici la « créance » juridictionnelle) existe en dehors de tout engagement réitéré ou non des parties à accepter l'arrêt que la Cour va rendre sur le fond. La Charte des Nations Unies étant un traité, l'article 26 de la Convention de Vienne du 23 mai 1969 affirme que : « Tout Traité en vigueur lie les parties et doit être exécuté par elles de bonne foi ». Le principe de bonne foi oblige les parties à appliquer le traité de façon raisonnable et de telle sorte que son but puisse être atteint[650]. En adhérant à la Charte de l'ONU et au statut de la CIJ, le Cameroun et le Nigeria se sont par avance engagés à respecter les décisions de la Cour. Il est à ce propos permis de paraphraser un auteur célèbre lorsqu'il évoque « l'interétatisme piégé »[651]. Les décisions de la CIJ s'imposent incontestablement à ces deux Etats membres des Nations Unies (article 94 de la Charte). Il s'agit d'une règle de droit coutumier aujourd'hui bien établie[652]. Cette acceptation préalable à l'arrêt du 10 octobre 2002 ne peut reposer sur des accords supplétifs.

---

648 Le consentement lie ceux qui l'ont exprimé.

649 Voir opinion dissidente du juge Raymon Ranjeva, CIJ., *Frontière terrestre et maritime entre le Cameroun et le Nigeria* (*Cameroun c. Nigeria ; Guinée Équatoriale (intervenant)*, arrêt du 10 octobre 2002, *Rec.* 2002, p. 457. Voir également, D. PERRIN, *op. cit.*, note 415, p. 492. Concernant l'affaire CIJ., *Différend frontalier (Burkina Faso c. République du Mali)*, arrêt du 22 décembre 1986, *Rec.* 1986, p. 563. À deux reprises en 1986 et 1987, le Burkina Faso et le Mali adressèrent au président de la CIJ. des messages disant accepter l'arrêt. Cette précision s'avère avantage diplomatique que juridique. Elle n'empêche toutefois pas la Cour, en 1986, de relever et saluer l'intention des parties d'exécuter l'arrêt et leur attachement à la justice internationale.

650 CIJ., *affaire du Projet Gabcikovo Nagymaros*, Hongrie c. Slovaquie, arrêt du 25 septembre 1997, *Rec.*, § 142.

651 A. PELLET, « Le droit international à l'aube du XXIème siècle (La société internationale contemporaine - permanences et tendances nouvelles) », *Cours général, Cours euro-méditerranéens de droit international*, vol. I, 1997, Aranzadi, Pamplona, 1998, pp. 19-112, p. 171.

652 O. SCHACHTER, « The Enforcement of International Judicial and Arbitral Decisions », *A.J.I.L.*, vol. 54, 1960, pp. 1-24, p. 2 ; R. KOLB, *La bonne foi en droit international public,*

Les engagements souscrits à l'occasion de telles rencontres telles que le sommet du 5 septembre 2002, pour salutaires qu'ils soient en termes d'impulsion du consensus entre les parties, ont une portée juridique limitée. C'est également ce que confirme Mohamed Salah : « Les résultats de cette réunion, à savoir la réaffirmation par les deux Etats de l'autorité de la décision de la CIJ, leur engagement à la mettre en œuvre de manière pacifique, ainsi que celui d'œuvrer au rétablissement de la confiance entre eux, avaient fait opportunément baisser la tension à la veille du verdict de la Cour »[653]. Il ne s'agit pas d'une obligation nouvelle comme le laisserait penser la propension des parties à réagir par diverses déclarations afin d'afficher leur intention d'accepter ou de rejeter le verdict définitif de la Cour[654]. Le cas échéant, cela signifierait que l'arrêt de la Cour tirerait sa force contraignante de la volonté des parties au procès et non de la *res judicata*. Or, admettre cette substitution de la base de la force exécutoire reviendrait à porter atteinte à la stabilité des rapports interétatiques et des fondements de la justice internationale.

Cette pratique met par ailleurs l'accent sur la concertation, l'interaction ou mieux, la combinaison des divers modes de règlement pacifique afin de réduire l'éventualité d'un arrêt non suivi d'exécution. Dans ce contentieux, les parties ont eu recours à la médiation, à la négociation, à l'OUA, à l'ONU, etc. Cette mobilisation suppose que la situation juridique régulière des parties en litige, ou tenue pour telle, soit en voie d'être compromise, bouleversée ou paralysée par des obstacles effectifs ou imminents[655]. L'hypothèse qui paraît avoir été prise en compte est celle dans laquelle l'Etat qui obtiendrait gain de cause dans le litige territorial soumis à l'instance judiciaire aurait pu se heurter au refus de l'Etat possesseur de se retirer du territoire concerné. L'acceptation préalable du verdict de la Cour par les parties à l'instance apparaît dans ces conditions comme un moyen devant permettre d'éviter le recours à la procédure d'exécution forcée. Cette surenchère de précautions constatée dans le cas *Cameroun c. Nigeria* est du reste observable dans l'ensemble de la jurisprudence de la CIJ[656].

Contribution à l'étude des principes généraux de droit, Paris, P.U.F., 2000, 756 p., spéc., pp. 682-683.

653 M. MOHAMED SALAH, « La Commission mixte Cameroun c. Nigeria, un mécanisme original de règlement des différends interEtatiques », *A.F.D.I.*, 2005, p. 123.

654 En revanche, lorsque cette déclaration est faite par un plénipotentiaire d'un Etat, elle peut éventuellement engager ce dernier. Dans ce cas, il pourrait s'agir d'un acte unilatéral autonormateur qui créerait un engagement pour l'Etat visé, tel que celui de se conformer à une décision judiciaire. Voir à cet égard les arrêts rendus par la CIJ. dans les affaires Statut juridique du *Groenland oriental, C.P.J.I.*, 5 avril 1933, série A/B, n° 53 et CIJ., *Essais nucléaires français, requête de Fidji pour intervention et fond (France c. Australie et Nouvelle-Zélande)*, ordonnance en indication de mesures conservatoires, 22 juin 1973 et 20 décembre 1974, *Rec.*, p. 320.

655 Partie I, Titre II, Chapitres I et II.

656 Les Etats parties à un différend soumis à la CIJ. sont de plus en plus nombreux à effectuer des déclarations relatives à leur acceptation ou non du verdict. C'est ainsi que des dispositions

Les bons offices du Secrétaire général de l'ONU exercés en vue d'obtenir de tels engagements en parallèle d'un règlement judiciaire en cours devant la même Organisation renseignent sur deux phénomènes.

D'une part, l'intégration réussie de l'Organisation des Nations Unies et la concertation entre les différentes structures onusiennes paraissent avérées. La prévisibilité des problèmes relatifs à ce type d'arrêt a déterminé une collaboration anticipée entre la Cour et le Secrétaire général de l'Organisation[657]. Ce dernier a été à son tour investi de cette mission par le Conseil de sécurité qui, pour des raisons politiques, est resté en retrait.

D'autre part, l'intervention préventive de l'ONU révèle la relation de complémentarité, entre le règlement judiciaire et le règlement diplomatique, constatée autrefois dans l'affaire du *Différend frontalier entre le Burkina Faso et le Mali*[658]. Qu'ils soient individuels ou collectifs, les bons offices et la médiation accordent une place prépondérante au respect de la souveraineté des Etats parties au différend. Ils peuvent s'accorder directement ou recourir à la « médiation » du Secrétaire général des Nations Unies. Il est également envisageable qu'ils la rejettent au nom de la garantie de l'indépendance nationale. L'ingéniosité du Secrétaire général de l'ONU aura été d'associer à titre préventif les parties à une démarche concertée de recherche d'un règlement pacifique. Les tractations ont été menées de manière à ménager la susceptibilité des deux Etats. Une attention du tiers institutionnel a été ainsi consacrée au conditionnement des opinions publiques nationales respectives dont l'impact potentiellement nocif pour la phase post-arrêt était entrevu, et

---

compromissoires relatives aux engagements de certains Etats à considérer la décision de la CIJ. comme définitive et obligatoire se retrouvent dans le compromis Burkina Faso/Mali en l'affaire du différend frontalier ayant donné lieu à l'arrêt du 11 décembre 1986. Dans l'affaire CIJ., *Différend territorial* (Jamahiriya arabe libyenne c. Tchad), arrêt du 3 février 1994, une dizaine de jours après le prononcé de l'arrêt, le colonel Mouammar Kadhafi a rejeté l'arrêt par voie de communiqué radio, annoncant par la même voie le renforcement immédiat des troupes libyennes stationnées dans la bande d'Aozou. C'est par le même canal qu'il se ravisera le 4 mars 1994 après un mois de négociations bilatérales avec son homologue tchadien, qu'il affirmera que le conflit tchado-libyen était « définitivement terminé » et qu'il restait « seulement quelques arrangements à prendre entre les deux pays ». Voir « Libya reinforcing Aouzou Strip », Radio France Internationale, Journal Afrique Matin du 13 février 1994 ; « Libya Rules out Withdrawal », Moroccan radio, le 19 février 1994, Source : http://www.Ibru.dur.ac.uk, consulté le 11 mars 2012. Voir également Y. RABIER, « Le règlement du contentieux territorial Tchado-Libyen sur Aouzou », *Magazine*, n° 55, 1994, pp. 140-146, p. 143. De même, au lendemain du verdict rendu dans l'affaire de l'Île Kasikili/Sedudu entre le Botswana et la Namibie, le président namibien, M. Sam Nujoma a assuré à la communauté internationale, par voie de communiqué radio, de la prédisposition de son gouvernement à accepter la décision de la CIJ. et à s'y conformer. Cette démarche a été suivie par une déclaration radio du Secrétaire permanent du ministère de la Justice de Namibie allant dans le même sens, bien que relevant la déception causée par l'arrêt à la Namibie. C. PAULSON, *op. cit.*, note 121, p. 456.

[657] Pour une approche synthétique de l'histoire de l'ASEAN, voir F. JOYAUX, *L'association des nations du sud-est asiatique*, Paris, Puf, 1997, p. 220.

[658] E. DECAUX, « La Cour internationale de Justice dans l'affaire du *Différend frontalier Burkina Faso/République du Mali* (Arrêt du 22 décembre 1986 », *A.F.D.I.,* 1986, pp. 215-238, p. 218.

redouté. Il était surtout question pour le Secrétaire général d'inciter les parties à la conclusion d'un accord d'exécution de l'arrêt[659]. A partir de ce moment, la spécificité de la presqu'île de Bakassi qui faisait l'objet de telles initiatives dans le contentieux frontalier est tacitement affirmée.

L'arrêt du 10 octobre est donc intervenu dans une trame politique et diplomatique spécifique. Nonobstant ces engagements formels, le Nigeria a tout de même rejeté l'arrêt de la Cour[660]. Cette remise en cause de la chose jugée a motivé un déploiement encore plus massif de la négociation provoquée par le Secrétaire général. La médiation onusienne post-jugement va être substantiellement mise en œuvre à cette fin.

Paragraphe 2. La médiation post-judiciaire

La médiation du Secrétaire général est le cadre qui favorise l'engagement mutuel des parties à respecter le futur arrêt. Cette méthode est utilisée avant son prononcé. Elle se prolonge à sa suite. Avant d'établir les liens entre la médiation et la négociation provoquée, la quête de la compréhension de l'essence du concept, c'est-à-dire de ses caractéristiques est un préalable (1). Il conviendra ensuite d'examiner les grandes étapes de la médiation post-judiciaire (2).

A. Les caractéristiques de la médiation post-judiciaire

La phase postérieure à la décision du 10 octobre 2002 correspond ainsi à une médiation onusienne post-judiciaire ayant pour support la négociation provoquée. En principe, la médiation est le mode de règlement des différends par lequel, de leur propre initiative et avec l'accord des parties ou à la demande de celles-ci, un et/ou plusieurs tiers s'interpose (nt) entre elles afin de les amener à entamer ou reprendre, et poursuivre des négociations sur la base de propositions de règlement fondées sur la conciliation des intérêts en cause et dépourvues de caractère obligatoire[661].

Elle se distingue des bons offices exercés par le tiers institutionnel peu de temps avant le prononcé de l'arrêt, par une différence de degrés plus que par une différence de nature. Ainsi qu'on l'a remarqué, les bons offices ont pour objectif de créer les conditions favorables pour que les parties en litige puissent reprendre les négociations directes qui avaient été interrompues suite

---

[659] M. MOHAMED SALAH, « La Commission mixte Cameroun c. Nigeria, un mécanisme original de règlement des différends interEtatiques », *op.cit.*, pp. 162-184.

[660] Cette déclaration a été commentée par P. D'ARGENT, « Des frontières et des peuples : l'affaire de la frontière terrestre et maritime entre le Cameroun et le Nigeria (arrêt sur le fond) », *op.cit.*, note 542, p. 281. Partie I, titre I, Chapitre II.

[661] J. SALMON (dir.), *Dictionnaire de droit international public*, *op.cit.*, pp. 689-690.

à la saisine de la CIJ. Mais le Secrétaire général de l'ONU, en offrant ses bons offices, joue un rôle plus directif dans les négociations qu'il provoque. Il y participe et en général, c'est lui qui les conduit. En somme, les bons offices se transforment en médiation, et inversement.

Il s'agit en l'espèce d'une médiation. Tout d'abord, elle est plus organisée que de simples bons offices. Ensuite, son champ d'action est plus vaste que celui de ce premier procédé. Donc, le tiers institutionnel déploie son initiative diplomatique dans un cadre plus large, car il fait aux parties des suggestions ciblées. C'est ainsi qu'au terme du communiqué final publié à l'issue de la rencontre tripartite organisée là encore sous la houlette du Secrétaire général à Genève le 15 novembre 2002, les présidents des deux Etats ont décidé de mesures nécessaires à l'exécution de l'arrêt – notamment la création d'un mécanisme *sui generis* : la Commission mixte Cameroun-Nigeria (CMCN)[662]– et de la nécessité d'examiner toute assistance supplémentaire dont leurs Etats pourraient avoir besoin de la part des Nations Unies.

Ensuite, la déclaration publiée à l'issue de cette deuxième rencontre instituant la Commission de mise en œuvre du différend frontalier montre bien qu'il s'agit d'une médiation. Ce communiqué conjoint fait figure d'accord de procédure dont l'objet serait de préciser les conditions de l'exécution de l'arrêt du 10 octobre 2002.

Enfin, la médiation entre les parties est révélée à travers l'office du Secrétaire général en tant que médiateur, et dans une certaine mesure par le fait que la Commission mixte précitée emprunte certaines caractéristiques aux Commissions de médiation. Ce type de Commission n'est pas pour autant un organe juridictionnel disposant du pouvoir de prendre des décisions juridiquement obligatoires. Sa mission consisterait, dans le cadre de sa fonction de médiation, à soumettre progressivement des solutions globales à l'appréciation des parties[663].

B. Les grandes étapes de la médiation post-judiciaire

L'examen des grandes phases de la médiation post-arrêt sous la houlette du Secrétaire général de l'ONU dévoile un processus graduel et structuré autour du droit et de la diplomatie. Il importe de rappeler en substance les grandes résolutions prises au cours de ces rencontres.

Les quatre premiers sommets se sont respectivement tenus les 5 septembre 2002 à Saint-Cloud, 15 novembre 2002, 31 janvier 2004 et 11 mai 2005.

---

662 Voir Partie II, Titre II, Chapitre I.

663 CIJ., *Différend frontalier (Burkina Faso c. République du Mali)*, arrêt du 22 décembre 1986, Rec., p. 571, § 36.

- Le premier sommet par lequel les deux chefs d'Etat ont confirmé leur engagement mutuel à respecter le futur arrêt dans un communiqué conjoint rendu public à l'issue de la rencontre s'est tenu le 5 septembre 2002 à Saint-Cloud dans la banlieue parisienne[664]. C'est un procédé inhabituel que d'anticiper *ex ante* l'exécution d'un arrêt de la CIJ Cette réalité met en exergue un élément inconnu de la liturgie de cet organe judiciaire : la médiation ne constitue pas un préalable (obligatoire) à la saisine de la Cour. Dans cette figure, la C.I.J se constituerait soit directement juge-conciliateur, soit indirectement délégataire du pouvoir de médier à un tiers (institutionnel, personnel) dûment désigné. Il y a une dimension substantielle de simplification des procédés de résolution du différend. Dans cette perspective, ce n'est qu'en cas d'échec de la médiation que la phase judiciaire est activée, le juge ayant eu connaissance de l'ensemble des chicanes épinglées à la solution juridictionnelle et partant à l'exécution de la future décision. Même si les acquis de Saint-Cloud ont irradié la décision du 10 octobre 2002, il aurait été plus intéressant de voir la C.I.J initier l'ensemble des processus de conciliation développés en vue d'affiner l'exécution de son arrêt. L'enjeu est en effet important comme l'a observé Philippe Weckel s'agissant des tribunaux internationaux. En effet, s'ils perdent de vue la fonction médiatrice de la Justice, ils inciteront les Etats à se détourner du règlement juridictionnel pour lui préférer les faveurs de procédés plus flexibles[665].
- Le deuxième sommet a eu lieu à Genève le 15 novembre 2002, c'est-à-dire après le verdict de la Haute juridiction. A l'issue de celui-ci, la décision de créer la Commission mixte chargée de réfléchir aux moyens de donner suite à l'arrêt de la CIJ et de faire avancer le processus fut entérinée[666]. En principe, c'est à partir de cette phase que la médiation post-judiciaire se met effectivement en branle. Autrement dit, la médiation est convoquée au secours de l'exécution de la décision rendue. Ceci renseigne sur deux éléments : la conviction arrêtée quant à la précarité de la chose jugée attachée aux décisions de la CIJ, et l'imprévisibilité des engagements pris hors audience, préparatoires au prononcé de l'arrêt.
- Le troisième sommet s'est tenu à Genève le 31 janvier 2004. Il a permis aux parties de faire le bilan des progrès réalisés dans l'application de la décision de la C.I.J, notamment après les opérations de retrait et de transfert d'autorité qui se sont déroulées sans heurts dans la zone du lac Tchad du 5 au 18 décembre 2003. Il a également été question de déterminer les tâches restantes inscrites au mandat de la CMCN. Les deux chefs d'Etat ont convenu de renforcer les mesures de confiance par l'échange d'ambassadeurs, par

---

664 Voir *supra*.
665 P. WECKEL, « L'apport récent des juridictions internationales non spécialisées à la protection des droits de l'homme », in G. COHEN-JONATHAN et J-F FLAUSS (dir.), *Droit international, droits de l'homme et juridictions internationales*, Bruxelles, Bruylant, 2004, pp.139-152, p.143
666 Voir *supra*.

l'ouverture de consulats le long de la frontière commune et par la mise en place de patrouilles mixtes de forces de sécurité. Ils ont également convenu d'examiner la conclusion d'un traité d'amitié et de non-agression entre les deux pays et d'autres mesures[667]. Cette rencontre a été déterminante, car le Secrétaire général de l'ONU y a lancé un appel à la communauté internationale afin qu'elle appuie dans le cadre de la diplomatie préventive les efforts déployés par les deux pays en vue de la mise en œuvre de l'arrêt. A partir de ce moment, l'exécution d'un arrêt est, outre la volonté des parties de se conformer au prononcé judiciaire, conditionnée par la volonté des Etats membres de la communauté internationale de veiller à ce que les décisions de la Cour déploient leurs effets concrets.

- Le quatrième sommet tripartite se déroule le 11 mai 2005 suite aux retraits et transferts d'autorité qui se sont effectués sans heurts le long de la frontière terrestre en juillet 2004. Cette réunion était importante pour l'établissement d'un nouveau programme de retrait des troupes nigérianes de la presqu'île de Bakassi. Malgré cela, une situation de blocage de la mise en œuvre de l'arrêt a pu être constatée sur le terrain dans la période fin 2004, début 2005.
- C'est donc pour obliger les parties à respecter la parole donnée, qu'a lieu le cinquième sommet, en date du 12 juin 2006 sous l'égide de l'ONU. Il donne lieu à la signature de l'accord de Greentree.

La médiation post-judiciaire continuera à prospérer au sein de la CMCN. Entre les 1-2 décembre 2002 et le 6 juin 2016, cette structure a tenu plus d'une trentaine de sessions[668]. La méthode politico-juridique est également mise en œuvre au sein de la Commission de suivi de l'accord de Greentree[669]. Ce système ayant pour support la négociation provoquée avant et après l'arrêt renseigne sur le rôle réellement joué par chaque élément du système onusien dans la résolution des conflits internationaux. Toutefois, la responsabilité première de la prévention des conflits résulte *in fine* de la fusion entre la volonté politique des gouvernements nationaux et celle de l'Organisation des Nations Unies. Il serait intéressant à ce propos d'évaluer la portée de la négociation provoquée par le Secrétaire général des Nations unies.

[667] Partie II Titre I Chapitre V.

[668] *Ibid.* Depuis 2016, aux sessions semblent s'être substituée une nouvelle forme de rencontre. Le 6 juin 2016, le président de la Commission mixte Cameroun-Nigeria (CMCN), représentant spécial du Secrétaire général des Nations Unies pour l'Afrique de l'Ouest et le Sahel, M. Mohamed Ibn Chambas a présidé, à Yaoundé, la deuxième réunion des chefs des délégations du Cameroun et du Nigeria de la CMCN.

[669] Partie II Titre I Chapitre VII.

Section 2. La méthodologie juridique de la négociation provoquée par le tiers institutionnel

Le balisage diplomatique de l'exécution du futur arrêt de la Cour par les bons offices et la médiation du tiers institutionnel a consacré le rôle du Secrétaire général des Nations Unies dans l'exécution des décisions de justice territoriales. La négociation provoquée par celui-ci constitue assurément l'expression d'une théorie et d'une méthodologie juridiques. Le procédé a de multiples aspects. Il convient d'abord de recenser les éléments d'une systématisation de la méthode de la négociation provoquée par le médiateur institutionnel (Paragraphe I) et dans un second temps d'envisager à la lumière de cette expérience, une évolution vers la création d'un mécanisme rattaché au Secrétariat général dans le cadre de la diplomatie préventive (Paragraphe II).

Paragraphe I. La systématisation de la méthode de la négociation provoquée par le tiers institutionnel

L'exécution résultant de la négociation provoquée par le Secrétaire général des Nations Unies est spécifique à *l'affaire Cameroun c. Nigeria.* Malgré cela, quelques lignes directrices touchant aux enjeux et aux éléments cruciaux à la réussite d'une telle médiation – en vue de la mise en œuvre concertée d'une décision de justice territoriale – peuvent être dégagées.

En effet, les méthodes de travail du médiateur posent les jalons d'une modélisation de l'exécution par la négociation provoquée des décisions de la CIJ par le Secrétaire général de l'ONU. Il importe d'analyser la particularité des méthodes de provocation de la négociation par le Secrétaire général des Nations Unies (A) ainsi que les règles fondamentales et tactiques de la négociation provoquée (B).

A. La particularité de la méthode de la négociation provoquée par le tiers institutionnel

Il convient de trouver une classification générale qui englobe les particularismes de la médiation par la négociation provoquée, conduite depuis les premiers instants de l'instance judiciaire jusqu'à son ultime conclusion.

D'ordinaire, la négociation est perçue comme un moyen de règlement pacifique. La définition de Griogore Geamanu selon laquelle les négociations internationales sont un processus de résolution par des moyens pacifiques d'un différend ou d'une situation internationale, afin de promouvoir ou arriver à une certaine entente, amélioration, un ajustement ou règlement à cet égard entre les parties intéressées[670], en donne un aperçu.

Cette définition couvre le vaste domaine des négociations ayant comme objet la résolution des conflits internationaux. Il s'agit évidemment d'une fonction capitale et constante – c'est-à-dire valable – pour ce qui est du différend *Cameroun c. Nigeria*. Mais, la négociation provoquée a une sphère plus large en englobant, ainsi qu'il a été démontré, le dialogue diplomatique bilatéral ou multilatéral qui est de l'essence même de la coopération interétatique. Elle touche à de nombreux domaines, et pas seulement aux situations litigieuses.

Mais, même dans une situation conflictuelle comme celle opposant les parties, l'examen des différentes phases de la négociation provoquée conduit à en faire davantage un procédé de résolution des différends entre Etats, tel que consigné dans l'article 33 de la Charte des Nations Unies[671]. Les parties au différend sur la *Frontière terrestre et maritime entre le Cameroun et le Nigeria* en ont « recherché la solution », par « d'autres moyens pacifiques de leur choix ». Il convient ici de considérer les bons offices et la médiation comme des accessoires de la méthode de la négociation provoquée. Il s'agit de moyens aux fins de provoquer la négociation entre les parties, et ensuite de les conduire à leur aboutissement. L'objectif à plus ou moins long terme de la concrétisation d'une décision juridictionnelle revêtue de la *res judicata* confère à cette technique des qualités supplémentaires.

La conciliation entre la finalité de pacification des relations interétatiques et le moyen utilisé pour y parvenir (l'exécution réalisée par la négociation provoquée) est extraordinaire. Loin du schéma classique qui distingue l'exécution spontanée ou forcée, l'exécution par la négociation provoquée entre les parties par les tiers est capitale pour la suite des décisions de justice en matière territoriale. Au total, dans le processus complexe de l'exécution de ce type de décision, le recours à une méthode de règlement pacifique (la négociation provoquée), conduit à la consécration par les parties et les tiers d'une technique exécutive à part entière. Les règles fondamentales et stratégies utilisées par le tiers institutionnel dans cette affaire sont si édifiantes qu'elles peuvent être étendues à d'autres cas similaires.

---

670 G. GEAMANU, « Développement d'une théorie et d'une méthodologie des négociations. Théorie et pratique des négociations en droit international », *R.C.A.D.I.*, 1980, pp. 401-415, p. 401.

671 Article 33 § 1 de la Charte des Nations Unies : « Les parties à tout différend dont la prolongation est susceptible de menacer le maintien de la paix et de la sécurité internationales doivent en rechercher la solution, avant tout, par voie de négociation, d'enquête, de médiation, de conciliation, d'arbitrage, de règlement judiciaire, de recours aux organismes ou accords régionaux, ou par d'autres moyens pacifiques de leur choix ».

B. Les règles fondamentales et tactiques de la négociation provoquée par le tiers institutionnel (Secrétaire général des Nations Unies)

Par la négociation provoquée, le Secrétaire général joue le rôle d'un facilitateur, tiers impulseur, tiers provocateur en vue de l'exécution de l'arrêt de la CIJ Cette démarche se situe dans le prolongement de celle de la Cour[672] et du Conseil de sécurité. En effet, l'alinéa 2 de l'article 33 énonce : « Le Conseil de sécurité, s'il le juge nécessaire, invite les Parties à régler leur différend par de tels moyens ». C'est le Conseil de sécurité qui avait habilité le Secrétaire général de L'ONU. à intervenir de cette manière[673].

Il est utile de préciser d'emblée que la mission du premier fonctionnaire des Nations Unies n'a pas été entièrement placée sous le signe de la collégialité. Les méthodes de M. Kofi Annan diffèrent de la médiation papale de 1979 entre le Chili et l'Argentine dans l'affaire du *Canal de Beagle*[674], associant le cardinal Samorè et ses collaborateurs. Un « Bureau de Médiation » avait été mis en place[675]. Le Secrétaire général y avait exercé son office de manière individuelle.

L'aspect préventif de son approche est inédit dans le domaine de la mise en œuvre des décisions frontalières. Jamais auparavant le Secrétaire général de l'ONU n'avait utilisé l'Organisation universelle comme un instrument d'exécution des décisions de son organe judiciaire principal. Certes, en 2003, après que la CIJ eut rendu son arrêt dans l'affaire du *Différend frontalier terrestre, insulaire et maritime entre El Salvador et le Honduras*[676], le Secrétaire général de l'Organisation des Etats Américains accéda à la demande des parties de nommer un expert géographe chargé de résoudre tous les litiges de nature technique qui se sont présentés aux membres de la Commission mixte. Mais cette action rend moins bien compte de la diplomatie préventive[677].

Dans l'affaire *Cameroun c. Nigeria*, le Secrétaire général des Nations Unies a pendant cinq ans adopté la politique des « petits pas » chère à

---

[672] Partie I, Titre II, Chapitre II.

[673] Introduction générale de l'étude.

[674] Voir l'affaire du Canal de Beagle, J. DUTHEIL DE LA ROCHERE, « L'affaire du canal de Beagle », *A.F.D.I.*, 1977, pp. 408-435 ; E. LAUTERPACHT, « Whatever happened to the Beagle Channel Award ? », in *Le droit international au service de la paix, de la justice et du développement, Mélanges Michel Virally*, Paris, Pedone, 1991, pp. 359-371.

[675] Msgr G. MONTALVO, « Le Saint-siège, médiateur de paix entre l'Argentine et le Chili » in J.-B. D'ONORIO (dir.), *La diplomatie de Jean-Paul II*, Paris, Les Editions du Cerf, 2000, 328 p., p. 211.

[676] CIJ., *Différend frontalier, insulaire et maritime (El Salvador c. Honduras, (Nicaragua, intervenant)*, arrêt du 11 septembre 1992, *Rec.*, p. 351.

[677] Rapport Annuel du « Fonds pour la paix : Règlement Pacifique des Différends Territoriaux », CP/Res. 781/1257/00, 1er janvier au 31 décembre 2003, publié sur le site de l'Organisation des Etats américains : www.oea.org

l'Américain Kissinger[678]. L'association de la médiation à la négociation provoquée, par le tiers institutionnel, se manifeste ainsi par étapes.

- La première étape correspond à la phase des pré-négociations qui commence par l'établissement des contacts peu de temps avant la rencontre du 5 septembre 2002. Le médiateur tente de rapprocher les protagonistes, tout en les conciliant jusqu'à obtenir une entente. Les premiers mois de la médiation (en réalité, des bons offices) sont dédiés à s'assurer des conditions de déroulement des pourparlers. Le tiers institutionnel procède par des rencontres séparées. Chacune des parties présente ses points de vue sur la controverse, les antécédents, ses opinions et attentes, le tout accompagné de la documentation nécessaire. Ces écrits complétés par un exposé verbal sont destinés exclusivement au médiateur et ne sont jamais portés à la connaissance de la partie adverse. Le but étant que les parties arrivent à comprendre leurs positions respectives. En vérité, la phase d'information et d'échanges s'est poursuivie tout au cours de la médiation. Vu la situation de tension extrême entre les parties devant et/ou hors prétoire, il s'agit d'une phase cruciale. Elle marque le point de départ des pourparlers diplomatiques. Même si les bons offices et la médiation du Secrétaire général correspondent à l'intervention conciliatoire d'un tiers, il ne s'agit pas à proprement parler d'une conciliation au sens classique. En effet, cette forme institutionnalisée de médiation repose le plus souvent sur l'intervention d'un organe spécialisé : une Commission le plus souvent, dont les règles de fonctionnement rappellent la procédure arbitrale[679]. Ce n'est pas le cas ici, puisque la conciliation est souple et ne poursuit pas d'une manière ferme et résolue une solution. Elle s'applique seulement si les parties au différend l'acceptent.
- Lors de la deuxième étape, le Secrétaire général organise d'abord un tête-à-tête avec l'un puis l'autre chef d'Etat en vue de diluer les réticences éventuelles. Puis, il propose un déjeuner ou un dîner servi pour trois convives.
- La troisième étape est celle de la négociation proprement dite, qui se distingue par une note spécifique d'engagement supplémentaire et solennel.

---

[678] Il s'agit d'une politique appliquée par M. Henri Kissinger en 1973 et 1974. L'éclatement de la guerre d'Octobre, à la surprise des Américains comme des Israéliens, modifia profondément les données de l'équation proche-orientale. Elle brisa les blocages des années précédentes et aboutit à une réévaluation des priorités de la politique étrangère américaine. Alors que Kissinger avait jusqu'alors joué la carte de l'attentisme, voire de l'obstructionnisme, lorsque le dossier du Proche-Orient était le domaine réservé de son rival William Rogers, l'immobilisme fut remplacé, durant et après la guerre d'Octobre par une intense activité diplomatique. Elle prit le nom, au début de l'année 1974, de « diplomatie de la navette », adossée à une méthodologie favorisant la recherche des progrès graduels, au détriment d'un accord final, objectif jugé utopique (« diplomatie des petits pas »). Voir à ce sujet, A. COPOLANI, « Henry A. Kissinger et les négociations sur le Proche-Orient : de la « diplomatie de l'immobilisme » à la « diplomatie de la navette » », *Relations internationales*, PUF, 2008/3, n° 135, p. 160.

[679] G. GEAMANU, « Théorie et pratique des négociations en droit international », *R.C.A.D.I.*, vol.166, 1980-1981, p. 389 ; A. PLANTEY, *La négociation internationale. Principes et méthodes*, Paris, Editions du C.N.R.S., 1994, p. 148.

Elle se démarque également des autres phases par l'interaction entre la négociation provoquée entre les parties par le Secrétaire général (sommet de Saint-Cloud) et celle provoquée par les parties entre elles-mêmes. Cette phase consiste dans ce cas précis en une/des rencontre(s) tripartite(s) au siège du palais des Nations Unies et aux négociations dans le cadre de la Commission mixte Cameroun-Nigeria. Ce type de réunion a été mis en place à partir du moment où le Secrétaire général considérait qu'il était possible de faire connaître à chacune des parties, le point de vue de l'autre.

Du point de vue procédural, la négociation provoquée implique l'accord sur un ordre du jour précis sur la question de l'exécution de l'arrêt de la Cour. Celui-ci est en principe porté à la connaissance du public par un communiqué conjoint des parties, des déclarations individuelles venant clôturer le sommet tripartite, ou un communiqué du Secrétariat général de l'ONU.

Les parties sont incitées à démontrer leur capacité de flexibilité par rapport à leur position initiale. En l'espèce, il était convenu que les accords obtenus sur les questions confidentielles non évoquées par l'arrêt telles que le sort des concessions pétrolières le long de la frontière commune ou celui des populations de la zone, ne seraient régulièrement conclus que s'ils prévoyaient des arrangements acceptés par les deux Etats. Chaque rencontre était méticuleusement organisée, un procès-verbal était dressé par la suite pour éviter les remises en cause telles que celles qui avaient autrefois favorisé la survenue du différend[680].

Lorsque le processus de négociation s'enlisait à cause de la pression exercée sur les dirigeants par leurs opinions publiques respectives, le Secrétaire général des Nations Unies, dans le *continuum* de l'action de la Cour[681] œuvrait de manière à façonner les perceptions du public à travers de fréquentes déclarations à la presse. Il était patent que la médiation devait résoudre la controverse de sorte que des rapports harmonieux entre le Cameroun et le Nigeria soient rétablis.

- La quatrième étape, c'est la post-négociation (sommet de Greentree du 12 juin 2006). La négociation provoquée a déjà porté ses fruits puisqu'il est question de discuter le texte de l'accord d'exécution de l'arrêt.

Par la suite, l'action du Secrétaire général des Nations Unies a été affermie par celle de son représentant spécial pour l'Afrique de l'Ouest, par ailleurs président de la Commission mixte Cameroun-Nigeria[682].

Ces étapes de la négociation provoquée visant à la fois le règlement du différend et l'adaptation de la décision judiciaire à ses conditions d'exécution mettent en évidence la variété des moments à parcourir au cours d'un

---

[680] Par exemple en ce qui concerne la remise en cause de la déclaration de Maroua du 1er juin 1975 par le Nigeria, etc.

[681] J.C. IRWIN, « *An alternate role for the ICJ: applied to Cameroun v. Nigeria*», *DJILP*, Eté 1998, vol. 26, n°4, pp.756-773.

[682] Partie II, Titre II, Chapitre II.

processus complexe et peu rectiligne. En effet, il est possible qu'après la deuxième étape, les protagonistes reviennent à la première. Ce déroulement des différentes étapes de la négociation provoquée permet d'en mieux appréhender les diverses opérations qu'elle recouvre, lesquelles ont pour dénominateur commun le souci constant des parties de demeurer dans le cadre du droit international. Il est essentiel de retenir le concept de négociation provoquée qui a un sens plus restreint et précis.

D'autres éléments caractéristiques et essentiels augmentent les chances d'un aboutissement heureux du processus post-judiciaire : la bonne foi des parties, la personnalité et le prestige du médiateur. Pour être accepté par les deux parties, le médiateur doit en effet être perçu comme indépendant et crédible[683].

L'engagement de M. Kofi Annan dans la recherche d'une solution pacifique au litige frontalier entre le Cameroun et le Nigeria en a donné un bel exemple. La pratique du 7e Secrétaire général de l'Organisation des Nations Unies (1997-2007) découle d'une conception très africaine du contentieux consistant en la « recherche d'une solution réellement équitable parce qu'acceptable par l'une et l'autre Parties »[684]. Cet enchevêtrement de données purement juridiques du différend réglé par l'organe judiciaire de l'Organisation et d'une évaluation du contexte géopolitique propre à l'espèce témoigne d'une maturité politique. De la sorte, le Secrétaire général de l'époque assure la liaison entre la phase politique et juridique des relations internationales, en transformant un processus politique en un processus de droit international[685]. Comme le soutient Alain-Didier Olinga :

« L'on ne soulignera enfin jamais assez l'importance qu'il y a eu dans le processus de règlement de la crise de Bakassi, de disposer d'un tiers véritablement impartial, en la personne de Kofi Annan[686]. Tiers patient, tiers

---

683 La crédibilité et l'indépendance sont des points cruciaux du processus de règlement des différends. Elles ont posé problème dans cette affaire. En 2002, M. Ahmedou Ould-Abdallah est nommé par le Secrétaire général Kofi Annan représentant spécial pour l'Afrique de l'Ouest et se retrouve à la tête du Bureau des Nations Unies pour l'Afrique de l'Ouest (UNOWA). De 2003 à 2007, Ould-Abdallah est à la fois représentant spécial du Secrétaire général pour l'Afrique de l'Ouest et président de la Commission mixte Cameroun-Nigeria. Des documents non officiels révèlent au sujet de M. Ahmedou Ould-Abdallah, représentant spécial du Secrétaire général et chef du Bureau pour l'Afrique de l'Ouest, que la partie camerounaise remettait en cause son impartialité et évoquait de prétendus liens d'amitié que celui-ci entretenait avec le président du Nigeria, M. Olusegun Obasanjo. Le général Lamine Cissé prend donc la direction de la Commission mixte Cameroun-Nigeria et du même bureau (UNOWA) en novembre 2007 dans un contexte d'incidents entre les parties dans la presqu'île camerounaise. Il sera à son tour remplacé par M. Said Djinnit le 28 février 2008. Ce dernier occupe ce poste présentement (2013).

684 M. KAMTO, « Le contentieux de la frontière maritime entre la Guinée-Bissau et le Sénégal», *R.G.D.I.P.*, 1997, n°3, pp. 695-735, p. 734.

685 Ceci relève de la politisation du droit et de la juridicisation de la politique.

686 Kofi Annan, né le 8 avril 1938 à Kumasi (Côte-de-l'Or) et mort le 18 août 2018 à Berne (Suisse).

disponible, tiers impartial. Sans le tiers impartial, une négociation entre acteurs qui se méfient l'un de l'autre ne peut avancer »[687].

En définitive, la méthode d'exécution provoquée de l'arrêt du 10 octobre 2002 du Secrétaire général de l'ONU mérite d'être transposée, surtout pour les décisions portant règlement des différends à haute charge politique. Elle invite à concevoir un cadre dans lequel la négociation provoquée en vue de l'exécution des décisions de la Cour serait mieux structurée.

Paragraphe 2. La création d'un mécanisme rattaché au Secrétariat général dans le cadre de la diplomatie préventive

L'implication des deux chefs d'Etat, de même que la diplomatie préventive du Secrétaire général ont rendu possibles l'exécution de l'arrêt de 2002 ainsi que le rétablissement de la paix entre les deux pays. A la lumière de cette expérience, il paraît possible de perfectionner l'appareillage juridique d'application des décisions juridictionnelles par la négociation provoquée.

La solution la plus adaptée serait de créer un mécanisme de suivi de l'exécution ou de la mise en œuvre des décisions de la Cour. Un tel mécanisme centré sur la diplomatie préventive pourrait être rattaché au Secrétariat général. Il se trouverait ainsi en position de pouvoir informer à la fois les Nations Unies (l'Assemblée générale et le Conseil de sécurité) et les Etats membres[688] sur l'évolution de la mise en œuvre d'une décision de la Cour. Un fonds de contribution volontaire à l'instar du fonds spécial du Secrétaire général pour l'appui aux pays pauvres qui défèrent leur litige devant la CIJ[689], pourrait être instauré. Ce type de mécanisme pourrait provoquer la négociation en vue de l'exécution d'une décision juridictionnelle, en s'inspirant de la pratique observée dans le cadre de mécanismes régionaux.

Il est possible de s'inspirer de l'Association des Nations du Sud-Est Asiatique (ASEAN)[690]. Cette Organisation offre un système de règlement des conflits par la négociation très élaboré. Dotée à l'origine de secrétariats nationaux prévus par la déclaration de Bangkok du 8 août 1967 dans chacun des pays membres dont le rôle était de préparer les conférences ministérielles annuelles et de servir le comité permanent, l'Association a peu à peu mis en

---

687 A. D. OLINGA, *op.cit.*, note 152, p.117.

688 La proposition a été formulée pour la première fois par S. Exc. MARTIN BELINGA EBOUTOU, ancien représentant permanent du cameroun auprès des Nations Unies, Conseil de sécurité, CS/24544713e séance du 25 février 2003.

689 Voir également, M. KAMTO, « Considérations actuelles sur l'inexécution des Décisions de la Cour internationale de Justice », *op.cit.*, p. 233.

690 Créée en 1967 par cinq pays (Indonésie, Malaisie, Philippines, Singapour et Thaïlande), l'ASEAN s'est élargie progressivement à dix pays : Sultanat de Brunei (1984), Vietnam (1995), Laos (1997), Myanmar (1997) et Cambodge (1999). Source : www.asean.org

place un « comité des secrétaires généraux » puis dix ans après sa création, un Secrétariat permanent basé à Jakarta[691].

Ce dispositif est par ailleurs complété par un certain nombre de comités *ad hoc* et de comités permanents. Cette institution régionale est un véritable modèle basé sur le consensus et le principe de non-ingérence. Elle repose sur un cadre souple. Le traité d'amitié et de coopération signé à Bali en Indonésie en 1976 prévoit entre autres, un mécanisme régional de résolution des conflits par un haut conseil ministériel qui jouerait le rôle de bons offices, de médiateur ou de conciliateur ; qui à quelques détails près ressemble à celui exercé par le Secrétaire général de l'ONU dans l'affaire *Cameroun c. Nigeria.*

Le système de règlement des conflits par voie de négociation de l'ASEAN demeure à l'opposé de celui d'une organisation au statut rigide dans laquelle la négociation aurait été véritablement instituée. Pendant longtemps, ce mécanisme n'a pas eu à intervenir en raison de l'efficacité de la diplomatie préventive et informelle en vigueur au sein de l'ASEAN[692]. Néanmoins, le conflit Thaïlande-Cambodge rappelle qu'à l'instar des Nations Unies, le système peut être amélioré. Le 10e sommet de l'Organisation en date du 7 mai 2011 n'a pu permettre d'apurer le contentieux[693]. Cette situation est confirmée par l'insurrection en Thaïlande de musulmans du sud-est du pays[694]. Ces facteurs ont le potentiel de saper l'objectif d'instauration d'une communauté économique unique dans la zone d'ici 2015.

Le prototype de négociation de l'ASEAN peut servir à la création d'un organe rattaché au Secrétaire général de l'ONU et destiné au suivi des décisions de la CIJ. Ce mécanisme serait chargé d'inviter les parties avant ou après le prononcé d'un jugement de la CIJ à engager des pourparlers relatifs aux modalités d'exécution de l'arrêt. La négociation entre les parties serait assistée par le Secrétaire général comme ce fut le cas dans l'affaire de la *Frontière terrestre et maritime entre le Cameroun et le Nigeria.*

Il serait également envisageable pour ce qui est des différends interafricains de solliciter les bons offices du président de la Commission de l'Union africaine. En cas de conclusion d'un accord de mise en œuvre de l'arrêt de la CIJ, celui-ci pourrait être chargé de son suivi et du règlement des différends relatif à l'interprétation et l'application de l'accord. A la fois

---

691 L. CHOUKROUNE, « La négociation diplomatique dans le cadre du règlement pacifique des différends. Théorie et pratique du droit international *», Hypothèses*, 2000/1, pp. 151-152.

692 Deux principaux objectifs lui sont assignés lors de sa création : assurer la paix régionale et le développement économique. Le premier est atteint avec succès notamment avec l'endiguement du communisme et la résolution de la crise cambodgienne.

693 « ASEAN summit fails to resolve Thai-Cambodian conflict », 12 mai 2011, source : xinhuanet.com, consulté le 1/05/2013.

694 « ASEAN Community may ease Thailand Conflict », 22 mars 2012, source : xinhuanet.com, consulté le 1/06/2013.

instance de négociation et de suivi des décisions de la CIJ, il aurait la charge de provoquer et d'entretenir le dialogue entre les parties. Ceci contribuerait à l'effectivité de la décision et au règlement définitif du différend les opposant. Encore faut-il que les Etats africains aient plus confiance en leurs institutions régionales.

Il s'agit à terme de conceptualiser la mission de bons offices et de médiation du Secrétaire général des Nations Unies en atténuant le caractère trop personnalisé de son intervention. Dans de nombreux cas, les négociations rencontrent des difficultés susceptibles d'être mieux résolues si on fait appel aux services de plusieurs tiers. Au final, l'aspect le plus significatif de l'action du Secrétaire général de l'ONU fut qu'elle suscita ou confirma la volonté politique des parties de parvenir à un accord. En effet, celle-ci ne s'était pas suffisamment manifestée durant le règlement judiciaire.

Pour conclure, l'expérience de l'exécution d'une décision territoriale de la CIJ par la négociation provoquée par le tiers institutionnel confirme ce que la théorie du droit international avait pressenti. Loin de s'opposer à terme, loin de s'exclure l'un et l'autre comme on l'avait jadis supposé, les procédures juridictionnelles et les procédures négociées, la logique juridique et la logique diplomatique sont des moyens au soutien d'une même cause : l'effectivité du droit international dont la consistance spécifique se définit au croisement de ces différentes logiques. Comme le signale Heather Lee Johnes : « *The importance of active involvement in international organizations as a means for ensuring compliance with ICJ decisions is perhaps best shown in the previously mentioned case involving the Bakassi Peninsula. In that case, Nigeria eventually agreed to abide by the Court's decision to award the disputed territory to Cameroon, despite initially rejecting it, largely due to the active efforts of the United Nations* »[695]. Tout compte fait, l'exécution d'énoncés juridictionnels revêtus de la *res judicata* comme celui du 10 octobre 2002, n'est pas exclusive de procédés politiques négociés et transactionnels surtout s'ils sont conçus pour anticiper les difficultés d'exécution du futur arrêt de la Cour.

---

695 Voir H. LEE. JONES, « Why comply? An Analysis of Trends in Compliance with Judgements of the International Court of Justice since Nicaragua », *A.U.W.C.L.*, November 2011, pp. 1-34, p. 5 et plus généralement, S. MC LAUGHLIN MITCHELL and P. R. HENSEL. "International Institutions and Compliance with Agreements", *American Journal of Political Science,* 2007, pp. 721-737.

Conclusion du titre

L'analyse de la méthode de la négociation provoquée par les tiers en vue de l'exécution de l'arrêt de la Cour du 10 octobre 2002 fait ressortir son caractère innovant. Le premier trait saillant de cette technique consiste en l'universalité se manifestant dans la vocation de ce procédé à être utilisé pour réguler des rapports interétatiques peu ou prou conflictuels. On constate comme une marque imprimée par le processus de négociation provoquée, la prépondérance de la diplomatie ouverte étroitement liée à l'implication d'« organes sociaux internationaux » tels que L'ONU. Ce facteur est susceptible d'influencer profondément la mise en œuvre d'arrêts et de décisions internationaux à l'intérieur des Etats.

L'autre caractéristique de la négociation provoquée qui retient l'attention, c'est le fait que, des qualités personnelles du tiers négociateur, donc de facteurs subjectifs et impondérables, on évolue vers des procédures objectives, donc assimilables et généralisables. Cela est rendu sensible par le fait que l'action du Secrétaire général de l'ONU donne plus de vigueur aux éléments rationnels en réduisant l'aléatoire qui détermine souvent les relations interétatiques. Il faut enfin considérer l'atténuation de la ligne de délimitation entre la phase judiciaire et post-judiciaire qu'occasionne le recours à la méthode de la négociation provoquée. Les indications données ici quant à l'incitation à l'exécution du tiers judiciaire et sur la dissuasion diplomatique de l'inexécution par le tiers institutionnel (Secrétaire général de l'ONU) confirment l'imbrication entre les deux phases. Les recommandations du premier dans l'énoncé de l'arrêt du 10 octobre 2002 quant aux modalités d'exécution, et celles du second ont rendu plus aisée l'exécution de l'arrêt par les parties.

On a donc enregistré dans cette affaire, d'importants progrès en ce qui concerne l'essence, les formes, les techniques de la négociation provoquée. Mais cela ne signifie pas qu'on pourrait la considérer uniquement comme une panacée. Elle demeure une méthode, un instrument des relations internationales, de la politique judiciaire du juge international et de la politique juridique extérieure des Etats. Ce type de méthode d'exécution des décisions de justice n'est efficace que par rapport à cette politique, à la manière dont elle les utilise et aux obstacles auxquels elle est confrontée et selon l'objet et les circonstances propres à l'espèce en cause.

Titre 2.
Un arrêt exécuté par la négociation provoquée dans un contexte particulier

Il est de l'essence même du règlement juridictionnel que l'exécution des décisions rendues à son issue soit spontanée. En pratique, les opérations d'exécution peuvent cependant être compromises par divers obstacles. Les obstacles s'entendent ici comme des limites du droit et en même temps comme des limites au droit. Paradoxalement, ces obstacles servent de tremplin à l'exécution par la négociation provoquée. Une évaluation de la portée de la négociation ainsi provoquée suppose au préalable que de tels obstacles soient clairement déterminés. Or, d'après l'arrêt de la CIJ du 10 octobre 2002, ils sont de deux types : les obstacles d'ordre juridique liés à la décentralisation de l'ordre juridique international (Chapitre 1) et les obstacles spécifiques à l'arrêt (Chapitre 2).

Chapitre 1.
Les obstacles juridiques à l'exécution de l'arrêt de la Cour

L'étude de l'affaire de la *Frontière terrestre et maritime entre le Cameroun et le Nigeria*[696], associée à la lecture des commentaires doctrinaux en matière d'exécution des arrêts internationaux, permet de dégager des limites à l'effectivité du droit international, c'est-à-dire à l'adéquation entre ce qui doit être *in jure* et ce qui est *de facto*[697]. Ces limites au droit international affectent en outre son efficacité, c'est-à-dire l'utilisation par les parties de méthodes permettant de conduire l'exécution dans des délais rapides et à moindre coût[698]. Elles tempèrent enfin son efficience qui est en quelque sorte la clé économique de l'exécution[699]. Ces limites justifient le recours à l'exécution obtenue par la négociation provoquée précisément à cause du poids des contraintes liées à la décentralisation de l'ordre juridique international (Section 1), lesquelles rejaillissent sur l'arrêt *Cameroun c. Nigeria* ; et d'obstacles ayant trait à l'environnement juridique spécifique de l'arrêt[700] (Section 2).

Section 1. Le poids des contraintes liées à la décentralisation de l'ordre juridique international

En droit international, la décentralisation normative correspond à une décentralisation de ses mécanismes de mise en œuvre qui de près comme de loin, porte atteinte au processus d'exécution de l'arrêt du 10 octobre 2002. Le manque de continuité entre la fonction de création du droit et celle de son exécution pose problème lorsqu'il s'agit de transposer le contenu d'une sentence internationale dans les ordres juridiques internes[701]. Le processus de réception de l'arrêt *Cameroun c. Nigeria* se retrouve influencé par les

---

696 CIJ. *Frontière terrestre et maritime entre le Cameroun et le Nigeria (Cameroun c. Nigeria ; Guinée équatoriale (intervenant)*, arrêt, du 10 octobre 2002, *Rec.*, p. 303.
697 *Ibid.*
698 V. G. CANIVET, « « Du principe d'efficience en droit judiciaire privé », in *Le Juge Entre Deux Millénaires, Mélanges offerts à Pierre Drai*, Paris, Dalloz, 2000, 708 p., p. 245.
699 *Ibid.*
700 P.-M. MARTIN, *Les échecs du droit international*, Paris, PUF, Que sais-je ? 1996, 128 p., pp. 3-4.
701 Il est vrai que l'exécution des décisions est rarement l'office du juge même en matière pénale au niveau national, où l'exécution est généralement l'affaire du pouvoir exécutif ou de son représentant, le ministère public.

contraintes liées à la spécificité de l'ordre juridique international (Paragraphe 1), et par celles tenant au statut juridique de la décision rendue par la Cour dans le même ordre juridique (Paragraphe 2).

Paragraphe 1. Les contraintes liées aux conditions d'exécution des décisions de la Cour internationale de Justice dans un ordre juridique décentralisé

L'arrêt *Cameroun c. Nigeria* est affecté par l'existence de contraintes liées aux caractéristiques structurelles de l'ordre juridique international, notamment sa nature volontariste (A) et sa structure décentralisée (B).

A. La nature volontariste de l'ordre juridique international comme obstacle à l'exécution de l'arrêt *Cameroun c. Nigeria*

Le poids des Etats parties dans l'ordre juridique international est susceptible d'entraîner des déséquilibres dans la phase post-jugement. Selon les « globalismes manichéens »[702], particulièrement le volontarisme et l'objectivisme en droit international approfondis par des juristes comme E. de Vattel à G. Jellinek et H. Triepel puis Cavaglieri, D. Anzilotti et leurs épigones contemporains, l'Etat est la source exclusive du droit international[703]. Même si le caractère absolu de la volonté étatique est de plus en plus tempéré par le droit international contemporain, la dynamique de celui-ci reste marquée par le volontarisme étatique. Sujet premier du *jus gentium*, l'Etat n'est assujetti à aucune autorité supérieure ni à aucun autre Etat. Il ne trouve le principe de sa propre limitation que dans sa propre volonté d'après la théorie de l'autolimitation de l'Etat de George Jellinek, ou dans le concept de « volonté commune » ou « union des volontés » (*Vereinbarung*) de Triepel[704]. D'ailleurs, le fait pour l'Etat de s'acquitter spontanément de l'obligation de se conformer aux arrêts de la CIJ relève d'une sorte d'auto-contrainte[705].

Sacralisé par la science juridique, l'Etat peut quelquefois envisager son indépendance dans une conception « mégalomane de la souveraineté »[706]. Parce qu'il est souverain, cet « organe d'exécution »[707] ou « agent

[702] M. KAMTO, « La volonté de l'Etat en droit international », *R.C.A.D.I.*, 2007, 428 p., p. 61.
[703] P. DAILLIER, M. FORTEAU, A. PELLET, *op.cit.*, pp. 98-101.
[704] H. TRIEPEL, « Les rapports entre le droit interne et le droit international », *R.C.A.D.I.*, 1923-I, vol. 1, pp. 77-121, pp. 82-83.
[705] H. ASCENSCIO, *L'autorité de chose décidée en droit international publ*ic, Thèse de doctorat, Université Paris X, 1999, 690 p. p. 634.
[706] A. DELAPRADELE, « De l'exécution des décisions de justice internationale », *op.cit.*, p. 222.
[707] J. COMBACAU, *Le pouvoir de sanction de l'ONU : étude théorique de la coercition non militaire, op.cit.*, note 30, p. 192.

d'exécution »[708] du droit international conserve l'entière latitude d'évaluer l'intérêt à mettre ou non en place la sentence internationale. La souveraineté étatique[709] définie à la fois comme l'expression et la garantie juridique de l'indépendance »[710] de l'Etat peut ainsi servir de prétexte à la violation d'obligations juridictionnelles. « S'il n'est pas question ici d'alimenter le débat sur cette notion « à la fois maudite et exaltée »[711] (la souveraineté), il faut admettre que l'histoire du droit international correspond à l'histoire d'un débat sans cesse renouvelé autour de la notion de souveraineté »[712], pierre angulaire de la société internationale[713] et de l'égalité souveraine des parties[714]. Ces deux concepts sont souvent utilisés, voire instrumentalisés par les Etats. On assiste quelquefois, notamment en matière de contentieux devant le prétoire de la CIJ où plus de quatre-vingts Etats se sont présentés[715], au triomphe de l'idée de souveraineté sur le droit.

L'appréhension de ces concepts par les justiciables de la CIJ s'avère déterminante dans l'analyse des suites de la décision du 10 octobre 2002. En effet, ils favorisent autant qu'ils obstruent l'exécution de l'arrêt. C'est en vertu de la souveraineté que les parties, deux Etats membres de l'ONU, laissaient présupposer qu'elles s'acquitteraient librement (donc en toute souveraineté) de leurs obligations internationales.

La souveraineté est pourtant absolue jusqu'à ce que l'Etat contracte certaines obligations par voie conventionnelle ou les assume du fait de la pratique coutumière. La Cour a ainsi tenté d'éviter les empiètements sur la souveraineté de l'une sur l'autre[716]. Comme le remarque Brusil Miranda

---

[708] *Ibid.*

[709] Ainsi que l'affirmait l'arbitre Max Hubert dans l'affaire relative à la sentence de *l'île de Palmas,* « La souveraineté dans les relations internationales signifie indépendance ». (CPA, 4 avril 1928, *RSA*, II, p. 838).

[710] M. VIRALLY, « Cours général de droit international public », *R.C.A.D.I.*, tome 183,1983 V, p.77.

[711] *Ibid.*, p. 76.

[712] R. BEN ACHOUR, « La souveraineté des Etats : harmonie et contradictions », colloque de Tunis *Harmonie et contradictions en droit international*, *op. cit.*, p. 97.

[713] CIJ., Affaire *des Activités militaires et paramilitaires au Nicaragua et contre celui-ci* (Nicaragua c. Etats-Unis), arrêt du 27 juin 1986, *Rec.*, 1986, §2 63.

[714] Article 2 de la Charte des Nations Unies. Le concept juridique de souveraineté consacré par la Charte des Nations Unies s'étend aux eaux intérieures et à la mer territoriale de tout Etat, ainsi qu'à l'espace aérien au-dessus du territoire. (CIJ, *Affaire des activités militaires et paramilitaires au Nicaragua…* arrêt du 27 juin 1986, 111. Voir également en ce sens : F. ABENG MESSI, *Le territoire et l'impôt en droit fiscal camerounais*, Thèse de Doctorat d'Etat en Droit/Ph. D, Université de Yaoundé II-Soa, 2015, p. 77.

[715] S. MAUREPAS, « La CIJ., tribunal des Etats », *Le monde géopolitique* du 08.06.2012, Consulté le 03/08/2014.

[716] Déjà dans la sentence du lac Lanoux, les arbitres affirmaient que la compétence territoriale de l'Etat « doit fléchir devant toutes les obligations internationales quelle qu'en soit la source, mais elle ne fléchit que devant elles » (*R.S.A.*, XII, 281, p. 301). La Cour internationale de justice a précisé qu'entre « Etats indépendants, le respect de la souveraineté territoriale est l'une des bases essentielles des rapports internationaux », dans l'affaire relative au Détroit de Corfou. CIJ., *Détroit*

Metou : « Consciente que la meilleure des coordinations des souverainetés étatiques passe par l'encadrement des compétences de l'Etat, la CIJ a, tour à tour, précisé progressivement le régime y afférent en faisant passer subtilement du cadre de la souveraineté absolue à la relativisation pratique de cet attribut de l'Etat en particulier lorsqu'il rentre dans ses relations avec les autres sujets de droit international »[717].

C'est également par souci de préservation de la souveraineté nationale que les parties, notamment le Nigeria, ont invoqué des obstacles politico-juridiques à l'exécution de l'arrêt du 10 octobre 2002. A terme, le respect ou le non-respect de l'arrêt par l'Etat récalcitrant (ici le Nigeria) a été plus influencé par l'appréciation subjective de ce qu'il perdrait et de ce qu'il gagnerait en exécutant la décision juridictionnelle, que par l'existence d'un souverain clairement défini du point de vue du droit international ou la crainte de sanctions répressives. Comme l'observe Prosper Weil, « dans une conjoncture donnée, un Etat pèsera les avantages que peut lui valoir le respect du droit en comparaison du prix que pourrait lui coûter la violation de ce droit »[718].

La faculté pour les parties de donner un contenu à leurs obligations sociales en fonction de leur propre appréciation ne signifie pas pour autant que la phase post-jugement est exclue de tout encadrement juridique. Elle met en évidence les aspects du droit international en tant que système juridique imparfait, mais on en reconnaît néanmoins la réalité parce que les Etats admettent eux-mêmes le caractère obligatoire du droit international dans leur pratique. L'élément essentiel de la mise en œuvre du droit international réside dans sa force sociale, c'est-à-dire dans le fait que les parties en acceptent les normes comme étant obligatoires. Et ce, indépendamment d'un quelconque pouvoir coercitif de la Cour elle-même ou de tout autre organe.

Pourtant, l'ordonnance en indication de mesures conservatoires du 3 mars 1999 dans l'affaire *LaGrand*[719], avait un temps fait penser à Maurice Kamto que « la Cour grignote désormais sur la volonté des Etats ». L'auteur pouvait, non sans espoir, se demander : « La jurisprudence LaGrand serait-elle le précurseur d'une possible évolution vers une justice internationale moins courbée sous le faix de la volonté capricieuse des Etats ? »[720]. A peine l'encre de l'ordonnance a-t-elle eu le temps de sécher[721], que Karl et.Walter LaGrand

de Corfou (Royaume-Uni de Grande-Bretagne et d'Irlande du Nord c. Albanie), fond, arrêt du 9 avril 1949, *Rec.*, p. 4.

[717] B. M. METOU, *Le rôle du juge dans le contentieux international*, Bruxelles, Bruylant, 2012, pp. 402-403.

[718] P. WEIL, « Cours général de droit international public », *R.C.A.D.I.*, vol. 237, 1992, p. 50.

[719] Affaire *LaGrand (Allemagne c. Etats-Unis d'Amérique),* arrêt du 27 juin 2001, *Rec.*, 2001, § 11.

[720] M. KAMTO, *La volonté de l'Etat en droit international, op. cit.*, note 684, p. 421.

[721] Karl LaGrand a été exécuté le 24 février 1999, son frère Walter, le 8 mars 1999 ; soit avant même le rendu de l'ordonnance le 3 mars de la même année.

ont été exécutés. Un problème similaire s'est produit dans l'affaire *Avena et autres*[722].

Ces précédents mettent au jour les problèmes symptomatiques suscités par la mise en œuvre des arrêts de la Cour dans les ordres juridiques internes. Il s'agit particulièrement du duel entre une souveraineté nationale réelle et une souveraineté internationale virtuelle. Ils soulignent les imperfections d'un droit international assujetti au simple principe de la bonne foi. Cette situation laisse à bien des égards, sur le plan juridique et politique, une (trop) grande liberté d'action aux Etats. En somme, la décision est pour ainsi dire remise aux parties. Elles peuvent décider concurremment, soit de ne pas se conformer à la solution dictée par le juge, soit de négocier en vue de l'exécution des décisions de la CIJ Il importe dans la première hypothèse, celle de résistance d'une partie à l'exécution, de la ramener à un comportement conforme à la volonté initiale par laquelle le litige avait été soumis à la Cour. Ceci reste malaisé dans une société fortement décentralisée.

B. Le caractère décentralisé de l'ordre juridique international comme obstacle à l'exécution de l'arrêt Cameroun c. Nigeria

Autant l'Etat est pourvu de l'une de ses caractéristiques les plus saisissantes : la contrainte centralisée, c'est-à-dire le monopole de puissance exercé par ses organes spécialisés : administration, police, juges ; autant la société internationale en est dépourvue. Cette hétérogénéité de la société internationale se répercute sur la Cour. En effet, l'ordre juridique apparaît comme un ordre dispersé, fragmentaire, contradictoire et lacunaire, du fait de l'absence d'une autorité supérieure à même de lui donner un ordonnancement

---

[722] *Avena* CIJ., *Avena et autres ressortissants* mexicains *(Mexique c. Etats-Unis d'Amérique),* Ordonnance en indication de mesures conservatoires, 5 février 2003. Le 9 janvier 2003, le Mexique a saisi la Cour d'un différend qui l'oppose aux Etats-Unis d'Amérique au sujet de violations alléguées des articles 5 et 36 de la Convention de Vienne sur les relations consulaires du 24 avril 1963, concernant cinquante-quatre ressortissants mexicains condamnés à mort dans certains Etats des Etats-Unis. Avec sa requête, le Mexique a déposé une demande en indication de mesures conservatoires visant notamment à ce que les Etats-Unis d'Amérique prennent toutes les mesures nécessaires pour faire en sorte qu'aucun ressortissant mexicain ne soit exécuté – notamment M. José Ernesto Medellin Rojas dont l'exécution était prévue le 5 août 2008 – et qu'il ne soit pris aucune mesure qui puisse porter atteinte aux droits du Mexique ou de ses ressortissants en ce qui concerne toute décision que la Cour pourrait prendre sur le fond de l'affaire. Le 5 février 2003, la Cour a rendu une ordonnance en indication de mesures conservatoires qui, à l'unanimité, « 1. Indique à titre provisoire les mesures conservatoires suivantes : a) les Etats-Unis d'Amérique prendront toute mesure pour que MM. César Roberto Fierro Reyna, Roberto Moreno Ramos et Osvaldo Torres Aguilera ne soient pas exécutés tant que l'arrêt définitif en la présente instance n'aura pas été rendu ». CIJ., *Avena et autres ressortissants* mexicains (Mexique c. Etats-Unis d'Amérique), Ordonnance en indication de mesures conservatoires, 5 février 2003, *Rec.*, 2003, p.77, § 59. Cependant, M. Medellin Rojas sera exécuté. Voir notamment les commentaires qu'a suscités cette exécution. http://www.google.fr.

cohérent. Or, « plus une société est intégrée, mieux la juridiction y est acceptée et efficace »[723]. Cette situation a-t-elle une incidence sur l'exécution d'un arrêt international comme celui du 10 octobre 2002 ? Assurément, estime à ce sujet l'une des voix les plus autorisées de la doctrine. Pour Monique Chemillier-Gendreau, la théorie de la souveraineté, en entrant dans le champ international, devient une théorie des souverainetés et semble faire obstacle à toute possibilité de centralisation[724] ; et potentiellement, croirait-on, à toute forme de contrainte centralisée en cas d'inexécution des décisions de la CIJ. De fait, la conception que certains Etats se font de leur souveraineté bascule dans l'illégalité lorsqu'ils refusent d'exécuter un arrêt au motif qu'il ne leur est pas favorable. Washington sur ce point rejoint Abuja et avant elle Téhéran. Dans l'affaire des *Activités militaires*, la position de membre permanent avait permis aux Etats-Unis une utilisation (juridiquement douteuse) du veto lorsque le Conseil de sécurité a été saisi de leur refus de s'acquitter de leurs obligations envers le Nicaragua[725].

Freinée dans son action par les divers modes d'expression de la souveraineté des Etats, la CIJ ne peut être comparée aux juridictions nationales bénéficiant d'une compétence de principe qui assure que tout litige (à de très rares exceptions près) opposant des particuliers à la puissance publique puisse trouver une issue contentieuse concrète. Cela est illustré par l'exigence d'exécution des décisions contentieuses administratives au plan national[726]. Néanmoins, selon Célestin Keutcha Tchapnga, le moins attentif des observateurs constate sans peine que l'exécution de la décision du juge administratif camerounais dépend largement de la bonne volonté de l'administration, car si celle-ci refuse de la faire, personne ne peut l'y contraindre[727]. Le préalable et la présomption de la chose jugée jouent pleinement contre les personnes privées. Elles ne peuvent s'y soustraire vu la disponibilité des moyens d'exécution forcée et d'hypothèque judiciaire pour celui qui a gagné le procès. En effet, « une » « main forte » (donc centrale) peut être prêtée par l'administration pour l'exécution de ses décisions. Sous ce prisme, la force publique est mise au service de la justice[728]. Ceci est rendu difficilement possible du fait des insuffisances du droit international[729].

---

[723] A. PELLET, « Harmonie et contradictions de la justice internationale », *op.cit.*, note 78, p. 200.
[724] M. CHEMILLIER-GENDREAU « Le droit international entre volontarisme et contrainte », in *Mélanges offerts à Hubert Thierry : l'évolution du droit international,* Paris, Pedone, 1998, p. 95.
[725] M. CHEMILLIER-GENDREAU, *Ibid.*, note 68, p. 95.
[726] Lire en ce sens, M. KAMTO, *Droit administratif processuel du Cameroun. Que faire en cas de litige avec l'administration* ? Yaoundé, Presses Universitaires du Cameroun, 1990, pp.84 et s.
[727] C. KEUTCHA TCHAPNGA, *Précis du contentieux administratif au Cameroun, Aspects de l'évolution récente*, Paris, L'Harmattan, 2013, p.192.
[728] F. TERRE, *Introduction générale au droit*, Paris, Dalloz, 7ème édition, 2006, 634 p. p.576.
[729] M. CHEMILLIER-GENDREAU, « Face aux Etats souverains, la Cour internationale de justice entre politique et droit », in *Les archives du Monde diplomatique*, novembre 1996.

L'impossibilité de mettre en œuvre un appareil unique doté du commandement de la puissance publique pour contraindre la partie qui a succombé à obtempérer à la décision du 10 octobre 2002[730] est manifeste. D'après Shabtaï Rosenne, cette force est absente de l'ordre juridique international, parce que les institutions internationales ne reposent pas sur l'existence d'une souveraineté supérieure, mais sur le principe inverse de l'égalité souveraine des Etats[731]. En résumé, l'incapacité d'organiser de façon effective et efficace la contrainte au sein d'un organe centralisateur, supérieur aux parties dans l'ordre juridique international, est une entrave à la mise en œuvre de l'arrêt *Cameroun c. Nigeria.*

Parce qu'elle ne s'affranchit pas toujours du souci omniprésent de respecter en tous points la volonté des Etats, la Cour ne permet pas toujours de les lier aux jugements qu'elle rend. La réticence des parties à être liées par une sentence internationale et à adhérer à tout système juridique instituant un mécanisme central et obligatoire de contrainte est manifestée par la circonspection du Cameroun à signer la clause de juridiction facultative et obligatoire de la Cour[732] et également par la modification de sa déclaration d'acceptation de la juridiction obligatoire de la Cour en cours d'instance (1998) par la partie nigériane. Cette situation est illustrée par Nejil Jibril : « *A key issue that states raise to prevent being bound by a decision of an international court is lack of jurisdiction. Territorial decisions are no exception. Not surprisingly, Nigeria quickly objected to the ICJ's jurisdiction in Cameroon v. Nigeria. Similarly, once certain that the EEBC had assigned Badme to Eritrea, Ethiopia protested that the EEBC exceeded its jurisdiction* »[733].

La réticence des Etats à signer cette clause est révélatrice de l'intégration limitée de la société internationale. La Justice y est plus incertaine, plus

[730] L. CONDORELLI, *op.cit.*, note 18, p. 290.

[731] S. ROSENNE, « L'exécution… », *op.cit.*, note 161, p. 540.

[732] En 1996, Monique Chemillier Gendreau constate : « Parmi les cent quatre-vingt-cinq membres des Nations unies, cinquante-neuf seulement ont reconnu le caractère obligatoire de la compétence de la Cour. On chercherait en vain les noms de la France, des Etats-Unis, de la Chine ou de la Russie dans cette liste. Ainsi, du directoire qui gouverne le monde par sa position permanente au sein du Conseil de sécurité et par le droit de veto qui en est le complément, un seul membre (le Royaume-Uni) est signataire de la clause de juridiction. La Chine est restée dans la tradition communiste de refus de cette juridiction internationale (tradition qui n'a jamais empêché les Etats communistes d'envoyer des juges à La Haye). La Russie, en dépit des discours d'ouverture de M. Mikhaïl Gorbatchev au moment de la perestroïka, s'est jusqu'ici maintenue dans la même attitude. La France, signataire de la clause à la création de la Cour, l'a dénoncée en 1974, après la première affaire des essais nucléaires. Les Etats-Unis ont fait de même en 1985, lorsque le Nicaragua déclencha contre eux une action ». M. CHEMILLIER-GENDREAU, « Face aux Etats souverains, la Cour internationale de justice entre politique et droit », *op.cit.*, note 72.

[733] N. JIBRIL, « The binding dilemma From Bakassi to Badme, Making States Comply with territorial Decisions of the International Judicial Bodies », *A.U.I.L.R.*, 2004-3, p. 651.

discutée, moins forte, apparemment moins parfaite que dans l'Etat[734]. Les tensions et les contradictions de celle-ci se répercutent en matière de mise en œuvre de l'arrêt du 10 octobre 2002. Les problèmes ne sont pas soulevés tant au niveau du principe de l'exécution, facteur de paix sociale dans tous les ordres juridiques, qu'au niveau de ses modalités propres à chaque ordre juridique[735].

Il faudra, suite à ce constat, concevoir l'ordre juridique international comme un ordre plus ébauché qu'achevé. Ancré au sein d'une société décentralisée, il n'a pas les mêmes caractères que celui sécrété par un mécanisme centralisateur[736]. Les sanctions dont dispose le système juridique international sont en conséquence très faibles. Elles ne règlent pas toujours efficacement les conflits entre la souveraineté nationale et une souveraineté internationale par trop abstraite. Il n'est donc pas surprenant dans ces conditions que l'arrêt *Cameroun c. Nigeria* soit affecté par les contraintes liées à la nature internationale de la décision juridictionnelle. Ces impératifs ont en partie leur source dans les excès du volontarisme étatique et la décentralisation de l'ordre juridique international[737]. Elles découlent dans le même sens du statut attribué à la décision juridictionnelle au sein du même ordre juridique.

Paragraphe 2. Les contraintes liées au statut de la décision de justice dans l'ordre juridique international

En principe, toute décision judiciaire (ici l'arrêt de la CIJ du 10 octobre 2002) possède une autorité spécifique et est rendue dans le but d'être exécutée. Mais la dissociation entre la juridicité de l'autorité de chose jugée s'attachant aux arrêts de la CIJ dans l'ordre juridique international (A) et son effectivité pose problème. Elle est une fois de plus favorisée par le fait que le système d'exécution des décisions de la Cour demeure essentiellement déterminé par la (bonne) volonté des Etats (B).

---

734 A. PELLET, « Harmonie et contradictions de la justice internationale », *op. cit.*, note 78, p. 214.

735 P. PAONE, « Considerazioni sull'esecuzione delle sentenze della corte internationale droit international giustizia », Communicazioni et Studi, *op.cit.* note 17, pp. 631-632. L'auteur qui y voit une différence d'ordre « quantitatif » et non « qualitatif ». Sur un sujet similaire, M. L. PADELLETI, "*L'esecuzione della sentenza della Corte internazionale di giustizia sulle Immunità dalla giurisdizione nel caso Germania c. Italie : una strada in salita*?", source: http://www.sidi-isil.org, consulté le 1er février 2013.

736 M. CHEMILLIER-GENDREAU, *op.cit.*, note 72, p.103.

737 Pour René Jean DUPUY, contrairement au droit interne qui est un « droit de subordination » dans lequel les institutions peuvent contraindre les sujets, le droit international n'est qu'un « droit de coordination » *in Du droit international …*, *op.cit.*, note 12 p. 3.

A. Les contraintes liées à l'autorité de chose jugée s'attachant aux arrêts de la CIJ dans l'ordre juridique international

La doctrine a eu tendance à dissocier le principe de la chose jugée et le principe de l'exécution[738]. Ceci n'exclut pas l'existence de rapports entre eux.

C'est le caractère définitif et obligatoire de l'arrêt selon ce qui a été énoncé par les articles 59 et 60 du statut de la CIJ[739] qui entraîne l'obligation d'exécution[740]. Comme l'a souligné la C.P.J.I dans l'affaire de la *Société commerciale de Belgique*, « si les décisions sont définitives, il est certain que le gouvernement hellénique est tenu de les exécuter telles quelles »[741]. En pratique, la juridicité de l'arrêt n'est pas synonyme de son effectivité. Ceci constitue un frein potentiel à l'exécution de l'arrêt de la Cour.

Pour le comprendre, il faut revenir aux dispositions empruntées au droit international classique consacrant la valeur du principe de la chose jugée[742].

La doctrine et la jurisprudence sont généralement d'accord sur la définition qui domine la matière, à savoir que la chose jugée porte sur « une présomption de droit rattachée à un acte juridictionnel ayant force de vérité »[743]. Il apparaît, en premier lieu, que seuls bénéficient de l'autorité de la chose jugée les actes juridictionnels ayant, dès leur prononcé, un caractère définitif. Cet aspect est l'attribut des décisions non susceptibles de faire l'objet de voies de recours,

---

738 A. PILLEPICH « Commentaire de l'article 94 de la Charte », in J.-P. COT, A. PELLET, M. FORTEAU, *La Charte des Nations Unies ? Commentaire article par article, Tome II*, Paris, Economica, 3ed, 2005, p.1276. M. KAMTO, *op.cit.*, p. 408 : « Il convient donc de distinguer entre le caractère obligatoire de cette décision, laquelle résulte du consentement des parties à la compétence d'une juridiction, fût-ce aux fins d'un litige précis, et le problème de son exécution ».

739 Selon l'Article 59 du statut de la CIJ. : « La décision de la Cour n'est obligatoire que pour les parties en litige et dans le cas qui a été décidé ». Selon l'article 60 : « L'arrêt est définitif et sans recours. En cas de contestation sur le sens et la portée de l'arrêt, il appartient à la Cour de l'interpréter, à la demande de toute partie ».

740 Selon l'article 94 de la Charte des Nations Unies.

741 C.P.J.I., *Société commerciale de Belgique* (Belgique c. Grèce), arrêt du 15 juin 1939, Série A/B, n° 78, pp. 159 et s.

742 Pour une définition de l'arrêt international, v. H. MOSLER, « Judgments of International Courts and Tribunals », in R. BERNHARDT, *Encyclopedia of Public International Law*, Elsevier, 1997, p. 31.

743 L. BRANT, *L'autorité de la chose jugée en droit international public*, Paris, L.G.D.J., 2003, p. 215.

hormis le recours en interprétation[744] et le recours en révision dans des conditions précisées aux articles 60 et 61 du statut[745].

---

[744] Selon l'article 60 § 2 « En cas de contestation sur le sens et la portée de l'arrêt, il appartient à la Cour de l'interpréter, à la demande de toute partie ». La demande en interprEtation ne remet pas en question le caractère définitif de l'arrêt, car ce n'est pas un recours à une autre autorité, la demande en interprEtation s'adressant à la Cour elle-même. Ce processus donne naissance à une nouvelle instance contrairement à celui de l'interprEtation opérative. Il n'a pour objet ni d'infirmer ni de confirmer ou de modifier le dispositif de l'arrêt, mais de procéder à l'éclaircissement de certains aspects de l'arrêt. En se livrant à l'exercice d'interprEtation de l'arrêt, la Cour « use d'une compétence implicite : elle se trouve amenée, sans plus, à clarifier le sens et la portée qu'elle a entendu attribuer à une décision antérieure issue de ses propres délibérations, en précisant au besoin ce qu'elle y a tranché avec force obligatoire ». L'essentiel est que la demande en interprEtation ne soit pas dénaturée. C'est l'expression du principe *non ultra petita* (CIJ, *demande en interprEtation de l'arrêt du 15 juin 1962 en l'affaire du temple de Préah Vihéar* (Cambodge c. Thaïlande), 11 novembre 2013, §71 ; voir aussi, Demande en interprEtation de l'arrêt du 20 nov. 1950 en l'affaire du droit d'asile (Colombie c/ Pérou), CIJ, *Rec.* 1950, p. 402 ; Mandat d'arrêt du 11 avr. 2000, RDC c/ Belgique, CIJ Rec. 2002, p. 18-19). L'interprEtation de l'arrêt doit se faire dans le respect de l'autorité de chose jugée et ne peut en aucun cas modifier les aspects de l'arrêt qui sont revêtus de l'autorité obligatoire ou consister en une demande de règlement de questions nouvelles : CIJ., *Affaire du Droit d'Asile, demande en interprEtation de l'arrêt du 20 novembre 1950*, arrêt du 27 novembre 1950, *Rec.* 1950, p. 395 (irrecevabilité de la demande) ; demande accueillie au contraire dans InterprEtation des arrêts n° 7 et 9, Usine de Chorzów (C.P.J.I., *Usine de Chorzów* (Allemagne c. Pologne), arrêt du 16 décembre 1927, série A, n°13). A titre d'illustration, dans son arrêt relatif à la *Demande en interprEtation en l'affaire Avena de 2009*, la CIJ. a estimé qu'il ne lui était pas possible de se prononcer, dans le cadre d'une demande en interprEtation sur le sens et la portée de l'arrêt Avena de 2004, sur la question générale des effets d'un arrêt de la Cour dans l'ordre juridique interne des Etats parties, dans la mesure où la question a été tranchée dans l'arrêt initial. CIJ., *Avena et autres ressortissants mexicains,* (Mexique c. Etats-Unis d'Amérique), 31 mars 2004, *Rec.,* p. 12. Dans le cadre de l'interprEtation, la Cour doit appliquer ses règles normales d'interprEtation dont la première est, d'après sa jurisprudence bien établie, qu'il faut interpréter les mots dans leur sens naturel et ordinaire dans le contexte où ils figurent. (CIJ., arrêt : exceptions préliminaires, 26 mai 1961, Rec., p.32)

[745] Tout comme la demande en interprEtation, la demande en révision ne met pas non plus en cause le caractère définitif d'un arrêt : si elle aboutit, la Cour sera amenée à prononcer un autre arrêt puisque les faits de la cause n'auront pas été les mêmes par suite de la découverte d'un fait nouveau. La Cour ne semble pas toujours partager cet avis. Elle se comporte au contraire comme si une telle procédure était susceptible de mettre en cause le caractère définitif de ses arrêts. D'où le caractère exceptionnel de l'admission de ce type de requête et l'examen strict de la recevabilité de toute demande en révision d'un arrêt de la Cour dans le cadre d'une telle procédure. Voir par exemple, X. RUEDIN, *Exécution des arrêts de la Cour européenne des droits de l'homme Procédure*, obligations des Etats, pratique et réforme, *Helbing collection droit international*, 2009, p. 98. Cela d'autant plus que ce type d'action peut être entamé sans le consentement de l'autre partie et donc s'ouvrir par requête unilatérale. Pour cette raison, et par respect du caractère consensuel de la justice internationale, la Cour n'accueille pas de bonne grâce de telles demandes et se montre exigeante quant à la qualification comme « fait nouveau » censé pouvoir exercer une influence décisive sur l'issue de l'affaire qu'elle distingue soigneusement des faits initiaux. CIJ., *Demande en révision et en interprEtation de l'arrêt du 24 février 1982*, arrêt du 10 décembre 1985, *Rec.* 1985, p. Tout est fait pour éviter que la demande en révision ne soit pas un recours « déguisé » contre l'arrêt initial.

La jurisprudence de la Cour tient cette position pour constante depuis le dernier arrêt qu'elle a rendu à propos de l'affaire du *Détroit de Corfou*[746]. La Cour indiqua, à cette occasion, que sa compétence ayant été établie par son arrêt du 9 avril 1947, elle ne pouvait plus être remise en question. Cette règle relative à la force de chose jugée (*formelle Rechtskraft*) d'un jugement en droit interne[747] est énoncée à l'article 1351 du code civil français[748]. La *res judicata* est nécessaire à la réalisation de l'impératif pratique de sécurité juridique, précisément en raison de l'idée de stabilité du droit et des situations individuelles et l'idée de prévisibilité qu'il implique[749]. Elle emporte l'effet *non bis in idem* faisant obstacle à la possibilité de soumettre le même objet à un autre jugement[750]. Ce concept n'est toutefois pas appliqué par la jurisprudence comme un principe général de droit, mais en référence au statut de la C.I.J[751]. L'autorité de l'arrêt n'est que relative, en ce sens qu'il ne s'applique qu'aux parties en cause (*inter partes)* et pour le seul cas qui a été tranché (article 59 du Statut) et à la triple identité classique de parties, de cause et d'objet[752].

Il apparaît en second lieu que l'arrêt de la CIJ se caractérise au même titre que les autres actes juridictionnels internationaux[753] par sa force juridique

---

746 Par exemple, CIJ., *Détroit de Corfou, fond, (Royaume-Uni de Grande-Bretagne et d'Irlande du Nord c. Albanie*), arrêt du 9 avril 1949, *Rec*., p. 4,

747 X. RUEDIN, *Exécution ..., op.cit.*, p. 98.

748 Article 1351, modifié par Ordonnance n°2016-131 du 10 février 2016 - art. 3 :
« L'impossibilité d'exécuter la prestation libère le débiteur à due concurrence lorsqu'elle procède d'un cas de force majeure et qu'elle est définitive, à moins qu'il n'ait convenu de s'en charger ou qu'il ait été préalablement mis en demeure ».

749 T. PIAZZON, *La sécurité juridique*, Paris, Defrénois, 2009, 627 p.

750 « La même affaire » implique l'identité des Parties (toutes les Parties intéressées ont participé à l'instance contentieuse contradictoire), l'identité de cause (identité du fondement juridique de la demande), l'identité concerne les points du litige.

751 P. A. FERNANDEZ-SANCHEZ, « The Interpretation of International Judgments in the Framework of the ICJ », in *Thesaurus Acroasium*, vol. 18, Thessaloniki, Institute of International Public Law of Thessaloniki, 1991, p. 518.

752 L'arrêt de la CIJ. n'affecte que les droits et intérêts des parties en différend, et cela uniquement dans le cas d'espèce. S'agissant des différends autres que celui tranché par la CIJ. ou des Etats autres que les parties en cause, une décision de la Cour ne saurait avoir à leur égard aucun effet obligatoire (article 59), selon le principe *res inter alios judicata aliis neque nocet neque potest*. Il se peut néanmoins que sans lier un Etat tiers, elle affecte ses intérêts. Dans certaines hypothèses, la décision peut avoir un effet *erga omnes*, c'est-à-dire une force obligatoire pour les Etats tiers. A titre d'exemple, la détermination par la CIJ. d'un régime territorial d'un Etat a un caractère objectif. Les Etats tiers devront respecter les limites territoriales de cet Etat à moins qu'ils n'expriment eux-mêmes des revendications territoriales.

753 L'autorité s'attache à l'ensemble des actes juridictionnels, y compris ses jugements avant-dire droit couvrant en particulier les décisions rendues sur les exceptions préliminaires, elle a été étendue par la CIJ. (CIJ., *Lagrand* (Allemagne c. Etats-Unis), arrêt du 27 juin 2001, §§ 92-110) à celles qui accordent des mesures conservatoires. J. COMBACAU, S. SUR, *Droit international public*, *op.cit.*, p. 604.

obligatoire pour les parties[754]. Circonscrite au dispositif de l'arrêt, celle-ci est susceptible de bénéficier aux éléments de l'exposé des motifs indispensables pour justifier le dispositif [755]. Les motifs de l'arrêt ne comportent pas un précédent obligatoire et la règle du *stare decisis* appliquée dans les pays de *Common Law* n'existe pas en droit international[756] bien qu'il s'agisse d'un élément permettant de garantir la constance jurisprudentielle. Dans l'affaire de la *Frontière terrestre et maritime entre le Cameroun et le Nigeria (Exceptions préliminaires)*, la CIJ a d'ailleurs précisé qu'« il ne saurait être question d'opposer les décisions prises par la Cour dans des affaires antérieures. La question est en réalité de savoir s'il existe pour la Cour des raisons de s'écarter des motifs et des conclusions adoptées dans ces précédents »[757].

Concrètement, l'interdépendance entre l'autorité de l'arrêt du 10 octobre 2002 et les conditions de son exécution ressort des règles juridiques classiques susmentionnées d'où l'utilité de les rappeler. C'est encore la Cour qui, dans l'affaire relative à la *Licéité de l'emploi de la force*, considère qu'« une décision de la Cour devrait avoir des conséquences pratiques en ce qu'elle devait pouvoir affecter les droits et les obligations juridiques des parties dissipant toute incertitude dans leurs relations juridiques »[758]. La nécessité de la prise en considération de l'exécution concrète de ses décisions a également été mise en évidence à l'occasion de l'affaire des *Essais nucléaires*. La Cour y estime qu'elle « ne voit pas de raison de laisser se poursuivre une procédure qu'elle sait condamnée à rester stérile »[759]. Au total, si l'autorité de la chose jugée est inhérente à toute décision judiciaire, donc à l'arrêt *Cameroun c. Nigeria*, l'acceptation étatique revêt une importance fondamentale pour garantir son effectivité. Cet élément peut porter préjudice au système d'exécution des décisions de la Cour.

---

[754] L. BRANT, *L'autorité de la chose jugée en droit international public*, Paris, L.G.D.J., 2003, 396 p.

[755] P. DAILLIER, M. FORTEAU, A. PELLET, *op.cit.*, pp. 1005-1006.

[756] L. CONDORELLI, « L'autorité des décisions des juridictions internationales permanentes », *op.cit.*, p. 309.

[757] CIJ., *Frontière terrestre et maritime entre le Cameroun et le Nigeria, Exceptions préliminaires*, (Cameroun c. Nigeria), arrêt du 11 juin 1998, *Rec.* p. 292, § 28.

[758] CIJ., *Affaire relative à la licéité de l'emploi de la force, Exceptions préliminaires,* (Serbie-et-Monténégro c. Belgique), arrêt du 15 décembre 2004, *Rec.* 2004, p. 38.

[759] CIJ., *Essais nucléaires*, (Australie c. France, Nouvelle-Zélande c. France), arrêt du 20 décembre 1974, *Rec.*, respectivement, p. 268, par. 46 ; p. 473, § 49.

B. Un système d'exécution des décisions de la Cour déterminé par la (bonne) volonté des Etats

La compétence de la Cour est purement consensuelle ; et si ses décisions bénéficient de la *res judicata*, il n'existe dans l'ordre juridique international aucun système crédible, susceptible de pallier l'absence d'exécution volontaire des décisions de la CIJ concernées. Depuis des temps immémoriaux, l'exécution des sentences internationales repose sur la (bonne) volonté des parties.

Il est ainsi possible de remonter à la période qui s'étend de l'antiquité grecque jusqu'aux conférences de La Haye de 1899 et 1907 pour comprendre leur exigence d'exécution *bona fides*[760].

L'article 37 § 2 de la convention pour le règlement pacifique des conflits internationaux signée à La Haye le 18 octobre 1907 prévoit que : « l'arbitrage international a pour objet le règlement de litiges entre les Etats par des juges de leur choix et sur la base du respect du droit. Le recours à l'arbitrage implique l'engagement de se soumettre de bonne foi à la sentence ».

La tendance amorcée par les conventions de La Haye de 1899 et 1907 s'est affermie avec l'article 13 du Pacte de la SDN disposant que les membres de la Société des nations s'engagent à exécuter de bonne foi les sentences rendues par la CPJI ou les tribunaux arbitraux. L'obligation d'exécuter la décision rendue a été reprise à l'article 94 §1 de la Charte des Nations Unies[761]. De la même manière, l'article 32 des règles modèles sur la procédure arbitrale, adopté en 1958, entérine la solution coutumière, en y rajoutant le caractère immédiat de l'exécution à donner à la sentence[762]. Enfin, la jurisprudence semble confirmer cette façon de voir. On se bornera à citer à cet effet l'affaire des *héritiers de Massiani, Commission franco-vénézuélienne de 1902*[763] et l'Avis de la CIJ du 13 juillet 1954 relatif à *l'Effet des jugements sur le Tribunal Administratif des Nations Unies*[764].

Cet idéal d'exécution de bonne foi soulève l'une des questions, sinon la question la plus fondamentale qu'induit l'autorité des arrêts rendus par la CIJ : comment en effet assurer de manière effective, en droit comme en fait, l'exécution d'arrêts dont l'autorité juridique est indéniable certes, mais malheureusement dérisoire, car soumise au bon vouloir des Etats ? La réponse

---

760 E. TUNCEL, *L'exécution… op.cit.*, note 10, 136 p.

761 L'exigence d'exécution a été étendue aux Etats non membres des Nations Unies devenus parties au statut de la Cour. Quant aux Etats admis à ester devant la Cour sans être parties au statut, leur situation est régie par l'article 35 § 2 du statut.

762 A. GIARDINA, « La mise en œuvre au niveau national des arrêts et des décisions internationaux », *R.C.A.D.I.*, 1979-IV, vol. 165, pp. 237-313, p. 247.

763 N.U, Vol. X, p.163.

764 CIJ., *Effets de jugements du Tribunal Administratif des Nations Unies accordant indemnités*, avis consultatif du 13 juillet 1954, *Rec.* 1954, p. 47, spéc. p. 53.

à cette question a été esquivée en raison du bilan globalement positif des arrêts de la CIJ, ou du moins du bilan de son activité envisagé *in concreto* comme facteur de son efficacité[765].

L'attitude des Etats vis-à-vis de l'application des arrêts en matière de délimitation territoriale a été considérée au regard de la bonne foi comme prometteuse. Pourtant les décisions de la CIJ n'ayant pas été exécutées comme celles rendues dans les affaires des *Activités militaires et paramilitaires au Nicaragua et contre celui-ci (Nicaragua c. Etats-Unis)*[766] et *LaGrand (Allemagne c. Etats-Unis)*, n'ont pas fait l'objet d'une exécution forcée. Et ce, en dépit de l'existence de l'article 94 de la Charte[767]. En principe, la violation d'une obligation internationale constitue un fait illicite au niveau international engageant la responsabilité internationale de son auteur[768]. L'arrêt du 10 octobre 2002 a pourtant prouvé que la CIJ ne se risque pas aisément sur une telle voie. A l'exception de rares décisions rendues à l'occasion de demande en indication de mesures conservatoires, la Cour n'a pas toujours eu l'occasion de se prononcer sur un contentieux relatif à l'exécution de ses décisions[769]. C'est donc aux parties que la société internationale, peu intégrée et décentralisée, laisse le soin de tirer les conséquences de la chose jugée[770]. Cette autonomie étatique cadre avec la logique globale du droit international public[771]. Lorsqu'il établit des devoirs pour les Etats, le droit international n'est en principe pas intéressé à ce que ceux-ci exercent une activité spécifiquement déterminée, mais plutôt à ce qu'un but soit atteint.

Les obligations incombant au *Cameroun* et au *Nigeria* en la matière sont des obligations de résultat. La seule condition posée par le droit international est que le résultat voulu par la règle de droit international soit atteint, que les moyens utilisés permettent la réalisation du but poursuivi[772]. Une fois l'arrêt

---

[765] O. CORTEN et P. KLEIN, « L'efficacité de la justice internationale au regard des fonctions manifestes et latentes du recours à la Cour Internationale de Justice », in R. BEN ACHOUR et S. LAGHMANI, *Justice et juridictions internationales*, Paris, A. Pedone, 2000, pp.33-71, p.41.

[766] CIJ., *Activités militaires et paramilitaires au Nicaragua et contre celui-ci compétence de la Cour et recevabilité des requêtes* (Nicaragua c. Etats-Unis), arrêt du 26 novembre 1984, *Rec.*, p. 439, par. 104-105 ; *Ibid.*, *fond*, arrêt du 27 juin 1986, *Rec.*, pp. 27-28.

[767] CIJ., *LaGrand* (Allemagne c. Etats-Unis), arrêt du 27 juin 2001, R*ec.*, p. 513.

[768] J. COMBACAU, S. SUR, *Droit international public*, *op.cit.*, p. 607 ; S. ROSENNE, *The Law and Practice of the International Court 1920-2005*, Leiden, Martinus Nijhoff Publishers, Boston, 2006, 4ème éd., 4 vol., 1891 p., p. 208.

[769] Dans le même sens, G. GUILLAUME, *op.cit.*, *R.S.D.I.E.*, 1997, *vol.* 7, p. 179. Pour l'ancien président de la CIJ., les rédacteurs de la Charte refusaient d'ailleurs toute idée d'une intervention, et plus globalement, d'une compétence des juges de La Haye à l'égard de ces questions.

[770] A. GIARDINA, « La mise en œuvre au niveau national des arrêts et des décisions internationaux », *op.cit.*, pp. 247-248.

[771] En revanche, si l'arrêt de la CIJ condamne une partie à accomplir un acte déterminé, l'Etat en cause a l'obligation de l'exécuter en agissant selon les instructions du tribunal.

[772] H. MOSLER, « Judgments of International Courts and Tribunals » in S. BERNHARDT, R. L. BINDSCHEDLER, P. MACALISTER-SMITH (dir.), *Encyclopedia of Public International Law*,

du 10 octobre 2002 rendu, les parties peuvent diverger ou, dans le meilleur des cas, convenir d'une solution différente. Le professeur Condorelli affirme, dans ce sens, que par son autorité « l'effet de la décision est de confirmer ou créer *ex novo* pour les parties, dans leurs relations réciproques, une obligation internationale dont elles peuvent se libérer consensuellement »[773]. Un constat similaire est effectué par la C.I.J dans l'affaire relative à la *Compétence en matière de pêcheries*[774].

Or, ceci ne facilite pas toujours une exécution immédiate et inconditionnelle. Vu la configuration actuelle du système juridique international, ce sont surtout les contraintes liées à la difficulté d'obtenir l'exécution forcée des décisions de la CIJ, dans un ordre juridique décentralisé, qui influencent la mise en œuvre de l'arrêt du 10 octobre 2002

Paragraphe 3. Les contraintes liées à la difficulté d'obtenir l'exécution forcée des décisions de la Cour internationale de Justice dans un ordre juridique décentralisé

Le droit se définissant dans une certaine mesure par la sanction, la procédure contentieuse devant la C.I.J devrait pouvoir être suivie d'une exécution forcée[775]. Or, l'inefficacité du mécanisme institutionnel prévu par l'article 94 de la Charte (A) et l'arsenal d'autres sanctions (B) y sont peu propices.

A. L'inefficacité du mécanisme institutionnel prévu par l'article 94 § 2 de la Charte des Nations unies

L'arrêt du 10 octobre 2002, acte final de la procédure judiciaire, est en principe susceptible d'exécution par la contrainte. C'est une garantie utile pour pallier la mauvaise foi de la partie défavorisée par l'édit judiciaire. Si c'était une décision étatique, le problème serait très simple. Les parties pourraient être contraintes à l'exécuter. Mais vu que c'est une juridiction internationale qui a rendu la décision, elle n'est pas exécutoire d'office. Une Cour, fût-elle internationale, ne peut pas donner d'ordre aux officiers de la force publique sur le plan national. L'exécution forcée de l'arrêt de la Cour se trouve du reste assujettie à certaines formalités qui peuvent difficilement être

---

Max Planck Institut für ausländisches öffentliches Recht und Völkerrecht, Heidelberg, Amsterdam, North-Holland, 1992, vol. I, p. 116.

773 L. CONDORELLI, *op.cit.*, p. 292.

774 CIJ., *Compétence en matière de pêcheries* (Royaume-Uni c. Islande et R.F.A. c. Islande), arrêt du 25 juillet 1974, *Rec.*, p. 34, par. 78.

775 L. CONDORELLI, *op. cit.*, p. 277.

respectées. Certains auteurs en déduisent que le droit international est un « droit proclamatoire » par opposition à un droit exécutoire[776].

Nonobstant l'extension de ce régime aux ordonnances en indication de mesures conservatoires depuis l'arrêt *LaGrand*[777], l'inefficacité du système de l'article 94 § 2 de la Charte est à cet égard manifeste[778]. La rédaction trop permissive de cette disposition lui confère une normativité « minimale »[779].

D'une part, la disposition en question se contente de rappeler la simple obligation des Etats parties de se conformer aux décisions de la Cour. Le pouvoir d`appréciation du Conseil de sécurité quant à l'opportunité de faire des recommandations ou de prendre une décision est par ailleurs discrétionnaire[780]. Les termes « s'il le juge nécessaire » et l'utilisation du verbe « pouvoir » l'indiquent. Dans l'affaire de *l'Anglo-Iranian Oil Company*[781], l'article 94 a été expressément invoqué devant le Conseil de sécurité afin que l'Iran soit obligé par la Grande-Bretagne de donner exécution à l'ordonnance en indication de mesures conservatoires édictées à son encontre par la CIJ. Le Conseil de sécurité y a répondu en visant des dispositions générales comme fondement de sa compétence et non l'article 94 § 2.

D'autre part, le mécanisme de la Charte manque de précision[782]. Les mesures susceptibles d'être prises par le Conseil de sécurité ne sont pas autrement spécifiées. Il est par conséquent difficile d'en identifier l'objet et le

---

776 L'expression « exécutoire » est employée dans « l'ordre interne pour indiquer que l'acte, la décision, ou le titre auquel il s'applique suffit à déterminer l'action de l'autorité publique en vue d'assurer l'exécution de ce qui s'y trouve ordonné ou promis ». P. BASDEVANT, *Dictionnaire de la terminologie du droit international*, Paris, Sirey, 1960, p. 275. Sur ces concepts, voir M. CHEMILLIER-GENDREAU, « Le droit international : droit proclamatoire et droit exécutoire (idéologie et /ou superstructure) », in *Réalité du droit international contemporain*, vol.2, 1978, pp.46-57

777 CIJ., *LaGrand*, (Allemagne c. Etats-Unis), arrêt du 27 juin 2001, *Rec*., p. 485, § 48.

778 Voir sur ce point L. CAVARE, « L'arrêt de la CIJ. du 18 novembre 1960 et les moyens d'assurer l'exécution des sentences arbitrales », *Mélanges H. Rolin*, Paris, Pedone, 1964, pp. 39-54 ; « Commentaire de l'article 94 », dans Leland M. Goodrich Edvard Hambro et Anen Patricia Simons, *Charter of The United Nations, Commentary and Documents*, New York, Londres, Columbia University Press, 3ème édition révisée, 1969, pp. 555-558 ; A. PILLEPICH « Commentaire de l'article 94 », in J.-COT ET A. PELLET (dir. Publ.), *op. cit*., note 24, pp. 1273-1285.

779 Le professeur Prosper Weil évoque la « normativité minimale », en opposition à la normativité « maximale ». Pour une compréhension des deux notions, voir P. WEIL, *Perspectives du droit de la délimitation maritime*, Paris, Pedone, 1988, pp. 185-188.

780 S. SUR, « Le Conseil de sécurité : blocage, renouveau et avenir », *Pouvoirs* 2004/2, p. 69.

781 CIJ., *Anglo-Iranian Oil Co, les exceptions préliminaires*, arrêt du 22 juillet 1952, *Rec*., 1952, p. 93.

782 A. PILLEPICH, « Commentaire de l'article 94 de la Charte », *in* J.-P. COT, A. PELLET, M. FORTEAU, *op.cit*., p. 1995 ; J.-L. ATANGANA AMOUGOU, « La négociation dans l'exécution des arrêts de la CIJ. », *R.R.J.*, Droit prospectif, 2006-2, p 1521.

contenu. La voie est donc ouverte à de nombreuses hypothèses : recommandations visant à mettre l'Etat récalcitrant « au banc des accusés », exclusion de l'Etat membre de l'Organisation dont le refus d'exécuter l'arrêt de la Cour est caractérisé, voire suspension du droit de représentation à l'Assemblée générale de l'ONU. Or, l'efficacité de telles mesures reste discutable.

Un autre facteur décisif réside dans la nature politique du Conseil de sécurité[783] et la multiplicité des enjeux stratégiques, économiques, commerciaux ou militaires liés à son activité juridique. Ce forum « ne veille aux intérêts de la communauté internationale que pour autant que ces intérêts ne heurtent pas ceux des membres permanents »[784]. Il paraît en effet impossible de faire appliquer l'article 94 § 2 contre un membre permanent du Conseil, voire contre un Etat ami ou un « allié » important faisant partie des cinq membres permanents. La procédure d'exécution forcée risquerait d'être bloquée en raison de l'utilisation par un de ses membres permanents de son droit de veto. Le recours exercé dans ce cadre par le Nicaragua le 17 octobre 1986 face au refus catégorique des Etats-Unis d'exécuter l'arrêt du 27 juin 1986 de la CIJ dans *l'affaire des Activités militaires et paramilitaires au Nicaragua et contre celui-ci* l'illustre[785]. Le projet de résolution n° 18250 proposé par Managua à la 2703e séance du Conseil[786] s'est heurté à un vote négatif des Etats-Unis (membre permanent du Conseil de sécurité en date du 3 novembre 1986) et n'a pas été adopté. La question fut soumise à l'Assemblée générale qui, sur le fondement de l'article 10 de la Charte, émit des recommandations (non obligatoires) à l'adresse des parties. Cette position jurisprudentielle renseigne sur la résonance spécifique des décisions de la CIJ entre politique et droit[787].

Dans la même veine, le projet de résolution 3735 du Conseil de sécurité ordonnant l'application contre l'Iran de sanctions prévues par la résolution 461 du 31 décembre 1979 relative à *l'affaire du Personnel diplomatique à Téhéran,* s'appuyait sur les articles 25, 39 et 41 au lieu de l'article 94 de la

---

783 La sanction est appelée à s'appliquer, non pas à des individus dont le degré potentiel de violence exercé en réaction à la sanction serait nécessairement endigué par la contrainte Etatique, mais à des Etats dont les réactions pourraient porter atteinte à la stabilité de l'ordre public international. H. L. A, *Le concept de droit* (1976) trad. par M. VAN DE KERCHOVE, Bruxelles, Publications des facultés Universitaires Saint-Louis, 2ème éd, 2005, 344 p., §§ 214 et suiv.

784 M. KAMTO, « La volonté de l'Etat... », *op.cit.,* p. 422.

785 CIJ., *Activités militaires et paramilitaires au Nicaragua et contre celui-ci compétence de la Cour et recevabilité des requêtes* (Nicaragua c. Etats-Unis), arrêt du 26 novembre 1984, *Rec.* 1984, p. 439, par.104-105 ; *Ibid., fond,* arrêt du 27 juin 1986, *Rec.*, pp. 27-28.

786 S/*PY. 2718.*

787 M. CHEMILLIER-GENDREAU, « Face aux Etats souverains, la Cour internationale de Justice entre politique et droit », *Le Monde diplomatique*, novembre 1996, archives en ligne consultée le 1/10/2013.

Charte.[788] Il s'était heurté au veto de l'Union soviétique. En revanche, l'action du Conseil a été décisive pour assister les parties dans la mise en œuvre de l'arrêt *Tchad c. Libye*[789].

Au vu de ces précédents, le caractère hypothétique de l'action du Conseil en vue d'une éventuelle exécution forcée de l'arrêt rendu dans l'affaire de la *Frontière terrestre et maritime* était notable.

Le Nigeria, puissance régionale avantagée par d'excellentes relations avec la plupart des membres permanents du Conseil de sécurité, semblait assuré du moins en 2002, que ceux-ci soient peu désireux de prendre des mesures l'obligeant à se conformer à la décision de la Cour qu'il avait rejetée dans un premier temps en prétextant n'avoir jamais été lié à celle-ci[790], et pour en compliquer la mise en œuvre[791]. Les membres permanents du Conseil de sécurité avaient, se souvient-on, estimé qu'une participation collective et formelle du Conseil de sécurité serait inappropriée[792]. Ils ont d'ailleurs dissuadé le Cameroun de saisir le Conseil de sécurité en vertu de l'article 94 § 2 et recommandé au Secrétaire général de l'ONU de provoquer des discussions bilatérales entre les dirigeants des deux pays.

Si l'illicéité d'une situation relative aux suites d'un arrêt de la Cour peut fonder l'intervention du Conseil de sécurité, elle ne constitue pas une condition *sine qua non* de sa réaction[793]. Le problème réside moins dans la réalité des instruments juridiques devant permettre une intervention de toute façon aléatoire du Conseil[794] que dans la « volonté politique » de l'Etat lésé

---

[788] CIJ, *Personnel diplomatique et consulaire des Etats-Unis à Téhéran* (Etats-Unis c. Iran), arrêt du 24 mai 1980, p. 19, § 36.

[789] CIJ, *Différend territorial* (Jamahiriya arabe libyenne/Tchad), arrêt du 3 février 1994, *Rec.*, p. 26, § 52.

[790] Voir, « Obasanjo Denies Bakassi Promise », BBC, 25octobre 2002, relatant que « *The Nigerian President stated that Nigeria was not bound to respect the ICJ ruling* ». Source : http://news.bbc.co.uk. Consulté le 20 janvier 2004.

[791] Il faut également noter que depuis qu'elle exerce, la CIJ. n'a connu que trois cas d'exécution de ses arrêts. Il s'agit de l'arrêt rendu en l'affaire du *Détroit de Corfou* (CIJ., *Détroit de Corfou,* (Royaume-Uni de Grande-Bretagne et d'Irlande du Nord c. Albanie)), fond, arrêt du 9 avril 1949) ; les arrêts sur l'affaire de *la compétence en matière de pêcheries* (CIJ., *Compétence en matière de pêcheries, fond,* (République fédérale d'Allemagne c. Islande), arrêt du 25 juillet 1974), et sur *les activités militaires et paramilitaires au Nicaragua et contre celui-ci* (CIJ., *Activités militaires et paramilitaires au Nicaragua et contre celui-ci, compétence de la Cour et recevabilité de la requête,* (Nicaragua c. Etats-Unis), arrêt du 27 juin 1986, *Rec.*, pp. 27-28), l'article 94 n'a été évoqué que dans le dernier arrêt, où il a donné lieu à un projet de résolution du Conseil de sécurité qui s'est heurté au droit de veto des Etats-Unis et n'a donc jamais pu être adopté.

[792] V. GOWLLAND-DEBBAS, « Security Council Enforcement Action and Issues of State Responsibility », *I.L.C.L.Q.*, 1994, p. 71: « *The Security Council is clearly a political organ and political considerations motivate decisions of Security Council members* ». L'article identifie également le potentiel abus de pouvoir du Conseil de sécurité. *Id.*, pp. 73-74.

[793] M. FORTEAU, *Droit de la sécurité collective et droit de la responsabilité internationale de l'Etat*, Paris, Pedone, 2006, 699 p., pp. 51-52.

[794] Le Conseil de sécurité fonctionne avec des Etats membres permanents qui disposent du droit de veto. Le droit de veto constitue un élément de blocage pouvant paralyser l'institution. Et cela

de saisir le Conseil et la volonté de ce dernier de rendre exécutoire l'arrêt de la Cour. L'élément de la subjectivité des Etats est fortement prédominant comme logique ordinaire du droit international.

La volonté du Cameroun de saisir le Conseil de sécurité faisait défaut. L'un des conseils du Cameroun dans cette affaire observait à l'époque que : « le Cameroun n'arrive pas à l'heure actuelle à saisir le Conseil de sécurité, alors que deux ans après l'arrêt de la Cour, il serait à mon avis légitimé à le faire »[795]. Après avoir annoncé son intention de saisir l'organe politique des Nations Unies à la suite des incidents survenus le 17 décembre 2005[796], le Cameroun y a renoncé[797]. Six ans après l'arrêt de la Cour, il avait le droit de le faire en vertu de l'article 94 de la Charte. Toutefois, le gouvernement français qui l'avait pourtant encouragé à saisir la CIJ en 1994, a exercé une pression pour que le gouvernement camerounais s'abstienne.

Au total, l'intervention contraignante du Conseil semble incertaine et plus affectée par des aléas de politique que par des empêchements juridiques. Le bilan en la matière le montre peu désireux de s'immiscer dans le contentieux territorial touchant à la souveraineté des Etats. Par sa retenue, le Conseil semble préférer une injustice au désordre, en cas de fortes tensions à la suite d'un arrêt de la Cour[798].

---

d'autant plus que le veto est un excellent moyen dissuasif, les Etats qui disposent du veto n'ont même pas à l'utiliser effectivement puisque le seul fait de le brandir décourage les Etats ayant une prétention d'aller au bout de la procédure. C'est un élément qui compromet sérieusement la capacité de décision du Conseil qui se trouve alors hors d'Etat de pouvoir intervenir pour régler un différend qui pourrait constituer un risque à la paix et à la sécurité internationales. Mais l'étude de cet aspect du Conseil de sécurité n'est pas vraiment essentielle pour notre travail. Ce qui nous intéresse surtout, c'est ce qui se passe dans le cadre de la mise en œuvre de la décision rendue en l'espèce par la principale juridiction de l'ONU.

795 A. PELLET « Le renforcement du rôle de la CIJ. » *in* Yves Sandoz (dir.), *Quel droit international pour le XXIème siècle* ? (Actes du colloque de Neuchâtel), Bruxelles, Bruylant, 2007, pp. 235-253, p. 139.

796 En renfort de cette affirmation, il est possible d'évoquer les nombreuses attaques non élucidées, perpétrées sur des soldats camerounais et revendiquées haut et fort par des groupes non identifiés apparentés peu ou prou au Mouvement d'Émancipation du Delta du Niger, dont l'agression de la péninsule de Bakassi en 2005 qui fait un mort, de nombreux blessés et d'importants dégâts matériels, ou encore l'attaque du 12 novembre 2007 dans la crique d'Issangele, proche du Rio Del Rey, qui avait provoqué la mort de 21 militaires camerounais, jeunes recrues pour la plupart. Et le 9 juin 2008 est confirmé l'assassinat fort en symbole du sous-préfet de Kombo à Bedimo et de cinq soldats camerounais enlevés quelques jours auparavant. Ajoutons à cela la décision du Sénat nigérian qui avait déjà déclaré illégale la cession de Bakassi le 22 novembre 2007, et le fait que des sénateurs nigérians contestaient la légalité des arrangements post-juridictionnels conclus entre les présidents Paul Biya et Olusegun Obasanjo ; le Sénat nigérian prétextant abusivement le défaut de ratification dudit accord par l'Assemblée nationale de la République fédérale du Nigeria pour justifier sa position tranchée.

797 Yaoundé - 22 Juin 2005, Voir le communiqué du gouvernement camerounais à ce sujet : « Face à ces actes répétés d'agression et de provocation de l'armée nigériane, S.E.M. Paul Biya, président de la République du Cameroun, a décidé de saisir l'organisation des Nations Unies... ».

798 A. PELLET, *Ibid.*, pp. 235-253; I. J. GASSAMA, « World Order In the Post-Cold War Era: The Relevance and Role of the United Nations After Fifty Years », *B.I.L.J.*, 1994, pp. 266-268

A cet égard, le § 2 de l'article 94 apparaît comme « une arme peu dissuasive dans la mesure où il n'y a aucune garantie qu'elle tonnera en cas de besoin ; elle peut n'être qu'un pétard mouillé »[799]. Ce serait là une interprétation exagérée et même inexacte qui viderait de sa portée et de son sens la force obligatoire des arrêts. L'obligation des parties à exécuter l'arrêt les lie en droit. Le fait que le refus d'assurer les conséquences d'un tel engagement ne puisse pas être sanctionné efficacement ne remet pas en cause sa force juridique. Il est, de plus, appréciable qu'à défaut d'avoir dû et/ou pu contraindre le Nigeria à exécuter la décision, le Conseil de sécurité des Nations Unies[800], constitué de ceux-là qui s'étaient abstenus d'intervenir formellement dans le différend, à savoir les « P5 » (cinq membres permanents), ait chargé le Secrétaire général de l'Organisation de provoquer la négociation bilatérale entre les deux Etats[801].

Sur un plan plus global, rien n'interdit de procéder à une interprétation plus dynamique des dispositions de l'article 94 § 2 afin de prendre en considération l'évolution de la jurisprudence depuis l'arrêt du 27 juin 2001 *LaGrand*[802]. L'évolution des réalités de la société internationale constitue un motif évident d'émancipation de la jurisprudence dans ce sens. Elle confère aux ordonnances en indication de mesures conservatoires la même force juridique contraignante que les arrêts. En outre, plusieurs solutions ont été préconisées pour remédier aux lacunes intrinsèques des dispositions de l'article 94§2[803]. Il a été suggéré de réviser les dispositions en la matière de façon à rendre obligatoire l'action du Conseil de sécurité lorsque celui-ci est saisi par une partie en cas d'inexécution.

De telles propositions formulées au début de la Conférence de San Francisco par le gouvernement cubain et par le juge *ad hoc* du Nigeria dans l'affaire de la *Frontière terrestre et maritime*[804] à l'occasion du 50e anniversaire de la Cour, sont envisageables sur le plan juridique, mais difficiles à mettre en œuvre sur le plan politique. Lier le Conseil de sécurité revient à contrarier non seulement le caractère consensuel de la justice

---

(1994): « *Enforcement of ICJ rulings by the Security Council is purely discretionary and that the UN machinery is slow to intervene militarily* ».

799 M. KAMTO, « Considérations actuelles sur l'inexécution des Décisions de la Cour internationale de Justice » in T. M. NDIAYE et W. WOLFRUM (eds), *Law of The Sea, Environmental Law and Settlement of Disputes*, Leiden, Martinus Nijhoff Puublishers, 2007, p. 216.

800 Sur ce point, R. RANJEVA, « Allocution d'ouverture », in R. MEDHI, « Rapport des Nations Unies et les sanctions, le temps des incertitudes », note 17, p. 14.

801 Voir, « Mission to Go to Bakassi », BBC, 3 Décembre 2002: « The *U.N. Secretary-General Kofi Annan created a commission consisting of presidents of both countries to discuss the border dispute* ». Source : http://news.bbc.co.uk, consultée 18 janvier 2004.

802 CIJ., *LaGrand (Allemagne c. Etats-Unis)*, arrêt du 27 juin 2001, *Rec.*, p. 513, § 125.

803 M. KAMTO, *op. cit., note 684*, pp. 222-223.

804 Annuaire de la Commission de droit international, 1er mai 2002.

internationale, mais surtout les logiques à la base du droit international. Il est peu probable que les membres du Conseil s'accommodent d'une telle formule ou que les Etats gratifient le P5 d'une telle prérogative. Les contraintes liées aux insuffisances du système d'exécution des décisions de la Cour peuvent être tempérées à la lumière de *Cameroun c. Nigeria* par la négociation provoquée en vue de l'exécution des arrêts. L'objectif est ici de contenir les obstacles de la phase post-judiciaire. Dans l'arsenal des mécanismes possibles, il reste peut-être d'autres possibilités ouvertes aux Etats ?

B. L'inadéquation des mesures unilatérales admises classiquement par le droit international

L'inefficacité des instruments juridiques prévus par la Charte peut en théorie être corrigée par des mécanismes parallèles de contrainte admis par le droit international en cas de comportement illicite. Tout défaut d'exécution engage la responsabilité de l'Etat défaillant dont le comportement est devenu illicite. Il offre des possibilités à l'Etat lésé d'obtenir, fût-ce de mauvais gré, l'exécution de la décision par l'Etat défait. Il est utile de recenser de tels mécanismes.

La première voie ouverte aux Etats lésés par l'inexécution d'une décision judiciaire vise les moyens unilatéraux de pression reconnus par le droit international. Un Etat peut se faire justice à lui-même lorsqu'il s'estime lésé par un fait illicite[805]. Il peut employer des mesures de rétorsion, c'est-à-dire des « actes de contrainte qui ne comportent pas d'usage de la force armée et sont licites en eux-mêmes au regard du droit international », mais n'en sont pas moins discourtois, rigoureux ou dommageables[806]. Ce sont pour Jean L'Huillier, les seules voies d'exécution à caractère non collectif qui demeurent licites dans le système de la Charte, parce qu'elles « constituent l'exercice de facultés dont les Etats peuvent user dans leurs rapports en temps de paix »[807].

L'Etat lésé peut réagir, d'une part, par un comportement inamical, mais non illicite en lui-même en recourant aux techniques unilatérales de réalisation des droits dont il a obtenu la consécration[808]. Ces contre-mesures sont

805 Denis ALLAND, *ibid.*, pp. 130 et s., §§ 87 et s.

806 P. DAILLIER et A. PELLET, *Droit international public (Nguyen Quoc Dinh)*, Paris, L.G.D.J., 2002, 7e éd., p. 955, § 572. *Cf.* également D. ALLAND, *Justice privée et ordre juridique international. Étude théorique des contre-mesures en droit international public*, Paris, Pedone, 1994, p.131 par. 89. Il faut bien préciser comme le font les auteurs précités que la rétorsion peut aussi bien répondre à une mesure licite qu'illicite.

807 J. L'HUILLIER, *Eléments de droit international public*, Paris, Ed. Rousseau, 1950, 440 p., p. 411.

808 J. COMBACAU, S. SUR, *op.cit.*, p. 604.

caractérisées par leur « illicéité intrinsèque »[809]. Elles sont en revanche un moyen de mise en œuvre de la responsabilité lorsque l'Etat responsable ne se conforme pas aux obligations que fait naître l'engagement de sa responsabilité.

En application de l'article 49 § 1 du projet d'articles de la CDI : « L'Etat lésé ne peut prendre de contre-mesures à l'encontre de l'Etat responsable du fait internationalement illicite que pour amener cet Etat à s'acquitter des obligations qui lui incombent en vertu de la deuxième partie (sur le contenu de la responsabilité) ». Ainsi, il peut être question pour l'Etat crédité par la décision d'obtenir la « garantie » de son droit, notion qui correspond à ce que la doctrine italienne a pu nommer « fonction exécutive » du droit international. A ce sujet, Roberto Ago relève que : *« La ragione per cui certi atti comportanti l'impiego della forza sono giudicati, in determinate ipotesi, come leciti dall'ordinamento internazionale, sta appunto nel rilievo di fatti di garanzia del diritto, di fatti giuridici di coercizione o di sanzione che, in presenza di date situazioni di fatto, determinate norme conferiscono loro »*[810].

De fait, la structure actuelle de la société internationale rend malaisée toute tentative pour un Etat lésé par l'inexécution d'une décision de justice de se faire justice[811], ou d'user individuellement de la violence en vue d'assurer l'exécution des sentences rendues à son profit[812]. Au final, l'arrêt international n'a des effets directs dans l'ordre interne que si ce dernier le prescrit ou l'autorise[813]. Or, ce type de procédure se heurte à des obstacles d'ordre pratique et dans certains cas d'ordre sociopolitique.

L'autre voie éventuelle consisterait en l'appel aux juridictions nationales afin d'obtenir l'exécution de l'arrêt international. Ce procédé présentant un caractère purement national peut se produire dans trois hypothèses :

---

809 Voir *Rapport de la Commission du droit international sur les travaux de sa cinquante-troisième session*, 2001, *Supplément n° 10* (A/56/10), pp. 192 et s.

810 R. AGO, *Scienza giuridica e diritto internazional*, Milano, Giuffrè, 1950, p. 105, note 1 (italiques ajoutées) : « La raison pour laquelle certains actes impliquant l'emploi de la force sont jugés, dans certaines hypothèses, licites par l'ordre international réside dans leur qualité de fait de garantie du droit, de fait juridique de coercition ou de sanction, qui leur est conférée par certaines normes dans certaines situations concrètes » (traduction libre).

811 D. ALLAND donne une définition de cette « justice privée » : « un sujet poursuit par ses propres moyens sans intervention d'une autorité extérieure, la protection ou l'exécution de ce qu'il considère comme étant son droit » : *Justice privée et ordre juridique international*, Paris, Pedone, 1994, p. 1.

812 Dans l'affaire du *Détroit de Corfou* (CIJ., *Détroit de Corfou* (*Royaume-Uni c. Albanie*), arrêt au fond du 9 avril 1949, *Rec.*, p. 4), la CIJ déclare illicite l'opération de déminage effectuée par la marine de guerre britannique dans les eaux albanaises à la suite des explosions de mines subies par des contre-torpilleurs. CIJ., *Rec.*, pp. 32-35.

813 H. MOSLER, « Judgments of Internationall Courts and Tribunals », *op. cit.*, p. 5.

(i) lorsqu'un sujet de droit interne sollicite la mise à exécution par un Etat d'une décision judiciaire internationale[814] ;

(ii) lorsque l'action est introduite par un national de l'Etat créancier devant les juges de l'Etat débiteur[815] ;

(iii) lorsque l'action est exercée par un national de l'Etat débiteur devant les juges du même Etat ou par un particulier devant les juges de l'Etat créancier ou d'un Etat tiers[816]. L'inconvénient de telles procédures réside dans leurs chances réduites de succès. Le juge interne se montre peu enclin à donner effet aux décisions judiciaires internationales. Cela étant, il lui arrive de les prendre en considération en vue de l'interprétation d'une règle interne ou internationale, ou afin d'empêcher le réexamen de questions déjà réglées selon la doctrine du *collateral estoppel.*

Face à l'aspect figé des solutions classiques d'exécution des décisions de justice, la voie est ouverte à l'imagination. On pourrait concevoir une espèce de saisie-arrêt sur les sommes dues à l'Etat crédité par le jugement. Ainsi, il pourrait demander la coopération d'Etats tiers sur le territoire duquel l'Etat « rebelle » posséderait des biens. Bien qu'elle soit reconnue comme une voie d'exécution par la doctrine[817], cette solution paraît aléatoire. Le défaut majeur d'une telle procédure réside dans le fait que les ordres juridiques internes, notamment africains, ne sont pas préparés pour exécuter de manière autoritaire des mesures de la nature de celles que la CIJ édicte[818]. L'exécution forcée peut en revanche être envisagée par avance par les Etats parties, lesquels confieraient par voie de compromis à la Cour certaines attributions en matière d'exécution de ses jugements[819].

En définitive, le constat est identique à celui effectué par W. Jenks lorsqu'il déplore la faiblesse de l'exécution forcée des décisions de la CIJ [820] dans un

---

[814] F.-M. PALOMBINO, « Les arrêts de la Cour internationale de Justice devant le juge interne », *A.F.D.I.*, vol., n° 51, 2005, pp. 121-139.

[815] CIJ., *Avena et autres ressortissants mexicains*, (Mexique c. Etats-Unis d'Amérique), 31 mars 2004, *Rec.*, p. 12.

[816] Voir CIJ. L'affaire *Socobel* devant le tribunal civil de Bruxelles. L'arrêt est publié dans la *Revue critique de droit international privé*, 1952, p. 111.

[817] J. DUMAS, « Sanctions of International arbitration », *A.J.I.L.*, 1911, p. 934. Voir également, P. LALIVE, « L'affaire de l'or monétaire albanais », *R.G.D.I.P.*, 1954, pp. 438-460 ; C. T. OLIVER, « The monetary Gold Decision in perspective », *A.J.I.L.*, 1955, pp. 216-221.

[818] Voir dans l'affaire du *Détroit de Corfou*, le Royaume-Uni a pratiqué une saisie-arrêt sur l'or albanais. CIJ., *Détroit de Corfou* (Royaume-Uni c. Albanie), arrêt au fond du 9 avril 1949, *Rec.*, p. 4.

[819]Par exemple, l'article XV du compromis arbitral signé le 22 juillet 1977 entre l'Argentine, le Chili et le Royaume-Uni dans le cadre de l'affaire du canal de Beagle, il était stipulé que la cour arbitrale resterait en fonction jusqu'à ce que, de l'avis de la Cour, la sentence fût matériellement et complètement exécutée. *I.L.M.*, 1971, 10, p. 1182.

[820] W. JENKS, « *The Prospects of International Adjudication* », Oceana, New York, 1964, pp. 305 et suiv.

ordre juridique décentralisé. Au-delà des contraintes liées à la configuration de l'ordre juridique international se répercutant sur l'exécution de l'arrêt *Cameroun c. Nigeria*, il existe des obstacles qui lui sont spécifiques.

Section 2. Les obstacles spécifiques à l'arrêt de la Cour

Certains points de blocage du processus post-judiciaire tiennent à la particularité du contenu de l'obligation d'exécution pour les Etats parties à un différend territorial (Paragraphe 1), tandis que d'autres résultent de pratiques liées à la procédure de réception de l'arrêt dans l'ordre juridique étatique (Paragraphe 2).

Paragraphe 1. Les obstacles liés à l'identification des obligations découlant de la délimitation frontalière et de l'attribution de territoire

Certains obstacles potentiels à l'exécution de l'arrêt de la Cour proviennent de la difficulté pour les parties de tirer les conséquences de la délimitation frontalière et de l'attribution de territoire opérée par l'arrêt. Ceci provient de la circonscription de son propre champ d'action par le juge international. Cette démarche l'incite à en dire trop ou pas assez. De ce fait, certaines mesures d'exécution découlant de l'arrêt (A) handicapent le processus post-judiciaire. Il en est de même pour les mesures ne figurant pas dans l'arrêt, mais envisagées par les parties (B).

A. Au niveau de l'arrêt de la Cour

L'exécution se définit comme « la réalisation effective des dispositions d'une convention ou d'un jugement »[821]. Elle est donc conditionnée par le contenu de l'arrêt du 10 octobre 2002, notamment l'obligation de retrait de l'Etat occupant la zone adjugée à la partie adverse (1), et les obligations à l'égard des populations du territoire objet du changement de souveraineté (2).

1. Le retrait « inconditionnel et rapide » des forces armées et des administrations

En relevant que « Le Nigeria ne conteste pas qu'à l'heure actuelle des forces armées et une administration nigérianes sont installées dans ces zones sur des territoires qui conformément au présent arrêt, relèvent de la

---

[821] G. CORNU, *op.cit.*, p. 377.

souveraineté du Cameroun »[822], et après avoir évoqué sa jurisprudence dans l'affaire du *Temple de Préah Vihéar*[823] (§ 313) et du *Différend territorial entre la Libye et le Tchad*[824], la Cour admet que la décision détermine un tracé frontalier s'écartant de la situation de fait. Elle implique nécessairement des opérations de retrait ou de prise de possession.

La Cour précise ensuite les modalités du retrait escompté. Dans le dispositif de l'arrêt rendu dans l'affaire de la *Frontière terrestre et maritime entre le Cameroun et le Nigeria*, la Cour :

> « V. A) Par quatorze voix contre deux, décide que la République fédérale du Nigeria est tenue de retirer dans les plus brefs délais et sans condition son administration et ses forces armées et de police des territoires relevant de la souveraineté de la République du Cameroun ;
>
> B) A l'unanimité, décide que la République du Cameroun est tenue de retirer dans les plus brefs délais et sans condition toutes administrations ou forces armées ou de police qui pourraient se trouver sur des territoires relevant de la souveraineté de la République fédérale du Nigeria et conformément au point II du présent dispositif. La République fédérale du Nigeria a la même obligation en ce qui concerne les territoires relevant de la souveraineté de la République du Cameroun conformément au point II du présent dispositif »[825].

D'après les termes de l'arrêt du 10 octobre 2002, le retrait et la prise de possession immédiats par les parties concernées devaient se faire aussitôt le jugement rendu. Les opérations visées doivent avoir lieu « dans les plus brefs délais et sans condition »[826]. La Cour justifie cette précision en évoquant au § 313 de l'arrêt l'affaire du *Différend Territorial Jamahiriya arabe libyenne c. Tchad.* La référence à l'arrêt de la CIJ du 3 février 1994 peut déconcerter, car les obligations de retrait y étaient imposées unilatéralement à la Libye. Elles n'étaient, par ailleurs, pas subordonnées à la démilitarisation du territoire restitué ou au transfert du service public.

---

822 CIJ., *Frontière terrestre et maritime entre le Cameroun et le Nigeria* (Cameroun c. Nigeria, Guinée équatoriale (intervenant), arrêt du 10 octobre 2002, *Rec.* 2002, §312.

823 La Cour précise qu'elle a eu à connaître des situations de ce genre (§ 313). Dans l'affaire du Temple de Préah Vihéar, elle avait par exemple jugé que ce temple était situé en territoire relevant de la souveraineté du Cambodge. Elle en avait conclu que : « La Thaïlande est tenue de retirer tous les éléments de forces armées ou de police ou autres gardes ou gardiens qu'elle a installés dans ce temple ou dans ses environs situés en territoire cambodgien ». CIJ., affaire du *Temple de Préah Vihéar* (*Cambodge c. Thaïlande)*, arrêt du 15 juin 1962, *Rec.*, p. 37.

824 CIJ., *Différend territorial* (Jamahiriya arabe libyenne c. Tchad), ordonnance du 26 août 1991, *Rec.*, pp. 6-42.

825 CIJ., *Frontière terrestre et maritime entre le Cameroun et le Nigeria* (Cameroun c. Nigeria ; Guinée équatoriale (intervenant), arrêt du 10 octobre 2002, *Rec.*, p. 457.

826 *Ibid.*, Dispositif, points V, A et B.

Dans le cas d'espèce, les mesures de retrait contenues dans l'arrêt s'adressent sous couvert de réciprocité[827] au Nigeria qui administrait la majeure partie des territoires litigieux. La référence à l'arrêt relatif à la Bande d'Aozou peut faire douter de l'utilité d'un règlement judiciaire subordonné à la conclusion d'un accord extrajudiciaire. Ces éléments démentent le caractère spontané de l'exécution dans ce cas précis. La mention du précédent tchado-libyen vaut avertissement au Nigeria qui devra compter avec la détermination de la communauté internationale à faire appliquer les décisions de la Cour. Elle rappelle également la fermeté dont la Cour a fait preuve à l'égard de la Belgique dans l'affaire *Mandat d'arrêt*[828].

Cette attitude de la Cour vise à préciser que la portée de ses arrêts s'exprime par défaut. Aucune règle juridique, si ce n'est le respect du principe de bonne foi et le respect d'un délai raisonnable, ne vient encadrer ce type d'opération ordonné quelquefois expressément dans les dispositifs des jugements[829]. Pour Affef Ben Mansour : « La force obligatoire de l'arrêt est immédiate. L'Etat ne peut retarder la réalisation des limites frontalières déclarées par le jugement international sous le prétexte de la nécessité de la réalisation d'actes juridiques internes de cession de territoire ou autres. Par conséquent, si la délimitation doit être suivie d'évacuation de territoire par l'Etat qui n'a aucun droit sur cette parcelle, celle-ci peut intervenir dès que l'arrêt confirmatif des droits a été rendu »[830].

Les décisions attribuant la souveraineté sur un territoire à un Etat qui ne l'occupait pas de fait, correspondent à des situations explosives sur le plan politique. Pour cette raison, l'obligation de se retirer des espaces occupés en contradiction avec la décision juridictionnelle réputée intervenir dès le prononcé de l'arrêt peut être différée, voire aménagée. Ceci atténue la portée immédiate du principe du retrait et de la prise de possession de la zone relevant de la souveraineté de l'Etat concerné. Cela interpelle sur l'utilité pour la Cour de faire mentionner dans les motifs de l'arrêt des prescriptions dont la « praticabilité » est difficilement assurée.

Dans l'affaire de la *Frontière terrestre et maritime entre le Cameroun et le Nigeria*, la décision requérait le retrait immédiat de l'administration civile, des forces armées et de police ainsi que la démilitarisation de la péninsule. Les complications que supposait la conformité avec cette obligation étaient telles qu'elles conduisirent à l'intervention de la communauté internationale. Le décalage potentiel entre le droit substantiel et la procédure d'exécution rend difficile l'encadrement juridique des opérations (politiques) de retrait

---

[827] La Cour, à la fin de son dispositif, ordonne les mêmes obligations aux deux parties qui doivent être mises en œuvre dans les plus brefs délais et sans condition. Voir le point V, A et B du dispositif de l'arrêt de la CIJ du 10 octobre 2002.

[828] P. WECKEL, « Chronique de jurisprudence internationale … », *op.cit.*, p. 172.

[829] *CIJ., op.cit.*, (Guinée équatoriale, intervenant), arrêt du 10 octobre 2002, *Rec.*, p. 457, point V du dispositif.

[830] A. BEN MANSOUR, *La mise en œuvre…op.cit.*, note 10, p. 501.

prescrites par la Cour[831]. Cela d'autant plus que pour le Nigeria, souverain *de facto* de l'essentiel de la zone litigieuse (et donc en position de force), le retrait et le transfert d'autorité ne pouvaient pas se réaliser sans condition ou sans contrepartie.

De telles difficultés avaient du reste été pressenties par la Cour. Cependant, contrairement à la Cour de Justice des Communautés Européennes (CJCE), à certains mécanismes de protection des droits de l'Homme notamment la Cour Européenne des Droits de l'Homme (CrEDH) et la Cour Interaméricaine des Droits de l'Homme (CrIDH) [832] et à l'Organisation Mondiale du Commerce (OMC), la Cour de La Haye n'est pas supposée jouer un rôle déterminant pour contrôler, favoriser ou imposer la mise en œuvre de la décision. La stratégie de contournement des restrictions liées à sa fonction judiciaire a pour effet de conduire le juge à formuler des obligations de manière quelque peu audacieuse, mais biaisée. Certes, le juge international n'a fait que répondre sur ce point aux conclusions des parties. Mais les juges de La Haye avaient conscience qu'un grand nombre d'éléments ne seraient pas pleinement ou suffisamment reflétés dans le futur arrêt de la Cour. Ils ont, tout en affirmant l'obligation immédiate de retrait de l'Etat occupant, participé à la création, à travers une négociation provoquée, des conditions d'une application de la décision juridictionnelle compatible avec l'entretien et le développement de relations pacifiques durables[833].

Faut-il le déplorer ? Il est des circonstances où le mensonge, même judiciarisé est le « plus saint des devoirs »[834]. Antoine Garapon estime à ce sujet qu'« il est toujours possible de trouver un habillage qui tienne la route juridiquement et qui permette de justifier une décision prise en réalité pour d'autres motifs »[835]. Dans tous les cas, le processus en matière de retrait des forces mutuelles d'administration, de l'armée et de la police civile et le transfert d'autorité dans la zone du lac Tchad, se sont déroulés en plusieurs étapes, et au début sans heurts ; mais quelquefois en dissonance avec la décision judiciaire[836]. Il est possible d'en déduire que les obligations découlant de la délimitation n'ont pas été formulées de manière entièrement satisfaisante par le juge. Au regard de l'exécution, la situation était compromise par le fait

---

[831] CIJ., *op.cit.,* (Guinée équatoriale, intervenant), arrêt du 10 octobre 2002, *Rec.*, 2002, p. 457, point V du dispositif.

[832] A-C. FORTAS, *La surveillance de l'exécution des arrêts et décisions des cours européenne et interaméricaine des droits de l'homme : Contribution à l'étude du droit du contentieux international,* Institut René Cassin de Strasbourg, Editions A. Pedone, 644 p

[833] Ceci confirme que la décision était difficile à exécuter en l'Etat.

[834] E. LABICHE, *Les vivacités du capitaine*, TC1867, p. 55.

[835] A. GARAPON, *Bien juger - Essai sur le rituel judiciaire*, Paris, Odile Jacob, coll. Opus, 1997, 351 p., pp. 313-314.

[836] Thématique développée Partie II, Titre I, chapitre I. Le président de la CMCN de l'époque admet le blocage lors du 10ème sommet de la Francophonie du 26-27 novembre 2004. Voir *Cameroon tribune*, n° 8234/4433, 29 novembre 2004.

que l'arrêt en cause n'appartient pas à la catégorie des décisions pouvant être exécutées dès leur prononcé, à l'instar de celle relative à *la Souveraineté sur certaines parcelles frontalières*[837]. Ensuite, l'exécution a été différée pour des raisons politiques : contestation de l'arrêt, menace camerounaise de recourir à une procédure d'exécution forcée, pourparlers et enfin signature d'un accord réputé conforme aux termes de l'arrêt. Cet aspect concerne également la question de la protection des droits des populations du territoire soumises au changement de souveraineté.

2. L'imbrication des populations dans les zones frontalières querellées

Un arrêt n'a de sens que s'il a des effets bénéfiques pour la victime[838]. L'imbrication des populations locales se trouvant sur un territoire dont la souveraineté a été attribuée à un autre Etat que celui qui l'occupe est délicate à l'aune de l'affirmation de la centralité de l'humain en toute cause. « Trancher la question de l'attribution de la souveraineté territoriale sur l'espace géographique a des conséquences inévitables sur le sort des groupes de populations, sur l'avenir de leur allégeance politique, de leur citoyenneté, de leur identité, de leur destin ». « Ici, un espace géographique n'a pas été conquis uniquement pour des questions géoéconomiques et de puissance régionale. Il est un lieu habité et colonisé par des hommes qui le considèrent à jamais comme leur terroir »[839]. Or, l'imprécision de l'arrêt quant à la nature d'une telle obligation, aux difficultés particulières qu'elle suscite (a), et au sujet de la coopération dans l'exécution de la décision (b) ne résout pas le problème.

a.- La nature de l'obligation de protection des intérêts des populations imbriquées

L'imbrication des populations dans la zone pose la question juridique de la protection de leurs intérêts. D'après le juge *ad hoc* du Nigeria Prince Bola

[837] La décision de la CIJ. rendue en faveur de la Belgique ne supposait pas une mise en œuvre particulière, l'espace en litige avait toujours été considéré par la couronne belge comme faisant partie de son territoire, et intégré à sa structure administrative. Il suffisait pour exécuter l'arrêt que les Pays-Bas se retiennent à l'avenir de toute revendication sur les parcelles disputées, en évitant par exemple de publier des cartes nationales qui contrediraient la délimitation frontalière juridictionnelle opérée par la CIJ. Voir, C. SCHULTE, *op.cit.*, p. 125.
[838] A. NUßBERGER, « La prise en compte par la CEDH des contraintes nationales d'exécution », in compte rendu du brainstorming du lundi 23 mai 2016 sur le thème de "L'exécution des arrêts de la Cour européenne des droits de l'homme", 1ère Table Ronde, p. 15.
[839] A. D. OLINGA, *L'accord de Greentree…*, *op.cit.*, p.74.

Ajibola, il y avait environ 150 000 Nigérians installés à Bakassi[840], et environ 3 millions au Cameroun. Une situation semblable avait été constatée dans l'affaire de *la Sentence arbitrale rendue par le roi d'Espagne du 23 décembre 1906*[841], et observée à travers les suites de l'affaire du *Différend terrestre, insulaire et maritime entre El Salvador et Honduras*[842]. À l'instar de l'affaire de la *bande d'Aozou* concernant la zone du Tibesti[843], la question du changement de statut des habitants et des biens vivant dans le territoire soumis au changement pose de nombreux problèmes juridiques reliés à la sécurité, aux nationalités, droits de propriété et droits coutumiers, etc.

Cette question a fait l'objet d'un débat sur l'engagement unilatéral du Cameroun au cours de la procédure.

La Cour tient fréquemment compte des déclarations faites devant son prétoire par les agents des parties en tant qu'actes unilatéraux des Etats. Elle déduit d'une déclaration *a priori* de nature politique, des obligations juridiques imposées aux Etats en vertu d'un acte unilatéral[844].

---

840 Voir son opinion dissidente jointe à l'arrêt de la CIJ. du 10 octobre 2002, par. 3 ; en réalité, de nombreuses incertitudes existent quant au nombre d'habitants de la zone litigieuse. Les résultats du recensement de 1987 estimaient la population de Bakassi à 9 000 personnes. Lors des plaidoiries à La Haye en 2002, l'agent du Nigeria a affirmé que le cas de Bakassi concernait le sort de 200 000 Nigérians. Au cours du même procès, Ian Brownlie, qui défendait la cause du Nigeria, a indiqué que Bakassi avait 156 000 habitants. Des sources de l'administration territoriale camerounaise estiment la population totale du Ndian à 130 000 personnes, dont 60 000 pour Bakassi et la localité de Bamusso. Voir le tableau joint en annexe sur les variations dans les estimations de la population nigériane de Bakassi.

841 CIJ., *Sentence arbitrale rendue par le roi d'Espagne le 23 décembre 1906*, arrêt du 18 novembre 1960, *Rec.*, p. 192. Cela d'autant plus que la sentence arbitrale rendue en 1906 était restée lettre morte en raison des protestations du Honduras, qui avait saisi la CIJ. en vue d'invalider la décision. Voir également, CIJ, *Différend frontalier (Honduras/Nicaragua),* sentence du 23 décembre 1906, RSA, vol. XI, pp. 101-117.

842 CIJ., *Différend frontalier terrestre, insulaire et maritime* (El Salvador c. Honduras : Nicaragua (intervenant), arrêt du 11 septembre 1992, *Rec.*, p. 358.

843 Le cas tchado-libyen comme celui qui est à l'étude ont cependant en commun d'impliquer un changement *de facto* de souverain sur le territoire disputé qui, outre l'obligation de retrait de l'Etat occupant et le transfert de souveraineté à l'Etat ayant eu gain de cause, emporte d'éventuelles obligations de protection des populations du territoire disputé. CIJ., *Différend territorial* (Jamahiriya arabe libyenne c. Tchad), arrêt du 13 février 1994, *Rec.*, p. 40. Les deux Etats conclurent un accord sur les modalités pratiques de la mise en œuvre de l'arrêt de la Cour le 4 avril 1994. L'article premier de l'accord précisait et organisait les modalités du retrait des forces libyennes. Voir le rapport S/1994/512 du Secrétaire général des Nations Unies.

844 Au sujet de la consécration des actes unilatéraux comme source d'obligations : l'affaire des *Pêcheries norvégiennes* (arrêt du 18 décembre 1951, Royaume-Uni c. Norvège), *Rec.*, pp. 116 et s ; l'affaire relative au *Statut juridique du Groenland oriental* : C.P.J.I., *Statut juridique du Groenland oriental*, Danemark/Norvège, arrêt du 5 avril 1933, Série A/B, n°53, p. 69 ; CIJ. *Essais nucléaires*, (Australie c. France) et (Nouvelle-Zélande c. France), arrêt du 20 décembre 1974, *Rec.*, respectivement p. 267 et s., et pp. 472 et s.

Dans certains cas, elle se contente de « prendre acte » de ces déclarations[845]. Elles ne constituent pas plus qu'une indication de sa perception de la situation de fait[846].

Dans d'autres hypothèses, elle indique expressément qu'elle n'a « aucun doute sur le caractère obligatoire de ces déclarations »[847].

---

[845] CIJ., *Timor oriental, (Portugal c. Australie),* arrêt du 30 juin 1995, Rec., pp. 102-103 ou dans l'affaire relative à la *Frontière terrestre et maritime entre le Cameroun et le Nigeria,* CIJ., *Rec.* 2002, p. 303, par. 317 ; affaire relative à *Certaines activités menées par le Nicaragua dans la région frontalière* (*Costa Rica c Nicaragua*), mesures conservatoires, ordonnance du 8 mars 2011, disponible à l'adresse : http://www.icj-cij.org.

[846] A comparer avec les recommandations aux parties formulées dans certains arrêts ou avis consultatifs de la Cour.

[847] C.P.J.I., *Concessions Mavrommatis à Jérusalem*, (*Grèce c. Grande-Bretagne*), arrêt du 26 mars 1925, Série A n°5, p. 27. Dans cette affaire, l'agent britannique a fait une déclaration selon laquelle Sa Majesté la Reine n'allait pas exproprier les concessions. La Cour en a conclu : « *After this statement, the binding character of which is beyond question, the Court considers that hence forward it is quite impossible that the British or Palestine Governments should consent to comply with a request for the expropriation of Mavrommatis' Jerusalem concessions* ». Voir également C.P.J.I., *Certains intérêts allemands en Haute-Silésie polonaise*, arrêt du 25 mai 1926, Série A, n°7, pp. 58, 66, 71 et 72 (dispositif), où la Cour a attiré les conséquences des déclarations en question. La C.P.J.I., dans l'affaire des *Zones Franches de la Haute-Savoie et du Pays de Gex*, considère, « having regard to the circumstances in which a declaration of the Swiss representative had been] made, the Court regarded 'it as binding on Switzerland' and expressly placed that declaration on record » (note 139, C.P.J.I. série A / B, n ° 46, pp 170 et 172). Voir également CIJ., *LaGrand* (Allemagne c. Etats-Unis), arrêt du 27 juin 2001, *Rec.*, p. 466 et 514 (par. 127) et p. 516 (par. 128), où la Cour, dans le dispositif du jugement, a réitéré qu'elle « a pris note » de certaines déclarations faites par les Etats-Unis, et a déclaré que « *took note' of certain statements made by the United States, and held that 'this commitment must be regarded as meeting the Federal Republic of Germany's request for a general assurance of non-repetition* ». Voir également, CIJ., *Ile de Kasikili/Sedudu (Botswana c. Namibie*), arrêt du 13 décembre 1999, Rec., p. 1045 et 1106 (par. 102-103) et p. 1108 (par. 104) dans laquelle la Cour, sur la base d'un communiqué conjoint des parties, comme l'a expliqué Botswana lors d'auditions, a révélé que les ressortissants et les navires des deux parties « jouissent de l'égalité de traitement national ». De même, dans son ordonnance du 17 juin 2003, la Cour a noté les déclarations de l'agent et l'avocat de la France qu'elle cite *expressis verbis*, à l'appui de sa décision de rejeter la demande de mesures conservatoires dans l'affaire relative à *Certaines Procédures pénales engagées en France* (République du Congo c. France), CIJ., *Rec.*, p. 102 et 109- (par. 33). Dans la même veine, voir également CIJ., *Usines de pâte sur le fleuve Uruguay (Argentine c. Uruguay*), ordonnance du 23 janvier 2007, *Rec.*, p. 113 et 134 (par. 84)), p. 14 et suiv ; et enfin l'affaire relative aux questions liées à l'obligation de poursuivre ou d'extrader *(Belgique c. Sénégal)*, CIJ., ordonnance du 28 mai 2009, *Rec.*, p. 139 et 155 § 72).

Dans l'affaire de la *Frontière terrestre et maritime entre le Cameroun et le Nigeria*, les juges de La Haye se sont montrés soucieux des répercussions de l'arrêt comme ils l'ont fait dans l'affaire du *Différend frontalier terrestre, insulaire et maritime entre El Salvador et Honduras*[848]. Cependant, la Cour n'a pu, en raison de restrictions statutaires, donner des précisions quant à la nature ou la portée d'une telle obligation. Ceci aurait sans doute facilité la mise en œuvre de l'arrêt. Cette indétermination intrinsèque du contenu des obligations à l'égard des populations locales peut alimenter certaines controverses. Pendant les audiences, l'agent camerounais[849] avait affirmé que « fidèle à sa politique traditionnellement accueillante et tolérante », la République du Cameroun « continuera à assurer sa protection aux Nigérians habitant la péninsule de Bakassi et à ceux vivant dans la région du lac Tchad »[850]. Dans le dispositif de l'arrêt du 10 octobre 2002, la Cour prend acte de ce qu'elle appelle « l'engagement pris à l'audience par la République du Cameroun »[851] de bien traiter la population nigériane. Elle semble avoir estimé que la déclaration officielle de l'agent du Cameroun s'identifie à un acte unilatéral exprimant la volonté de l'Etat camerounais et créateur d'obligations à la charge de celui-ci[852]. Cet engagement a par ailleurs été réitéré sous la forme d'une déclaration politique par le président du Cameroun lors d'une allocution télévisée[853].

L'insertion dans le dispositif de l'arrêt de la CIJ du 10 octobre 2002 de cette disposition relative à la préservation des droits des personnes fait écho au § 317 de l'arrêt[854]. Elle a été critiquée par le juge Parra-Anguren dans son

---

[848] CIJ., *Différend frontalier, insulaire et maritime El Salvador c. Honduras, (Nicaragua, intervenant)*, arrêt du 11 septembre 1992, *Rec.*, p. 400-401, par. 66 : « La chambre est convaincue que les mesures qui seraient nécessaires pour tenir compte de cette situation seront élaborées et exécutées par les deux parties dans le respect total des droits acquis comme dans un souci d'ordre et d'humanité ».

[849] Plaidoirie de M. AMADOU ALI. CIJ., *Frontière terrestre et maritime entre le Cameroun et le Nigeria*, (Guinée équatoriale, intervenant), 21 mars 2002, CR/2002/25, par. 31.

[850] CIJ., *Frontière terrestre et maritime entre le Cameroun et le Nigeria (Cameroun c. Nigeria ; Guinée équatoriale (intervenant), Rec.* 2002, p. 457, §§ V, C.

[851] *Ibid.*

[852] Voir de nouveau au sujet de la consécration des actes unilatéraux comme source d'obligations : C.P.J.I., *Statut juridique du Groenland oriental* (Danemark c. Norvège), arrêt du 5 avril 1933, Série A/B, n°53, p. 6 ; CIJ., *Essais nucléaires*, (Australie c. France) et (Nouvelle-Zélande c. France), arrêts du 20 décembre 1974, *Rec.*, respectivement p. 267 et s., et pp. 472 et s. Voir également les *Principes directeurs applicables aux déclarations unilatérales des Etats susceptibles de créer des obligations juridiques* Le texte des principes adoptés par la commission peut être trouvé sous le paragraphe 176 du rapport de la commission du droit international sur les travaux de la cinquante-huitième session (A/61/10). L'examen du 11ème rapport sur les réserves présenté par Alain PELLET au titre de 2006 (A/CN4/574).

[853] Discours télévisé du 14 août 2008. Disponible sur le site du gouvernement camerounais : www.spm.gov.cm.

[854] Le § 317 de l'arrêt énonce : « Le 21 mars 2002, l'agent du Cameroun a rappelé par ailleurs devant la Cour que "plus de trois millions de Nigérians vivent sur le sol camerounais où ils

opinion individuelle[855]. Selon lui, « le dispositif de l'arrêt doit uniquement répondre aux conclusions des Parties ». Or, aucune question n'a été posée à la Cour relativement aux populations de la zone. De ce fait, la Cour aurait dû, d'après celui-ci, s'abstenir de prendre acte d'un tel engagement dans le dispositif de son arrêt, même si elle peut en faire état dans l'exposé de ses motifs, comme elle l'a fait au paragraphe 317 de l'arrêt[856]. Ceci démontre toute la posture *pro victima* de la Cour. Aussi sur ce point précis, comme l'a relevé Jean-Marc Sorel, la CIJ a patiemment, et peut-être involontairement contruit une jurisprudence sur la personne humaine dont les éléments du puzzle ne sont guère aisés à réunir, mais dont l'ensemble reflète une vraie préoccupation concernant strictement les droits de l'Homme[857].

Il est vrai qu'en se prononçant de la sorte sur une question que ni le Cameroun ni le Nigeria n'avaient incluse dans leurs conclusions écrites ou orales, la Cour a pris des libertés avec un « principe bien établi » qu'elle avait elle-même rappelé en 1950 dans l'affaire du *Droit d'Asile*[858] et plus récemment dans l'affaire du *Mandat d'arrêt du 11 avril 20002 (République démocratique du Congo c. Belgique*[859]. Elle a donc statué *ultra petita*.

Maurice Kamto partage cette opinion. Il estime en rappelant le *dictum* de la CIJ dans l'affaire des *Essais nucléaires*[860] que : « lorsque les Etats font des

---

exercent, sans restriction aucune, diverses activités, bien intégrés qu'ils sont dans la société camerounaise". Puis il a affirmé que "fidèle a sa politique traditionnellement accueillante et tolérante, le Cameroun continuera à assurer sa protection aux Nigérians habitant la péninsule de Bakassi et à ceux vivant dans la région du lac Tchad". S'agissant de zones dans lesquelles résident de nombreux ressortissants nigérians, la Cour prend acte avec satisfaction de l'engagement ainsi pris ».

[855] Voir l'opinion dissidente du juge Gonzalo Parra-Anguren, pour lequel la Cour est allée au-delà de sa mission en insérant dans le dispositif, qu'elle prend acte de l'engagement du Cameroun, *Rec.*, p. 488. Cf. supra sur le contenu du dispositif, § 211, p.189 : « Les raisons de mon vote négatif sont les suivantes. Le 14 février 2002, la Cour s'exprimait ainsi : La Cour rappellera le principe bien établi selon lequel elle a « le devoir de répondre aux demandes des parties telles qu'elles s'expriment dans leurs conclusions finales, mais aussi celui de s'abstenir de statuer sur des points non compris dans lesdites demandes ainsi exprimées » » (CIJ., *Droit d'asile*, arrêt, *Rec.*, p. 402). Si la Cour ne peut donc pas trancher des questions qui ne lui ont pas été soumises, en revanche la règle *non ultra petita* ne saurait l'empêcher d'aborder certains points de droit dans sa motivation.) (Mandat d'arrêt du 11 avril 2000 (République démocratique du Congo c. Belgique), CIJ., *Rec.*, p. 18-19, § 411.

[856]*Ibid.*

[857] J-M. SOREL, « Justice internationale », in J. ANDRIANTSIMBAZOVINA, H. GAUDIN, J-P. MARGUENAUD, S. RIALS, F. SUDRE (dir.) *Dictionnaire des droits de l'homme*, Paris, PUF, 1ère édition, 2008, p.588 ; Voir aussi, P. OUMBA. *Essai sur la contribution de la Cour internationale de justice (CIJ) en matière des droits de l'homme*, Yaoundé, Presses de l'UCAC, février 2016, 321 p.

[858] CIJ., *Droit d'Asile*, arrêt du 20 novembre 1950, *Rec.* 1950, p. 402.

[859] CIJ., *Mandat d'arrêt du 11 avril 20002 (*République démocratique du Congo c. Belgique*)*, arrêt du 11 avril 2002, *Rec.* 2002, § 43.

[860] Enfin, le principe 7 : « Une déclaration unilatérale n'entraîne d'obligation pour l'Etat qui l'a formulée que si elle a un objet clair et précis. En cas de doute sur la portée des engagements résultant d'une telle déclaration, ceux-ci doivent être interprétés restrictivement. Pour interpréter

déclarations qui limitent leur liberté d'action future, une interprétation restrictive s'impose »[861]. L'engagement de l'Etat doit porter sur « un objet très précis », exprimé publiquement et dans l'intention de se lier[862]. Il doit dans tous les cas être entendu de façon limitée. Pour la CIJ, le caractère obligatoire d'un engagement international assumé par déclaration repose sur la bonne foi. Les Etats intéressés peuvent donc tenir compte des déclarations unilatérales et tabler sur elles ; ils sont fondés à exiger que l'obligation ainsi créée soit respectée[863].

Celui qui deviendra l'un des conseils principaux du Cameroun dans l'affaire l'opposant au Nigeria, n'était à une certaine époque, pas du même avis : *« The dictum in the Nuclear Tests cases, however, left no room for doubt: An undertaking of this kind, if given publicly, and with an intent to be bound, even though not made within the context of international negotiations, is binding. In these circumstances, nothing in the nature of a quid pro quo nor any subsequent acceptance of the declaration, nor even any reply or reaction from other States, is required for the declaration to take effect, since such a requirement would be inconsistent with the strictly unilateral nature of the juridical act by which the pronouncement by the State was made »*[864].

Affef Ben Mansour estime pour sa part que les principes directeurs applicables aux déclarations unilatérales des Etats sont susceptibles de créer des obligations juridiques[865]. La CDI a codifié les critères nécessaires à la création d'obligations par un acte unilatéral. Ainsi, selon le principe 1 : « Des déclarations formulées publiquement et manifestant la volonté de s'engager peuvent avoir pour effet de créer des obligations juridiques ».

Ensuite, selon le principe 4 : « Une déclaration unilatérale n'engage internationalement l'Etat que si elle émane d'une autorité ayant compétence à cette fin. En vertu de leurs fonctions, les chefs d'Etat, les chefs de gouvernement et les ministres des Affaires étrangères sont habilités à formuler de telles déclarations. D'autres personnes, représentants de l'Etat dans des domaines déterminés, peuvent être autorisées à engager celui-ci, par leurs déclarations, dans les matières relevant de leur compétence ». Enfin, pour

---

le contenu des engagements en question, il est tenu compte en priorité du contexte de la déclaration ainsi que du contexte et des circonstances dans lesquelles elle a été formulée ».

861 M. KAMTO, « La volonté de l'Etat.. .», *op.cit.*, p. 93.

862 CIJ., *Essais nucléaires,* (Australie c. France) et (Nouvelle-Zélandec. France), arrêt du 20 décembre 1974, *Rec.*, respectivement p. 267, par. 43 et p. 472, par. 46.

863 CIJ, Arrêt du 20 décembre 1974, *Affaire des essais nucléaires (*Australie c. France).

864 A. PELLET, « Article 38 », in A. ZIMMERMAN, Ch. TOMUSCHAT et K. OELLERS-FRAHM, *The Statute of the International Court of Justice: a Commentary*, Oxford, OUP, 2nd ed., 2012, p. 764.

865 A. BEN MANSOUR, *La mise en œuvre …op.cit.*, note 10, p. 211.

Pierre d'Argent[866], la prise en compte par la CIJ de l'engagement du Cameroun met à la charge des deux parties, un devoir de coopération dans l'intérêt des populations.

Il paraît en réalité difficile de conclure que l'engagement camerounais constitue une consécration de la force obligatoire de l'acte unilatéral. Le cas échéant, cela signifierait-il qu'il bénéficie directement aux ressortissants nigérians concernés. Le fait que la Cour en prenne « acte » n'est assurément pas sans effet. La CIJ ne fait pas systématiquement figurer ce type d'engagement dans ses décisions, encore moins dans le dispositif de celles-ci. La signification de l'expression « prendre acte » demeure nébuleuse. Il est possible, soit de considérer que les juges de la Cour n'ont fait que constater l'existence de l'engagement sans donner aucune autre précision sur son effet – la réserve de la Cour à cet égard est préjudiciable à l'opportunité que cette question aurait pu léguer au développement du système d'exécution de ses décisions – soit de déduire le caractère contraignant de cet engagement de la force obligatoire du dispositif de l'arrêt du 10 octobre 2002. La Cour entend de ce fait ne pas cantonner les parties à un simple engagement politique prononcé en vue de provoquer les négociations entre elles.

Ce type d'engagement a pu être formulé à la fois dans les mémoires écrits et dans la plaidoirie de l'agent du Bénin dans l'affaire l'opposant au Niger. Dans son contre-mémoire, le Bénin avançait à propos du droit pour les Nigériens d'utiliser les eaux du Niger et certaines îles du fleuve, qu'il s'agissait de « droits acquis que le Bénin ne remet nullement en cause »[867]. Cette affirmation a été répétée au moment des plaidoiries par l'agent et ministre des Affaires étrangères du Bénin : « Quant à l'utilisation du fleuve lui-même, il a toujours été admis, quoi qu'il relève de la juridiction territoriale du Dahomey, qu'il soit librement utilisé par les habitants des deux rives (...). Le Bénin n'entend évidemment pas revenir sur ces droits acquis »[868]. Le ministre des Affaires étrangères de la Coopération et de l'Intégration africaine du Niger a également affirmé l'engagement de son Etat à respecter « les droits coutumiers acquis, la liberté de navigation et surtout l'accès à l'eau (...) »[869]. Cet engagement n'a du reste pas été repris dans le dispositif de la décision.

---

[866] P. D'ARGENT, « Des frontières et des peuples… », *op.cit.,* note 542, p. 320.

[867] Contre-mémoire présenté par le Bénin le 28 mai 2004. Disponible sur le site Internet de la CIJ. www.icj- cij.org.

[868] R. BIAOU, ministre des Affaires étrangères et de l'Intégration africaine de la République du Bénin, agent du Bénin, plaidoirie du 10 mars 2005, CR 2005/5, par. 1.23, *ibid.* Cet engagement a été rappelé par le conseil A. PELLET : « Et, comme M. le ministre vient de le déclarer, il en ira de même à l'avenir. La République du Bénin n'a nullement l'intention de revenir sur ce qu'elle considère comme des droits acquis historiquement et juridiquement bien établis », *ibid.,* §§ 2-18 et §§ 5 et 38.

[869] Plaidoirie de M. MINDAOUDOU, CIJ., *Différend frontalier (Burkina Faso c. Niger)*, 11 mars 2005, CR/2005/6, p. 60.

Dans la même veine, dans son opinion individuelle à la suite de l'arrêt du 16 avril 2013 en l'affaire *du Différend frontalier* entre le Burkina Faso et le Niger, le juge Cançado Trindade rappelle que ce sont les parties elles-mêmes, en réponse aux questions posées, qui ont précisé qu'elles se considéraient tenues par un engagement de coopération à l'égard des populations locales (en particulier, des populations nomades et semi-nomades). Cet engagement avait été pris dans le cadre d'enceintes africaines multilatérales, ainsi que dans des accords bilatéraux constituant le régime de transhumance. D'ailleurs, les parties avaient manifesté cet intérêt pour les populations locales à l'audience (premier et second tour de la procédure orale). Dans les motifs de l'arrêt *Différend frontalier (Burkina Faso c. Niger),* la Cour a exprimé « le souhait » que chaque partie tienne dûment compte des besoins des populations concernées, en particulier des populations nomades ou semi-nomades[870]. A l'inverse du cas *Cameroun c. Nigeria*, elle n'a pas inséré cet engagement dans le dispositif de l'arrêt.

La mention expresse de la position du Cameroun dans le dispositif de l'arrêt [871] apporte-t-elle à celui-ci une force juridique qui lui ferait défaut ? Il n'est pas certain que toutes ces interrogations théoriques soient pertinentes vu la sobriété des motifs. La déclaration relative à cet engagement a été faite par l'agent du Cameroun dans le but de rassurer le Nigeria sur ses intentions et son comportement futur vis-à-vis des ressortissants nigérians mêlés aux autochtones de la presqu'île de Bakassi. La Haute juridiction s'est montrée dans cette affaire préoccupée du sort des populations locales imbriquées à cause des difficultés prévisibles qu'allait entraîner l'évacuation de la presqu'île litigieuse.

Il y a, en revanche, un constat utile à effectuer du point de vue du droit. La formule relative aux populations de la zone litigieuse précise un des aspects des modalités d'exécution de l'arrêt de la Cour. Cette disposition revêt un sens novateur dans la tradition de la Cour exerçant une diplomatie judiciaire de facilitation de l'exécution de ses arrêts[872]. En prenant acte de l'engagement du Cameroun à l'audience, la Cour a entendu instaurer un climat propice à l'application de son arrêt, la question des populations imbriquées étant apparue tout au long de l'instance judiciaire comme particulièrement délicate, notamment dans la perspective du développement des relations de bon voisinage et de coopération. Cette tendance à anticiper les difficultés d'exécution en ce qui concerne des populations imbriquées est confirmée dans certaines décisions postérieures de la CIJ, dont celle du 16 avril 2013[873].

---

[870] CIJ., *Différend frontalier* (Burkina Faso c. Niger), arrêt du 16 avril 2013, par. 112, disponible sur le site de la CIJ.

[871] CIJ., *Frontière terrestre et maritime entre le Cameroun et le Nigeria, Rec.* 2002, p. 457, §§ V, C.

[872] Voir, Partie I, Titre II, Chap. 3.

[873] CIJ., *Différend frontalier* (Burkina Faso c. Niger), arrêt du 16 avril 2013, *Rec.*, p. 44.

En fin de compte, il apparaît que la Cour ne se désintéresse pas des suites de ses jugements en relation avec les populations. La négociation provoquée correspond à une technique d'auto-adaptation du règlement judiciaire aux contraintes locales. C'est pourquoi le juge international attire l'attention des parties sur ces problèmes et les invite à coopérer à cet effet.

b.- Coopération dans l'exécution de l'arrêt dans l'intérêt des populations du territoire objet du changement de souveraineté

Les dispositions relatives au devoir de coopération et de protection des populations exprimées à l'audience par les parties, ou dans certains cas à titre de réponses aux questions posées par les juges[874], dévoilent la prise en compte par le juge international de la dimension humaine du différend. « C'est le principe d'humanité, qui oriente la quête de l'amélioration des conditions de vie de la *societas gentium* et celle de la réalisation du bien commun dans le cadre du nouveau *jus gentium* de notre temps »[875].

Ainsi au § 316 de l'arrêt du 10 octobre 2002, la Cour prévoit que : « L'exécution du présent arrêt donnera aux Parties une occasion privilégiée de coopération dans l'intérêt des populations concernées. Une telle coopération sera particulièrement utile en vue du maintien de la sécurité lors du retrait de l'administration, des forces armées et de police nigérianes ».

Ce passage de l'arrêt ainsi que le § 313 ont été évoqués par le Nigeria lorsqu'il devait se retirer de trente-trois villages dans la région du lac Tchad. Leur but était d'obtenir la consécration d'un régime protecteur en faveur de ses ressortissants. Aux §§ 107 et 123 de l'arrêt du 10 octobre 2002, la Cour a rappelé aux parties l'importance de coopérer entre elles lorsque le tracé frontalier vient scinder des villages. Néanmoins, elle se retient d'empiéter sur leurs compétences en la matière. Elle assure par ailleurs que son rôle n'est pas de modifier la frontière au motif que les populations des parties se sont étendues de part et d'autre de la frontière.

« La Cour constate que, dans la région de Kotcha, la difficulté provient uniquement de ce que, comme le reconnaît le Nigeria, le village nigérian de Kotcha s'est étendu du côté camerounais de la frontière. Comme la Cour a déjà eu l'occasion de l'indiquer à l'égard du village de Turu, elle n'a pas compétence pour modifier une ligne frontière délimitée, même dans l'hypothèse où un village auparavant situé d'un côté de la frontière se serait étendu au-delà de celle-ci. Il appartiendra en revanche aux Parties de trouver

---

874 CIJ., *op.cit.,* (Burkina Faso c. Niger), arrêt du 16 avril 2013, par 112, disponible sur le site de la CIJ.
875 Opinion individuelle du juge Cancâdo Trindade, *ibid.*, §90.

une solution aux problèmes qui en résulteraient, aux fins d'assurer le respect des droits et intérêts de la population locale »[876].

L'expression « il appartient aux Parties » signifie que celles-ci ont compétence pour assurer la protection des populations. De cette façon, la C.I.J leur rappelle qu'elles ont le devoir de trouver une solution aux problèmes d'exécution. Ceci signifie clairement que la Cour envisage de telles difficultés. Cette formulation du § 120 à 124 réapparaît dans le § 313 de la décision du 10 octobre 2002[877]. Vu les circonstances de l'affaire et le résultat auquel la délimitation aboutit, le devoir de coopération interétatique pèse plus particulièrement sur le Cameroun. Il apparaît comme une contrepartie à l'obligation du Nigeria de se retirer des territoires occupés illégalement. La viabilité de cette mesure repose sur la condition/clause de réciprocité (dans le même esprit qu'en droit conventionnel[878]) mise en exergue par la démarche de la Cour. Il s'agit de rendre réciproquement aisée la mise en œuvre de la décision rendue, autrement la Cour pose une formule d'exécution collaborative. Contrairement à ce qu'elle a fait dans l'affaire *Kasikili-Sedudu*[879] ou dans l'affaire du *Différend relatif à des droits de navigation et des droits connexes (Costa Rica c. Nicaragua)*[880], la CIJ n'entend pas octroyer des droits historiques particuliers aux ressortissants nigérians établis sur le territoire camerounais. Elle ne prend pas non plus en compte certains aspects ayant trait aux populations locales concernées et à leur consultation[881] comme elle le fera dans l'arrêt du 20 avril 2010 en l'affaire relative à des *Usines de pâtes à papier sur le fleuve Uruguay* (Argentine c. Uruguay).

Dans l'arrêt *Cameroun c. Nigeria*, « les formules sont trop générales pour conclure que la Cour affirme l'existence de droits au bénéfice direct des individus »[882]. H. Ruiz-Fabri et J.-M. Sorel estiment à ce sujet qu'il « n'y a pas lieu ici de dramatiser cette incursion dans le dispositif étant donné sa teneur diplomatique et son absence d'effet sur le cœur même du différend »[883].

---

876 CIJ., *Frontière terrestre et maritime entre le Cameroun et le Nigeria* (Cameroun c. Nigeria ; Guinée équatoriale (intervenant), arrêt du 10 octobre 2002, *Rec.*, §§ 120 à 124.

877 *Ibid.*, § 313.

878 E. DECAUX, *La réciprocité en droit international*, Paris, Librairie générale de droit et de jurisprudence, Bibliothèque de droit international, tome LXXXII, 1980, 374 p.

879 CIJ., *Kasikili-Sedudu (Bostwana c. Namibie)*, arrêt du 13 décembre 1999, *Rec.*1, p. 1045.

880 Ainsi, dans l'arrêt qu'elle avait auparavant (le 13 juillet 2009) rendu en l'affaire du *Différend relatif à des droits de navigation et des droits connexes* (Costa Rica c. Nicaragua), la Cour avait confirmé le droit coutumier de pêche à des fins de subsistance (§§143-144) des habitants des deux rives du fleuve San Juan.

881 Peu de temps après, dans l'arrêt qu'elle a rendu (le 20 avril 2010) en l'affaire relative à des *Usines de pâte à papier sur le fleuve Uruguay* (Argentine c. Uruguay), la Cour, en examinant les arguments et éléments de preuve que lui avaient présentés les parties (relativement à la protection de l'environnement sur le fleuve Uruguay), a pris en compte certains aspects ayant trait aux populations locales concernées et à leur consultation (par 93).

882 G. LABRECQUE, *op.cit.*, note 33, p. 393.

883 RUIZ FABRI, J.-M. SOREL, « Chronique de jurisprudence de la CIJ », *J.D.I.*, 2003, 3, p. 885.

L'obligation de coopération interétatique dans l'intérêt des populations affectées par l'arrêt *Cameroun c. Nigeria*, apparaît plus comme une conséquence de la délimitation frontalière que comme une obligation au titre de l'arrêt. L'insertion dans le dispositif de l'engagement du Cameroun à l'égard des ressortissants nigérians complique d'ailleurs plus qu'elle ne simplifie la mise œuvre de l'exécution de l'arrêt. L'engagement y afférent a été réitéré et « conventionnalisé » par l'accord de Greentree du 12 juin 2006[884]. Ce n'est qu'à partir de ce moment que sa force juridique devient incontestable.

Les motifs de l'arrêt *Cameroun c. Nigeria* relativement aux populations et le communiqué conjoint de Genève du 1er novembre 2002 en vertu duquel l'une des attributions de la Commission mixte Cameroun-Nigeria (CMCN) consiste en la protection des droits des populations concernées, ont été utilisés par l'Etat défendeur dans un sens qui a quelquefois retardé le processus post-décisionnel[885]. A ce stade, il suffit de constater que l'institution judiciaire a sa part de responsabilité dans le fait que la question des populations vivant dans la zone litigieuse n'ait pas facilité le travail de la Commission de mise en œuvre de l'arrêt du 10 octobre 2002. La manière dont l'engagement du Cameroun à l'égard des ressortissants nigérians a été retranscrit par le juge international y concourt. Curieusement, ce point a servi de tremplin à la négociation provoquée par les tiers.

Si certaines difficultés d'exécution de l'arrêt du 10 octobre 2002 sont liées à la formulation des obligations découlant de la délimitation frontalière liées aux opérations de retrait et de prise de possession impliquant des populations locales par l'arrêt, d'autres tiennent à la manière dont les parties envisagent ce type d'opération.

B. Au niveau des parties

La CIJ n'a pas compétence pour régler certaines questions qui relèvent de la phase juridictionnelle. Cette délimitation entre la phase juridictionnelle et post-juridictionnelle est propice à des complications surtout en ce qui concerne la consultation des populations concernées par la délimitation frontalière (1) et l'obligation juridique de démarcation de la frontière (2).

1. La consultation des populations

L'une des parties (le Nigeria) a avancé que l'organisation d'un référendum correspondrait à une formule qui permettrait de résoudre les difficultés liées

---

884 Partie II, Titre II, Chapitre I.

885 Thématique amplement développée Partie I, Titre I, Chapitre II.

aux populations de la presqu'île de Bakassi[886]. « C'est probablement la première fois que la Cour internationale de Justice rend un arrêt sur un différend territorial ayant des conséquences humaines aussi importantes, sans qu'il soit envisagé à aucun moment la possibilité de prendre en compte la volonté du groupe humain considéré ». Cette formule était nécessaire d'après Asobie pour qui *« there is the tension between cartographical fact and cultural reality: the map is in conflict with the peoples ».*

Ce point de vue avancé pour justifier certains blocages dans la mise en œuvre de l'arrêt de la Cour est-il recevable ? La réponse d'Alain-Didier Olinga à ce propos est négative. La situation des populations nigérianes de Bakassi ne relève pas du champ d'application du principe d'autodétermination tel qu'il a été envisagé dans les résolutions 1541(XV) de l'Assemblée générale des Nations Unies en date du 14 décembre 1960 au profit des pays et peuples coloniaux[887].

Déjà l'indétermination de la terminologie juridique oscillant entre « référendum » ou « consultation » laisse songeur. Le référendum est traditionnellement défini comme étant un procédé de démocratie directe par lequel l'autorité publique invite le peuple ou une partie de la population à exprimer sa volonté à l'égard d'une décision[888]. La consultation populaire est un mécanisme proche du référendum, mais avec la différence essentielle que ses résultats ne lient pas, en droit, les autorités publiques. Elles restent libres de ne pas suivre l'avis de la majorité[889].

Il faut se retourner vers la partie nigériane[890] qui a déploré le fait que l'arrêt du 10 octobre 2002 ne soumette pas le demandeur à l'obligation d'organiser une consultation des populations ou un référendum. Cet argumentaire aurait-il pu sérieusement être envisagé par la Cour ?

Le principe du désengagement judiciaire par rapport aux suites de la délimitation frontalière est notoire. Il apparaît, à première vue, logique que l'arrêt de la Cour ne traite ni de la démarcation ni de la consultation éventuelle des populations de la zone. Les parties n'en avaient de toute façon pas exprimé

---

886 A. D. OLINGA, « L'accord de Greentree, la géopolitique au secours du droit international : enjeux », *Bulletins d'analyses géopolitiques pour l'Afrique centrale*, Yaoundé, 29 octobre-décembre 2006, note 153, p. 75. Voir également, A. D. OLINGA, « La protection des minorités et des populations autochtones en droit public camerounais », *Revue Africaine de Droit International et Comparé*, Tome 10, n° 2, juin 1998, pp. 271-291.

887 Selon la résolution 1541 : « L'intégration doit résulter du désir librement exprimé des populations du territoire, pleinement conscientes du changement de leur statut ».

888 Commission pour le Renouveau politique et la démocratie directe, Doc. 50-0797/002, p. 4.

889 *Ibid.*, p. 5.

890 J. M. MBUH, «The Expected and Projected Role of International Law in Resolving and Securing Sustainable Peace and Security over the Bakassi Peninsula Dispute », in *Conflict Resolution and Peace building: the role of NGO's in Historical Reconciliation and Territorial Issues*, Seoul, Northeast Asian History Foundation, 2009, pp. 137-181.

la volonté dans leurs conclusions. Ces aspects relèvent traditionnellement de leur compétence. Bien qu'elle ait été manifeste dans d'autres affaires mettant en exergue le lien entre populations et territoire[891], cette tendance les préserve contre les effets négatifs d'un règlement des juges.

Il est néanmoins difficile de s'empêcher de penser que l'exécution de l'arrêt du 10 octobre 2002 aurait pu être moins ardue si un référendum avait été organisé à la suite du prononcé de l'arrêt[892].

Cette formule wilsonienne aurait, semble-t-il, fait ses preuves dans d'autres affaires. Trente ans après la guerre des Malouines, un référendum a par exemple été organisé par la Grande-Bretagne les 10-11 mars 2013 pour demander aux habitants de l'archipel revendiqué par l'Argentine s'ils voulaient « oui ou non rester un territoire d'outre-mer du Royaume-Uni »[893]. Un référendum d'autodétermination de la Nouvelle-Calédonie sera pareillement organisé le 4 novembre 2018 aux fins, pour les populations, de choisir entre le maintien dans la France et la pleine souveraineté de la Nouvelle-Calédonie, comme prévu en 1998 par l'accord de Nouméa[894]. Cette technique a permis de résoudre les problèmes posés par le processus de décolonisation en Afrique[895].

L'affaire *Cameroun c. Nigeria* ne relevant pas du droit de la décolonisation, la consultation des populations de Bakassi ne s'imposait pas. Dans son avis du 16 octobre 1975 en l'affaire du *Sahara occidental*, la CIJ estime que même dans un contexte de décolonisation, on peut ne pas consulter la population du territoire concerné « soit par la considération qu'une certaine population ne constituait pas un « peuple » pouvant prétendre à disposer de lui-même, soit en raison de circonstances spéciales »[896].

Cette tendance jurisprudentielle est confortée par la doctrine selon laquelle « dans des conditions spéciales, on ne peut pas exiger la consultation

891 On trouve des références aux problèmes des individus se trouvant sur un territoire dont la souveraineté a été attribuée à un Etat différent dans quelques arrêts récents : CIJ., *Différend frontalier, terrestre, insulaire et maritime,* (El Salvador c. Honduras (Nicaragua, intervenant), arrêt du 11 septembre 1992, *Rec.* 1992, p. 400-401, par. 66 ; CIJ., *Frontière terrestre et maritime entre le Cameroun et le Nigeria,* (Cameroun c. Nigeria ; Guinée équatoriale, intervenant), arrêt du 10 octobre 2002, *Rec.* 2002, p. 370, § 107 et CIJ., *Différend frontalier* (*Burkina Faso c. Niger)*, arrêt du 16 avril 2013, R*ec*., p. 44.

892 A. ASOBIE, « Conflict between Nigeria and Bakassi: Political Context and Contending Principles », *Vanguard online*, 6 juin 2006.

893 « L'Argentine conteste le référendum organisé aux îles Malouines », *Le Monde*, 11.03.2013, mis à jour le 11.03.2013 à 14h19. Voir le commentaire de l'affaire des Malouines réalisé par C. GUILLAUME, *Les grandes crises internationales et le droit*, Paris, Editions du Seuil, 1994, 319 p., pp. 10 à 15.

894 *Réflexions sur l'avenir institutionnel de la Nouvelle-Calédonie*, Paris, La Documentation française, 2014.

895 R. YAKEMTCHOUK, « Les frontières africaines », *R.G.D.I.P.*, 1970, I, p. 66.

896 CIJ., *Sahara Occidental,* ordonnance du 22 mai 1975, *Rec.* 1975, p. 12, par. 59.

des populations et prévoir des mécanismes particuliers par des consultations des Etats intéressés »[897].

A l'instar du référendum du 7 novembre 2002 au sujet des revendications du Royaume-Uni et de l'Espagne sur Gibraltar, cette hypothèse appliquée à la presqu'île de Bakassi créerait plus de problèmes qu'elle n'en résoudrait. Dans le contexte sociopolitique des relations entre les deux pays en cause, cette technique réclamée par les populations de Bakassi n'est pas exempte de difficultés[898]. Bien qu'*a priori* respectueux de la protection de leurs droits, le procédé n'est pas promis à un grand avenir. Dans cette zone, faiblement peuplée et économiquement marginalisée par rapport aux centres urbains d'Abuja ou de Yaoundé, l'enchevêtrement des ethnies fait fi de toute délimitation frontalière rigide. Sur un même territoire, les dispositions d'une telle population peuvent être si disparates qu'aucune volonté prédominante n'émergera de désirs contradictoires[899]. La consultation des populations ou le référendum y est difficilement réalisable, voire trompeuse.

Ce qui est présenté par Justice Mbuh[900] (le référendum et/ou la consultation) comme le remède potentiel aux difficultés d'exécution liées aux populations, pourrait ranimer d'inutiles acrimonies ethniques dans une zone où prolifèrent déjà des mouvements séparatistes. De plus, le souvenir négatif des plébiscites de 1961 ayant entraîné la perte d'une partie du territoire camerounais y est resté vivace[901].

Cet argumentaire a du reste été repoussé côté camerounais. Les autorités camerounaises ont signalé qu'il serait probable qu'en « organisant un référendum de même type à Mvog Ada, un quartier populaire de la capitale

---

[897] G. FISCHER, « Une tentative de protection internationale d'une minorité : la Conférence islamique et les musulmans philippins », *A.F.D.I.*, 1977, pp. 325-341.

[898] 1919 marque une année phare en ce qui concerne la place des populations en matière de délimitation frontalière. Dans son discours du 11 février 1918 (au lendemain de la Première Guerre mondiale), le président Wilson soutint que : « tout règlement territorial auquel cette guerre donnera lieu doit être conclu dans l'intérêt et pour le plus grand profit des populations en cause, non pas comme simple clause d'arrangement ou de compromis entre ambitions d'Etats rivaux ». Cité par P. G. DE LAPRADELLE, *La frontière. Etude de droit international*, Paris, les Editions Internationales, 1928, p. 97.

[899] M. SIBERT, *Traité de droit international public*, Paris, Dalloz, 1951, t. I, p. 698.

[900] J. M. MBUH, *op.cit.*, note 871

[901] Voir l'affaire du *Cameroun septentrional*, Opinion dissidente du juge PH. L. BEB A DON, CIJ., *Cameroun septentrional,* (Cameroun c. Royaume-Uni), *exceptions préliminaires*, arrêt du 2 décembre 1963, *Rec.*1963, p. 189. En ce qui concerne le territoire sous administration britannique, l'Assemblée générale des Nations Unies a recommandé que l'autorité administrante y organise des plébiscites afin de déterminer les aspirations des habitants. A la suite de ces plébiscites, le Cameroun méridional s'est uni le 1er octobre 1961 à la République du Cameroun et le Cameroun septentrional le 11 juin 1961 à la Fédération de Nigeria (elle-même indépendante depuis le 1er octobre 1960). Le 21 avril 1961, l'Assemblée générale avait pris acte des résultats des plébiscites et décidé que l'Accord de tutelle pour le Cameroun sous administration britannique prendrait fin au moment où les deux parties de ce territoire s'uniraient l'une à la République du Cameroun, l'autre au Nigeria (résolution 1608 (XV).

camerounaise où vit une forte communauté nigériane, que ce quartier devienne aussitôt un territoire nigérian »[902].

Avec une colonie d'au moins 3 millions de ressortissants nigérians installés au Cameroun, cette logique pourrait conduire à des modifications d'une partie importante de l'assise territoriale de ce pays. Elle atténuerait la portée juridique de la chose jugée par la CIJ. Sur le plan politique, elle détruirait autant qu'elle construirait.

Dans ces conditions, la Commission de mise en œuvre de l'arrêt du 10 octobre 2002 a été confrontée à des résistances d'ordre politique de la part des populations de la zone défavorable au changement de souverain *de facto*. Elle n'a pu faire l'économie des questions de fond : les populations nigérianes de Bakassi ont-elles le désir de vivre avec les Camerounais au Cameroun ou quitteront-elles la presqu'île à la suite de l'arrêt[903] ? Des problèmes de même ordre se posent en ce qui concerne l'obligation juridique de démarcation.

2. La démarcation des villages situés de part et d'autre de la frontière

Les juges de La Haye ont tenté d'anticiper les difficultés liées à la démarcation des villages étendus de part et d'autre de la frontière. Encore une fois, la Cour élargit le rôle qui lui est traditionnellement assigné. Dans son ouvrage sur les problèmes de confins en droit international, le professeur De Visscher évoque l'opération de démarcation des frontières comme étant « une opération technique d'exécution qui reporte sur le sol les termes d'une délimitation établie »[904]. Il s'agit d'« une expérience qui teste la délimitation réalisée »[905]. Consistant à tracer la frontière sur le terrain[906], elle constitue une technique de vérification de concrétisation de la délimitation juridictionnelle[907]. S'il arrive qu'un amalgame s'opère souvent entre les termes de délimitation et de démarcation, y compris dans l'arrêt du Temple de *Préah Vihéar*[908], la distinction entre les deux notions est clairement exprimée dans l'arrêt *Cameroun c. Nigeria,* notamment en ce qui concerne la frontière

---

902 Source : un officiel de la Commission mixte Cameroun-Nigeria, à la suite de la session du 13 septembre 2004 durant laquelle des "problèmes techniques" énoncés par le Nigeria pour justifier le report de la date de transfert de Bakassi au Cameroun étaient débattus.

903 Partie I, Titre I, Chapitre II.

904 Ch. de VISSCHER, *Problèmes de confins en droit international public*, Paris, Pedone, 1969, 200 p., p. 30.

905 *Ibid.*

906 P. G. de LAPRADELLE, *op.cit.*, note 878.

907 D. BARDONNET, « Les frontières terrestres et la relativité de leur tracé. Problèmes juridiques choisis », *R.C.A.D.I.*, vol. 153, 1976-V, p. 23.

908 CIJ., *Temple de Préah Vihéar, (Cambodge c. Thaïlande)*, arrêt du 15 juin 1962, *Rec.*, p. 32.

dans la région du lac Tchad[909]. Il ressort de ces définitions que la démarcation incombe aux parties.

La question la plus épineuse consiste, en premier lieu, à savoir si la matérialisation de la ligne frontière entre les deux pays relève de l'obligation d'exécuter l'arrêt de la Cour. La réponse à cette question est négative. En plus des restrictions liées à la fonction judiciaire, le dispositif de l'arrêt du 10 octobre 2002 n'indique pas que les Etats doivent procéder à la démarcation de la frontière. Il détermine le tracé de la ligne frontière. Il reste silencieux sur une éventuelle opération de démarcation, si ce n'est pour laisser aux parties le soin d'apporter une solution à de nombreuses questions en suspens.

L'attitude du juge ne favorise pas la lisibilité de l'arrêt sur cette question. L'opération de démarcation n'étant pas prévue par l'arrêt, elle semble ne pas correspondre *stricto sensu* à une obligation découlant de la décision. Tel est également le point de vue du professeur Geouffre de La Pradelle selon lequel « on ne saurait subordonner l'effet de la sentence à la démarcation sur le terrain »[910]. C. Schulte a à ce sujet une position plus tranchée : *« A jugement defining a land Boundary per se does not give rise to a duty to demarcate that boundary as there is no general obligation to carry out a demarcation, as desirable as it may be from the point of view of an effective, lasting settlement »*[911].

Rien dans l'arrêt de la Cour ne permet d'éclaircir ce point. Dès lors, la démarcation de la frontière peut difficilement être envisagée comme une obligation imposée par l'arrêt. Elle doit néanmoins être appréhendée comme une obligation de bon sens. L'absence de précision quant à la nature juridique de l'obligation de démarcation rejaillit sur l'attitude des parties. La nature du terrain et la longueur de la frontière à démarquer (1690 km) compliquent l'opération d'exécution. Elle aurait été facilitée si les parties avaient organisé ce type de modalités par compromis. Vu les circonstances de l'espèce (saisine unilatérale de la CIJ), ceci était difficilement envisageable.

Des impératifs humains, techniques et l'incompétence de la Cour dans ce domaine motivaient le renvoi de la Cour à l'action diplomatique des Parties à l'égard des villages dits « chevauchants »[912]. A ce stade, une précision terminologique s'impose, l'indétermination pouvant constituer un facteur

---

909 *CIJ., Frontière terrestre et maritime entre le Cameroun et le Nigeria (Cameroun c. Nigeria ; Guinée équatoriale (intervenant),* arrêt du 10 octobre 2002, *Rec*., p. 303, § 49.
910 P. G. de LAPRADELLE, *op.cit*., note 878.
911 C. SCHULTE, *op.cit*., p.123.
912 Voir le discours d'ouverture de Son Exc. ATIKU ABOUBACAR, vice-président fédéral du Nigeria à l'occasion de la 2ème réunion de la Commission mixte Cameroun-Nigeria - tenue à Abuja, 4 - 5 février 2003.

d'inexécution de l'arrêt. Bien qu'il soit fait référence aux termes « village à cheval sur la communauté » ou « à cheval sur la ville » ou « villages à cheval sur la frontière » dans la littérature juridique et politique[913], aucune définition officielle du terme n'existe.

La jurisprudence internationale en matière territoriale n'offre pas non plus une définition précise de l'expression. Des juridictions internationales ont, à l'instar de l'arrêt du 10 octobre 2002, fait référence aux « villages situés de part et d'autre de la frontière » ou aux « villages chevauchants » dans leurs jugements. Mais elles ont traité le phénomène plus comme une simple constatation de fait que comme une catégorie juridique. La jurisprudence des tribunaux internationaux et les documents des associations de commissaires-démarcateurs [914] traitant des villages et/ou communautés chevauchant les frontières ne sont pas non plus suffisamment édifiants.

Le § 106 de l'arrêt du 10 octobre 2002 se réfère aux « villages devant être situés de part et d'autre de la frontière »[915] suivant la « ligne de partage des eaux »[916]. Il peut être suggéré qu'un « village à cheval sur une frontière », ou « situé de part et d'autre de la frontière »[917] désigne un village traversé par une ligne frontière sur un segment déterminé. Le concept paraît désigner un ensemble composé de groupes humains, structures matérielles (habitations, champs cultivés, zones de pâturage, etc.) se chevauchant sur le territoire de deux ou plusieurs Etats souverains. L'expression renvoie dans tous les cas à une unité humaine ou institutionnelle ayant traversé la frontière juridique, factuelle ou théorique entre au moins deux Etats. L'auteur nigérian Gbenda Oduntan tente une définition : « *A straddling village/community/city is an organic human settlement, the physical appartenances (houses, dwellings, farms, cultivated fields, designated grazing areas, etc.) of which overlap the territory of two or more sovereign States. In other words, the terms cover any settlement part of which has crossed over the legal, factual or national Boundary between at least two States* »[918].

La difficulté provient de la latitude accordée aux parties dans ce domaine que la Cour n'a pas pris le soin de délimiter. Ceci a favorisé des complications qu'il a ensuite fallu résoudre. Cette logique a conduit à la création de la Commission mixte Cameroun-Nigeria (CMCN)[919] et à celle de deux sous-

---

913 F. LASSERE, P. FOREST, E. ARAPI, « Politique de sécurité et villages-frontière entre Etats-Unis et Québec », *Cybergeo : European Journal of Geography* consulté le 12 mars 2013. http://cybergeo.revues.org.

914 Communiqué de l'association des arpenteurs sans terre du Canada, vol n° 10, n°2.

915 CIJ., *Frontière terrestre et maritime entre le Cameroun et le Nigeria (Cameroun c. Nigeria ; Guinée équatoriale (intervenant),* arrêtdu 10 octobre 2002, § 106, p. 70.

916 *Ibid.*

917 Terminologie retenue en conformité avec l'arrêt du 10 octobre 2002. *Ibid.*

918 G. GBDENDA. ODUNTAN, The Demarcation of Straddling Villages in Accordance with the International Court of Justice Jurisprudence: The Cameroon–Nigeria Experience, *O.J.C.J.I.L.,* vol. 5, Issue1, p. 86.

919 Partie II, Titre I, Chapitre I.

Commissions chargées d'assister la Commission mixte dans ce travail de pionnier : la sous-Commission de démarcation[920] et la sous-Commission sur les droits des populations concernées[921].

Le traitement de cette question dans l'arrêt relatif à la *Frontière terrestre et maritime entre le Cameroun et le Nigeria* est indissociable des problèmes d'exécution. Tout en se défendant de se livrer à une « démarcation », le juge international se livre à une sorte de microchirurgie dans un but transactionnel[922]. La question des villages situés de part et d'autre de la ligne frontière entre les deux Etats est abordée au § 106. Le juge international y prévient qu'il examinera cette question « tronçon par tronçon ».

- Premier tronçon : de Ngosi à Turu. En ce qui concerne le village de Turu, les parties ne contestent pas que la frontière suive la ligne de partage des eaux. Cette ligne frontière ne peut d'après eux pas être modifiée par la Cour. Celle-ci rappelle au § 107 de l'arrêt que, si elle peut interpréter les dispositions des instruments de délimitation lorsque leur libellé appelle une telle interprétation, elle ne saurait en revanche modifier le tracé de la frontière tel que les instruments juridiques pertinents l'établissent. « S'il était dès lors avéré que le village de Turu s'est étendu en territoire nigérian au-delà de la ligne de partage des eaux, il appartiendrait aux Parties de trouver une solution aux problèmes qui en résulteraient, aux fins d'assurer le respect des droits et intérêts de la population locale ».

- Deuxième tronçon : de Turu à Mabas : les parties divergent sur le village situé au sud de Wisik, où la Cour ne voit pas de raison de ne pas retenir le tracé indiqué par le Cameroun, et l'autre près de Mabas. Le tracé préconisé par le Nigeria ne semble pas convenir non plus dans la mesure où il passe au travers de la localité de Mabas. Selon la Déclaration Thomson-Marchand, la

---

[920] Voir § 8 du communiqué adopté lors de la première réunion de la Commission mixte Cameroun-Nigeria créée en application du communiqué conjoint de Genève du 15 novembre 2002 (Yaoundé, 1-2 décembre 2002).

[921] Conformément aux §§ 6 et 7 du communiqué de Yaoundé du 2 décembre 2002, la commission mixte a décidé de créer une sous-commission des populations concernées avec pour mandat d'examiner les modalités relatives à la protection de leurs droits. Voir aussi paragraphe 7 du communiqué adopté à la deuxième réunion de la Commission mixte Cameroun-Nigeria créée en application du communiqué conjoint de Genève du 15 novembre 2002 (Abuja, 4-5 février 2003) et § 4 du communiqué adopté à la troisième réunion de la Commission mixte Cameroun-Nigeria créée en application du communiqué conjoint de Genève du 15 novembre 2002 (Yaoundé, 2-3 avril 2003). Comme convenu lors de la 8ème réunion de la commission mixte, qui a eu lieu à Abuja 10-11 février 2004, les deux sous-commissions ont entrepris une visite de terrain à la frontière terrestre et dans la péninsule de Bakassi, du 15 février au 1 mars 2004. Sur ce sujet, P. LUKONG NYUYLIME, « Cameroun : le retrait du Nigeria commence en juillet », *Cameroon tribune*, 4 décembre 2004.

[922] Partie I, titre I, Chapitre II.

frontière laisse Mabas du côté français. La Cour estime par conséquent que la frontière, à cet endroit, suit la ligne de partage des eaux tout en laissant l'ensemble du village de Mabas du côté camerounais[923].

- Troisième tronçon : de Mabas à Ouro Mavoum, l'emplacement de la ligne de partage des eaux ne fait l'objet d'aucune discussion entre les parties[924].

- Quatrième tronçon : d'Ouro Mavoum à la montagne de Jel via Humunsi (Roumzou), la frontière suit la ligne proposée par le Nigeria tout en laissant sur toute sa longueur la route en territoire camerounais[925].

- Cinquième tronçon : de la montagne de Jel à Mogodé, la Cour considère que la ligne préconisée par le Nigeria semble plus exacte[926].

- Sixième tronçon : de Mogodé à Humsiki (Roumsiki), la Cour estime que cette ligne laisse entièrement Humsiki au Cameroun[927].

- Septième tronçon : au-delà de Humsiki, la frontière continue à suivre la ligne proposée par le Nigeria. Cela d'autant plus que le Cameroun ne s'est pas opposé aux prétentions du Nigeria à cet endroit de la frontière[928].

- Huitième tronçon : la Cour conclut que « dans la région allant de Ngosi à Humsiki, la frontière suit le tracé décrit par les paragraphes 20 à 24 de la Déclaration Thomson-Marchand tels que précisés par la Cour »[929].

La Cour effectue au § 123 de l'arrêt *Cameroun c. Nigeria* le constat selon lequel la difficulté provient uniquement du fait, comme le Nigeria le reconnaît, que le village nigérian de Kotcha s'est étendu sur le côté camerounais de la frontière. Comme la Cour a déjà eu l'occasion de le signaler à l'égard du village de Turu, « elle n'a pas compétence pour modifier une ligne frontière délimitée, même dans l'hypothèse où un village auparavant situé d'un côté de la frontière se serait étendu au-delà de celle-ci. Il appartiendra, en revanche, aux parties de trouver une solution aux problèmes qui en résulteraient, aux fins d'assurer le respect des droits et intérêts de la population locale »[930].

---

923 CIJ., *Frontière terrestre et maritime entre le Cameroun et le Nigeria,* (Cameroun c. Nigeria, Guinée équatoriale, intervenant), arrêt du 10 octobre 2002, § 108.
924 *Ibid.*, § 109.
925 *Ibid.*, § 110.
926 *Ibid.*, § 111.
927 *Ibid.*, § 112.
928 *Ibid.*, §113.
929 *Ibid.*, § 114.
930 *Ibid.,* par. 123.

Dans l'ensemble, le raisonnement de la Cour est difficile à saisir. D'une part, la Cour s'abstient d'outrepasser la compétence des parties de proposer ou de mener des négociations concernant les villages étendus de part et d'autre de la frontière[931]. Elle les charge de trouver une solution négociée aux problèmes qui résulteraient de l'exécution de l'arrêt en respectant les droits et les intérêts de la population locale. D'autre part, en ce qui concerne certains tronçons (du quatrième au huitième), la Cour tranche clairement en estimant que les villages étendus de part et d'autre de la frontière relèvent de la souveraineté de l'une ou l'autre partie.

Les variations dans le raisonnement de la Cour démontrent que le processus judiciaire de délimitation[932], puis de démarcation par la CMCN[933] est par essence complexe. Constitué d'inexactitudes et d'erreurs, il implique que la frontière ne soit pas démarquée de manière rigide. Dans le même temps, la marge d'appréciation qui permettrait au personnel technique de la CMCN de ne pas aboutir à une ligne frontière impraticable est restreinte. De plus, la CIJ ne semble pas avoir une connaissance exacte du nombre de villages à cheval le long de la frontière entre les deux Etats, alors que les parties les avaient mentionnés dans leurs plaidoiries[934]. L'arrêt du 10 octobre 2002 mentionne le village de Turu, alors qu'il existe d'autres villages chevauchants du côté camerounais : Mabas, Kotcha, Mogode, Furu Awa, se situant à cheval sur la frontière internationale entre les deux Etats. Plusieurs villages chevauchants n'ont pas été répertoriés par l'arrêt du côté nigérian : Bourha Wango, Dumo, Dorofi.

Cette situation n'est pas sans rappeler certains propos tenus par Lord Salisbury « Nous (les Britanniques et les Français) nous sommes engagés dans le tracé de lignes sur des cartes des pays dont le sol n'a jamais été foulé par aucun pied d'homme blanc ; nous nous sommes mutuellement cédé des montagnes, des fleuves et des lacs, avec un petit handicap cependant, que nous n'avons jamais su où se trouvent exactement ces montagnes, fleuves et lacs[935]. »

---

931 Voir *Supra* p. 215, CIJ., *Frontière terrestre et maritime entre le Cameroun et le Nigeria,* (Cameroun c. Nigeria ; Guinée équatoriale (intervenant), arrêt du 10 octobre 2002, Kotcha (Koja), §§ 120 à 124.

932 Il est à noter que la ddifférence entre la délimitation d'une frontière et sa démarcation a été déjà expliquée.

933 La Cour fait une distinction très claire et assez connue entre la délimitation et la démarcation de la frontière, au § 84 de l'arrêt de la CIJ. du 10 octobre 2002. CIJ., *Frontière terrestre et maritime entre le Cameroun et le Nigeria,* (Cameroun c. Nigeria, Guinée équatoriale, intervenant), arrêt du 10 octobre 2002.

934 Voir les comptes rendus des plaidoiries notamment celle du Nigeria du 18 mars 2002. Il doit être noté que le Nigeria avait fait valoir qu'il existait 22 points litigieux, la Cour suivant en cela la position camerounaise n'en a retenu que 17. L'on peut s'interroger sur le sort pratique des 5 points litigieux qui n'ont pas été inclus dans la décision judiciaire et ont fait l'objet de contestation sur le terrain.

935 Y. PERSON, « L'Afrique noire et ses frontières », *Le mois en Afrique*, n°80, août 1972, p. 21

On pourrait se demander si la Cour a utilisé les méthodes d'imagerie satellite pour identifier de tels points sur la frontière entre les parties ; et au cas échéant, si de telles techniques ont reçu l'attention qu'elles méritaient. La prédisposition de Cour à s'extraire du Palais de la Paix pour faire une descente sur le terrain comme elle l'a fait, dans l'affaire *Gabcykovo-Nagymaros*, paraît mesurée. La Haute juridiction a d'ailleurs tenu à laisser aux parties le soin de régler les modalités de l'expédition[936] pour montrer qu'elle demeurait dans le cadre de ses fonctions.

Une descente analogue de la Cour dans l'affaire *Cameroun c. Nigeria* aurait fortement tempéré les obstacles à la démarcation des villages chevauchants. Ces insuffisances dans le travail de la Cour sont corroborées par le fait qu'en 2013, les parties continuaient à parcourir la frontière en cause à la recherche des communautés et villages « chevauchants ». Certaines colonies comme Banki et Amchide auraient mérité une attention plus soutenue dans le processus de délimitation juridictionnelle en raison de leur proximité avec la frontière délimitée.

Le défaut de lisibilité des principes juridiques en matière de démarcation des villages entrave l'exécution de l'arrêt de la Cour. La dimension humaine de la démarcation des villages n'a pas été suffisamment prise en compte par le processus judiciaire[937]. Cette logique paraît encore plus inadaptée dans un contexte interafricain. Comme l'a démontré l'arrêt *Burkina Faso c. Niger*[938], les exigences de justice naturelle et d'équité y sont, plus qu'ailleurs, prononcées.

Gbenda Oduntan est de cet avis tel qu'il l'exprime ainsi: « *Indeed, when Nigeria argued for a small deviation of the Boundary off the watershed in the area of Koja, which is located in Adamawa State, South of Mubi, in order to*

---

[936] J.-. M. THOUVENIN, « La descente de la Cour sur les lieux dans l'affaire relative au projet Gabcikovo-Nagymaros », *A.F.D.I.*, vol.43, 1997. pp. 333-340 : « Au demeurant, dans l'affaire du Projet Gabcykovo-Nagymaros, elle a longuement tardé, entre 1995 et 1997, à se décider à se rendre sur les rives du Danube ». M. BEDJAOUI, « La "descente sur les lieux" dans la pratique de la Cour internationale de Justice et de sa devancière », in *Liber Amicorum: Professor Ignaz Seidl-Hohenveldern in Honour of his 80th Birthday*, Martinus Nijhoff Publishers, 17 juin 1998, pp. 1-24.

[937] Voir l'affaire du *Plateau continental Tunisie / Jamahiriya arabe libyenne*, CIJ., *Rec.*1982, p. 77, §107. Pour une critique de cette approche rigide de la justice et une réévaluation critique du principe de *l'uti possidetis* par lequel de nombreuses frontières coloniales restent sacro-saintes, voir GBENDA.ODUNTAN, « Africa Before the International Courts : The Generational Gap in International Adjudication and Arbitration », in *The Journal of World Investment and Trade*, n°6 (December 2004), p. 975. Voir également l'opinion séparée du juge Bola Ajibola dans l'affaire du *Différend territorial* (Jamahiriya arabe libyenne c. Tchad), où il a fait valoir qu'il semblait que les questions territoriales relatives à l'Afrique sont constamment jugées à travers une vision eurocentrique.

[938] Arrêt de la CIJ. du 16 avril 2013, sur le site de la CIJ.

encompass the traditional farmlands of the local inhabitants and Cameroon argued that a watershed should remain the Boundary, despite the delimitation instrument referring to a possible deviation at this point, the Court supported Cameroon's view, stating in paragraph 124 as follows: the Boundary in the Kotcha area, as described in paragraphs 26 and 27 of the Thomson–Marchand Declaration, follows the line of the watershed, including where it passes close to the village of Kotcha, the cultivated land lying on the Cameroonian side of the watershed remaining on Cameroonian territory »[939].

La critique du juriste nigérian rappelle l'expérience de la Commission frontalière Érythrée-Éthiopie. Créée à la suite du différend frontalier entre les deux pays limitrophes et en conformité avec l'accord de paix d'Alger du 12 décembre 2000[940], elle a rendu une décision le 13 avril 2002[941]. Elle a ensuite adopté une approche rigide de la démarcation de la frontière. Son positionnement semble ainsi résumé: *«A demarcator must demarcate the boundary as it has been laid down in the delimitation instrument, but with a limited margin of appreciation enabling it to take account of any flexibility in the terms of the delimitation itself or of the scale and accuracy of maps used in the delimitation process, and to avoid establishing a boundary which is manifestly impracticable »*[942]. Cette approche s'est matérialisée au détriment des réalités locales[943]. Certes, la Commission n'avait pas le pouvoir de modifier la ligne de démarcation. Elle ne pouvait l'être que sur le fondement

---

939 Voir arrêt de la CIJ. du 10 octobre 2002, § 121. G. GBDENDA. ODUNTAN, The Demarcation of Straddling Villages in Accordance with the International Court of Justice Jurisprudence: The Cameroon–Nigeria Experience, *C.J.I.L*, vol. 5, Issue1, p. 87.

940 Encore appelé « l'Accord de Décembre », voir, Nations Unies S/1999/32 docs et S/RES/1227 (1999).

941 La décision de la Commission Erythrée / Ethiopie concernant la délimitation du 13 avril 2002 a été suivie par des accords de démarcation conclus en parallèle. La décision du 24 juin 2002 a rejeté la demande de l'Ethiopie pour l'interprEtation de la décision de l'ancienne décision, etc. Des copies de toutes les décisions de la Commission ont été déposées auprès des secrétaires généraux de l'Union africaine (anciennement OUA) et l'Organisation des Nations Unies. Pour les textes et les Etats de l'ONU, voir les sites Web de l'APC (www.pca-cpa.org) et de l'Organisation des Nations Unies (www.un.org). Voir aussi doc. S/RES/1398 du 15 Mars 2002, qui a étendu la MINUEE jusqu'au 15 septembre 2002, en vue de faciliter la mise en œuvre de la décision concernant la délimitation Érythrée / Éthiopie ; docs Nations Unies A/57/1, 2002, par. 39, S / 2002/744 ; S/RES/1430 et A / RES/1434 du 4 août et 6 septembre 2002, ce qui a encore étendu la MINUEE jusqu'au 15 mars 2003, et S/2002/977. Voir également J. ABBINK, « Badme and the Ethiopian–Eritrean Conflict: Back to Square One? », 2003 (www.erpic.org/Badme.html). N. JIBRIL, « The binding dilemma from Bakassi to Badme, Making States Comply with territorial Decisions of the International Judicial Bodies », *A.U.I.L.R.*, 2004-3, pp.633-677.

942 *Ibid.*

943 La controverse entourant cette décision apparaît dans une lettre écrite aux arbitres EEBC pour marquer le premier anniversaire de la sentence. TESFAMARIAM BARAKI, « *Beyond the Badme Debate: The Forgotten Case of Irobland*», 10 March 2003. Source: www.unitedethiopia.org, consulté le 11/02/2011.

d'une demande expresse des deux parties[944]. Toutefois, une certaine flexibilité dont auraient pu s'inspirer les parties dans la démarcation de la frontière *Cameroun c. Nigeria,* leur aurait permis de surmonter les difficultés d'exécution.

En définitive, la volonté des parties de ne pas diluer le caractère judiciaire des solutions initialement choisies a entravé la démarcation des villages transfrontaliers entre le Cameroun et le Nigeria[945]. Dans la situation mise en relief dans la phase postérieure à l'arrêt du 10 octobre 2002, non seulement certaines conditions font défaut pour une exécution diligente de l'arrêt, mais en plus des obstacles liés à l'ordre juridique interne subsistent.

Paragraphe 2. Les obstacles pouvant découler du caractère fédéral de l'Etat défendeur

Dans l'ordre juridique interne, certains obstacles peuvent surgir au stade de la mise en œuvre des arrêts de la CIJ en raison du caractère fédéral de l'une des parties[946]. Cette situation incite à s'interroger sur le statut d'un arrêt dans l'ordre juridique interne d'un Etat. Les pays dotés de systèmes fédéraux rencontrent-ils plus de difficultés que les autres à mettre en œuvre les décisions de la Cour ? L'opération d'exécution des décisions de justice internationale peut effectivement se révéler très complexe. De plus en plus d'Etats prétendent ainsi ne pas pouvoir exécuter les arrêts de la Cour en raison de tels obstacles propres à leur ordre étatique.

---

[944] Commission frontalière entre l'Érythrée et l'Éthiopie, Observations, 21 Mars 2003, publié sous forme d'additif au rapport du Secrétaire général sur l'Éthiopie et l'Érythrée, doc. S/2003/257 du 6 Mars 2003(www.pca-cpa.org).

[945] Partie II, Titre I, Chapitre II.

[946]Sur le rôle des juridictions nationales dans l'application des décisions de la Cour internationale de justice et, plus en général, des juridictions internationales, voir S. ROSENNE, « L'exécution et la mise en vigueur », *op.cit.*, note 11, p. 23 ; C. H. SCHREUER, « The Implementation of International Judicial Decisions by Domestic Courts », *in International and Comparative Law Quarterly*, 1975, pp. 153 et suiv. ; A. GIARDINA, « La mise en œuvre au niveau national des arrêts et des décisions internationaux », *R.C.A.D.I.*, 1979, pp. 233 et suiv. ; H. MOSLER, « The Impact of the Supranational judicature on the national judiciary », in *Hastings International and Comparative Law Review*, 1980-1981, pp. 425 et suiv. ; R. JENNINGS, « The Judicial Enforcement of International Obligations », *in Zeitschrift für auslandisches offenthches Recht und Volkerrecht,* 1987, pp. 3 et suiv. ; D. M. RELLY, Sarita ORDONEZ, « Effect of the Jurisprudence of the International Court of Justice on National Courts », *New York University Journal of International Law and Politics*, 1995-1996, pp. 435 et suiv. ; G. GUILLAME, *op.cit.,* in *Revue suisse de droit international et de droit européen*, 1997, pp. 431 et suiv. ; M. BEDJAOUI, *op. cit.*, pp. 45 suiv. ; J. PAUST, « Domestic Influence of the International Court of Justice », *Denver Journal of International Law and Policy*, 1997-1998, pp. 787 et suiv. ; R.P. ALFORD, « Federal Courts, International Tribunals, and the Continuum of Deference », *Virginia Journal of International Law*, 2002-2003, pp. 675 et suiv. ; A. AZAR, *L'exécution des décisions de la Cour Internationale de Justice*, Bruxelles, Bruylant, 2003, pp. 179 et suiv.

Les affaires *LaGrand*[947] et *Avena et autres ressortissants mexicains* (Mexique c. Etats-Unis d'Amérique)[948] permettent de se rendre compte de l'existence de différentes barrières procédurales internes que la seule invocation du caractère obligatoire de l'arrêt de la CIJ ne peut suffire à lever. Dans les deux cas susvisés, des ressortissants étrangers avaient été reconnus coupables de meurtres et condamnés à la peine de mort par les juridictions d'Etats fédérés américains. Les questions du réexamen et de la révision des verdicts de culpabilité et des peines prononcées à l'encontre des ressortissants concernés se posaient. Ces expériences ont montré l'incompatibilité potentielle entre l'obligation issue d'une juridiction internationale de « réviser et réexaminer » un jugement interne passé en force de chose jugée et l'« écran étatique » formé par l'ordre juridique interne[949].

Selon la position américaine, les allégations de violations conventionnelles avaient été soulevées trop tardivement pour être réexaminées par ces juridictions comme le prévoyaient les règles de procédure pénale des Etats-Unis. Dans l'affaire *Avena*, la CIJ avait demandé aux Etats-Unis d'assurer par les moyens de leur choix le réexamen et la révision des verdicts de culpabilité rendus et des peines prononcées contre les ressortissants mexicains visés dans l'arrêt. Or, l'arrêt de la CIJ n'a pas été exécuté par certains tribunaux des circuits fédéraux américains. L'un des ressortissants mexicains dont les droits avaient été lésés dans cette affaire déposa une requête en *habeas corpus* devant une cour fédérale, en faisant valoir que le Texas ne s'était pas conformé à l'arrêt *Avena*. Il fut débouté au motif qu'il avait été déchu des droits qu'il aurait pu tenir de la Convention de Vienne sur les relations consulaires, faute de les avoir invoqués au stade du procès de première instance. Le président des Etats-Unis a dû, à l'époque, se baser sur une interprétation extensive de ses prérogatives constitutionnelles en matière de relations internationales pour tenter d'obtenir l'application de l'arrêt malgré les réticences des autorités fédérées.

Parmi les décisions judiciaires américaines accordant la réouverture des procédures suite à l'arrêt *Avena*, se trouve l'arrêt de la cour d'appel de l'Oklahoma du 13 mai 2004[950]. Tout en admettant que l'arrêt *Avena* crée une obligation juridique internationale pour les Etats-Unis, la Cour suprême, dans

[947] Affaire *LaGrand (Allemagne c. Etats-Unis d'Amérique)*, arrêt du 27 juin 2001, CIJ *Rec.* p. 465.
[948] Affaire *Avena et autres ressortissants mexicains (Mexique c. Etats-Unis d'Amérique), arrêt du 31 mars 2004, CIJ, Rec.2004*, Pour les faits et les suites de cet arrêt, voir infra. Voir également, A. PEYRO. LLOPIS, « Après Avena : l'exécution par les Etats-Unis de l'arrêt de la Cour internationale de Justice », *A.F.D.I*, 2005, pp. 140- 161 ; M. BENLOLO-CARABOT, « L'arrêt de la Cour internationale de Justice dans l'affaire Avena et autres ressortissants mexicains (Mexique c. Etats-Unis d'Amérique) du 31 mars 2004, *A.F.D.I.*, vol.50, 2004. pp. 259-291.
[949] J. LIMBURG, « L'autorité de la chose jugée », *R.C.A.D.I.,* 1929-V, vol. 30, pp. 563-586. Voir également sur ce point, A. BEN MANSOUR, La mise en œuvre..., *op. cit.*, note 10, p. 8.
[950] Voir l'arrêt, Os*bado Torres c. l'Etat d'Oklahoma*, ILR, 2004, pp. 1227-1235.

sa décision du 25 mars 2008 *Medellin c. Texas*[951], a conclu que cette obligation n'avait pas automatiquement force de loi à l'égard des juridictions américaines. D'après elle, aucune des dispositions conventionnelles qui rendaient l'arrêt de la CIJ contraignant pour les Etats-Unis n'était immédiatement exécutoire en vertu de la Constitution américaine, en particulier en l'absence de loi d'application. Ceci revenait à soutenir que l'arrêt « n'avait pas en tant que tel valeur de droit fédéral contraignant prévalant sur les restrictions imposées par les Etats à l'introduction de recours successifs en *habeas corpus* »[952].

Au vu des difficultés internes soulevées par cette opération, les Etats-Unis ont renoncé à la procédure qui avait fondé cette jurisprudence en dénonçant le protocole additionnel à la Convention de Vienne sur les relations consulaires[953]. On peut se demander la raison pour laquelle ils ne l'ont pas fait pour la Charte des Nations Unies, puisque celle-ci leur impose de se conformer aux décisions de la Cour. Dans son arrêt sur la demande en interprétation de l'arrêt rendu dans l'affaire Avena de 2009, la CIJ a ainsi considéré qu'il n'était pas possible dans le cadre d'une demande portant sur le sens et la portée de l'arrêt *Avena* de 2004 d'examiner la question générale des effets d'un arrêt de la Cour dans l'ordre juridique interne des parties dans la mesure où la question n'avait pas été tranchée dans l'arrêt initial[954].

De manière similaire, des questions de fédéralisme et de droit interne ont été au centre de l'affaire *Cameroun c. Nigeria.* Les précédents sus-évoqués ont fait *florès*, le Nigeria invoquant à l'identique les rapports entre Etats fédérés et Etat fédéral comme obstacles à la « réception » de l'arrêt du 10 octobre 2002 dans son ordre juridique. Le constat effectué par le président de la CIJ, M. Hisahi Owada en 2002[955], le confirme.

Au niveau interne, l'arrêt *Cameroun c. Nigeria* a mis en relief une tension en matière de répartition des pouvoirs dans le domaine des relations extérieures de la République fédérale du Nigeria. Cette question est envisagée par le rapport de la seconde Commission de rapporteurs dans l'affaire des *Iles d'Åaland* du 25 juin 1921[956]. L'alinéa 1 de l'article 5 de sa Constitution laisse

---

[951] Cour suprême des Etats-Unis, *Medellin v. Texas*, arrêt du 25 mars 2008, United States Reports, vol. 522, 2008, pp. 522-523.

[952] *Ibid.*

[953] *CIJ., Avena et autres ressortissants mexicains (*Mexique c. Etats-Unis d'Amérique), arrêt du 31 mars 2004, *Rec.*, p. 12.

[954] *Ibid.*

[955] Voir sixième commission 24ème & 25ème séance du 29 octobre 2010, « le président de la CDI se dit préoccupé par les obstacles politico-juridiques qui empêchent les Etats d'exécuter les arrêts de la Cour, source : http://www.un.org, consulté le 1/10/2005.

[956] A la suite de l'indépendance de la Finlande le 6 décembre 1917, la Suède revendique l'archipel, arguant de sa situation géographique et du fait que les habitants parlent le suédois. Le rapport du comité des juristes, du 5 septembre 1920, sur l'affaire des îles d'Åaland explique les pouvoirs du président et du ministre des Affaires étrangères dans ce domaine. Il admet l'impuissance du droit

penser que le Président a le pouvoir de négocier et signer un traité, mais ne peut le ratifier que s'il obtient l'approbation des deux tiers des membres du Sénat[957]. Cette question étant approfondie ultérieurement[958], il suffit à ce stade de constater que ce type d'objections obstrue le processus post-juridictionnel.

Il a été ainsi souligné que : *« Furthermore, all land and territory comprising the nation of Nigeria is specified in the Constitution of the Federal Republic of Nigeria 1999. Bakassi as a Local Government is so specified in Part 1 of the First Schedule to the Constitution. Being a nation ruled by Law, we are bound to continue to exercise jurisdiction over these areas accordance with the Constitution. The responsibility for the amendment of the Constitution being that of the National Assembly of Nigeria and the State Assemblies, the Federal Government, all affected State Governments and Local Government Councils will continue to exercise their constitutional responsibilities over all Nigerian territory as specified in the Constitution until the National and various States Assemblies effect amendment to the Constitution »*[959].

Deux semaines après la proclamation de l'arrêt adjugeant la presqu'île de Bakassi et d'autres territoires au Cameroun, le Sénat nigérian a rejeté à l'unanimité la décision de la C.I.J[960]. L'Assemblée nationale s'est quant à elle reposée en partie sur l'article 12 de la Constitution de 1999 en faisant valoir qu'elle aurait dû être saisie pour ratification. Le fait de ne pas le faire rendrait donc l'accord inconstitutionnel, nul et non avenu[961]. Une tentative de la Haute Cour fédérale d'Abuja du 14 août 2008 pour stopper les opérations d'exécution engagées, au plan national, a d'ailleurs été amorcée peu de temps avant la rétrocession définitive de la presqu'île litigieuse au Cameroun[962].

En réalité, aucun Etat ne peut s'abriter derrière les dispositions de son droit interne (ou en invoquant l'insuffisance des moyens légaux internes[963]) pour refuser de se soumettre à des obligations internationales contractées librement ; sauf s'il y a eu violation d'une règle interne d'importance

---

à trancher le conflit et applique à la Finlande la théorie des situations de fait échappant au droit (*R.C.A.D.I.*, 1926, IV, p. 431)

957 Le § 5 alinéa 1 de la Constitution de la République fédérale du Nigeria énonce « Subject to the provisions of this Constitution, the executive powers of the Federation:(a) shall be vested in the President and may subject as aforesaid and to the provisions of any law made by the National Assembly, be exercised by him either directly or through the Vice-President and Ministers of the Government of the Federation or officers in the public service of the Federation », source :http://www.nigeria-law.org,, consulté le 10/10/2006.

958 Partie II, Titre II, chapitre I.

959Source: From the Presidency of the Federal Republic of Nigeria, Office of the Senior Special Assistant to the Presidency on National Orientation and Public Affairs, Abuja, Nigeria, le 23/10/2002. http://www.waado.org consulté le 11/12/2004.

960 M. GBANITE, « Bakassi, Obasanjo, And Senate », source : http://www.gamji.com, consulté le 4/8/2011.

961 Voir E. EGEDE, « Bakassi: a Critical Look at the Greentree Agreement », Cardiff University School of European Studies, Cardiff, Wales 10/10/2007.

962 Source : Quotidien Nigerian *The Vanguard* du 10 juin 2006, consulté le 10 mai 2013.

963 Sentence arbitrale, 14 septembre 1872, RAI, t.II, *Etats-Unis c. Grande-Bretagne*.

fondamentale au moment de la conclusion de l'accord[964] (c'est-à-dire le problème de la ratification imparfaite). Au-delà des questions soulevées par les suites de l'arrêt d'espèce, émerge la question du rôle des organes juridictionnels nationaux dans le domaine des relations extérieures d'un Etat fédéral. Cette préoccupation met en évidence le tiraillement des différents pouvoirs dans la mise en œuvre de l'arrêt *Cameroun c Nigeria* à l'intérieur des Etats. Rien n'empêche par ailleurs un tribunal local de rendre une décision contraire à celle de la Cour fédérale dans ce domaine, et qui entraverait le processus d'exécution en cours. Plus généralement, la phase post-judiciaire dans cette affaire renseigne sur les difficultés liées à la réception des instruments juridiques internationaux dans certains ordres juridiques fédéraux. L'arrêt de la CIJ a eu à cet égard le mérite d'inciter le Nigeria à moderniser le processus de réception du droit international dans l'ordre juridique interne[965]. La Chambre des représentants du Nigeria a entamé le 7 mai 2013 le processus de ratification de l'accord de Greentree[966].

En définitive, sur le plan du droit interne, mais peut-être davantage sur celui du droit international, les obstacles juridiques à l'exécution de l'arrêt de la CIJ se trouvent dominés et conditionnés par la nature internationale de la sentence. Ils font de cette question un véritable problème de droit. La *res judicata* est une donnée préalable et essentielle pour la construction d'un Etat de droit dans l'ordre juridique international. Cependant, les imperfections du système juridique international décentralisé, le caractère balbutiant du dispositif d'exécution forcée sont des obstacles potentiels à son effectivité. Les conditions de l'exécution de l'arrêt rendu en l'affaire de la *Frontière terrestre et maritime entre le Cameroun et le Nigeria* renseignent sur la difficulté de domestiquer les actes issus d'organisations universelles. La réception de l'arrêt dans l'ordre juridique de l'Etat défendeur a été, semble-t-il, entravée par la structure fédérale du Nigeria. Les questions de fédéralisme et de droit internes exposées, pour légitimes qu'elles soient, sont indéfendables. C'est une chose d'invoquer des obstacles à l'exécution d'un arrêt de la Cour, c'en est une autre de n'en faire aucun cas. C'est en tout cas ce que révèlent les obstacles de fait à l'exécution de l'arrêt de la Cour.

---

964 Voir les articles 27 et 46 de la Convention de Vienne sur le droit des traités, CPJI, 31 juillet 1930, *avis consultatif relatif aux communautés greco-bulgares,* serie B n°17, p32 ; CIJ, 26 avril 1988, *avis consultatif relatif à l'obligation d'arbitrage selon l'accord de 1947 relatif au siège de l'ONU, Rec.* 1988, p 35.

965 Selon les législateurs nigérians, les documents des Nations Unies (ONU) ont montré que le Nigeria avait conclu environ 400 traités, accords et protocoles, alors que les archives nationales ont montré que le Nigeria est partie à plus de 200 traités, accords et protocoles. L'écart entre les deux est révélateur. Il a en plus été signalé que moins de 15 traités ont été « domestiqués » ou bien ratifiés, 10 ont été dûment domestiqués ou ratifiés, tandis que 10 autres n'ont pas achevé le processus au cours de l'année 2013, selon le quotidien du Nigeria, *The Vanguard* du 8 mai 2013, consulté le 10 mai 2013.

966 Source : Quotidien nigérian *The Vanguard* consulté le 10 mai 2013.

Chapitre 2.
Les obstacles de fait à l'exécution de l'arrêt de la Cour

Les comportements provoqués par un acte juridictionnel peuvent être soit positifs, soit négatifs, peut-être les deux. Ils comprennent, en dehors du comportement juridiquement motivé par la décision, des faits qui, soit concourent à la réalisation de la *res judicata,* soit y font obstacle. Il arrive ainsi qu'à la suite d'une décision de justice, les Etats prennent une autre décision connexe comme celle de se retirer du protocole ayant servi de base à la compétence de la CIJ dans l'affaire les concernant.

De nombreux exemples peuvent être cités : l'affaire *Nicaragua c. Colombie* et le retrait par cette dernière du pacte de Bogota[967], l'affaire des *Essais nucléaires* et la dénonciation par la France de la clause facultative de juridiction obligatoire de la CIJ[968], l'affaire de l'*Anglo-Iranian Oil Co*[969], et la dénonciation de la déclaration iranienne de 1930 peu de temps après (le 9 juillet 1951).

Un comportement similaire des Etats-Unis a été constaté à la suite de l'affaire des *Activités militaires du Nicaragua et contre celui-ci*[970]. Ce pays a estimé que le retrait du protocole relatif au règlement obligatoire des différends et l'action d'information consulaire de la Convention de Vienne de 1963 étaient nécessaires pour éviter de nouveaux arrêts semblables à celui rendu dans l'affaire *Avena* et des intrusions supplémentaires dans le système de justice pénale des Etats fédérés[971]. Plus généralement, quatorze ans après l'arrêt du *Temple de Préah Vihéar,* force est de constater qu'il subsiste un

---

967 N. BOEGLIN, « Le retrait du Pacte de Bogota de 1848 par la Colombie », Source : http://www.sciencespo.fr, consulté le 1 février 2013.

968 La France a dénoncé sa déclaration de compétence obligatoire à l'égard de la CIJ à la suite des arrêts rendus dans les affaires *Essais nucléaires* (Australie c. France et Nouvelle-Zélande c. France), arrêts du 20 décembre 1974, Rec., respectivement pp. 253 et s. et, p. 457 et s. Par la suite, la France a sollicité la voie arbitrale, plutôt que la CIJ. pour régler ses différends juridiques avec le Royaume-Uni (Affaire de la *délimitation du plateau continental*, sentences arbitrales du 30 juin 1977 et du 14 mars 1978, R.S.A, XVIII, pp. 130-268 et pp. 339-413).

969 CIJ., *Anglo-Iranian Oil Company*, ordonnance du 11 février 1952, Rec. p. 89.

970 Les Etats-Unis ont retiré leur Déclaration à la suite de l'arrêt de la Cour sur les *Activités militaires et paramilitaires au Nicaragua et contre celui-ci* (Nicaragua c. Etats-Unis d'Amérique), arrêt du 27 juin 1986, *Rec.*, pp. 27-28.

971 CIJ, *Avena et autres ressortissants mexicains*, (Mexique c. Etats-Unis d'Amérique), 31 mars 2004, *Rec.* 2004, pp. 42-57, par. 59-114. A. PEYRO LLOPIS, « Après Avena : l'exécution par les Etats-Unis de l'arrêt de la Cour internationale de Justice », *A.F.D.I.*, 2005, pp. 140- 161.

différend frontalier terrestre entre le Cambodge et la Thaïlande en raison d'obstacles matériels[972].

Il ressort de ces précédents que les obstacles de fait renvoient, soit à des comportements des parties, soit à des évènements à la survenance desquels ceux-ci n'ont pas pris part. Les faits visés peuvent être des phénomènes naturels, ou contingents. Ils ont éventuellement trait à des situations faisant l'objet de définition juridique[973]. Leur trait commun est d'avoir des répercussions néfastes sur l'exécution de la décision « territoriale » en cause. Qu'en est-il des obstacles de fait à l'exécution de l'arrêt du 10 octobre 2002 ? Ils relèvent schématiquement de deux catégories. Les uns trouvent leur source dans le comportement des Etats parties vis-à-vis de la chose jugée. (Section 1). Les autres obstacles, sans nécessairement être dissociables des premiers, sont purement circonstanciels (Section 2).

Section 1. Les obstacles tenant au comportement des parties

Sur les difficultés qui trouvent leur source dans le comportement des Etats parties, il convient d'être assez sommaire. Elles se présentent en effet sous un jour connu. Ce dernier mérite toutefois d'être revisité, car ce type de situation a pu et pourra se produire pour d'autres décisions en matière territoriale. Malgré son engagement préalable à respecter l'arrêt du 10 octobre 2002, le Nigeria l'a rejeté (Paragraphe 1). L'attentisme du Cameroun pourtant crédité par la sentence internationale et l'embarras momentané de la communauté internationale (Paragraphe 2) ont été des facteurs de stagnation de la phase post-arrêt, non négligeables.

Paragraphe 1. Le rejet initial de l'arrêt par le Nigeria en dépit de son engagement préalable à le respecter

En dépit de son engagement réitéré à s'y conformer, le 23 octobre 2002, le Nigeria a rejeté l'arrêt rendu en sa défaveur. Cette attitude est moins exceptionnelle qu'il n'y paraît. Ce rejet était prévisible (A), il a donc été avéré (B).

---

972 CIJ., *Demande en interprEtation de l'arrêt du 15 juin 1962 en l'affaire du Temple de Préah Vihéar (Cambodge c. Thaïlande),* ordonance du 18 juillet 2011. Voir précisément la requête introductive déposée au Greffe de la CIJ le 28 avril 2011.

973 J. SALMON, « Le fait dans l'application du droit international », *R.C.A.D.I.*, 1982-II, T. 175, p. 274.

A. Un rejet prévisible

Le rejet de l'arrêt du 10 octobre 2002[974] était redouté. La nature du litige, les circonstances qui l'ont fait naître et l'ont entouré tout au long de la procédure, rendaient cette affaire particulièrement délicate. Les problèmes relatifs à l'exécution de l'arrêt apparaissent comme une suite prévisible du procès devant la Cour[975], sans toutefois faire obstacle sur le long terme à un règlement satisfaisant du différend. Lorsque la CIJ est saisie par voie de compromis, les Etats acceptent plus spontanément de se conformer à l'arrêt[976]. Dans l'hypothèse où la Cour est saisie par voie de requête unilatérale, l'Etat défendeur conteste fréquemment la compétence de la Cour, multiplie les procédures incidentes et rejette la décision rendue en sa défaveur.

Les suites de l'affaire relative à la *Société commerciale de Belgique*[977], *Détroit de Corfou*[978], *Compétence en matière de pêcheries*[979], du *Personnel diplomatique et consulaire*[980], et des *Activités militaires et paramilitaires des Etats-Unis au Nicaragua et contre celui-ci*[981] et du *Droit d'asile*[982] sont intéressantes à cet égard. La plupart de ces Etats ont fait montre d'une volonté fluctuante à l'issue du procès. Ils ont cherché à annihiler leur volonté initiale, celle par laquelle ils avaient consenti à la juridiction par une volonté postérieure, tardive et lourde de conséquences, celle qui est intervenue lorsque

---

974 Des auteurs comme Jean-Louis Atangana Amougou ont estimé : « C'est une des rares fois où il y a eu un rejet net de la part d'un gouvernement d'un arrêt rendu par la Cour ». J.-L. ATANGANA AMOUGOU, « La négociation dans l'exécution des arrêts de la CIJ », *R.R.J., droit prospectif*, 2006-2, p. 1518.

975 Comme dans la plupart des décisions rendues à la suite d'une introduction d'instance par voie unilatérale, l'Etat défendeur a contesté aussi bien la compétence de la Cour que l'arrêt rendu par la suite. Ceci explique dans une certaine mesure les difficultés d'exécution de l'arrêt *Cameroun c. Nigeria.* On peut se référer à la contestation de la compétence de la Cour : par l'Iran dans l'affaire *Anglo-Iranian Oil co* et l'inexécution par l'Etat iranien de mesures conservatoires prononcées par la Cour le 5 juillet 1951 ; par l'Islande dans l'affaire des *Compétences en matière de pêcheries* qui a refusé d'exécuter tant l'ordonnance du 27 août 1072 que l'arrêt du 25 juillet 1974 ; par les Etats-Unis dans l'affaire des activités militaires et paramilitaires au Nicaragua et contre celui-ci et le rejet par le gouvernement américain de l'arrêt du 27 juin 1986.

976 Sur le rapport entre la nature et l'étendue de la saisine et les suites des décisions, voir A. AZAR, *L'exécution des décisions de la Cour internationale de Justice*, *op.cit.*, pp. 99-103.

977 C.P.J.I., *Société commerciale de Belgique*, Belgique/Grèce, arrêt du 15 juin 1939, Série A/B, n° 78, p. 159 et s.

978 CIJ., *Détroit de Corfou* (*Royaume-Uni c. Albanie)*, arrêt au fond du 9 avril 1949, *Rec.*, p. 4.

979 CIJ., *Compétence en matière de pêcheries*, arrêt du 25 juillet 1974, *Rec.*, p. 3.

980 Dans l'affaire du *Personnel diplomatique et consulaire des Etats-Unis à Téhéran*, (Etats-Unis c. Iran), arrêt du 24 mai 1980, CIJ., *Rec.*, p. 19, par. 36 ; le différend n'a pu être réglé ni par l'action des Nations Unies ni par celle la Cour internationale de justice ayant rendu l'arrêt du 24 mai 1980, mais seulement grâce à l'action d'un Etat tiers : l'Algérie.

981 CIJ., *Activités militaires et paramilitaires au Nicaragua et contre celui-ci, (Nicaragua c. Etats-Unis*), compétence de la Cour et recevabilité de la requête, arrêt du 26 novembre 1984, *Rec.*, p. 439, par. 104-105 ; *Ibid.*, fond, arrêt du 27 juin 1986, *Rec.*, pp. 27-28.

982 CIJ., *Droit d'asile*, arrêt du 20 novembre 1950, *Rec.*, p. 402.

la teneur de la décision du juge international a été portée à leur connaissance[983].

C'est néanmoins à l'affaire de la *Frontière terrestre et maritime entre le Cameroun et le Nigeria* que revient la palme dans ce cadre[984]. L'affaire a été introduite par requête unilatérale du Cameroun, 21 jours après l'adhésion du demandeur à la juridiction obligatoire de la Cour. L'utilisation astucieuse de la jurisprudence relative au *Droit de passage en territoire indien*[985] par le Cameroun semble avoir été perçue comme un « acte inamical » pour le Nigeria[986]. Le statut, règlement et principes révisés applicables au Fonds d'affectation spécial du Secrétaire général devant aider les Etats à soumettre leurs différends à la CIJ précise pourtant en son § 1 que : « le recours à un règlement judiciaire des différends juridiques, particulièrement la saisine de la Cour internationale de Justice, ne devrait pas être considéré comme un acte inamical entre Etats ». Cette opinion reçoit la caution de Philippe Weckel pour lequel « le Cameroun avait entraîné par surprise le Nigeria dans un règlement judiciaire de leur différend dont cet Etat ne voulait pas »[987]. Plusieurs éléments[988] montrent qu'il n'acceptait pas de bon gré l'intervention de l'organe judiciaire principal des Nations Unies[989].

La charge politique du différend laissait présager que l'exécution ne serait pas aisée[990]. Cet aspect est prononcé sur le continent africain où le territoire est porteur d'enjeux liés à la géo-économie des ressources stratégiques. Le litige porté par les parties devant une juridiction n'est en effet que la manifestation première d'un conflit plus généralisé qui touche à des questions « vitales » pour les parties. Le risque de rejet de la décision par la partie qui a

---

983 M. KAMTO, *« La volonté de l'Etat en droit international »*, *op.cit.*, note 684, p. 408.

984 Voir, H. RUIZ FABRI, J-.M. SOREL, *Contentieux de l'urgence…, op.cit.*, note 121, pp. 22-23 ; et plus généralement J. -M. SOREL, F. POIRAT, *Les procédures incidentes devant la CIJ : exercice ou abus de droit* ? Paris, Pedone, 2001, 158 p.

985 CIJ., *Droit de passage sur territoire indien* (fond), Arrêt du 12 avril 1960, *Rec.*, p. 6

986 Certains Etats conçoivent en effet la saisine de la Cour comme un geste inamical. Voir l'Introduction générale de l'étude. Se référer également au débat sur la première exception préliminaire soulevée par le Nigeria, *Frontière terrestre et maritime entre le Cameroun et le Nigeria, Exceptions préliminaires* (*Cameroun c. Nigeria*), arrêt du 11 juin 1998, *Rec.*1998, pp. 275 et 324. Voir J.-P. BUFFERNE, « La fonction de la Cour internationale de justice dans l'ordre juridique international : quelques réflexions », *R.Q.D.I.*, vol. 15, n° 1, 2002, pp. 141-178, spéc. p. 142.

987 Ph. WECKEL, « Chronique de jurisprudence internationale de la Cour internationale de justice. Arrêt du 10 octobre 2002 (Fond). Frontière terrestre et maritime (Cameroun c. Nigeria) », *J.D.I.*, 2003, 130E, n°3, p.161.

988 CIJ., *Frontière terrestre et maritime entre le Cameroun et le Nigeria, Exceptions préliminaires*, (Cameroun c. Nigeria), arrêt du 11 juin 1998, pp. 275-418.

989 CIJ., *Demande en interprétation de l'arrêt du 11 juin 1998 en l'affaire de la frontière terrestre et maritime entre le Cameroun et le Nigeria (Nigeria c. Cameroun)*, arrêt du 25 mars 1999, *Rec.*, p. 35, § 10.

990 A. D. OLINGA, *L'accord de Greentree…*, *op.cit.*, p. 15.

le sentiment d'avoir (le plus) perdu est doublé. La première réaction des autorités nigérianes a été de contester la décision rendue le 10 octobre 2002.

B. Un rejet avéré

Le mémorable arrêt du 10 octobre 2002 a été aussi difficile d'exécution que le présumait la Cour. Par une déclaration effectuée deux semaines après l'arrêt, le défendeur a rejeté le verdict (1). Il a ensuite constamment brandi la menace de l'introduction de recours potentiel contre ladite décision (2).

1. La déclaration de rejet du 23 octobre 2002

Le jugement prononcé par la Cour de La Haye a été perçu au Nigeria comme une humiliation et un désastre national. C'est là un phénomène particulièrement crucial. Dès le prononcé du verdict dans cette affaire, le gouvernement de la République fédérale du Nigeria n'a pas caché son hostilité vis-à-vis de l'arrêt. Ainsi, pour Hubert Onana Mfege : « Le Nigeria est vraiment tourmenté et blessé dans son amour-propre. Ce verdict d'une juridiction internationale sonne comme une atteinte à sa souveraineté nationale, une remise en cause de son statut de Nation leader dans le golfe de Guinée et plus encore en Afrique subsaharienne »[991]. Aussitôt après le rendu du jugement, le chef de l'Etat nigérian a établi une Commission chargée d'étudier les implications pour son pays de l'arrêt de 2002. C'est sur la base des travaux de cette Commission que le Conseil exécutif fédéral réuni à Abuja a décidé de rejeter l'arrêt le 23 octobre 2002[992].

La déclaration du gouvernement nigérian à ce propos lue par le ministre des Transports le 23 octobre 2002, soit 13 jours après le rendu de l'arrêt, est fort éloquente. Le gouvernement du Nigeria a examiné les conséquences de l'arrêt rendu par la Cour dans cinq domaines spécifiques (lac Tchad ; la frontière terrestre entre le Nigeria et le Cameroun ; la presqu'île de Bakassi ; la question des ressources pétrolières *offshore* - en particulier dans le golfe de Guinée, et au sujet des revendications des deux parties relativement aux questions des réparations et de la responsabilité internationale étatique).

Ce refus de reconnaissance d'un acte juridictionnel international conduit aux observations suivantes :

(i) Le Nigeria ne conteste pas la partie de l'arrêt se rapportant à la frontière terrestre entre le lac Tchad et Bakassi et à une partie de la frontière maritime (au sud de la ligne décidée par l'accord de Maroua) qui, dans

---

[991] H. ONANA MFEGE, *Cameroun, Nigeria, ONU : entre force de la palabre et primauté du droit*, Paris, L'Harmattan, 2011, p. 85.

[992] Déclaration de rejet jointe en annexe de l'ouvrage.

l'ensemble, correspond à la position qu'il a prise devant la Cour. Il ne conteste pas non plus la décision de la Cour pour ce qui a trait aux demandes de réparation par les parties.

(ii) Par rapport à la presqu'île de Bakassi et les trente-trois villages situés dans la région du lac Tchad, le Nigeria a déclaré qu'il continuerait à exercer sa juridiction sur les zones conformément à sa Constitution, et ce jusqu'à ce que les Assemblées nationales et les divers Etats fédérés du Nigeria la révisent pour les raisons suivantes :

- les zones en question comprennent le territoire du Nigeria comme spécifié dans la Constitution de 1999 ;
- L'arrêt est fondé sur les traités coloniaux, qui ont été conclus par les pouvoirs coloniaux au mépris des droits inaliénables de propriété des terres des indigènes nigérians, dont le droit à l'autodétermination n'aurait pas été respecté ;
- au mépris de sa propre jurisprudence antérieure, la Cour a refusé de donner les considérations dues à la notion d'effectivités.

(iii). Certains commentaires mettent en cause l'intégrité et l'impartialité (donc la crédibilité) du président de la Cour de nationalité française et des juges allemand et même britannique, le Nigeria considérant que ces juges n'auraient pas dû siéger dans cette affaire, car leurs pays respectifs étaient concernés en tant qu'anciennes puissances colonisatrices. Ces derniers auraient, de l'avis des autorités nigérianes, simplement confirmé des accords coloniaux conclus, en leur temps, par leurs pays respectifs[993]. Et ce au détriment des droits immémoriaux des indigènes de Bakassi. « *In the instant case, for purely political reasons, the Court, headed by a French President, upheld a legal position which is contrary to all known laws and conventions, thus legitimising and promoting the interests of former colonial powers at our expense. The French President of the Court and the English and German Judges should have disqualified themselves since the countries which they represent are, in essence, parties to the action or have substantial stakes*»[994].

---

[993] L'allusion est faite aux traités germano-britanniques et germano-français d'avant la guerre de 1914 ainsi qu'aux accords franco-britanniques qui ont suivi.

[994] Voir le quotidien nigérian *The Guardian* (version online) du 24 octobre 2002. Ce rejet de l'arrêt a été annoncé également par l'Agence France Presse dans une dépêche du 23 octobre 2002 à 16h 56 min. L'argument captieux du Nigeria a été relayé par la presse nationale camerounaise, entres autres, qui note : « le Nigeria ne pouvait se sentir lié par des cartes idiotes dessinées, il y a quelques années, par des colons non moins idiots, alors qu'il est de notoriété publique que la presqu'île de Bakassi est habitée depuis la nuit des temps par des Nigérians ». Agence de presse PANA, Sénégal, 17-23 octobre 2002. Voir, *Mutations,* n° 771 du 24 octobre 2002, p. 3. Voir également, M. SALAH, « on relève en particulier une déclaration du gouvernement nigérian, deux semaines après le prononcé du verdict de la Cour, qui s'en prend à l'origine française du président de cette juridiction et considère que les juges anglais et allemands membres de La Cour sont disqualifiés pour se prononcer sur cette affaire ». M. MOHAMED SALAH, « La Commission mixte

(iv) Le Nigeria soutient enfin qu'il refuse d'accepter une petite portion de la frontière maritime de la côte qui, selon l'arrêt, doit être définie par la déclaration de Maroua du 1er juin 1975, laquelle ne constitue pas d'après le Nigeria un traité international valide.

En ce qui concerne la déclaration de rejet de l'arrêt du 10 octobre 2002, elle apparaît comme une charge inhabituelle contre la Cour, ou un énième tour de plaidoirie hors prétoire. Elle paraît inspirée en partie par des considérations politiques. Maurice Kamto signale ainsi qu'il arrive qu'une décision juridique de rejeter la sentence ou l'arrêt recouvre des mobiles politiques[995].

La position du Nigeria à ce sujet a été par la suite d'alléguer qu'il n'avait effectué ni rejet explicite ni acceptation formelle de la décision de la Cour[996]. En réalité, les commentaires négatifs, et les attaques contre les juges de la Cour reflétaient l'atmosphère émotionnelle intense à l'issue du règlement judiciaire au Nigeria. Cette déclaration de rejet doit donc être envisagée dans le contexte de l'évolution de la situation politique au Nigeria. Le contexte de pré campagne électorale en vue de l'élection présidentielle prévue pour mars/avril 2003 était un tempérament à l'exécution spontanée de l'arrêt. Des théories de relations internationales dont celles de « l'exutoire externe » et de la « porte de sortie » ont été utilisées par le gouvernement nigérian[997]. Ce dernier faisait face à une résistance intérieure forte. Les responsables politiques, militaires radicaux du régime[998], et les populations de Bakassi étaient peu disposés à accepter l'arrêt de la Cour pour ce qui a trait à Bakassi. Dans de telles circonstances, le pouvoir en place a été contraint à rejeter l'arrêt[999].

Aloysius Llamzon relate cette situation: « To *some extent, however, the Nigerian government's position is understandable when one considers that it was under tremendous internal political pressure not to respect the judgment, especially with regard to Bakassi, as various large Nigerian groups have*

Cameroun c. Nigeria, un mécanisme original de règlement des différends interEtatiques », *A.F.D.I.*, 2005, p. 16.

995 M. KAMTO, « La volonté de l'Etat... », *op. cit.*, note 684, p. 411.

996 Ce qui somme toute équivaut à un rejet.

997 Pour Jean-Pierre Fogui, la stratégie de « détermination/modération » utilisée par le Cameroun confirme certaines théories des relations internationales parmi lesquelles celle de l'exutoire externe et du bluff dont le Nigeria a usé, mais aussi celle de la porte de sortie sur laquelle le Cameroun s'est appuyé. J-P. FOGUI, *Les leçons du conflit de Bakassi*, Yaoundé, Ed. Sopecam, 2010, p. 25.

998 Certains caciques du régime menaçaient de faire sécession au cas où le gouvernement fédéral rétrocéderait la presqu'île de Bakassi. Selon eux, l'arrêt de la CIJ. du 10 octobre 2002 débouchait de la sorte sur un « *break up of Nigeria* » *Ibid.*

999 J. -L. ATANGANA AMOUGOU, « La négociation dans l'exécution des arrêts de la CIJ », *R.R.J.D.P.*, 2006-2, p.4

opposed it and called for war, if necessary Ethnic Nigerians in the area also feared unequal treatment and persecution by Cameroon »[1000].

La position du président Obasanjo était difficile à tenir[1001]. Il lui revenait de concilier les exigences du droit international avec les réalités politiques domestiques influencées par « *traditional notions of sovereignty and national pride and honor, that make it resist the idea that an international arbitrator or court can appropriately rule on that state's behavior or tell it how it should behave or what it must do* »[1002].

Cette préoccupation est décelable à travers la déclaration du président nigérian du 25 octobre 2002 dans laquelle il souligne de manière récurrente que : « *Nigeria will not go to war over Bakassi and that his governement will not abandon Nigerians living in the Area* »[1003]; ou « *We want peace, but the interest of Nigeria will not be sacrificed. What may be legally right may not be politically expedient* ». Le président Obasanjo a ainsi soutenu que cette décision était « matériellement impossible à exécuter »[1004]. Il n'a toutefois pas fermé la porte à toute discussion utile sur les suites du jugement.

La position du dirigeant nigérian à l'égard du verdict de la C.I.J était ambivalente. Malgré cela, la persistance d'un comportement hétérodoxe sur le plan juridique du président Obasanjo aurait pu entacher sa crédibilité internationale. M. Olusegun Obasanjo est en effet une personnalité phare du mouvement de la « Renaissance africaine », du New Partnership for Africa's Development (NEPAD), et de l'Union africaine (UA). Compte tenu de l'esprit d'unité continentale promu par M. Obasanjo, il paraissait impensable que celui-ci se comporte de manière à aggraver le conflit frontalier entre le Nigeria et le Cameroun. Mais alors que le président nigérian semblait préoccupé par le respect du droit international par son pays, la dynamique interne fournissait une impulsion inverse.

La déclaration de rejet du 23 octobre 2002 se présente comme le point de départ de difficultés, impasses, et obstacles réels ou artificiellement créés ayant jalonné la phase post-arrêt. A partir de ce moment, le « timing » du processus d'exécution de la décision de la CIJ est devenu problématique. En contradiction avec son organe judiciaire principal, l'ONU paraît avoir estimé que contraindre le Nigeria à une exécution immédiate conformément à la lettre

---

[1000] A. P. LlAMZON, « Jurisdiction and Compliance in recent Decisions of the international Court of Justice », *E.J.I.L.*, 2004, pp. 835-838, p. 836.

[1001] THEMBISO MSOMI, « For Obasanjo's Domestic dilemmas », *The Sunday times*, Johannesburg, 27 octobre 2002, p. 24.

[1002] R. B. BILDER, « International Settlement and the Role of International Adjudication », in *The International Court of Justice at crossroads*, L. F. DAMROSCH, Transnational Publishers, New York, 1987, pp. 168-176.

[1003] Déclaration du président M. OLUSEGUN OBASANJO du 25 octobre 2002, source : www.bbc.com, consulté le 12/10/2010.

[1004] *Ibid.*

de l'arrêt aurait été à la fois irréaliste et contre-productif. Cela aurait pu engendrer plus de tensions et d'insécurité dans la région. Dans la même veine, le fait de ne pas régler le problème de la mise en œuvre de l'arrêt était susceptible d'alimenter les radicaux du régime camerounais qui avaient toujours douté de la bonne foi du Nigeria.

Sur le long terme, la pression diplomatique internationale exercée sur les dirigeants nigérians en vue de provoquer une négociation avec le Cameroun relativement aux points litigieux a fini par prévaloir sur les revendications politiques nationales. La dernière partie de la déclaration dévoile d'ailleurs cette volonté du Nigeria de résoudre la question pacifiquement par la négociation qu'il envisage, provoquée par les tiers. Le Nigeria y exprime sa volonté de continuer à se prévaloir des bons offices du Secrétaire général et d'autres dirigeants bien intentionnés de la communauté internationale[1005]. Il y réaffirme le rôle important joué par la Commission du Bassin du Lac Tchad (CBLT) au budget de laquelle il contribue à hauteur de 50%, dans sa décision de se raviser. Le 29 octobre 2004, le président Olusegun Obasanjo, en déplacement à Yaoundé (Cameroun), a assuré que son gouvernement ne « ménagerait aucun effort pour dialoguer et négocier »[1006] et que le Nigeria « ne se lancerait dans aucune action qui équivaudrait une remise en cause de la paix »[1007]. Un grand pas est ainsi franchi du point de vue de la politique juridique de ce pays. Il s'était longtemps refusé à toute négociation autre que bilatérale.

Cette expérience montre qu'en matière d'exécution des décisions de justice, il convient de relativiser le refus d'accepter le verdict de la Cour. Le rejet de la décision comme d'ailleurs son approbation par un Etat n'ont aucun effet sur la *res judicata.* Autant l'Etat est tenu de ne pas ignorer de manière délibérée la décision rendue à son encontre, autant il peut assurer sa mise en œuvre sans forcément justifier ses choix en matière d'exécution en se référant à cet acte. Avant le Nigeria, l'Iran a par exemple rejeté l'arrêt du 24 juin 1980, mais le personnel des Etats-Unis a été libéré, les parties ont sollicité une procédure arbitrale destinée à régler les suites de l'affaire[1008]. Ce propos doit être nuancé en cas de présomption d'exécution de mauvaise foi. Par son refus d'exécuter et ses manœuvres dilatoires devant le prétoire, l'attitude de l'Etat défendeur dans la phase post-jugement semble encore relever de la phase

[1005] La dernière partie de la déclaration de rejet du 23 octobre 2002 se lit comme suit : « *We appreciate and thank the Secretary-General of the United Nations for brokering meeting at the highest political level between Nigeria and Cameroon before the judgement was delivered and for offering his good offices to broker a similar meeting now that the judgement has been delivered with a view to effecting reconciliation, normalization of relations and good neighborliness. Nigeria thanks all leaders of the international community who have expressed concern over the issue and re-assures them that she will spare no efforts to maintain peace between Nigeria and Cameroon and indeed in the entire region.* ».

[1006] Agence ANB-BIA, Belgique, 29 octobre 2002.

[1007] *Ibid.*

[1008] CIJ., *Personnel diplomatique et consulaire des Etats-Unis à Téhéran, (Etats-Unis c. République islamique d'Iran)*, fond, arrêt du 24 mai 1980, *Rec.*, p. 45,

judiciaire. Pour des motifs similaires, la menace du Nigeria d'introduire des recours contre l'arrêt demeurait réelle.

2. La menace de recours dirigés contre l'arrêt comme signe de blocage

Au vu du contexte procédural et factuel de l'affaire *Cameroun c. Nigeria*[1009], il était possible que la contestation de l'arrêt du 10 octobre 2002 s'exprime sous la forme d'une nouvelle action judiciaire ayant pour but soit d'améliorer la sentence, soit de la remettre en cause par l'introduction d'une demande en interprétation (a) et/ou en révision (b) de l'arrêt de la CIJ Cela aurait rendu plus ardue l'exécution de l'arrêt.

a.- Le recours en interprétation

Le recours en interprétation suppose une divergence de vues entre les parties quant au sens et à la portée de l'arrêt. D'après le statut et le Règlement de la CIJ[1010], il appartient à la Cour d'expliquer ce qu'elle a auparavant jugé en réponse à la demande d'une partie qui cherche à obtenir des éclaircissements sur le sens d'une décision antérieure[1011]. Du fait de la préoccupation pour la stabilité des relations internationales et pour la sauvegarde du caractère définitif et obligatoire des arrêts, la procédure de demande en interprétation est soumise à des critères stricts[1012].

La CIJ paraît en effet réticente à l'admission de ce type de recours contre un jugement sans appel. Ainsi, une demande en interprétation de l'arrêt du 20 novembre 1950 relatif à l'affaire du *Droit d'Asile* (Haya de la Torre) a été jugée irrecevable, car elle portait sur des questions déjà tranchées avec autorité de chose jugée[1013]. De même, la Tunisie a introduit une demande en

---

1009 Dans l'affaire *Cameroun c. Nigeria*, une majeure partie de l'arsenal juridique à disposition des parties a été utilisée. Voir introduction générale de l'étude.

1010 Le statut de la C.P.J.I, devenu en 1946 statut de la CIJ. en fit autant en son art. 60 : « (…) en cas de contestation sur le sens et la portée de l'arrêt, il appartient à la Cour de l'interpréter à la demande de toute partie ». C'est dans le même esprit que l'art. 98 du Règlement de la CIJ reconnaît cette faculté aux parties, « (…) que l'instance initiale ait été introduite par une requête ou par la notification d'un compromis ».

1011 La C.P.J.I. a affirmé que l'arrêt rendu sur recours en interprEtation « n'ajoute rien à la chose jugée et ne peut avoir d'effet obligatoire que dans les limites de la décision de l'arrêt interprété ». C.P.J.I., série A, n°13, InterprEtation des arrêts n°7 et 8 (C.P.J.I., *Usine de Chorzów* (Allemagne c. Pologne), arrêt du 13 septembre 1928, série A, n° 17, p. 29), p. 21 ; série A, interprEtation de l'arrêt n° 3 (relatif au traité de Neuilly), p. 7. Voir aussi C.P.J.I., série A, n°13, pp, 11-12.

1012 Article 60 du statut de la CIJ.

1013 CIJ., *Haya de la Torre (Colombie c. Pérou)*, arrêt du 13 juin 1951, *Rec*., p. 79.

interprétation et de rétractation (révision et rectification) du fait d'erreurs matérielles, rejetée par la Cour dans son arrêt du 10 décembre 1985[1014].

Se basant sur l'article 98 de son Règlement et invoquant des difficultés d'interprétation des paragraphes 99 et 100 de l'arrêt sur les exceptions préliminaires du 15 juin 1998, le Nigeria a saisi la Cour d'une demande datée du 28 octobre 1998. La décision du 21 mars 1999 relative à cette demande en interprétation constitue à cet égard un arrêt de principe. Il est incontestablement novateur dans la mesure où la Cour y trouve l'occasion de se prononcer sur une question inédite. C'est la première fois que la Cour était priée de prendre position sur l'interprétation d'une procédure incidente[1015]. Une telle demande visait clairement à décélérer le processus juridictionnel. Le défendeur n'en était pas à sa première tentative[1016]. Il avait déjà eu recours à presque toute la panoplie procédurale offerte par le statut afin de retarder le jugement au fond. Cela étant dit, il convient de préciser qu'à la différence de toutes les autres procédures utilisées, l'interprétation ne constitue pas une procédure incidente, mais une nouvelle affaire contentieuse. Elle n'interfère pas ou ne devrait pas interférer avec l'affaire pendante. Néanmoins, il semblait probable que le défendeur introduise un recours en interprétation de l'arrêt du 10 octobre 2002. Encore eût-il fallu non seulement que les critères de l'admission d'un tel recours aient été remplis, mais en plus que la Cour ne soit pas dupe de la stratégie nigériane.

La pratique internationale est d'ailleurs féconde d'exemples d'Etats qui, en réponse à l'insatisfaction causée par une sentence internationale, voient dans les procédures ici visées une occasion d'obtenir une décision qui leur soit plus favorable[1017]. Les affaires de la *Délimitation de la frontière entre l'Argentine*

[1014] CIJ., *Demande en révision et en interprétation de l'arrêt du 24 février 1982 en l'affaire du plateau continental* (Tunisie/Jamahiriya arabe libyenne), 10 décembre 1985, *Rec.*, pp. 192-231.

[1015] Demande en interprEtation de l'arrêt du 11 juin 1998 en l'affaire CIJ., *Frontière terrestre et maritime entre le Cameroun et le Nigeria, exceptions préliminaires*, (Cameroun c. Nigeria), arrêt du 25 mars 1999, *Rec.*, pp. 31-41.

[1016] Dans cette affaire, la stratégie dilatoire apparaît non seulement à travers l'enchevêtrement des procédures, mais surtout à travers les arguments avancés au fond. *Ibid.*, p. 35.

[1017] K. H. KAIKOBAD, *Interpretation and Revision of Boundary Decisions*, Cambridge, Cambridge University Press, 2007, p. 6.

et le Chili[1018] et *Laguna del desierto*[1019], et celle de la frontière colombo-vénézuélienne[1020] l'illustrent. Cependant, l'organe judiciaire des Nations Unies entend restreindre l'usage de ce type de procédure, afin que les Etats litigants n'ouvrent pas une voie de réformation de ses jugements. Quid de la bonne administration de la justice ? Cette circonscription de sa propre fonction judiciaire traduit un souci pour la Haute juridiction de ne pas s'interposer davantage entre les parties ni de les orienter dans le choix des modalités d'exécution. C'est également un procédé par lequel le juge international se défend contre toute tentative d'instrumentalisation de sa fonction juridictionnelle. La jurisprudence postérieure à l'arrêt Cameroun c. Nigeria atteste néanmoins d'affaires dans lesquelles la Cour a estimé juste de se prononcer sur le fond de telles demandes. Dans l'arrêt du 11 novembre 2013 en l'affaire de la *Demande en interprétation de l'arrêt du 15 juin 1962 en l'affaire du Temple de Préah Vihéar (Cambodge c. Thaïlande) (Cambodge c. Thaïlande),* la Cour en est alors venue à l'interprétation de l'arrêt de 1962[1021].

En l'espèce, les autorités du Nigeria n'ont pas demandé une interprétation de l'arrêt de la CIJ du 10 octobre 2002 comme elles l'avaient fait pour l'arrêt relatif aux exceptions préliminaires du 11 juin 1998. Toutefois, l'éventualité d'un tel recours a été utilisée comme une arme de pression sur le Cameroun afin de l'inciter à une exécution négociée de l'arrêt. Des considérations similaires se sont posées au sujet du recours en révision.

[1018] Dans cette affaire, deux tribunaux arbitraux ont été institués en raison des problèmes suscités par la mise en œuvre de la sentence du 20 novembre 1902 rendue dans l'affaire de la frontière dans la Cordillère des Andes (Argentine c. Chili). Mais la matérialisation de la frontière sur le terrain ouvrit de nouveaux conflits. Par un compromis signé le 1er avril 1965 entre l'Argentine et le Chili, les parties ont sollicité l'interprEtation de la décision rendue par Edouard VII. Dans un nouveau compromis du 31 octobre 1991, les parties déférèrent le litige relatif à la parcelle de la frontière entre la borne 62 et le mont Fitzroy à l'arbitrage. Cette affaire atteste de la manière dont les Etats peuvent instrumentaliser les difficultés existant sur le terrain, pour proroger le processus juridictionnel. Une autre preuve est donnée par le recours exercé par le Chili en révision de la sentence de 1994, mais aussi l'affaire de la délimitation maritime entre les deux Etats dans la région du canal de Beagle. Voir les informations concernant l'ensemble de ces décisions relatives aux différentes affaires entre le Chili et l'Argentine, dans les volumes *RSA*, N° IX, pp. 29-49 et XXII, pp. 3-149.

[1019] Affaire concernant un litige frontalier entre la *République Argentine et la République du Chili relatif à la ligne de démarcation entre le poste frontière 62 et le mont Fitzroy (Laguna del desierto)*, décision du 21 octobre 1994, *RSA*, vol. XXII, pp. 3-149.

[1020] Elle fit l'objet d'une seconde sentence arbitrale destinée à résoudre les difficultés d'exécution d'une première décision. Affaire des limites *(Colombie c. Venezuela)*, sentence du 16 mars 1891, et sentence du 24 mars 1922, *RSA*, vol. I, p. 288.

[1021] CIJ., *Demande en interprEtation de l'arrêt du 15 juin 1962 en l'affaire du Temple de Préah Vihéar* (Cambodge c. Thaïlande), Rec., p.281. Voir également, F. PACCAUD, « Affaire du temple de Préah Vihéar (Cambodge c. Thaïlande), suite et fin ? Arrêt du 11 novembre 2013 sur la demande en interprEtation de l'arrêt du 15 juin 1962 », Journal du CDI, n° 11, pp. 2-6.

b- Le recours en révision de l'arrêt

La procédure de demande en révision est régie par l'article 61 du statut de la Cour. Il énonce : « La révision de l'arrêt ne peut être éventuellement demandée à la Cour qu'en raison de la découverte d'un fait de nature à exercer une influence décisive et qui, avant le prononcé de l'arrêt, était inconnu de la Cour et de la partie qui demande la révision, sans qu'il y ait, de sa part, faute à l'ignorer »[1022]. Selon les dispositions de l'alinéa 3 du même article 61 similaires à celles de l'article 99 du Règlement de la Cour en son alinéa 5, la Cour peut exiger l'exécution de l'arrêt[1023] comme condition préalable à l'ouverture de la procédure en révision. La demande en révision devra être formée au plus tard dans le délai de six mois après la découverte d'un fait nouveau[1024], et avant l'expiration d'un délai de dix ans à dater de l'arrêt[1025].

Le recours en révision « tend à faire rétracter un jugement passé en force de chose jugée, pour l'une des causes spécifiées par la loi, afin qu'il soit de nouveau statué en fait et en droit, la rétraction sollicitée du juge se référant à un vice qui entache sa décision sans erreur de sa part »[1026]. On comprendra aisément, pour des motifs tenant à la sécurité juridique des rapports interétatiques, que la perspective, quant à une telle procédure, en soit autant réduite devant les tribunaux arbitraux[1027] et judiciaires[1028].

Léonardo Caldeira Brant est de cet avis lorsqu'il fait valoir que le recours en révision n'a pas connu le même sort que le recours en interprétation et demeure très exceptionnel[1029]. Les arrêts de la CIJ dans les affaires de la révision et l'interprétation de l'arrêt du 24 février 1982 relatif à la *Délimitation du plateau continental entre la Tunisie et la Libye*[1030], ceux relatifs à la *Demande en révision de l'arrêt du 11 juillet 1996 en l'affaire relative à l'application de la Convention pour la prévention et la répression du crime*

1022 Article 61 § 1 du statut de la CIJ.
1023 *Ibid.*, §3.
1024 *Ibid.*, § 4
1025 *Ibid.*, §§ 4 et 5. Voir à ce sujet, N.C. BRANT, « L'autorité de la chose jugée et la révision devant la Cour internationale de Justice à la lumière des derniers arrêts de celle-ci (Yougoslavie c. Bosnie et El Salvador c. Honduras) », *op. cit.*, note 736.
1026 J. SALMON, *op. cit.*, p. 163.
1027 Géraldine Giraudeau démontre que de tels recours sont rares en ce qui concerne les tribunaux arbitraux parce qu'ils nécessitent la rédaction d'un nouveau compromis donc un nouvel accord des Etats. Toutefois, la procédure peut être prévue par les compromis arbitraux. Une exception au moins existe avec la demande en révision présentée par le Chili dans l'affaire *Laguna del desierto.* G. GIRAUDEAU, *Le juge international et le règlement transactionnel des différends, op.cit.*, note 292, pp. 128-130.
1028 Sur le sujet, N.C. BRANT, *op.cit.*, pp. 248-265.
1029 L. BRANT, *op.cit.*, p. 450.
1030 CIJ., Arrêt du 10 décembre 1985, *Demande en révision et en interprEtation de l'arrêt du 24 février 1982 en l'affaire du Plateau continental (Tunisie/Jamahiriya arabe libyenne)*, *Rec.*, p. 18.

en l'affaire du Différend frontalier terrestre, insulaire et maritime (El Salvador/Honduras; Nicaragua (intervenant) (El Salvador c. Honduras)[1032] sont très instructifs. Ils démontrent que l'existence de la révision en droit international « repose sur des bases fragiles »[1033]. Elle semble dans une certaine mesure porter une atteinte au respect de la chose jugée[1034].

Malgré ces conditions de forme et de fond restrictives, de multiples voix se sont fait entendre pour encourager le gouvernement nigérian à demander une révision de l'arrêt *Cameroun c. Nigeria* dans le délai de 10 ans au cours duquel une telle procédure était susceptible d'être engagée conformément à l'article 61 du statut de la Cour[1035].

Les 18 juillet et 26 septembre 2012, la Chambre des représentants et le Sénat ont respectivement demandé au gouvernement fédéral nigérian d'engager une procédure en révision de l'arrêt du 10 octobre 2002. Le chef de l'Etat nigérian, M. Jonathan Goodluck, a mis sur pied un panel composé de juristes et d'hommes politiques, afin de réfléchir sur cette possibilité[1036], de la même façon qu'avait été instituée une Commission chargée de réfléchir aux implications de l'arrêt pour le Nigeria. Cet organisme avait suggéré au gouvernement fédéral de rejeter la décision en cause. En somme, des préparatifs visant à la présentation d'une demande en révision de l'arrêt avaient été entamés par le gouvernement nigérian en vue de l'introduction d'une demande en révision de l'arrêt au fond.

Une telle requête était perçue par le Nigeria comme l'occasion de présenter un nouveau tracé de la frontière qui lui serait plus avantageux que l'arrêt de 2002. Or, comme le spécifie Elizabeth Zoller, la demande en révision ne peut en « aucun cas servir de prétexte à une considération de question de droit tranchée »[1037].

La position des autorités nigérianes à ce sujet était influencée par les pressions exercées au niveau interne par les autorités de l'Etat de Cross River sur le gouvernement fédéral. Le 6 octobre 2006, soit près de cinq mois après la conclusion de l'accord de Greentree, les indigènes de Bakassi dans l'Etat de Cross River au Nigeria avaient introduit une requête contre le

---

(Bosnie-Herzégovine c. Yougoslavie), exceptions préliminaires (Yougoslavie c. Bosnie-Herzégovine), *Rec.*, p. 7.

[1032] CIJ., Arrêt du 18 décembre 2003, *Demande en revision de l'arrêt du 11 septembre 1992 en l'affaire du Différend frontalier terrestre, insulaire et maritime* (El Salvador/Honduras; Nicaragua (intervenant), Rec., p. 392. Aucun des faits nouveaux invoqués par El Salvador n'ayant eu d'influence décisive sur l'arrêt du 11 septembre 1992, la chambre a indiqué qu'elle n'avait pas à rechercher si les autres conditions fixées par l'article 61 du statut avaient été remplies.

[1033] N.C. BRANT, *op. cit.*, par. 4 et 5.

[1034] G. SCELLE, *Rapport sur la procédure arbitrale*, A/CN.4/18, *in A.C.D.I*, 1950, vol. II, p.143.

[1035] E. ZOLLER, « Observations sur la révision et l'interprEtation des sentences arbitrales », *in A.F.D.I.*, 1978, p. 331.

[1036] Voir *supra*.

[1037] E. ZOLLER, *op. cit.*, p. 331.

gouvernement fédéral devant la Haute Cour Fédérale d'Abuja, afin d'obtenir une ordonnance annulant l'accord de Greentree (GTA)[1038].

Des considérations juridiques et politiques semblent avoir au final déterminé la retenue du Nigeria à ce propos. Le 25 septembre 2012, en marge de la 67e Assemblée générale des Nations Unies, le président du Nigeria, M. Goodluck Jonathan a démenti les rumeurs à ce sujet. Il a fait savoir qu'il ne succomberait pas à la pression exercée en ce sens sur lui par certains sénateurs de son pays[1039]. A l'issue de consultations tenues entre le président Goolluck Jonathan, des juristes et des spécialistes des questions frontalières, le ministre de la Justice du Nigeria, M. Adoke a annoncé, le 10 octobre 2012, que le gouvernement renonçait à demander la révision de l'arrêt. Il a expliqué cette attitude par des délais trop courts et l'absence de perspectives positives. Il appert que le gouvernement n'avait que deux jours pour boucler le dossier, et n'était pas en mesure de réunir tous les éléments requis pour l'introduction d'un recours crédible auprès de la Cour[1040]. Le ministre en question relève: « *The Nigerian Government reviewed the situation and examined the case for revision against the requirements of Article 61 of the ICJ Statute and was constrained by the oral presentations made that the revision can not met the strict requirements of ICJ Statute since the issues canvassed had been pronounced upon by the ICJ in 2002* »[1041]. Il en conclut ceci: « an *application for a review is virtually bound to fail and that a failed application will be diplomatically damaging to Nigeria* »[1042]. Ces considérations posent le problème de la prescription du recours en révision.

Les organisations de la société civile ont protesté contre cette renonciation et demandé que la délimitation de la frontière soit suspendue afin que les problèmes rencontrés par les Nigérians affectés par la démarcation de la frontière à Bakassi ainsi que les rapatriés de Bakassi au Nigeria, puissent être examinés. En vérité, ce sont des considérations relatives au coût financier pour le Nigeria d'une nouvelle procédure qui seraient également à l'origine d'une telle réserve du gouvernement fédéral[1043]. Cependant, les raisons financières ne sont pas exclusives.

[1038] Partie II, Titre II, chapitre VII.

[1039] Déclaration du ministre fédéral de la Justice en date du 9 octobre 2012. Source : actu-monde.nouvelobs.com du 25 septembre 2012, consulté le 10/02/2013. Voir également le commentaire à ce sujet de T. BABATOLA JADESOLA, « Nigeria-Cameroon Boundary Dispute : The Quest for Bakassi Peninsular », *International Affairs and Global strategy*, vol. 2, 2012, p. 93.

[1040] *Ibid.*

[1041] *Ibid.*

[1042] *Ibid.*

[1043] Pour certains membres de ce panel, ester de nouveau en justice aurait été une perte d'argent pour le contribuable nigérian. « Lorsque nous avons suivi l'affaire entre 2002 et 2008, cela nous a coûté 300 millions de dollars et après il a fallu dépenser 2 milliards de nairas pour recaser les populations de l'Etat de Cross River, explique une autre source rapportée par des médias nigérians », Source : le quotidien nigérian *The Vanguard* du 12/10/2002. Les chiffres avancés doivent être pris en compte avec circonspection.

Une pression diplomatique a été exercée sur les autorités de ce pays par la communauté internationale afin de le dissuader de solliciter la révision de la décision du 10 octobre 2002[1044]. Le fait rapporté n'a pas d'incidence concrète. Toutefois, les Etats devraient se garder d'une tentative d'instrumentalisation de l'institution judiciaire. Sur un plan strictement juridique, les conditions devant permettre le succès d'un recours en révision n'étaient probablement pas réunies. Emmanuel Decaux le confirme : « S'agissant d'une procédure exceptionnelle qui risque d'aller à l'encontre de la sécurité juridique, en remettant en cause l'autorité de chose jugée, les conditions de la recevabilité énumérées par l'article 61 du statut de la Cour (suivi de l'article 38 du rapport de la CDI) doivent toutes être réunies »[1045]. Pour nuancer, il ne faudrait pas non plus rester sous les lumières de l'impératif de stabilité et de prévisibilité mis en exergue par le recours en révision tant la sécurité juridique n'est pas l'unique valeur à considérer, d'autres valeurs tout aussi fondamentales telles la justice, l'équité, etc., doivent être prises en compte. Cette perception n'est pas le plus souvent mise en avant.

Les velléités nigérianes quant à l'introduction d'un recours en révision de l'arrêt de 2002 ont entravé l'exécution de l'arrêt sans pouvoir la bloquer. Si une telle demande s'était concrétisée, l'affaire *Cameroun c. Nigeria* aurait donné lieu à l'emploi de toutes les procédures admissibles devant la Cour. La menace de recours potentiels contre la décision sur le fond dans cette affaire révèle le souci pour le juge international de préserver l'intégrité de sa fonction judiciaire. Quid du droit du justiciable-Etat, de se prévaloir légitimement d'une voie de recours prévue par le droit, pour se défendre ? Cette considération qui renvoie à la question des droits et devoirs du justiciable étatique posée par le professeur Alain Didier Olinga comme une donnée fondamentale de l'apparition de l'Etat devant le prétoire international[1046], ne

[1044] Dans sa revue périodique « Cahiers économiques du Cameroun », le Bureau local de la Banque mondiale avait publié, début août dernier, des statistiques qui montraient que le Nigeria était devenu en 2011, le premier exportateur au Cameroun. Selon cette étude, le Cameroun réalise 58 % (la moitié) de ses importations en biens pétroliers et produits manufacturés en provenance de son voisin de l'Ouest, loin devant la France (13 %). L'impératif de coopération économique entre le gouvernement d'Abuja et celui de Yaoundé n'est donc pas à négliger. Par ailleurs, et selon les médias nigérians, le 14 mai 2012, le Cameroun avait fait une proposition au Nigeria afin d'exploiter ensemble le pétrole situé à leur frontière commune dans la zone de Bakassi. Il faut rappeler que cette proposition camerounaise est arrivée alors que le processus de démarcation des frontières touchait à sa fin, si l'on considère les conclusions réalisées par les experts de l'équipe mixte composée du Nigeria, du Cameroun et des Nations Unies. Par ailleurs, le gouvernement nigérian a estimé devoir apprécier à sa juste valeur la coopération et le soutien que lui apporte le gouvernement de Yaoundé dans sa lutte contre la secte islamiste Boko Haram.

[1045] E. DECAUX, « L'arrêt de la Cour internationale de Justice sur la demande en révision et en interprEtation de l'arrêt du 24 février 1982 en l'affaire du *Plateau continental* (Tunisie c. Libye), arrêt du 10 décembre 1985 », *A.F.D.I.*, 1985, p. 331.

[1046] A. D. OLINGA, « L'Etat devant le prétoire international : Considérations générales et situation du Cameroun », in A. D. OLINGA, (dir), *Le Cameroun et le prétoire international*, Yaoundé, Afrédit, 2015, p.15.

doit pas masquer les difficultés de l'après-jugement dans lesquelles les parties sont très largement livrées à elles-mêmes. Ceci se manifeste à travers l'attentisme du Cameroun et l'embarras momentané de la communauté internationale.

Paragraphe 2. L'attentisme du Cameroun et la modération de la communauté internationale

Le comportement adopté par le Cameroun en réaction à la déclaration du Nigeria a pu apparaître comme ne favorisant pas l'exécution diligente de l'arrêt. Dans une déclaration mesurée et conciliante du 25 octobre 2002, le ministre camerounais de la Communication a appelé le peuple à vivre en paix avec les 3 millions de ressortissants nigérians vivant sur son territoire. Il a réaffirmé la confiance du Cameroun dans le système des Nations Unies et la volonté de son gouvernement à demeurer dans la logique des axes de coopération définis lors de la 3e grande Commission mixte Cameroun-Nigeria organisée à Abuja du 17 au 20 septembre 2002. Cette stratégie a déclenché une vague de protestations dans une certaine frange de l'opinion publique camerounaise[1047]. Il semble a *posteriori* qu'elle se soit néanmoins révélée efficace.

L'ONU s'est, dans un premier temps, abstenue de tout commentaire à la suite de l'arrêt. Le porte-parole de l'Organisation a précisé que « la Cour n'a pas de commentaire à faire. Cette affaire n'est plus de son ressort »[1048]. Cette déclaration entend signifier à l'opinion publique internationale que la Cour n'a pas en principe à se préoccuper du suivi des jugements qu'elle rend. Il s'agissait, en réalité, pour les services juridiques de l'ONU de prendre le temps d'étudier la déclaration de rejet du Nigeria. Le seul membre de la communauté internationale à réagir vivement fut le Royaume-Uni. L'ancienne puissance colonisatrice du Nigeria a condamné le rejet du verdict de la Cour en l'avertissant qu'il n'avait pas d'autre choix que de se soumettre à la décision de la CIJ attribuant la souveraineté de Bakassi au Cameroun. Les autorités du Royaume-Uni ont ainsi déclaré: « *ICJ judgments are binding and not subject to appeal. Nigeria has an obligation under the United Nations charter to comply with the judgmen*t »[1049]. L'optique du rejet contrarie l'esprit de la force exécutoire.

1047 Voir les dépêches suivantes : F. BAMBOU, « Bakassi : Paul Biya a-t-il trahi le Cameroun ? », *La Nouvelle Expression*, 26 juin 2006 et V. S. ZINGA, *La Nouvelle Expression*, 26 juin 2006 : « Enquête : ce qu'ils n'ont pas dit sur Bakassi ».

1048 Agence de presse ANB-BIA, 29 octobre 2002.

1049 *Ibid.*, 24 octobre 2002. Relaté par C. PAULSON, « Compliance with Final Judgments of the International Court of Justice since 1987 », *A.J.I.L.*, 2004, pp. 434-461, supra note 18, p. 203 (citant l'Agence France-Presse, Doc. FBIS-AFR-2002-1025 (25 Octobre 2002) ; voir également

Cette modération de la communauté internationale n'a pas concouru à une exécution diligente de la décision. Mais cet obstacle n'est que temporaire puisqu'elle s'est ensuite employée à provoquer la négociation entre les parties[1050]. En dehors des obstacles tenant à l'attitude des parties, il existe des obstacles circonstanciels, c'est-à-dire ceux qui tiennent à des circonstances (quelquefois) indépendantes de la volonté étatique des parties concernées.

La démarche de l'ONU cadre avec une sorte de mise en œuvre de la décision dans l'attente de la décision du juge ; ou mieux un commencement d'exécution *ex post*, un peu comme dans l'esprit de l'adminicule.

Ainsi, cette espèce inaugure l'inconstance jurisprudentielle, du moins la vanité de la systématisation d'un modèle d'exécution des décisions de la Cour au regard des variations des circonstances de la cause et en dehors de la cause. La démarche multilatéralisée *a priori* avec l'ONU comme chef de file a pour rationalité de pallier et anticiper l'éventualité quelconque de l'inexécution. Ce faisant, les acteurs de cette mise en œuvre précoce peuvent infléchir et désamorcer les chicanes identifiées en amont et, le cas échéant, orienter les Etats concernés avant que leur comportement ne soit indexé comme étant inapproprié à la bonne exécution de la décision. Tout ceci reflète bien l'idée de correction ou/et de consolidation de l'autorité de la chose jugée.

Section 2. Les obstacles circonstanciels

Les obstacles dont il sera ici question ne sont pas séparés des premiers par une cloison étanche. Il s'agit d'obstacles de fait à l'exécution de l'arrêt de la CIJ du 10 octobre 2002. Ils semblent purement conjoncturels. Il est quelquefois arrivé que des considérations d'ordre subjectif aient triomphé. Il n'est donc pas exclu que ces circonstances soient habilement exploitées par les Etats en différend. Deux raisons sont à l'origine du retard accusé par les parties dans l'accomplissement de leurs obligations juridictionnelles : des facteurs d'ordre socio-économique (Paragraphe I) et des facteurs d'ordre géopolitique et sécuritaire liés à la rétrocession de la presqu'île de Bakassi au Cameroun (Paragraphe II). Il convient de préciser à ce stade du raisonnement que les obstacles politiques et stratégiques ne sont pas ici synonymes d'absence de volonté politique d'exécuter l'arrêt de la part des deux protagonistes, mais ont trait à certaines considérations de politique intérieure.

H. LEE. JONES, « Why Comply ? An Analysis of Trends in Compliance with Judgments of the International Court of Justice since Nicaragua », *A.U.W.C.L.*, November 2011, p. 5.

[1050] K. LAREWAJU, *UN Panel on Bakassi Meets*, 1er décembre2002, *The Vanguard* (Lagos), 29 novembre 2002, disponible sur : http://allafrica.com/stories.

Paragraphe 1. Les facteurs d'ordre socio-économique

L'argent est le nerf de la guerre, affirme un dicton populaire. Ce dicton retrouve toute sa signification dans l'après-jugement. Il n'est guère surprenant que les facteurs socio-économiques du différend frontalier entre le Cameroun et le Nigeria y aient pris une place de plus en plus importante. En effet, la matérialisation de cette frontière lacustre, terrestre et maritime mobilise des enjeux socio-économiques importants. Si les résistances d'ordre économique (A) sont les plus exacerbées du fait de la territorialisation des espaces marins stratégiques autour de Bakassi, les résistances sociales (B) ont trait aux conséquences de l'arrêt et à la façon dont il va être reçu à l'intérieur des Etats.

A. Les facteurs économiques

Le facteur économique revêt une signification réelle. Il est relié aux ressources naturelles du sous-sol dans la région visée par l'arrêt du 10 octobre 2002. La conciliation entre les intérêts du Cameroun et la pérennisation des investissements nigérians dans la zone traduit une maximalisation des facteurs économiques relativement détachée du droit. Le déséquilibre économique entre un « poids lourd vs un poids moyen »[1051] exacerbe le désir pour l'un (le Cameroun) de s'approprier au plus vite la presqu'île qui lui a été décernée par voie juridictionnelle et pour l'autre (le Nigeria) de retarder ce type d'opération. Les modèles, soit de l'expéditif, soit du dilatoire, sont mobilisés par les deux Etats comme outil de défense de leurs intérêts[1052]. En conséquence, la concentration des ressources économiques dans la presqu'île de Bakassi et les intérêts des compagnies pétrolières exerçant dans le secteur sensible et stratégique du pétrole du golfe de Guinée déterminent l'attitude des Etats parties et de leurs populations à l'égard de l'arrêt. Les plaidoiries et les écritures devant la Cour font état de cette question, préjudiciable au bon déroulement du processus post-judiciaire.

La stratégie du Cameroun visant à mettre en avant sa situation économique qu'il a présentée comme défavorisée par rapport au Nigeria et que l'on pourrait résumer en anglais par « *poor state A / rich State B* »[1053] n'avait pas été prise en compte par le juge international. Ayant dénoncé l'utilisation qui

[1051] G. LABRECQUE, *op.cit.*, p. 311.

[1052] Sur la question, voir J. J. ANDELA, *La défense des intérêts de l'Etat devant le prétoire international. Recherches sur la politique juridique extérieure du Cameroun*. Mémoire de Master en Relations Internationales, IRIC, Yaoundé, 2010.

[1053] Cette stratégie consiste à démontrer que les besoins d'une des parties sont plus importants et doivent être pris en considération par la juge, selon l'expression utilisée dans le contre-mémoire libyen dans l'affaire du *Plateau continental* (Jamahiriya arabe libyenne/Malte), « *Like the absence of natural ressources, the poor-Malta, rich-Libya theme permeates Malta's pleading* » : arrêt du 21 mars 1984, *Rec*. 1984, p. 19, § 304.

avait été faite des ressources de la presqu'île de Bakassi par le Nigeria[1054], le Cameroun espérait un renversement de la situation en sa faveur à la suite de l'arrêt[1055]. Modeste producteur mondial de pétrole brut[1056], ce pays a été confronté à une baisse constante des niveaux de production nationale similaire à celle observée au Nigeria tombée de 2,2 à 1,3 million de barils par jour début 2017, c'est-à-dire à son niveau le plus bas depuis près de trente ans[1057].

Toutefois, étant donné ce qui se passe dans le delta du Niger[1058], une menace de blocage des opérations d'exécution dans le secteur de la région anglophone de l'Ouest Cameroun par la mouvance indépendantiste persiste. Certaines élites anglophones ont ainsi soutenu qu'en dépit de la richesse du territoire génératrice de recettes pétrolières pour la République du Cameroun, leur statut de minorité conduirait à leur marginalisation en termes de projets de développement et d'emplois lucratifs au sein du gouvernement[1059].

Quant au Nigeria, il avait engagé l'exploitation « off shore » dans la région de Bakassi au début des années 80. L'or noir demeure sa principale source de revenus[1060]. A l'époque des faits, le Nigeria, membre de l'OPEP, était le premier producteur d'Afrique en 2002, avec 98,6 des 376,4 tonnes. Cette position le placait très loin devant le Cameroun qui n'en produisait que 3,7 tonnes, représentant 20 % de son PIB estimé à 110,8 milliards de $ et constituant 95 % des revenus de ses exportations[1061]. La conjoncture

---

[1054] Dans son mémoire, la République du Cameroun dénonce : « au plan économique, les deux Etats sont dotés de ressources naturelles non négligeables et l'un et l'autre exploitent des gisements d'hydrocarbures. Cependant, alors que le Cameroun exploite cette richesse, d'ailleurs limitée (environ 55 millions de tonnes de réserves prouvées et une production annuelle qui avoisine en moyenne 8 millions de tonnes depuis une dizaine d'années) avec prudence, le Nigeria profitant de ses quelque 2.500 millions de tonnes de réserves, pratique depuis plus d'un quart de siècle une politique de développement presque entièrement fondée sur le pétrole et est aujourd'hui gravement touché par la crise économique ». CIJ., *Frontière terrestre et maritime entre le Cameroun et le Nigeria*, (Cameroun c. Nigeria ; Guinée équatoriale, intervenant), mémoire du Cameroun, par. 1.39.

[1055] Sur ce sujet, T. AKINOSHO, *op.cit.,* note 457, p. 4.

[1056] En 2017, sa production est de 75,720 barils/jour contre 1.946 million pour le Nigeria, Source : *CIA World Factbook* - Version du 28 février 2019.

[1057] La situation s'est améliorée depuis, la production remontant à 1,8 million de barils au premier trimestre 2018, mais elle reste très inférieure à son potentiel.

[1058] Le delta du Niger constitue une zone d'insécurité du fait de l'exploitation pétrolière et des actes de piraterie pratiqués à la fois dans les bras du delta, mais aussi dans le golfe de Guinée.

[1059] E. UDOGU, « Historicizing and Contextualizing the Discourse on African International Law and a Concise Overview of the Pacific Settlement of the Cameroon-Nigeria Bakassi Peninsula Dispute », *African and Asian Studies*, vol. 7, n° 1, 2008, p.29. Voir également, L.P. EKO EKO, « Gestion des crises liées à l'exploitation pétrolière dans le Golfe de Guinée : La rétrocession de Bakassi otage des pseudo-sécessionnistes biafrais », *Informations Stratégiques et Décisionnelles* - Communication, Université de Marne-la-Vallée, 30 avril 2005.

[1060] En 2015, le pétrole représente 82,4 % de ses recettes d'exportation d'après les estimations du CIA *World Factbook.*

[1061] J.-D. GESLIN, *Intégration, mode d'emploi. L'Etat de l'Afrique* 2004, pp. 86-89.

internationale lui était toutefois défavorable. Il se retrouvait confronté au défi de la diversification de son économie pétrolière.

La perspective qui a vu dans la résistance du Nigeria et de ses ressortissants dans la zone litigieuse à l'exécution de l'arrêt de la Cour un moyen de conserver le contrôle sur les richesses halieutiques et énergétiques de la presqu'île de Bakassi, repose sur trois éléments majeurs :

- D'abord, la forte présence des ressortissants nigérians, entre 230.000 et 300.000 selon le Nigeria, 150.000 selon le Cameroun dans la zone au moment des faits.
- Ensuite, la région faisant l'objet du changement de souveraineté présentait un intérêt économique « certain »[1062]. C'est d'ailleurs ce qu'a signalé Lothar Weis : « le sous-sol et le plateau continental de Bakassi abritent d'importants gisements de pétrole et de gaz»[1063]. Pour les autorités nigérianes, transférer la presqu'île de Bakassi aux autorités camerounaises revient entre autres à se déposséder d'un apport pétrolier considérable. L'exécution de l'arrêt se présente comme un frein à l'expansion de la production pétrolière du Nigeria, et partant, une limite à la croissance économique de ce pays affaibli par la crise économique qui sévit depuis quelques décennies et à la montée en puissance de l'Angola.
- Enfin, la conclusion d'accords instituant des zones conjointes d'exploitation[1064] en date du 3 avril 2000 entre le Nigeria et la Guinée équatoriale et entre celui-ci et Sao Tomé et Principe en date du 21 février 2001 dévoile la stratégie du Nigeria dans ce domaine. L'intervention de la Guinée équatoriale et des indices d'une « cause commune » avec le défendeur vont dans le même sens[1065]. L'objectif des autorités nigérianes est de négocier l'exploitation commune des ressources de la zone avec le Cameroun. Les diverses démarches initiées auprès des autorités camerounaises par les dirigeants de la *Nigeria Petroleum Corporation* (NNPC) après la décision de la CIJ en témoignent[1066].

La question de l'emplacement et l'importance des gisements pétroliers effectifs ou probables, les facilités géographiques d'exploitation, les possibilités de développement de l'économie pétrolière, le degré de dépendance énergétique des Etats en cause, les problèmes posés par l'existence de concessions pétrolières de part et d'autre de la ligne de délimitation avaient été évoqués devant la CIJ sans fonder pour autant les thèses juridiques soutenues par les parties.

1062 P. WECKEL, « Chronique de jurisprudence internationale… », *op.cit.*, p.162.

1063 T. L. WEISS, « Le différend Cameroun-Bakassi : au-delà de Bakassi », *Relations internationales et stratégiques*, 1996, n° 3, p.112.

1064 Sur le sujet, M. KEGNE KAMGA, *Délimitation maritime sur la côte atlantique africaine*, Bruxelles, Bruylant, collection Droit international, 2006, 317 p.

1065 Partie I, Titre I, Chapitre I.

1066 Source *Cameroon tribune* du 10/11/2009.

Au total, ni l'arrêt du 10 octobre 2002 ni l'accord du 12 juin 2006 ne résolvent de tels problèmes. Si la question des concessions pétrolières a été invoquée devant la CIJ au § 282[1067] puis au § 304 *in fine* de l'arrêt[1068], c'est uniquement aux fins de déterminer sa portée sur la délimitation des espaces maritimes respectifs des deux Etats. La CIJ n'aborde pas la question de la gestion des ressources naturelles et des biens qui étaient gérés par le défendeur avant le prononcé de l'arrêt. Tout au plus, le Nigeria avait-il au § 282 précité de l'arrêt, soutenu que la décision de la Cour « impliquerait le transfert au Cameroun de nombreuses concessions appartenant au Nigeria ou à la Guinée équatoriale dans l'infrastructure desquelles ont été investis des milliards de dollars »[1069].

S'alignant en cela sur l'attitude des parties elles-mêmes, la Cour ne s'est pas penchée sur cette question décisive. En conséquence, l'impact des ressources dans la délimitation juridictionnelle maritime n'apparaît donc pas de manière ostentatoire. La formule y relative du § 304 de l'arrêt *Cameroun c. Nigeria* a néanmoins été reprise dans les sentences *Barbade/Trinité et Tobago* (§ 364) et *Guyana/Suriname* (§ 385)[1070].

Malgré les dénégations judiciaires quant à l'importance de tels facteurs, la CIJ suit fréquemment de *facto* la ligne formée par des concessions pétrolières. Dans l'affaire du *Plateau continental (Tunisie/Jamahiriya arabe libyenne)*[1071], la Cour a examiné la question de l'importance des concessions pétrolières aux fins de la délimitation maritime[1072]. A cette occasion, elle a déclaré n'avoir

---

1067 CIJ., *Frontière terrestre et maritime entre le Cameroun et le Nigeria*, (Cameroun c. Nigeria, (Guinée équatoriale, intervenant), arrêt du 10 octobre 2002, *Rec*., p. 303, § 282 : « Le Nigeria soutient en outre que la conduite des Parties en matière d'octroi et d'exploitation de concessions pétrolières, à l'origine de lignes de facto, joue un rôle crucial dans l'établissement des frontières maritimes ».

1068 *Ibid*., § 304 : « Dans l'ensemble, il ressort de la jurisprudence que, si l'existence d'un accord exprès ou tacite entre les parties sur l'emplacement de leurs concessions pétrolières respectives peut indiquer un consensus sur les espaces maritimes auxquels elles ont droit, les concessions pétrolières et les puits de pétrole ne sauraient en eux-mêmes être considérés comme des circonstances pertinentes justifiant l'ajustement ou le déplacement de la ligne de délimitation provisoire ».

1069 *Ibid.*, § 282.

1070 The Barbados and The Republic of Trinidad and Tobago, Arbitral Tribunal constituted pursuant to article 287 and in accordance with annex VII of the United Nations Convention on the Law of the Sea, Award, 11 April 2006, disponible sur le site de la CPA [www.pca-cpa.org]. Chronique Ph. WECKEL, *R.G.D.I.P.*, 2006, pp. 711-721 ; commentaire A. SOUSSAN, *R.Q.B.D.I.*, 2006, pp. 257-269 ; commentaire B. KWIATKOWSKA, *A.J.I.L.*, 2007, pp. 149-157. The Guyana and Suriname, Arbitral Tribunal constituted pursuant to article 287 and in accordance with annex VII of the United Nations Convention on the Law of the Sea, Award, 17 September 2007, disponible sur le site de la CPA [www.pca-cpa.org]. Chronique Ph. WECKEL, *R.G.D.I.P.*, 2007, pp. 943-949 ; commentaire S. FIETTA, *A.J.I.L.*, 2008, pp. 119-128.

1071 CIJ., *Plateau Continental (Tunisie c. Jamahiriya arabe libyenne)*, arrêt du 24 février 1982, *Rec*., p. 92.

1072 *Ibid*., Rec.1982, p. 18.

pas tenu compte de « la ligne en direction du Nord servant de limite aux zones pétrolières libyennes[1073]. Celle-ci ne lui avait pas « paru ... remplir les conditions qui l'eussent rendue opposable à l'autre partie ». Toutefois, la Cour a suivi la ligne *de facto* constituée par les concessions pétrolières. Elle a considéré qu'à « proximité des côtes, les concessions des Parties confirmaient que s'était établi un *modus vivendi* »[1074].

Dans l'affaire de la *Délimitation de la frontière maritime dans la région du golfe du Maine (Canada c. Etats-Unis d'Amérique)*, la chambre de la Cour a souligné l'importance de tels éléments. Elle a insisté sur le fait qu'en l'espèce, rien ne permettait de conclure à l'existence d'un *modus vivendi*[1075]. La Chambre a, malgré la prétendue coïncidence des concessions pétrolières américaines et canadiennes, tenté de minimiser le précédent constitué par l'affaire précitée *Tunisie c. Libye.* Elle déclare : « Il est vrai que dans cette affaire, la Cour a pris argument du fait constitué par la séparation des zones des concessions pétrolières octroyées par les deux Etats en cause ; mais elle a pris particulièrement en considération le comportement des puissances (...) dans lequel elle a reconnu l'existence d'un *modus vivendi*, comportement que les deux Etats devenus indépendants ont continué à respecter quand ils ont commencé à accorder des concessions pétrolières »[1076]. Un constat identique peut être effectué en ce qui concerne la délimitation maritime entre l'Erythrée et le Yémen[1077].

Il semble donc résulter de ces éléments que même si les questions relatives aux concessions pétrolières n'ont pas motivé le *ratio decidendi* de la décision, elles ne restent pas sans effet. La Cour consacre, au regard de ces circonstances, l'importance d'un accord diplomatique entre les parties considérant lesdites concessions. Encore une fois, le juge international affiche sa volonté de respecter l'intégrité de sa fonction judiciaire et de ne pas décider en lieu et place des Etats parties.

Aussi la CIJ n'a-t-elle pas tenté d'orienter les futurs pourparlers des Etats sur la question des concessions pétrolières et gazières. La méconnaissance de ce type de considérations par le juge pourrait avoir des conséquences dommageables sur la phase post-juridictionnelle. Il est surprenant qu'au plan des négociations diplomatiques postérieures à la décision de la Cour, ces

---

[1073] *Ibid.*, Rec. 1982, p. 83, § 117.

[1074] *Ibid.*, p. 84, §119.

[1075] CIJ., *Délimitation de la frontière maritime dans la région du Golfe du Maine*, (Canada c. Etats-Unis d'Amérique), arrêt du 12 octobre 1984, *Rec.* 1984, p. 305, § 130. (CIJ., *Rec.*,1984, pp. 310-311, §§149-152).

[1076] *Ibid.*, p. 310, par. 150.

[1077] T.A., *Erythrée c. Yémen*, sentence rendue par le tribunal arbitral dans la deuxième étape de la procédure (délimitation maritime), 17 décembre 1999, publiée sur le site web de la Cour Permanente d'arbitrage : <www.pca cpa.org. Voir également G. DISTEFANO, « La sentence arbitrale du 17 décembre 1999 sur la délimitation des frontières maritimes entre l'Erythrée et le Yémen : quelques observations complémentaires », *A.F.D.I.*, vol. 46, 2000, p. 259.

points n'aient pas été au centre des débats. Ces derniers auraient logiquement dû donner cours aux préoccupations antérieures à l'arrêt. L'accord de Greentree aurait par exemple gagné à être plus explicite sur la question des ressources pétrolières et gazeuses pour éviter des malentendus à l'avenir[1078].

Cette question économique est incontestablement porteuse de non-dits, donc de potentiels problèmes. Le tracé des limites maritimes entre les deux Etats par la Cour ne paraît pas fondé sur la situation des gisements identifiés ou prévisibles. D'où l'importance d'une exécution négociée de l'arrêt sur ce sujet. La lecture des communiqués de la Commission mixte Cameroun-Nigeria, dont celui du 10 octobre 2008, révèle néanmoins que les parties, en n'excluant pas l'option de conclure un accord-cadre de coopération transfrontalière en matière de ressources d'hydrocarbures à cheval ou le long de la frontière maritime[1079], se sont accordées sur un *modus vivendi.* Dans ce type de litiges, les parties ont été conduites à transiger en recourant à des solutions s'inspirant des considérations énoncées.

Les autorités camerounaises ont ainsi consenti à ce que les compagnies continuent l'exploitation des gisements de pétrole moyennant des redevances. En ce qui concerne les gisements à cheval sur la frontière maritime entre les deux pays, la situation n'a en 2016 pas encore été résolue. Toutefois, les parties ont convenu de créer une zone de développement mixte[1080]. Le 11 mars 2011, le Cameroun et le Nigeria se sont formellement accordés sur le principe d'une exploitation commune des ressources pétrolières et gazeuses de Bakassi, laquelle tarde à se matérialiser[1081]. Lors de la visite de son homologue, M. Paul Biya des 3-5 mai 2016, le président du Nigeria M. Buhari a posé une conditionnalité à la réalisation de ce principe[1082].

La question des enjeux économiques explique dans une certaine mesure l'attitude du Conseil de sécurité quant à l'éventualité de l'intervention d'une exécution forcée de l'arrêt *Cameroun c. Nigeria*[1083] pendant la période 2002-2004. Les membres permanents du Conseil à qui il serait revenu de mettre en œuvre l'article 94 § 2 de la Charte des Nations Unies si une telle requête avait été sollicitée par le Cameroun et agréée par le Conseil, détiennent des intérêts

---

1078 Partie II, titre I, Chapitre I.

1079 Voir le communiqué adopté à la 23ème session de la Commission mixte Cameroun-Nigeria à Yaoundé le 10 octobre 2008, § 4.

1080 *Ibid.*

1081 Voir à ce sujet la déclaration de Prince Bola Ajibola du 14 mars 2011, « Cameroon, Nigeria To Seek Joint Oil Exploitation », source : www.thisdaylive.com : "*This time around, there's been Cooperation and good understanding between our two countries to come together and jointly exploit the hydrocarbons deposits that we've on our common borders* ".

1082 "*The Cameroon would have unhindered access to exploit hydrocarbon deposits in Bakassi Peninsula as soon as the joint technical committee on the Green Tree Agreement submits its report*", "Nigeria gives condition for Cameroon to exploit oil in Bakassi", Source : http://naija247news.com , consulté 13/02/2010.

1083 Ceci explique en partie le système de garantie des Etats témoins mis en place par l'accord du 12 juin 2006.

économiques plus considérables au Nigeria qu'au Cameroun. A titre d'exemple, le gouvernement nigérian a attribué des concessions dans la région à des sociétés pétrolières américaines (Exxon Mobil et Baker Hughes), françaises (Total/Elf/Fina) et canado-suisse (Addax Petroleum). En mars 2011, c'est la société d'exploration canado-suisse, Addax Petroleum, très liée au Nigeria, qui a été pressentie pour effectuer le forage pétrolier transfrontalier entre les deux pays[1084].

Les résistances d'ordre économique touchent également les populations du territoire objet du changement de souveraineté. Les populations locales redoutent que l'attribution de la souveraineté de la presqu'île au Cameroun les prive des avantages économiques liés à l'exploitation pétrolière mais également halieutiques[1085]. Diverses communautés se sont opposées à l'arrêt pour ces raisons. Les deux ethnies, Ibeno et Eket constituant la population principale du territoire de Bakassi entretiennent avec leurs voisins Ibibio et Annang (les deux tribus majoritaires de la partie continentale du royaume du Vieux Calabar) des relations antagoniques pour le contrôle des territoires, la répartition des ressources et l'accès à la rente pétrolière. Pour cette raison, l'Etat de Cross River frontalier avec le Cameroun, dans sa partie ouest, a exigé du pouvoir fédéral nigérian la revalorisation de sa quote-part issue des recettes pétrolières[1086].

Par ailleurs, la question de l'incidence sur la délimitation opérée par la CIJ sur l'exploitation des ressources halieutiques menée par les ressortissants de l'un ou l'autre Etat partie au différend n'est pas évoquée dans l'arrêt *Cameroun c. Nigeria*. Cela n'exclut pas pour autant qu'elle ne se pose pas sur le terrain où l'activité économique principale pratiquée par les ressortissants nigérians dans la presqu'île litigieuse est la pêche. Le juge international aurait pu inviter les parties à négocier pour leur accorder « officiellement » des droits de pêche.

Toutes ces raisons économiques ont alimenté les résistances à l'exécution intégrale et complète de l'arrêt du 10 octobre 2002. En contradiction avec la logique apparente du juge international, la question de la répartition des ressources économiques est venue se greffer sur la solution judiciaire. Selon une propension bien connue, les parties se sont efforcées de préserver dans la phase post-jugement leurs intérêts vitaux. A côté des motifs exclusivement économiques, les blocages de la phase post-arrêt se fondent également sur des facteurs d'ordre social concernant les populations concernées[1087].

[1084] « Cameroon, Nigeria To Seek Joint Oil Exploitation », 14 mars 2011, source : www.thisdaylive.com.

[1085] C'est pour cette raison qu'elles ont sollicité en vain un référendum d'autodétermination le 6 décembre 2002 auprès de l'ONU.

[1086] *Africa Express* n°013, novembre 2005, p. 31.

[1087] Bien qu'ayant un rapport direct avec la question des obstacles sécuritaires dérivant de l'activisme biafrais ou séparatiste (voir *infra*), la question des obstacles sociaux a été envisagée de manière séparée.

B. Les facteurs sociaux

La référence à l'arrêt de la CIJ ne constitue au regard des préoccupations sociales qu'une clause de style, tandis que les principes juridiques énoncés par les juges de La Haye ont pu être méconnus par les parties ou leurs populations. Les facteurs sociaux sont pour cette raison ceux qui ont le plus porté préjudice au processus post-judiciaire. La préoccupation du Nigeria quant au sort de ses ressortissants, suite au retrait et au transfert d'autorité dans la zone litigieuse, a plusieurs fois servi de fondement à la remise en cause de l'arrêt[1088]. Il s'agissait pour le défendeur de se prévaloir de considérations sociales afin d'influencer la réponse du juge ainsi convié à prendre en considération l'impact humain de sa décision. Cette attitude n'est pas inhabituelle. Bien que la doctrine ne fasse pas systématiquement cas de la place des individus dans le règlement des litiges frontaliers, leur « existence » a « toujours été utilisée dans l'argumentation des parties »[1089].

On pourrait citer à titre d'exemple en plus de l'affaire *Cameroun c. Nigeria*, l'arrêt de la CIJ du 11 septembre 1992 relatif au *Différend frontalier terrestre, insulaire et maritime*[1090], l'affaire de la *Délimitation maritime dans la région située entre le Groenland et Jan Mayen*[1091], l'affaire du *Différend territorial entre la Libye et le Tchad*[1092], celle relative au différend terrestre et maritime entre l'Erythrée et le Yémen[1093] et enfin l'affaire entre le Burkina

[1088] A titre d'exemple, voir le § 8 du communiqué adopté à la sixième réunion de la commission mixte tenue à Abuja les 29 et 30 octobre 2003 qui précise que le Nigeria a exprimé une préoccupation particulière « par rapport à l'idée d'un règlement de comptes ou de conflits entre individus dans la zone ».

[1089] M. G. KOHEN, « El Individuo y los Conflictos Territoriales », pp. 425-460 in XXVIII Curso de Derecho Internacional Organizado pore k Comité juridico Interamericano y la Secretaria General de la OEA en agosto 2001, Washington D.C, 2002, pp. 425-460. p. 429

[1090] Affaire du *Différend frontalier, terrestre, insulaire et maritime, El Salvador c. Honduras (Nicaragua, intervenant)*, arrêt du 11 septembre 1992, *Rec*., p. 396, § 58.

[1091] CIJ., *Délimitation maritime dans la région située entre le Groenland et Jan Mayen (Danemark c. Norvège)*, arrêt du 14 juin 1993, *Rec.* 1993, p. 38 ; Voir le compte rendu de plaidoirie de F. LYNGE pour le Danemark, CR 1993/2, pp. 10 et suiv.

[1092] CIJ., *Différend territorial (Jamahiriya arabe libyenne c. Tchad)*, arrêt du 3 février 1994, *Rec.* 1994, p. 5. Lors des plaidoiries de la Libye devant la Cour dans l'affaire de la bande d'Aozou, l'agent du gouvernement mettait en évidence l'organisation des tribus musulmanes et l'ordre des Senoussis. Voir le compte rendu de plaidoirie de K. EL MAGHUR, mémoire libyen, p. 38. Une liste des ethnies y figure. Voir également dans la même affaire, CR 1993/1, pp. 20-21 et CR 1993/19, pp. 55-56.

[1093] Dans cette affaire, le Yémen invoquait la prise en considération par la Cour du droit local appliqué au régime des pêcheries. Voir la sentence du tribunal arbitral dans le différend frontalier opposant l'Erythrée au Yémen, sentence arbitrale du 9 octobre 1998, 1ère phase (Territorial Sovereignty and Scope of the Dispute), p. 41, § 153, publiée sur le site de la C.P.A : www.pca-cpa.org; également *RSA*, vol. XXII, p. 287, §§ 337 et suiv.

Faso et le Niger ayant donné lieu à l'arrêt de la CIJ du 16 avril 2013[1094]. La jurisprudence internationale en matière territoriale atteste de l'émergence de la prise en compte par le juge international du « facteur humain »[1095] ou de « l'enjeu humain »[1096] de certaines décisions juridictionnelles.

Il y a dans ce domaine matière à appréciation subjective. L'attitude du juge international relativement à la préservation des intérêts des personnes civiles paraît ambiguë. Cette ambivalence se traduit par le double degré du discours judiciaire[1097].

Dans un premier temps, la Cour a réfuté la pertinence des arguments avancés par le Nigeria sur les effectivités ethniques dans la zone, lesquelles ne peuvent établir formellement un titre nigérian sur la presqu'île litigieuse ou participer à la démonstration de la consolidation d'un titre historique tout en admettant que la population de Bakassi a considérablement augmenté du fait de l'afflux de ressortissants nigérians après la guerre civile[1098].

Ensuite, la prise en compte par les juges de La Haye de la population locale se manifeste à travers la prise en compte de l'engagement du Cameroun de protéger les droits des populations nigérianes dans la région[1099], et l'exhortation faite aux parties à coopérer dans l'intérêt des populations affectées par l'arrêt.

Pour les parties, cette avancée n'a pas été estimée suffisante. La réticence de la Cour à attribuer des conséquences juridiques aux considérations liées aux populations a ainsi favorisé d'âpres discussions entre les Etats dans l'après-jugement. Cette période reproduit les contradictions entre la souveraineté d'une part, et l'occupation par des populations constituées de non nationaux vivant sur un territoire souverain d'autre part. Selon Bola. A. Akinteriwa : « *There can be land for the people but there cannot be people for the land. With the ICJ ruling, Cameroun can have sovereignty over the territory but not over the people. The people in the disputed area claim to be Nigerians by place of birth and by blood descendance. They refuse to accept Cameroonian citizenship or to be an integral part of Cameroun. Thus, they owe their political allegiance to Nigeria* »[1100].

1094 Voir l'arrêt de la CIJ., *Différend frontalier* (Burkina Faso c. Niger), arrêt du 16 avril 2013 publié sur le site de la CIJ.

1095 Certaines sections des plaidoiries écrites sont ainsi titrées, voir par exemple, CIJ., *Délimitation maritime et questions territoriales entre Qatar et Bahreïn (Qatar c. Bahreïn),* arrêt du 16 mars 2001, *Rec.* 2001, p. 77, § 114 ; mémoire de Bahreïn, p. 30.

1096 *Idem*, Mémoire de l'affaire du *Sahara occidental, vol.* II, p. 440.

1097 Question évoquée par G. GIRAUDEAU, *Le juge international et le règlement transactionnel des différends*, Thèse, Université Paris X, 2010, pp. 486-488.

1098 CIJ., *Frontière terrestre et maritime entre le Cameroun et le Nigeria,* (Cameroun c. Nigeria ; Guinée équatoriale (intervenant), arrêt du 10 octobre 2002, *Rec.*, p. 414, § 221.

1099 Dispositif V/C de l'arrêt du 10 octobre 2002

1100 B. A. AKINTERINWA, *Nigeria and the ICJ Bakassi Magouille*, novembre 2002, source : http://www.nigerdeltacongress.com, consulté le 01/02/2011.

Le poids des obstacles sociaux sur la mise en œuvre avait du reste été jaugé par le président nigérian lors d'un entretien accordé à radio Nigeria à l'issue du sommet du 15 novembre 2002 : « Nous avons affaire à des êtres humains, pas seulement à un traité, nous avons affaire à des êtres humains pas seulement à une frontière »[1101].

La complexité de la question de l'applicabilité du facteur humain aux suites de l'arrêt du 10 octobre 2002 augurait de la nécessité d'y apporter des remèdes. Cette mission est revenue à la sous-Commission des populations concernées[1102]. Elle a effectué plusieurs visites de terrain, dans la zone du lac Tchad, sur la frontière terrestre et dans la presqu'île de Bakassi afin d'identifier lesdites populations, évaluer leurs droits et proposer à la Commission mixte les moyens susceptibles de trouver des solutions satisfaisantes à la situation des populations tant nigérianes que camerounaises affectées par l'arrêt du 10 octobre 2002.

Les difficultés majeures dans la phase post-jugement se sont posées au sujet des options qui avaient été laissées aux populations par les deux Etats au sein de la Commission mixte Cameroun-Nigeria (CMCN), à savoir :

- conserver leur nationalité et résider dans le nouveau pays d'accueil dans le respect de ses lois et règlements ;
- prendre la nationalité du pays d'accueil conformément à sa législation ;
- demander une relocalisation sur le territoire de leur pays d'origine.

Les parties auraient pu s'inspirer de la procédure innovante qui avait été mise en place entre le Burkina Faso et le Mali s'agissant du transfert des populations. C'est en effet l'occasion de rappeler que dans la portion litigieuse de la frontière entre ces deux pays, la Cour avait accordé le secteur de quatre villages au Mali, divisé les mares d'Ibn Abas et du Soum en parts égales et attribué le secteur nord-est c'est-à-dire la zone du Béli au Burkina Faso. La délimitation opérée par la CIJ dans le secteur des quatre villages avait posé le problème du déplacement de populations très imbriquées.

L'article 20 du protocole signé entre ces deux pays offrait à ces populations un véritable droit d'option. Il dispose en effet que « les ressortissants de l'un ou de l'autre Etat qui ne sont pas originaires de l'Etat de leur lieu de résidence et qui décident d'y rester seront immédiatement soumis à la juridiction et aux lois de cet Etat »[1103]. Un délai de trois ans avait été accordé à compter de leur

---

[1101] Radio Nigeria du 15 novembre 2002, propos rapporté par Ph. WECKEL, « Chronique de jurisprudence internationale… », *op.cit.*, p. 175.

[1102] Document du Bureau des Nations Unies pour l'Afrique de l'Ouest. Partie I, Titre II, Chapitre I.

[1103] CIJ, *Différend frontalier, mesures conservatoires,* ordonnance du 10 janvier 1986, *Rec.*, p. 8, § 10.

Les négociations entre les parties à la suite de l'arrêt ont débouché sur la signature de deux accords : un traité de bornage conclu le 16 mai 1989 à Bamako et un protocole d'accord signé le 20 mai de la même année pour la portion de la frontière délimitée conventionnellement (frontière

recensement aux ressortissants de l'un ou l'autre État pour exercer leur droit d'option. Pendant cette période de grâce, ils n'étaient soumis à aucune forme d'imposition ou de taxation. Cependant, à l'expiration de ce délai, ils se sont vus appliquer le règlement en vigueur dans chaque pays de résidence (article 21)[1104].

Dans le contentieux camerouno-nigérian, les obligations faites aux Etats contractants, en cas de cession de territoire, d'accorder un droit d'option aux personnes affectées, ont été consacrées par l'article 3 de l'Accord entre le Cameroun et le Nigeria concernant les modalités de retrait et de transfert d'autorité dans la presqu'ile de Bakassi, en application de la décision de la CIJ de 2002[1105].

Cet article considère que « le Cameroun, après que le Nigeria lui aura transféré l'autorité, garantit aux ressortissants nigérians vivant dans la presqu'ile de Bakassi l'exercice des libertés et droits fondamentaux consacrés par le droit international des droits de l'homme et les autres règles pertinentes du droit international. En particulier, il s'engage à... ne pas forcer les ressortissants nigérians vivant dans la presqu'île de Bakassi à quitter la zone ou à changer de nationalité ».

Les populations affectées peuvent ainsi décider de rester nigérianes ou de prendre la nationalité camerounaise. Celles qui choisissent de vivre sur le sol désormais camerounais et de rester nigérianes vont par conséquent de se soumettre aux règles relatives au séjour des étrangers dans le pays d'accueil.

Le système de protection des droits des populations concernées par les suites de l'arrêt de la Cour mis en œuvre par la Commission mixte Cameroun-Nigeria semble, au regard de ces questions précises, moins sophistiqué. Les deux Etats ne semblent pas avoir pris pleinement la mesure des difficultés inhérentes aux opérations d'exécution d'une décision de justice territoriale et des désagréments qu'ils engendrent aux populations frontalières.

Malgré la mise en place au Nigeria d'un comité présidentiel sur Bakassi et les droits des personnes déplacées, dont la mission est de reloger les personnes déplacées avant la date du 14 août 2013 (date de la fin du régime spécial transitoire en vertu de l'accord de Greentree), et l'existence d'une sous-Commission des populations, il n'existe aucune statistique officielle à ce sujet. Les communiqués adoptés dans le cadre de la CMCN établissent néanmoins

---

s'étendant de la province de Kérédougou à la province du Soum, c'est-à-dire de Loumana à Dionougou).

[1104] *Ibid.*

[1105] Accord de Greentree entre le Cameroun et la République du Nigeria concernant les opérations de retrait et de transfert de la presqu'île de Bakassi du 20 juin 2006. Site Internet du Bureau des Nations Unies pour l'Afrique de l'Ouest : www.un.org/unowa.

que la plupart des habitants de la zone ont conservé leur nationalité d'origine. Dans un rapport de la mission des Nations Unies à Calabar dans l'Etat de Cross River, il est précisé que des milliers d'habitants ont choisi de quitter la péninsule pour s'installer dans des villes du sud du Nigeria[1106].

L'accord de Greentree supposé régler les questions relatives aux populations limitrophes ne les a pas entièrement résolues. Il n'a été nulle part question de dédommager celles d'entre elles qui ont vu leurs biens et propriétés affectés par les travaux de matérialisation de la *Frontière terrestre et maritime entre le Cameroun et le Nigeria.* Pour y parvenir, encore faut-il pouvoir identifier les préjudices dont il s'agit et les évaluer. L'article 18 du protocole entre le Burkina Faso et le Mali précité précisait la nature de ces préjudices.

En l'espèce, les autorités camerounaises et nigérianes ont pu craindre que l'évocation de la question des réparations éventuelles freine l'évolution des travaux en cours.

Quant à l'évaluation des préjudices, elle devrait faire l'objet d'un procès-verbal authentifié par la signature ou les empreintes digitales des agents recenseurs, des individus lésés et des chefs de l'Equipe Technique Mixte (ETM).

L'indemnisation ne pourrait intervenir qu'à la suite de tels préalables. Elle doit être prompte, car il faut permettre à ces populations déplacées de trouver un refuge. Elle doit également être adéquate, c'est-à-dire couvrir l'ensemble du préjudice subi.

Cependant, les parties sont à ce jour restées silencieuses sur de telles questions. Nonobstant les rapports optimistes du Personnel d'Observation mixte (Cameroun-Nigeria-ONU) chargé du suivi des populations concernées après le retrait et le transfert d'autorité dans les zones attribuées respectivement à l'une ou l'autre partie, des obstacles à la paix sociale subsistent dans l'ensemble de la zone litigieuse.

Plusieurs éléments rappellent en effet que les populations nigérianes et camerounaises concernées ne vivent pas systématiquement en bonne intelligence, en sécurité et dans la paix.

En 2002, les communautés bayassa du delta du Niger détentrices de pêcheries à Bakassi, soutenues par des élus de Cross River, ont fait savoir qu'elles ne respecteraient « jamais » la décision de la CIJ. La même année, les chefs traditionnels de Bakassi (Nigérians originaires du delta du Niger) ont

---

[1106] Voir le communiqué adopté à la 23ème session de la Commission mixte Cameroun-Nigeria à Yaoundé le 10 octobre 2008, § 5.

saisi la Haute Cour de justice de Lagos pour obtenir une suspension au niveau national des opérations d'exécution de la décision de la CIJ. Dans leur requête, les requérants ont demandé qu'à défaut d'une suspension de la décision, une indemnisation soit impérativement accordée aux ressortissants nigérians de la zone.

En 2003, d'autres communautés installées à Bakassi s'opposant aux solutions de relocalisation en territoire nigérian proposée par le gouvernement fédéral, ont introduit une requête demandant aux Nations Unies d'organiser un référendum dans la péninsule en vertu du droit des peuples à l'autodétermination[1107].

La Constitution du Nigeria considérant la péninsule de Bakassi comme une commune nigériane, plusieurs habitants de Bakassi, juristes et politiciens, avaient alors souligné que le gouvernement n'avait pas le droit de rétrocéder la péninsule au Cameroun sans avoir, au préalable, amendé la Constitution. En 2004, ils avaient tenté d'introduire une requête pour obtenir un arrêt permettant d'abroger l'accord frontalier. Cependant, le gouvernement avait trouvé un moyen très astucieux pour contourner cet argument juridique en déplaçant simplement les limites physiques de la commune. Les personnes déplacées en provenance de la péninsule de Bakassi ont donc été réinstallées dans un endroit baptisé « Nouvelle Bakassi »[1108]. Créée par le gouvernement nigérian pour servir de refuge aux habitants de la péninsule ne voulant pas vivre sous souveraineté camerounaise, cette commune a été découpée dans la zone Akpabuyo du gouvernement local de Cross River au Nigeria. Le territoire était déjà habité, ce qui entraîne des problèmes à la fois de cohabitation avec les anciens occupants et de gestion des activités socio-économiques[1109]. Depuis 2003, aucune infrastructure nouvelle n'y a été construite.

La situation sociale et humanitaire des habitants de la péninsule reste précaire, notamment dans la pointe sud de la presqu'île appelée officiellement 'zone de Bakassi', une zone que le Nigeria a continué d'administrer jusqu'en juin 2008. Après la signature de l'accord de Greentree, un « *restraining Court order against handover and the dissent of National Assembly (Nigeria's Parliament* » a été rendu le 28 septembre 2006.

[1107] D'après ces communautés, ce procédé est le plus démocratique vu que 90 % des habitants de la presqu'île sont d'origine nigériane. Néanmoins, le recours au droit des peuples à l'autodétermination apparaît comme une stratégie dilatoire devant permettre à la partie nigériane de retarder aussi longtemps que possible la rétrocession de Bakassi au Cameroun.

[1108] Sur les implications socio-économiques, voir, A. A.M. OGABOH, J.J. AKPANUDOEDEHE, E. M. USHIE, « Socio-Economic and Cultural Impacts of Resettlement on Bakassi People of Cross River State, Nigeria », *J.S.S.S.*, vol: 1; Issue: 2; 2010, pp. 50-62

[1109] *Ibid.*

Le 1er octobre 2012, 20 indigènes de Bakassi de l'Etat nigérian de Cross River réunis au sein du « Free Bakassi Association » ont porté plainte contre le gouvernement fédéral du Nigeria à la Cour suprême basée à Abuja. Leur objectif était d'annuler l'accord du 12 juin 2006 opérant rétrocession de la presqu'île de Bakassi. Pour les requérants : « *ICJ gave its judgment on the protracted dispute over ownership of the Bakassi Peninsula based on archaic and anachronistic colonial declarations, and communications between colonial officers and that they were not consulted by former Nigerian President Olusegun Obasanjo before he endorsed the Greentree Agreement* »[1110]. Le jugement de la Cour fut reporté d'abord au 9 octobre 2002 « *with a view to carefully peruse the "weighty national issues raised therein* » et finalement *sine die*[1111].

Sporadiquement, des vicissitudes liées à des facteurs sociaux ont diffèré l'achèvement du processus initialement prévu pour 2012. « Beaucoup de villageois ici nous considèrent comme des colonisateurs », a expliqué à IRIN Fonya Felix Morfan, sous-préfet d'Akwa, localité de Bakassi[1112]. Un rapport du maire de Bamusso, la sous-division de la péninsule de Bakassi, révèle par exemple qu'en date du 8 mars 2013, les habitants de la municipalité, en complicité avec certains résidents du village de Bekumu, ont incendié la résidence du maire d'origine camerounaise[1113].

Ces évènements confirment que de nombreux problèmes demeurent irrésolus. L'agitation autour de la question de la souveraineté sur la presqu'île de Bakassi persiste longtemps après que le jugement a été rendu. Le droit international est en ce sens limité par la distorsion entre la souveraineté juridique du Cameroun sur la presqu'île de Bakassi et le système d'allégeance des populations de la zone les rattachant administrativement et affectivement au Nigeria. En raison de cette dissonance entre le fait et le droit dans la phase post-délimitation, et malgré la bonne volonté des parties de résoudre les problèmes relatifs aux droits des personnes[1114], les tensions sociales restent palpables dans le cadre de l'exécution *largo sensu* de l'arrêt du 10 octobre 2002.

Il est néanmoins à relever que plusieurs faits récents laissent place à l'espoir. Lors du transfert d'autorité sur la presqu'île du 14 août 2013, les populations locales (surtout Ikang) ont été incitées par les autorités nigérianes à se soumettre de bonne foi aux plans de réinstallation des déplacés mis en

---

1110 E.T. BABATOLA JADESOLA, « Nigeria-Cameroon Boundary Dispute: The Quest for Bakassi Peninsular », *International Affairs and Global strategy,* vol. 2., 2012, pp. 90-91.
1111 *Ibid.*
1112 « Cameroun-Nigeria : Bakassi, une péninsule aux problèmes complexes », *I.R.I.N.,* 14 novembre 2011.
1113 V. MULANGO, « Bamusso (Bakassi): Inhabitants Set Mayor's Residence on Fire Razing it to Dust », Yaoundé, 08 mars 2013, Source: Cameroon-Info.net
1114 Communiqué final de la 12ème réunion de la CMCN, par. 3.

place par le président de la République fédérale du Nigeria, M. Jonathan Goodluck[1115]. Il est question de les réorienter vers des communautés d'accueil. Quant à ceux ayant décidé de rester du côté camerounais de la frontière, il leur est demandé de respecter les lois en vigueur dans ce pays. Cette évolution positive ne doit pas occulter le rôle joué par l'opinion publique et l'action de groupes hostiles à la rétrocession de Bakassi au Cameroun.

Paragraphe 2. Résistance de l'opinion publique et facteurs d'ordre géopolitique et sécuritaire liés à la rétrocession de la presqu'île de Bakassi au Cameroun

Les facteurs d'ordre géopolitique et la résistance de l'opinion publique, liés à la rétrocession de la presqu'île de Bakassi au Cameroun, revêtent un caractère évènementiel. Une série d'évènements ou de situations politiques intérieurs a retenu l'attention de l'opinion publique (A). Plusieurs facteurs d'ordre géopolitique et sécuritaire liés au processus de rétrocession de la péninsule disputée sont également en cause (B).

A. Résistance de l'opinion publique

On s'accorde à reconnaître que certaines difficultés d'exécution résultent du rôle joué par l'opinion publique. C'est pour cette raison qu'elle a une place de premier choix au sein des mécanismes de relèvement et de reconstruction de la confiance dans la phase post-arrêt. « L'opinion publique peut être définie comme l'ensemble des convictions et des valeurs plus ou moins partagées, des jugements, des préjugés et des croyances de la population ou d'une société donnée »[1116]. On distingue classiquement l'opinion publique au niveau national, c'est-à-dire celle se situant à l'intérieur d'un pays, une opinion publique internationale qui résulterait des prises de position sur une question donnée de la communauté internationale ou d'autres acteurs exogènes ou encore une opinion locale dont la sphère géographique correspondrait aux sensibilités politiques identifiables dans la zone concernée par l'arrêt. La pratique des relations internationales fournit plusieurs illustrations du rôle joué par les opinions publiques locales et nationales. On peut se référer à la

---

[1115] Propos, de Florence Ita-Giwa, sénatrice de l'Etat de Cross River, *The vanguard on line*, 14 août 2013, consulté le 14 août 2013.
[1116] H. ONANA MFEGE, *op.cit.*, p. 103.

position de l'Islande dans l'affaire des *Compétences en matière de pêcheries*[1117], et celle de la France dans celle relative aux *Essais nucléaires*[1118].

Dans l'affaire *Cameroun c. Nigeria,* certains problèmes relatifs à l'exécution de l'arrêt sont attisés par l'opinion nationale voire locale. Une telle opinion, bien que ne constituant pas la majorité, s'est distinguée par une campagne de désinformation ingénieuse et subtile dans la phase post-juridictionnelle. Au lieu de se rencogner dans un silence dédaigneux, certaines personnalités ont contribué à susciter des incidents d'inexécution. Les propos de la sénatrice Florence Ita-Giwa, représentante de la presqu'île de Bakassi à l'Assemblée nationale du Nigeria sont à cet égard, édifiants : « *The judgement was devastating, but our people are not moving anywhere. We will continue to be in Nigeria. We refuse to be part of Cameroon because we have never been part of that Country* »[1119].

Des appels à la désobéissance ont été lancés par certaines personnalités du gouvernement nigérian pour un retour à la guerre[1120]. Cette école de pensée se résume ainsi: « *There is no morality in international relations and that it is against the national interest of Nigeria in terms of security and economic interest to accept the ICJ's verdict in its totality* »[1121]. Les caciques du régime nigérian ont menacé de faire sécession en cas de rétrocession de la presqu'île disputée au Cameroun[1122]. Ils ont influencé l'appréciation politique des dirigeants de cet Etat, et partant sa condamnation initiale de la sentence internationale[1123]. Dans la même lignée, un article paru dans *Nation Newspaper* en septembre 2006 retranscrit l'opinion de deux personnalités nigérianes mondialement réputées : le professeur Wole Soyinka, prix Nobel de littérature et le professeur Akin Oyebode. Il porte sur « *the fustrations of Bakassi people on the loss of the territory to Cameroon and the need to review the ICJ ruling with a view to recover Bakassi peninsula to* Nigeria »[1124]. Les deux universitaires y soulèvent de nouveau la question du « *right to self-determination of the people of Bakassi and need to create international awareness on the losses of the peoples' territory through the event that culminated in the handover to Cameroon* »[1125]. Pour Oyebode : « *Bakassi case*

[1117] CIJ., *Compétence en matière de pêcheries*, (Royaume-Uni c. Islande et R.F.A. c. Islande), arrêt du 25 juillet 1974, *Rec.*, p. 3.

[1118] CIJ., *Essais nucléaires, mesures conservatoires,* (France c. Australie et Nouvelle-Zélande), ordonnance du 22 juin 1973, CIJ., *Rec.*, pp. 328-31.

[1119] Source *Vanguard*, 10 décembre 2010.

[1120] L'écrivain prix Nobel de la paix Wole Soyinka, Frederik Fasehun, fondateur de l'Oodua People's Congress, Lateef Adegbite, sécrétaire général du Nigeria Supreme Council for Islamic Affairs (NSCIA) ou les rebelles du Niger Delta Defense and Security Council, etc.

[1121] ETIM BASSEY, 2002.

[1122] Selon eux, l'arrêt de la CIJ débouchait sur un « Break-up of Nigeria ».

[1123] J-L. ATANGANA AMOUGOU, *op.cit.*, p. 4

[1124] *Nation Newspaper* on line 29 septembre 2006.

[1125] *Ibid.*

is not closed »[1126]. Dans *The Vanguard Newspaper* du 29 septembre 2012, le Prince Bola Ajibola, ancien juge *ad hoc* du Nigeria dans l'affaire l'opposant au Cameroun déclare : « *There are still questions to be answered, which had already been ignored or decided against by the ICJ. We are now raking the misfortunes of yesterdays (colonial rule) and we are now the victims of the problems that arose before now. That was at the time of our independence* »[1127].

Les suggestions de chacune de ces personnalités ont reçu un écho favorable auprès des populations qui ont multiplié les procédures au niveau national pour stopper le processus de rétrocession de la péninsule de Bakassi. Côté camerounais, il a été reproché au président de ce pays en tant que garant de l'intégrité territoriale, d'avoir placé, du fait de l'accord de Greentree, une partie du pays sous administration étrangère, contrairement à ses engagements constitutionnels[1128]. Côté nigérian, il semble que : « Le Nigeria ne pouvait se sentir lié par des cartes idiotes dessinées, il y a quelques années, par des colons non moins idiots, alors qu'il est de notoriété publique que la presqu'île de Bakassi est habitée depuis la nuit des temps par des ressortissants nigérians »[1129]. Des deux côtés, la tension interétatique à la suite de l'arrêt du 10 octobre 2002 est alimentée par la presse des deux pays[1130]. Ces éléments montrent que l'opinion publique peut constituer une entrave à l'exécution d'une décision juridictionnelle. On pourrait en dire autant en ce qui concerne les considérations d'ordre géopolitique et sécuritaire.

B. Facteurs d'ordre géopolitique et sécuritaire liés à la rétrocession de la presqu'île de Bakassi au Cameroun

L'opposition de certains acteurs intra-étatiques à l'exécution de l'arrêt du 10 octobre 2002 doit être appréhendée à la lumière de considérations géopolitiques (1) et sécuritaires (2).

[1126] *Ibid.*

[1127] Hon. Justice Prince BOLA AJIBOLA, « The Thruth about Bakassi, Nigeria and Cameroon », The *Vanguard Newspaper* (Nigeria), publication du 119 septembre 2012.

[1128] « Bakassi : Paul Biya a-t-il trahi le Cameroun ? », *La Nouvelle Expression*, Douala, 26 juin 2006. K.F. OWONA MFEGUE, « Cameroun, CIJ, Greentree: Bakassi: paralysie du Droit », *Mutations*, Cameroun, 7 août 2008.

[1129] Agence de presse PANA, Sénégal, 17-23 octobre 2002. Voir également le journal camerounais *Mutations* n° 771 du 24 octobre 2002, p. 3.

[1130] L'on comprend pourquoi l'un des premiers engagements pris par les chefs d'Etat des deux pays lors du sommet de Genève du 15 novembre 2002 sera de s'abstenir de tout commentaire provocateur.

1. Facteurs d'ordre géopolitique

La situation politique interne des Etats parties explique dans une certaine mesure les difficultés (politiques) rencontrées dans la matérialisation de l'acte juridictionnel.

Du côté nigérian, les considérations de politique interne qui avaient déjà joué un rôle déterminant dans le développement du différend frontalier, imprègnent la phase post-décisionnelle. Dans son ouvrage *Les leçons du conflit de Bakassi*, Jean-Pierre Fogui explique que le Nigeria aurait mis en œuvre la théorie des relations internationales du divertissement. Il aurait ainsi détourné l'attention de ses nationaux des problèmes internes cruciaux en les divertissant avec une question frontalière accessoire[1131]. Mgbale Metou se réfère au concept analogue de l'exutoire externe. Le gouvernement nigérian aurait trouvé dans l'affaire *Cameroun c. Nigeria* un moyen de se distancier de problèmes internes[1132]. Le point de vue, au regard du droit, est exprimé par Ntuda Ebode. Selon lui, « si cette thèse pouvait se défendre au début du conflit, elle n'a pu expliquer la survie de l'occupation de Bakassi aux régimes militaires dans la phase post-jugement[1133] ».

Du côté camerounais, la région de Bakassi est indissociable du « problème anglophone ». Celui-ci rejaillit sur le processus post-judiciaire[1134]. Même s'il est encadré par le droit, le processus d'exécution de l'arrêt de la Cour met en jeu des questions « politiquement connotées ». Des facteurs tels que le séparatisme politique, les micro-nationalismes, incitent le gouvernement camerounais à être ferme sur la délimitation de la frontière, mais également sensible au sort des populations anglophones de la zone concernée[1135]. Par ailleurs, le Cameroun a longtemps partagé la même préoccupation de la frange politique nigériane quant au transfert en douceur du pouvoir du président de l'époque à son successeur.

Au-delà de la question de l'éventuel expansionnisme ou impérialisme territorial du Nigeria ayant fait débat au début du différend[1136], ce pays a fait

---

[1131] J-P. FOGUI, *Les leçons du conflit de Bakassi*, Yaoundé, Ed. Sopecam, 2010, 38 p.

[1132] H. MGBALE MGBATOU, *La politique camerounaise de résolution pacifique de la crise de Bakassi (Une approche réaliste et transnationaliste)*, Thèse de Doctorat 3eme cycle en relations internationales, I.R.I.C., 2001, p. 89-90 ; H. MGBALE MGBATOU, *Le conflit frontalier Cameroun-Nigeria, explication socio-politique, enjeux et déterminants d'une crise bilatérale*, Mémoire DESS en relations internationales, I.R.I.C., 1999, pp. 34-38.

[1133] V. NTUDA. EBODE, « Le Cameroun et le Nigeria enterrent la hache de guerre à Bakassi. Et après ? », *Revue diplomatie*, novembre-décembre 2008, p. 70.

[1134] H. MGBATOU MGBALE, *Le conflit frontalier Cameroun-Nigeria : explication socio-politique, enjeux et déterminants d'une crise bilatérale*, *op. cit.*, note 1009, p. pp. 89-92.

[1135] L'attitude du gouvernement camerounais dans cette affaire a souvent été perçue par l'opinion publique camerounaise comme trop laxiste et comme une marque de faiblesse.

[1136] N. MOUELE. KOMBI, *La politique étrangère du Cameroun*, *op.cit.*, p. 64 voir également, *Jeune Afrique* n°1065 du 2 juin 1981, p. 25.

savoir à la Cour que la rétrocession de la presqu'île de Bakassi menacerait la sécurité des voies d'accès aux ports de Cross River en les plaçant à portée des canons camerounais[1137]. Autrement dit, la partie nigériane supporte mal la présence camerounaise dans l'estuaire de Cross River qui constitue la principale porte d'entrée et de sortie pour le sud-est de son territoire, et un point de surveillance sur le golfe de Guinée. La volonté de puissance joue un rôle plus ou moins déterminant dans les suites de l'arrêt. Ce dernier n'affecte pas le droit de passage inoffensif dont jouissent en vertu du droit international tous les navires, y compris ceux de la marine nigériane. La validation de la déclaration de Maroua du 1er juin 1975 par le juge international a eu pour effet de couper l'accès direct du Nigeria à Calabar. Cet aspect stratégique explique certaines réticences, manœuvres d'obstruction et de retardement du processus.

L'utilité stratégique de la presqu'île pour la sécurité et l'intégrité territoriale du Nigeria[1138] avait par ailleurs été révélée par la guerre civile du Biafra[1139]. L'autorisation provisoire d'utilisation de Jabane, une localité stratégique dans la péninsule de Bakassi, accordée au gouvernement fédéral du Nigeria par les autorités de Yaoundé avait permis aux soldats du général Gowon de couper la ligne de ravitaillement des troupes sécessionnistes biafraises[1140]. D'où la volonté du Nigeria en proie à une certaine instabilité de retarder le moment où il doit céder au Cameroun ce point d'accès stratégique. Ce point de vue est exposé par Francis Nguendi Ikome : « *Nigerian strategists find it suicidal to allow this strategic zone in the hands of what they have always seen as a classical French « puppet » State. From every indication, Cameroon is in a special category in Nigeria's security threat perception. Nigerian leaders and policy elites perceive Cameroon as a possible beach-head for the destabilisation of Nigeria* »[1141]. Oscar Ode souscrit pareillement à cette opinion : « *although Cameroon is considered a moderate French sphere country and although she has no defence pact with France, she is a neighbour on which Nigeria has a well-defined policy. For if war were to*

1137 Voir le document de la République du Cameroun, *Affaire de la Frontière terrestre et maritime entre le Cameroun et le Nigeria*, Aide-mémoire, juillet 2002, p. 21. Le *mémoire de la République du Cameroun*, pp. 28-33.

1138 H. MGBALE MGBATOU, *op.cit.*, p. 126 ; *Jeune Afrique* n° 1871 de novembre 1996, p. 13. Voir *Le dossier de la République du Cameroun sur le différend frontalier de la péninsule de Bakassi du 1er mars 1994* ; V.J. NGOH, « The 1913 Anglo-German Treaty : Understanding the Cameroon-Nigeria crisis over Bakassi Peninsula », Douala, 1994.

1139 T. L. WEISS, *op.cit.*, note 1041, p. 108.

1140 Il faudra néanmoins l'intervention de 200 parachutistes français pour libérer Jabane des Nigérians en 1970.

1141 F. NGUENDI IKOME, « *The Cameroon-Nigeria Maritime Border and Territorial Conflict: would the verdict of the ICJ engender lasting Peace?* », *Juridis Périodique* n° 54, avril-Mai-juin 2003, pp. 77-83, p. 81.

break out between Nigeria and any of its neighbours, the chances are that, this neighbour will be Cameroon »[1142].

En substance, les considérations essentielles de l'après-jugement ne sont pas exclusivement juridiques. Il apparaît que le Nigeria, du fait des préoccupations relatives à la sécurité, était peu enclin à transférer la souveraineté territoriale sur Bakassi au Cameroun. La prégnance de la dynamique sécessionniste justifie le maintien d'une présence militaire nigériane dans la zone jusqu'à la fin du régime spécial transitoire.

2. Les facteurs d'ordre sécuritaire liés à la rétrocession de la presqu'île de Bakassi au Cameroun

Les problèmes de sécurité suscités par l'activisme biafrais (a) et la dynamique séparatiste (b) perturbent le processus de concrétisation de l'arrêt du 10 octobre 2002.

a.- L'activisme biafrais

Depuis le début des années 90, l'activisme biafrais et néo-séparatiste influence la gestion pétrolière du golfe de Guinée, et donc l'évolution de la presqu'île de Bakassi postérieurement à la décision du 10 octobre 2002. Hubert Onana Mfege le signale : « Fédérant et instrumentalisant les autres groupes ethniques autour de la crainte qu'ils inspirent au gouvernement fédéral et de leur capacité de nuisance et représentant un poids démographique de 60 millions d'âmes, les néo-séparatistes de tous bords s'efforcent d'améliorer leur position politique et leur accès à la rente pétrolière »[1143].

Bien que n'ayant pas été à l'origine du différend frontalier, les activistes biafrais ont instrumentalisé le processus de mise en œuvre de l'arrêt. A partir du moment où la décision a été rendue, ils se sont mobilisés pour empêcher sa concrétisation. Les communautés autochtones du delta du Niger et Bayelsa ont suivi cette lancée. Dans un pamphlet intitulé « *Bakassi People and their Land, Bakassi Peninsula* », publié un mois après l'arrêt de la CIJ à l'intention des Biafrais, le MASSOB (Etat souverain du Biafra) a poussé les Nigérians résidant à Bakassi à solliciter un référendum d'autodétermination auprès des Nations Unies en date du 6 décembre 2002.

Sur le terrain, plusieurs communautés installées à Bakassi s'opposent ainsi aux solutions de relocalisation en territoire nigérian proposées par le gouvernement fédéral à partir de l'année 2008. Ils leur préfèreraient la mise

[1142] O. EDE, « Nigeria and Francophone Africa », in *Nigeria's external Relations: the First Twenty-five Years,* Ibadan University Press, 1966, p. 45.

[1143] H. ONANA MFEGE, *Cameroun, Nigeria, ONU : entre force de la palabre et primauté du droit, op. cit.*, note 970 , p. 4.

en place d'une structure étatique autonome du Nigeria et du Cameroun, en vue de la création d'un Biafra indépendant qui libérerait la zone du « colonialisme nigérian »[1144]. Le 13 novembre 2003, le Front de Libération du Biafra a ainsi signé une pétition conjointe avec le MASSOB dans laquelle il prévenait qu'il s'opposerait « les armes à la main » à toute tentative de rétrocession de Bakassi au Cameroun[1145].

Les activistes ont joué un rôle majeur le 15 septembre 2004 dans l'échec du retrait des troupes nigérianes de la presqu'île de Bakassi. Dans la même veine, une délégation des Comités de Développement des Communautés des Etats fédérés Producteurs de Pétrole et de Gaz (CDC) conduite par le sénateur de l'Etat du Delta, M. Fred Brume a demandé en 2007 au président Obasanjo de congédier le ministre de la Justice Kanu Agabi de l'époque en raison de ses déclarations favorables à la rétrocession de Bakassi au Cameroun. La même délégation a ensuite demandé au chef de l'État nigérian de soutenir auprès des Nations Unies la question de l'autodétermination et de l'indépendance de *Southern Cameroons* en y incluant le cas Bakassi[1146].

En somme, le détournement par les néo-sécessionnistes biafrais des questions en rapport avec l'exécution de l'arrêt *Cameroun c. Nigeria* a eu des effets dommageables sur le processus en cours. Le phénomène de militarisation de l'opposition à la mise en œuvre dudit arrêt a aggravé le climat d'insécurité dans la presqu'île. Le report de nombreuses cérémonies de retrait et de transfert d'autorité le démontre. Ceci donne un aperçu de la manière dont le droit international en prise avec la réalité politique peut se retrouver amoindri, ou du moins momentanément paralysé par elle. La dynamique sécessionniste a le même effet.

b.- La dynamique sécessionniste

La disposition éventuelle du Nigeria à exécuter l'arrêt a été tempérée par l'activisme de certains groupes : celui rassemblant les élus de l'Etat de Cross River auquel était rattachée la presqu'île de Bakassi occupée ; les groupes armés réunis au sein du Conseil de Sécurité et de Défense du Delta du Niger (NDDSC). Ces factions se sont opposées jusqu'au dernier moment à la rétrocession de la péninsule de Bakassi. Cette dynamique a été renforcée par d'autres acteurs locaux. Un groupe dénommé « Bakassi Movement for Self Détermination » a par exemple été créé un jour après le verdict du 10 octobre 2002. Le 6 août 2006, les indépendantistes du delta du Niger, conduits par M. Tony Ene, proclament l'indépendance de l'Etat de Bakassi en baptisant la

---

[1144] Déclaration accessible sur http://www.biafraland.com/Bakassi. Voir, L. KOUNGOU, « Comment construire la paix dans un espace post conflictuel : Le cas de Bakassi ? », *Afrique contemporaine,* 2/2010 (n° 234), pp. 11-24.

[1145] *Daily Independent Online*, du vendredi 14 novembre 2003.

[1146] Lire « Obasanjo Rules Out War Over Bakassi », 21 novembre 2005, accessible sur www.onlineNigeria.com

péninsule « République démocratique de Bakassi ». Selon eux : « Il est hors de question de prêter ce territoire comme veulent le faire le Nigeria et les Nations Unies à un autre pays. La République démocratique de Bakassi s'inscrit dans la ligne droite des articles 1 et 55 de la Charte des Nations Unies sur le droit à l'autodétermination des peuples »[1147].

Quelques semaines plus tôt (le 21 juillet 2006), la requête n° FHC/ABJ/M/143/08 est introduite auprès de la Haute Cour Fédérale de Justice par sept chefs traditionnels de la péninsule, plusieurs indépendantistes et familles de *Bakassi Local Area* (Cross River) , affectés par l'accord de Greentree[1148]. Cette requête visait à empêcher le gouvernement fédéral d'exécuter la dernière phase de l'accord de Greentree. Outre la violation de l'article 12 de la Constitution, il y est fait état de ce que la rétrocession envisagée du sud de Bakassi au Cameroun conformément à la décision du 10 octobre 2002, leur créera des préjudices économiques importants[1149]. Les requérants ont demandé à la Cour, présidée par le juge Gabriel Kolawole, une ordonnance de *mandamus* obligeant le gouvernement « à reprendre possession, occuper et prendre le contrôle juridique et administratif de la péninsule de Bakassi » par tous les moyens à sa disposition.

Dans la même requête, le Niger Delta Defense and Security Council (NDDSC, organisation rebelle armée du delta du Niger) souligne que l'accord de rétrocession conclu entre Abuja et Yaoundé ne reflète pas les intérêts des populations de Bakassi. La Haute Cour fédérale du Nigeria (Honorable Juge Umar) a rendu son verdict le 31 juillet 2008. Elle a débouté les demandeurs et déclarant qu'elle ne pouvait empêcher la mise en œuvre d'une décision internationale passée en force de chose jugée. Elle a ordonné au gouvernement fédéral du Nigeria de maintenir le *statu quo* sur la rétrocession de Bakassi à la République du Cameroun programmée pour le 14 août 2008.

Cette situation présente un intérêt juridique certain. En effet, les juridictions internes ont le pouvoir d'annuler les lois locales sur le terrain dans la mesure où elles sont contraires au droit international. Toutefois, elles ne peuvent pas annuler une décision de la CIJ. C'est l'opinion exprimée par le juge Lauterpacht dans l'affaire des *Emprunts norvégiens*[1150]. Le processus de transfert d'autorité de la péninsule connaîtra d'autres écueils, dont les attaques meurtrières des positions militaires camerounaises. Il s'agit vraisemblablement d'un déchaînement des forces sécessionnistes nigérianes

---

[1147] Source : *afrik.com*, consulté le 04/10/2012.

[1148] La plainte a été approuvée par neuf dirigeants des mouvements susmentionnés - prince Imoh Imoh, Godwin Ukpong, Christian Umoh, Anthony Ukong, Kingsley Edu, Etim Ndong, Offiong Ekpeyong, Bassey OSUA et Bassey Antiga.

[1149] Ils ont demandé dans leur requête, à défaut d'une suspension de la décision, une indemnisation.

[1150] CIJ., arrêt du 6 juillet 1957, *Rec.*1957, p. 9. Ce point de vue est développé à la Partie II, Titre I, Chapitre VI de la thèse.

du Delta du Niger et de leurs soutiens politiques dont l'opposition à la rétrocession de la presqu'île est connue depuis 2002. Pourtant, dans l'annexe n° 1 de l'accord de Greentree, le Nigeria s'est engagé à ne pas entreprendre ni à laisser se dérouler des activités de nature à porter atteinte à la paix et à la sécurité du Cameroun dans la zone[1151].

Dans l'attente des résultats des enquêtes diligentées à Abuja et à Yaoundé sur ces incidents, le climat d'insécurité dans la région se décuple. Le 12 novembre 2007, l'armée camerounaise est assaillie à Ikang (Bakassi). Le 14 mars 2008, six soldats camerounais sont tués à Akwaya par des agresseurs non identifiés. Le 9 juin de la même année, le sous-préfet de Kombo Abedimo, l'un des arrondissements formant la péninsule, et cinq soldats, sont kidnappés. Une nouvelle attaque des positions camerounaises à Munya, dans le Groupement Opérationnel du Centre (GOC) est perpétrée dans la nuit du 11 au 12 juillet 2008. Enfin, le 24 juillet 2008, des combats armés dans la localité de Kumbo à Janéa (Bakassi) font 2 morts et 4 blessés côté camerounais. La péninsule de Bakassi est confrontée à l'émergence de nouveaux phénomènes comme le para-terrorisme[1152] et la piraterie maritime[1153], le trafic de drogue, l'immigration clandestine, les prises d'otages dans le golfe de Guinée[1154] ou le long de la frontière entre le Cameroun et le Nigeria[1155]. Les revendications à propos de Bakassi permettent à de nouveaux acteurs comme la secte islamiste Boko Haram[1156] et les séparatistes anglophones de s'inscrire dans l'espace politique en termes légitimes (action de contestation politique), mais sur un mode illégitime (action de violence armée). Cette logique ouvre néanmoins la voie des négociations menant à la rétrocession des 20 % de

---

[1151] Partie II, Titre II, Chapitre VII.

[1152] Pour André-Hubert ONANA MFEGE, cette expression désigne des actes proches du terrorisme classique, mais dont l'ampleur et les moyens ne permettent pas de les considérer comme tels. Voir A-H ONANA MFEGE, *Cameroun-Nigeria, ONU entre force de la palabre et primauté du droit,* Paris, L'Harmattan, 2011 ; Voir aussi J. F. OWONO, *Terrorisme ou paraterrorisme en afrique centrale : le cas de boko haram au Cameroun*, Paris, Connaissances, 2017, 197 p. p.29.

[1153] H. ONANA MFEGE, *Cameroun, Nigeria, ONU : entre force de la palabre et primauté du droit, op. cit.*, note 970, pp. 112-115.Voir la section sur les « enjeux sécuritaires », la piraterie maritime et le para-terrorisme..

[1154] Sept touristes français ont été enlevés mardi 19 février dans l'extrême nord du Cameroun puis emmenés au Nigeria voisin, par le groupe islamiste nigérian Boko Haram. Source : *Le Monde.fr* avec AFP et Reuters | 19.02.2013. Un lien à établir avec l'article suivant : C. MUSILA, « L'insécurité transfrontlière au Cameroun et dans le bassin du lac Tchad », *note de l'Institut Français de Relations Internationales (Ifri)*, juillet 2012. Source : http://www.ifri.org et l'article paru le 18 février 2013, sur le rôle de la CEEAC dans la crise en RCA, dans le Quotidien *le jour*, n°1377, p. 8.

[1155] Il s'agit notamment de l'enlèvement de la famille française Moulin-Fournier en date du 19 février 2012 alors qu'elle visitait le parc national de Waza, dans l'extrême nord du pays. Source : *Le Monde* du 20 avril 2013.

[1156]*Le Monde*, *Ibid.*

territoire encore détenus par le Nigeria en date du 14 août 2008, par application de l'accord de 2006. Le 28 février 2012, les deux pays ont signé à cet effet un accord bilatéral relatif à la création d'un comité de sécurité transfrontalière.

En définitive, l'arrêt du 10 octobre 2002 a été confronté à de nombreux obstacles de fait dont le plus substantiel réside dans la réticence d'un pays (ici le Nigeria) et celle de la population de la zone litigieuse. Ces limites dévoilent que la zone de Bakassi n'est pas entièrement pacifiée malgré les bonnes intentions des deux parties. Les deux pays restent dans une certaine mesure dans une situation de « paix négative » devant être positivée par des mécanismes de coopération et autres instruments juridiques de suivi de l'arrêt de la CIJ[1157]. Le déferlement de violence observé à la suite de la décision de la CIJ en 2002 dévoile également la difficulté de la plupart des Etats du golfe de Guinée d'assumer leurs missions régaliennes dans le domaine du maintien de l'ordre public et de la sécurité. Lorsque les communautés nationales entrent en confrontation directe avec le gouvernement central, elles se dotent de moyens conséquents pour infléchir la donne qui leur serait défavorable. Ces moyens sont aussi bien politiques, juridiques que militaires.

La volonté d'un Etat de se conformer à ses engagements internationaux peut en somme être érodée par les tactiques politico-militaires de certains groupuscules nationaux. L'écran sub-étatique est susceptible de porter atteinte au processus de mise en œuvre d'une sentence internationale. En dépit du volontarisme affiché par les parties au niveau interétatique, ce sont les populations, véritables destinataires de l'acte juridictionnel, qui renforcent ou altèrent l'effectivité de l'arrêt. Si la plupart des contestations ont été aplanies, d'autres conflits, parmi les plus importants, demeurent loin de leur dénouement. Là comme ailleurs, le divorce est profond entre les professions de foi des Etats en différend, l'affirmation des principes juridiques par l'arrêt du 10 octobre 2002 et les dures réalités politiques notamment locales.

[1157] G. MVELLE, « La politique de puissance au Nigeria : entre personnification et risque permanent de rupture », *Revue Défense Nationale (Tribune)* du 8 au 11/11/2010, p. 4.

Conclusion du titre

On n'a pas été surpris, dans le contexte de l'exécution de l'arrêt du 10 octobre 2002, d'y identifier des facteurs qui s'avèrent déterminants dans le processus de réception d'une décision de justice territoriale dans l'ordre étatique. Ils sont autant négatifs que positifs.

En ce sens, ces éléments apparaissent comme des limites à l'effectivité de l'arrêt de la Cour. Ils ne proviennent pas uniquement de l'inclination ou non des parties à appréhender la portée juridique d'une sentence internationale. Ils émanent quelquefois de la configuration décentralisée de l'ordre juridique international. Aux obstacles d'ordre juridique s'ajoutent des obstacles d'ordre extrajuridique. Ils sont intimement reliés à des motivations psychologiques ou passionnelles des populations affectées par la délimitation frontalière. Ceci n'empêche pas certaines exceptions, du moins si on se fonde sur les indices attestant de l'utilité du recours à la négociation provoquée pour débloquer ce type de situation. C'est ici que se décline l'aspect positif de tels facteurs ayant servi de tremplin à l'exécution. En effet, l'existence d'obstacles suppose la prise de mesures nécessaires pour les surmonter. La négociation provoquée en fait partie. Elle conduit à élargir l'étendue de la réflexion au-delà du simple périmètre de l'ordre juridique international décentralisé pour prendre en compte l'ordre juridique interne des parties.

Dès lors, on peut être amené à se demander si outre la négociation provoquée, il existe d'autres procédés pour la solution de problèmes relatifs à l'exécution de décisions de justice territoriales actuellement en suspens.

Conclusion de la première partie

L'analyse de la question de l'exécution de l'arrêt de la CIJ du 10 octobre 2002 au regard de sa contribution à l'étude des décisions de justice territoriale nécessite l'examen du procédé d'anticipation des difficultés d'exécution du futur arrêt de la Cour par les tiers. La négociation est ici provoquée à la fois par par le tiers judiciaire (la Cour) et le tiers institutionnel (le Secrétaire général de l'ONU). Cette recherche de l'acceptabilité politique de l'arrêt sert de support au balisage diplomatique anticipé de sa mise en œuvre. Cependant, les modalités de l'exécution de l'arrêt de la Cour sont adoptées librement par les Etats parties. La persistance d'obstacles de fait et de droit a en revanche favorisé un déploiement plus accru de la méthode de la négociation provoquée par les tiers. Cette technique semble indispensable pour mener le processus d'exécution à son terme dans l'optique ayant trait à la mise en œuvre de décisions liées aux intérêts de populations imbriquées. On devrait s'orienter systématiquement vers une justice négociée. Ceci reviendrait à solliciter des modes non juridictionnels de règlement des différends et à les indexer au système traditionnel de la justice « imposée ». Ainsi, le fait pour les parties, dans le sillage de la technique de la négociation provoquée par les tiers, de privilégier davantage des moyens issus de la justice dite négociée, paraît consolider l'effectivité de ce genre de décision de justice.

Deuxième partie.

Le renforcement de l'effectivité de la décision de justice par le recours à la négociation

Dans le sillage de la méthode de la négociation provoquée, le fait pour les parties de privilégier une justice négociée concourt à la concrétisation des énoncés juridictionnels. L'exécution de l'arrêt *Cameroun c. Nigeria* à laquelle il est naturel de songer dans le *continuum* de la négociation provoquée par le tiers institutionnel (le Secrétaire général de l'ONU) et juridictionnel (la Cour), repose sur la négociation. Ce procédé faisant une large place au consentement libre et éclairé des parties, confère *a posteriori* au règlement judiciaire le degré appréciable de souplesse qui lui faisait défaut. Il est mis en œuvre sous les auspices de la communauté internationale. En somme, tout ici se conjugue dans le contexte d'exécution négociée de l'arrêt de la Cour, celle qui s'est dessinée et/ou a été envisagée en amont de l'arrêt et celle qui trouve encore sa place après. Les contraintes d'ordre local liées à l'exécution de ce type de décision peuvent être résolues par une approche téléologique de la négociation (Titre 1) et par une exécution fondamentalement conventionnelle (Titre 2).

Titre 1.
Une approche téléologique de la négociation

Dans la phase post-arrêt, la politique et la diplomatie sont venues au secours de l'autorité de la chose jugée. Guidés par une conception intégrative de la négociation par laquelle les parties font preuve de coopération et sont animées par un désir de gain mutuel[1158], les parties et les tiers ont dans un premier temps opté pour l'entretien de la négociation au sein d'une Commission pluripartite *sui generis* (Chapitre 1). Ils ont ensuite suivi la voie de la coopération à l'occasion de l'exécution de l'arrêt leur ayant été suggérée par la Cour (Chapitre 2).

[1158] C. DUPONT, *La négociation : conduite, théories, applications*, Paris, Dalloz, 1994, pp. 20-21.

Chapitre 1.
L'entretien de la négociation dans l'intérêt des populations au sein d'une institution *sui generis*

Se méfiant du juridisme classique, les deux Etats subsahariens ont marqué leur préférence pour un mécanisme hybride de mise en œuvre de l'arrêt du 10 octobre 2002. Situé entre la diplomatie et le droit, ce procédé a eu la vocation précoce d'entretenir la négociation provoquée par les tiers entre les parties jusqu'à l'exécution intégrale de l'arrêt, voire à la phase de l'après-exécution. L'exemplarité de ce mécanisme *sui generis* réside dans son aménagement anticipé. Avant le prononcé de la décision judiciaire, le Secrétaire général des Nations Unies a invité les chefs d'Etat du Cameroun et du Nigeria à une réunion tenue à Saint-Cloud (France) le 5 septembre 2002. Les deux présidents s'y sont engagés à respecter et à mettre en œuvre la future décision de la Cour. Lors d'une nouvelle rencontre tripartite organisée là encore sur instigation du premier fonctionnaire de l'Organisation à Genève, le 15 novembre 2002, ils ont convenu des mesures nécessaires à l'exécution de l'arrêt rendu à leur encontre, notamment la mise sur pied d'un organisme de mise en œuvre présidé par le représentant spécial du Secrétaire général en Afrique de l'Ouest : la Commission mixte Cameroun-Nigeria[1159].

Le communiqué de presse prononcé à l'issue de ce sommet est un « accord-cadre » qui ne se présente pas comme tel. Il encadre entre autres les « relations devant être ultérieurement développées et concrétisées » par des accords spéciaux[1160]. Destinée à examiner l'ensemble des moyens de désamorcer la tension que pourrait susciter l'arrêt à venir, la Commission entend ainsi pallier

[1159] Bien plus, l'affaire *Cameroun c. Nigeria* se distingue des autres cas de par la mise en place d'un mécanisme original de règlement des différends interEtatiques établi sous l'initiative commune de deux Etats africains. Voir à ce sujet, CIJ., *Frontière terrestre et maritime entre le Cameroun et le Nigeria*, (*Cameroun c. Nigeria ; Guinée équatoriale (intervenant)*, arrêt du 12 octobre 2002, *Rec.* 2, p. 303. Déclaration du Secrétaire général des Nations Unies du 15 novembre 2002. Disponible sur le site <www.un.org/unowa >. Déclaration attribuable au porte-parole du Secrétaire général à l'occasion du 10ème anniversaire de la décision de la CIJ. sur la péninsule de Bakassi, le 10 octobre 2012, « *The succes of the Commission is an embodiment of an innovative approach to conflict resolution. By peacefully resolving their border dispute, Cameroon and Nigeria have provided a positive example for countries around the world facing similar challenges* ».

[1160] J. COMBACAU, S. SUR, *op.cit.*, p. 78. C'est justement un accord spécial, l'accord du 12 juin 2006 qui affinera les compétences de la Commission mixte Cameroun-Nigeria en les accordant avec la commission de suivi qu'il mettra en place. Voir Partie II, titre II, Chapitre II.

la « faiblesse de l'*imperium* propre au droit international »[1161]. La mise en place de cette structure s'est néanmoins concrétisée un mois après le jugement de la Cour[1162]. Une telle initiative demeure inédite dans les milieux judiciaires et diplomatiques.

En principe, une Commission mixte recouvre des qualifications juridiques précises. Or, l'imprécision terminologique à ce sujet est favorisée par les parties. Une confusion terminologique règne entre la « Grande Commission mixte Cameroun-Nigeria » *(Nigeria-Cameroon Joint Commission*), la Commission de délimitation, et la Commission de démarcation tantôt désignée sous le vocable de « Commission mixte Cameroun-Nigeria », ou plus communément (si l'on se réfère aux documents de travail de la Commission concernée) sous l'appellation « Commission mixte des Nations Unies pour la mise en œuvre de l'arrêt de la CIJ du 10 octobre 2002 ».

Or, la dénomination « Commission mixte » s'applique en général à des objets divers. Le terme « Commission mixte » désigne un organe simplement consultatif. Il s'agit d'un organisme d'encadrement de la coopération[1163] permettant aux Etats de systématiser et de coordonner leurs relations bilatérales lorsqu'elles sont supposées avoir atteint une certaine densité ou un certain seuil de confiance mutuelle. Il peut également s'agir d'une institution assurant une mission de conciliation des parties, une véritable juridiction ou un organe quasi juridictionnel.

D'ordinaire, le recours à ce type de mécanisme s'effectue dans deux types d'hypothèses.

Dans la première, il s'agit d'une Commission de nature semi-juridictionnelle ayant la charge de déterminer le tracé d'une frontière[1164]. Inspirée du traité de Jay de 1794 entre les Etats-Unis et la Grande-Bretagne, ce type de Commission ressemble à une véritable juridiction[1165], voire à une

---

[1161] H. ASCENSIO, « La notion de juridiction internationale en question », in *S.F.D.I.*, *La juridictionnalisation du droit international*, Paris, Pedone, 2003, pp.163-202, p. 14.

[1162] Le 15 novembre 2002.

[1163] Les relations de coopération bilatérale débouchent presque toujours sur la création de commissions mixtes qui servent de cadres au suivi de ces relations et des accords sur lesquels elles peuvent déboucher. Le Cameroun et le Nigeria avaient déjà une commission mixte de ce genre qu'ils appellent, désormais, pour la différencier de celle chargée du suivi de la mise en œuvre de l'arrêt de la CIJ., la grande Commission mixte Cameroun-Nigeria ou *Nigeria-Cameroon Joint Commission.*

[1164] A. BEN MANSOUR, *op.cit.*, p. 475. M. de la Pradelle distingue quant à lui, les « commissions de délimitation » et les commissions de démarcation. Les premières sont chargées de l'adoption sur le terrain de la limite définie dans le texte et tracée sur la carte, confiée à des agents spéciaux dits « commissaires de délimitation ». Les secondes, composées de techniciens et destinées à faire des opérations techniques. P.G. DE LA PRADELLE, *op.cit.*, pp. 144-145.

[1165] Il convient de ranger dans cette catégorie les Tribunaux Arbitraux Mixtes (TAM) créés en vertu des traités de paix de 1919. C'est également la formule retenue pour les tribunaux arbitraux dans les affaires des Iles Ḩānīsh entre l'Erythrée et le Yémen (art. 2 de l'accord de Paris du 21 mai 1996) et du tracé de la frontière Érythrée/Éthiopie (art. 4 de l'accord de paix d'Alger du 12

institution assurant une mission de conciliation des parties. A la suite de l'accord de paix signé à Alger en 2000 entre l'Ethiopie et l'Erythrée sous l'égide de l'ONU, deux Commissions ont été créées : la Commission du tracé de la frontière d'une part, la Commission des réclamations d'autre part. La décision rendue en avril 2002 par la Commission frontalière chargée de délimiter la frontière entre les deux pays attribue Badme, un village désertique sans ressources, mais nœud du conflit, à l'Erythrée[1166].

Dans la seconde hypothèse, la Commission mixte désigne la structure *ad hoc* instaurée en vue de l'exécution de l'arrêt de la Cour. Elle est chargée de la démarcation de la frontière et de l'organisation des différentes étapes de celle-ci sur le fondement de ce qui a été décidé par le juge international. En ce qui concerne la Commission mixte Cameroun-Nigeria, l'expression « Commission de démarcation » apparaît à peu près exacte[1167]. Elle est en effet chargée des opérations matérielles d'exécution de l'arrêt du 10 octobre 2002. Toutefois, elle a en plus la vocation de prolonger les effets de la négociation provoquée entre les parties par la Cour et le Secrétaire général des Nations Unies.

La création de la Commission de mise en œuvre de l'arrêt de la Cour qui par commodité sera désignée sous le vocable de « Commission mixte Cameroun-Nigeria » (CMCN), interpelle. Quels sont les avantages et les inconvénients de son mode de fonctionnement ? N'est-elle qu'une structure *ad hoc* chargée par les Etats de canaliser la négociation dans le sens de l'exécution de la décision de la Cour ou a-t-elle d'une certaine manière, des pouvoirs de reformation consensuelle, de tout ou partie du dispositif de l'arrêt de la Cour ? À côté de ses attributions formelles d'organe chargé de la mise en œuvre de l'arrêt, n'a-t-elle pas acquis des attributions informelles qui remanient le statut initial ? L'expression de « modèle original de règlement des différends interétatiques »[1168] quelquefois utilisée à son propos est-elle pertinente ? Peut-on à partir de cette Commission mixte Cameroun-Nigeria recenser des éléments, suffisamment originaux, susceptibles de produire une ligne directrice qualifiable de pratique internationale ou tout au moins

---

décembre 2000). Voir P. DAILLIER, M. FORTEAU, A. PELLET, *Droit international public* (Nguyen Quoc Dinh), *op.cit.*, p. 974.

1165 Les « commissions de conciliation » instituées par le traité de paix du 10 février 1947 avec l'Italie, la Bulgarie, la Finlande, la Hongrie et la Roumanie fonctionnent sur des principes comparables à ceux de véritables tribunaux arbitraux et avaient été considérées comme des organes juridictionnels. H. PHILIP et J.-Y. DE CARA, Rapport général précité, in *La Juridiction Permanente*, p. 8. Il relevait en note 5 que la commission franco-italienne s'était elle-même qualifiée de « juridiction internationale ».

1166 Sur le sujet, L. LUCCHINI, « Érythrée/Éthiopie : l'enlisement ? », *A.F.D.I.*, vol. 50, 2004. pp. 389-415.

1167 En effet, il sera démontré que les activités de la CMCN vont au-delà de la démarcation.

1168 M. MOHAMED SALAH, « La Commission mixte Cameroun c. Nigeria...», *op.cit.*, note 642, p. 162.

africaine ? Si oui, quels sont-ils ? Quels en sont les *modus operandi* ? De quelle manière renseignent-ils sur l'effectivité et l'efficacité de la justice internationale ? En somme, quelle est la valeur réelle de cette technique exécutive ? Ceci dit, la position de cadre institutionnel privilégié de la mise en œuvre de l'arrêt du 10 octobre 2002 nécessite un examen de l'institution et son fonctionnement (Section I) et ensuite une évaluation de l'œuvre de la Commission mixte Cameroun-Nigeria (Section II).

Section 1. L'institution et son fonctionnement

Cette modalité d'exécution provient de la volonté des parties qui se sont accordées pour constituer ce mécanisme *ad hoc* dont la mission est d'appliquer l'arrêt *in situ*. Ceci est perceptible à travers la structure (Paragraphe I) et la dynamique de fonctionnement (Paragraphe II) de la Commission visée.

Paragraphe I. La structure de la Commission

La composition (A) ainsi que le système de financement des travaux de la Commission (B) dévoilent la présence des Nations Unies en son sein. Ceci renforce le caractère hybride de l'institution.

A. Composition

C'est d'abord l'aspect paritaire de la Commission qu'il convient d'exposer. La Commission mixte Cameroun-Nigeria (CMCN) est naguère présidée par le représentant spécial du Secrétaire général des Nations Unies en Afrique de l'Ouest, M. Saïd Djinnit[1169]. Elle associe un représentant étatique de chaque partie. Elle est composée de deux délégations de techniciens de chaque Etat conduites pour le Cameroun par M. Amadou Ali, vice-premier ministre et ministre de la Justice et depuis novembre 2011 par le ministre de la Justice M. Mohamed Bello Adoke pour le Nigeria. Il a remplacé à ce poste le Prince Bola Ajibola, ancien ministre chargé de la Justice et ancien juge *ad hoc* nommé par le Nigeria dans cette même affaire.

Le choix de telles personnalités politiques au sein d'une Commission relève d'une approche sociologique dans la mise en œuvre du droit international. Plus prosaïquement, il renvoie à un processus négocié entre les

---

[1169] Il a succédé en juillet 2008 au général Lamine Cissé qui dirigeait le Bureau des Nations Unies pour l'Afrique de l'Ouest (UNOWA) depuis septembre 2007. Et ce, en remplacement de M. Ahmedou Ould-Abdallah (2003 à 2007).

parties et le Secrétaire général de l'ONU en raison du caractère politiquement sensible de l'affaire autrefois soumise à la Cour. Affef Ben Mansour estime à ce propos que : « Cette présence participe à une meilleure acceptation par les populations frontalières d'une démarcation simplement technique qui aura pourtant des conséquences sur leurs vies quotidiennes. Tous ces bouleversements présentés individuellement peuvent paraître minimes, mais parce qu'ils touchent à des milliers de familles, et peuvent être aggravés par le sentiment d'injustice qu'elles auraient d'être dépossédées d'un territoire qu'elles ont considéré pendant des décennies comme nigérian, ils portent en eux les risques d'un rejet total du jugement, d'une résistance à sa matérialisation et d'une aggravation des violences frontalières que le recours au juge international devait permettre de résoudre »[1170].

Les populations de la zone peuvent en effet s'identifier facilement à ces personnalités dotées du statut de chefs coutumiers dans leurs pays respectifs[1171]. Cautions morales et symboliques, elles sont capables de convaincre les communautés respectives des zones concernées par l'arrêt de l'acceptabilité de celui-ci. Le choix et la présence de ces personnalités concourent donc à une meilleure effectivité de la chose jugée. La composition paritaire permet d'arriver à un consensus relatif lors de la prise de décision, sous la présidence du représentant spécial du Secrétaire général des Nations Unies. Cependant, comme dans toute procédure négociée, cet élément ne présente pas que des avantages.

En effet, des protagonistes de la procédure judiciaire devant la Cour comptent parmi ces personnalités. Il n'est pas assuré qu'ils ne soient pas tentés de reproduire au stade de la mise en œuvre de l'arrêt certains réflexes de la joute judiciaire. Il y a lieu sur ce point de s'arrêter sur l'impact au sein de la CMCN de Prince Bola Ajibola[1172], juge *ad hoc* de la République fédérale du Nigeria devant la Cour dans cette affaire. Son opinion dissidente a alimenté de nombreuses contestations de l'arrêt. Sur le plan de la déontologie, sa présence au sein de la CMCN peut faire l'objet de débats. C'est également l'opinion exprimée par M. Philippe Weckel lorsqu'il déclare : « Le juge *ad hoc* assume les mêmes obligations que les autres juges. Parce qu'une personne

---

[1170] A. BEN. MANSOUR, *op.cit.*, p. 478. Au sujet de la chronologie de l'invasion et l'occupation de la presqu'île de Bakassi par la population nigériane à partir des années 60. CIJ., *Frontière terrestre et maritime entre le Cameroun et le Nigeria,* (Cameroun c. Nigeria ; Guinée équatoriale (intervenant), arrêt du 10 octobre 2002, la participation d'un juriste spécialiste des questions de délimitation sera toujours appréciée. *Rec.*, pp. 414-415, p. 221-222. Cette remarque concerne tous les acteurs majeurs du processus et notamment M. Kofi Annan, M. Paul Biya, M. Ahmedou Ould-Abdallah, M. Bola Ajibola.
[1170] *Ibid.*

ne peut être juge et partie, certaines activités exercées après la cessation des fonctions pourraient être incompatibles avec ces dernières. D'ailleurs, le Prince Ajibola pourrait être appelé à rejoindre la Cour si l'arrêt devait faire l'objet d'une demande de révision »[1173]. Une telle remarque doit être nuancée, car il s'agirait d'une nouvelle affaire. Il n'empêche que la présence de Prince Bola Ajibola au sein de la Commission mixte a été notable du fait de ses fréquentes dénonciations et remises en cause du processus en cours.

C'est ensuite la structure de la Commission mixte qui s'avère intéressante.

- Afin de faciliter les activités de la Commission mixte, l'ONU a mis en place une équipe basée à Dakar au Bureau des Nations Unies pour l'Afrique de l'Ouest chargée d'une assistance technique et logistique. Son personnel compte moins de douze professionnels, et elle peut aussi compter sur quelques observateurs civils internationaux qui sont actuellement basés à Yaoundé (Cameroun).
- L'Equipe Technique Mixte (ETM) a été créée dans le but de donner suite à l'arrêt de la CIJ. Cette équipe est constituée des experts du Cameroun, du Nigeria et des Nations Unies. Il s'agit de différents professionnels (conseillers juridiques et conseillers politiques) effectuant les travaux de démarcation sur le terrain[1174]. Les géomètres des Nations Unies affectés au sein de l'ETM jouent ainsi un rôle capital dans l'établissement du plan de travail en vue de la démarcation de la frontière. Ils agissent en tant que

---

[1173] P. WECKEL « Chronique de jurisprudence internationale. Cour Internationale de Justice. Arrêt du 10 octobre 2002(fond). *Frontière terrestre et maritime (*Cameroun c. Nigeria) », *R.G.D.I.P.*, vol.107, n°1, 2003, pp. 161-175, p. 175. Etrangement, Prince Bola Ajibola a été démis de ses fonctions au sein de la CMCN par le président nigérian M. Goodluck Jonathan en novembre 2011, alors que des rumeurs persistantes faisaient Etat de ce que le gouvernement de la République fédérale du Nigeria allait demander la révision de l'arrêt avant la date butoir du 10 octobre 2012. Est-ce en prévision de cette initiative, à laquelle le Nigeria a fini par renoncer le 9 octobre 2012, que Prince Ajibola avait été « éloigné » de la commission ? La question demeure posée. A ce sujet, voir l'article publié en ligne le 09/10/2012 par Idriss Linge, « Affaire Bakassi : Le panel de discussion divisé au Nigeria », sur le site : cameroon.info.net.

[1174] Demeure un processus éminemment juridique. La participation d'un juriste spécialiste des questions de délimitation est en général vivement suggérée. L'expertise d'un juriste spécialisé en délimitation permet de régler les difficultés éventuelles qui peuvent surgir lors d'une opération complexe. Voir, R. ADLER, *op. cit.*, note n° 1695, p. 11. En revanche, L. LUCCHINI considère que les opérations de démarcation sont « essentiellement techniques et matérielles, faisant appel non à des juristes, mais à des militaires, topographes, géomètres etc. », *in* « Erythrée-Ethiopie : L'enlisement ? », *op.cit.*, p. 394. La pratique témoigne que la composition d'une commission de démarcation comporte souvent un représentant officiel, diplomatique de chaque Etat, un expert géographe et un expert juridique. A titre d'illustration, l'article 3 du traité du 30 décembre 1898 qui régit la mise en œuvre de la sentence arbitrale de la Reine d'Espagne sur la question des limites entre les Etats-Unis, le Venezuela et la République de Colombie, dispose que « pour opérer le jalonnement et le bornage, les gouvernements nommeront une commission mixte, qui se divisera en autant de groupes qu'il y a de divisions mentionnées à l'article précédent. Chaque groupe se composera d'un ingénieur et d'un juriste pour chaque partie et des autres ingénieurs, employés et auxiliaires qui seront jugés nécessaires ».

modérateurs auprès des membres de l'équipe, afin que tous travaillent ensemble pour la construction de la paix[1175].

L'objectif général des opérations de l'ETM sur le terrain est de recueillir l'information nécessaire pour la mise en place des bornes-frontières et la mise en œuvre des contrats topographiques afférents dans les délais prévus. L'objectif spécifique de l'évaluation sur le terrain de l'ETM consiste à identifier individuellement sur le terrain l'emplacement de chacune des bornes-frontières. Les bornes doivent être placées avec la précision décidée par les parties (supérieure au mètre) en conformité avec les coordonnées géographiques définies dans l'arrêt de la CIJ ainsi qu'avec les descriptions de la frontière contenues dans les instruments juridiques pertinents. La démarcation doit prendre en compte le relief réel local afin de garantir l'intervisibilité entre les bornes lorsque c'est possible. L'ETM doit procéder aux levées sur le terrain et superviser les travaux de démarcation réalisés par les entreprises extérieures. Cette démarcation doit se faire conformément à l'arrêt et aux instruments de délimitation datant de la période coloniale.

- La Section de cartographie des Nations Unies basée au siège de l'Organisation à New York[1176] participe au travail technique de la Commission. Aux fins de planification et pour permettre une reconnaissance de base de l'ensemble de la frontière, une série de 131 cartes préliminaires à l'échelle de 1 : 50 000 ont été produites à partir d'images satellitaires SPOT 5 et lui ont été confiées par la CMCN[1177].
- Les sous-commissions

La Commission mixte a mis en place plusieurs sous-Commissions chargées chacune d'un volet spécifique de la mise en œuvre des résultats de l'arrêt de la Cour.

❖ La sous-commission chargée de la démarcation de la frontière terrestre entre les deux pays

[1175] C. DIOP, M. PLANTE, D. ROCHETTE, « Démarcation entre le Cameroun et le Nigeria : un nouveau modèle pour l'Afrique », *op.cit.*, note 115, pp. 1-4.

[1176] Le Secrétaire général des Nations Unies dans son rapport à l'Assemblée générale lors de sa 58ème session observait que des cartographes de l'ONU ont également aidé la Commission mixte Cameroun-Nigeria à établir un plan de travail pour la démarcation de la frontière internationale entre ces deux pays en février 2003 », A/58/1, supplément n° 1, 28 août 2003, par. 230, CIJ., *Différend frontalier terrestre, insulaire et maritime*, (El Salvador c. Honduras (Nicaragua ; intervenant), arrêt du 11 septembre 1992, *Rec.*, p. 351.

[1177] Le Secrétaire général des Nations Unies, dans son rapport à l'Assemblée générale lors de sa 58ème session, faisait observer que « la Section de cartographie du Département continue à fournir une assistance technique précieuse à la Commission de tracé des frontières entre l'Erythrée et l'Ethiopie pour la préparation de la démarcation de la frontière internationale entre les deux pays, suite à sa délimitation en avril 2002. Des cartographes de l'ONU ont également aidé la Commission Mixte Cameroun-Nigeria à établir un plan de travail pour la démarcation de la frontière internationale entre ces deux pays en février 2003 », A/58/1, *supplément n°1*, 28 août 2003, § 230.

Instituée depuis la session inaugurale de la Commission mixte Cameroun-Nigeria, les 1er et 2 décembre 2002 à Yaoundé (en même temps que la sous-Commission des populations concernées), cette sous-Commission est composée de juristes et de cartographes des deux parties et des Nations Unies[1178]. Son travail consiste à matérialiser la frontière internationale en respectant l'arrêt de la CIJ A cette fin, elle a commencé son œuvre par une visite des zones concernées par la démarcation en prévoyant de se réunir tous les deux mois. Elle doit procéder à une évaluation des problèmes concrets à résoudre. Il lui revient également d'actualiser les cartes existantes. La sous-Commission examine à cette fin, la nature et les caractéristiques des cartes nécessaires qu'il faudra préparer pour la démarcation. Elle confectionne d'abord une carte à petite échelle indiquant la frontière[1179]. Ceci lui permet ensuite d'appréhender la nature et les caractéristiques des autres cartes nécessaires pour la démarcation[1180]. Elle peut ensuite mettre sur pied un programme de travail. Grâce aux images satellites, cette sous-Commission définit les positions des bornes et donne des instructions préliminaires nécessaires à la démarcation. Elle choisit les modèles de borne et dresse un calendrier provisoire des opérations de démarcation sur le terrain. C'est à la division des achats des Nations Unies que revient la responsabilité de procéder à la publication des appels d'offres des différents contrats de démarcation[1181]. Par le biais des entreprises privées, la démarcation aura lieu sur le terrain avec l'implantation des bornes aux positions prévues tout au long de la frontière et les travaux de levé. C'est dans le cadre de cette sous-commission que le travail de revitalisation de la CBLT est traité[1182].

1178 Sa première réunion a eu lieu les 04 et 05 février 2003 à Abuja. La sous-commission de la démarcation y a vu son rapport relatif à son programme de travail adopté. Il lui a été également demandé par la Commission de présenter ultérieurement un rapport préliminaire avec des informations détaillées sur les coûts, les délais, le financement, l'identification d'éventuelles entreprises indépendantes et autres éléments nécessaires à la réussite du processus de démarcation.

1179 Communiqué adopté à la première réunion de la commission mixte du 1- 2 décembre 2002, § 8.

1180 *Ibid.*

1181 Le modèle de bornes à poser avait été adopté et le calendrier des opérations de démarcation approuvé. L'invitation à une manifestation d'intérêt pour le contrat d'images satellites pour la cartograhie a été publiée sur le site Web des Nations Unies, en attendant la prochaine publication de l'expression d'intérêt pour les contrats 2, 3 et 4. Elle a également noté avec satisfaction que plus de 50 % des images satellites SPOT 5 requises pour les travaux de démarcation ont été identifiées et pourraient bientôt être acquises. Ces deux aspects achèvent le processus de démarcation exécuté par des entreprises privées, sous la supervision de la sous-commission chargée de la démarcation appuyée par son équipe technique. Communiqué adopté à la neuvième réunion de la Commission mixte Cameroun-Nigeria, § 2.

1182 Une visite sur le terrain a été effectuée le 7 février 2003 par une délégation tripartite Cameroun-Nigeria-ONU au sujet du projet d'amélioration de la route Mamfé-Eyumojok-Ekok-Mfum-Ikom et de nombreux projets socio-économiques associés. Il faut noter l'assistance substantielle de la Banque mondiale qui a approuvé l'octroi de crédits de la CMCN à la CBLT. La CMCN a en effet pour objectif de redynamiser la CBLT. Une délégation de la sous-commission chargée de la démarcation de la frontière terrestre s'est rendue à N'Djamena le 13 mars 2003 afin

❖ La sous-commission sur les droits des populations concernées chargée d'évaluer la situation des populations affectées par la délimitation frontalière et l'attribution de souveraineté territoriale[1183];

❖ Le groupe de travail sur le retrait de l'administration civile et des forces militaires et de police et le transfert d'autorité sur la frontière terrestre et le lac Tchad a été créé le 28 octobre 2003 lors de la première réunion extraordinaire de la Commission mixte à Abuja et conformément à une résolution de la réunion tenue au mois de décembre à Yaoundé. Son objectif est d'organiser le retrait de l'administration civile, des forces militaires et de police, ainsi que le transfert d'autorité le long de la frontière terrestre.

❖ Le groupe de travail sur le retrait et le transfert d'autorité dans la presqu'île de Bakassi a été établi lors de la 13e session de la Commission mixte des 28-29 juillet 2005. Sa mission est d'élaborer un nouveau programme de retrait de la presqu'île. Il comporte 4 membres de chaque pays et de l'ONU.

❖ Le groupe de travail sur la frontière maritime : créé lors de la 8e session de la Commission mixte tenue à Abuja, il est constitué de cinq experts des deux pays et de ceux de l'ONU. Sa mission est de procéder à une étude préliminaire et de proposer un tracé de la frontière maritime telle que délimitée par l'arrêt du 10 octobre 2002. Il lui incombe également de produire une carte sur cette base et d'aborder les questions relatives aux champs pétrolifères à cheval sur la frontière.

Ces deux derniers groupes sont soutenus par une équipe d'observateurs chargée de suivre le retrait et le transfert d'autorité. Les opérations de retrait de l'administration civile et des forces militaires et de police s'effectuent en principe suivant une répartition spatiale se situant dans le prolongement de celle opérée par la Cour[1184].

Le principe en la matière est celui du retrait immédiat des autorités administratives et des forces militaires de la partie dont les thèses ont été rejetées par l'arrêt et la prise de possession subséquente des territoires lui revenant légalement[1185]. La formule arrêtée par la Commission mixte consiste à mettre sur pied un groupe de travail aux fins de l'évacuation et de la prise de possession dans la région en cause conformément au calendrier de travail de

de rencontrer le Secrétaire exécutif de la CBLT, dans l'optique de la convocation d'un sommet extraordinaire de l'Organisation.

1183 Celle-ci fut mise en place lors de la réunion de la commission mixte des 4 et 5 février 2003. Voir *Infra, Section II.*

1184 Tout comme les parties, la Cour avait découpé la frontière en quatre zones : la zone du lac Tchad, celle de la frontière terrestre, celle de Bakassi et, enfin, la frontière maritime.

1185 CIJ., *Frontière terrestre et maritime entre le Cameroun et le Nigeria, (Cameroun c. Nigeria ; Guinée équatoriale (intervenant),* arrêt du 10 octobre 2002, *Rec.*, p. 457.

la Commission. Le groupe de travail analyse ensuite tous les aspects matériels du retrait de l'administration civile et des forces militaires et de police, y compris le déploiement du personnel d'observation de la Commission mixte. Il effectue une visite sur le terrain avant de formuler un projet de plan opérationnel pour l'évacuation des territoires et la prise de possession dans la zone concernée.

Les termes de référence du groupe de travail et le projet de plan opérationnel pour le retrait et le transfert doivent être approuvés par la Commission mixte. Il en a été ainsi pour le groupe de travail sur le retrait et le transfert d'autorité dans la zone du lac Tchad[1186] et pour ce qui est du retrait et du transfert d'autorité sur la frontière terrestre[1187]. Il devait *a priori* en être de même pour le groupe de travail sur le retrait et le transfert d'autorité dans la péninsule de Bakassi qui a tenu sa 1re session[1188]. Cependant, ses activités ont été arrêtées[1189] à cause du refus des autorités nigérianes d'évacuer la zone[1190], peu de temps avant la 11e session de la Commission mixte.

Malgré le caractère immédiat et inconditionnel de l'obligation de retrait, les deux Etats ont aménagé ces modalités dans l'espace et le temps[1191]. Le caractère politiquement délicat de telles opérations et l'impossibilité de les effectuer de manière unilatérale expliquent ces aménagements. En revanche, les Parties ont privilégié un certain formalisme, afin de renforcer leur confiance mutuelle. En ce sens, le processus de retrait commence généralement par des préliminaires, notamment la visite des zones concernées par le retrait, la consultation des populations et des autorités autochtones concernées afin d'appréhender toutes les implications sociologiques du

---

1186 Les termes de référence de ce groupe de travail ont été approuvés par la commission mixte dans sa première réunion extraordinaire tenue à Abuja, le 28 octobre 2003 ; le rapport du groupe de travail sur le retrait et le transfert d'autorité dans cette zone a été adopté par la commission mixte dans sa septième réunion tenue à Yaoundé les 2 et 3 décembre 2003 (communiqué adopté à cette réunion, § 4).

1187 Les termes de référence de ce groupe de travail ainsi que le concept d'opérations de la deuxième phase du processus de retrait et de transfert d'autorité sur la frontière terrestre ont été adoptés par la commission mixte lors de sa troisième session extraordinaire, tenue à Abuja, le 12 juillet 2004. Il existe aussi un groupe de travail sur la frontière maritime dont les termes de référence ont été adoptés par la commission mixte (communiqué adopté à la deuxième réunion de la commission mixte tenue à Abuja les 1er et 2 juin 2004, § 5). Toutefois, le mandat de ce groupe est seulement de reproduire, sur une carte, le tracé de la frontière maritime, tel que défini par la Cour.

1188 Cette réunion, consacrée à l'adoption des termes de référence, s'était tenue à Abuja, le 16 juillet 2004.

1189 *Ibid.*

1190 Partie II Titre II, Chapitre II.

1191 Le Cameroun et le Nigeria ont négocié les modalités de ce retrait et formalisé celui de la péninsule de Bakassi : objet central du litige devant la Cour, dans l'accord de Greentree du 12 juin 2006.

retrait[1192]. Le retrait s'articule ensuite en deux phases : une phase conceptuelle pendant laquelle sont examinées toutes les questions susceptibles de se poser lors du retrait, et une phase pratique ou opérationnelle qui vise la mise à exécution des modalités théoriquement arrêtées. La phase opérationnelle s'achève généralement par des cérémonies officielles de retrait et de transfert d'autorité. Ces dernières ont été organisées en présence du représentant spécial du Secrétaire général des Nations Unies, des chefs des deux délégations, et des représentants des Etats témoins. Le changement de drapeau marque symboliquement le transfert d'autorité et la signature d'actes de prise de possession[1193], et participe d'une certaine manière à son acceptation par la population et à sa publicité. Une cérémonie a par exemple été organisée le 14 août 2008 pour le transfert définitif d'autorité de la presqu'île de Bakassi au Cameroun[1194].

Lors de ces cérémonies, des formulaires de retrait et de transfert d'autorité dans les zones et localités concernées ont été signés par les chefs des délégations des deux pays et par le représentant spécial du Secrétaire général des Nations Unies. Ces formulaires font office de *negotium* et *d'instrumentum*. Dans le premier sens, les formulaires apparaissent comme la conséquence ultime du droit énoncé par la CIJ. En tant qu'*instrumentum*, les formulaires constituent des titres matériels que l'on peut produire. Ils visent à formaliser l'accord des parties et à montrer qu'elles demeurent dans une logique du droit tel qu'énoncé par la CIJ. Par ailleurs, le formulaire a la signification d'un titre juridique qui authentifie et certifie la propriété sur la zone transférée[1195].

1192 Il faut toujours garder à l'esprit l'engagement pris à l'audience par le Cameroun d'assurer au Nigeria un régime protecteur en faveur de ses ressortissants. Les parties ont par exemple convenu de mettre en place au sein de la sous-commission de la démarcation, une mission de sensibilisation, composée de cinq représentants de chacune des parties et des Nations Unies afin de sensibiliser les populations des zones concernées sur le processus. Cette sensibilisation à la démarcation devrait se faire en collaboration avec les autorités locales, les chefs traditionnels et les services de sécurité.

1193 Le 14 août 2008 a eu lieu la cérémonie de Calabar, qui marque la dernière étape du transfert de la péninsule de Bakassi au Cameroun. Celle-ci s'est déroulée en présence des autorités camerounaises et nigérianes, ainsi que celle des représentants des Nations Unies et des Etats témoins de la signature de l'accord de Greentree (les Etats-Unis, la France, la Grande-Bretagne et l'Allemagne). La remise du drapeau national a été précedée par cinq allocutions prononcées respectivement par le gouverneur de l'Etat de Cross River (nigérian) riverain de Bakassi, M. Francis Adah, le représentant du Secrétaire général de l'ONU, Sir Kieran Prendergast, le président de la Commission mixte Cameroun-Nigeria, Saïd Djinnit, l'Attorney General et ministre nigérian de la Justice, Chief Michael Kaase Aodoakaa San, et le ministre camerounais, délégué auprès du vice-premier ministre, ministre de la Justice, garde des Sceaux, Pr Maurice Kamto. Communiqué sur le site Internet du Premier ministre camerounais : <www.spm.gov.cm>.

1194 Publié sur le site Internet de la Présidence de la République Camerounaise :<www.prc.cm> Communiqué de presse du 14 août 2008.

1195 Voir ces formulaires sur le site de la commission mixte : www.unowa.org. Mohamed M. Salah observe à ce sujet : « Il est intéressant de noter que ces formulaires commencent par viser tout à la fois l'arrêt de la Cour du 10 octobre 2002, la décision des chefs d'Etat des deux pays et le mandat

❖ L'équipe d'observateurs chargée de suivre le retrait et le transfert d'autorité sur la frontière terrestre et dans la zone du lac Tchad :

Le système mis en place par la Commission ne vise pas uniquement une action conjoncturelle. Son originalité tient à ce que l'institution ne compte ni sur les contingents militaires et autres Casques bleus internationaux des opérations de maintien de la paix classiques ni sur l'important personnel civil chargé d'assurer leur soutien. Ce rôle est dévolu à une équipe très expérimentée d'observateurs civils sélectionnés par la Commission mixte elle-même. Ces observateurs remplissent des fonctions très diverses, notamment celles d'assurer le transfert d'autorité, d'aider les populations concernées et d'aider à préparer le terrain pour des visites des cartographes et géomètres sur le terrain. Il est utile d'examiner les organes de contrôle et de vérification continue ainsi que les modalités de la surveillance.

- Les organes de vérification et de surveillance

Pour ce qui est de la démarcation, la Commission prévoit que le personnel d'observation veillera au respect des frontières dans les zones démarquées tout au long de la frontière. Ainsi, la Commission mixte continue par le biais de ses observateurs à assurer l'effectivité de la démarcation de la frontière. De même, dans le domaine du retrait et du transfert d'autorité, une équipe d'observateurs chargés du suivi du retrait et de transfert d'autorité a été mise sur pied. Elle s'assure que les autorités n'abusent pas des droits des populations. L'équipe d'observateurs veille de cette manière à l'instauration et au maintien d'un climat de paix et de sécurité dans les zones rétrocédées. Dans son allocution du 18 août 2003 à l'ouverture de la 11e réunion de la Commission, le représentant du Secrétaire général soulignait déjà que ce volet des activités de la Commission appelle une attention particulière[1196].

- Les modalités de la surveillance

Le contrôle et la vérification du travail effectué par la Commission mixte s'opèrent par le biais de l'envoi de missions d'évaluation dans les zones concernées. Les équipes d'observateurs instituées procèdent à des visites périodiques dans les zones concernées. Ces visites consolident les rapports pacifiques et durables entre les populations concernées par la mise en œuvre et leurs nouvelles autorités. C'est une fois de plus dans le cadre de la diplomatie préventive que s'inscrivent les travaux de la Commission. En substance, le travail des sous-Commissions est supervisé par la Commission

---

de la Commission mixte avant d'aboutir à la confirmation par le formulaire que le retrait des administrations civiles, des forces armées et de police de même que le transfert d'autorité ont été achevés tel jour, dans la localité concernée ». M. SALAH, *op. cit.* note 642, p. 169.

[1196] Voir le communiqué de la 11ème session de la CMCN du 14 août 2003.

mixte. Toute complication relative aux modalités de mise en œuvre de l'arrêt du 10 octobre 2002 relève de son ressort. Les rapports sont adoptés par la Commission mixte.

B. Le financement des travaux de la Commission

Le financement de la Commission a dès le départ été sujet à discussions. Le Secrétaire général de l'ONU avait tout d'abord proposé que la Commission soit financée par les contributions versées par les pays membres aux Nations Unies, afin d'assurer l'arrimage du fonctionnement de la Commission à l'Organisation.

D'ordinaire, chaque partie doit contribuer pour moitié à tous les frais afférents à la Commission de supervision de la mise en œuvre de l'arrêt rendu à son encontre[1197]. Si les Etats dits « riches » peuvent aisément financer à parts égales le bornage de leur frontière ainsi que son entretien, ce n'est pas le cas des Etats plus démunis. Ceci justifie l'assistance financière de l'Organisation proposée par le Secrétaire général de l'ONU.

Les suites de l'arrêt du 22 décembre 1986 en l'affaire du *Différend frontalier* Burkina Faso et Mali témoignent d'une assistance judiciaire *ad hoc*[1198]. Etant donné les vicissitudes politiques et économiques dont est *a priori* tributaire toute opération de démarcation ou de bornage de frontière terrestre, les parties se reconnurent dans l'incapacité de faire face aux dépenses afférentes à la démarcation de la frontière[1199]. Elles sollicitèrent le

---

[1197] Voir par exemple, article 4§ 15, de l'accord entre le gouvernement de la République fédérale d'Ethiopie et le gouvernement de l'Erythrée ; article 31 du Règlement de procédure de la commission de délimitation de la frontière Erythrée-Ethiopie. Site : <www.pca-cpa.org>. Voir également article 7 du compromis entre la Colombie et le Venezuela du 3 novembre 1916 qui prévoit le financement bipartite de l'exécution de la sentence. Les sommes ont été consignées aurès de l'arbitre (le Conseil fédéral suisse) ; sentence arbitrale du Conseil fédéral suisse sur diverses questions de limites pendantes entre la Colombie et le Venezuela, 24 mars 1922, Neuchâtel, Librairie Attinger, 1992, p. 122, § 7 ; article 2 de l'accord de démarcation de la frontière maritime entre les Etats-Unis et la Grande-Bretagne du 22 juillet 1892 : « *Each government (...) shall pay the expenses of its own commissioner, and the cost of marking the boundary in such manner as shall be determined upon shall be defrayed by the High Contracting Parties in equal parts* », J.-B. MOORE, *History and Digest of the International Arbitrations to which United States has been Party*, Washington : Government Printing Office, *vol.* I, 1898, pp. 63-64.

[1198] CIJ., *Différend* frontalier (Burkina Faso c. République du Mali), arrêt du 22 décembre 1986, *Rec*. 1986, p. 563.

[1199] Le coût total des travaux de bornage de toute la frontière entre les deux pays avait été évalué à 1 351 138 704 Fcfa, chaque Etat devant contribuer de moitié à la somme. Au titre des premières avances, le Burkina Faso a versé la somme de 71 933 000 Fcfa et le Mali, 15 000 000 Fcfa, alors que les contributions attendues au titre de l'année 1989 étaient de 80 000 000 Fcfa et 136 933 000 Fcfa. Pour se libérer partiellement de sa contribution, le Burkina a inscrit au titre VII relatif à l'équipement et investissement de son budget national de 1989 cette somme, mais finalement, il n'a versé que 30 000 000 Fcfa et le Mali 48 366 000 Fcfa. La commission de démarcation estima que ce devis des travaux était surestimé. Aussi l'a-t-elle révisé à la baisse. Une enveloppe de

concours du Secrétaire général de l'ONU dans la recherche de fonds et de l'assistance technique nécessaire. Dans la même veine, elles adressèrent des demandes d'aide à la France, à l'Algérie et l'Allemagne fédérale, au Japon et au Canada. Ces démarches furent infructueuses. Grâce au conseiller juridique de l'Organisation, la Confédération helvétique se positionna comme bailleur de fonds[1200]. Elle contribua à hauteur de 400 000 dollars. L'opération de démarcation fut ainsi conduite à son terme par une Commission de trois experts nommés par la C.I.J [1201].

Dans quelle mesure ce précèdent révéla-t-il que le manque de fonds pouvait affecter les pays à ressources limitées ? Force est de constater que le Secrétaire général n'en fait aucunement mention dans les rapports annuels pertinents[1202]. Toujours est-il que cette expérience a fortement plaidé pour l'instauration, deux années plus tard, d'un « véritable système d'aide judiciaire en faveur des pays pauvres [1203]: le fonds pour la Cour »[1204].

---

423 866 000 Fcfa aurait dû suffire selon la CIJ., pour le démarrage effectif des travaux. B. KAMBOU, *Le conflit territorial entre le Burkina Faso et la République du Mali devant la Justice Internationale*, thèse en droit, Université Paris I, 1987, pp. 310-311.

[1200] T. DANIEL, « After Judgment Day », in C.H. SCHOFIELD, G. H. BLAKE (dir.), *The Razor' s Edge : International Boundaries and Political Geography, Essays in Honour of Professor Gerard Blake*, Londres, *Kluwer LawInternational*, 2002, p. 274 ; D. VIGNES, « Aide au développement et assistance judiciaire pour le règlement des différends devant la Cour internationale de Justice », *A.F.D.I.*, 1989, pp. 321-324.

[1201] Voir à cet effet, B. KAMBOU, *op.cit.*, note 1177, pp. 310-311.

[1202] M. KEGNE. KAMGA, « L'assistance judiciaire aux fins du règlement pacifique des différends internationaux devant la Cour internationale de Justice et le Tribunal International du droit de la mer » in Liber Amicorum Raymond RANJEVA, *L'Afrique et le droit international : variations sur l'organisation internationale*, Paris, Pedone, 2012, p. 529.

[1203] A. PELLET, « Le renforcement du rôle de la CIJ. », *op.cit.*, p. 138.

[1204] Le Secrétaire général des Nations Unies, J. Perez de Cuellar, invoquant la mission des Nations Unies en matière de maintien de la paix et la sécurité internationales, en particulier la place du règlement pacifique des différends parmi les buts essentiels des Nations Unies, le règlement financier et des règles de gestion financière des Nations Unies (article 6 § 6) le dotant du pouvoir de créer des fonds d'affectation spéciaux, a donc créé le 1er novembre 1989 un Fonds d'affectation spécial pour aider les Etats à régler leurs différends par l'intermédiaire de la Cour internationale de Justice. Voir discussion de la 6ème commission de l'Assemblée des Nations Unies, UN Doc. A/8568, 26ème session, 1971, p. 8, § 48, cité par S. ROSENNE, *Procedure in the International Court of Justice: a commentary on the 1978 Rules of the International Court of Justice*, La Haye, Nijhoff Publishers, 1983, p. 200. Voir la circulaire du Secrétaire général en date du 1er mars 1982 relative à la constitution et la gestion des fonds d'affectation spécial, ST/SGB/188. Voir un document du secrétariat intitulé : statut, règlement et principes du fonds d'affectation spécial du Secrétariat général devant aider les Etats à soumettre leurs différends à la Cour Internationale de Justice, n° 89-26100. Voir également le règlement financier et des règles de gestion financière des Nations Unies. Ce Fonds est financé indépendamment du budget des Nations Unies par des contributions volontaires d'Etats, d'organisations gouvernementales, d'institutions nationales, d'organisations non gouvernementales, de particuliers et de personnes morales. Au 30 juin 2007, le solde du Fonds se chiffrait à 2 402 864 dollars (américains), déduction faite des aides qui avaient déjà été versées. Depuis 992, 18 Etats y ont contribué. Un fonds semblable a été instauré par l'Organisation des Etats américains en 2000 : le « fonds pour la paix : Résolution pacifique des différends territoriaux ». Suivant le même objectif, la CPA a également instauré un fonds financier.

En ce qui a trait à l'affaire *Cameroun c. Nigeria*, le mode de financement fréquemment proposé par le Secrétaire général des Nations Unies aux parties aurait permis d'assurer la viabilité des postes de travail au sein de la Commission, mais aussi les travaux de la Commission, à long terme. Cette proposition ayant été fraîchement accueillie par les parties, elles ont adopté une approche différente, bien que non dénuée d'originalité[1205].

Bien qu'ils se soient adressés à la CIJ, le Cameroun et le Nigeria n'ont pas sollicité d'aide au financement pour le règlement de leur différend[1206]. Or, en moyenne, une affaire devant la Cour Internationale de Justice peut se situer dans une fourchette allant de trois à dix millions de dollars, voire douze millions de dollars[1207]. D'après les médias nigérians, l'affaire *Cameroun c. Nigeria* aurait coûté au gouvernement nigérian 300 millions de dollars durant l'instance judiciaire (1994-2002), ainsi que 2 milliards de nairas afin de réinstaller les populations de l'Etat de Cross River[1208]. Les montants allégués semblent approximatifs. Le Cameroun ne fournit quant à lui pas d'estimation chiffrée.

L'arrêt une fois rendu, de nouvelles dépenses étaient prévisibles. Le travail de balisage, de détermination du sort de certaines étendues de terre ou de mer, de bornage doit, par exemple, être entrepris dans la phase post-arrêt. Il en est de même pour les opérations de démarcation, salaires des experts et des ouvriers chargés de la construction des bornes-frontières, etc. Outre les problèmes financiers, se pose la question du maintien des installations des équipements sociaux moyennant éventuellement une indemnisation[1209]. La

---

Voir à ce sujet : P. H. F. BAXTER, « International Legal Aid in Practice : The ICJ Trust Fund », *A.J.I.L.*, 1993, pp. 659-668 ; D. H. VIGNES, « Aide au développement et assistance judiciaire pour le règlement des différends par la Cour internationale de justice », *A.F.D.I.,* vol. 35, 1989, p. 323.

[1205] M. KEGNE. KAMGA, *Délimitation..., op.cit.*, note 417, p. 529.

[1206] Cependant, les Etats litigants ont à prendre en charge les frais pour assurer leur défense : agents, avocats, conseils, experts, documentation et recherche, traductions linguistiques ainsi que des dépenses d'instruction. Entre le 29 mars 1994 (date du dépôt de la requête introductive d'instance) et le 10 octobre 2002, il s'est effectivement écoulé exactement huit ans et sept mois. Jusqu'à l'arrêt de la CIJ du 11 juin 1998 relatif aux exceptions préliminaires du Nigeria, aucune aide n'a été accordée aux deux Etats. Par la suite, le Cameroun et le Nigeria ont assumé les dépenses traditionnellement prises en charge par le fonds : frais de mission des équipes chargées du suivi des dossiers, rédaction des mémoires, contre-mémoires et répliques experts ou témoins ; frais de recherche juridique ; coûts afférents à la procédure orale (par exemple interprétation pour les langues autres que l'anglais et le français) ; frais de production de documents techniques (par exemple, reproduction de pièces cartographiques) ; coûts afférents, honoraires des agents, avocats, conseils recherches et production de documentation, secrétariat, billets d'avion.

[1207] Estimation de M. A. PELLET, « Le renforcement du rôle de la CIJ », *op. cit.,* p. 138.

[1208] I. LINGUE, « Affaire Bakassi : le panel de discussion divisé au Nigeria », Site : www.ngrguard.com - Article en ligne consulté le 09/10/2012.

[1209] Il semble difficile d'imaginer que le fonds accordera une aide financière à un Etat pour le paiement d'une réparation, à moins qu'il ne s'agisse d'un prêt. T. BIEN-AIME envisage cette possibilité « A Pathway to the Hague and beyond: the United Nations Trust Fund Proposal », *International Law and Politics*, 1990, vol. 22, pp. 671-708, p. 688.

longue durée de la phase processuelle a par ailleurs contribué à l'augmentation du coût de la mise en œuvre[1210].

La Commission mixte Cameroun-Nigeria est financée à même le budget ordinaire des Nations Unies. Celui-ci est modeste (environ 5 millions de dollars des Etats-Unis). Elle a donc mobilisé des contributions extra-budgétaires versées à un Fonds d'Affectation Spécial (*Special Trust Fund*) auprès des Nations Unies à New York, pour couvrir la démarcation d'une frontière terrestre d'une longueur d'environ 1700 kms. Ce budget a été arrêté à la somme de 11, 6 millions de dollars en juin 2003 par la Commission mixte à Abuja[1211]. Les gouvernements du Cameroun et du Nigeria ont chacun versé à ce fonds une contribution d'environ 3 millions de dollars, dont 1,2 million de dollars à titre de financement initial des activités inaugurales de démarcation[1212]. Ceci démontre l'appropriation du processus post-jugement par les parties.

Le fonds d'affectation spécial a reçu d'autres contributions de certains partenaires au développement. La première et la plus encourageante venait du Royaume-Uni (1,8 million de dollars). Ont également abondé le fonds de l'Union européenne 400 000 euros (516 120 dollars) et la permission pour le Cameroun et le Nigeria de bénéficier de quatre millions d'euros au titre du IIe Fonds Européen de Développement. L'on peut également recenser la contribution du Canada (238 000 dollars), et celle variable de l'Autriche, la Suède, le Brésil, la Norvège, le Pakistan, l'Italie et l'Uruguay[1213]. La Banque mondiale a contribué à hauteur de 200 000 dollars. La Norvège, la Suède et l'Uruguay ont fourni un soutien logistique et technique sous la forme d'envoi de militaires dans la zone litigieuse[1214].

[1210] Il a été impossible de disposer des montants réels dépensés par les parties. Néanmoins, la longueur de la procédure devant la Cour laisse supposer qu'elle a été onéreuse. Une pareille observation peut certainement être faite en ce qui concerne l'affaire ayant conduit la Bosnie-Herzégovine devant la CIJ. en 1993 et dont l'arrêt a été rendu dans la deuxième moitié de l'année 2006, soit 13 ans après la saisine de la Cour. CIJ., *Application de la convention pour la prévention et la répression du crime de génocide* (Bosnie-Herzégovine c. Serbie-et-Monténégro), arrêt du 26 février 2007, *Rec.*, p. 43.

[1211] Les travaux de la Commission ont été estimés à 12 millions de dollars américains. Le Nigeria et le Cameroun ont contribué pour une somme totale de 6 millions de dollars au fonds d'affectation spécial. Communiqué de presse de la Commission du 7-8 avril 2004 : < www.un.org/unowa/francais/cmcn/comfin/comp10.htm>Voir *United Nations Yearbook* 2005, p. "Of an estimated budget of $12 million for the demarcation of the land boundary, the Mixed Commission raised $8.15 million in voluntary contributions". Voir également, H. V. LUKONG, *The Cameroon-Nigeria Border Dispute : Management and Resolution, 1981-2011*, African BooksCollective, 2011, 238 p., p. 140.

[1212] Communiqué adopté à la 4ème session de la Commission mixte Cameroun-Nigeria créée en application du communiqué conjoint du 15 novembre 2002 à Genève et à Abuja les 10 -12 juin 2003, § 5.

[1213] Voir le site officiel du Bureau des Nations Unies pour l'Afrique de l'Ouest.

[1214] Cette assistance technique participe de l'assistance financière si l'on considère le processus de rémunération des experts. A titre d'exemple, la sous-commission de la démarcation dirigée par un expert de l'ONU, Mme Cristina Mendeirsma, a pour mission de traduire le dispositif de l'arrêt

Le financement des travaux de la Commission mixte par la communauté internationale est atypique, car il s'étend au-delà de la démarcation des frontières. C'est une pratique inusitée. L'ONU a ainsi mis sur pied un programme d'aide aux populations frontalières affectées par ladite démarcation. Le communiqué du bureau de l'ONU en Afrique de l'Ouest du 7 novembre 2002 renseigne sur les perspectives de développement qu'offrira l'Organisation pour le développement des populations concernées[1215]. En 2013, l'opération d'exécution de l'arrêt du 10 octobre 2002 a coûté environ 6,25 millions de dollars américains par an prélevé sur le budget habituel des Nations Unies[1216], le budget adopté en 2003 apparaissant insuffisant. D'après les indications du représentant spécial du Secrétaire général des Nations Unies pour l'Afrique de l'Ouest, M. Saïd Djinnit lors de la 31e session de la Commission tenue à Yaoundé le 26 avril 2013, 9 millions de dollars ont été requis pour permettre à la Commission de mener sa mission à terme[1217]. Cette préoccupation financière est soulevée par Mohamed Ibn Chambas, représentant spécial du Secrétaire général des Nations Unies pour l'Afrique de l'Ouest et le Sahel et président de la Commission mixte Cameroun-Nigeria, dans son allocution prononcée à Yaoundé, le 06 juin 2016, lors de la réunion des chefs de délégation de la Commission mixte Cameroun-Nigeria (CMCN)[1218].

Au regard de ces estimations, la mobilisation des contributions volontaires pour la démarcation associée au financement par le fonds budgétaire du personnel des Nations Unies affecté à la Commission mixte s'est révélée très économique à la fois du point de vue des résultats obtenus à ce jour et en comparaison avec d'autres missions des Nations Unies. Ainsi par exemple, et bien qu'il s'agisse d'opérations très différentes, l'opération de maintien de la paix de l'ONU en Éthiopie et en Erythrée a coûté en moyenne 204 millions de dollars par an, soit près de 1, 2 milliard de dollars à l'Organisation[1219]. Le caractère exemplaire de l'expérience de mise en œuvre de l'arrêt de la Cour en ce qui concerne la faiblesse de son coût au regard des mécanismes onusiens de maintien de la paix est indéniable. Cependant, la diminution régulière des

---

sur le terrain. Par ailleurs, en termes de support logistique, l'ONU a mis à la disposition des parties son service cartographique basé à New York.

1215 Source : www.un.org du 7 novembre 2012,

1216 Source : UNOWA. 2011

1217 Communiqué adopté à la 31ème session de la Commission mixte Cameroun-Nigeria tenue à Yaoundé le 26 avril 2013.

1218 Source : UNOWAS ; https://unowas.unmissions.org/fr/allocution-de-m-mohamed-ibn-chambas-reunion-des-chefs-de-delegation-de-la-commission-mixte-cameroun, consulté 10/10/2010.

1219 Depuis 2000, cette dernière opération a coûté à l'ONU 1,2 milliard de dollars, soit en moyenne 204 millions de dollars par an. Ces chiffres n'incluent pas les coûts que les parties assument elles-mêmes en termes d'armements, de matériel endommagé et en pertes en vies humaines.

ressources du Fonds depuis sa création ets déplorable[1220]. Toutefois, elle n'affecte pas la dynamique de fonctionnement de la Commission.

Paragraphe 2. Le fonctionnement de la Commission

Le fonctionnement de la Commission mixte Cameroun-Nigeria a d'emblée été placé sous la bannière du respect de l'arrêt du 10 octobre 2002. Cet aspect n'étouffe ni la spontanéité ni la souplesse des négociations interétatiques. La singularité de ce mécanisme réside dans le fait qu'il s'adapte à la situation concrète des parties. D'où l'élargissement progressif du mandat de la CMCN au gré des pourparlers diplomatiques (A). Il s'agit pour les parties de créer à travers l'entretien de la négociation comme méthode de travail principale (B), les conditions d'une mise en œuvre de la décision juridictionnelle compatible avec le développement du bon voisinage entre les deux pays.

A. Un mandat progressivement élargi

La CMCN constitue un dispositif d'accompagnement de la mise en œuvre consensuelle d'une décision juridictionnelle. Les contacts officieux y ont donc une importance décisive. Pour cette raison, ses attributions évoluent au fil des négociations.

Les documents formant le « droit constitutionnel de la Commission mixte »[1221] ont été recensés lors de sa première session tenue à Yaoundé les 1er et 2 décembre 2002 à Yaoundé : il s'agit de l'arrêt de la CIJ du 10 octobre 2002, du communiqué de presse publié à l'issue du sommet de Paris du 5 septembre 2002, du communiqué conjoint adopté au sommet de Genève du 15 novembre 2002 et des autres documents « qu'elle pourrait adopter à ses réunions »[1222].

Les attributions de la CMCN ont été formulées sur un plan global. Elle a été dotée d'une série d'attributions supplémentaires du fait de l'existence de sous-Commissions[1223].

[1220] De 1992 à 2011, le Fonds n'a pas reçu de demande et l'on peut estimer que cette absence de demande est directement liée à une carence d'informations concernant l'existence de ce Fonds. En conséquence, ledit Fonds devrait faire l'objet d'une plus grande publicité. Les Etats membres ainsi que les autres entités intéressées devraient verser des contributions substantielles au Fonds.

[1221] M. SALAH, « La Commission mixte … », *op. cit.*, note 642, p. 173.

[1222] Communiqué adopté à la première session de la commission mixte (§ 5). Voir le « Communiqué adopté à la première réunion de la Commission Mixte Cameroun-Nigeria créée en application du communiqué conjoint du 15 novembre 2002 à Genève », *in* Commission mixte des Nations unies, *op. cit.*, note 52, p. 14, § 5.

[1223] Voir *infra*, section I, A).

Cet organe à composition plurilatérale, à compétence plurielle, est chargé du suivi de l'application de l'intégralité de l'arrêt, jusqu'à la frontière maritime. Il doit se pencher « sur toutes les incidences de la décision », notamment la nécessité de protéger les droits des populations concernées des deux pays. Il doit procéder à la démarcation de la frontière terrestre entre le Cameroun et le Nigeria conformément à l'arrêt[1224].

D'après le §7 du Communiqué du 15 novembre 2002, la Commission mixte a reçu le pouvoir de formuler des « recommandations » sur des mesures de confiance « supplémentaires »[1225] telles que :

- La tenue des réunions sur une base régulière, entre les autorités locales, des fonctionnaires gouvernementaux et les chefs d'Etat ;
- Le retrait de l'administration civile, des forces militaires et des forces de police, et le transfert d'autorité dans les zones concernées situées le long de la frontière dans la presqu'île de Bakassi ;
- La nécessité de protéger les droits des populations concernées dans les deux pays, de formuler des recommandations sur les mesures de confiance, d'élaborer des projets visant à promouvoir la création des coentreprises économiques et la coopération transfrontière ;
- De veiller à la mise à l'écart de tout propos, de toute déclaration incendiaire, d'assurer le retrait des troupes des zones frontalières ;
- De procéder à la démilitarisation de la presqu'île de Bakassi, de réactiver la Commission du Bassin du Lac Tchad (CBLT)[1226].

L'élargissement progressif du rôle de la Commission mixte est indéniable. Il n'est pas inutile, à ce stade de la réflexion, de rappeler que si l'arrêt de la CIJ porte exclusivement sur la question de délimitation de la frontière lacustre, terrestre et maritime entre les deux pays, ainsi que sur l'attribution de la souveraineté territoriale sur la presqu'île de Bakassi, la Cour n'a examiné ni le problème de la démarcation de la frontière terrestre[1227] ni celui de la protection des populations : questions dont elle n'était pas saisie[1228]. Elle n'a

---

1224 Communiqué précité, par. 5.

1225 Ce qui sous-entend « supplémentaires » à l'arrêt.

1226 *Idem.*, § 6 et § 7 ; voir P. WECKEL, *op.cit.*, note 524, p. 174. Enfin, le site UNOWA de la CMCN précise : « *The mandate of the Commission covers the following fields: Demarcation of the land border and delimitation of the maritime bounderies between the two countries. Withdrawal of the civil administration...* ». http://unowa.unmissions.org

1227 La Cour souligne au § 84 de son arrêt que les « deux parties ont insisté à de multiples reprises sur le fait qu'elles ne demandaient pas à la Cour de procéder à des opérations de démarcation, celles-ci devant être effectuées par leurs propres soins à un stade ultérieur » et que sa tâche « n'est donc ni de procéder à une délimitation *de novo* de la frontière ni de démarquer celle-ci ».

1228 Ce dernier point devrait néanmoins être nuancé, puisque la Cour prend acte, dans le point V (C) du dispositif de son arrêt, de l'engagement du représentant du Cameroun d'accueillir, conformément à la tradition d'hopitalité de son pays, les populations nigérianes qui résideraient sur les territoires qui lui sont attribués. Cette référence a été âprement débattue, ce point ne faisant pas partie des conclusions des parties tout en soulignant qu'il n'y a pas lieu à l'exagération, « étant

pas davantage approfondi les questions relatives aux villages chevauchant la frontière[1229].

Les questions capitales non réglées par la Cour et dont les deux pays ont investi la Commission mixte, touchent à la démarcation de la frontière terrestre, au retrait de l'administration civile et des forces militaires et au transfert d'autorité dans les zones frontalières, au sort des populations de chacun des deux Etats résidant sur le territoire de l'autre, aux mesures de confiance, à la réactivation de la Commission du Bassin du Lac Tchad et à la coopération transfrontalière[1230]. La mission de la Commission mixte englobe à la fois des actions en lien direct avec l'arrêt de la Cour et d'autres n'ayant pas été fixées par celui-ci.

Le mandat de la Commission mixte est plus large que le simple suivi de l'exécution de la décision de la Cour. En effet, la Commission, avec le soutien des Nations Unies, se retrouve impliquée dans un programme distinct d'aide aux populations frontalières affectées par la démarcation[1231]. C'est en cela que la commission se démarque des précédentes. Il s'agit de l'exemple le plus abouti à ce jour de Commission investie de la mise en œuvre d'un jugement international, au-delà des seules opérations de démarcation mises en place avec le soutien de l'ONU ainsi que l'assistance financière de nombreux Etats[1232].

Une comparaison peut être établie avec un cas connu de Commission mixte. Il s'agit de celle instaurée dans le cadre de l'exécution de l'arrêt de la Cour en l'affaire du *Différend frontalier* (Burkina Faso/Mali)[1233]. Dans le compromis par lequel leur litige fut porté à la CIJ[1234], le Burkina Faso et le Mali se sont engagés à démarquer leur frontière dans l'année qui suivrait le prononcé de l'arrêt. Ils ont demandé à la Cour de désigner trois experts qui se chargeraient de l'opération. Suite à l'ordonnance du 09 avril 1987, et en conformité avec les termes du compromis, la démarcation de la frontière

---

donné sa teneur diplomatique et son absence d'effet sur le cœur même du différend » H. RUIZ FABRI et J.-M. SOREL, « Chronique de jurisprudence de la CIJ. (2002) », *J.D.I.*, 2003, pp. 858 et s.

1229 Partie I, Titre II, Chapitre II de cette étude. Les juges de La Haye ont ainsi affirmé que dans le cas où un village se serait étendu en territoire nigérian au-delà de la ligne de partage des eaux, c'est-à-dire un village coupé par la frontière, « il appartiendrait aux parties de trouver une solution aux problèmes qui en résulteraient, aux fins d'assurer le respect des droits et intérêts de la population locale ». CIJ., *Frontière terrestre et maritime entre le Cameroun et le Nigeria* (Cameroun c. Nigeria ; Guinée équatoriale (intervenant), arrêt du 10 octobre 2002, *Rec.*, p. 370, §107.

1230 Voir le communiqué conjoint publié à l'issue de la rencontre susmentionnée de Genève du 15 novembre 2002.

1231 Partie II, Titre I, chapitre II.

1232 Communiqué de presse de la Commission des 1-2 juin 2004 : <www.un.org/unowa>

1233 CIJ., *Différend frontalier* (Burkina Faso c. République du Mali), arrêt du 22 décembre 1986, *Rec.*, p. 578.

1234 La mise en place de la commission de démarcation Burkina Faso/Mali a pour fondement un accord bilatéral des deux Etats avant même l'intervention du juge international.

délimitée par l'arrêt du 22 décembre 1986 a été effectuée par une Commission d'experts chargée de procéder à la démarcation de la frontière[1235].

En revanche, la Commission mixte Cameroun-Nigeria peut être rapprochée d'une autre Commission dont le mandat a lui aussi été progressivement élargi. Suite à l'arrêt de la CIJ du 12 juillet 2005[1236], le Bénin et le Niger ont eux aussi, dans de très brefs délais, mis sur pied la Commission Technique Conjointe (*Joint Technical Commission*) chargée de la démarcation de la frontière entre les deux pays sur toute la longueur du fleuve Chobé[1237]. La Commission s'est ensuite chargée de régler les questions liées aux populations frontalières (questions de nationalité et de biens), ainsi que de surveiller l'évacuation et le transfert d'autorité sur les territoires reconnus comme relevant de la souveraineté de l'autre Etat partie au litige.

On pourrait se demander si l'extension progressive du mandat de la CMCN au fil des pourparlers entre les parties influence le statut juridique d'un tel mécanisme. Le transforme-t-elle en un organe juridictionnel ? Reconnaître la juridiction n'est pas chose simple, sauf si on se réfère au professeur Carlo Santulli : « une juridiction est un organe qui met fin à un différend par une décision obligatoire (i.e. « revêtue de l'autorité de la chose jugée ») rendue en application du droit »[1238]. En d'autres termes, la juridiction internationale est l'autorité chargée de produire des actes juridictionnels. Ainsi entendue, la juridiction se caractérise par le fait que ses décisions s'imposent aux parties sans la moindre négociation. Cet aspect de la notion de juridiction est décisif dans l'appréciation du caractère juridictionnel de la CMCN. L'autre exigence susceptible d'être formulée est celle du tiers impartial[1239]. Cette condition

---

[1235] Voir BEDJAOUI, « L'Afrique et l'Asie face à la Cour internationale de Justice», *A.F.D.I.*, vol. 4, 1996, p. 255 : M. E. O'CONNEL, p. 235 ainsi que l'intervention de M. ROY. LEE dans le cadre d'un colloque organisé conjointement par la CIJ et l'UNITAR aux fins de célébrer le 50ème anniversaire de la Cour, *in* C. PECK, R.S. LEE (dir.), *Increasing the Effectiveness of the International Court of Justice, Proceedings of the ICJ/UNITAR Colloquium to Celebrate the 50th Anniversary of the Court, Martinus Nijhoff Publishers/UNITAR*, La Haye/ Boston/ Londres, 1997, pp. 360-361 et G. GUILLAUME, « Le suivi de l'exécution des décisions de la Cour Internationale de Justice au sein des organisations internationales », in *L'Effectivité des organisations internationales : mécanismes de suivi et de contrôle*, Athènes/Paris, Sakkoulas/Pedone, 2000, p. 112.

[1236] CIJ., *Différend frontalier (Bénin c. Niger)*, arrêt du 12 juillet 2005, *Rec.*, p. 96.

[1237] Il s'agit en l'espèce d'une instance technique de négociation offrant un cadre permettant aux deux Etats d'élaborer une carte de leur frontière commune sur la base de l'arrêt, c'est-à-dire dans le secteur du fleuve Niger, et par rapport à la ligne des sondages les plus profonds du chenal principal navigable.

[1238] C. SANTULLI, « Qu'est-ce qu'une juridiction internationale ? Des organes répressifs internationaux à l'O.R.D », *A.F.D.I.*, vol. 46, 2000. pp. 58-81, p. 61. D'autres études de la doctrine publiciste française rendent compte de cette question : L. CAVARE, « La notion de juridiction internationale », *A.F.D.I.*, 1956, pp 496-509 ; G. MORELLI, « La théorie générale du procès international », *R.C.A.D.I.*, 1937-III, t. 61, pp.253-373. (Liste non exhaustive).

[1239] H. ASCENSIO, *La juridictionnalisation du droit international, op.cit.*, note 1138, p. 170.

n'est, d'après le professeur Santulli, « guère satisfaisante »[1240]. La Commission mixte Cameroun-Nigeria est présidée par un tiers impartial : le représentant spécial du Secrétaire général des Nations Unies[1241], mais cela ne suffit pas à en faire un organe juridictionnel. S'agissant du critère de la collégialité, il est inopérant dans ce cas.

Il est donc difficile, au vu de ces critères, de se prononcer favorablement sur la nature juridictionnelle de la Commission mixte, même en opérant des correspondances avec l'institution du collège arbitral. Tout d'abord elle ne dit pas le droit, celui-ci ayant déjà été « dit » par l'arrêt. En outre, elle ne règle pas les différends entre les parties. Nonobstant l'élargissement progressif de ses pouvoirs, elle n'exerce pas une « fonction juridictionnelle »[1242]. Toutefois, l'avènement de l'accord de Greentree change éventuellement la donne quant au statut juridique de la CMCN. Cette juridictionnalisation de son statut ne résulte pas du communiqué conjoint du 15 novembre 2002 qui l'a instituée, dotée du statut d'acte concerté non conventionnel.

C'est en vertu de l'article 6[1243] et du point 3 b) de l'annexe I[1244] de l'accord extrajudiciaire[1245] que s'opère une évolution du statut juridique de la Commission mixte. Le fait que la Commission mixte fasse l'objet de dispositions conventionnelles lui confère une assise juridique nouvelle. On pourrait s'imaginer que tout refus de contribuer au fonctionnement de la Commission pour la mise en œuvre de l'arrêt et potentiellement de l'accord d'exécution corresponde à une violation du droit international susceptible d'engager la responsabilité de son auteur. Le professeur Alain Didier Olinga analyse mieux cette situation. Il considère que : « l'accord de Greentree conventionnalise le statut et le rôle de la Commission mixte sans en modifier la composition, les attributions et les modalités de fonctionnement »[1246].

Cette opinion est réfutée par M. Mohamed Salah pour qui le statut d'organe juridictionnel échoit plutôt à la Commission de suivi de l'accord de Greentree.

[1240] C. SANTULLI, « Qu'est-ce qu'une juridiction internationale ? Des organes répressifs internationaux à l'O.R.D », *op.cit.*, note 1216, pp. 72-73.

[1241] Elle comporte en outre un secrétaire exécutif, fonction assumée par un haut fonctionnaire des Nations Unies.

[1242] C. SANTULLI, « Qu'est-ce qu'une juridiction internationale ? Des organes répressifs internationaux à l'O.R.D », *op.cit.*, note 1216.

[1243] L'article 6 § 1 de l'accord de Greentree du 12 juin 2006 énonce : « Il est institué une Commission de suivi chargée de suivre l'application du présent Accord. Cette Commission est composée des représentants du Cameroun, du Nigeria, des Nations Unies et des Etats témoins. La Commission de suivi surveillera la mise en œuvre de l'Accord par les deux Parties avec l'aide des observateurs des Nations Unies de la commission mixte ».

[1244] Le point 3 b) dudit accord dispose en effet (lorsqu'on met le " que " avant les " : ", la citation commence par une minuscule): « Pendant cette période, le Nigeria s'engage : (…) à prendre toute mesure nécessaire, sous la supervision des observateurs des Nations Unies de la Commission Mixte Cameroun-Nigeria, pour empêcher tout transfert ou afflux de ses ressortissants dans la Zone ».

[1245] A. D. OLINGA, *L'accord…*, *op. cit.*, note 152, pp. 109-110.

[1246] *Ibid.*

Compétente pour « résoudre tout différend relatif à l'interprétation et l'application de cet accord, elle serait, d'après cet auteur, un véritable organe juridictionnel, qui rend cependant compte au Secrétaire Général des Nations Unies avec copie au président de la Commission mixte »[1247]. La vérité est que la Commission mixte est un mécanisme hétérogène d'un genre nouveau. Il n'est ni arbitral ni juridictionnel. Il s'agit d'une instance par essence technique aux attributions diplomatiques et juridiques. C'est du reste du côté de la négociation qu'il faut se tourner pour appréhender la dynamique de fonctionnement de la Commission mixte.

B. L'entretien de la négociation comme méthode de travail

La participation des Nations Unies au sein de cette Commission à travers des formes spécifiques de négociation et de médiation est édifiante. Son but est d'entretenir et de canaliser les négociations interétatiques en vue d'assurer la viabilité du règlement judiciaire opéré. Son action dépasse donc le cadre de la simple mission de bons offices[1248] exercée par le Secrétaire général de l'ONU dans la première partie de la phase post-jugement[1249]. La médiation onusienne post-juridictionnelle est désormais incarnée, non plus directement par le Secrétaire général, mais par son représentant spécial. Ce dernier exerce à son tour plus qu'une mission de bons offices, mais moins qu'une mission de conciliation. En effet, les Commissions de conciliation, créées par traité, sont dotées de compétences beaucoup plus larges : elles ont en charge non seulement d'établir les faits, mais aussi d'examiner tous les aspects juridiques de l'affaire et de concilier les parties, c'est-à-dire de leur proposer un règlement acceptable[1250].

En réalité, la Commission mixte instaure une forme spécifique de médiation dans le *continuum* de celle exercée par le Secrétaire général de l'ONU. Elle se présente ainsi comme « une sorte de mariage de raison des procédures juridictionnelles et des procédures négociées, avec l'ONU jouant le rôle de « tiers témoin » et « tiers-facilitateur » »[1251]. Bien qu'elle ne soit pas toujours parvenue à la solution des problèmes de fond, la Commission mixte a eu le mérite d'apaiser les tensions, de consolider une sorte d'armistice politique frontalier et de provoquer l'exécution par la négociation.

1247 M. SALAH, « La Commission... », *op. cit.*, note 642, p. 184.

1248 P. DAILLIER, M. FORTEAU, A. PELLET, *op.cit.*, p. 507 ; S. DREYFUS, *Droit des relations internationales, éléments de droit international public*, Paris, Synthèse Cujas, 1992, 407 p., pp.191-192.

1249 Partie I, Titre II, Chapitre IV.

1250 B. OPPETIT, « Arbitrage, médiation et conciliation », *Rev. Arb.*, 1984, pp. 307 et s.

1251 M. SALAH, *op.cit.*, p. 180.

Puis, la Commission mixte Cameroun-Nigeria n'est pas un organe tout à fait autonome par rapport aux parties. Les décisions ne s'y prennent pas à la majorité simple ou qualifiée, mais par consensus. Les Nations Unies s'emploient à faciliter sur chaque point le consensus entre les deux Etats. Lorsqu'au terme des discussions ceux-ci n'arrivent pas à trouver un accord, l'Organisation leur soumet une proposition de compromis qui peut être affinée après de nouvelles discussions[1252].

Le représentant spécial du Secrétaire général des Nations Unies assure la présidence de toutes les rencontres ordinaires ou extraordinaires de la Commission mixte. Il provoque des négociations au sein de la CMCN et ensuite les fait progresser. Sa mission consiste donc à établir des faits, faciliter les négociations et émettre des recommandations en ce sens. Ces dernières n'ont à aucun moment un caractère juridiquement contraignant. Ce sont encore les Nations Unies qui assurent le secrétariat de la Commission. Comme l'Organisation l'avait fait pour la première Commission de mise en œuvre d'un arrêt de la CIJ créée sous l'égide du comité interaméricain pour la paix à la suite de l'arrêt de la CIJ sur la *Sentence arbitrale rendue par le roi d'Espagne le 23 décembre 1906 entre le Honduras et le Nicaragua*, le service de cartographie de l'Organisation des Nations Unies basé à New York fournit une aide technique et logistique à la sous-Commission de démarcation[1253]. Au même titre, les experts de l'UNOWA (Bureau des Nations Unies pour l'Afrique de l'Ouest) désormais UNOWAS (Bureau des Nations Unies pour l'Afrique de l'Ouest et le Sahel)[1254] préparent l'ordre du jour, dirigent les délibérations, président les sous-Commissions et les groupes de travail, proposent les rapports soumis à l'approbation de la Commission et les projets de décision.

Mais s'il fallait apprécier d'un point de vue juridique le travail de la Commission, on constaterait qu'en raison de la nature politique et juridique des questions frontalières, la Commission correspond à un mécanisme de mise en œuvre dépassant les formes diplomatiques traditionnelles. Son activité de décline en formes d'action juridique et diplomatique traduisant un processus d'objectivation et de normalisation des rapports interétatiques et humains. De fait, elle favorise l'émergence d'un droit nouveau à mi-chemin entre le droit international public et la diplomatie. En dépit de cela, on est encore en

---

[1252] Partie I, Titre II, Chapitre II.

[1253] Rapport du Secrétaire général des Nations Unies sur l'activité de l'Organisation, Supplément n°1, A/58/1, 28, août 2003, p. 50, § 230.

[1254] Dans une lettre adressée au Secrétaire général de l'ONU en date du 28 janvier 2016, le Conseil de sécurité a demandé la fusion du Bureau des Nations Unies pour l'Afrique de l'Ouest (UNOWA) et du Bureau de l'envoyé spécial pour le Sahel (OSES) en une seule entité : le Bureau des Nations Unies pour l'Afrique de l'Ouest et le Sahel (UNOWAS).
Source :https://unowas.unmissions.org/fr/notes-d'information-sur-unowas-0

présence d'éléments très divers, dont certains se rapprochent du droit international public, tandis que les autres vont dans d'autres directions. Ceci ne rend pas aisée l'évaluation de l'œuvre de la Commission mixte.

Section 2. L'œuvre de la Commission mixte

Evaluer l'œuvre de la Commission mixte revient à vérifier si, dans la pratique, elle a eu les effets escomptés. Ce concept d'efficacité exprime la mesure par laquelle une règle atteint le but lui ayant été conféré[1255] par le communiqué conjoint du 15 novembre 2002. D'où la nécessité de dresser le bilan (en 2013) de ses activités[1256]. Entre décembre 2002 et le 26 avril 2013, la Commission mixte a tenu 36 sessions : 31 sessions ordinaires et 05 extraordinaires, alternativement à Yaoundé et Abuja. Depuis lors (session du 6 juin 2016, session extraordinaire du 8 mars 2017), l'activité de la Commission consiste en des opérations de retrait[1257] (Paragraphe I), la démarcation de la frontière (Paragraphe II) et la frontière maritime (Paragraphe III).

Paragraphe 1. Les opérations de retrait

L'action de la Commission mixte doit être appréciée à l'aune du comportement des Etats concernés. Une telle évaluation d'un processus en cours s'effectue sur la base de données ponctuelles. Le fait que la Commission soit chargée d'opérations de nature politico-militaire telles que les opérations de retrait et de transfert d'autorité dans certaines zones concernées par l'arrêt de la Cour la distingue une fois de plus des Commissions classiques de démarcation. A titre de comparaison, la Commission instaurée par le compromis conclu entre El Salvador et Honduras en 1986 s'est contentée en général de démarquer une ligne frontière par une ligne technique[1258].

[1255] J. TOUSCOZ, *Le principe d'effectivité dans l'ordre international,* Paris, L.G.D.J., 1964, p. 4.

[1256] Comprenant un calendrier, avec les points suivants :

1. Le retrait et le transfert de l'autorité dans la zone du lac Tchad ;
2. Le retrait et le transfert de l'autorité sur la frontière terrestre ;
3. Le retrait et le transfert d'autorité dans la péninsule de Bakassi ;
4. La démarcation de la frontière terrestre ;
5. La délimitation de la frontière maritime ;
6. La résolution de la question de la nationalité des populations concernées ;
7. Le déploiement et les activités du personnel de l'observatoire.

[1257] Partie I, Titre I, Chapitre I.

[1258] Voir article 6 § 1 du Compromis entre El Salvador et Honduras. CIJ., *Différend frontalier terrestre, insulaire et maritime* (El Salvador c. Honduras), requête à fin d'intervention, ordonnance du 28 février 1990, *Rec.*, p. 134, § 98.

De fait, le processus de retrait et de prise de possession a été relativement harmonieux, hormis à Bakassi qui fera l'objet d'un traitement distinct dans cette section. Au cours des deux années qui ont suivi la création de la Commission mixte, ses observateurs ont noté le retrait de l'administration civile, des forces militaires et des forces de police, ainsi que le caractère pacifique et ordonné du transfert d'autorité dans environ 40 villages.

Le processus s'est ainsi déroulé en plusieurs phases en 2003, 2004 et 2006, 2008 et enfin 2013. Les premières opérations de retrait et de transfert d'autorité ont eu lieu dans la localité de Naga'a et ses environs le 08 décembre 2003. Conformément à l'accord du 16 décembre 2003 relatif à la zone du lac Tchad, le Nigeria a rétrocédé trente-trois villages couvrant une superficie de 888 km^2 et situés dans l'arrondissement de Hilé-Alifa : département du Logone et Chari (province de l'Extrême nord) au Cameroun. L'Etat camerounais, par compromis, lui a cédé deux localités autour du village de Damboré et ses environs. Le même jour, des opérations de transfert d'autorité ont eu lieu dans les localités de Tchika et Damboré et leurs environs, et le long de la frontière terrestre (Ndabakora, Narki, Bourha Wango) en date du 13 juillet 2004. Le groupe de travail sur le retrait de l'administration civile et des forces militaires et policières et le transfert d'autorité dans la zone du lac Tchad a achevé ses travaux en fin 2004. Aucun incident notable impliquant les droits des populations concernées par le transfert d'autorité n'a été signalé. En revanche, les controverses ont achoppé à l'intérieur de la Commission mixte sur d'autres points qu'il convient de détailler.

Paragraphe 2. La démarcation et la protection des droits des populations

De manière constante, le juge a eu le souci de rendre une décision efficace et concrète. Il n'a cependant pas pris le risque d'ébranler son intégrité judiciaire et a laissé aux parties le soin de régler deux questions intrinsèquement liées[1259] : d'abord, la démarcation (A), et ensuite la protection des populations concernées (B).

[1259] Par exemple, la sous-commission chargée de la démarcation a délégué une mission chargée du bien-être des populations de la zone, notamment celles vivant dans les villages coupés par la frontière. Le problème des villages à cheval sur la frontière touche à la fois à la démarcation et aux populations. Il a été présenté par la CIJ. aux §§ 107 et 123, CIJ., *Frontière terrestre et maritime entre le Cameroun et le Nigeria (Cameroun c. Nigeria ; Guinée équatoriale (intervenant)*, arrêt du 10 octobre 2002, *Rec.*, p. 303.

A. Un processus de démarcation contrasté

Malgré de nombreuses réalisations dans ce domaine, le bilan de la CMCN dévoile de nombreuses disparités[1260]. Fort heureusement, les résultats positifs tempèrent le sentiment de fiasco.

A partir des 4-5 février 2003, c'est-à-dire de sa seconde session, la Commission mixte communique aux parties des directives obligatoires. Elle fixe des règles précises en matière de démarcation des frontières terrestres[1261]. Le travail de la sous-Commission de démarcation débute officiellement en septembre 2003, soit près d'un an après l'arrêt. Cependant, l'Équipe Technique Mixte (ETM) mise sur pied au début du processus de démarcation n'est entrée en activité que vers le milieu de 2005. Plusieurs acquis peuvent déjà être recensés à l'époque : l'implantation des bornes aux positions prévues tout au long de la frontière et les travaux de levé[1262], la concertation entre les parties relativement à des points subsidiaires comme l'extension du projet d'amélioration de la route Mamfé-Abakaliki jusqu'à Kumba et Mutenguene au Cameroun.

Cependant, le processus de démarcation s'est enrayé en raison de l'attitude des parties sur deux points : les critères de démarcation et les villages chevauchants.

Relativement à la méthode de délimitation, le Nigeria a affirmé ne pas méconnaître le caractère obligatoire de l'arrêt du 10 octobre 2002. Il a accepté les critères de démarcation adoptés dans le cadre de la Commission dans certains secteurs, tout en les refusant dans les autres secteurs pour lesquels il critiquait le « cadre colonial » ayant présidé à la démarcation.

Le Cameroun a quant à lui exprimé son désaccord sur toute technique de démarcation partielle. La démarcation est d'après cet Etat une opération indivisible. Aucun travail ne pourra être effectué dans un des secteurs sans l'assurance (autre que verbale) qu'il sera poursuivi et mené à bien dans les autres secteurs de la frontière. Par ailleurs, des zones difficiles d'accès ou des régions sur lesquelles un accord entre les parties n'avait pas été trouvé subsistaient. A partir de la fin de l'année 2005[1263], le processus est paralysé. Toutes les actions entreprises pour le dégripper ont tardé à produire des

---

[1260] Partie I, Titre II, Chapitre I.

[1261] Communiqué de la 2ème réunion de la Commission mixte Cameroun-Nigeria, Abuja, 4-5 février 2003, § 3.

[1262] A sa première réunion, tenue à Genève, janvier 2003, la sous-commission de la démarcation établit une trilatérale Equipe Technique Mixte (ETM) qui se réunit également sur une base régulière et gère les opérations sur le terrain.

[1263] Les travaux de cette commission furent d'ailleurs momentanément suspendus à cette époque, quelquefois pour des problèmes logistiques tels que les contrats du personnel.

résultats positifs. Les retards et accrocs aux activités de démarcation survenus ont eu pour effet de retarder la concrétisation des objectifs fixés au moment de l'élaboration du calendrier de travail de la CMCN[1264]. Seule la conférence tripartite de Genève du 11 mai 2005 a pu relancer le processus de démarcation de la presqu'île de Bakassi.

Sur le terrain, la démarcation des villages contigus suscite des complications. Dans sa décision du 10 octobre 2002, la Cour avait laissé à la phase suivante de son activité le soin d'apporter une solution appropriée à de telles questions en suspens[1265]. Des impératifs techniques ou d'adaptation au terrain motivaient – semble-t-il – cette habilitation donnée aux parties de négocier sur ces points. Comme on l'a relevé, l'identification de ces villages par la Cour avait été approximative[1266]. Vu le caractère *a priori* « intouchable » de l'arrêt de la Cour, le travail de l'ETM dans ce secteur s'est réalisé sans que l'équipe technique ne détienne le pouvoir de modifier la délimitation à la lumière des réalités géographiques, circonstances locales ou considérations d'équité. Il n'appartient pas à la Commission mixte de proposer ou de mener des négociations entre les parties pour modifier la décision relative à la délimitation.

Cependant, la frontière délimitée à La Haye ne pouvait être tracée de manière absolument rigide. La sous-Commission des populations a tenté d'atténuer l'inflexibilité du processus en effectuant, dans le cadre du renforcement des mesures de confiance entre les populations des deux pays, des visites dans plusieurs villages et communautés concernés le long de la frontière terrestre. Son objectif était de déterminer le point de vue des habitants de la zone et d'anticiper les défis auxquels ils seraient confrontés dans la phase de démarcation.

Les procès-verbaux des opérations d'exécution révèlent d'ailleurs qu'une marge d'appréciation ténue a été laissée au personnel de l'ETM afin de ne pas aboutir à une frontière manifestement impraticable pour les habitants de la zone. Ce point n'a pas été entièrement élucidé. Le processus aurait été plus diligent si l'arrêt du 10 octobre 2002 avait explicitement laissé ouverte la possibilité aux parties de compléter ou de modifier ce qu'elle avait énoncé relativement aux villages voisins. Or, ce n'est pas le cas. Les parties auraient par ailleurs pu faire preuve d'une plus grande flexibilité dans le mécanisme d'application des directives de la CMCN concernant la démarcation de certaines zones.

1264 Communiqué adopté à la 8ème session de la commission mixte à Abuja, les 10-11 février 2004, § 8.

1265 CIJ., *Frontière terrestre et maritime entre le Cameroun et le Nigeria*, (Cameroun c. Nigeria ; Guinée équatoriale (intervenant), arrêt du 10 octobre 2002, *Rec.*2002, p. 70. Partie I, Titre I, Chapitre I.

1266 Partie I, Titre II, Chapitre I.

Il n'est donc pas surprenant qu'en 2005, la question du tracé de la frontière dans le secteur de Kotcha soit restée irrésolue[1267]. Les divergences de vues entre les parties à ce sujet sont révélées par le rapport de la 12e réunion de la sous-Commission de la démarcation. La Commission mixte a finalement demandé à son président de commettre un expert indépendant pour résoudre la divergence de compréhension de l'arrêt de la CIJ relativement au tracé de la frontière dans ledit secteur[1268]. Dans d'autres villages comme Narki attribués au Cameroun par la Cour, la population a continué à entretenir ses structures agricoles du côté nigérian de la frontière[1269]. Le *modus vivendi* entre les populations est venu tempérer la rigueur de la délimitation opérée par la Cour.

Cependant, les parties n'ont pas défini les critères juridiques par lesquels la démarcation des villages à cheval sur la frontière peut être opérée dans la recherche d'une solution juste et équitable. Dans de tels cas, l'emplacement des groupes humains, les ressources transfrontalières, ainsi que certaines « effectivités ethniques » pourraient être des critères pertinents[1270]. Ils seraient d'ailleurs susceptibles de justifier une variation consensuelle de ligne proposée par la Cour. C'est aux équipes chargées des opérations d'exécution de l'arrêt qu'il revient d'atténuer la dureté de la délimitation juridictionnelle. L'exercice de cette fonction, comme dans tout exercice de démarcation, doit être utilisé dans des limites très strictes.

Un autre constat s'impose. Plusieurs activités liées à la démarcation se trouvent régulièrement paralysées : emplacement des bornes-frontières sur lequel la consultation des parties est requise, inspection des travaux réalisés, etc. Un accord a été trouvé relativement aux opérations de démarcation réalisées par l'ETM dans la zone des monts Gotel et du village de Mada qui faisait l'objet de désaccords entre les parties jusqu'au début de l'année 2013[1271]. Des zones de désaccord subsistent relativement au mont Tosso, malgré la visite en décembre 2011 d'une équipe d'experts géomètres indépendants.

Malgré ces incidents, le processus paraît, plusieurs années après son démarrage, en voie d'achèvement. Des progrès substantiels ont été réalisés avec l'acquisition des cartes images préliminaires, la définition des

---

[1267] Communiqué de la 14ème réunion de la Commission mixte Cameroun-Nigeria créée en application du communiqué conjoint du 15 novembre 2002 à Genève, tenue à Abuja du 13-14 octobre 2005, § 2.

[1268] Les problèmes qui ne peuvent pas être réglés par la Commission le sont par les deux chefs d'Etat du Cameroun et du Nigeria et le Secrétaire général des Nations Unies. Voir le Communiqué adopté à la 14ème réunion de la commission mixte tenue à Abuja le 13-14 octobre 2005, §. 2.

[1269] Source : Commission mixte Cameroun-Nigeria.

[1270]CIJ., *Frontière terrestre et maritime entre le Cameroun et le Nigeria,* (Cameroun c. Nigeria, Guinée équatoriale, intervenant), arrêt du 10 octobre 2002, *Rec.*, p. 303. CIJ., *Différend frontalier* (Burkina Faso c. République du Mali), *Rec.* 1, pp. 586-587, § 63.

[1271] Communiqué de la 31ème session de la CMCN tenue à Yaoundé, le 16 avril 2013.

spécifications et des normes cartographiques, la mise en place du personnel technique ainsi que la disponibilité des cartes images sur une base progressive[1272].

A la date du 6 juin 2016, les parties se sont accordées sur une distance de 2001 kilomètres. D'après l'allocution de Mohamed Ibn Chambas du 06 juin 2016, lors de la réunion des chefs de délégation de la Commission mixte Cameroun-Nigeria (CMCN) à Yaoundé, 903 bornes-frontières ont été construites et placées le long de la frontière terrestre. Ainsi, la CMCN envisage de lancer la construction de 462 bornes supplémentaires, lors de la quatrième phase du projet de bornage, dès que le réapprovisionnement du Fonds d'affectation spécial sera effectif[1273].

Plusieurs étapes cruciales restent à franchir pour parachever le processus: l'évaluation des zones de désaccord et des zones sautées dont la distance cumulée est d'environ 81 km, la poursuite des opérations de construction et de pose des quelques 500 bornes-frontières restantes, puis la confection de la carte finale de la frontière démarquée et l'adoption du procès-verbal de la démarcation[1274].

Les cartes produites devront être enregistrées formellement auprès de la section des traités des Nations Unies afin qu'elles puissent devenir juridiquement opposables à tous. Pour assurer la pérennité de cet effort de matérialisation de la ligne frontière entre les deux pays, le représentant spécial de l'ONU a suggéré aux parties la conclusion d'un accord de démarcation. Un comité de rédaction sera donc très prochainement établi à cet effet dans le cadre de la Commission mixte[1275]. Une telle pratique est singulière. En général, et à la suite d'une saisine de la Cour par voie de compromis, la démarcation se fait conformément aux règles pertinentes édictées dans ledit compromis. En cas de saisine par voie unilatérale, la situation des parties peut être régularisée par la conclusion d'un accord de démarcation. Dans tous les cas, une démarche consensuelle s'impose, qu'elle s'exprime en amont ou en aval de la solution judiciaire.

La solution de l'enclave ou de modèles alternatifs existant tant en Europe qu'en Afrique pourrait être transposée au cas camerouno-nigérian[1276]. Pour ce qui est des zones non encore évaluées, la Commission a instruit les experts de

---

1272 Communiqué adopté à la 12ème réunion de la commission mixte à Abuja, les 21- 22 octobre 2004, § 6 et § 4.

1273 Source : https://unowas.unmissions.org/fr/allocution-de-m-mohamed-ibn-chambas-reunion-des-chefs-de-delegation-de-la-commission-mixte-cameroun

1274 Communiqué de la 31ème session de la Commission mixte Cameroun-Nigeria tenue à Yaoundé le 26 avril 2013.

1275 *Ibid.*

1276 G. ODUNTAN, « *The Demarcation of Straddling Villages in Accordance with the International Court of Justice Jurisprudence: The Cameroon–Nigeria Experience* », *OJCJIL*, vol. 5, I, pp. 79-114, p. 94.

l'Equipe Technique Mixte de poursuivre activement l'évaluation sur le terrain et de s'efforcer de régler à leur niveau le maximum de problèmes techniques afin de ne saisir la sous-Commission de la démarcation que pour les cas exceptionnels de désaccords[1277]. La durée du processus de matérialisation de la frontière entre le Cameroun et le Nigeria dérive de la complexité de son aspect lacustre, terrestre et maritime. A titre de comparaison, dans l'affaire *Kasikili c. Sedudu*, les deux Etats ont établi une Commission technique mixte qui a achevé la démarcation en 2003, soit quatre ans seulement après l'arrêt[1278]. De plus, certains secteurs particuliers ont connu un succès mitigé. Ce blocage n'est d'ailleurs pas sans lien avec la question des populations affectées par la démarcation.

B. La protection des populations concernées

La question des populations concernées a été traitée avec tellement de prudence qu'elle a fait l'objet d'un nouvel examen à une date ultérieure aux opérations de retrait et de transfert d'autorité. La première difficulté tient à la présence de groupements humains imbriqués le long des villages transfrontaliers à démarquer[1279].

Lors de la réunion des 2 et 3 décembre 2003 à Yaoundé, le Nigeria a exprimé le souhait que cette question soit approfondie. Elle est réapparue après le retrait et le transfert d'autorité dans la zone du lac Tchad[1280]. La controverse la plus substantielle naît lorsque ce pays transmet au Cameroun un protocole pour la protection des droits des populations affectées dans la zone du lac Tchad durant la 8e réunion de la Commission mixte tenue à Abuja, les 10 et 11 février 2004. Les autorités de ce pays se basent sur certaines dispositions de l'arrêt (§ 317 et la partie du dispositif relative à l'engagement du Cameroun de protéger les ressortissants nigérians)[1281], sur le communiqué conjoint de Genève du 15 novembre 2002 et plusieurs décisions de la

[1277] A cet effet, l'Equipe technique mpixte devrait avoir effectué en août 2012 une mission sur le terrain pour évaluer les zones sautées lors de la phase 3 c, du 05 mai au 08 juin 2011, pour examiner toutes les données nécessaires en vue de procéder à la réévaluation définitive des coûts de la démarcation et pour trouver les voies et moyens de renforcer le rôle de l'Equipe technique mixte dans le processus de démarcation.

[1278] *CIJ., Ile de Kasikili/Sedudu (Botswana c. Namibie)*, arrêt du 13 décembre 1999, *Rec.*1999, p. 1105.

[1279] G. GBDENDA. ODUNTAN, « The Demarcation of Straddling Villages in Accordance with the International Court of Justice Jurisprudence: The Cameroon–Nigeria Experience », *op.cit.*, note 898, p. 79.

[1280] Voir le § 8 du communiqué adopté à la 6ème réunion de la CMCN tenue à Abuja les 29 et 30 octobre 2004, qui précise que le Nigeria « a exprimé une préoccupation particulière par rapport à l'idée d'un règlement de comptes ou de conflits entre individus dans la zone ».

[1281] CIJ., *Frontière terrestre et maritime entre le Cameroun et le Nigeria, (Cameroun c. Nigeria ; Guinée équatoriale, intervenant)*, arrêt du 10 octobre 2002, *Rec.*, p. 303.

Commission mixte, pour présenter ce projet comme une conséquence de l'arrêt de la Cour.

Le Cameroun émet plusieurs objections à l'encontre d'un tel projet[1282]. Le Nigeria n'aurait pas le monopole des « populations affectées », puisque des ressortissants camerounais sont aussi présents dans des zones qui doivent être rétrocédées au Nigeria en vertu de l'arrêt du 10 octobre 2002[1283]. Pour ces raisons, la question devrait être abordée dans le cadre de la Commission Cameroun-Nigeria conjointe[1284]. D'après les autorités de ce pays, ce projet violerait la Constitution camerounaise, notamment le principe d'égalité entre Camerounais et étrangers d'une part. Il créerait une discrimination au sein de la catégorie des étrangers et serait réservé à une portion du territoire national, donc serait contraire au principe d'indivisibilité de la République du Cameroun[1285] d'autre part. Les autorités camerounaises allèguent par ailleurs qu'il existe un *corpus* juridique législatif suffisant à protéger de tels droits. Elles soutiennent que si le sort réservé aux populations est une revendication légitime, les activités de la sous-Commission des populations et du personnel d'observation ont déjà établi que les droits des ressortissants nigérians sont effectivement protégés par l'Etat camerounais. L'ensemble de ces éléments rend inutile la conclusion d'un protocole portant sur cet objet[1286]. La question a en conséquence été évacuée des travaux de la CMCN pour figurer à l'agenda de la Grande Commission mixte. Ceci signifiait qu'à l'instar de toutes les questions de coopération bilatérale, ce point pouvait faire l'objet de négociations[1287].

Les arguments juridiques de chacune des parties sont animés par des considérations purement politiques. On retrouve la propension des Etats à satisfaire leurs intérêts égoïstes tout en prétendant se préoccuper du respect du droit. La partie nigériane voulait présenter à son opinion publique un traité en bonne et due forme comportant l'engagement du Cameroun à l'égard des ressortissants nigérians. Du coup, le retrait nigérian de ces territoires serait apparu comme une opération politique négociée avec une contrepartie tangible et non comme une simple conséquence de la décision de la Cour. De

---

[1282] T. NGOGANG, « Affaire Bakassi : le Nigeria hésite », *Mutations,* 11 août 2003.

[1283] *Ibid.*

[1284] À la suite de débats plus approfondis à la 9ème session, les 7 et 8 avril 2004 à Yaoundé, la délégation nigériane a retiré son projet de protocole. Finalement, la délégation nigériane a effectivement décidé de renvoyer *sine die* cette question à la Grande Commission Cameroun-Nigeria. Ce qui n'a pas été fait à ce jour.

[1285] Ce principe est posé dans la Constitution du Cameroun à travers les dispositions suivantes : §1 préambule, article 1er alinéa 2, article 3, article 5 alinéa 2, article 64.

[1286] *Ibid.* Voir également Partie II, Titre II, Chapitre II.

[1287] *Ibid.*

son côté, le Cameroun appréhendait de récupérer des portions de territoire amputées d'une partie des pouvoirs souverains qui y correspondent[1288].

Dans ces conditions, la sous-Commission des populations concernées a commencé par évaluer la situation de ces populations et examiné la situation relative à la protection de leurs droits à partir de la 3e réunion de la CMCN des 2 et 3 avril 2003. Elle a rencontré les populations locales dans cette zone lors de sa 10e session tenue à Abuja les 1 et 2 juin 2004. Ce point a été invoqué par le Nigeria pour justifier l'échec du calendrier de retrait et de transfert d'autorité de la presqu'île de Bakassi à la veille de la 11e session de la CMCN. A partir de ce moment (2004), la discussion est devenue stérile ; les représentants des deux Etats demeurant figés sur leurs positions respectives. Le Secrétaire général des Nations Unies, de son côté, a exploré d'autres voies afin de sortir de cette situation de blocage. En lieu et place de la conclusion d'un traité d'amitié et de non-agression évoqué par les parties depuis 2004, c'est l'accord de Greentree, conclu le 12 juin 2006, qui traite spécifiquement des droits des populations concernées. Cette issue a été de nature à améliorer le sort des populations concernées. Le bilan de la CMCN sur ce point se confond avec celui de la Commission de suivi de l'application de l'accord de Greentree[1289]. Cet obstacle n'est d'ailleurs pas sans incidence sur d'autres plans[1290], notamment en ce qui concerne la presqu'île de Bakassi et en matière maritime.

Paragraphe 3. Le retrait et le transfert d'autorité à Bakassi et la frontière maritime

Les deux autres points sur lesquels les discussions ont achoppé à l'intérieur de la CMCN sont le retrait de Bakassi et le transfert d'autorité à Bakassi (A) et de la frontière maritime (B).

A. Le retrait et le transfert d'autorité à Bakassi

Autant le transfert et le retrait d'autorité se sont déroulés sans incident majeur dans la zone du lac Tchad, autant ils ont été entravés par l'opposition des chefs traditionnels et populations nigérians au transfert d'autorité à Bakassi. Un rappel des circonstances n'est pas inutile pour clarifier ce point. Selon le calendrier initial adopté par la Commission mixte lors de sa 6e session des 5 et 6 août 2003 à Yaoundé, le Nigeria était supposé avoir retiré son

[1288] M. MOHAMED SALAH, *op.cit.*, note 642, pp.162-184, p. 176.
[1289] Partie II, Titre II, Chapitre I.
[1290] *Ibid.*

administration civile, ses forces militaires et de police de la péninsule de Bakassi en avril-mai 2004. Entre cette réunion et la date prévue pour la visite de terrain du 09 au 11 août 2004, le président du Nigeria, M. Olusegun Obasanjo, avait effectué une visite officielle au Cameroun en date du 29 juillet 2004. Elle laissait présager que le processus de mise en œuvre de l'arrêt de la CIJ était sur la bonne voie et que les deux parties respecteraient leurs engagements. Quelques jours après la visite officielle du chef d'État nigérian au Cameroun, le chef de la délégation nigériane au sein de la CMCN, Prince Bola Ajibola saisit le président de la Commission mixte d'une lettre datée du 31 juillet 2004 pour « suspendre la visite de terrain prévue le 9 au 11 août 2004 ». Or, elle devait servir de base à l'élaboration du concept d'opérations de retrait. Selon l'ancien juge *ad hoc,* le calendrier des activités pour Bakassi devrait désormais être soumis à l'approbation des deux chefs d'État.

Officiellement, le gouvernement nigérian n'a pas fait allusion à l'hostilité des populations locales à la substitution de souveraineté à Bakassi venue retarder le calendrier de travail arrêté. Des signes précurseurs avaient néanmoins été observés lors de la 10e session de la CMCN des 1er et 2 juin 2004 à Abuja. Les autorités nigérianes avaient manifesté le souhait que la date ci-dessus mentionnée soit de nouveau reportée au 15 septembre 2004. Le calendrier a effectivement été révisé suite à cette requête lors de la réunion de Yaoundé du 29 août 2004 et étendu à une période allant du 15 juin au 7 octobre 2004. L'échéance du 15 septembre 2004 retenue comme date limite pour le retrait et transfert d'autorité à Bakassi n'a pas été respectée[1291].

Ceci conduit à l'arrêt intégral du processus de mise en œuvre de l'arrêt de la CIJ sur le terrain. L'enlisement est manifeste lors de la 12e session de la Commission mixte qui se tient à Abuja du 21 au 22 octobre 2004 et non plus comme initialement prévu[1292]. Aucune avancée n'est enregistrée pendant cette réunion. Au 10e sommet de la Francophonie tenu du 26 au 27 novembre 2004, à Ouagadougou, la question de la mise en œuvre de l'arrêt de la CIJ du 10 octobre 2002 est au centre des débats. Les parties ne s'étant pas mises d'accord sur un nouveau calendrier pour le retrait du Nigeria de Bakassi, elles s'en remettent une fois de plus aux deux chefs d'Etat ainsi qu'au Secrétaire général de l'ONU. Ils se sont retrouvés à Genève les 10 et 11 mai 2005. L'objectif de cette rencontre était de relancer « le plus rapidement possible » les travaux de la Commission mixte. Cette dernière reprend ses activités lors de la 13e session du 28 au 29 juillet 2005 à Yaoundé, grâce à une forte pression exercée par le Secrétaire général des Nations Unies sur les parties. Néanmoins le processus

---

[1291] *Ibid.*

[1292] Au Xe sommet de la Francophonie tenu à Ouagadougou du 26 au 27 novembre 2004, la question de la mise en œuvre de la décision de la CIJ. était au centre de tous les débats. Le représentant du Secrétaire général des Nations Unies de l'époque lors d'une interview à la CRTV (Cameroon Radio Televison) exprima son « impatience de voir l'arrêt appliqué intégralement ». Il reconnaissait donc l'existence d'un blocage.

demeure jalonné de nombreux obstacles[1293]. Il importe de signaler le communiqué du 22 juin 2005 par lequel le gouvernement camerounais annonce son intention de saisir le Conseil de sécurité de l'ONU en vertu de l'article 94 de la Charte[1294]. Le 19 juillet 2005, la presse camerounaise évoque une lettre datée du 2 juin de la même année par laquelle le président de la Commission mixte de l'époque aurait transmis à la partie camerounaise de la part du Nigeria, la proposition suivante : « tout en conservant la souveraineté *de jure* sur la péninsule de Bakassi, le Cameroun accepterait d'en concéder 22 % de la superficie au Nigeria sous la forme d'un bail d'une durée de cinquante ans. Cette solution permettrait au gouvernement fédéral de régler en douceur le problème de la population à majorité nigériane de Bakassi »[1295]. Cette proposition qui n'a été ni confirmée ni infirmée par les parties doit être considérée avec prudence. Elle permet de caractériser l'importance des facteurs contextuels lors du processus de retrait dans la presqu'île litigieuse. La 15e session prévue à Yaoundé les 19 et 20 janvier 2006 n'a pas pu se réunir. C'est dans ce contexte que la négociation a une fois de plus été provoquée entre les parties par le Secrétaire général de l'ONU. Elle a conduit à la signature de l'accord du 12 juin 2006[1296]. Entre-temps, la 12e session de la CMCN tenue à Yaoundé a examiné les aspects maritimes de la mise en œuvre de l'arrêt de la Cour.

B. La frontière maritime

Le second problème sur lequel les positions des parties ont été longtemps irréconciliables à l'intérieur de la Commission mixte est celui de la frontière maritime. Elle relève de la compétence du groupe de travail sur la frontière maritime institué suite à une requête nigériane lors de la 9e session de la CMCN tenue à Yaoundé du 7 au 8 avril 2004[1297]. Les négociations en la matière ont été les plus difficiles de toutes. Cela s'explique par le caractère « économiquement » sensible des questions relatives aux champs pétrolifères à cheval sur la frontière[1298].

Les divergences entre les parties au sein du groupe de travail sur la frontière maritime portent sur l'interprétation divergente du contenu de l'arrêt

---

[1293] Partie Titre I Chapitres I et II.

[1294] Déclaration du ministre de la Communication du Cameroun du 22 juin 2005, *Cameroon tribune* du 22 juin 2005.

[1295] *La Nouvelle Expression* n°1524 du 19 juillet 2005, p. 2.

[1296] Partie II, Titre I, Chapitre I.

[1297]. La première réunion de ce groupe de travail s'est tenue à Abuja du 21 au 23 avril 2004.

[1298] Une perspective d'exploitation commune a été évoquée entre les parties le 14 mai 2012 lors de réunion de la Grande Commission mixte Cameroun-Nigeria. Elle ferait affluer des investissements et capitaux étrangers vers la zone de Bakassi, et mutualiser aussi les efforts dans la lutte contre la piraterie maritime et le terrorisme dans la région.

à ce sujet et du choix des méthodes de délimitation maritimes[1299]. La Cour expliquait en substance dans l'arrêt de 2002 qu'au-delà du point dit "G" fixé par l'accord de Maroua signé en 1975, la frontière entre les deux pays devait suivre une ligne équidistante entre les deux zones maritimes jusqu'à la frontière équato-guinéenne dont le tripoint n'a pas été fixé[1300]. Le groupe de travail sur la frontière maritime tient sa première réunion à Abuja le 28 mai 2004 en se focalisant sur une carte reproduisant le tracé de la frontière maritime telle que délimitée dans l'arrêt de la Cour du 10 octobre 2002.

Très vite, les positions des parties au sein de ce groupe sont devenues si irréconciliables qu'elles ont décidé d'en référer à la Commission mixte. Cette dernière a décidé lors de sa 11e session du 18 et 19 août 2004, que chaque partie « soumettra à la fin du mois, au président de la Commission mixte une proposition sur sa manière de concevoir la mise en œuvre de la décision de la CIJ sur la frontière maritime, y compris la confection d'une carte reproduisant le tracé de ladite frontière telle que délimitée par la Cour dans son arrêt du 10 octobre 2002 »[1301]. Les deux parties se sont acquittées de cette obligation dans les délais prescrits (15 novembre 2004).

Le rôle joué par le président de la Commission à cette occasion est intéressant. Il édifie sur la participation des Nations Unies au sein de cette Commission à travers des formes spécifiques de négociation et de médiation.

C'est en effet la première fois que les parties s'en remettaient directement au président de la Commission mixte pour lui faire assumer une fonction proche de celle d'un arbitre et non plus seulement de médiateur. Il était désormais amené à départager les points de vue, donner raison à l'un et par conséquent tort à l'autre. Après avoir fait étudier les propositions des parties par ses experts, juristes et cartographes, le président de la Commission mixte leur a adressé une lettre le 29 novembre 2004 au sujet de la méthodologie pour la mise en œuvre de l'arrêt de la Cour, incluant une carte incorporant le tracé de la frontière maritime. Il y souligne leurs points d'accord sur la délimitation de leur frontière maritime jusqu'au point « G », en proposant que cet accord constitue une base juridique pour une entente sur le segment de la frontière au-delà du même point[1302].

Ensuite, le président de la Commission mixte donne des instructions à l'expert cartographe des Nations Unies afin qu'il propose une carte qui exprime l'ensemble des vues exprimées. Ceci a été fait lors de la 3e réunion du groupe de travail sur la frontière maritime tenue à Abuja, le 12 octobre 2005. De fait, la carte présentée est celle de l'amirauté britannique à laquelle

---

[1299] Partie I, Titre II, Chapitre II.

[1300] CIJ., *Frontière terrestre et maritime entre le Cameroun et le Nigeria,* (Cameroun c. Nigeria ; Guinée équatoriale (intervenant), arrêt du 10 octobre 2002, *Rec.*, p. 303.

[1301] Voir le § 7 du communiqué adopté à la 11ème session de la commission mixte tenue à Abuja les 10 et 11 février 2004.

[1302] *Ibid.*

la Cour se réfère dans sa décision du 10 octobre 2002[1303]. La partie camerounaise s'est déclarée satisfaite du travail effectué par l'expert des Nations Unies. La partie nigériane a demandé un délai pour envoyer ses observations[1304]. Le rôle d'entretien de la négociation au sein des sous-Commissions des Nations Unies, joué par le président de la Commission a été décisif. L'implication des experts de l'Organisation aux côtés des parties leur a permis de résoudre certaines dissensions. En vue de la matérialisation de la limite maritime, des visites sur le terrain ont été effectuées les 8-9 octobre 2005. A partir des 5-6 avril 2007, le souci des parties d'accélérer le processus d'achèvement de la mise en œuvre de l'arrêt *Cameroun c. Nigeria* concernant la frontière maritime[1305] ressort des communiqués adoptés à l'issue des réunions de la CMCN.

La Commission mixte s'attelle à choisir les techniques de démarcation des espaces maritimes entre les deux Etats. En principe, la visibilité des différentes lignes de délimitation maritime est assurée par la publication des listes de coordonnées de frontière et parfois par des cartes marines[1306]. Or, la concrétisation des limites maritimes à la suite de la délimitation maritime opérée par la Cour dans cette affaire se pose en des termes différents de ceux de la délimitation terrestre. Elle devrait s'effectuer par un accord bilatéral reprenant les coordonnées géographiques de la ligne frontière et l'élaboration d'une carte marine par la Commission mixte alors que de tels procédés ne sont pas forcément requis en matière de délimitation terrestre. L'exemple donné après le prononcé de la décision de la Cour dans les affaires du *Plateau continental de la mer du Nord (Danemark c. République fédérale d'Allemagne ; Pays-Bas c. République fédérale d'Allemagne*), par les parties impliquées est instructif. Il leur a fallu négocier deux traités bilatéraux et un protocole trilatéral fixant leurs frontières maritimes à la lumière des principes déterminés par la Cour[1307].

S'agissant de la frontière maritime entre le Cameroun et le Nigeria, elle a été entièrement finalisée en mai 2007, par l'adoption d'un accord en la matière conclu lors de 5e session extraordinaire tenue à Abuja le 11 mai 2007. Elles ont adopté le géoréférencement de la carte 3433 de l'Amirauté. Les

[1303] CIJ., *Frontière terrestre et maritime entre le Cameroun et le Nigeria, (Cameroun c. Nigeria ; Guinée équatoriale, intervenant)*, arrêt du 10 octobre 2002, *Rec.*1283, §§ 26 c), 27 c), 38, 251, 292.

[1304] Communiqué adopté à la 14ème session de la CMCN tenue à Abuja les 13-14 octobre 2005.

[1305] A cet égard, de nombreuses sessions extraordinaires du groupe de travail vont être convoquées, notamment les 10 et 11 mai 2007 à Abuja, etc.

[1306] Sur les différentes méthodes de fixation des repères physiques sur les espaces marins, fluviaux et lacustres à la suite d'un arrêt ou d'une sentence d'une juridiction internationale, voir : A. BEN MANSOUR, *op.cit.*, note 10, pp. 518- 522.

[1307] CIJ., Annuaire 1971-1972, p. 142.

cartographes ont positionné les 21 points de la frontière maritime tels que définis par l'arrêt de la CIJ et les travaux établis au cours des visites de terrain. Durant cette rencontre, la Commission mixte Cameroun-Nigeria a validé le tracé de la frontière maritime approuvé par les parties, l'option en dix points recommandée par le groupe de travail ainsi que la carte y relative accompagnée des coordonnées correspondantes et signée par les chefs de délégation des deux parties et par le président de la Commission mixte, en tant que témoin[1308].

L'accord constitué du géoréférencement de la carte 3433 de l'Amirauté britannique comportant le tracé de la frontière maritime approuvée par les parties et la carte y relative sont rendus publics lors de la 21e session extraordinaire de la Commission mixte du 14 mars 2008.

Cet instrument juridique marque une nouvelle étape dans l'exécution du jugement de la Cour[1309].

D'une part, il signifie l'aboutissement de la mise en œuvre de l'arrêt concernant le tracé de la frontière maritime entre les deux pays. D'autre part, il confirme que la Commission mixte, dans la lignée de la Cour, contribue au processus de fixation des frontières maritimes, en mettant en évidence plusieurs principes juridiques : la primauté de l'accord, le caractère complet de la démarcation (hormis le tripoint Cameroun-Nigeria-Guinée équatoriale). En matière maritime, le groupe de travail s'est focalisé sur la question du choix des méthodes de délimitation et les considérations économiques dans la mise en œuvre de celles-ci.

Face aux défis sécuritaires grandissants le long de la frontière et dans le golfe de Guinée affectés par la piraterie, le terrorisme et le crime transnational organisé, cet instrument juridique concourt à la stabilisation de la frontière délimitée par la Cour. Il détermine les limites des juridictions nationales des deux pays impliqués, les voies de circulation, le dispositif de séparation de trafic à l'intérieur des espaces maritimes, les limites de la zone internationale des fonds marins. Ceci participe de l'effectivité de la délimitation maritime opérée par la Cour. Même si la confection d'une carte marine ne fait pas partie des obligations incombant aux parties au titre de l'obligation d'exécuter l'arrêt, celle-ci concourt au respect de la sentence dotée de la *res judicata*. La carte marine en question a été enregistrée auprès de la section des traités des Nations Unies afin qu'elle puisse devenir opposable à tous. La matérialisation de la frontière maritime entre ces deux pays du golfe de Guinée a d'autres incidences. Elle a entre autres favorisé l'essor des zones de développement

---

1308 Communiqué adopté le 11 mai 2007 à la 5ème réunion extraordinaire de la Commission mixte Cameroun-Nigeria.

1309 Voir l'article en ligne de E. TAMBA, « L'affaire Bakassi (Cameroun/Nigeria) : la frontière maritime délimitée », Douala, le 14 mars 2008 sur le site : http://www.cameroon-info.net.

conjoint comme celle existant entre le Nigeria et Sao Tomé et Principe depuis 2001, entre le Nigeria et la Guinée équatoriale, celle annoncée entre le Gabon et la Guinée équatoriale depuis 2004, et le début de concertation entre le Cameroun et la Guinée équatoriale relativement à leur frontière maritime commune[1310].

Cependant, le processus de matérialisation du tracé de la frontière maritime telle que délimitée par l'arrêt de la CIJ du 10 octobre 2002 entre le Cameroun et le Nigeria laisse plusieurs questions en suspens.

- En dépit de l'achèvement de la délimitation maritime, le groupe de travail sur la frontière maritime a décidé sur le fondement du procès-verbal du sommet ayant donné lieu à l'accord de Greentree du 12 juin 2006 de s'occuper de la question des installations offshore dans les zones immédiatement adjacentes à la frontière maritime. La position des parties relativement aux concessions pétrolières n'a pas été formalisée dans un instrument juridique.
- Les problèmes pratiques de l'exploitation des ressources pétrolières et halieutiques ont fait l'objet d'arrangements assez flous. Avant l'arrêt de la Cour, les parties étaient dans une hypothèse de gisements uniques. Ces derniers représentent « un élément de fait qu'il est raisonnable de prendre en considération au cours d'une négociation sur une délimitation »[1311]. En formulant ce *dictum*, la Cour avait renvoyé les parties aux diverses solutions fournies par la pratique dans ce domaine. Elle avait toutefois admis que des accords d'exploitation en commun paraissent particulièrement appropriés « lorsqu'il s'agit de préserver l'unité de gisement »[1312]. Mais ce type de motivation ne se retrouve pas dans l'arrêt du 10 octobre 2002. Ne pouvant s'inspirer de l'arrêt, les parties auraient néanmoins dû parvenir à conclure des accords réglant l'hypothèse très pratique de l'exploitation commune des gisements. Ceci est d'autant plus déplorable que des gisements très proches de la limite tracée par la Cour et trop faibles pour justifier une exploitation isolée, existent. Bien que la question de la coopération transfrontalière en matière d'hydrocarbures dans les zones situées le long de la frontière maritime ou à cheval sur ladite frontière ait constitué le point de l'ordre du jour de la 29e session de la CMCN tenue à Yaoundé le 31 août 2012, les parties n'ont pris aucune mesure juridique les conduisant à l'organisation d'une coexistence rationalisée dans la zone. Les deux Etats ont certes trouvé un *modus vivendi* à propos des gisements de pétrole que le Nigeria avait commencé à exploiter avant la délimitation maritime définitive. Les autorités camerounaises ont accepté que le Nigeria continue d'exploiter ces gisements moyennant des redevances[1313]. Toutefois, le problème des gisements de pétrole à cheval sur

---

[1310] Partie I, Titre I, Chapitre I.

[1311] CIJ., *Plateau continental de la mer du Nord, (République fédérale d'Allemagne/ Danemark, République fédérale d'Allemagne/Pays-Bas),* arrêt du 20 février 1969, *Rec.*, p. 52.

[1312] *Ibid.*

[1313] Ahmedou Ould-Abdallah, 16 novembre 2007, *Irin News.*

la frontière maritime entre les deux pays n'a pas été résolu. Les suggestions des experts des Nations Unies au sujet d'une coopération transfrontalière « unitisée » en matière de pétrole[1314] ont reçu un écho favorable auprès des parties. Elles ont convenu de créer une zone de développement mixte, sans avoir pour l'heure pris des mesures concrètes à cet effet. Il est manifeste que les deux Etats concernés, négociant de telles questions alors que se déroulait dans leur opinion publique un débat sur l'instauration ou non d'une zone de développement conjoint, n'ont pas voulu s'engager dans une voie susceptible d'exprimer de façon quelconque la mise en œuvre de solutions communautaires.

- La question de la visibilité à la ligne frontière qui traverse le lac Tchad n'a pas été examinée. En général, les Etats se concertent lorsqu'il s'agit de construire des repères visuels sur les rives d'un fleuve ou d'un lac[1315]. On aurait pu penser que la démarcation de la frontière lacustre entre les deux pays riverains du lac Tchad aurait été opérée dans ce sens. Il est regrettable que l'aspect lacustre de la frontière entre les deux pays dans le lac Tchad ait fait l'objet d'une attention mesurée. Les parties se situent dans le prolongement de la Cour qui n'avait pas jugé utile de faire figurer l'expression « lacustre » dans l'intitulé de l'affaire[1316]. Certes, la démarcation des frontières fluviales ou lacustres se fait rarement de manière ostentatoire, c'est-à-dire par des bouées ou des poteaux. A la suite de la délimitation frontalière établie par la Cour sur le fleuve Niger, le Bénin et le Niger ont envisagé la construction sur le fleuve de poteaux de démarcation. Mais, six années après le prononcé de l'arrêt, aucun processus de démarcation sur le fleuve n'a été entamé[1317]. C'est également le cas pour la délimitation établie par la Cour dans l'arrêt du 10 octobre 2002 concernant le lac Tchad. Cette question a été évincée des travaux de la Commission mixte et renvoyée à la Commission du Bassin du Lac Tchad.

Au total, le problème de l'exercice de leurs juridictions finalisées au large de leurs côtes respectives postérieurement à l'arrêt du 10 octobre 2002

[1314] Communiqué de la 22ème session de la CMCN du 20 juin 2008, § 3.

[1315] A titre d'illustration, voir les « Boundary Reference Marks » sur les rives de la St John River entre le Canada et les Etats-Unis in S. B. Jones, *Boundary-Making : a Handbook for Statesmen, Treaty Editors and Boundary Commissioners*, Washington, 1945, p. 112. Voir également l'article 6 de l'accord relatif à la démarcation d'une frontière fixe entre la Birmanie et le Pakistan sur la rivière Naaf (avec annexe, protocole du 28 avril 1966 et cartes), signé à Rawalpindi le 9 mai 1966 : « Chaque Partie contractante s'engage à construire avant la fin du mois de mai 1967 des pylônes du type convenu au-dessus des bornes de référence de son côté de la rivière Naaf, et à adopter les mesures nécessaires pour entretenir ces bornes de référence ainsi que les pylônes, comme spécifié dans l'annexe du présent Accord et empêcher qu'ils soient retirés, endommagés ou détruits ». *R.T.N.U.*, 1976, vol. 1014, pp. 11-17.

[1316] M. KAMTO, « L'intitulé d'une affaire portée devant la CIJ », *R.B.D.I.*, 2001, n°1, pp. 5-22.

[1317] CIJ., *Différend frontalier (Bénin c. Niger)*, arrêt du 12 juillet 2005, *Rec.*2005, p. 90.

demeure en suspens. En dépit de la spécificité des problèmes posés à la suite de la délimitation lacustre et maritime, les Etats parties n'ont pas adopté, par la voie conventionnelle, des solutions appropriées tant au plan économique que juridique.

En somme, à travers l'institution de la Commission mixte pour la mise en œuvre de l'arrêt de la CIJ du 10 octobre 2002, les deux Etats en cause ont voulu manifester une volonté nette d'adaptation de la solution judiciaire à toutes les situations de fait susceptibles de porter préjudice aux populations civiles. Ils se sont efforcés de mettre en place un cadre juridique souple afin de prévenir de telles difficultés. La présence de l'ONU au sein de ce type de Commission semble pouvoir trouver une grande audience dans le futur. Les Etats du continent noir préfèrent régler les problèmes liés à la mise en œuvre des décisions de justice territoriale par leurs méthodes propres. Ces techniques n'en sont pas moins généralisables. Placée dans le cadre de la négociation diplomatique provoquée puis entretenue, la CMCN a permis d'éviter que les hostilités entre les communautés humaines intéressées ne dégénèrent en une situation susceptible de remettre en cause l'ensemble du processus post-judiciaire, voire d'évoluer vers une situation mettant la paix et la sécurité internationales en danger. Ceci montre que l'exécution d'une décision judiciaire rendue sur la base du droit est subordonnée à un préalable diplomatique. C'est à ce titre que cette institution *sui generis* se distingue par son originalité, son faible coût et son efficacité générale du double point de vue de la prévention d'un conflit ouvert entre les pays concernés et de la protection des intérêts à long terme des deux parties et de la communauté internationale.

Cependant, certains points controversés auraient pu faire l'objet d'un règlement plus approprié tandis que les voies d'avenir par rapport à des enjeux locaux tels que les questions de l'exploitation des ressources auraient pu en quelque sorte être balisées par l'adoption de mécanismes juridiques. C'est sur ce seul point que le bilan de la Commission mixte, et à propos de questions dont elle avait la charge (la protection des populations), correspond à l'aveu d'une demi-réussite, donc d'un demi-échec. Pour atteindre un succès complet, la mise en œuvre de l'arrêt a été davantage basée sur la coopération.

Chapitre 2. La coopération à l'occasion de l'exécution de l'arrêt de la Cour

La question de la coopération dans l'intérêt des populations a justifié l'implication du mécanisme de mise en œuvre de l'arrêt du 10 octobre 2002 dans ce domaine. Cette structure s'avère être un des canaux de la coopération transfrontalière entre les parties, en plus du canal direct de la coopération bilatérale qu'occasionne presque inévitablement l'exécution de la décision. Cette dynamique a été favorisée par le juge international lui-même. C'est lui qui a orienté les parties vers une plus grande concertation devant leur permettre de pérenniser le règlement judiciaire. L'unique disposition de l'arrêt consacrée à cette question (§ 316) annonce la suite qui sera donnée au jugement escompté [1318]: « La Cour constate en outre que l'exécution du présent arrêt donnera aux parties une occasion privilégiée de coopération dans l'intérêt des populations concernées afin notamment que celles-ci puissent continuer de bénéficier de services scolaires et de santé comparables à ceux dont elles jouissent actuellement. Une telle coopération sera particulièrement utile en vue du maintien de la sécurité lors du retrait de l'administration et des forces armées et de police nigérianes »[1319].

La coopération à l'occasion de l'exécution de l'arrêt représente le cadre dans lequel le processus post-judiciaire doit être appréhendé, et donc, le cas échéant, renforcé par l'Organisation des Nations Unies dans sa globalité. De cette manière, l'organe judiciaire principal de l'Organisation s'aligne sur la finalité sociale de la Charte dont l'une des expressions les plus notoires réside dans l'article 55 alinéas a et b de la Charte des Nations Unies.

[1318] Partie I, Titre II., Chapitre II.

[1319] Arrêt de la CIJ du 10 octobre 2002, *Rec.*, p. 452.

Cette disposition prévoit que : « le respect des principes du droit international touchant les relations amicales et la coopération entre les Etats et l'exécution de bonne foi des obligations assumées par les Etats, conformément à la Charte, est de la plus grande importance pour le maintien de la paix et de la sécurité internationales »[1320]. Le rétablissement des relations amicales et la coopération prennent leur source dans les éléments contenus dans l'arrêt. Ils se concrétisent toutefois selon des modalités qui relèvent de la coopération « normale » entre deux Etats limitrophes. La décision judiciaire détient à la fois une part directe dans le rétablissement des relations amicales et de la coopération entre les parties (Section I) ; et une part indirecte dans la relance globale de la coopération interétatique (Section II).

Section 1. La part directe de l'arrêt dans le rétablissement des relations amicales et de la coopération entre les parties

D'une manière générale, les populations et le territoire forment un tout dans le cadre du *jus gentium* contemporain. De ce fait, les différends territoriaux ou frontaliers ne sauraient être réglés en faisant abstraction des populations locales concernées. Dans l'affaire de la *Frontière terrestre et maritime entre le Cameroun et le Nigeria*, la Cour oriente les parties vers des pourparlers réputés restaurer la confiance mutuelle entre elles[1321]. « Instrument de la paix par le droit », la Cour met en lumière les multiples facteurs qui militent dans le sens contraire en recueillant « *l'humus* souterrain dans lequel s'enfoncent les racines, les causes profondes et parfois lointaines de tensions entre les Etats et entre les peuples, en créant des conditions qui les empêchent de surgir à nouveau »[1322]. Sa mission consiste autant à arrêter la guerre à l'issue de la procédure judiciaire que de permettre aux parties d'éliminer les raisons de la guerre. Pour ce faire, le juge international insère dans son jugement (§ 316) une mention relative à la coopération entre les parties à l'occasion de l'exécution de l'arrêt. Elle doit se faire dans l'intérêt des populations concernées (Paragraphe I), et à travers le maintien de la sécurité (Paragraphe II).

[1320] Voir également le Préambule de la résolution 2625 (XXV) du 24 octobre 1970, intitulée « Déclaration relative aux principes du droit international touchant les relations amicales et la coopération entre les Etats conformément à la Charte des Nations-Unies », archives de l'Assemblée générale des Nations Unies sur le site de l'Organisation des Nations Unies.

[1321] N. ROS, *op.cit*, note 7.

[1322] R. AGO, « L'adaptation des structures et méthodes des Nations Unies », Colloque organisé à l'occasion du quarantième anniversaire des Nations Unies, *R.C.A.D.I.*, 1985, p. 37.

Paragraphe I. La coopération à l'occasion de l'exécution de l'arrêt dans l'intérêt des populations concernées

D'après le §316 de la CIJ, la coopération entre les parties à l'occasion de l'exécution de l'arrêt de la Cour doit se faire en vue de la protection des intérêts des populations concernées. Par l'emploi du temps futur « donnera », la Cour fait plus qu'une suggestion aux parties. Il s'agit d'une prédiction. La valeur juridique de cette invitation judiciaire à la coopération ayant déjà été débattue[1323], il suffit de recenser ce qui dans l'anticipation par le juge international de l'après-jugement incite les parties à mettre en œuvre un principe essentiel de la Charte en matière de régulation des relations interétatiques[1324].

Il est utile de signaler que l'attention de la Cour sur cet aspect a été attirée par les parties elles-mêmes durant la procédure contentieuse[1325]. Dans sa plaidoirie conclusive du 21 mars 2002, l'agent de la République du Cameroun, M. Amadou Ali assure : « l'agent du Nigeria a dépeint son pays comme un modèle de coopération et de concertation avec ses voisins (...). Le Cameroun à l'inverse est décrit comme un pays agressif, fermé à la concertation. Le Cameroun pour sa part n'oublie pas que le Nigeria reste l'un de ses principaux partenaires économiques en Afrique, que plus de trois millions de Nigérians vivent sur son sol où ils exercent diverses activités sans restriction aucune. C'est donc un voisin avec lequel il s'est toujours efforcé d'entretenir des relations harmonieuses et mutuellement bénéfiques »[1326].

Dans ce contexte, la coopération interétatique est envisagée par le juge international comme susceptible de se concrétiser à travers le maintien de services scolaires et de santé. On touche ici à la question du respect des droits (socio-économiques) acquis. En effet, l'arrêt de la Cour affecte les droits des populations de la zone frontalière. Il pose une multitude de problèmes juridiques connexes liés à la nationalité, au droit de propriété et à la sécurité.

[1323] Partie I, Titre II, Chapitre I.

[1324] Articles 55 à 60 de la Charte des Nations Unies.

[1325] « Les autorités camerounaises ont déploré le fait que les représentants de la partie nigériane : leur agent et l'un de ses coagents, aient proféré des menaces à peine voilées quant à l'exécution loyale de votre décision, surtout en ce qui concerne Bakassi et la région du lac Tchad ». Plaidoirie de l'agent du gouvernement du Nigeria, M. ABDULLAHI, CIJ., *Frontière terrestre et maritime (Guinée équatoriale (intervenant)*, CR/2002/8, 28 février 2002, p. 27, par. 29 ; CR 2002/20, 15 mars 2002, p. 66, § 5 : « L'équipe nigériane prend appui sur la menace que les « canons camerounais » feraient peser sur la navigation dans les chenaux de Calabar, de la rivière Cross et de l'Akwayafé ». Plaidoirie de M. M. AKINIDJE, CIJ., *Frontière terrestre et maritime (Guinée équatoriale (intervenant)*, CR 2002/18, 14 mars 2002, p. 26, par.35 (Bakassi) et p. 28, par. 43. Plaidoirie de M. AMADOU ALI, CIJ., *Frontière terrestre et maritime entre le Cameroun et le Nigeria (Cameroun c. Nigeria)*, CR/2002/26, 21 mars 2002, pp. 63-64.

[1326] Plaidoirie de M. AMADOU ALI, *Ibid.*

Des interrogations peuvent être également soulevées au regard de la succession d'Etats et du maintien des droits acquis. En principe, c'est le droit coutumier qui régit cette substitution. Il encadre les questions des droits acquis, du droit d'option quant à la nationalité des populations demeurant sur le territoire transféré et de protection des étrangers sur un territoire donné.

Les parties se retrouvent en effet dans une situation analogue à celle posée par l'arrêt de la CIJ dans le *Différend frontalier terrestre, insulaire et maritime entre El Salvador et le Honduras*[1327]. Quinze mille Salvadoriens se sont retrouvés sur le territoire du Honduras et mille Honduriens sur celui d'El Salvador[1328]. Dans l'affaire *Cameroun c. Nigeria,* les populations des villages situés de part et d'autre de la ligne frontière, la population nigériane majoritaire de la presqu'île de Bakassi attribuée au Cameroun, verront leur statut juridique modifié au fur et à mesure des opérations de transfert d'autorité et de prise de possession des territoires relevant de la souveraineté de l'une ou l'autre des parties. De nationaux, certains individus deviendront, par l'intervention du jugement international, des étrangers vis-à-vis de la nouvelle administration et inversement. Les populations affectées peuvent ainsi décider de rester nigérianes ou de prendre la nationalité camerounaise. Celles qui choisissent de vivre sur le sol désormais camerounais et de rester nigérianes vont par conséquent se soumettre aux règles relatives au séjour des étrangers dans le pays d'accueil.

Cette situation est classique en matière de succession d'Etats. La substitution d'un Etat à un autre dans la responsabilité des relations internationales d'un territoire met à la charge de l'Etat qui prend possession certaines obligations relatives à la protection de ces populations[1329]. Pour cette raison, le juge international incite les parties à coopérer dans l'intérêt des populations affectées par la démarcation. La position judiciaire envers les populations civiles demeure néanmoins ambiguë. D'ailleurs, ce phénomène se reproduit fréquemment dans la jurisprudence de la Cour. Elle se montre en

---

[1327] CIJ., *Différend frontalier terrestre, insulaire et* maritime (El Salvador c. Honduras, (Nicaragua, intervenant), arrêt du 11 septembre 1992, *Rec.*, p. 351.

[1328] Information fournie par T. DANIEL, « After Judgment Day », The Razor's Edge, *op.cit.,* note 1178, p. 277.

[1329] Article 2 § 1, b) commun aux Conventions de Vienne de 1978 et 1983. Voir également T.A., Détermination de la frontière maritime entre la Guinée-Bissau et le Sénégal, sentence arbitrale du 31 juillet 1989, *RGDIP*, 1990, p. 227. CIJ., *Différend frontalier terrestre, insulaire et maritime* (El Salvador c. Honduras ; Nicaragua, intervenant), arrêt du 11 septembre 1992, *Rec.*, p. 598, § 399 : « la succession d'Etats est l'une des manières dont la souveraineté territoriale se transmet d'un Etat à un autre ». Pour CH. ROUSSEAU, la succession d'Etats est « un procédé de transfert ou de répartition des compétences étatiques dans le temps », *Les transformations territoriales des Etats et leurs conséquences juridiques,* Cours de droit international public, Paris, Les cours de droit, 1964-1965, p. 20.

général réticente à attribuer des conséquences juridiques aux considérations liées à la population dans les jugements qu'elle rend[1330].

En l'espèce, la Cour a d'une part rejeté des effectivités nigérianes dans la zone, refusant ainsi d'attribuer une valeur explicite au lien entre territoire et populations locales[1331]. Pour la Haute juridiction, les faits liés à la population n'ont pu établir un titre nigérian sur la presqu'île de Bakassi ni même attester de la consolidation d'un titre historique[1332]. D'autre part, les juges de La Haye demeurent confrontés à une problématique omniprésente dans cette affaire. La part substantielle des plaidoiries des parties consacrées à la question des populations de la zone litigieuse le démontre. Tout en niant le caractère pertinent du schéma argumentatif nigérian sur ce point, le juge international admet que la population de la presqu'île de Bakassi a considérablement augmenté du fait de l'afflux de personnes après la guerre civile et développe les détails de cette situation démographique[1333]. A terme, le juge tempère les contradictions de son propre raisonnement en exhortant les parties à coopérer lors des opérations d'exécution. Ceci revient à préserver les droits acquis des populations concernées. Ce souci du respect des droits acquis apparaît à travers l'expression « continuent à bénéficier » (§ 316).

De ce fait, la Cour anticipe les conséquences de la délimitation frontalière. Elle précise un aspect essentiel des modalités d'exécution de la décision. Cette démarche est atypique. A travers la prise en compte de l'engagement pris à l'audience par la République du Cameroun dans le dispositif de l'arrêt[1334], la Cour met en relief la nécessité de la coopération entre ces deux Etats. Nonobstant la prise en compte dans le dispositif de l'arrêt de l'engagement du Cameroun à cet égard[1335], le devoir de coopération interétatique entre les parties ne correspond pas à une obligation au titre de l'arrêt. Il s'agit d'une conséquence des opérations de retrait et de transfert d'autorité. L'application de ce principe ne découle donc pas de la sentence juridictionnelle *stricto sensu*, mais de ses résultats anticipés par le juge international.

[1330] A titre d'exemple, l'arrêt du 11 septembre 1992 rejette les arguments du Nicaragua liés à la pression démographique exercée par certaines populations dans son arrêt du 11 septembre 1992 en déclarant que : « les effectivités postérieures à l'indépendance, lorsqu'elles sont pertinentes, doivent être appréciées en fonction de faits concrets et non pas de leurs causes sociales » : CIJ, *Différend frontalier terrestre, insulaire et maritime, (El Salvador/Honduras ; Nicaragua, intervenant*), arrêt du 11 septembre 1992, *Rec.*, p. 396, § 58.

[1331] Partie I, Titre II, Chapitre III.

[1332] CIJ., *Frontière terrestre et maritime entre le Cameroun et le Nigeria* (*Cameroun c. Nigeria ; Guinée équatoriale, intervenant)*, arrêt du 10 octobre 2002, *Rec.*, p. 414, § 221.

[1333] *Ibid.*

[1334] CIJ., *Frontière terrestre et maritime entre le Cameroun et le Nigeria, (Cameroun c. Nigeria ; Guinée équatoriale (intervenant),* arrêt du 10 octobre 2002, *Rec.*, p. 457, par. V, C.

[1335] Doit-on déduire du caractère obligatoire du dispositif de l'arrêt que ce rappel renforce la force obligatoire de cet engagement unilatéral ? La réponse à la question est donnée dans la Partie I, Titre II, Chapitre I.

Quoi qu'il en soit, le juge international apparaît animé d'un souci de pragmatisme et/ou de « praticabilité » du jugement qu'il va rendre. La mise en œuvre de l'arrêt de la Cour aura inévitablement un impact socio-économique sur les populations de cette région autrefois administrée par le Nigeria. Les circonstances de l'espèce et les activités exercées par le défendeur en tant que souverain *de facto* dans la zone motivent sa démarche. Il reconnaît la souveraineté sur certaines zones à l'une ou l'autre des parties, tout en essayant de maintenir aux populations concernées de la zone litigieuse les avantages acquis sous l'ère nigériane. Il est à noter qu'au § 222 de l'arrêt, le Nigeria a invoqué devant la Cour, de façon extrêmement détaillée, et souvent en produisant à l'appui de ses thèses des éléments de preuve appropriés d'une administration nigériane bien établie et d'actes de souveraineté de sa part. Parmi ces éléments figurent la création d'écoles et d'équipements sanitaires dans de nombreuses localités ainsi que des activités de collecte d'impôts[1336].

Même si la Cour se défend de donner une signification juridique aux investissements de la partie nigériane dans la région, elle n'est pas restée insensible à l'œuvre socio-économique de celle-ci. Elle l'admet d'ailleurs en déclarant : « il est vrai que la prestation de services d'enseignement dans les agglomérations de Bakassi semble largement nigériane »[1337]. Le réalisme de la fonction juridictionnelle incite une fois de plus le juge à prendre en considération de tels points dans son exhortation figurant au § 316. Toutefois, les juges de La Haye font preuve de prudence ; les restrictions liées à la fonction judiciaire interdisant au juge international de définir lui-même les modalités de la coopération. L'arrêt de la Cour n'impose par exemple pas le maintien des structures d'administration locale et de représentation élective qui avaient été instaurées par le Nigeria dans la presqu'île de Bakassi. Le défendeur avait en outre fait savoir à propos de la création de la commune de Bakassi que, si la Cour devait reconnaître la souveraineté du Cameroun sur ces zones, il n'y aurait rien d'irréversible dans les dispositions adoptées à cet égard. Le même raisonnement vaut dans les autres domaines de l'administration civile comme en ce qui concerne les forces armées ou de police[1338].

Le juge international oriente néanmoins les parties pour que ces considérations soient réglées dans le respect rigoureux du droit du bon voisinage en ce qui concerne les populations civiles. C'est ainsi qu'il provoque la coopération interétatique en s'inspirant du droit coutumier. Trouvant son fondement dans la maxime latine *sic utere tuo ut alienum non laedas* (utilise

---

[1336] CIJ., *Frontière terrestre et maritime entre le Cameroun et le Nigeria* (Cameroun c. Nigeria ; Guinée équatoriale (intervenant), arrêt du 10 octobre 2002, *Rec.*2002, § 222. p. 115,
[1337] *Ibid.*
[1338] *Ibid.*, § 312.

ton bien de façon à ne pas nuire à autrui), le principe du bon voisinage[1339] repose sur la coutume. A l'instar du respect des droits acquis, ce principe fait partie des règles qui, en l'absence de stipulations conventionnelles, obligent les Etats et engagent éventuellement leur responsabilité[1340].

Malgré cela, les questions liées au respect des droits acquis empruntés sur le droit civil et érigées par la jurisprudence internationale en principe général de droit, seront dans la phase post-jugement les plus contestées par une fraction de la société civile nigériane. On peut néanmoins apprécier le bien-jugé de la Cour qui avait compris qu'une thématique associée à celle des droits historiques supposés appartenir aux ressortissants nigérians de la zone pourrait être utilisée pour mettre en cause la mise en œuvre de l'arrêt. Ceci conforte la posture d'anticipation de la Cour.

La première partie du §316 consacre la coopération comme principe du droit international aménagé par la Charte et le droit coutumier. Dans le même temps, elle assure la protection juridique des droits acquis par les populations (droit à l'éducation, droit à la santé). Sur ce point, le dispositif de l'arrêt s'inscrit dans une logique de continuité dans la réalisation des droits économiques, sociaux et culturels en tant qu'obligations incombant logiquement aux Etats parties dans le cadre des droits de l'Homme. L'invitation à coopérer dans l'intérêt des populations de la péninsule concerne plus particulièrement le Cameroun. Elle vise dans le même temps à « apaiser » les autorités nigérianes qui avaient exprimé des préoccupations relatives à la protection des populations et investi dans la construction de nombreuses structures scolaires et de santé. Cette coopération, instrument de la politique judiciaire de la Cour, semble indispensable pour assurer la sécurité aux populations riveraines qui se trouvent ainsi divisées de part et d'autre du nouveau tracé de la frontière terrestre.

Paragraphe 2. La coopération en vue du maintien de la paix et de la sécurité lors des opérations de retrait et de transfert d'autorité

Dans son arrêt (§ 316), la Cour précise que l'intérêt des populations ne doit pas faire obstacle au retrait inconditionnel des forces armées et des administrations dans la zone relevant de la souveraineté de l'autre Etat. Cette exhortation intervient après que la Cour s'est référée à l'affaire du *Temple de Préah Vihéar* (§ 313), dans laquelle la Thaïlande avait été tenue de retirer ses

---

[1339] P. IFTENE, *Voisinage et bon voisinage en droit international*. Éditeur. Paris : A. Pedone, 1980. Description. VII-383 p ; Geoffrey JUCHS, « Le bon voisinage en droit international public : un mauvais concept pour un principe juridique ? », *RBDI,* 2011/1-2, pp.197-237 ; G. JUCHS, *Les relations de voisinage en droit international*, Thèse de Doctorat en Droit public, Paris 1, 2009.

[1340] J. ANDRASSY, « Les relations internationales de voisinage », *R.C.A.D.I.,* 1951-II, vol. 79, p. 78.

troupes du territoire cambodgien[1341] et à l'affaire opposant la Libye au Tchad[1342]. Dans ces affaires, il incombait à chaque partie de retirer ses troupes du territoire de l'autre dans les plus brefs délais et sans condition. A l'opposé de ce qu'elle fait dans l'arrêt du 10 octobre 2002, la Cour n'avait pourtant pas invité les parties à coopérer lors des opérations de retrait[1343]. C'est la présence dans l'affaire *Cameroun c. Nigeria* (au contraire de celle relative à la *Bande d'Aozou* et du Temple de *Préah Vihéar)* de populations mêlées majoritairement hostiles au changement de souverain *de facto* qui confère à l'espèce sa spécificité.

Le réalisme de la fonction juridictionnelle ressurgit à travers l'exhortation à la coopération dans le déroulement des opérations de matérialisation de la frontière en termes de sécurité[1344]. Dans le prolongement de sa logique incitative à l'endroit des parties, la Cour provoque la coopération entre elles, d'abord à travers le refus de prononcer la responsabilité internationale du Nigeria[1345]; et ensuite par la prise en compte de l'engagement du Cameroun à l'endroit des ressortissants nigérians[1346]. Et ce dans un contexte où des voix s'élevaient côté nigérian pour demander un référendum en vertu du droit des

---

1341 La Cour a déjà eu à connaître de situations de ce genre. Dans l'affaire du *Temple de Préah Vihéar*, elle avait jugé que ce temple était situé en territoire relevant de la souveraineté du Cambodge. Elle en avait conclu que : « La Thaïlande est tenue de retirer tous les éléments de forces armées ou de police ou autres gardes ou gardiens qu'elle a installés dans le temple ou dans ses environs situés en territoire cambodgien ». (CIJ., *Frontière terrestre et maritime entre le Cameroun et le Nigeria*, (Cameroun c. Nigeria ; Guinée équatoriale (intervenant), arrêt du 10 octobre 2002, *Rec.*, p. 70, p. 152, § 313.

1342 CIJ, *Différend territorial* (*Jamahiriya arabe libyenne c. Tchad),* arrêt du 13 février 1994, *Rec.*, p. 40. Les deux Etats conclurent un accord sur les modalités pratiques de la mise en œuvre de l'arrêt de la Cour le 4 avril 1994. L'article premier de l'accord précisait et organisait les modalités du retrait des forces libyennes. Voir le rapport S/1994/512 du Secrétaire général des Nations Unies.

1343 Partie II, Titre I, Chapitre II.

1344 *Ibid.*

1345 C'est à l'unanimité que tous les juges de la Cour ont rejeté la demande du Cameroun tendant à déclarer le Nigeria internationalement responsable envers lui. Les termes de la Cour sont clairs et concis à cet effet : « rejette le surplus des conclusions de la République du Cameroun concernant la responsabilité internationale de la République fédérale du Nigeria » : CIJ., *Frontière terrestre et maritime entre le Cameroun et le Nigeria,* (Cameroun c. Nigeria ; Guinée équatoriale (intervenant), arrêt du 10 octobre 2002, *Rec.*, 2002, p. 149, point V. D. Partie I, Titre II, Chapitre III.

1346 La République du Cameroun avait pris un engagement devant la Cour en faveur des populations nigérianes installées sur son territoire. Cet engagement, la Cour l'a accepté par quinze voix contre une. Aussi, la Cour : « prend acte de l'engagement pris à l'audience par la République du Cameroun, par lequel celle-ci affirme que, « fidèle à sa politique traditionnellement accueillante et tolérante », elle « continuera à assurer sa protection aux Nigérians habitant la péninsule de Bakassi et à ceux vivant dans la région du lac Tchad ». Voir arrêt du 10 octobre 2002, p.149, point. V. C. Voir également le Plaidoirie de M. AMADOU ALI. CIJ., *Frontière terrestre et maritime entre le Cameroun et le Nigeria (Cameroun c. Nigeria*), CR/2002/26, 21 mars 2002, pp. 63-64.

peuples à disposer d'eux-mêmes[1347]. Bien que cette situation ne relève pas du droit des peuples à disposer d'eux-mêmes[1348], elle est envisagée par la Charte des Nations unies lorsqu'elle énonce en son article 55, les principes en matière de coopération économique et sociale internationale « en vue de créer les conditions de stabilité et de bien-être nécessaires pour assurer entre les nations des relations pacifiques et amicales fondées sur le respect du principe de l'égalité des droits des peuples ». Cette disposition n'a pas, du fait de sa position dans la Charte, la portée générale du préambule ou celle de l'article 1er sur les buts des Nations Unies.

On devrait en conséquence reconnaître la grande sagesse et subtilité avec laquelle la Cour renvoie à un très large domaine de compétence. L'ONU (en priorité le Conseil économique et social et l'Assemblée générale, mais pas exclusivement) a vocation à s'intéresser à des activités qui peuvent être menées au sein d'institutions spécialisées[1349]. C'est justement au sein d'institutions spécifiques que la coopération interétatique provoquée par la Cour au § 316 de l'arrêt du 10 octobre 2002 se déploie en vue de la normalisation des rapports entre les deux pays. La part de cet arrêt dans une telle évolution s'exprime également de manière indirecte.

Section 2. La part indirecte de l'arrêt dans le rétablissement des relations amicales et de la coopération interétatique

Le principe de la coopération dont le droit international fait cas trouve une source indirectement jaillie de l'arrêt de 2002. Il reste que le juge international demeure avant tout un juge en droit et non en équité. La nécessité de modifier une délimitation pour des raisons économiques et sociales ne se justifie pas en droit[1350]. C'est donc aux parties qu'il appartient de tirer conséquence de l'exhortation judiciaire. Ces conséquences peuvent être rattachées à l'arrêt, non pas par un lien de causalité direct, mais parce que les actes des parties servent une téléologie commune : le rétablissement des relations amicales et la coopération. Dans ces conditions, la structure principale chargée de la mise en œuvre de l'arrêt (la Commission mixte Cameroun-Nigeria)[1351] apparaît comme un des canaux de la relance de la coopération entre les deux Etats (Paragraphe I). Dans le même sens, une intensification de la coopération économique en matière d'exploitation des ressources d'hydrocarbures a été

[1347] C. BOH, « Nigeria-Cameroon Fail to Set New Bakassi Pull-out Date », *Washington Post Online*, 15 octobre 2005. http://www.washingtonpost.com.
[1348] Partie I, Titre II, Chapitre VI.
[1349] Sur le sujet, A. PELLET, M. FORTEAU, *La Charte des Nations Unies ? Commentaire, article par article*, Paris, Economica, 3ème éd., 2005, tome II, 2363 p.
[1350] Sir ARNOLD MC NAIR affirmait cela dans son opinion dissidente, dans l'affaire des Pêcheries, CIJ, *Pêcheries (Royaume-Uni c. Norvège)*, arrêt du 18 décembre 1951, *Rec.*, p. 133.
[1351] Partie I, Titre I, Chapitre II.

constatée (Paragraphe II). Enfin, dans le prolongement de la Commission mixte, des structures spécialisées impliquées dans le processus de mise en œuvre concourent à la redynamisation de la coopération régionale (Paragraphe III).

Paragraphe 1. La Commission mixte Cameroun-Nigeria, canal de la relance de la coopération entre les deux Etats

La relance de la coopération bilatérale se fait à la suite de l'exhortation du § 316 consacré à cette question. Du fait de son caractère prédictif (« L'arrêt donnera »), cette disposition a influencé l'attitude des parties intéressées et formaté la jurisprudence ultérieure de la Cour en la matière[1352]. Loin d'être une simple coïncidence chronologique ou géographique, la relance de la coopération s'exprime suivant un triple mouvement : la restauration de la confiance mutuelle (A), l'intensification de la coopération bilatérale (B), et le traitement des questions liées au maintien de la sécurité spécifiquement, rattachées aux aspects maritimes (C).

A. La restauration de la confiance mutuelle entre les deux pays

La création de la Commission mixte de mise en œuvre de l'arrêt intervient dans un contexte de crispation entre les parties. Les multiples incidents frontaliers avaient en effet ralenti le bel élan de coopération bilatérale existant traditionnellement entre les deux pays limitrophes. Or, le développement des relations amicales entre les nations représente l'un des buts des Nations Unies clairement exprimés au § 2 de l'article 1 de la Charte de cette organisation[1353]. D'après cet instrument juridique, l'objectif de paix est associé à celui de normalisation des rapports interétatiques. Cette conception est en outre entérinée par la *Déclaration relative aux principes du droit international touchant les relations amicales et la coopération entre les Etats* du 24 octobre 1970 ; un prétexte pour raviver certains principes fondateurs de l'Organisation mondiale.

Dans les conflits interétatiques comme celui ayant opposé le Cameroun au Nigeria, l'arrêt de la Cour ne suffit pas à rétablir la confiance entre les parties en vue d'une paix durable dans leurs rapports. D'autres démarches sont nécessaires. C'est dans cette optique que s'inscrivent les facilitateurs de l'exécution de la décision de la CIJ Il en découle une conception du règlement

---

[1352] CIJ., *Burkina Faso c. Niger*, arrêt du 13 avril 2013, source : www.cij.org

[1353] L'article 1 § 2 : « Développer entre les nations des relations amicales fondées sur le respect du principe de l'égalité des droits des peuples et de leur droit à disposer d'eux-mêmes, et prendre toutes autres mesures propres à consolider la paix du monde ».

des conflits typiquement africaine. Elle s'exprime toutefois par le recours à un concept n'ayant pas été exclusivement utilisé sur le continent africain : « les mesures de confiance »[1354].

Conçu avant le prononcé de l'arrêt, ce concept est mis en œuvre à sa suite. Il n'a pourtant pas fait l'objet d'une clarification suffisante. Cette lacune doit être corrigée.

D'abord, il n'existe pas de véritable théorie sur la question qui fasse l'unanimité. L'expression « mesures de confiance » a été insérée dans le vocabulaire de la diplomatie suite à la conférence d'Helsinki de 1975 réunissant les pays membres de l'Organisation pour la Sécurité et la Coopération en Europe. Les « Mesures de Confiance Mutuelle » (MCM) désignaient ainsi un ensemble de mesures visant à échanger l'information sur les opérations militaires, afin d'encourager la détente provisoire entre les pays membres de l'OTAN et ceux du pacte de Varsovie[1355]. Les différentes définitions des MCM englobent un vaste ensemble de mesures visant la prévention et/ou le règlement des conflits. Elles facilitent, amplifient, et généralement structurent le potentiel pour une transformation positive significative dans les relations entre Etats portant sur la sécurité[1356]. Leur avantage est de « réduire le risque de conflit en rendant son potentiel offensif évident, en signalant ses intentions, en réduisant la méfiance mutuelle, l'information secrète et la tension en général. C'est précisément à la Direction de la non-prolifération et du contrôle des armements et du désarmement du ministère des Affaires étrangères et du Commerce international du Canada, que l'on doit un classement des mesures de confiance mutuelle en trois catégories : les mesures d'information, d'interaction et de communication, les mesures facilitant la vérification et l'observation ainsi que les mesures de contrainte[1357]. Ensuite, le débat sur ce concept est exceptionnellement animé par des politologues, et dans le domaine de la prévention des conflits[1358].

L'affaire *Cameroun c. Nigeria* a permis l'approfondissement conceptuel des « mesures de confiance » en les rattachant aux aspects sécuritaires, économiques, sociaux et identitaires de l'exécution de l'arrêt du 10 octobre

---

[1354] L.-.P. MICHAUD, *Les mesures de confiance mutuelle entre le Pérou et l'Equateur : étude sur les causes de leur échec à l'aube du conflit de Tiwinza en 1995*, Mémoire, Université Laval, Canada, 2005, 68 p.

[1355] M. -F. DESJARDINS, *Rethinking Confidence-Building Measures*, Oxford, Oxford University Press, 1996, p. 7.

[1356] J. MACINTOSH et I. LLOYD GRIFFITH, *Confidence Building: Managing Caribbean Security Concerns*, Ottawa, Department of Foreign Affairs and International Trade, Verification Research Programme Study, Octobre 1996, p. 19.

[1357] J. MACINTOSH, *Le renforcement de la confiance dans le contrôle des armements : Une doctrine de transformatio*n, Ottawa, préparé pour La Direction de la non-prolifération et du contrôle des armements et du désarmement, Ministère des Affaires étrangères et du Commerce international, Etudes sur le contrôle des armements et le désarmement n°. 2, 1997, p. 63.

[1358] M-.F . DESJARDINS, *Ibid.*, p. 23.

2002. La décision n'évoque pourtant pas ce concept. Il a été affiné par les parties, dans d'autres cadres. C'est avant la proclamation de l'arrêt que les parties s'en sont préoccupées. Ce fondement est explicite dans le communiqué publié à l'issue de la rencontre du 5 septembre 2002[1359].

Cette réunion constitue un tournant décisif de l'encadrement juridique des mesures propres à renforcer la confiance entre les parties. De nombreuses résolutions y afférentes y sont prises afin de permettre aux deux pays limitrophes de restaurer leurs relations fraternelles et de bon voisinage[1360]. Les dirigeants des deux pays intéressés visent par le concept de « mesures de confiance mutuelle » (MCM) la presqu'île de Bakassi qu'ils situent dans « le contexte élargi des relations d'ensemble entre le Nigeria et le Cameroun ». Cette démarche repose sur le préambule de la Charte des Nations Unies et le communiqué conjoint publié à l'issue du sommet de Saint-Cloud. Cet instrument confère aux engagements pris par les deux Etats une nature politique et juridique. Le substrat politique provient du fait qu'un tel engagement résulte de la volonté politique des deux chefs d'Etat exprimée lors de la session de la Grande Commission mixte Cameroun-Nigeria tenue à Abuja en septembre 2002. Son assise juridique émane du fait que ce communiqué conjoint publié constitue un accord-cadre[1361]. Il détient une valeur conventionnelle. Les parties ont également discuté des possibilités de coopération dans le domaine économique, y compris le partenariat entre sociétés, par exemple dans les secteurs prioritaires de l'eau et de l'électricité[1362]. C'est la première fois que de telles questions étaient abordées avant que l'issue du règlement judiciaire soit connue.

C'est pourtant au sommet de Genève du 15 novembre 2002 que la Commission mixte Cameroun-Nigeria a formellement été investie du pouvoir de formulation des mesures de confiance telles que : la tenue, sur une base régulière, de réunions entre les autorités locales, les fonctionnaires gouvernementaux et les chefs d'Etat ; la formulation de projets destinés à promouvoir des coentreprises économiques et la coopération transfrontalière; la renonciation par les deux parties à tout propos ou déclaration incendiaire au sujet de Bakassi ; le retrait des troupes des zones pertinentes le long de la frontière terrestre ; la démilitarisation ultérieure de la péninsule de Bakassi avec la possibilité de déployer du personnel international chargé d'observer le retrait ; la réactivation de la Commission du Bassin du Lac Tchad[1363]. La déclaration publiée à l'issue de ce deuxième sommet peut être considérée

---

1359 Tous ceux allant du 15 novembre 2002 à décembre 2012.

1360 Communiqué conjoint publié à l'issue du sommet de St-Cloud du 5 septembre 2002.

1361 Partie II, Titre I, Chapitre II.

1362 *Ibid.*

1363 Communiqué conjoint publié à l'issue de la rencontre entre le Secrétaire général, le président Biya et le président Obasanjo concernant l'arrêt de la Cour internationale de Justice en date du 10 octobre 2002 à Genève, 15 novembre 2002.

comme élargissant le cadre juridico-politique des mesures de confiance et partant celui de la coopération interétatique postérieure à l'arrêt du 10 octobre 2002. D'autres mesures ont été prises lors des sommets tripartites ultérieurs[1364], au sein de la Commission mixte ou en dehors. Elles tendent à la protection et au bien-être des populations transfrontalières, notamment lors des opérations de retrait et de transfert d'autorité[1365].

Enfin, le fondement juridique des mesures de confiance et de la coopération est consolidé par l'accord intervenu le 12 juin 2006. Son préambule rappelle les efforts déployés par le Secrétaire général de l'ONU en affirmant que « la question du retrait et du transfert d'autorité dans la presqu'île de Bakassi doit être traitée [...] afin d'ouvrir de nouvelles perspectives de coopération entre les deux pays après des décennies de relations difficiles »[1366]. Dorénavant, le rétablissement des relations amicales se conçoit non seulement dans ses aspects diplomatiques et juridiques, mais aussi dans une acception socio-économique plus large et « pluridimensionnelle ».

B. Des projets pour le développement prioritaire de Bakassi

Durant la procédure judiciaire devant la CIJ, le défendeur nigérian a invoqué, de façon extrêmement détaillée, et souvent en produisant à l'appui des éléments de preuve appropriés, nombre d'activités déployées sur Bakassi, qu'il considère comme témoignant à la fois d'une administration nigériane bien établie et d'actes de souveraineté de sa part. Parmi ces derniers figurent la création d'écoles et d'équipements sanitaires dans de nombreuses localités ainsi que des activités de collecte d'impôts[1367]. La Cour a reconnu que la prestation de tels services dans les agglomérations de Bakassi semble largement nigériane[1368]. Elle a toutefois considéré qu'en raison de leur caractère *contra legem,* car contraire au titre conventionnel du Cameroun sur la presqu'île, les actes invoqués sont sans incidence sur le plan juridique[1369].

Sur le terrain, cet aspect reflète la faiblesse des investissements du Cameroun au profit des populations de la zone litigieuse. Pour cette raison, les autorités de ce pays ont entrepris de marquer de façon visible l'effectivité de

[1364] Il s'agit notamment du sommet de Greentree du 12 juin 2006 qui a donné lieu à l'accord de Greentree.

[1365] Les mesures ayant été évoquées dans le la partie II, Titre I, Chapitre, I ne seront pas détaillées ici.

[1366] Préambule de l'accord du 12 juin 2006, Partie II, Titre II, Chapitre I.

[1367] CIJ., *Frontière terrestre et maritime entre le Cameroun et le Nigeria (Cameroun c. Nigeria ; Guinée équatoriale (intervenant),* arrêt du 10 octobre 2002, *Rec*., p. 421, § 222.

[1368] *Ibid.*

[1369] *Ibid.*, § 223.

sa présence dans la presqu'île de Bakassi. Plusieurs mesures visant à concrétiser sa souveraineté sur la portion de territoire lui ayant été restituée par le Nigeria devaient être entreprises avant la date du 14 août 2013 fixée pour l'expiration du régime transitoire spécial de cinq ans instauré en vertu de l'accord de Greentree du 12 juin 2006[1370]. Cette attitude découle avant tout de l'obligation pour l'Etat camerounais d'exécuter l'arrêt de la Cour du 10 octobre 2002 (article 94 de la Charte) ; précisément du § 316 faisant référence à l'intérêt des populations nigérianes vivant dans la presqu'île de Bakassi, afin que celles-ci puissent continuer de bénéficier de services scolaires et de santé comparables à ceux dont elles jouissaient pendant « l'occupation » nigériane.

Le Cameroun s'est donc engagé à mettre en œuvre plusieurs projets identifiés comme pouvant améliorer les conditions de vie et les relations entre les populations dans la presqu'île de Bakassi et tout au long de la frontière entre les deux pays[1371]. Ces projets sont placés sous la supervision d'une structure chargée spécifiquement du développement de la presqu'île de Bakassi. En effet, le 27 août 2007, par décret n°2007/1132/PM, le premier ministre camerounais de l'époque, M. Inoni Ephraïm[1372], a instauré un comité de coordination et de suivi de la mise en œuvre des projets prioritaires à réaliser dans la zone de Bakassi[1373]. Le décret du 27 août 2007 précise le cadre de la création de cette structure, son organisation et son fonctionnement. Ce mécanisme est entre autres chargé de la promotion de l'implantation de services publics à Bakassi, l'élaboration et la soumission à l'approbation du gouvernement d'un programme prioritaire pour l'aménagement et le développement de la région. Il lui incombe également de constituer une banque de projets de développement susceptibles d'y attirer de potentiels investisseurs. De nombreux bailleurs de fonds internationaux, dont l'Union européenne (UE), apportent à ce plan social une assistance significative[1374]. Dix ans plus tard (27 août 2017), le *Bakassi Peninsula Development Program*, en abrégé « BADEP» lui a été agrégé afin de mettre en œuvre la stratégie de repeuplement de la péninsule de Bakassi. En substance, ces projets ont trait à la réalisation d'infrastructures socio-économiques d'une part, et à ce que le premier ministre camerounais appelle « la mise en valeur systématique et

1370 Cette période court à compter du 14 août 2008, date du dernier retrait du Nigeria de Bakassi avec transfert d'autorité au Cameroun. Partie II, Titre II, Chapitre I.

1371 Communiqué de la 21ème session de la commission de suivi de la mise en œuvre de l'accord de Greentree relatif à la péninsule de Bakassi tenue à Genève le 28 mars 2013. Elle était conduite par Saïd Djinnit, le représentant spécial du Secrétaire général des Nations Unies pour l'Afrique de l'Ouest et président de la Commission.

1372 Ce comité mis sur pied pour 3 ans a été depuis lors reconduit et demeure opérationnel en 2013.

1373 Décret n°2007/1132//PM, 27/08//2007. La liste des projets figure dans un document de 280 pages, publié par le premier ministère de la République du Cameroun en 2007. Ils concernent les cinq subdivisions de la presqu'île de Bakassi à savoir : Idabato, Kombo Abedimo, Kombo Itindi, Bamusso et Issangele.

1374 Le gouvernement espagnol a par exemple contribué à la réalisation de ces infrastructures. *Cameroon tribune*, n°9159/5358, 12/08/2008.

rationnelle des zones frontalières » d'autre part. Parmi les projets considérés comme prioritaires, les plus importants correspondent aux domaines suivants[1375].

1. Les travaux publics, l'agriculture, la pêche et l'élevage, la vie sauvage

La réalisation d'infrastructures dans le secteur des travaux publics a pour objectif de désenclaver la presqu'île de Bakassi. Elle s'avère être un aspect essentiel de la coopération entre les parties et de l'amélioration des conditions de vie des populations intéressées. Il s'agit principalement de la construction de la route Mamfe-Eyumojok-Ekok-Mfum-Ikom. D'autres projets sont également concernés : la construction de la route transfrontalière Enugu-Abakaliki-Mamfé-Mutenguene ; la construction du pont sur le Mayo Tiel entre les localités de Demsa (région du Nord au Cameroun) et le Belel (Adamawa State au Nigeria) et aussi le transfert d'eaux interbassins en vue de sauver le lac Tchad de l'assèchement.

Sur le terrain, le génie militaire et l'Equipe Technique Mixte (ETM) de la Commission mixte Cameroun-Nigeria ont construit le tronçon Mudemba-Issangele-Akwa, long de 80 km[1376]. Plusieurs autres projets transfrontaliers dont les populations pourraient tirer avantage de la réalisation ont été inaugurés tant dans la zone du bassin du lac Tchad que dans d'autres zones de la frontière entre le Cameroun et le Nigeria[1377].

La Banque Africaine de Développement (BAD) s'est activement impliquée dans ce volet de la mise en œuvre de l'arrêt du 10 octobre 2002. Elle a ainsi financé la réhabilitation et l'amélioration de la route Mamfé-Eyumojok-Ekok-Mfum-Ikom-bakaliki avec prolongement jusqu'à Kumba et Mutenguene. Le 11 mai 2009, lors de sa 44e session annuelle à Dakar, l'Organisation a accordé un crédit de 15, 529 millions de dollars aux deux pays pour la construction de cette route transfrontalière. Bien avant l'octroi de ce crédit, le gouvernement camerounais avait de son propre chef réhabilité 12 km de l'embranchement Mutenguene-Mudemba. Il a également commencé la construction sur 63 km de l'embranchement Muea-Kumba en mars 2007 grâce à un apport financier de 50 % de l'Union européenne. Outre cette contribution financière, la BAD a mis ses experts à la disposition de la Commission mixte[1378]. Les représentants de l'Institution continentale[1379] ont participé aux

---

[1375] Tout ceci figure dans un document qui résume la vision du gouvernement camerounais dans le cadre du programme d'aménagement et de développement de la zone de Bakassi.

[1376] *Ibid.*

[1377] Communiqué conjoint adopté à la réunion tenue le 15 novembre 2002 à Genève.

[1378] *Ibid.*

[1379] Tout comme ceux de la Banque mondiale.

travaux de la 10e session de celle-ci.[1380]. En prenant part à la réalisation de ces projets d'échange et de coopération entre les deux pays, la BAD collabore à la coopération et l'installation d'un climat de confiance entre les deux Etats tant au niveau des gouvernements, qu'au niveau des populations[1381].

Le 25 septembre 2009, un autre projet d'un montant de 1,3 million de dollars a été inauguré par le premier ministre camerounais, dans les localités de Bombe Bakundu, Mbonge, Mémé[1382]. Quant au projet de construction de l'autoroute Bamenda-Enugu et le programme d'amélioration des infrastructures routières, ils ont été inaugurés le 17 juin 2010 par les ministres des Travaux publics du Cameroun et du Nigeria. Les autorités des deux pays ont approuvé lors de la 25e session de la Commission mixte du 9 octobre 2009, la construction d'un pont sur le Mayo Tiel entre les localités de Demsa dans le Nord Cameroun et Belel dans l'Etat d'Adamawa au Nigeria. L'achèvement des travaux routiers était prévu pour décembre 2013[1383].

Dans le secteur de l'agriculture, de la pêche, de l'élevage et du développement rural, de nombreuses mesures ont été prises. Leur objectif est de favoriser l'entente entre les populations camerounaises et les pêcheurs mousgoum d'origine nigériane, notamment dans la localité de Bamusso[1384]. Il s'agit de combler les carences résultant du silence de l'arrêt du 10 octobre 2002 (et des parties elles-mêmes sur la question des ressources halieutiques). Plusieurs actions sont menées dans ce sens. En 2018, la Mission de Développement de la Pêche Artisanale Maritime (Midepecam) ambitionne de lancer un projet visant à valoriser les crevettes en provenance de la péninsule de Bakassi et de finaliser la construction à Idenau, dans la région du Sud-ouest du pays, d'une unité de production de glace afin de renforcer la conservation des produits de la pêche[1385].

En juin 2010, le ministre des Forêts et de la Faune du Cameroun, M. Elvis Ngole Ngole, et le haut-commissaire du Nigeria au Cameroun ont lancé un plan régional de conservation des chimpanzés du Cameroun et du Nigeria présents dans le parc de Gashaka Gunti au Nigeria depuis 2000 et le parc national Ebo dans la région du Littoral au Cameroun en 2002.

1380 Communiqué final de la 12ème réunion de la CMC, par. 5.

1381 Communiqué conjoint adopté à la 13ème session de la CMCN à Yaoundé les 28 et 29 juillet 2005.

1382 *Ibid.*

1383 Source : UNOWA 2011.

1384 *Ibid.*

1385 Source : www.investiraucameroun.com, consulté le 17 avril 2018.

2. L'exportation d'électricité et d'eau, l'éducation et la santé

La coopération entre le Cameroun et le Nigeria dans le secteur de l'eau et de l'électricité est régie par l'article 2 de l'accord de coopération technique et scientifique signé par les deux pays en date du 21 avril 1983. A partir du sommet du 5 septembre 2002, les parties ont élargi les possibilités de coopération dans ce domaine. Cette situation s'explique par les besoins énergétiques des deux pays. La demande énergétique de la République fédérale du Nigeria peuplée de 160 millions d'habitants est élevée. L'offre en hydrologie y est moins dense qu'au Cameroun qui dispose, après la République démocratique du Congo, de la deuxième plus importante réserve hydroélectrique du continent[1386]. En août 2008, l'électrification de 26 villages situés de part et d'autre de la frontière a été assurée à titre gratuit par le gouvernement camerounais dans le cadre d'un programme ciblant 420 localités. Un autre projet d'électrification des localités frontalières dont 17 sont situées dans la région du Sud-ouest du Cameroun, a été mis sur pied. A la suite de la construction de points d'eau potable, forages, générateurs électriques à Mbenmong, Issobo, Darack et Ngosso (Cameroun), plusieurs Etats fédérés du Nigeria comme l'Adamawa ou le Cross River sont désormais partiellement approvisionnés par le Cameroun.

Le partenariat entre les deux pays dans le secteur de l'électricité a fait l'objet de la 5e session de la Grande Commission mixte Cameroun-Nigeria à Abuja en novembre 2010. Or, l'insertion de la question de l'exportation d'électricité dans le cadre des activités de la Commission mixte Cameroun-Nigeria déconcerte. En effet, le projet d'interconnexion électrique entre les deux pays relève de la compétence de l'Autorité du Bassin du Niger (ABN)[1387]. C'est finalement en dehors de ces deux enceintes qu'un accord relatif à l'interconnexion électrique a été signé le 18 février 2011 à Yaoundé entre le Cameroun et le Nigeria.

Dans le secteur de la recherche et de l'éducation visé au § 222 de la décision judiciaire, la coopération entre les deux pays est régie par le protocole

[1386] Avant le Nigeria en 2008, le Tchad et la Centrafrique ont sollicité l'appui du Cameroun pour se ravitailler en électricité. La mise en place d'une structure supranationale par la firme américano-camerounaise AES SONEL, chargée de la production, du transport, de la distribution et de la commercialisation de l'énergie électrique au Cameroun ambitionne de couvrir également la Communauté Economique et Monétaire de l'Afrique Centrale (CEMAC). De récentes statistiques révèlent que le Cameroun, qui compte actuellement une capacité potentielle de production de 1000 Mégawatts (MW) pour une capacité réelle de production de 115 Térawatts (TW), n'a jusque-là exploité qu'à peine le dixième de ses réserves. Par comparaison, la production électrique de la République fédérale du Nigeria (3000 Mégawatts) semble largement inadaptée pour une population estimée à 160 millions d'habitants. Et ce, en dépit de l'ambitieux programme visant l'augmentation de la production d'électricité de son pays jusqu'à 25.000 Mégawatts d'ici 2011 Source : site internet de l'Agence d'Energie Solaire (AES) Sonel Cameroun du 10/11/2004.

[1387] *Cameroon Tribune*, n° 9415/5616, 18/08/2009.

d'accord sur les relations culturelles, sociales et techniques conclu le 27 mars 1974. Cet accord organise l'assistance technique, l'échange de groupes de théâtre et l'organisation d'évènements sportifs communs. De telles activités ont connu un essor inhabituel à la suite de l'arrêt relatif à la *Frontière terrestre et maritime entre le Cameroun et le Nigeria.* On pourrait ainsi signaler la présence du président nigérian au défilé du 20 mai 2010 à Yaoundé organisé dans le cadre du cinquantenaire de l'indépendance du Cameroun et celle du président camerounais pour une cérémonie similaire à Abuja en date du 1er octobre 2010. Un accord-cadre en matière de sport et d'éducation physique a été signé entre les deux pays le 18 février 2011.

Dans la région, la création de nouvelles écoles et la réhabilitation de celles existantes s'avéraient impératives. En effet, les statistiques du comité de suivi des projets prioritaires à réaliser dans la zone de Bakassi signalent qu'en 2007, seul un enfant sur quatre en âge scolaire était inscrit au cycle primaire dans les arrondissements d'Idabato, de Kombo et de Bedimo. En matière d'éducation, le gouvernement et ses partenaires ont donc œuvré à la construction et à la réhabilitation d'une centaine d'écoles primaires et maternelles tant dans la région de Bakassi (Issobo, Issangele, Kombo à Munja I et II), que dans celle du lac Tchad. Un montant total d'environ 2,6 milliards de FCFA a ainsi été affecté à ce volet[1388].

Dans le secteur de la santé publique de la presqu'île de Bakassi, l'hôpital d'Akwa a été rénové. Des centres de santé intégrés ont été bâtis à Issobo, Mbenmong, darack, Kombo a Munja I, II et III. Des centres médicaux d'arrondissement ont été construits à Akwa et Issangele.

3. La sécurité transfrontalière et la relance du commerce formel

Le mérite de l'arrêt *Cameroun c. Nigeria* est d'avoir suscité un regain d'attention des autorités des pays en cause sur la nécessité du règlement négocié[1389] des contentieux frontaliers. Sur ce point précis, au-delà de l'enjeu lié à la bonne application des énoncés de la Cour, il s'agit de désamorcer les tensions entre les Etats afin de les prémunir contre d'éventuels conflits à l'avenir. Cet aspect cadre bien avec la logique de paix prônée par la CIJ[1390].

[1388] Le président du comité de coordination et de suivi du projet dans le lac Tchad, M. Abba Sadou, constate en 2009: « *The Cameroon government equally marked its presence in areas retroceded to Cameroon by the Nigeria in the Lake Chad region notably Naga'a, Tchika, Toro Liman, Darack and their environs through the construction of administrative buildings, schools, security posts, telecentres, post office services, CRTV relay stations and extension of electricity in the area* »: Interview, A. NYOBA, *Cameroon Tribune*, n° 9273/5472, 23/01/2009.

[1389] J. VINCENT NTUDA EBODE, (dir), *La gestion coopérative des ressources transfrontalières en Afrique centrale : Quelques leçons pour l'intégration régionale*, Yaoundé, CREPS/Friedrich Ebert Stiftung, 2011, 183 p.

[1390] B. M. METOU, *Op.cit.*, p.46.

Ils ont ainsi mis en place des cadres de coopération régionale en vue de la sécurisation de leurs façades maritimes respectives.

L'insécurité frontalière provient de l'extension régionale de la criminalité du delta du Niger (insécurité, piraterie) dans le golfe de Guinée. Le § 316 de l'arrêt du 10 octobre 2002 visait sciemment le maintien de la paix et de la sécurité lors des opérations de retrait et de transfert de sécurité des zones adjugées à l'une ou l'autre partie par la Cour. Les mesures adoptées par les deux Etats à cause des résistances d'ordre sécuritaire à l'exécution de l'arrêt de la Cour reflètent leur volonté de « viabiliser » la solution judiciaire[1391].

En principe, la sécurité transfrontalière entre les deux Etats est régie par le protocole d'accord du 27 mars 1972. Ce cadre s'articule désormais avec celui de la lutte contre le terrorisme de Boko Haram et la piraterie maritime dans le golfe de Guinée. Mais, c'est à partir du sommet tripartite de Genève du 31 janvier 2004 que des mesures concrètes ont été prises par les parties. Le problème de sécurité se posant surtout du côté camerounais de la frontière, des mesures internes ont été prises : déploiement de la Brigade d'Intervention Rapide (BIR/Delta) dans la zone de Bakassi le 4 mars 2009 ; lancement au mois de mars 2009 de l'opération Galilée chargée de la sécurisation des plateformes pétrolières ; création le 11 août 2009 de commissariats de police dans le département du Ndian (sud-ouest du Cameroun) où se trouve Bakassi : création de postes de police à Ngosso, Akwa, Issangele, Idabato et Darack ; ouverture de quatre unités de renseignements généraux (Akwa, Issangele, Idabato et Darack) ; ouverture de 6 postes de contrôle aux frontières dans les régions précitées ainsi qu'à Bongo et à Djangassa[1392]. L'objectif de telles mesures est de renforcer les capacités sécuritaires du Cameroun dans cette zone. Il est à noter que la sécurité n'est pas une préoccupation exclusive de la Commission mixte Cameroun-Nigeria. Elle intéresse la Grande Commission mixte Cameroun-Nigeria. Lors de sa 4e session, le 10 octobre 2008, les parties ont mis en place des patrouilles mixtes ou simultanées afin de lutter contre la criminalité transfrontalière[1393].

Cette dynamique a été prolongée par l'adoption d'une législation adaptée à la mise en œuvre des initiatives relevant l'action de l'Etat en mer par le gouvernement camerounais[1394]. Il s'agit du décret de novembre 2007 sur l'action de l'Etat en mer et du décret de juin 2008 portant création d'un comité

[1391] Thématique développée dans la Partie I, Titre I, Chapitre I, Chapitre II.

[1392] *Cameroon tribune*, n°9159/5358, 12/08/2008.

[1393] Communiqué publié à l'issue de la 4ème session de la Grande Commission mixte Cameroun-Nigeria du 10 octobre 2008.

[1394] Voir le communiqué publié à l'issue du sommet tripartite, sur le suivi de la mise en œuvre de l'arrêt de la Cour internationale de Justice du 10 octobre 2002 organisé à Genève, le 31 janvier 2004, § 6.

national de sécurité maritime et le décret de novembre 2009 relatif à la pollution en mer[1395].

Lors d'une rencontre organisée les 6-7 avril 2011, les parties ont de nouveau discuté d'un projet d'accord entre la République du Cameroun et celle du Nigeria relatif à la création d'un comité de sécurité transfrontalière. Un accord a été formellement signé entre les parties sous la houlette du représentant spécial du Secrétaire général de l'ONU et président de la Commission mixte Cameroun-Nigeria en date du 28 février 2012. Cet instrument instaure une Commission conjointe de sécurité, dont la création avait été évoquée dix ans auparavant (lors du sommet de Genève du 15 novembre 2002). Basée sur la résolution 2039 (2012) du Conseil de sécurité, cette structure est pilotée avec le soutien de l'ONU[1396]. De cette manière, le Cameroun et le Nigeria participent par ailleurs au développement d'une stratégie régionale de lutte contre la piraterie.

Sur un tout autre plan, le Programme Frontière de l'Union Africaine – PFUA[1397] vise à assister les Etats dans la délimitation et la démarcation de leurs frontières, favoriser le règlement pacifique et négocié des différends frontaliers et éventuellement la gestion conjointe des ressources transfrontalières[1398]. Cette démarche programmatique vise *in fine* la prévention structurelle des conflits et l'intégration des Etats africains[1399]. Le délai fixé à 2017 par la 17e session ordinaire de la conférence de l'UA, tenue à Malabo 2011, pour la délimitation et la démarcation de toutes les frontières africaines a été prorogé.

Plusieurs mécanismes sous régionaux tels l'Organisation Maritime pour l'Afrique de l'Ouest et du Centre (OMAOC) [1400] et le Centre Interrégional de Coordination pour la sécurité maritime (CIC)[1401] constituent des lieux

---

1395 H. ONANA MFEGE, *op.cit.*, p. 116.

1396 Le Cameroun a accueilli les 24 et 25 juin 2013 à Yaoundé, un sommet des chefs d'Etat et de gouvernenent des pays de la Communauté Economique des Etats d'Afrique de l'Ouest (CEDEAO) et de la Communauté Economique des Etats de l'Afrique Centrale (CEEAC) consacré à la question de la piraterie dans le golfe de Guinée.

1397 Soutenu par la Deutsche Gesellschaft für Internationale Zusammenarbeit (GIZ), logée au sein du Département Paix et Sécurité de la Commission de l'Union africaine dans sa division de prévention des conflits.

1398 Voir « Des Barrières aux Passerelles. Unir et intégrer l'Afrique à travers des « frontières passerelles », facteurs de paix, de sécurité, de développement ». Programme frontière de l'Union africaine – PFUA, mai 2014.

1399 Voir Première Déclaration sur le PFUA et les modalités de sa mise en œuvre (Addis-Abeba, 7 juin 2007) ; Deuxième déclaration (Addis-Abeba, 2010) ; Convention de l'UA sur la Coopération transfrontalière, dite Convention de Niamey du 17 mai 2012.

1400Elle a pour objectif d'harmoniser les politiques maritimes pour les pays de la ligne maritime atlantique centre et orientale. Tous les Etats de l'Afrique inclus dans cette ligne maritime en sont membres, au moins depuis 1975.

1401 Le Centre interrégional de coordination pour la sécurité maritime, un nouvel outil de sécurisation des espaces maritimes au large du golfe de Guinée, a été créé en juin 2013 suite à

privilégiés pour la résolution pacifique des différends frontaliers sur le continent et la prévention des conflits dont ceux entre le Cameroun et le Nigeria. Cette sécurisation des façades maritimes camerounaises dans le golfe de Guinée est déterminée par la nécessité de réduire les menaces aux confins. Il incombe aux Etats intéressés de consolider les liens de coopération et de solidarité entre eux, de créer les conditions de confiance mutuelle de paix et de sécurité propices à la paix, la sécurité, l'intégration des peuples et le développement économique. En ce sens, ces mécanismes demeurent des cadres de concertation et de coopération destinés à renforcer la cohésion entre les nations africaines de la sous-région[1402].

La relance du commerce formel relève de la coopération économique nigéro-camerounaise. Cette dernière est encadrée par l'accord commercial du 6 février 1963, complété par celui du 13 janvier 1982[1403]. Le deuxième instrument reprend les dispositions du premier et pose le principe du traitement mutuel et de la nation la plus favorisée relativement à toutes les questions concernant le commerce d'importation et d'exportation, sous réserve des cas de préférence, concessions et exemptions que chaque partie contractante peut accorder à des membres d'une union douanière, d'une zone de libre-échange ou d'une zone monétaire. La question a été évoquée au sein de la Commission mixte Cameroun-Nigeria. Cependant, c'est par le biais de

---

l'adoption d'une déclaration commune et d'un mémorandum d'entente entre la Communauté Economique des Etats d'Afrique de l'Ouest (CEDEAO), de la Communauté Economique des Etats de l'Afrique Centrale (CEEAC) et de la Commission du Golfe de Guinée (CGG) pour lutter contre les actes de piraterie et de brigandage en mer. Cet instrument est assorti d'un "Code de conduite" relatif à la prévention et à la répression des actes de piraterie, des vols à main armée à l'encontre des navires et des activités maritimes illicites en Afrique de l'Ouest et du Centre. Dès septembre 2014, le Centre Interrégional de Coordination (CIC) a été installé à Yaoundé afin de veiller, au niveau stratégique, à mettre en œuvre les actions du processus. Deux Centres régionaux de sécurisation maritime, le CRESMAC à Pointe-Noire (Congo) pour l'Afrique centrale et le CRESMAO à Abidjan (Côte d'Ivoire) pour l'Afrique de l'Ouest, ont ensuite été créés pour l'action opérationnelle. Chacun s'appuie sur des Centres Maritimes de Coordination (CMC), soit trois pour le CRESMAO et deux pour le CRESMAC, et sur les centres opérationnels nationaux. A travers ces différentes structures et le maillage local qu'elles apportent, les pays riverains du golfe de Guinée développent des outils de surveillance et de suivi des activités en mer, accentuent les échanges d'informations et coopèrent pour mener des actions de sécurité maritime. Il devient par exemple beaucoup plus facile de repérer, suivre et éventuellement intercepter un bateau suspect, sans qu'il puisse jouer, comme c'était le cas auparavant, sur les délimitations des eaux territoriales et Zones Economiques Exclusives (ZEE).

[1402] S. BOUKOULOU, *Le conflit frontalier Gabon- Guinée Equatoriale, analyse géopolitique*, Mémoire Master, IRIC, 2008, 110 p.

[1403] Décret 63/DF/56 du 2 mars 1963 portant ratification de l'accord commercial entre le gouvernement de la République du Cameroun et le gouvernement de la République fédérale du Nigeria, *in Journal officiel de la République Fédérale du Cameroun*, 15 mars 1963. Décret 82/294 du 8 juillet 1982 ratifiant l'accord commercial conclu le 13 janvier 1982 à Lagos entre la République Unie du Cameroun et la République fédérale du Nigeria, *in Journal officiel de la République du Cameroun*, 1er août 1982.

la grande Commission frontalière que les gouvernements des deux pays ont procédé à la renégociation de l'accord bilatéral sur le commerce (conclu en 1963 et révisé en 1982) à Abuja en 2008. Les programmes d'aide aux populations frontalières avec le soutien de la communauté internationale.

L'assistance de la communauté internationale au sein de la Commission mixte Cameroun-Nigeria a dépassé le cadre de la matérialisation de la ligne frontière entre les deux pays. L'ONU a mis en place un programme d'aide aux populations frontalières affectées par la démarcation.

Un communiqué de l'ancien Bureau des Nations Unies en Afrique de l'Ouest (UNOWA) du 7 novembre 2012 indique à ce sujet qu'« à la demande du Cameroun et du Nigeria, les équipes de l'ONU dans ces deux pays se sont rencontrées mardi à Abuja au Nigeria. La réunion visait à renforcer la confiance entre les populations en identifiant les moyens disponibles pour créer des synergies entre les programmes de développement des gouvernements nigérian et camerounais et ceux de l'équipe de l'ONU, le long de la frontière terrestre dans la région du lac Tchad et dans la péninsule de Bakassi. Le soutien de l'ONU sera défini sur la base de missions d'évaluation conjointes sur le terrain. Ces missions viseront à identifier les domaines d'intervention qui peuvent permettre d'améliorer les conditions de vie des populations concernées et de renforcer leur confiance dans la mise en œuvre de la décision de la CIJ L'ONU s'attachera à offrir des perspectives de développement pour les populations concernées »[1404]. Les coordonnateurs résidents du système des Nations Unies basés à Yaoundé (Cameroun) et Calabar (Nigeria) surveillent l'état d'avancement des projets d'assistance aux populations concernées par l'arrêt du 10 octobre 2002.

Au terme de ces observations, et alors que le Cameroun a recouvré sa (pleine) souveraineté sur la presqu'île de Bakassi (14 août 2013), une évaluation des initiatives gouvernementales camerounaises peut être tentée.

Le gouvernement camerounais a soutenu que les projets susmentionnés auraient été réalisés à 80%[1405]. Cette information est difficilement vérifiable pour deux raisons. D'une part, l'impact des mesures de confiance sur les populations affectées par la démarcation est, en l'absence de statistiques fiables, difficilement mesurable. Le rapport du conseiller économique principal des Nations Unies sur la mission de renforcement des mesures de confiance publié à Yaoundé en novembre 2008 ne paraît pas suffisamment édifiant[1406]. D'autre part, les besoins de financement décrits dans le communiqué du 24 juin 2011 publié à l'issue de la 13e session du Comité de

---

[1404] Source : UNOWA, 7 novembre 2012.

[1405] J. LEKUNZE KETUNA : « Tous les projets programmés ont été réalisés », Propos recueillis par A. NDZINGA, E.C. SHEMA. Source : cameroon.info.net, consulté le 1er avril 2013.

[1406] Voir le rapport du 17 novembre 2008 sur le site un.org.

suivi des projets prioritaires à réaliser dans la zone de Bakassi demeurent importants. Il y est constaté que les besoins de financement pour la poursuite du projet se chiffrent à 4 milliards de Fcfa[1407].

- Quant à l'évaluation des projets pour le développement de Bakassi, le constat opéré par M. A. Djimeli paraît pertinent. Dans l'analyse qu'il effectue de la reconstruction de la péninsule de Bakassi[1408], le commentateur déplore le laxisme dans l'attribution des marchés publics, l'incompétence des prestataires retenus et le déficit de contrôle et de supervision des travaux, etc.
- Enfin, il est appréciable que la politique de coopération à l'occasion de l'exécution de l'arrêt de la Cour ait été propice à une rationalisation du système de gestion globale des frontières internationales.

Au Cameroun, la Commission Nationale des Frontières (CNF), créée par décret présidentiel n°85/305 du 7 mars 1985, a été réorganisée le 27 juillet 2001 (pendant l'instance judiciaire), par décret n°2001/208. Il s'agit d'un organisme consultatif chargé de formuler des propositions au gouvernement sur toute question se rapportant à la conception, à la coordination et à la mise en œuvre de la politique nationale des frontières. A ce titre, elle assure en liaison avec les départements ministériels et les services concernés toutes études, toutes actions de suivi et de sensibilisation relatives à la définition, à l'effectivité, à la stabilité et à la valorisation des frontières nationales. Elle est rattachée au Secrétariat général de la présidence de la République[1409]. Conformément à l'article 47 al. 2 *in fine,* le Conseil constitutionnel peut être amené à trancher ces types de différends impliquant deux régions.

A l'inverse de la Commission Nationale des Frontières (CNF) camerounaise créée deux ans plus tôt et qui demeure peu opérationnelle[1410], la *National Boundary Commission* (NBC) du Nigeria créée par le décret du 17 décembre 1987 fonctionne efficacement depuis le 20 juillet 1988. Il s'agit d'un organisme exécutif fédéral s'appuyant sur la Constitution et doté de grands pouvoirs. Sa mission est de se saisir de tout litige frontalier pouvant surgir entre le Nigeria et n'importe lequel de ses voisins, ou entre deux Etats de la Fédération, de trancher et d'intervenir en vue de régler le différend. La Commission est également appelée à mettre en place des mécanismes et programmes susceptibles de prévenir les conflits frontaliers et de promouvoir la coopération transfrontière. La coopération transfrontière est considérée comme une priorité dans le décret d'application qui, entre autres, habilite la

---

1407 Source : Site des services du Premier ministre du Cameroun, consulté le 1er avril 2013.

1408 A.T. DJIMELI, *Bakassi sur les chemins escarpés d'une reconstruction*, Yaoundé, Editions Ifrikiya, 2011, 182 p., p. 16.

1409 Décret n°2001/208 du 27 juillet 2001, voir *Journal officiel de la République du Cameroun*, 2001, p.11.

1410 Depuis sa création, la CNF camerounaise n'a jamais tenu de session. D'ailleurs, la nomination de son secrétaire exécutif est toujours attendue.

Commission à créer des comités chargés de se saisir des questions touchant aux frontières du Nigeria avec les pays limitrophes, qu'il s'agisse de questions politiques, économiques ou juridiques ou de questions ayant trait au développement et à la sécurité des régions frontalières[1411].

Ceci étant dit, le principe de la mise en valeur de la presqu'île de Bakassi par le biais d'un comité, particulièrement le comité de coordination et de suivi des projets prioritaires à réaliser dans la zone de Bakassi, est contestable. Bien que leur utilité soit avérée pour la conceptualisation des politiques ou des programmes d'action sur des questions politiquement sensibles, le procédé de comités est problématique. Ses structures empiètent sur les compétences statutaires de structures administratives existantes. D'ailleurs, l'adjonction de nouveaux mécanismes tels que le *Bakassi Peninsula Development Program*, près de 16 ans après l'arrêt *Cameroun c. Nigeria* atteste en elle-même de l'inefficacité de certaines mesures prônées dans le contexte post-arrêt.

En définitive, avec l'arrêt du 10 octobre 2002, le juge international a laissé ouvert le champ de la coopération économique et sociale à laquelle la Charte des Nations Unies appelle les Etats dans son article 55. La dépêche du quotidien *Cameroon tribune* du 4 octobre 2002 « Nigeria-Cameroun : les jalons d'une nouvelle coopération » apparaît à cet égard fort bien inspirée[1412]. Si sur le fond, certaines mesures tenant à la coopération ne peuvent être directement rattachées à l'arrêt, force est de constater que la prédiction que le juge faisait dans son § 316 par rapport à la suite qui serait donnée à son arrêt en termes de coopération, a largement été dépassée par les parties.

Paragraphe 2. L'intensification de la coopération économique, notamment en matière d'exploitation des ressources d'hydrocarbures

Un des procédés de pacification durable dans ce type de différend frontalier à motivation économique, consiste en l'exploitation en commun des ressources de la zone[1413].

[1411] A.-I. ASIWAJU., « Fonctionnement et gestion des pays frontières en Afrique de l'Ouest : l'expérience vécue du Nigeria et de ses voisins immédiats », Communication faite à la réunion spéciale du Club du Sahel et de l'Afrique de l'Ouest sur le thème « Pour une meilleure approche régionale du développement », deuxième séance : « Les pays frontières », Accra (Ghana), 20-21 mai 2002.

[1412] *Cameroon tribune* n°7694/3983 du 4 octobre 2002, p. 15.

[1413] Sur les différents aspects de la gestion coopérative, lire J. VINCENT NTUDA EBODE, (dir), *La gestion coopérative des ressources transfrontalières en Afrique centrale : Quelques leçons pour l'intégration régionale*, Yaoundé, CREPS/Friedrich Ebert Stiftung, 2011, 183 p.

La position de la Cour à l'égard de l'octroi des concessions pétrolières est notoire[1414]. Les juges de La Haye ont estimé qu'il revenait aux parties de résoudre de telles questions dans l'après-jugement[1415]. L'arrêt du 10 octobre 2002 et l'accord post-jugement ne les ont pas explicitement réglées[1416]. Elles n'ont été formalisées à ce jour, ni au sein de la Commission mixte Cameroun-Nigeria ni dans l'accord signé entre les parties le 11 mai 2007 lors de sa 2e réunion extraordinaire tenue les 15-16 janvier 2008. Seuls les communiqués de la Commission mixte postérieurs à l'année 2007 dévoilent l'admission (tardive) du principe d'une coopération bilatérale transfrontalière sur de telles questions.

Sur le terrain, le problème des gisements de pétrole se trouvant à cheval sur la frontière maritime entre les deux pays n'a pas encore été tranché. Cependant, les parties ont mis en place un *modus vivendi.*

Au cours de la période récente, il est d'ailleurs arrivé à plusieurs pays de s'engager dans une coopération transfrontalière sans avoir été conviés à le faire par le juge international comme ce fut le cas dans l'arrêt *Cameroun c. Nigeria.* Cette hypothèse est fréquente lorsque les parties ne présentent qu'un aspect de leur différend au règlement juridictionnel.

Les arrangements entre le Sénégal et la Guinée-Bissau ont par exemple abouti à la conclusion de l'accord de gestion et de coopération du 14 octobre 1993 entre la Guinée-Bissau et le Sénégal. Le protocole d'accord ayant trait à l'organisation et au fonctionnement de l'agence de gestion et de coopération entre les deux pays signé à Bissau le 12 juin 1996[1417] concrétise les efforts de coopération interétatique en vue d'une gestion des ressources de la zone plus équitable que la décision juridictionnelle[1418].

Les suites de l'arrêt relatif à la délimitation maritime entre le Groenland et Jan Mayen attestent également d'une coopération dans l'exécution d'une décision de la CIJ[1419]. A la suite des négociations relatives aux modalités de

---

[1414] CIJ., *Frontière terrestre et maritime entre le Cameroun et le Nigeria* (*Cameroun c. Nigeria ; Guinée équatoriale (intervenant)*, arrêt du 10 octobre 2002, *Rec.*, pp. 138-139, §§ 276, 277 et 280.

[1415] *Ibid,* § 282.

[1416] *Ibid.*

[1417] TA., « Détermination de la frontière maritime entre la Guinée-Bissau et le Sénégal, sentence arbitrale du 31 juillet 1989 », *R.G.D.I.P.*, 1990, p. 227.

[1418] M. KAMTO, « Le contentieux de la frontière maritime entre la Guinée-Bissau et le Sénégal », *R.G.D.I.P.*, 1997, n°3, pp .695-735.

[1419] CIJ., *Délimitation maritime dans la région située entre le Groenland et Jan Mayen* (Danemark c. Norvège*)*, Arrêt du 14 juin 1993, *Rec.*, p. 12. Voir à ce sujet, E. DECAUX, *Affaire de la délimitation maritime dans la région située entre le Groenland et Jan Mayen* (Danemark c. Norvège), Arrêt de la CIJ du 14 juin 1993, *A.F.D.I.*, vol. 39, 1993, pp. 495-513.

mise en œuvre de l'arrêt de la Cour du 12 juillet 2005 rendu dans l'affaire opposant le Bénin au Niger[1420], les parties ont intensifié leur coopération économique sur le fleuve Niger. Le projet « *Fleuve Niger, zone de paix et de coopération qui en a dérivé est* mis en œuvre par la Commission mixte de coopération.

A la suite de la décision de la CIJ du 23 mai 2008 relative à la souveraineté sur les îlots de Pedra Branca et Middle Rocks[1421], la Malaisie et Singapour ont coopéré pour la gestion des droits de pêche et de navigation sur Pedra Branca. Les deux Etats ont de leur propre chef mis en place un comité technique bilatéral chargé de conduire une enquête sur le droit de passage des pêcheurs et de préparer les négociations sur les questions maritimes dans la zone litigieuse, ainsi que la conclusion de protocoles bilatéraux de coopération.

Cette pratique décontenance au vu de la configuration actuelle de la côte atlantique africaine[1422]. Plusieurs Etats situés sur cette façade maritime ont conclu des accords bilatéraux de délimitation et d'exploitation conjointe, alors que dans l'ensemble du continent africain, de tels accords constituent encore l'exception plutôt que la règle.

En plus de la délimitation entre le Cameroun et le Nigeria sur leur frontière maritime commune, la délimitation de la Guinée équatoriale avec Sao Tomé et Principe a été entamée en 1999, celle de la Guinée équatoriale avec le Nigeria le 23 septembre 2000[1423]. Elle a été complétée par la mise en place d'une ZEC (Zone d'exploitation conjointe) entre les deux pays en 2002. Cette immixtion dans la procédure en cours a d'ailleurs été à l'origine d'une crise diplomatique entre le Cameroun et la Guinée équatoriale[1424]. Dans le même sens, la délimitation entre le Gabon avec Sao Tomé et Principe a été effectuée en 2001[1425]. La même année, une zone de développement conjoint d'exploration et d'exploitation des ressources halieutiques et d'extraction des hydrocarbures (60 % des ressources revenant au Nigeria en raison de son

---

1420 CIJ, *Différend frontalier* (Bénin c. Niger), arrêt du 12 juillet 2005, *Rec.*, p. 96.

1421 CIJ, *Souveraineté sur Pedra Branca/Pulau Batu Puteh, Middle Rocks et South Ledge, Malaisie/Singapour*, arrêt du 23 mai 2008, *Rec.*, p. 12. Sur le thème de la coopération entre les parties, A. VASSEUR, « Premières suites de l'arrêt de la CIJ concernant la *souveraineté sur Pedra Branca (Malaisie/Singapour)* », *Sentinelle* du 15 juin 2008. G. GIRAUDEAU, *Les différends territoriaux devant le juge international : entre droit et transaction*, Leiden, Nijhoff, 2013, 547 p, p. 97.

1422 Sur le sujet, M. KEGNE KAMGA, *Délimitation maritime sur la côte atlantique africaine,* Bruxelles, Bruylant, 2006, 317 p., p. 110.

1423 *Ibid., §* 284. Bien que la Guinée équatoriale et le Nigeria semblent avoir résolu leurs divergences en signant un pacte territorial en septembre 2000, on peut penser que les récentes découvertes au large de Rio Muni (par Triton Energy) vont raviver des revendications similaires.

1424 Y. A. CHOUALA, « La crise diplomatique de 2004 entre le Cameroun et la Guinée Equatoriale, fondements enjeux et perspectives », *Polis Revue Camerounaise de Science politique*, vol.12, numéro spécial 2004-2005, pp. 50-60.

1424 CIJ., *Frontière terrestre et maritime entre le Cameroun et le Nigeria* (*Cameroun c. Nigeria ; Guinée Équatoriale (intervenant),* arrêt du 10 octobre 2002, Recueil 2002, § 280.

1425 *Ibid.*

expérience pétrolière, 40 % à São Tomé et Principe) a été établie entre les deux pays. Malgré les tentatives à cet égard de la Commission *ad hoc* Cameroun-Guinée équatoriale, ces deux pays n'ont pas reconsidéré le tracé non visé à dessein par l'arrêt du 10 octobre 2002, de leur frontière maritime commune dans la zone litigieuse comprise entre la presqu'île de Bakassi et le nord-ouest de l'île de Bioko (champ pétrolier d'Alba).

En définitive, la coopération économique dans le domaine maritime est rendue propice par une approche multilatérale du règlement des questions de frontières maritimes[1426]. Une exploitation en commun des ressources de la zone à l'instar de ce qu'ont fait la Guinée-Bissau et le Sénégal à la suite de l'arrêt relatif à la *Sentence arbitrale du 18 juillet 1991*[1427] contribuerait davantage au processus d'intégration économique, préalable à une coopération politique. La question a été soulevée notamment lors de la 22e session de la Commission mixte Cameroun-Nigeria tenue le 20 juin 2008 à Abuja, et du transfert intégral d'autorité au Cameroun sur la presqu'ile de Bakassi du 14 août 2013. A la suite d'une présentation sur les expériences de coopération transfrontalière en matière de pétrole telle « l'unitisation »[1428], les parties ont formellement accepté le principe de :

- la conclusion entre elles d'un accord-cadre de coopération transfrontalière en matière d'exploitation des ressources d'hydrocarbures à cheval ou le long de la frontière maritime comportant une ressource clause ;
- l'aménagement des législations nationales en matière de ressources en hydrocarbures afin de prendre en compte les exigences liées à la coopération transfrontalière ;
- l'implication dans le processus des institutions nationales en charge des questions d'hydrocarbures ainsi que les sociétés d'hydrocarbures opérant dans la zone[1429].

Lors d'une rencontre organisée le 12 mai 2012 entre les dirigeants des deux pays, le président nigérian a réitéré au Cameroun une proposition concernant l'exploitation des ressources pétrolières existantes le long de leur frontière commune[1430].

1426 P. WECKEL, « Chronique de jurisprudence internationale. Ordonnance du 21 octobre 1999 sur la requête de la Guinée Équatoriale à fin d'intervention », *R.G.D.I.P.*, vol. 104, 2002, pp. 248-249.

1427 L'affaire a connu un épilogue amiable avec l'accord de Dakar du 14 octobre 1993.

1428 Source : Commission Mixte Cameroun-Nigeria, 2008.

1429 Communiqué adopté à la 23ème session de la Commission mixte Cameroun-Nigeria du 10 octobre 2008, § 4.

1430 Partie II, Titre I, chapitre I. Voir également, « Cameroun-Nigeria-Projets communs d'exploitation pétrolière », 18 mai 2012, source : camnews.

Paragraphe 3. La redynamisation de la coopération régionale

L'une des suites de la coopération souhaitée par la Cour dans le § 316 de l'arrêt du 10 octobre 2002 réside dans la réactivation de la coopération régionale. A la suite du mandat de la Commission mixte Cameroun-Nigeria, en sus de la Communauté Economique et Monétaire de l'Afrique Centrale (CEMAC), les organes régionaux tels que la Commission du Bassin du Lac Tchad (CBLT), la Communauté Economique des Etats de l'Afrique Centrale (CEEAC)[1431] et la Commission du golfe de Guinée (CGG) (B) jouent à cet égard un rôle de premier plan.

A. La réactivation de la Commission du Bassin du Lac Tchad

L'expérience de l'exécution de l'arrêt du 10 octobre 2002 montre le rôle que les organisations régionales sont appelées à jouer dans la mise en œuvre d'actes issus d'organisations universelles. Dans la perspective ici adoptée, la CBLT, dans le sillage de la Commission mixte, concourt à l'exécution de l'arrêt *Cameroun c. Nigeria* et à l'intensification de la coopération régionale. C'est la décision elle-même qui a fait état du processus de démarcation antérieur à la procédure judiciaire sous les auspices de la Commission du Bassin du Lac Tchad (CBLT)[1432]. Issue de la Convention de Fort-Lamy (aujourd'hui N'Djamena) du 22 mai 1964, cette structure permanente de concertation réunit les chefs d'Etat et de gouvernement des riverains des pays du lac pour assurer une gestion équitable de ses ressources, la conservation des écosystèmes du bassin conventionnel, et la promotion de l'intégration régionale.

[1431] Il s'agit d'une organisation internationale créée pour le développement économique, social et culturel de l'Afrique en vue de la création des structures régionales pouvant progressivement aboutir à un marché commun. La CEEAC découle du Plan d'action de Lagos d'avril 1980. Signé en octobre 1983 à Libreville (Gabon), le traité de la Communauté Economique des Etats de l'Afrique Centrale est entré en vigueur au mois de décembre 1984.
Pour aller plus loin, voir C. MESSE MBEGA, *La Communauté Économique des Etats de l'Afrique Centrale (CEEAC) : Quelle politique de sécurité pour une organisation régionale à vocation économique* ? Thèse de Doctorat, Université de Reims Champagne-Ardenne, 2015, 389 p.

[1432] CIJ., *Frontière terrestre et maritime entre le Cameroun et le Nigeria,* (Cameroun c. Nigeria ; Guinée équatoriale (intervenant), arrêt du 10 octobre 2002, *Rec.*2002, p. 303., p. 42-44-48-52-62-64-68, etc. ; SAIBOU, « Le mécanisme multilatéral de la CBLT pour la résolution des conflits frontaliers et la sécurité dans le bassin du lac Tchad », *Enjeux : bulletin d'analyses géopolitiques pour l'Afrique centrale*, n°22, janvier-mars 2005, pp. 31-33.

Outre la gestion du bassin conventionnel[1433], son champ d'action s'est progressivement élargi à la démarcation des frontières et la préservation de la paix et la sécurité, notamment dans la phase post-juridictionnelle.

Avant la procédure contentieuse, le Cameroun était lié au Nigeria par un système de coopération impliquant la CBLT. L'organisation détenait l'expertise en matière de démarcation dans la région du lac Tchad. Son implication dans la mise en œuvre de l'arrêt semble donc logique eu égard à son expérience et à ses travaux antérieurs. La redynamisation de la CBLT se situe dans le prolongement de la décision judiciaire. La Cour avait par ailleurs noté l'engagement du Cameroun de continuer à assurer la protection des ressortissants nigérians de la presqu'île de Bakassi mais également de la région du lac Tchad[1434]. Pour autant, c'est la Commission mixte[1435] qui, ayant reçu le mandat de réactiver la Commission du Bassin du Lac Tchad ou CBLT[1436], a fait de cette entité régionale une structure additionnelle de mise en œuvre de l'arrêt du 10 octobre 2002.

Le communiqué conjoint adopté à l'issue du sommet de Genève du 15 novembre 2002 prévoit que : « La Commission mixte se penchera sur toutes les incidences de la décision : [...} notamment la réactivation de la Commission du Bassin du Lac Tchad »[1437]. Les attributions de la structure principale de mise en œuvre de l'arrêt de 2002 (la CMCN) n'occultent pas les compétences de la CBLT en matière de démarcation frontalière. Au contraire, il s'agit d'une synergie lucidement construite[1438]. Progressivement, la Commission mixte a

---

[1433] Convention relative à la mise en valeur du Bassin du lac Tchad in *Journal officiel de la République fédérale du Cameroun*, 15 septembre 1964. Pays membres : Cameroun (1964) ; Niger (1964) ; Nigeria (1964) ; Tchad (1964) ; République centrafricaine (1997) Libye (en mars 2008, ayant ratifié la Convention, elle devient le sixième Etat membre) ; Soudan, et Algérie (ratifications attendues). Voir, M. BRAHIM BAGADOMA, *La commission du bassin du lac Tchad - Structure probante ou coquille vide* ?, Mémoire de géopolitique du Collège interarmées de défense du Cameroun, mars 2007, 28 p.

[1434] CIJ., *Frontière terrestre et maritime entre le Cameroun et le Nigeria,* (Cameroun c. Nigeria ; Guinée équatoriale (intervenant), arrêt du 10 octobre 2002, *Rec.*2002, p. 70, p. 457, § V, C.

[1435] *Ibid.*

[1436] Communiqué de presse du Secrétaire général de l'ONU du 15 novembre 2002 à Genève : SG/SM/8495.

[1437] *Ibid.*

[1438] Il convient à cet égard de rappeler que l'évolution en dents de scie du lac Tchad a eu des effets négatifs. Le lac Tchad est, depuis le début du XXe siècle, en constante régression. Au moment de la création de la CBLT en 1963, il occupait une superficie de près de 25 500 km2, réduite à 19 000 km2 en 1972, 9 000 km2 en 1973, 2500 km2 en 2003. Or, au fur et à mesure que le lac tarit, les populations riveraines vivant essentiellement de pêche, se déplacent. C'est ainsi qu'au milieu des années 90, plus de 30 villages ont été créés par plus de 7 000 Nigérians dans la zone camerounaise du lac Tchad. Dès lors, Darak (île), située à 35 km à l'est de la frontière du Nigeria, a été occupée par des pécheurs nigérians qui ont suivi le retrait des eaux du lac. Cela se serait déroulé à la fin des années 80. Initialement saisonniers, les séjours des ressortissants nigérians dans les régions poissonneuses du Cameroun ont fini par devenir pérennes. Les ressortissants nigérians s'y implantent. D'île en île, ils investissent toute la partie camerounaise qui sera érigée

délégué à la CBLT le volet régional de ses activités. Ce système à plusieurs branches, qui intègre une structure principale d'exécution et des structures périphériques, est original. Il n'avait jamais été pratiqué de cette manière à la suite d'un jugement rendu par une juridiction internationale.

Dans cette optique, une mission d'information de la Commission mixte Cameroun-Nigeria s'est rendue à N'Djamena le 13 mars 2003 pour s'entretenir avec le Secrétaire exécutif de la CBLT relativement à la mise en œuvre de l'arrêt dans cette région. Il a ainsi participé à plusieurs travaux de la Commission mixte[1439]. Plusieurs projets intéressant les parties ont été inaugurés, notamment celui concernant le transfert d'eau du bassin de l'Oubangui vers le bassin du lac Tchad, ainsi que la convocation d'un sommet extraordinaire des Etats membres de la CBLT[1440]. La Commission mixte de mise en œuvre a surtout contribué à l'affermissement du rôle que la CBLT devrait jouer dans le renforcement de la coopération frontalière entre le Cameroun et le Nigeria[1441], tant dans la zone du lac Tchad que dans d'autres zones[1442].

Les bailleurs de fonds internationaux semblent convaincus de l'utilité de l'interaction entre les mécanismes prévus pour donner exécution à l'arrêt et les mécanismes régionaux. Grâce à l'appel de la communauté internationale, notamment du Secrétaire général de l'ONU lors de la première session de la Commission mixte, la Banque mondiale a approuvé des crédits pour les travaux de la CBLT pour un montant de 2,9 millions de dollars, somme avoisinant le budget actuel de la CBLT[1443].

Dans son communiqué d'Abuja du 5 février 2003, la Commission mixte a réitéré l'invitation faite aux parties d'organiser une conférence des chefs d'Etat en vue du renforcement de la coopération sous régionale entre les pays du lac Tchad, et de l'effectivité de l'arrêt de la Cour[1444]. Il serait donc illusoire de croire que les deux questions ne sont pas liées. Plusieurs résolutions ont été prises par les parties pour le remplissage du lac Tchad, dont le recul des eaux affecte les conditions de vie des populations de la zone. Cependant, aucune mesure

---

en arrondissement de Darak. Fort de sa puissance financière, le Nigeria entame, contrairement aux principes multilatéraux de la CBLT, l'exploitation intensive des eaux du lac.

1439 Cas de la 12ème réunion de la commission. Voir le paragraphe 2 du communiqué final de cette réunion.

1440 Le président du Nigeria de l'époque, M. Olusegun Obasanjo a, lors de la deuxième session de la CMCN des 4-5 février 2003 à Abuja, accepté de porter cette question à l'attention de ses homologues de la CBLT.

1441 Le communiqué adopté à l'issue de la dix-huitième session de la Commission mixte Cameroon-Nigeria tenue les 5 et 6 avril 2007 à Abuja.

1442 Voir le Communiqué adopté à la 3ème session de la CMCN, les 2-3 avril 2003 à Yaoundé, par. 6.

1443 *Cameroon tribune,* n° 7903/4192, 6/08/2003. En 2001, le budget de la CBLT était de 806 190 199 Fcfa, soit 2 millions de dollars. Source : CBLT.

1444 Voir le Communiqué adopté à la 2ème session de la CMCN, le 5 février 2003 à Yaoundé.

concrète n'a été observée[1445]. Le 13e sommet ordinaire des chefs d'Etat et de gouvernement des pays membres de la CBLT a eu lieu à N'Djamena les 1-2 novembre 2010[1446]. Il n'a fait que reprendre les résolutions de la 56e session ordinaire du conseil des ministres des Etats membres de la CBLT du 28 octobre 2010 à N'Djamena. Le 14e sommet des chefs d'Etat et de gouvernement de la Commission du Bassin du Lac Tchad (CBLT) du 28 février 2012 n'a pris aucune mesure efficace au regard de la coopération interétatique[1447].

Au bénéfice de ces observations et dans le contexte global des suites juridiques et politiques accordées à l'arrêt du 10 octobre 2002, il ressort que la CBLT est défaillante. Le système visant à ancrer la CBLT sur la Commission mixte paraît avoir été suggéré par l'ONU aux parties. Le but de ce montage était d'éviter toute difficulté liée à l'exécution de l'arrêt en raison d'une éventuelle opposition des Etats riverains. Au total, l'approche consistant à combiner un mécanisme de coopération frontalière à une structure de mise en œuvre d'une décision judiciaire internationale n'a pas eu les effets escomptés. C'est peut-être ce qui justifie l'invocation par les parties, lors de la 24e session de la Commission mixte du 12 juin 2009, de l'utilité d'une nouvelle approche des programmes de développement transfrontaliers.

B. La collaboration entre la Commission mixte Cameroun-Nigeria et la Commission du Golfe de Guinée (CGG)

L'approche collaborative entre la Commission mixte Cameroun-Nigeria (CMCN) et la Commission du Golfe de Guinée (CGG) dans la mise en œuvre de l'arrêt de la CIJ du 10 octobre 2002 est circonstancielle.

Instituée par le traité de Libreville du 3 juillet 2001, la création de la CGG[1448] intervient dans un contexte de recrudescence des différends dans la région,

---

1445 Le texte intégral du communiqué final conjoint publié à l'issue du sommet tripartite du samedi 31 janvier 2004, à Genève, évoquait pourtant au § 4 la nécessité de « la réactivation de la Commission du Bassin du Lac Tchad et d'autres projets transfrontaliers en faveur de l'environnement ».

1446 Voir, *Final communiqué of the 13th Heads of State and Government Summit of the LCBC.*

1447 Le 15ème sommet de la CBLT est prévu pour 2014 à Niamey, au Niger.

1448 La CGG regroupe actuellement huit Etats : l'Angola, le Cameroun, le Congo Brazzaville, la République démocratique du Congo, la Guinée équatoriale, le Gabon, le Nigeria et Sao Tomé et Principe. A quelques exceptions près, tous ces Etats ont contribué, dès 1972 à Yaoundé au Cameroun, à la mise au point de la mise en œuvre africaine du droit de la mer à travers la Convention de Montego Bay ; ils ont, depuis 1983, presque tous ratifié ladite convention entrée en vigueur en novembre 1994. Instituée par le traité de Libreville du 3 juillet 2001, la Commission du Golfe de Guinée (CGG) intervient dans un contexte de recrudescence des différends dans le golfe de Guinée, notamment ceux qui sont liés à l'exploitation du pétrole offshore. L'article 2 énonce : « la Commission constitue un cadre de concertation des pays du Golfe de Guinée, pour la coopération et le développement ainsi que pour la prévention, la gestion et le règlement des conflits liés à la délimitation des frontières et l'exploitation économique et commerciale des

notamment ceux qui sont liés à l'exploitation du pétrole *offshore*. Il s'agit d'un « mécanisme de dialogue et de concertation propre à prévenir, gérer, régler les conflits liés à l'exploitation économique et commerciale de richesses naturelles situées aux limites des eaux territoriales et notamment dans les Zones économiques exclusives (ZEE) des Etats membres »[1449].

Il lui incombe de consolider les liens de coopération et de solidarité entre les Etats membres, de créer les conditions de confiance mutuelle de paix et de sécurité propices au développement économique. Pour accomplir cette mission, la Commission a mis en place des organes énumérés par l'article 6 du traité de la Commission. Il s'agit d'une part de la conférence des chefs d'Etat et de gouvernement et du conseil des ministres. Il s'agit d'autre part du secrétariat et du mécanisme arbitral *ad hoc*.

La Commission n'a pas véritablement fonctionné depuis sa création en 1999. C'est à partir de la session extraordinaire des chefs d'Etat et de gouvernement tenue le 22 janvier 2009 à Luanda en Angola, que commence la collaboration entre la Commission mixte et la Commission du Golfe de Guinée. A titre d'illustration, le sommet de Yaoundé des 24-25 juin 2013 sur la sécurité dans le golfe de Guinée pose les jalons d'une coopération entre les populations de la zone et d'une harmonisation des politiques de défense des Etats riverains. Cette

---

richesses naturelles situées aux limites territoriales et notamment en cas de chevauchement des Zones Économiques Exclusives des Etats membres ». Communiqué final de la réunion de Libreville du 3 juillet 2001. Sur cette institution, lire communiqué final de la réunion de Libreville du 3 juillet 2001. Voir aussi G. ROSSATANGA-RIGNAULT, « A propos de la Commission du Golfe de Guinée (CGG), Brèves considérations sur une organisation naissante », *R.A.D.*, avril-juin 2000, pp. 25-31.

Ce n'est qu'à partir de la 15ème session de la CMCN des 6-7 septembre 2006 que la CGG se retrouve impliquée dans le travail de la Commission mixte Cameroun-Nigeria. Les autorités de la CGG y ont annoncé la création d'institutions nécessaires au bien-être des populations affectées par l'arrêt *Cameroun c. Nigeria* et au renforcement de la coopération internationale (Voir le communiqué adopté à la 15ème session de la CMCN à Yaoundé les 6-7 septembre 2006, §5), sans plus de précision. Cette annonce n'a d'ailleurs été suivie d'aucune mesure spécifique, si bien que l'on pourrait s'interroger sur l'utilité de l'intervention de la CGG dans le processus d'application de la décision judiciaire; et partant sur l'opportunité de son existence en tant qu'organisation régionale (Sur le sujet, R. D. AKOHOU, « Exploitation pétrolière en mer et droit international : aspects juridiques et environnementaux pour les Etats côtiers du Golfe de Guinée », Droit maritime et océanique, *Division des affaires maritimes et du droit de la mer Bureau des affaires juridiques,* Nations Unies, New York, 2008, p. 5. ; G. C. ESSABE, *Enjeux géopolitiques et tensions dans le Golfe de Guinée : approche communautaire de règlement par la diplomatie parlementaire*, Mémoire de DEA géopolitique et géostratégie des océans, Université Omar Bongo, 2008, p. 8 ; H.-P. M'BAKI, *Les conséquences environnementales de l'activité pétrolière dans le Golfe de Guinée*, Mémoire de Master II Droit maritime et océanique, Université de Nantes, 2006-2007, p. 28 ; J. NDOUTOUME, *Aspects géopolitiques et géostratégiques de l'exploitation pétrolière dans les pays du Golfe de Guinée*, Thèse de doctorat Géographie, Université de Nantes, 2007, 345 p., p. 13.

1449 Communiqué final de la réunion de Libreville du 3 juillet 2001. Voir également, G. ROSSATANGA-RIGNAULT, « A propos de la Commission du Golfe de Guinée (CGG), Brèves considérations, sur une organisation naissante », *R.A.D.*, avril-juin 2000, pp. 25-31, p. 25.

concertation entre les deux structures ne repose pas sur une base juridique formelle. L'article 18 du traité établit au sein de la Commission un mécanisme arbitral *ad hoc* ayant pour fonction de connaître de toutes les questions litigieuses entre les différentes parties signataires du traité de la Commission du Golfe de Guinée. L'article 2 énonce : « la Commission constitue un cadre de concertation des pays du golfe de Guinée, pour la coopération et le développement ainsi que pour la prévention, la gestion et le règlement des conflits liés à la délimitation des frontières et l'exploitation économique et commerciale des richesses naturelles situées aux limites territoriales et notamment en cas de chevauchement des Zones Économiques Exclusives des Etats membres ».

A la différence de la CBLT dont la réactivation est considérée comme une mesure de renforcement de la confiance mutuelle par le communiqué conjoint publié à l'issue du sommet de Genève du 15 novembre 2002, rien ne justifiait l'association de la CGC au processus d'exécution de l'arrêt du 10 octobre[1450]. Cette combinaison est une suite de l'arrêt. Ce n'est qu'à partir de la 15e session de la CMCN des 6-7 septembre 2006 que la CGG se retrouve impliquée dans le travail de la Commission mixte Cameroun-Nigeria. Les autorités de la CGG y ont annoncé la création d'institutions nécessaires au bien-être des populations affectées par l'arrêt *Cameroun c. Nigeria* et au renforcement de la coopération internationale[1451], sans plus de précision. Cette annonce n'a d'ailleurs été suivie d'aucune mesure spécifique, si bien que l'on pourrait s'interroger sur l'utilité de l'intervention de la CGG dans le processus d'application de la décision judiciaire, et partant sur l'opportunité de son existence en tant qu'organisation régionale[1452].

Pour conclure, le recours à la coopération au moment de l'exécution de l'arrêt du 10 octobre 2002 incite à désormais apporter une réponse nuancée à la question « qu'est-ce qu'exécuter veut dire ?»[1453]. Plus que la simple réalisation

---

1450 E. MISS, « Géostratégie maritime dans le golfe de Guinée », *R.A.D.*, n° 002, avril-juin 2000, pp. 39-40.

1451 Voir le communiqué adopté à la 15ème session de la CMCN à Yaoundé les 6-7 septembre 2006, §5.

1452 Sur le sujet, R. D. AKOHOU, « Exploitation pétrolière en mer et droit international : aspects juridiques et environnementaux pour les Etats côtiers du golfe de Guinée », *Droit maritime et océanique*, Division des affaires maritimes et du droit de la mer Bureau des affaires juridiques, Nations Unies, New York, 2008, p. 5. ; G. C. ESSABE, *Enjeux géopolitiques et tensions dans le Golfe de Guinée : approche communautaire de règlement par la diplomatie parlementaire*, Mémoire de DEA géopolitique et géostratégie des océans, Université Omar Bongo, 2008, p. 8 ; H.-P. M'BAKI, *Les conséquences environnementales de l'activité pétrolière dans le Golfe de Guinée*, Mémoire de Master II Droit maritime et océanique, Université de Nantes, 2006-2007, p. 28 ; J. NDOUTOUME, *Aspects géopolitiques et géostratégiques de l'exploitation pétrolière dans les pays du Golfe de Guinée*, Thèse de doctorat en Géographie, Université de Nantes, 2007, 345 p., p. 13.

1453 G. DEHARO, « Ce qu'exécuter veut dire... Une approche théorique de la notion d'exécution », *Droit et procédures*, juillet-août 2005, n°4, pp. 208- 214, p. 210 : « Du latin *exsequi* (suivre

effective des dispositions d'un jugement, l'exécution renvoie désormais à une action coordonnée de plusieurs sujets étatiques en vue d'atteindre des objectifs communs dans un domaine donné (la coopération)[1454]. Elle ne concerne plus seulement l'opération matérielle consistant à reporter sur le terrain la ligne frontière délimitée par le juge international entre deux Etats limitrophes, mais s'étend à des programmes d'aide aux populations frontalières affectées par celle-ci. Ainsi, la coopération interétatique provoquée par le juge international apparaît comme un moyen détourné de « créer les conditions de stabilité et de bien-être nécessaires pour assurer entre les nations des relations pacifiques et amicales »[1455].

Cette expérience dévoile la contribution incidente de l'organe judiciaire principal de l'ONU au développement de la coopération et des relations amicales entre les Etats. C'est en effet à la suite de son exhortation qu'a été consolidée la confiance des Etats dans le processus post-jugement. Dans les pays dits « les moins avancés », la décision de justice territoriale doit être pérennisée par le développement économique, social et culturel, seul rempart contre la résurgence des facteurs belligènes tenant à la coexistence entre les populations[1456]. La régionalisation du suivi de l'arrêt amorce une dynamique favorable en ce sens. Désormais, la route de la paix et de la justice passe par le droit et le développement[1457], donc par la coopération.

---

jusqu'au bout), l'exécution est une notion paradoxale et ambiguë. Elle s'inscrit dans la continuité d'un processus d'élaboration du droit dont elle est destinée à assurer l'effectivité. L'exécution cristallise le passage du « symbolique » au concret dans la mesure où il ne s'agit plus de proclamer un droit, mais de lui donner une portée pratique. L'exécution se définit comme le droit à la réalisation du droit substantiel, reconnu dans le titre exécutoire. En d'autres termes, l'exécution désigne le passage d'une rhétorique judiciaire à la réalisation du résultat effectivement attendu par le plaideur ».

[1454] *Ibid.*

[1455] Article 55 alinéas a et b de la Charte des Nations Unies.

[1456] G. ABI. SAAB, *op.cit.*, note 22, pp. 448 et suiv.

[1457] A/ RES/2626 (xxv), Stratégie internationale du développement sur la deuxième décennie des Nations Unies pour le développement, 24 octobre 1970.

Conclusion du titre

L'exécution de l'arrêt de la CIJ du 10 octobre 2002 repose sur une concertation visant à développer les rapports de bon voisinage entre populations relevant des deux parties. Sous les auspices de la communauté internationale, notamment de l'ONU, la matérialisation de la ligne frontière délimitée par voie judiciaire, malgré les frictions diverses qu'elle a entraînées, n'a pas empêché la naissance et la consolidation progressive de la coopération dans l'intérêt de populations généralement très imbriquées. Dans le cadre de la Commission mixte Cameroun-Nigeria et de ses institutions-relais telles que la Commission du Bassin du lac Tchad et la Commission du Golfe de Guinée, la coopération transfrontalière est devenue un phénomène « naturel » d'accompagnement de la mise en œuvre du dispositif judiciaire. Ce mécanisme *sui generis* original est d'une puissante originalité. L'ONU a incité les parties à recenser les domaines d'intervention pouvant permettre d'améliorer les conditions de vie des populations concernées et de renforcer leur confiance dans la mise en œuvre de la décision de la Cour. Désormais, l'exécution d'un arrêt de la Cour transcende le cadre de la simple démarcation des frontières. Elle consiste en un ensemble de mesures devant bénéficier aux populations frontalières affectées par la démarcation des frontières, donc à la conclusion d'accords et arrangements utiles à cette fin.

Titre 2.
Une exécution fondamentalement conventionnelle

Dans l'affaire de la *Frontière terrestre et maritime entre le Cameroun et le Nigeria*, la négociation diplomatique provoquée et encadrée par la communauté internationale, notamment l'ONU, a été le moyen sûr de parvenir à l'effectivité de l'arrêt du 10 octobre 2002. Les parties se sont attelées à une mise en œuvre conventionnelle et diplomatique de la décision. La signature d'un accord post-judiciaire sous les auspices de la communauté internationale (Chapitre I), et ensuite, le sens et la portée des arrangements post-judiciaires (Chapitre II) sont à cet égard instructifs.

Chapitre 1.
La signature d'un accord post-judiciaire

Dans l'affaire de la *Frontière terrestre et maritime entre le Cameroun et le Nigeria*, la conclusion sur la base de la décision judiciaire d'un accord spécifique intégrant des questions connexes s'avérait « hautement désirable »[1458]. C'est ce qui a déterminé l'intervention du Secrétaire général de l'ONU de l'époque, M. Kofi Annan. Il a soumis aux parties un projet d'accord concernant les modalités de retrait et de transfert d'autorité dans la presqu'île de Bakassi et après consultations, a convié les deux présidents à Greentree, près de New York. L'accord du 12 juin 2006[1459] conclu en présence du Secrétaire général des Nations Unies, des représentants de quatre Etats faisant avec lui office de « témoins » (l'Allemagne, la France, les Etats-Unis et le Royaume-Uni), des chefs d'Etat du Cameroun et du Nigeria, a constitué un signe positif pour les parties et pour la Cour elle-même[1460]. Il s'agit d'une étape prise *a priori* en attendant l'arrêt de la Cour[1461].

Les Etats subsahariens ont été soumis à une pression soutenue de la part des grandes puissances, si bien qu'ils pouvaient difficilement y surseoir. Même si la priorité fut donnée à leur consentement et qu'ils pouvaient en théorie refuser de collaborer, c'est sous l'impulsion de la France, du Royaume-Uni et d'autres pays qu'ils se sont résolus à ce compromis inspiré d'un accord frontalier du 19e siècle entre l'Equateur et le Pérou. Tout ce qui a trait à l'accord de Greentree met en évidence la place prépondérante des négociations dans l'exécution de la

---

1458 L'expression « hautement désirable » a été employée par la C.P.J.I., *Société commerciale de Belgique*, après avoir noté que les parties sont d'accord « pour envisager des négociations en vue d'arriver à un règlement amiable de la question des suites des sentences arbitrales en cause, dans lequel il serait tenu compte, entre autres, des possibilités de paiement de la Grèce ». Arrêt du 15 juin 1939, Série A/B, n° 78, p. 178.

1459 L'accord entre la République du Cameroun et la République fédérale du Nigeria concernant les modalités de retrait et de transfert d'autorité dans la presqu'île de Bakassi, le 12 juin 2006, publié sur le site de l'UNOWA : www.un.org/unowa .

1460 Il ne faut pas faire abstraction des incitations judiciaires à une exécution négociée contenues dans l'arrêt de la CIJ. du 10 octobre 2002 aux §§ 313-316, ainsi que dans la déclaration du président de la CIJ., M. Gilbert Guillaume à la suite de l'arrêt ou encore dans les opinions des juges jointes à l'arrêt, notamment celle du juge Oda au § 5. Voir Partie I, Titre I, Chapitre I.

1461 A titre d'exemple, l'arrêt relatif au *Différend frontalier* (Burkina Faso c. République du Mali) prévoit que : « La chambre n'en tient pas moins à relever avec satisfaction que le communiqué final de la première conférence extraordinaire des chefs d'Etat et de gouvernement des pays membres de l'accord de non-agression et d'assistance en matière de défense (ANAD), diffusé le 18 janvier 1986, fait notamment Etat de ce que les chefs d'Etat du Burkina Faso et de la République du Mali ont accepté de retirer toutes leurs forces armées de part et d'autre de la zone contestée et de leur faire regagner leur territoire respectif » (CIJ., *Différend frontalier* (*Burkina Faso c. République du Mali*), arrêt du 22 décembre 1986, *Rec.*, par. 178).

décision du 10 octobre 2002. Si les deux Etats ont dû procéder de la sorte, sur quoi portent ces négociations ? Est-il admissible que les parties puissent négocier la portée d'un arrêt revêtu de l'autorité de chose jugée? Jusqu'où peuvent-elles aller sans remettre en cause le principe général, y compris en droit international public, de la *res judicata* ? Les négociations post-jugement sont révélatrices du dilemme dans lequel se retrouvent généralement la plupart des Etats impliqués dans le règlement des différends : faut-il rechercher un climat d'apaisement par l'indexation d'un règlement diplomatique au règlement judiciaire ou imposer la décision obligatoire et conforme au droit international, ce qui conduirait à retarder la solution du litige ? La mise en œuvre de l'arrêt du 10 octobre 2002 ayant été entamée dans la zone du lac Tchad et sur une partie de la frontière terrestre, l'adage *lex posterior priori derogat*[1462] s'applique-t-il dans ce cas ? L'accord a-t-il conduit les parties à une solution différente de celle prévue par le dispositif de l'arrêt ? Au vu de ces interrogations, la fonction judiciaire apparaît d'emblée compromise par la conclusion d'un mécanisme extrajudiciaire susceptible de remettre en question la décision. De fait, l'analyse de cet accord permet d'exposer un instrument de technique conventionnelle et diplomatique mobilisé sous l'impulsion de l'ONU pour mettre en œuvre un énoncé juridictionnel formellement revêtu de la *res judicata*. On ne saurait méconnaître en premier lieu l'influence des facteurs contextuels (Section I) ; et ensuite, le contenu et le suivi de l'accord (Section II).

Section 1. L'influence des facteurs contextuels

Le contexte de pyrrhonisme (scepticisme intégral) et d'enthousiasme selon les autres[1463] influence le contenu de l'accord du 12 juin 2006. Parmi la variété des éléments contextuels, il est possible de distinguer : l'importance du contexte juridique et diplomatique de l'accord intervenu dans les suites de l'arrêt du 10 octobre 2002[1464] (Paragraphe I) ; l'importance inavouée des intérêts présentés comme vitaux par les parties et la communauté internationale (Paragraphe II) et la gravité des logiques culturelles africaines (Paragraphe III).

[1462] Traduction : une loi subséquente implique l'abolition d'une loi plus ancienne.

[1463] A. D. OLINGA, « L'accord de Greentree, la géopolitique au secours du droit international ; enjeux », *Bulletins d'analyses géopolitiques pour l'Afrique centrale*, Yaoundé, 29 octobre-décembre 2006, pp. 3-6 ; R. EKOKA SAM EWANDE, « *Pax Americana* sur Bakassi », *Le Messager* du 21 juin 2005, n° 1754.

[1464] En effet, dans certains cas, la négociation dans l'exécution de la décision judiciaire a eu une portée décisive dans le règlement du litige. Voir, pour les cas les plus emblématiques, les affaires du CIJ., *Plateau continental (Tunisie c. Jamahiriya arabe libyenne)*, arrêt du 24 février 1982, *Rec.* 1982, pp- 32-35 *;* Sentence arbitrale du 12 juillet 1989, *Rec.* 1990, p. 66, *Différend territorial* (Jamahiriya arabe libyenne c. Tchad), *Rec.* 1994, p. 4, et CIJ., *Frontière terrestre et maritime entre le Cameroun et le Nigeria* (Cameroun c. Nigeria, Guinée équatoriale, intervenant), arrêt du 10 octobre 2002, Rec., p. 353.

Paragraphe 1. L'importance assumée du contexte historique et diplomatique de l'accord

D'un point de vue strictement juridique, la trame historique et politique de l'accord ne peut constituer une circonstance propre à déterminer le droit conventionnel applicable. Pourtant, le contenu de l'accord montre que le facteur historique et diplomatique joue un rôle quelquefois déterminant. Il emporte des conséquences qui vont au-delà de ce qui est formellement énoncé[1465]. Tout dans cette affaire se situe dans le prolongement du statut de la négociation provoquée par le juge international dans l'arrêt du 10 octobre 2002[1466]. L'accord post-judiciaire résulte de cette stratégie[1467].

On retiendra ici le caractère très subtil de la jurisprudence internationale dont la parole judiciaire autorise un renvoi au règlement conventionnel[1468]. Tout en préservant sa fonction judiciaire par référence à son statut, la Cour encourage quelquefois les parties à conclure un accord d'exécution de l'arrêt[1469]. La Haute juridiction renvoie même les parties au règlement diplomatique dans l'affaire du *Différend frontalier Burkina Faso c. Mali*[1470]. Tout ceci revient à constater que l'opération politico-juridique dans laquelle s'inscrit l'accord de 2006 ne s'envisage qu'à l'aune du réalisme de la fonction juridictionnelle. C'est en effet le juge international lui-même qui a autorisé un

[1465]CIJ., *ibid., Rec.,* p. 12. Voir C. PECK, R. S. LEE, *Increasing the Effectiveness of the International Court of Justice, Proceedings of the ICJ/UNITAR Colloquium to Celebrate the 50th Anniversary of the Court,* vol. 29, 1997, Martinus Nijhoff Publishers/UNITAR, 542 p., p. 324.

[1466] Comme ce fut le cas dans l'arrêt de la CIJ. rendu en l'affaire précitée de la *Sentence arbitrale du 31 juillet 1989.* La Cour avait demandé aux parties d'appliquer la sentence après avoir validé la délimitation opérée par l'accord franco-portugais du 26 avril 1960, et de procéder à des négociations pour arrêter la délimitation de leurs zones économiques exclusives, question non tranchée par la sentence du 31 juillet. De même, dans l'affaire précitée du *Plateau continental* (Tunisie c. Libye), la Cour s'est contentée d'obliger les parties à négocier de bonne foi en vue de fixer le tracé de la ligne de délimitation de leur plateau continental respectif, bien qu'elle se soit réservé le droit de décrire approximativement le tracé que devrait suivre ladite ligne.

[1467]*Ibid.* Voir notamment le § 5 de la déclaration du juge ODA, jointe à l'arrêt de la CIJ. du 10 octobre 2002, *Rec.*, p. 17.

[1468] CIJ., ordonnance du 29 juillet 1991, *Rec.*, p. 20. Depuis 1980, plusieurs affaires ont été rayées du rôle après que les parties ont négocié et sont parvenues à un règlement amiable à travers la conclusion ou non de divers accords sur le litige qui les oppose. CIJ., *Incident aérien du 3 juillet 1988* (Iran c. Etats-Unis d'Amérique), arrêt du 22 février 1996 ; CIJ., *Délimitation maritime entre la Guinée-Bissau et le Sénégal* (Guinée-Bissau c. Sénégal), arrêt du 8 novembre 1995 *; Actions armées frontalières et transfrontalières,* rayées du rôle le 27 mai 1992 après que le Nicaragua eut renoncé à faire valoir ses droits à la suite de l'accord extrajudiciaire visant à favoriser ses relations de bon voisinage avec le Honduras ; CIJ., *Certaines terres à phosphates à Nauru* (Nauru c. Australie), arrêt du 10 septembre 1993 ; CIJ., *Passage par le grand Belt* (Finlande c. Danemark), 10 septembre 1992, CIJ., *Sentence arbitrale du 31 juillet 1989* (Guinée-Bissau c. Sénégal), arrêt du 12 novembre 1991, *Rec.*, pp. 52-184.

[1469] CIJ., *Souveraineté sur Pedra Branca/Pulau Batu Puteh, Middle Rocks et South Ledge,* (Malaisie c. Singapour), arrêt du 23 mai 2008, *Rec.*2008, p. 12.

[1470] CIJ.., *Différend frontalier (Burkina Faso c. République du Mali),* arrêt du 22 décembre 1986, *Rec.*, p. 554.

règlement extrajudiciaire additionnel ou de succession. Cette perspective dément toute idée de concurrence entre les modes de règlement des différends. On est moins enclin à penser que le recours à des procédés politico-diplomatiques réduit la portée du règlement judiciaire en la faisant apparaître comme un élément insuffisant pour résoudre le litige, parce que son efficacité serait conditionnée par un accord ultérieur. L'unité de but à savoir le règlement pacifique du différend assure une continuité entre la logique judiciaire et la logique extrajudiciaire de l'accord du 12 juin 2006.

Au demeurant, l'interdépendance entre la trame historique et diplomatique du différend et l'accord de Greentree est assurée par les parties et les tiers. Par suite du non retrait des troupes nigérianes de la presqu'île de Bakassi en date du 14 septembre 2004, date prévue, mais non respectée pour le retrait, les protagonistes ont « conjointement » investi dans des pourparlers diplomatiques tripartites supplémentaires. Ces derniers ont abouti à la signature de l'accord qui, selon le communiqué de presse de l'ONU : « met fin au conflit frontalier de la péninsule de Bakassi »[1471].

Cet instrument est le dernier pilier juridique et politique d'un processus ayant débuté à Saint-Cloud. Ces réunions laissaient subodorer que des arrangements spécifiques relatifs à la presqu'île de Bakassi étaient inéluctables, notamment en ce qui concerne le sort des ressortissants nigérians sédentarisés plus ou moins durablement dans la péninsule litigieuse. Cette perspective est apparue plus évidente à la suite de la visite du président Obasanjo à Yaoundé les 28 et 29 juillet 2004. Le communiqué conjoint publié à l'issue de cette rencontre dévoilait le consentement du gouvernement nigérian « pour l'ouverture des négociations en vue de la conclusion d'un accord de non-agression »[1472]. Un projet d'accord sur la question avait du reste été soumis par le Nigeria à l'examen de la Commission mixte Cameroun-Nigeria au mois de mai 2005[1473]. Dans l'interview donnée à l'hebdomadaire *Jeune Afrique l'Intelligent* le 24 mai 2005 à Paris, en marge de sa visite officielle en France, le président Obasanjo du Nigeria affirme : « La décision de la Cour internationale de Justice n'est pas en cause, mais il faut trouver des voies acceptables, amicales et politiques pour sa mise en œuvre »[1474].

Cette déclaration du président de la République fédérale du Nigeria, non démentie par son homologue du Cameroun, laissait entendre qu'en dépit de l'engagement exprès des parties à respecter l'arrêt, celles-ci pouvaient éventuellement prendre des dispositions qui atténueraient la portée de la chose jugée. On retrouve cette situation dans de nombreuses affaires,

---

[1471] Communiqué retranscrit par *Cameroon tribune*, 5 janvier 2007, p. 3.

[1472] Voir l'intégralité du communiqué conjoint rendu public à l'issue de la visite officielle du président Obasanjo, Yaoundé, *Cameroon tribune*, 30 juillet 2004, p. 5.

[1473] *Ibid.*

[1474] Interview *in Jeune Afrique l'Intelligent*, 29 mai - 4 juin 2005.

particulièrement, *Plateau continental* (*République fédérale d'Allemagne c. Danemark*)[1475] et *Plateau continental* (*Tunisie c. Libye*)[1476], et *Délimitation maritime entre le Groenland et Jan Mayen*[1477], Guinée-Bissau/Sénégal[1478].

A première vue, la possibilité pour les Etats d'écarter par voie d'accord le contenu de l'arrêt pour laquelle une majorité de la doctrine est pourtant favorable[1479], réduit la portée du règlement juridictionnel. C'est ce que soutient Philippe Weckel[1480]. Selon lui, « la prégnance du phénomène conventionnel dans les suites des décisions judiciaires réduit considérablement la portée de la chose jugée ». En revanche, Léonardo Caldeira Brant s'y oppose en soulignant que « la possibilité d'une négociation

---

[1475] En l'espèce, les Etats ont demandé à la Cour de dire quels sont les principes et règles de droit international applicables et ils se sont engagés à procéder ensuite aux délimitations sur cette base. A. Reynaud, qui consacra une thèse aux suites de cet arrêt, est arrivé à la conclusion que, dans les accords et la délimitation qui ont suivi l'arrêt, les parties ne se sont inspirées de l'arrêt que de manière fragmentaire. A. REYNAUD, *La volonté, la nature et le droit, Les différends du plateau continental de la mer du Nord devant la Cour internationale de Justice*, Paris, L.G.D.J. 1975, 244 p., p. 15.

[1476] Dans l'affaire opposant la Tunisie et la Libye, la Cour considéra que les parties, obligées de se conformer à l'arrêt, « doivent à cette fin se réunir après le prononcé de l'arrêt pour appliquer les principes et les règles que la Cour aura énoncés comme régissant la délimitation du plateau continental, en vue d'aboutir à la conclusion d'un traité ». CIJ., *Plateau continental (Tunisie c. Jamahiriya arabe libyenne),* arrêt du 24 février 1982, *Rec.*, p. 40, par. 30. Italiques ajoutées.

[1477] Comme autre exemple, voir les accords de 1995 et 1997 qui ont suivi l'arrêt de la CIJ. en 1993 dans l'affaire de *Délimitation maritime entre le Danemark et la Norvège*. Voir R. E. FIFE, « Les accords faisant suite à l'arrêt rendu par la Cour internationale de Justice en 1993 dans l'affaire entre le Danemark et la Norvège concernant la délimitation maritime dans la région située entre le Groenland et Jan Mayen », *Ann. du droit de la mer*, 1999, tome IV, pp. 199-214.

[1478] CIJ., *Sentence arbitrale du 31 juillet 1989 (Guinée-Bissau c. Sénégal*), arrêt du 12 novembre 1991, pp. 52-184.

[1479] Pour C. SANTULLI, « Les décisions juridictionnelles ne sont pas « impératives » : le principe est bien la disponibilité des décisions juridictionnelles. Une fois la décision rendue, les parties peuvent convenir d'une solution différente : si la décision s'impose à chaque partie, elle cède devant leur volonté commune », C. SANTULLI, *Droit du contentieux international*, Paris, Montchrestien, 2005, 584 p., p. 478. L. Condorelli, dans le même sens et de manière très générale, s'est appuyé sur le caractère consensuel du règlement judiciaire international pour considérer que « les parties peuvent arrêter la procédure en cours de chemin si elles s'accordent dans ce sens, comme elles peuvent décider concurremment, soit de ne pas se conformer à la solution dictée par le juge, soit même de remettre à un nouveau juge la même question (ou de choisir un autre moyen de règlement pour le différend que le juge avait tranché [...]. En somme, la décision est pour ainsi dire remise aux parties qui doivent la respecter en vertu de leur engagement préalable, dans les limites prévues par celui-ci et dans la mesure où il continue d'être en vigueur ; par conséquent, il n'est nullement défendu aux mêmes parties de modifier, d'abroger ou de remplacer ledit engagement à un moment quelconque » L. CONDORELLI, « L'autorité des décisions des juridictions internationales permanentes », *op.cit.*, p. 292. Dans le même sens, voir L. DELBEZ, *Les principes généraux du contentieux international, op.cit.*, note 195, p. 135. Enfin, Léonardo Caldeira Brant s'appuie, pour sa part, sur l'argument de la nécessité sociale pour soutenir et justifier la liberté des Etats parties de convenir à un règlement qui diffère de celui opéré par la juridiction internationale. N. C. BRANT, *L'autorité de la chose jugée en droit international public, op.cit.*, p. 336.

[1480] P. WECKEL, « Les suites des décisions… », *op.cit.*, note 557, p. 437

ultérieure à la sentence n'exclut pas son effet obligatoire et définitif, elle ne réduit pas la portée de la chose jugée »[1481].

Rien dans le contenu de l'arrêt de 2002 ne laissait penser que l'accord suggéré aux parties par la Cour le frapperait de précarité, comme si son caractère définitif et contraignant était conditionnel et relatif. Le moins qu'on puisse affirmer à ce stade est que le processus initié à Saint-Cloud sous l'égide de l'ONU a préparé l'acceptabilité politique de la décision de la CIJ La signature de l'accord *post-jugement* concrétise cette approche. Les conditions de négociation de l'accord de Greentree mettent l'accent sur une « conception africaine du contentieux dans laquelle le règlement d'un différend ne se solde pas par un vainqueur et un vaincu qui quittent le prétoire en se tournant le dos, mais consiste en la recherche d'une solution réellement équitable parce qu'acceptable par l'une et l'autre parties »[1482].

En somme, l'importance de la diplomatie dans le contentieux international illustre les limites du fondement exclusivement juridique du règlement judiciaire et post-judiciaire. D'ailleurs, les « relations de pure force »[1483] existant entre les parties sont susceptibles de troubler les équilibres du droit et les relations de bon voisinage.

Paragraphe 2. L'importance inavouée des intérêts (politiques) vitaux en présence

La nature du droit international est ancrée dans les réalités économiques, politiques et sociales. Elles peuvent avoir une influence dans la recherche d'un accord entre les parties en vue du règlement du différend. Les Etats concernés recourent alors aux stratégies politiques d'utilisation des voies de droit décrites par Lacharrière dans son maître-livre[1484]. L'accord de Greentree reflète ainsi l'état structurel des rapports de force existants. La conjoncture elle-même a sur le traité des effets très évidents[1485]. Ceci atteste de la paradoxalité de l'accord de Greentree[1486]. Il assure la primauté du droit sur les rapports de force, alors que ceux-ci ont implicitement présidé à son élaboration. L'impact des intérêts politiques des parties (A), et de la

---

[1481] N. C. BRANT, *op.cit*, note 1003, p. 334

[1482] M. KAMTO, « Le contentieux de la frontière maritime entre la Guinée-Bissau et le Sénégal », *op.cit.*, p. 734.

[1483] Pour un bref aperçu des doctrines en la matière, A. TRUYOL SERRA, « Cours général de droit international public », *R.C.A.D.I.*, vol. 173, 1981-IV, p. 105-108.

[1484] Sur le sujet, G. de LACHARRIERE, *op.cit.*, note 88.

[1485] A. PELLET, « Le bon droit et l'ivraie - Plaidoyer pour l'ivraie (Remarques sur quelques problèmes de méthode en droit international) », *Mélanges Charles Chaumont*, Paris, Pedone, 1984, pp. 465-493, p. 473.

[1486] AKONO EVANG, « Quand le droit fait problème à Bakassi : propos sur la paradoxalité de l'accord de Greentree », *R.A.E.P.S.,* n° 8-2012, pp. 131-154.

communauté internationale (B) s'il est difficilement mesurable, n'en imprègne pas moins l'accord.

A. Les intérêts politiques des parties

L'accord extrajudiciaire répond à la « loi des Parties »[1487]. Chacune d'entre elles déguise en règles de droit des visées qu'elle juge souhaitable[1488]. Cette logique est présente dans le contexte de l'élaboration de l'accord post-jugement[1489]. Le Cameroun (1) et le Nigeria (2) entendent garantir par son biais la primauté des intérêts de « haute politique »[1490].

1. Cameroun

La défiance du Cameroun à l'endroit du Nigeria en matière de signature d'accords dits « personnels » est notoire. Maître Douala Moutome, ministre de la Justice et agent de la République du Cameroun à la Cour internationale de Justice de 1994 à 1998 en fait l'écho : « La partie nigériane remet en cause tous les accords par lesquels elle est liée et n'en conclura de nouveau que pour mieux endormir la méfiance du Cameroun »[1491]. Bien qu'il détienne « l'ordre en puissance »[1492], cet Etat n'a pas sollicité le Conseil de sécurité en dépit de l'exécution partielle de l'arrêt pendant la période 2002-2006. La posture du Conseil de sécurité dans l'affaire des *Activités militaires et paramilitaires au Nicaragua et contre celui-ci*[1493] est un précédent peu enthousiasmant pour les autorités camerounaises. Autant de raisons selon Jean-Pierre Fogui pour que

---

[1487] CH. DE VISSCHER, *Théories et réalités en droit international public*, Paris, Pedone, 1970, 451 p., p. 275.

[1488] A. PELLET, « Le bon droit et l'ivraie - Plaidoyer pour l'ivraie (Remarques sur quelques problèmes de méthode en droit international) », *op.cit.*, p. 471.

[1489] Que le droit se réduise à un rapport de force en reflétant l'utilité du plus fort est une idée ancienne. Elle se retrouve dans la pensée de certains théoriciens. A. LASSON, *Princip und zukunft des Völkerrechts*, Berlin, 1871, 1 vol. XII-196 p. ; A. LUNDSTEDT, *Le droit des gens, danger de mort pour les peuples*, Paris, De la Phalange, 1925, 150 p. ; K. OLIVECRONA, *Law as a Fact*, Copenhague/Londres, 1939, p.124.

[1490] Selon, F. GIRAUD : « La politique se présente comme une activité qui vise à organiser la vie sociale et à harmoniser les intérêts concurrents en vue du bien commun d'une société. Elle se transforme en « Haute politique » quand elle a pour objet ce qui est considéré comme intérêt vital d'une société à un moment donné quand elle touche à la distribution ou aux sphères intimes du pouvoir ». F. GIRAUD, « Le droit international public et la politique », *R.C.A.D.I*, 1963-III, vol. 110, pp. 419-809. pp. 419-120.

[1491] *Cameroon tribune* du 12 juillet 1997.

[1492] M. HAURIOU, *Précis de droit constitutionnel*, Paris, Recueil Sirey, 1923, p. 16.

[1493] CIJ., *Activités militaires et paramilitaires au Nicaragua et contre celui-ci, compétence de la Cour et recevabilité de la requête,* (Nicaragua c. Etats-Unis), arrêt du 26 novembre 1984, *Rec.*, p. 439.

le Cameroun « évite le piège du Conseil de sécurité », par crainte que le veto de l'un de ses membres ne puisse « hypothéquer » l'application de la décision dans un délai raisonnable[1494].

L'Etat camerounais a opté pour l'accord de Greentree par pur réalisme. Son intérêt le dictait. Il a en outre été « encouragé » à le faire par la communauté internationale. La signature d'un accord post-jugement devait lui permettre de récupérer une presqu'île qu'il ne lui était pas possible de récupérer autrement que par le recours au droit. En théorie, les autorités de ce pays se sont montrées fermes sur le fait que le contenu de l'arrêt du 10 octobre 2002 n'était pas négociable. En pratique, elles ont consenti à de nombreuses concessions.

La logique de la force détermine le procédé de création de la plupart des règles juridiques, donc de l'accord du 12 juin 2006. Ceci s'explique par le fait que : « les règles de droit ne sont pas des lois de la nature, mais la conséquence d'une contradiction primitive qui a été provisoirement surmontée »[1495]. Elles sont « la manifestation plus ou moins policée des rapports de force, l'expression de leur équilibre à un moment donné »[1496]. Sous cet angle, on serait tenté de conclure que le procédé conventionnel, tributaire des volontés particulières des Etats impliqués n'est que la reproduction passive des rapports de force. Ceux qui dominent (ici le Nigeria) sont obligés de mettre des formes à leur domination[1497]. Peut-on en déduire pour autant que la force s'est affirmée au détriment du droit, ou au service du droit[1498] ?

Une telle supposition serait assurément exagérée à plusieurs titres. Le premier est circonstanciel : le retrait du Nigeria est bel et bien intervenu le 14 août 2008, puis le 14 août 2013. Les autres explications sont d'ordre théorique. Malgré la tentative de remise en cause de la validité de l'accord de Greentree opérée en 2008 par un groupe de sénateurs nigérians[1499], nonobstant l'opinion publique camerounaise qui percevait cet accord comme un pacte capitulaire résultant d'un « chantage » de l'ONU et du Nigeria à l'endroit du chef d'Etat camerounais, on relèvera, sur un strict plan juridique, l'absence de vice du

1494 J-P. FOGUI, *Les leçons du conflit de Bakassi*, Yaoundé, Ed. Sopecam, 2010, p. 16. L'accord prévoyait que le Nigeria s'engageât à retirer l'ensemble de ses forces armées de la presqu'île de Bakassi dans les soixante jours qui suivaient la signature de cet accord. Le délai de deux ans (2006-2008), malgré la complexité de la situation frontalière du Cameroun et du Nigeria, ne peut être considéré comme raisonnable et ce, en raison des résistances du Nigeria.

1495 A. PELLET, « Harmonie et contradictions de la justice internationale », *op.cit.*, p. 195.

1496 *Ibid.*

1497 M. TROPER, *La philosophie du droit*, Paris, P.U.F., *Que sais-je ?* pp. 36-37.

1498 Sur le sujet, M. MOHAMED SALAH, « Le droit international, droit du plus fort? », in E. JOUANNET, H. RUIZ FABRI, J.-M. SOREL (dir), *Regards d'une génération sur le Droit International*, Paris, Pedone, 2008, pp.343 -38.

1499 Voir le Chapitre II, Titre II, Partie II.

consentement, erreur, dol, corruption, contrainte exercée sur le représentant de l'Etat camerounais[1500], ou « contrainte exercée sur un Etat par la menace ou l'emploi de la force »[1501].

La pression exercée par la communauté internationale sur les parties n'équivaut pas à une « contrainte » au sens juridique. Cet aspect suscite quelques observations. Il est malaisé de disjoindre l'article 52 de la Convention de Vienne sur le droit des traités de 1969 intitulé « contrainte exercée sur un Etat par la menace ou l'emploi de la force » de l'article 2 § 4 de la Charte qui condamne le recours à la force. En plus, la « pression » et/ou « contrainte » qu'aurait éventuellement subie le Cameroun est absolument distincte du vice de volonté que constitue la violence morale exercée sur les personnes physiques représentant l'Etat camerounais. Elle ne saurait constituer une cause d'invalidité de l'accord en vertu du droit international. Il ne faut en somme pas exagérer la portée des dispositions en matière de contrainte. Elles sont difficilement applicables, dans la mesure où toute négociation traduit un rapport de force entraînant souvent de la part d'un Etat une acceptation contrainte[1502]. Des voix parmi les plus autorisées de la doctrine ont fait le constat selon lequel : le droit international ne nie pas les contradictions, il cherche à les résoudre[1503]. Représentation de ce qui est, le *jus gentium* est le reflet des tensions entre les parties. Au total, le Cameroun a surmonté un rapport de force qui lui était défavorable en tirant efficacement avantage du droit international. Ceci incite à nuancer la situation déplorée par un commentateur estimant que « le droit n'est pas une arme très appropriée pour combattre les tigres »[1504].

[1500] Article 51 de la Convention de Vienne sur le droit des Traités.

[1501] Article 52 de la Convention de Vienne sur le droit des Traités.

[1502] O. DE FROUVILLE, E. DECAUX, *Droit international public*, Paris, Dalloz, 8ème édition, 2012, p. 43. Les auteurs y observent que « Même dans une situation limite, comme celle des accords d'Alger du 19 janvier 1981 conclus entre les Etats-Unis et l'Iran, grâce aux bons offices de l'Algérie, pour mettre fin à la prise en otage de diplomates américains, les Etats-Unis n'ont pas invoqué le chantage qu'ils avaient subi, comme ils auraient pu très légitimement le faire, préférant montrer qu'un grand pays doit toujours respecter la parole donnée ».

[1503] Les normes juridiques ne sont pas « des lois de la nature ; (elles...) sont la conséquence d'une contradiction (primitive) qui a été surmontée. (Charles Chaumont, « A la recherche du fondement du caractère obligatoire du droit international », in *Rencontre de Reims, Réalités du droit international contemporain*, C.E.R.L, 1978, p. 4), mais les contradictions qui forment la trame des rapports humains sont surmontées, ou mises entre parenthèses, ou camouflées. (C. CHAUMONT, « Le droit des peuples à témoigner d'eux-mêmes... , préc.., pp. 26-27). A. PELLET, « Le bon droit et l'ivraie - Plaidoyer pour l'ivraie (Remarques sur quelques problèmes de méthode en droit international) », *op.cit.*, p. 473.

[1504] A. PELLET, *Ibid.*, p. 493.

2. Nigeria

Les négociations post-jugement renseignent sur les usages politiques de la souveraineté. En l'espèce, le gouvernement nigérian avait conscience de ne pouvoir durablement s'opposer à la mise en œuvre de la décision de la CIJ[1505]. Il a subi une pression considérable de la part de la communauté internationale durant la phase préparatoire de l'accord de Greentree. Les autorités de ce pays ne semblent pas avoir attendu du droit conventionnel plus qu'il ne peut offrir, c'est-à-dire des compromis acceptables. La stratégie de « règlement fraternel » du différend du défendeur a été constante durant les quarante années du conflit frontalier[1506]. Elle influence la phase post-jugement.

A défaut d'avoir triomphé devant la Cour en excipant de négociations « parallèles » ou « en cours » pour tenter de neutraliser sa compétence[1507], il a vu son plaidoyer en faveur du règlement négocié concrétisé par l'accord post-jugement[1508]. Ce que la partie nigériane a symboliquement perdu devant le prétoire, elle s'est donné les moyens conventionnels de ne pas le perdre véritablement ou totalement sur le terrain. En vérité, l'accord de Greentree assure le triomphe à rebours de ses thèses[1509] tendant à montrer que la question ne pouvait être réglée que par la voie de la négociation diplomatique entre deux « pays frères »[1510]. Le défendeur confère de ce fait au règlement une

---

1505 Ce précédent aurait été regrettable, puisque comme le signale le président Guillaume, l'histoire de la CIJ enseigne en effet que seuls trois arrêts ont comporté des éléments sérieux d'inexécution. Plus encore, l'affaire du détroit de Corfou s'est soldée par une condamnation de l'Albanie au paiement d'une somme totale de 844 000 livres et ne fut complètement réglée qu'au travers d'une nouvelle affaire qui permit une sorte de compensation entre l'Albanie et le Royaume-Uni, G. GUILLAUME, « Le suivi de l'exécution des décisions de la Cour Internationale de Justice au sein des organisations internationales », in *L'Effectivité des organisations internationales : mécanismes de suivi et de contrôle*, Athènes/Paris, Sakkoulas/Pedone, 2000, pp. 123-135, p.177.

1506 Lors de la première réunion de la session extraordinaire de l'organe central de l'OUA, le 11 mars 1994, la représentante nigériane accusa le Cameroun d'avoir « internationalisé » le conflit en le soumettant à des instances extra-africaines, dont « les interventions sont en général loin de se conformer aux intérêts des peuples du continent ». Elle exprima le souhait que cet organe se dessaisît du dossier au prétexte que des négociations directes permettraient de débloquer la situation. A. ZANGA, *L'OUA et le règlement pacifique des différends*, Paris, éd. ABC, 1998, 214 p., p. 110.

1507 CIJ., *Frontière terrestre et maritime entre le Cameroun et le Nigeria, Exceptions préliminaires (Cameroun c. Nigeria)*, arrêt du 11 juin 1998, *Rec.*1998, p. 275. Il arrive souvent notamment dans les affaires africaines soumises à la Cour que les Etats fassent valoir que les négociations diplomatiques en Cour figent le processus judiciaire.

1508 *Ibid.*

1509 Au Nigeria, il est considéré par l'opinion publique que cette formule conventionnelle est un « *face-saver* ».

1510 Luc Sindjoun relève que la métaphore du « frère » est couramment utilisée par les autorités camerounaises et nigérianes. A la délégation camerounaise qu'il reçoit à Abuja (Nigeria), le 12 janvier 1994, le général Sani Abatcha aurait dit : « il faut que je voie mon frère » (Paul Biya, le président du Cameroun). De même, côté camerounais, le Nigeria est présenté comme un pays frère. L. SINDJOUN, « Cameroun-Nigeria : le conflit ambigu », *Afriques Africaines*, p. 2. Cette dimension sentimentale dans laquelle la logique du droit pur est perçue comme n'ayant pas tout à fait sa place. Ce point mérite d'être développé. Nonobstant le caractère « transcendantal de l'autorité de la sentence juridictionnelle »[1511] favorable au Cameroun, le droit international associé à la géopolitique déclenche un mouvement de compensation propice au Nigeria. La politique juridique du Nigeria a été édifiée au prisme de ces considérations stratégiques[1512] et économiques[1513] ; bref géopolitiques. Elle a été impulsée par un groupe d'experts mandaté par le Nigeria en 1988 et dirigé par M. Bassey E. Ate.

Cette Commission d'experts a publié un rapport dans lequel elle résume ainsi la situation :

- ❖ Thesis one: « *The National Interest of Nigeria in the maritime area commonly shared with the Republic of Cameroon can only be secured) through effective control of the Cross River estuary and Bakassi peninsula. Such effective control, potentially, can be ensured either unilaterally by Nigeria or through collaborative action with Cameroon. For Nigeria, the strategic (maximum) purpose of any new negotiations with Cameroon should be to review the entire border question from the beginning, with the aim of arriving at a final solution that will ensured the attainment of the above objective* ».
- ❖ Thesis two: « *The vital considerations involved in the maritime dispute with Cameroon, for Nigeria, are strategic and political more so than legal*». D'où les recommandations et les options suivantes soumises au gouvernement de la République fédérale du Nigeria :

---

métaphore est utilisée par le président de la CIJ. de l'époque, M. Gilbert Guillaume dans sa déclaration consécutive à l'arrêt du 10 octobre 2002.

[1511] L. BRANT, *op.cit.*, note 736, p. 123.

[1512] Les motivations du Nigeria pour se maintenir à Bakassi le plus longtemps possible après la décision de la CIJ. ont été présentées par de nombreux auteurs, comme étant, en tous points, semblables à celles qui avaient justifié l'occupation de la zone, à la seule différence que la *res judicata* imposait au Nigeria d'accommoder ses prétentions avec des exigences juridiques internationales. Quatre thèses ont ainsi été avancées sur l'occupation nigériane : 1. La théorie de l'exutoire externe. 2. La thèse selon laquelle suite à la cession de Bakassi au Cameroun par le général Gowon en 1970, le Nigeria voudrait récupérer son territoire. 3. La théorie évoquant la nécessité pour le gouvernement fédéral de protéger les ressortissants nigérians de la zone des brimades de la police camerounaise dans le cadre de l'opération anti-contrebande « Daurade » entre la ville camerounaise de Douala et la frontière avec le Nigeria, lancée en 1993 sous l'instigation du Fonds Monétaire International (FMI). 4. La quatrième thèse met en exergue l'importance stratégique et économique de la zone (voir note 74). A. T. DJIMELI, *Bakassi, sur les chemins escarpés d'une reconstruction*, Ed. Ifrikiya, collection interlignes, Yaoundé, 2011, chapitre intitulé « Quatre thèses sur l'occupation », 182 p., pp. 9-15. Voir également, NOWA. OMOIGUI, 'Gowon and Bakassi', Editor, *Guardian Newspapers*, Lagos, Nigeria, sur le site : http://www.omoigui.com/, consulté le 20/11/2003.

[1513] *ABC des Nations Unies*, 2004, p. 348.

- *« One choice is to accept the « fait accompli » inherent in the Maroua Declaration, which means, in effect, a denial of Nigeria's exclusive Jurisdiction over the entirety of the Cross River estuary and the Calabar Channel. To the Cameroonians, this would be the optimal objective, amount to a ratification of 1913 agreements.*

In the nature of things, there appear to these three basic options:

- *As option one, Nigeria could unilaterally occupy Bakassi peninsula. In deciding to do so, of course, the military, logistic, political, financial and other factors bearing in the calculations of the out-come of such operation should be considered. Assuming the level of this action, Nigeria might then force the Cameroonians to enter into serious negotiations aimed at establishing acceptable boundary.*
- *A second option would be to offer to buy the Bakassi peninsula from Cameroon*
- *A third option is that Nigeria and Cameroon could seek to institute a «collaborative regime» that will administer the trans-border area in contention in the direct interest of the peoples residing there and for the mutual advantage of the two countries»*[1514].

Ces recommandations du rapport Bassey E. Ate, particulièrement en ce qui concerne l'occupation unilatérale de la péninsule de Bakassi par la force (option n° 1), le sort réservé à la population concernée (option n°3), et les négociations subséquentes (l'accord de Greentree) ont été effectivement mis en œuvre[1515]. A défaut d'avoir convaincu le Cameroun du partage pur et simple de la presqu'île faisant partie de l'annexe II du premier projet d'accord soumis par le Nigeria au Cameroun, les pourparlers diplomatiques post-judiciaires assurent la prééminence des visées stratégiques du gouvernement nigérian. Il est toutefois déraisonnable pour autant de frapper « d'excommunication » juridique, l'accord résultant de tels desseins. Une telle pratique demeure justifiée dans le cadre de la primauté du droit[1516]. La situation des deux parties au regard de la conclusion de l'accord d'exécution de l'arrêt du 10 octobre 2002 est la suivante : l'Etat gagnant cherche à obtenir le maximum de droits ou d'avantages que lui octroie l'arrêt. Inversement, l'Etat perdant cherche à obtenir de l'Etat ayant eu gain de cause la modification de ses droits tels qu'énoncés par la Cour[1517]. Pour les uns comme les autres, le droit est conçu comme devant être conforme à leurs aspirations.

[1514]*Rapport* T. BASSE. ATES, 1988, *Note interne du Ministère de la Défense du Cameroun* (MINDEF), 1996, pp. 24-25.

[1515] L'Institut National d'Etudes Politiques et Stratégiques (NIPSS) à Kuru est un centre de formation politique pour les bureaucrates, les dirigeants du secteur privé, officiers de l'armée et des hauts fonctionnaires. Il a été fondé en 1979.

[1516] M. KOSKENNIEMI, *La politique du droit international*, Paris, Pédone, coll. Doctrine(s), 2007, 424 p., p. 68.

[1517]J. L. ATANGANA-AMOUGOU, *op.cit.*, p. 1524.

Le *wishful thinking* tient lieu de déterminant[1518]. Ce qui est valable pour les parties l'est tout autant pour la communauté internationale.

B. La sauvegarde des intérêts de la communauté internationale

Un autre élément qui pèse considérablement sur l'accord extrajudiciaire tient à des intérêts exogènes. Ce facteur qui n'a pu compter dans la solution judiciaire en faveur du Cameroun a une certaine influence lors des négociations ultérieures. Tous les protagonistes, à vrai dire, trouvent dans le droit positif incarné par l'accord post-jugement des « aliments pour leurs rêves »[1519]. La corrélation entre la localisation des gisements actuels ou potentiels et la géo-économie mondiale des ressources naturelles de la presqu'île de Bakassi permet de mieux cerner le poids des intérêts en jeu lors de la conceptualisation de l'instrument conventionnel[1520]. La presqu'île suscite des tensions entre les populations locales qui exploitent les richesses de la zone à destination des marchés nigérians. Bref, le territoire visé par l'accord post-judiciaire constitue un vecteur important de puissance économique, sociale et politique.

Loin d'opérer une négation du droit international, la souveraineté sur un territoire, donc sur les ressources naturelles[1521], est au cœur de ce même droit. Cependant, le fait que des intérêts hautement politiques imposent à cette matière des fluctuations, des sélectivités et des contingences économiques et géopolitiques en affaiblit la portée. Ce phénomène est perceptible à travers plusieurs éléments. Tout d'abord, l'accord apparaît comme une technique juridique de légitimation d'intérêts de tous ordres, y compris de ceux des Etats témoins. Il est issu des réalités sociales des membres de la communauté internationale, non l'inverse. Cette situation est concevable, car « objectivité » ne vaut pas « neutralité ». Le droit n'est pas neutre[1522]. Il arrive qu'il protège

---

[1518] A. PELLET, « Le bon droit et l'ivraie - Plaidoyer pour l'ivraie (Remarques sur quelques problèmes de méthode en droit international) », *op.cit.*, p. 468.

[1519] *Ibid.*, p. 460.

[1520] Une étude réalisée en 2003 par la Banque mondiale a révélé que le pétrole présent dans la zone maritime frontalière du golfe de Guinée entre le Nigeria et le Cameroun était d'une très grande qualité, contrairement au pétrole lourd actuellement vendu par le Cameroun. Cette région contiendrait « 10 % des réserves mondiales de pétrole et de gaz ». Source : Banque mondiale, Société Nationale des Hydrocarbures du Cameroun (SNH), 2003.

[1521] Sur le sujet, D. ROSENBERG, *Le principe de souveraineté des Etats sur leurs ressources naturelles*, Paris, L.G.D.J.,1983, 395 p. Sur le lien manifeste entre conflits armés et ressources naturelles, F. OWONA MFEGUE, *Les ressources naturelles dans les conflits armés en République démocratique du Congo*, Paris, L'Harmattan, 2012, 246 p.

[1522] Sur la question, voir V. FORTIER, S. LEBEL-GRENIER (dir), *La neutralité et le droit,* Rencontres juridiques Montpellier-Sherbrooke, octobre 2012, Revue de Droit de l'Université de Sherbrooke, 2013, 196 p.

une valeur ou un intérêt. Les Etats témoins de la signature de l'accord s'alignent sur le droit en agissant tel qu'ils le perçoivent et l'interprètent, c'est-à-dire en définitive, à l'aune de considérations spécifiques. Or, les relations internationales démontrent que les intérêts des pays membres du Conseil de sécurité transcendent leurs limites territoriales.

Par le passé, des expériences comme celle de la deuxième guerre du Golfe[1523] ont démontré que la prépondérance des intérêts pétroliers peut justifier quelques entorses au droit international. Les enjeux pétroliers liés au processus d'élaboration de l'accord de Greentree justifient l'analogie. L'unique bassin camerounais actuellement producteur de pétrole brut de bonne qualité (le champ de Biboundi/Adanga), d'une superficie de 7000 km^2 environ, se trouve au large de la presqu'île de Bakassi[1524]. La plupart des concessions pétrolières y ont été construites par le Nigeria antérieurement à l'arrêt, et sont exploitées par celui-ci jusqu'à la date de conclusion de l'accord de Greentree[1525]. Le Cameroun avait donc intérêt à régler par voie d'accord le sort des concessions.

Ce ne fut pas le cas, car les Etats témoins de l'accord du 12 juin 2006 avaient suggéré que les questions les plus controversées fassent l'objet d'une négociation progressive. Or, la plupart des puissantes multinationales de ces pays sont titulaires de permis d'exploration et d'exploitation d'hydrocarbures dans les zones maritimes de Bakassi, délivrés par le gouvernement nigérian. Dès lors, les parties ont tout intérêt à ne pas sous-estimer le facteur géopolitique[1526] dans la position des Etats tiers impliqués dans le processus post-contentieux.

Le Nigeria, au détriment duquel l'arrêt a été rendu, est le premier producteur africain de pétrole[1527] avec près de 2,7 millions de barils par jour en 2011[1528]. Il compte parmi ses principaux clients, les membres permanents du Conseil de sécurité, notamment les Etats-Unis (51, 2 %)[1529]. Il est celui qui a le plus investi dans la presqu'île de Bakassi, ce à quoi la Cour fait allusion

---

1523 M. FLORY, « La guerre du Golfe et le droit international », *Revue du monde musulman et de la Méditerranée*, n°62, 1991, pp. 51-53.

1524 Les principaux clients de ce pays en matière pétrolière sont l'Espagne (20 %), L'Italie (15, 9 %), la France (11, 8 %. Source : Tableau de bord, « Le Golfe de Guinée en quelques chiffres », CIA, *World Factbook*, 2008.

1525 CIJ., *Frontière terrestre et maritime entre le Cameroun et le Nigeria* (Cameroun c. Nigeria ; Guinée équatoriale (intervenant), arrêt du 10 octobre 2002, *Rec.*2002, p. 123.

1526 Sur cet aspect, voir T. DE WILDE D'ESTMAEL, *Géopolitique et résolution des conflits*, Collection PIE-Peter Lang, CECRI, 2004.

1527 G. MVELLE, « La politique de puissance au Nigeria : entre personnification et risque permanent de rupture », *Revue Nationale (Tribune)* du 08 novembre 2010.

1528 Présentation du Nigeria [archives], Site du gouvernement français - diplomatie France. Consulté le 19/12/2012 estimation PNUD.

1529 Source : Tableau de bord, « Le Golfe de Guinée en quelques chiffres », *op.cit.*, note 103.

dans les motifs de son arrêt. Ce pays dispose des deux principaux facteurs de puissance énoncés par Raymond Aron : les ressources et le milieu[1530]. Le contexte ambiant de crise financière internationale est favorable à une diversification des sources d'approvisionnement pour la plupart des pays occidentaux désireux de réduire leur dépendance vis-à-vis du pétrole du golfe Persique. Ils investissent massivement dans le golfe de Guinée[1531], particulièrement du côté nigérian de la frontière entre le Cameroun et le Nigeria[1532]. Dans ce contexte, on comprendra que l'idée de l'introduction d'une procédure d'exécution forcée contre ce pays ait fait long feu. La logique plus consensuelle de l'accord a été préférée à une telle procédure. Les chances de succès d'une telle initiative étaient minimes en raison du soutien potentiel des Etats-Unis ou de la Chine au Nigeria.

Ensuite, le lieu de la conclusion de l'Accord est également un révélateur géopolitique des rapports en présence. La signature de cet accord ne l'a pas été dans l'enceinte des Nations Unies ou sur une dépendance du domaine onusien, mais bien en territoire américain. Cette situation du lieu de la signature n'est pas fortuite. Elle marque l'importance que l'acteur américain prend progressivement dans la zone du golfe de Guinée. Elle témoigne plus particulièrement de son intérêt de voir la paix régner dans une partie du monde qu'elle considère comme une zone d'intérêt stratégique majeur[1533]. L'implication américaine dans l'élaboration de l'accord de Greentree peut se justifier entre autres par la logique des intérêts a-juridiques. Il n'est dès lors guère surprenant que le premier contrat pétrolier dans la zone de Bakassi ait été signé par la Société Nationale des Hydrocarbures du Cameroun (SNH) le

---

1530 R. ARON, « Qu'est-ce qu'une théorie des relations internationales ? », *R.F.S.P.*, XVII, 1967, p. 17.

1531 Entre 1973 et 2002, le Nigeria comptabilise près de 340 milliards de dollars de revenus pétroliers, mais le pays est surendetté et les 2/3 de la population vivent avec moins de 1 dollar par jour. En 2006, période dans laquelle est signé l'accord de Greentree, le pétrole représente 95 % des recettes d'exportation et 80 % du revenu du pays, soit 34 milliards d'euros. En 2011, 78 % des revenus totaux des exportations du Nigeria, premier producteur africain de pétrole, provenaient des exportations de pétrole, tandis que les revenus du pétrole et du gaz représentaient 76,6 % des revenus publics, indique l'assureur-crédit belge Ducroire le 16 août dans un dossier pays. La crise mondiale de 2009 a sévèrement affecté l'économie, renforçant la dépendance du pays vis-à-vis de « l'or noir » et soulignant la nécessité d'une diversification des exportations. Source : http://eiti.org/fr/nigeria. Consulté le 01/01/2013.

1532 Source : Cameroon.info.net.

1533 Ces derniers ont décidé en 2002, après les attentats du 11 septembre 2001, de réduire de 75 % leurs importations de pétrole du Moyen-Orient avant 2005, et de tirer au moins le tiers de leurs importations du golfe de Guinée. La zone présente un triple avantage pour cette puissance : elle est plus proche de l'Amérique, plus contrôlable que le Moyen-Orient et à l'abri d'éventuels troubles sociaux des pays producteurs. En plus, le Nigeria, avec son "light crude oil", fournit déjà environ 15 % de ses importations d'hydrocarbures aux Etats-Unis, tendance qui va en s'accentuant en raison des tensions dans les pays du golfe Persique. Source : http://www.insee.fr/fr/bases-de-donnees/, consulté le 01/01/2013.

15 juin 2012 avec la société américaine *Dana Petroleum Limited*[1534]. Des éléments similaires renseignent sur les motivations des bons offices exercés par le président français de l'époque, M. Jacques Chirac en vue de l'exécution de l'arrêt du 10 octobre 2002. La France possède des intérêts économiques capitaux au Nigeria, tout en entretenant des relations historiques, culturelles et militaires avec le Cameroun[1535].

En résumé, le processus juridique envisageant la restitution par voie d'accord de la presqu'île de Bakassi au Cameroun est déterminé par des considérations géopolitiques[1536] et économiques cruciales. Ces éléments empiriques sont révélateurs du rapport de force inversé en faveur du Nigeria. Ce dernier est défavorisé par l'arrêt (le droit), mais avantagé par la réalité sur le terrain. C'est un cas, entre beaucoup d'autres, où l'instrument juridique s'est appliqué à canaliser le dynamisme des forces politiques sans toujours y parvenir. Cette situation met en évidence les limites du droit dans son entreprise de domestication des questions qui ne se laissent pas objectiver ou rationaliser. *De minimis non curat praetor*[1537]. En définitive, le processus d'élaboration de l'accord de Greentree connaît des zones maintenues sous la férule de l'irréductiblement politique et des logiques culturelles.

Paragraphe 3. L'importance réelle du particularisme africain

Le processus ayant donné lieu à l'accord de Greentree renseigne sur le phénomène d'adaptation des techniques de création du droit international aux

---

1534 Il faut relever la signature en date du 15 juin 2012 au siège social de la SNH à Yaoundé d'un contrat de partage de production pour la recherche pétrolière dans le bloc Bakassi Ouest, situé dans le bassin du Rio del Rey, qui couvre une superficie totale de 387,53 kilomètres carrés. Le consortium s'est engagé à réaliser un programme d'activités de recherche dans cette zone pour une première période de quatre années. L'investissement minimum total correspondant aux trois périodes d'une durée totale de huit années, s'élève à 71 millions de dollars US. Ce contrat dans la zone de Bakassi, piloté par le ministère des Mines, de l'Industrie et du Développement technologique, est le dix-huitième signé dans le cadre de l'application de la loi n° 99/013 du 22 décembre 1999 portant Code pétrolier. Source : http://www.agenceecofin.com/hydrocarbures, consulté le 7/01/2013.

1535 Un nouvel accord entre le gouvernement de la République du Cameroun et le gouvernement de la République française instituant un partenariat de défense a été signé à Yaoundé le 21 mai 2009, soit trois années après l'accord de Greentree. Cet accord de défense, comme l'explique l'exposé des motifs du texte du gouvernement, « vise à adapter le cadre juridique bilatéral en matière de défense aux exigences de rationalité, d'efficacité et de cohérence, ainsi qu'à la multilatéralisation croissante des opérations de sécurité collective ». Source : *Cameroon tribune* du 18 mars 2012, http://www.cameroon-tribune.cm, consulté le 07/01/2013.

1536 La péninsule de Bakassi est située à l'entrée de la côte ouest de l'Afrique centrale, dans le golfe de toute importance de Guinée. Elle est vitale pour l'accès au port stratégique nigérian de Calabar et constitue un point de surveillance pour la navigation dans l'ensemble du golfe de Guinée.

1537 Le prêteur ne doit pas s'occuper des choses insignifiantes (traduction libre).

besoins de l'ordre juridique « inter-sociétal »[1538]. En effet, la force expansive de l'accord d'exécution provient non seulement de sa conformité avec le droit objectif et la solidarité sociale (africaine), et de la reconnaissance, implicite ou explicite, de cette conformité par la communauté humaine intéressée. C'est par cet interstice, à savoir la prise en compte du particularisme africain, qu'émerge la singularité du processus d'exécution négociée de l'arrêt du 10 octobre 2002. Il importe d'en discerner les fondements (A) et les manifestations (B).

A. Les fondements du particularisme africain

En adéquation avec l'objectivisme sociologique et le pluralisme juridique[1539], les parties et la communauté internationale favorisent une adaptation juridique des particularismes sociaux locaux. D'abord, il est assez caractéristique s'agissant de la question spécifique de la presqu'île de Bakassi que le communiqué publié à l'issue de la réunion de Saint-Cloud du 5 septembre 2002 souligne qu'elle « devrait être envisagée dans le contexte élargi des relations d'ensemble entre le Nigeria et le Cameroun ». C'est dans ce cadre que, pour débloquer la situation créée par le retard du Nigeria à évacuer les villages peuplés exclusivement de Nigérians, a émergé la préoccupation de prendre en compte la situation du point de vue « traditionnel ». Ensuite, il faut revenir au système de référence qui avait été celui du Nigeria durant la procédure judiciaire, notamment la primauté des liens d'allégeance des populations de la zone au Royaume du Vieux Calabar. On n'est pas sans ignorer que dans ce type de système, la coutume, en tant que mode autonome de production du droit, peut le dépasser[1540].

Ceci explique, selon le professeur Ahmed Mahiou, qu'une souveraineté limitée d'ordre interne ait été accordée à certains chefs coutumiers au début de la colonisation afin de ne pas porter atteinte aux pouvoirs traditionnels des chefs dans leurs relations avec les populations et aussi dans le but d'assurer

---

[1538] A. PELLET, « L'adaptation du droit international aux besoins changeants de la société internationale », *R.C.A.D.I.*, 2007, tome 329, Nijhoff, Leiden/Boston 2008, p. 25.

[1539] N. ROULAND, *Aux confins du droit*, Paris : Odile Jacob, coll. sciences humaines, 1991, 318 p., p. 74 ; M. ALLIOT, « Anthropologie et juristique (sur les conditions de l'élaboration d'une science du droit) », *Bulletin de liaison de LAJP n°6,* janvier 1983, p. 83-117, p. 114 ; DEGNY SEGUY René, "*De l'amour de la loi extranéenne ou la loi en Afrique.*" dans *L'amour des lois. La crise de la loi moderne dans les sociétés démocratiques.* BOULAD-AYOUB Josiane, MELKEVIK Bjarne et ROBERT Pierre (dir.), Sillery et Paris : Presses de l'Université de Laval et L'Harmattan, 1996, 498p, pp. 453-455, p. 453-454 ; M. ALLIOT, « L'acculturation juridique », in POIRIER, J. (dir.) *Ethnologie générale*, Paris, Gallimard, 1968, pp. 1180-1236, p. 1181

[1540] J. VANDERLINDEN, « Vers une nouvelle conception du pluralisme juridique », *R.R.J.*, 1993, pp. 573-583, p. 573.

une certaine paix sur les territoires[1541]. Cette logique n'a pas été appliquée aux territoires évoqués dans l'arrêt du 10 octobre 2002. Un auteur estime que cette tendance est répandue. Pour lui, l'origine « africaine » de certaines affaires ne leur confère aucune originalité particulière[1542]. La jurisprudence africaine ne présenterait aucun facteur spécifiquement africain, moins encore une quelconque règle coutumière régionale n'interfèrerait avec le raisonnement de la Cour[1543]. Au demeurant, dans la plupart des affaires africaines, les parties se sont accordées pour un examen de leurs différends par la CIJ, en étant conscientes que celle-ci applique les principes et règles du droit international[1544]. L'arrêt du 10 octobre 2002 le confirme dans une certaine mesure[1545].

Les analyses précédentes font pressentir que les solutions apportées par la Cour aux différends qui lui ont été soumis par ou contre des Etats africains sont des « solutions de détails ». La réticence de la Haute institution à prendre en compte un quelconque particularisme africain est ainsi approuvée par certains auteurs[1546].

Pourtant, une particularité africaine est perceptible dans les suites du très copieux arrêt de 2002. Elle contraste avec sa supposée « banalité ». Les insuffisances du particularisme africain dans le contenu de l'arrêt sont décisives dans le comportement des parties, adaptant et réadaptant leurs appartenances à divers systèmes juridiques en fonction de leur stratégie. Les deux protagonistes africains, avec la fibre juridique et la sensibilité africaines, ont adapté le droit international « dit » par la CIJ aux logiques culturelles africaines. L'accord du 12 juin 2006 est l'aboutissement d'un processus de compénétration entre une solution judiciaire exogène par sa philosophie, ses valeurs et son contenu et une procédure négociée.

1541 A. MAHIOU, « L'Afrique et la CIJ : Un bref aperçu de la pratique », in Liber Amicorum Raymond RANJEVA, *L'Afrique et le droit international : variations sur l'organisation internationale*, Paris, Pedone, 2012, pp. 191-203, p.196.

1542 A. PELLET, « Remarques cursives sur les contentieux africains devant la CIJ » *op.cit.*, note 92, p. 291. Voir également en ce sens, G. GUILLAUME, « Le précédent dans la justice et l'arbitrage international », *J.D.I.*, vol. 137, 2010, pp. 691-692, §§ 32-34. Ce point de vue est réfuté par Delphine Perrin dont la thèse consiste à affirmer la spécificité du contentieux africain devant la Cour. D. PERRIN, *op.cit.*, note 415.

1543 A. PELLET, *op.cit.*, note 92, p. 292.

1544 CIJ., *Plateau continental*, (Tunisie c. Jamahiriya arabe libyenne), arrêt du 24 février 1982, *Rec.*1982, pp. 37-38, §§ 23-24 ; CIJ., *Plateau continental* (/Jamahiriya arabe libyenne c. Malte), arrêt du 3 juin 1985, *Rec.*, p. 29, §§ 25-26.

1545 CIJ., *Frontière terrestre et maritime entre le Cameroun et le Nigeria*, (Cameroun c. Nigeria, (Guinée équatoriale, intervenant), arrêt du 10 octobre 2002, *Rec.* p. 431, § 268 et p. 440, § 285.

1546 A. PELLET, « Remarques cursives sur les contentieux africains devant la CIJ » *op.cit.*, note 92, pp. 277-294, p. 294.

D'un côté, « il y a une part de la réalité relevant des sociétés traditionnelles dont la Cour mondiale est restée un peu éloignée. Cette dimension humaine relève de la responsabilité des nations africaines »[1547]. Dans l'arrêt *Cameroun c. Nigeria,* la Cour se prononce (avec l'assentiment des parties) sur des instruments, des concepts comme l'*uti possidetis juris* ou des institutions. Elle remonte à des systèmes révolus dans les relations internationales comme le système colonial. Le raisonnement judiciaire s'exerce au détriment du Nigeria qui voulait occulter ces éléments au profit de l'*habitus* et des effectivités ethniques dans la presqu'île litigieuse. Ce dernier n'a jamais caché sa volonté de régler le différend dans un cadre purement africain et « à l'africaine ». Ce type de règlement fraternel est envisagé comme une procédure consensuelle et dénuée, au contraire d'une sentence internationale, de tout aspect condamnatoire. L'accord post-judiciaire sera conforme à une telle logique.

De l'autre, l'exécution de l'arrêt renvoie au recours à plusieurs modes juridiques de règlement des conflits. Le recours à la juridiction internationale aurait été insuffisant pour garantir le règlement effectif du différend dans un contexte où les populations locales étaient opposées au changement de souveraineté. La décision a donc été mise en œuvre à l'aune des valeurs africaines. Il a d'abord fallu aux parties et au tiers concilier une conception différenciée de la justice. Elle est explicitée par le professeur Camille Kuyu : « la vision occidentale du monde est dualiste. Il y a ici d'une part le monde visible, et d'autre part le monde invisible. Entre les deux, il existe une coupure nette. Elle correspond à une frontière institutionnelle. Le droit, la justice et leurs institutions correspondantes ne concernent que le monde visible. À l'opposé, le monde africain est unique, mais marqué par deux dimensions différentes entre lesquelles il y a une circulation permanente d'énergies »[1548].

Le rapprochement entre le concept occidental de « Justice imposée », et celui typiquement africanisé de « Justice négociée » est opéré par le processus extrajudiciaire. Dans la tradition juridique africaine, le règlement des différends repose sur des techniques ne sanctionnant aucune des parties. Elles sont au contraire supposées les réconcilier. Dans ce cadre, l'accord du 12 juin 2006 s'intègre à un processus de justice non « vindicatoire ». Il privilégie la

---

[1547] P. WECKEL « Chronique de jurisprudence internationale… », *op.cit.,* p. 173.

[1548] C. KUYU, « Les institutions de la démocratie et de l'Etat de droit ». Point de vue anthropologique, in *Francophonie et Démocratie*, Paris, Pedone/Bruxelles, E. Bruylant 2001, 150 p., p. 50. Dans le même sens, « Le juge dans la conception occidentale est neutre ; cette neutralité l'érige en un individu supérieur aux parties, extérieur à elles dont la fonction le fait craindre des parties ». Cette conception du juge neutre et extérieur, supérieur découle directement de la conception occidentale et moderne de Dieu. La figure du juge est celle de Dieu. Or, en Afrique, Dieu est une énergie créatrice de la communauté vivante en son sein et participant à la vie de la communauté ». A. TOLLIMI, *La résolution des conflits frontaliers en Afrique*, Paris, L'Harmattan, collection Défense, Stratégie et relations internationales, 237 p., p. 211.

solution des situations-problèmes par la réparation et non par une sanction au sens *stricto sensu*. Cette vision des parties radicalement étrangère à la conception occidentale de sanction apparaît comme le mécanisme fondamental qui fonde l'après-jugement.

Cette approche intégrant les particularismes africains dans l'après-jugement et partant l'éventualité d'une régionalisation du suivi de l'exécution des décisions de la CIJ relance le débat doctrinal sur l'existence ou non d'un tel droit régional.

Alvarez est l'un des premiers à avoir admis la réalité du droit international africain à côté du droit international européen et américain[1549]. Le professeur P. F. Gonidec n'avait pour sa part aucun doute sur « l'existence d'un droit international africain en voie de formation[1550] ». Il évoquait une « tendance très nette des Etats africains à élaborer eux-mêmes des règles nouvelles de droit international, un droit international fait par les Africains pour les Africains »[1551]. A l'inverse, le professeur Rousseau réfutait totalement en 1974 le principe de l'existence d'un droit international africain. Selon lui, il ne suffisait pas que l'on se trouve en présence de l'énoncé doctrinal de certaines règles ou de l'apparition de certaines pratiques géographiquement localisées pour récuser les principes du droit international général sous prétexte que ceux-ci ont été élaborés par les puissances dites coloniales ; le droit local ne s'opposant pas systématiquement au droit général[1552].

Pour d'autres comme Borella au lendemain de la création de l'OUA, il était encore difficile de parler d'un droit international africain et préférable de se référer à la conception africaine du droit international[1553]. Pour l'Africain Adamou Ndam Njoya « il n'existe pas de droit international africain ; tout comme il n'existe pas de droit international européen ou américain. Il existe un droit international et seules les approches de ce droit varient d'une région à une autre »[1554]. Ce propos reflète la croyance en un universalisme hermétique selon lequel il n'y aurait qu'un seul droit international : l'universel.

1549 A. ALVAREZ, *Le droit international nouveau dans ses rapports avec la vie actuelle des peuples*, Paris, Pedone, 1959, 636 p., p. 447.

1550 P.-F. GONIDEC, « Note sur le droit des Conventions internationales en Afrique », *A.F.D.I.*, 1965, p. 866, section III : « Existe-t-il un Droit international africain ? »

1551 *Ibid.*, p. 879.

1552 CH. ROUSSEAU, *Droit international public*, Paris, Sirey, tome II- Les sujets, 1974, 672 p., p. 654. A l'époque, l'auteur admet, concernant le continent américain, l'émergence de règles propres comme *l'Uti possidetis Juris*, les doctrines de Tobar et Estrada en matière de reconnaissance, la doctrine Drago sur le recouvrement des dettes contractuelles ou encore la clause Calvo sur la protection diplomatique, mais émet quelques doutes sur l'existence d'un droit international américain authentique.

1553 F. BORELLA, « Le régionalisme africain et l'Organisation de l'Unité africaine », *A.F.D.I.*, 1963, p.853.

1554 A. NDAM NJOYA, *Le Cameroun dans les relations internationales*, Paris, L.G.D.J., 1976, 414 p., p. 213.

Peut-être convient-il de préciser que le propos vise moins à prouver l'existence réelle ou supposée d'un droit international africain, qu'à rechercher à travers le processus post-judiciaire, les caractères spécifiques de ce qui constitue l'amorce de ce droit. Il est à première vue difficile de discerner un trait rémanent de la phase post-jugement qui consacrerait une approche juridique africaine. Cependant, il convient d'admettre que les parties ont agrégé à des procédés dits « classiques » de négociation des concepts, valeurs relevant de ce qu'il est convenu d'appeler « l'esprit africain »[1555]. A titre d'illustration, la méthode de la réconciliation entre deux Etats ne diffère en rien de celle pratiquée entre deux villages, entre frères et sœurs, entre deux membres d'un couple, également à la manière africaine. Le processus ayant donné lieu à l'accord de Greentree du 12 juin 2006 montre que même si la phase d'exécution d'un arrêt de la Cour n'est pas entièrement politique, elle peut revêtir un caractère interafricain systématique sinon dans leurs manifestations, du moins dans leurs implications. L'ouvrage *Le droit international africain : problèmes généraux, règlement des conflits* du professeur Bipoun Woum, un des conseils du Cameroun dans cette affaire, favorise largement ce point de vue[1556].

Au total, le processus ayant abouti à la conclusion d'un accord post-judiciaire montre bien la puissance d'adaptation du droit international contemporain[1557] et l'impossible relégation de la coutume qu'il opère. Ce modèle correspond à une représentation du droit qui ne peut être radicalement hostile au pluralisme. Et c'est un puissant facteur d'originalité dans l'après-jugement. « Qui accepte passer dans les univers du pluralisme juridique respire plus à l'aise » affirme Norbert Rouland[1558]. En l'espèce, la « politique juridique » des parties rejoint diverses théories anthropologiques de la sociologie du droit[1559] ou du pluralisme juridique[1560]. Elles insistent sur la nécessité de rechercher les manifestations du droit ailleurs que dans les

---

[1555] L'un des fondements des sociétés négro-africaines est l'imbrication du spirituel et du matériel et la prévalence au niveau de l'ethos des croyances, des pratiques magico-religieuses relatives à la prévention des conflits intercommunautaires et au rétablissement de la paix par le pardon ou la compensation/réparation. Entretien avec J.-C. ETETA, chercheur le 1/10/2011. Voir aussi, J. D. BOUKONGOU, « L'esprit des droits africains », in *De l'esprit du droit africain. Mélanges en l'honneur de Paul Gérard POUGOUE.* CREDIJ/Wolters kluwer. 2014, pp.165-178

[1556] J. M. BIPOUN WOUM, *Le droit international africain : problèmes généraux, règlement des conflits*, Paris, L.G.D.J, coll. « Bibliothèque africaine et malgache », 1970, 327 p., pp. 280-281.

[1557] A. PELLET, « L'adaptation du droit international aux besoins changeants de la société internationale », *R.C.A.D.I.*, 2007, t.329, pp.13-47.

[1558] N. ROULAND, *Anthropologie juridique*, Paris, P.U.F., 1988, 496 p., p. 155.

[1559] J. CARBONNIER, *Flexible droit*, Paris, L.G.D.J. 1975, p. 279.

[1560] E. LE ROY, « L'ordre négocié. L'oralité juridique et les mutations techniques et sociales », in *Cahiers science, technologie, Société*, n° spécial, « ordre technologie », vol. 12, 1986, pp. 117-13 ; R. MAVUNGU, « Synthèse sur les travaux et expériences en médiation du Laboratoire d'Anthropologie Juridique de Paris », Université Paris 1, Panthéon Sorbonne, *Bulletin de liaison du LAJP*, n° 22, septembre 1997, pp. 82-88.

domaines où les situe la vénérable théorie classique des sources du droit[1561]. De cette manière émerge une pratique de négociation post-judiciaire lacunaire encore, mais qui par ses possibilités de développement comporte déjà de puissantes originalités. Elle s'exprime suivant différentes modalités.

B. Les modalités du recours du droit international aux logiques africaines

L'analyse des mécanismes variés mis au point par les deux Etats africains dans le processus ayant abouti à l'accord de Greentree et accordant une importance spéciale au contexte africain de la phase post-arrêt, ne couvrira pas l'ensemble des procédures existantes. Il sera surtout question du recours du droit international aux vertus de la palabre africaine pour régler le litige de frontières entre deux pays frères.

Étymologiquement issue de l'espagnol « *Palabra* » signifiant « la parole » ; « *Tomar la palabra* » : prendre la parole, ou « *palabra de honor* » : parole d'honneur, la palabre est un échange de paroles « données à », « adressées à ». Pour B. Atangana : « C'est la réduction d'un conflit par le langage »[1562]. Cinq dimensions la particularisent[1563] : un échange public de la parole ; une procédure organisée et ritualisée ; une tradition inscrite dans un contexte culturel ; une vision et/ou une perception du monde ; enfin un agir décisionnel, c'est-à-dire un mouvement vers une prise de décision[1564]. Toutes ces dimensions ont été sollicitées par les deux parties.

Mais, c'est la dernière dimension qui a été la plus mise en évidence dans le contexte de préparation de l'accord de Greentree. En effet, la palabre est un agir décisionnel. La matérialisation de ce phénomène est rendue sensible par la signature d'un accord ayant permis de résoudre de nombreux problèmes relatifs à l'exécution de l'arrêt du 10 octobre 2002. Le souci de préservation de l'honneur ou de sortie honorable (sans condamnation) de la médiation post-judiciaire[1565] correspond à un particularisme africain que l'on retrouvait déjà dans les suites accordées à d'autres arrêts de la C.I.J comme les arrêts *Burkina*

1561 A. J. ARNAUD, *Dictionnaire encyclopédique de théorie et de sociologie du droit*, Paris, L.G.D.J., Collection : Droit et société, 2ème édition, 1993, p. 449.

1562 R. ATANGANA, « Actualité de la palabre : la réduction d'un conflit par le langage », *Revue Etudes*, avril 1966, p. 462.

1563 Cependant, seules les dimensions les plus significatives seront approfondies, à savoir la palabre en tant qu'échange de paroles et procédure juridique organisée et ritualisée.

1564 Conférence C. THUDEROZ, - Conférence 12 mai – Nouméa - Centre culturel Tjibaou, « Palabre coutumier et négociation collective ». Source : www.sociologos.insa-lyon.fr.

1565 Y. E. AMAIZO, « Négociation et médiation à l'africaine : renaissance d'un système d'autorégulation de la paix », in *Revue générale de Stratégie « Agir »* du 24 janvier 2006, pp. 39-52.

Faso c. Mali[1566], *Burkina Faso c. Niger* du 16 avril 2013, ou *Guinée-Bissau c. Sénégal*. Ce détour par une procédure atypique n'instaure pas un face-à-face entre les parties, mais établit une « médiation symbolique à plusieurs entrées »[1567]. La visée du compromis est permanente, mais dans la limite du respect de l'intangibilité des énoncés juridiques de l'arrêt. La flexibilité des négociations post-arrêt ne doit en effet pas déboucher sur une remise en question des acquis juridiques de l'arrêt.

Les procédures mises en œuvre dans ce cadre défient toute codification. Elles correspondent à une tradition spécifique de règlement des différends. La première démarche correspond à une négociation à première vue classique. Quel que soit le problème rencontré par les parties au stade post-juridictionnel, il est résolu par une réconciliation directe entre les parties ou obtenue grâce à la médiation du Secrétaire général de l'ONU et par un pardon marqué par des cérémonies ou rituels.

Cette dynamique spécifiquement africaine est perceptible à travers l'organisation des sommets tripartites et le fonctionnement de la Commission mixte Cameroun-Nigeria. La négociation provoquée par la Cour et le Secrétaire général de l'ONU aboutit en effet à une exécution négociée lors des sommets tripartites organisés de 2002 à 2006. La synergie des volontés politiques a ainsi permis d'arriver à une solution authentique qui devrait être élargie et généralisée : la réunion des protagonistes directs d'un conflit, d'une crise, d'un contentieux, dans une palabre constructive avec le concours neutre, impartial et bienveillant de la communauté internationale. L'approche du Secrétaire général de l'ONU, consistant à provoquer la négociation et la médiation « à l'Africaine » entre les parties chaque fois que surgissait un problème d'exécution, a abouti à la première base solide de la mise en œuvre de l'arrêt *Cameroun c. Nigeria* : la création de la Commission mixte Cameroun-Nigeria (CMCN).

Cette structure instaure une forme spécifique de médiation institutionnalisant la palabre en vue de l'établissement de relations pacifiques durables entre les deux pays. Les rapports qu'entretiennent l'ONU et les parties au sein de la Commission mixte en sont marqués. Les décisions ne s'y prennent pas à la majorité simple ou qualifiée, mais uniquement par consensus. Lorsqu'au terme de discussions, les parties n'arrivent pas à se mettre d'accord, les Nations Unies leur soumettent une proposition de compromis qui sera affinée après d'autres pourparlers. En cas de persistance des divergences entre les parties, la Commission mixte s'en remet au Secrétaire général de l'ONU et aux deux chefs d'Etats. La palabre au sein de

---

[1566] CIJ., *Différend frontalier* (Burkina Faso c. République du Mali), arrêt du 22 décembre 1986, *Rec.*, p. 578,

[1567] J.-G. BIDIMA, *La palabre (une juridiction de la parole)*, Paris, Michalon, 1997, 127 p., p. 13.

la Commission de mise en œuvre de l'arrêt de la Cour a pour objectif d'entretenir une négociation continue jusqu'au règlement définitif de la globalité des points contentieux. Des séances de discussions/palabres sont organisées par la sous-Commission des populations dans le but de recueillir l'avis de celles-ci quant à l'évolution du processus.

La dynamisation d'un dispositif somme toute classique à l'aune de logiques culturelles africaines a débouché sur une mécanique de négociation entre les parties en vue de régler les difficultés d'exécution. En conformité avec l'esprit africain et en contradiction avec celui judiciaire, un tel système prône la dilution des responsabilités. C'est un élément crucial de « l'africanité » de la phase post-arrêt. De la sorte, le paradigme sous-jacent à la palabre est respecté. Comme l'affirme à juste titre Thierno Bah : « la palabre n'a pas pour finalité d'établir les torts respectifs des parties en conflit et de prononcer des sentences qui conduisent à l'exclusion et au rejet. La palabre apparaît plutôt comme une logothérapie qui a pour but de rétablir l'harmonie et la paix »[1568]. Toute la dynamique de la Commission mixte s'aligne sur cette logique[1569].

L'accord de Greentree correspond à l'aboutissement de la même logique. Il entend préserver la souveraineté du Cameroun tout en tenant compte des impératifs invoqués par le Nigeria quant au sort des populations reliées à lui par un système d'allégeances traditionnelles. Cette technique de création du droit international marque le tournant le plus décisif de la transposition de la palabre africaine dans l'ordre juridique international. Tout d'abord, la lettre et l'esprit de l'accord corroborent une logique du « ni vainqueur » « ni vaincu ». Ensuite, il repose sur des méthodes africanisées de règlement des différends. Il est d'ailleurs possible que le système des Etats-témoins renvoie à la technique de la preuve par témoignage, essentielle dans une approche relevant du droit africain.

En définitive, le particularisme de la mise en œuvre de l'arrêt du 10 octobre 2002 ne réside pas dans sa contradiction avec la doctrine qui domine le droit international. Malgré l'opposition apparente entre le droit universel « dit » par la CIJ et le droit africain, l'affaire *Cameroun c. Nigeria* démontre qu'ils sont complémentaires. L'originalité du contexte post-jugement réside dans l'alchimie entre la composante sanctionnatrice du premier droit et celle compromissoire du deuxième. C'est en cela que l'accord de Greentree, par sa formulation, tient compte de l'africanité du litige. Loin de porter atteinte à l'unité du droit international en tant que droit commun de la société

1568 T. BAH, *Les mécanismes traditionnels de prévention et de résolution des conflits en Afrique noire,* voir sur Internet : www.unesco.org

1569 Voir Partie I, Titre I, Chapitre I.

internationale dans sa globalité, elle le renforce. Il en est de même pour le contenu et le suivi de l'accord.

Section 2. Le contenu et le suivi de l'accord de Greentree

L'accord de Greentree comporte certaines caractéristiques en son contenu (Paragraphe I). Elles déterminent son suivi (Paragraphe II).

Paragraphe 1. Le contenu de l'accord

Les aspects institutionnels (A), et l'analyse des dispositions essentielles de l'accord (B) reflètent la recherche de compromis politique.

A. L'aspect institutionnel

Plusieurs aspects institutionnels de l'accord du 12 juin 2006 seront développés : son mode d'expression (1), son intitulé (2) et sa contexture (3).

1. Mode d'expression de l'accord

L'accord de 2006 correspond à un traité international en forme simplifiée[1570] ou « *self executing* »[1571], c'est-à-dire « définitivement conclu dès qu'il est signé »[1572]. Il a été signé par les deux chefs d'Etat concernés sans l'approbation de leurs assemblées nationales respectives. Cette signature de l'accord de Greentree est supposée valoir à la fois authentification du texte de l'accord et engagement des deux Etats à être liés. Il a la même valeur obligatoire pour les Etats parties. Par sa forme, il diffère de l'accord de Dakar du 14 octobre 1993 dont l'entrée en vigueur était subordonnée à la conclusion

---

[1570] Accord international qui engage l'Etat par la seule signature de son représentant, sans recours à d'autres procédures internes. J. SALMON (dir.), *Dictionnaire de droit international public*, *op.cit.,* p. 15. Sur le sujet, C. CHAYET, « Les accords en forme simplifiée », *A.F.D.I.*, vol. 3, 1957, pp. 3-13 ; P. F. SMETS, *La conclusion des accords en forme simplifiée : étude de droit international et de doit constitutionnel belge et comparé,* Bruxelles, Bruylant, 1969, 284 p. ; G. J. HORVATH, « The validity of Executive Agreements », *in* OZÖRV, 1979, pp. 105-131 ; G. BURDEAU, « Les accords conclus entre autorités administratives ou organismes publics de pays différents », *Mélanges Reuter*, 1981, pp. 103-126.

[1571] Un traité « *self executing* » ou « *self executing treaty* » (traité auto exécutoire) : terme de doctrine anglo-saxonne dont la portée varie selon les auteurs. Certains y voient la caractéristique d'un traité qui n'exige pas une transposition en droit interne, d'autres, un traité qui n'impose pas l'adoption de mesures d'exécution en droit interne pour créer des droits ou des obligations à l'égard des particuliers. J. SALMON (dir.), *Dictionnaire de droit international public,* Bruxelles, Bruylant/AUF, 2001, 1198 p., p. 1026.

[1572] P. DAILLIER, M. FORTEAU, A. PELLET, *op.cit.*, p. 157.

d'un autre accord mettant en place l'agence de gestion entre la Guinée-Bissau et le Sénégal.

Dans ce cas précis, la forme simplifiée du traité et l'attitude des parties sont autant d'éléments susceptibles de lui conférer la qualification d'« accords personnels » retenue par la Cour pour un texte comme la Déclaration de Maroua de 1975[1573]. Tout comme dans le cadre de cette déclaration, la question de l'autorité compétente pour engager le consentement de l'Etat nigérian à être lié sur le plan international a été posée au niveau national. Une frange de la population a estimé que l'accord consécutif à l'arrêt aurait dû être ratifié par le conseil militaire suprême de la République fédérale du Nigeria et non par le Président, M. Olusegun Obasanjo[1574]. Ce dernier aurait engagé son pays en violation de la Constitution. Il suffit pour l'instant[1575] de rappeler que la ratification d'un accord n'est en principe pas impérative dans la mesure où les deux parties considèrent que celui-ci doit s'appliquer immédiatement dès sa signature. Le droit international coutumier et la Convention de Vienne sur le droit des traités laissent en effet aux Etats la liberté du choix de procédure en la matière[1576]. Ceci ne dispense pas forcément de l'approbation parlementaire. C'est la solution politique qui a été retenue par les deux chefs d'Etats.

2. Intitulé de l'accord

L'intitulé « Accord entre la République du Cameroun et la République fédérale du Nigeria concernant les modalités de retrait et de transfert d'autorité dans la presqu'île de Bakassi » peut surprendre[1577], pour plusieurs raisons. D'abord les modalités dudit retrait sont explicitement formulées par l'arrêt sans qu'une distinction soit faite par le dispositif entre la zone du lac Tchad et Bakassi[1578]. Ensuite, la mise en œuvre de la décision déborde le cadre des seules opérations de retrait et de transfert d'autorité.

On pourrait donner à cet intitulé plusieurs explications.

[1573] Voir l'arrêt du 10 octobre 2002, § 266. Par la déclaration de Maroua, signée le 1er juin 1975, les chefs d'Etat camerounais et nigérian conviennent de prolonger le tracé de la frontière maritime du Point 12 au Point G, mais, par la suite, le gouvernement nigérian a dénoncé cet accord au motif que l'accord aurait dû être ratifié par le conseil militaire et non par le président Yakubu Gowon, allant jusqu'à occuper militairement la péninsule à certaines périodes.

[1574] La question de la détermination de l'autorité compétente pour exprimer le consentement du Nigeria à être lié sera évoquée dans la section II du présent chapitre.

[1575] Voir *infra.*

[1576] Voir Article 11 et 12 de la Convention de Vienne sur le droit des traités.

[1577] Article 7 de l'accord de Greentree.

[1578] Le dispositif de l'arrêt en l'espèce précise par ailleurs que « la République fédérale du Nigeria est tenue de retirer dans les plus brefs délais et sans condition son administration et ses forces armées ». CIJ., *Frontière terrestre et maritime entre le Cameroun et le Nigeria,* (Cameroun c. Nigeria ; Guinée équatoriale (intervenant), arrêt du 12 octobre 2002, *Rec.* p. 457.

Contrairement à son titre, l'accord de huit articles[1579] ne porte pas exclusivement sur les opérations d'évacuation des territoires (retraits) et de transfert d'autorité. Il soulève en effet des questions nombreuses et variées touchant au droit international public général, tenant à la mise en œuvre des arrêts de la Cour internationale de Justice, au règlement pacifique des différends, et d'une manière générale, à la technique conventionnelle, à la succession d'Etats et à la garantie des droits acquis, au transfert de propriété d'un Etat à un autre, à la nationalité, à la souveraineté sur les ressources naturelles, à la protection des minorités entre autres[1580].

Le titre suscite une seconde explication. Cet accord-cadre appelle logiquement des accords complémentaires d'application tant en ce qui concerne l'exercice des libertés et droits fondamentaux de l'homme[1581] que la question des concessions pétrolières et la libération des prisonniers de guerre que l'on peut envisager graduelle et progressive. En outre, l'accord de Greentree peut être consolidé par la signature du traité d'amitié, de bon voisinage et de coopération économique dont il a été question dans le cadre des travaux de la Commission mixte Cameroun-Nigeria.

L'ultime explication relative au titre de l'accord se rattache au processus d'institutionnalisation de la négociation qu'il opère. Ce phénomène concerne l'attelage institutionnel formé par la Commission mixte et la Commission de suivi chargée de l'application de l'accord.

En vérité, l'accord mériterait l'appellation « accord-cadre », laquelle ne figure pas dans le titre. Il s'agit en effet d'un accord-cadre sur le règlement pacifique d'une partie du différend frontalier. L'intitulé actuel de l'accord s'explique par le contexte diplomatique dans lequel s'insère le texte. La terminologie a été choisie de manière à préciser selon la volonté des parties que l'instrument entendait n'être qu'une modalité d'application et non d'interprétation d'une partie de l'arrêt du 10 octobre 2002 (relative à la péninsule de Bakassi).

3. La contexture de l'accord

Dans son acception courante, la contexture, du latin « *contextus* » ou *contextere* (*tisser avec)* désigne la structure et la manière dont les événements d'un tout organique complexe se présentent. Cette expression indique les éléments formels dont le traité est constitué, c'est-à-dire sa description physique et ses traits rédactionnels, à la différence de son contenu qui porte

---

1579 A l'instar de l'accord post-judiciaire entre le Tchad et la Libye.

1580 A. D. OLINGA, *L'accord de Greentree du 12 juin 2006 relatif à la presqu'île de Bakassi,* Paris, L'Harmattan, février 2009, p. 119.

1581 Article 3 de l'accord de Greentree.

sur sa description substantielle. Alain-Didier Olinga fait ainsi observer que : « Bien que le droit international ne soit pas un droit formaliste, il reste qu'un accord international est d'abord un document formel, dont on peut objectiver la carte d'identité à partir de ses traits apparents, de sa contexture »[1582].

Formellement, l'accord de 2006 se compose d'éléments répartis entre le préambule, le dispositif (huit articles) et les annexes. La contexture permettra d'appréhender l'unité logique du texte de l'instrument et de l'examiner du point de vue de sa substance.

❖ Le préambule comporte deux catégories d'énonciations

a) *Les énumérations des parties :*

Les Etats en cause sont nommément mentionnés. Contrairement aux traités formels, l'accord n'énumère pas les noms et qualités des plénipotentiaires ayant signé le traité : chef d'Etat (en respectant leur qualification officielle), chef de gouvernement ou ministre des Affaires étrangères[1583], etc. Cette retenue confirme le caractère à la fois simplifié et confidentiel du processus de négociation de l'accord qui fut préparé au niveau le plus élevé (entre les chefs d'Etats des deux pays et le Secrétaire général des Nations Unies, et dans une moindre mesure, par les représentants permanents des deux pays auprès de l'ONU).

b) *L'exposé des motifs :*

Le préambule de l'accord contient l'exposé des motifs qui ont été déterminants dans sa conclusion. Ils expriment un véritable programme politique. L'accord de 2006 emprunte à cet égard les traits d'un accord autant politique que juridique. Le préambule rappelle les efforts déployés par le Secrétaire général des Nations Unies dans la tenue des sommets tripartites. Il fait référence aux précédentes étapes du processus de mise en œuvre de la décision juridictionnelle. Enfin, le préambule évoque des principes généraux relatifs à la consolidation de la confiance et de la paix entre les deux pays pour le bien-être de leurs populations et la « stabilité » dans la sous-région. Cette dernière expression est approximative puisque le Nigeria est situé dans la Communauté Economique des Etats de l'Afrique de l'Ouest (CEDEAO) et le Cameroun, dans la Communauté Economique des Etats de l'Afrique Centrale (CEEAC)[1584]. Elle apparaît dans une certaine mesure comme une formule vide.

1582 A.D. OLINGA, L*'accord de Greentree du 12 juin 2006 relatif à la presqu'île de Bakassi*, *op.cit.*, note 1467, p. 47.

1583 P. DAILLIER, M. FORTEAU, A. PELLET, *Droit international public*, *op.cit.*, note 1460, § 73 « La contexture des traités », p. 146.

1584 Les parties font néanmoins partie de la Commission du Golfe de Guinée qui vise le renforcement des liens de coopération et de solidarité entre l'Angola, la République démocratique du Congo, la République du Congo, le Nigeria, Sao Tomé et Principe, le Gabon, le Cameroun, la

On pourrait s'interroger sur la valeur juridique du préambule. Dans l'ordre international, le préambule d'un traité ne possède *a priori* pas de force obligatoire. Cette question constitue toutefois un élément d'interprétation du traité[1585]. Dans l'affaire entre la France et les Etats-Unis d'Amérique relative aux *Droits des ressortissants* de ce dernier pays au Maroc, la CIJ a observé que pour interpréter les dispositions de l'acte d'Algésiras du 7 avril 1906, il importait de tenir compte de ses buts énoncés dans le préambule[1586]. En l'occurrence, le préambule de l'accord de Greentree se situe dans la continuité de la diplomatie de prévention des conflits de l'ONU. Que les acteurs impliqués y aient retranscrit leur souci politique d'éradiquer définitivement le contentieux entre les parties dans le strict respect de l'arrêt (article 7) relève d'une louable intention. Nonobstant la référence à des principes généraux éclairant la volonté des parties (exécution de l'arrêt, coopération interétatique), les clauses du préambule n'apparaissent pas comme des dispositions supplétives destinées à combler les lacunes de l'accord. Elles ne paraissent pas destinées à avoir le caractère d'obligations. Ceci confirme la valeur diplomatique du préambule.

❖ Le dispositif de l'accord est juridiquement obligatoire. Il est composé de dispositions substantielles ou non. A ce dispositif s'ajoutent les annexes qui, bien que matériellement distinctes, font partie de l'accord du 12 juin 2006.

Les articles

La comparaison entre la Charte des Nations Unies (111 articles) et l'accord de Greentree (8 articles) peut paraître inopportune. Pourtant, ce chiffre paraît classique en matière territoriale. C'est ainsi que l'accord entre la Jamahiriya libyenne et la République du Tchad sur les modalités pratiques d'exécution de l'arrêt rendu le 3 février 1994 par la CIJ du 4 avril 1994 comporte 10 articles sans annexe[1587]. L'accord de Dakar du 14 octobre 1993 portant règlement du différend sur la frontière maritime entre la Guinée-Bissau et le Sénégal suite à l'arrêt de la CIJ du 12 novembre 1991 comporte 9 articles et 1 disposition annexe[1588]. Outre son préambule, l'accord de Greentree renferme 3 dispositions substantielles (article 1 à 3), 2 clauses de structure juridique

---

Guinée équatoriale. Elle offre un cadre permettant le développement de relations pacifiques par une approche de confiance mutuelle favorable au développement et au maintien d'un climat sécuritaire et exempt d'exploitation des ressources naturelles des pays de la région.

1585 P. DAILLIER, M. FORTEAU, A. PELLET, *Droit international public*, *op.cit.*, note 1460, p. 146 ; Voir aussi J. SALMON (dir.), *Dictionnaire de droit international public*, *op.cit*, pp. 864-865.

1586 CIJ., *Affaire relative aux droits des ressortissants des Etats-Unis d'Amérique au Maroc*, Arrêt du 27 août 1952, *Rec.*1952, pp. 196-197.

1587 Accord entre la Jamahiriya arabe libyenne et la République du Tchad sur les modalités pratiques d'exécution de l'arrêt rendu le 3 février 1994 par la Cour internationale de Justice et communiqué attenant du 4 avril 1994, *R.G.D.I.P.*, 1994, p. 802.

1588 M. KAMTO, « Le contentieux de la frontière maritime entre la Guinée-Bissau et le Sénégal », *R.G.D.I.P.*, 1997-3, pp. 695-735.

(article 4 § 1 et article 8), 2 clauses de sauvegarde (article 4§ 2 et § 7) et 2 clauses de mise en œuvre (articles 5 et 6).

Les clauses finales

Le texte de l'accord de Greentree comporte peu de dispositions terminales ayant trait à la « vie » de l'accord[1589] : modalités d'authentification, d'entrée en vigueur, procédure d'amendement, de révision, d'extinction du traité ou d'extension du traité le cas échéant. La seule clause de ce type correspond à l'article 8 par lequel les parties précisent que le document faisant foi est rédigé en langues française et anglaise. Au point de vue technique, la rareté des clauses finales, et surtout l'absence de clause relative à l'entrée en vigueur de l'accord sont regrettables. Non seulement l'accord en perd en précision, mais en plus, la question de son entrée en vigueur a alimenté une controverse au Nigeria. C'est une situation d'insécurité juridique.

❖ **Les annexes**

Le dispositif est complété par deux dispositions annexes, l'une textuelle de six points numérotés de 1 à 6[1590], l'autre cartographique[1591]. Contrairement aux annexes classiques, celles de l'accord de Greentree ne renferment pas des dispositions techniques ou complémentaires ayant pour vocation de régler des détails d'ordre technique, concernant certains articles de l'accord ou son ensemble. Curieusement, les annexes touchent à des questions substantielles. Elles interviennent à la suite des dispositions de l'acccord et lui sont matériellement distinctes. Juridiquement, les annexes font partie intégrante de l'accord de Greentree et possèdent la même force obligatoire que lui, car ce dernier n'en dispose pas autrement[1592]. Qu'apportent l'accord du 12 juin 2006 et ses annexes sur le plan de l'exécution de l'arrêt du 10 octobre 2002 ? C'est ce qu'il faut essayer de relever à travers l'étude des dispositions essentielles

---

[1589] « Les clauses finales sont les dispositions terminales qui ont trait à la vie du traité » : D. CARREAU, D. MARELLA, *Droit international*, Paris, Pedone, coll. Etudes internationales, 11ème éd., 2012., 734 p., p. 100.

[1590]A la différence du texte principal, ces points ne sont pas désignés expressément, pour les besoins de citation comme des articles. La configuration de l'annexe diffère de celle du texte principal, sans doute pour mettre en exergue dans sa forme physique le caractère de document annexe. En l'occurrence, on devrait parler de paragraphes et non de points. En réalité, à la lecture du point 6 de l'annexe 1, la phrase commence par « conformément au paragraphe 4 de la présente annexe... ». Pour les besoins d'un exposé cohérent, il sera fait référence au terme « points », puisque certains « paragraphes » sont constitués de plusieurs paragraphes, ce qui alourdirait la citation du texte. A. D. OLINGA, *L'accord de Greentree du 12 juin 2005 relatif à la presqu'île de Bakassi, op.cit.*, note 1448, p. 46.

[1591] M. SHAW, « Settling Territorial Disputes », Liber Amicorum J-P COT, *Le Procès international*, Bruxelles, Bruylant, 2009, pp. 255-281, et pp. 275-276.

[1592] Relativement à la procédure de règlement des différends ou d'amendements, voir, par exemple, l'article 41 de l'annexe VI de la Convention de Montego Bay portant statut du Tribunal International du droit de la Mer.

de l'accord et ses annexes. Dans une certaine mesure, l'accord semble avoir fait l'objet d'une finition précipitée. Qu'en est-il du contenu proprement dit ?

B. L'analyse des dispositions essentielles de l'accord

L'accord procède d'une logique spécifique quant aux obligations qu'il pose et aux mécanismes qu'il met en place. On ne détaillera que les dispositions les plus significatives, en tentant de saisir la cohérence d'ensemble de l'accord. L'accord se distingue par son domaine d'application (1), ses apports au regard des obligations de base (2), ses lacunes (3).

1. Le domaine d'application de l'accord

❖ Le domaine d'application *ratione loci*

Au terme de son intitulé et de son article 1er, l'accord exclut de son champ d'application toutes les zones dans lesquelles le processus de mise en œuvre a déjà été entamé lors de sa conclusion (2006), c'est-à-dire la frontière terrestre dans la région du lac Tchad et l'ensemble de la frontière maritime. Il n'entend point régler d'autres litiges que ceux relatifs à la presqu'île de Bakassi.

❖ Le domaine d'application *ratione temporis*

L'accord de Greentree met en relief la situation dans laquelle une des parties commence par refuser de se conformer à l'arrêt de la Cour. Puis, les deux aboutissent au terme de pourparlers diplomatiques à une solution aménageant le rythme d'exécution de la décision juridictionnelle. Cette situation est parfois prévue par le compromis de certaines décisions judiciaires ou sentences arbitrales. A titre d'exemple, le traité de 1938 entre la Bolivie et le Paraguay prévoit un délai d'exécution de la sentence[1593]. De la même façon, le compromis signé entre le Burkina Faso et le Mali dans l'affaire du *Différend territorial* indique que l'opération doit être réalisée dans un délai d'un an et donne 18 mois aux parties pour commencer les travaux[1594]. Dans l'affaire opposant *El Salvador au Honduras*, le délai d'exécution est de trois mois[1595].

[1593]« Dans les trente jours qui suivront la date à laquelle la décision aura été formulée, les gouvernements du Paraguay et de la Bolivie accréditeront leurs représentants diplomatiques respectifs à La Paz et à Asunción et, dans les quatre-vingt-dix jours, ils exécuteront les principales dispositions de la décision sous le contrôle de la conférence de la Paix à laquelle les Parties reconnaissent la faculté de résoudre définitivement les questions d'ordre pratique qui pourront se poser à ce sujet ». Article 6 du traité de paix, d'amitié et de frontières signé à Buenos Aires le 21 juillet 1938 entre la Bolivie et le Paraguay, *Affaire du Chaco, RSA*, vol. II, p. 1820.

[1594] Article IV et VII du compromis, *Rec.* 1986, p. 557, § 2. Voir également E. DECAUX, *L'arrêt de la Chambre de la Cour internationale de Justice dans l'affaire du différend frontalier Burkina Faso c. République du Mali*, arrêt du 22 décembre 1986, *A.F.D.I.*, vol. 32, 1986. pp. 215-238.

[1595] CIJ., *Différend frontalier* (El Salvador c. Honduras), ordonnance du 28 févr. 1990, *Rec.*, p.4.

Enfin, dans l'affaire *El Chamizal*, les Etats-Unis et le Mexique ont prévu ceci : « *If the arbitral award provided for this convention shall be favourable to Mexico, it shall be executed within the term of two years, which cannot be extended and which shall be counted from the date on which the award is rendered* »[1596].

L'exécution de la chose jugée a été différée en raison des nombreuses étapes qui ont conduit à la signature de l'accord conforme aux termes de l'arrêt (rejet de l'arrêt, refus de négocier, menace du Cameroun de recourir à la procédure d'exécution forcée de l'article 94 § 2 ou à des contre-mesures, et concertation sur l'établissement d'un calendrier de mise en œuvre des obligations découlant de l'arrêt)[1597].

Ce cas de figure se retrouve dans l'affaire du *Personnel diplomatique des Etats-Unis à Téhéran*[1598]. Dans la même veine, à la suite de la *Sentence arbitrale du 31 juillet 1989*, la Guinée-Bissau et le Sénégal ne sont parvenus à un accord (accord du 14 octobre 1993 et protocole d'accord du 12 juin 1995) qu'après de longues et difficiles négociations qui ont duré presque deux ans (de janvier 1992 à octobre 1993)[1599]. Elles ont différé la réalisation de la chose

Article 6 du compromis signé entre El Salvador et Honduras du 24 mai 1986. Source : http://www.icj-cij.org, consulté le 07/01/2013.

1596 Article 8 de la convention de Washington du 24 juin 1910 entre les Etats-Unis d'Amérique et le Mexique, affaire *El Chamizal*, RSA, vol. XI, p. 309.

1597 A titre d'exemple, dans de nombreuses affaires, les négociations en vue de la mise en œuvre d'arrêts de la CIJ. en matière territoriale ont permis de régler le différend : CIJ., *Plateau continental* (*Tunisie c. Libye*), arrêt du 24 février 1982, *Rec*.,, p. 18 (6 ans après le prononcé de l'arrêt) : CIJ., *Différend frontalier* (Burkina Faso c. République du Mali), arrêt du 22 décembre 1986, *Rec*., p. 579 (un peu plus d'un an après le prononcé de l'arrêt) ; CIJ., *Sentence arbitrale du 31 juillet 1989 (Guinée-Bissau c. Sénégal),* arrêt du 12 novembre 1991, *Rec*., p. 53). (4 ans après le prononcé de l'arrêt) ; CIJ., *Différend territorial* (Jamahiriya arabe libyenne c. Tchad), arrêt du 13 février 1994, *Rec*., p. 6. ; CIJ., *Frontière terrestre et maritime entre le Cameroun et le Nigeria,* (Cameroun c. Nigeria, Guinée équatoriale, intervenant), arrêt du 10 octobre 2002, 2002, p. 404 (l'accord de Calabar postérieur à celui de Greentree est signé le 14 août 2008, soit 6 ans après l'arrêt. Cette pratique marque une rupture avec la durée excessive de l'exécution dans plusieurs affaires comme en ce qui concerne l'arrêt de la CIJ relatif à la *Souveraineté sur certaines parcelles frontalières* (CIJ., *Souveraineté sur certaines parcelles frontalières* (Belgique c. Pays-Bas)), arrêt du 20 juin 1959, *Rec*., p. 34 : il a fallu 43 années à l'Albanie pour verser au Royaume-Uni le montant de la réparation qui lui était due selon l'arrêt du 15 décembre 1992 dans l'affaire du *Détroit de Corfou* (CIJ., *Détroit de Corfou (Royaume-Uni de Grande-Bretagne et d'Irlande du Nord c. Albanie),* fond, arrêt du 9 avril 1949, p. 22, suite à un accord entre les parties du 18 mai 1992

1598 CIJ., *Personnel diplomatique des Etats-Unis à Téhéran*, (Etats-Unis d'Amérique c. Iran), *Rec*., 1979, p.7, et dans l'affaire CIJ., *Délimitation maritime dans la région située entre le Groenland et Jan Maye*, (Danemark c. Norvège), arrêt du 14 juin 1993, *Rec*., p. 38.

1599 Les négociations entre les deux gouvernements en vue de créer une agence internationale chargée de l'exploitation en commun des ressources provenant de la zone de coopération ont débuté en janvier 1994. Elles aboutiront plus tard que prévu, le 12 juin 1995. Les négociations ont duré plus de 17 mois (janvier 1994 - 12 juin 1995) au lieu d'« un délai maximum de douze mois »,

jugée en l'aménageant pour une durée de 20 ans renouvelable par tacite reconduction[1600]. Dans la plupart de ces affaires, tout se passe au départ comme si la Cour n'était qu'un « simple prestataire d'un service de justice, car l'organe judiciaire influence le règlement des différends, mais la maîtrise du processus appartient aux Etats »[1601]. Au final cependant, on pourrait estimer que l'accord permet à l'arrêt d'être mis en œuvre, car il a joué un rôle dans les négociations ayant permis de résoudre le différend.

La lecture de mémorandums de l'ONU révèle que l'Organisation a considéré toute soumission du Nigeria à une exécution urgente de l'arrêt comme peu réaliste et contre-productive. Une note du Secrétariat général de l'ONU du 28 octobre 2002, dévoile que : « *The timing of the implementation of the Court's decision therefore emerges as a critical issue. Rushing Nigeria, into immediate implementation may be unrealistic and counterproductive as it could generate more tensions and instability in the area. At the same time however, not addressing the issue of implementation could play into the hands of Cameroonian hardliners who have always questioned Nigeria's good faith* »[1602]. La réaction du Nigeria, qui n'avait cessé de réclamer un traité en bonne et due forme comportant l'engagement du Cameroun de garantir les droits des ressortissants nigérians, avait été anticipée par l'ONU. Etant donné la difficulté pour l'instance internationale d'intervenir pour garantir une exécution forcée, des arrangements en termes de délais d'exécution entre les parties semblaient appropriés.

Dans ce contexte, l'accord de Greentree pose une double limitation à son application dans le temps.

D'abord, l'accord affirme implicitement sa non-rétroactivité. Les opérations de retrait et de transfert d'autorité sont sans préjudice des titres acquis par chacune des parties en vertu de la décision du 10 octobre 2002. Dans le même sens, on note la référence au « processus déjà entamé » (article 1). L'obligation de retrait incombe au Nigeria « à compter de la date de signature du présent accord » (article 2) alors qu'elle était définie dans le dispositif de l'arrêt de 2002 comme « immédiate ». L'accord de Greentree paraît essentiellement tourné vers l'avenir sans toutefois revenir sur les droits consacrés dans le passé. C'est ainsi que les articles 3 et 6 de l'accord protègent les droits acquis des ressortissants nigérians de la zone, « *après que* » le Nigeria aura transféré l'autorité au Cameroun. Pour autant, l'accord de

---

à compter de la signature de l'accord du 14 octobre 1993, initialement prévu par l'article 4 dudit accord.

[1600] CIJ., *Sentence arbitrale du 31 juillet 1989* (Guinée-Bissau c. Sénégal), arrêt du 12 novembre 1991, *Rec.*, pp. 52-184). La Cour a rejeté la contestation, mais l'affaire a connu un épilogue amiable avec l'accord de Dakar du 14 octobre 1993.

[1601] P. WECKEL, « Les suites des décisions… », *op.cit.*, note 557.

[1602] Une note interne du Secrétariat général de l'ONU du 28 octobre 2002, consultée lors d'une mission au Bureau des affaires juridiques du Secrétariat général de l'Organisation en octobre 2009.

Greentree ne règle pas définitivement le contentieux relatif à ladite zone. L'article 3, en octroyant de nombreux droits à une minorité étrangère, ouvre la voie à des contentieux potentiels.

Ensuite, la durée d'application de l'accord peut être appréhendée à partir de certains éléments. En premier lieu, l'objet principal de l'instrument est le retrait et le transfert d'autorité dans la presqu'île de Bakassi. On peut estimer que la fin raisonnable de cet agencement conventionnel se situe « à la fin du régime spécial transitoire » de cinq ans aménagé pour le Cameroun à partir duquel il exercera la plénitude de souveraineté dans la presqu'île de Bakassi. Dès lors que l'exercice plénier des attributs liés à la souveraineté territoriale est assuré, les aménagements contenus dans l'accord et ses annexes sont-ils prescrits ? Il n'est pas certain que les obligations incombant au Cameroun en vertu de l'article 3 prennent fin au moment de l'accès de celui-ci à une souveraineté pleine et entière sur la presqu'île de Bakassi. Cette disposition vise les droits des ressortissants nigérians « vivant dans la presqu'île de Bakassi » (article 3 § 1) ou « vivant dans la zone » (articles 3, 6). Or, la plupart des ressortissants nigérians sont restés dans la zone, même postérieurement au retour à la pleine souveraineté du Cameroun.

Le point 6 de l'annexe réfère au concept indéterminé « d'établissement », mais l'obligation de garantie des droits des ressortissants nigérians reste valable. Si cette obligation de protection incombe au Cameroun « après que le Nigeria lui aura transféré l'autorité », elle est renforcée par le fait que le « Cameroun exercera en toute plénitude ses droits de souveraineté » (point 5 annexe I). La durée de l'accord n'a pas forcément un rapport avec le retour sous juridiction camerounaise de la presqu'île de Bakassi. Certaines dispositions de l'accord sont pérennes, d'autres semblent passagères. Ceci ne facilite pas la cohérence de l'accord. Un autre facteur intéressant par rapport à la durée de l'accord se trouve dans le temps d'existence de la Commission de suivi de l'application de l'accord dont l'article 6 prévoit la création. L'alinéa 3 de cet article indique que « les activités de la Commission cesseront à la fin de la période du régime spécial transitoire régi au § 4 de l'annexe I du présent accord ». Concrètement, le travail de la Commission de suivi s'achève à la fin du régime spécial transitoire camerounais, c'est-à-dire lorsque le Cameroun recouvrera la plénitude d'exercice de sa souveraineté sur la zone. Or, il est difficilement concevable que l'instance mise en place pour le suivi de l'application de l'accord puisse disparaître immédiatement après la fin du régime spécial transitoire, c'est-à-dire avant la concrétisation de certaines opérations d'exécution.

De même, aucune disposition ne traite des conditions éventuelles d'une renégociation de l'accord au cas où le différend referait surface, soit en certains de ces aspects, soit en toute sa teneur. On ignore ainsi après quel délai l'accord est abrogé, reconduit tacitement ou pour une période illimitée. Par ailleurs, l'accord de Greentree ne comporte aucune disposition relative à son enregistrement et sa publication, tranchant nettement sur ce point avec l'accord entre le Tchad et la Libye du 4 avril 1994. Son article 8 prévoyait que « les deux parties s'engagent à notifier le présent accord à l'Organisation des Nations Unies ». Cette omission reste sans conséquence sur la validité de l'accord, mais soulève la question de son invocabilité devant un organe des Nations Unies et donc devant la Cour internationale de Justice[1603]. En cas de différend relatif à l'exécution devant la Cour, cette situation peut s'avérer problématique.

❖ Domaine d'application *ratione materiae :* l'accord de Greentree organise les conditions des retrait et transfert d'autorité dans la presqu'île de Bakassi. En vérité, plusieurs articles portent non pas sur lesdites opérations de retrait et de transfert d'autorité, mais sur leurs conséquences[1604].

Le bel enthousiasme des différents observateurs[1605], notamment celui du Secrétaire général de l'ONU qui félicita les deux présidents « d'avoir ouvert une voie nouvelle dans le règlement des conflits »[1606] se justifie. En effet, les deux Etats ont fait preuve d'une grande sagesse et d'un grand réalisme dont on aimerait que beaucoup d'autres Etats s'inspirent, en Afrique et dans le reste du monde. Mais cet élan est relativement tempéré par l'analyse circonstanciée de l'accord. C'est ce qu'un examen soutenu des obligations de base révèle.

2. Les apports : les obligations de base

Conformément à l'article premier de l'accord de Greentree, la souveraineté sur la presqu'île de Bakassi est camerounaise. Le but[1607] de l'accord consiste ainsi en la reconnaissance du point le plus critiqué par le Nigeria durant l'instance judiciaire.

Le Cameroun et le Nigeria reconnaissent ensuite la frontière terrestre et maritime entre les deux pays telle qu'elle est délimitée par l'arrêt et s'engagent à poursuivre le processus de mise en œuvre déjà entamé[1608]. La bilatéralisation

---

[1603] CIJ., *Délimitation maritime et des questions territoriales entre Qatar et Bahreïn*, Arrêt du 1er juillet 1994 *(Compétence et recevabilité), Rec.* 1994, p. 122, par. 29.

[1604] Article 3 de l'accord du 12 juin 2006, Annexe.

[1605] Guy Roger Eba'a évoque l'accord de Greentree comme « l'épilogue d'un conflit ». G. R. EBA'A, *L'affaire Bakassi, genèse, évolution et dénouement de l'affaire de la frontière terrestre et maritime entre le Cameroun et le Nigeria (*1993-2002), Yaoundé, Presses de l'UCAC, 2013, 239 p., p. 191.

[1606] Communiqué conjoint publié à l'issue du sommet de Greentree le 12 juin 2006 par le Centre d'Information des Nations Unies. Voir : www.un.org.

[1607] Convention de Vienne sur le droit des Traités, article 31 §1.

[1608] Article 1er de l'accord du 12 juin 2006.

du raisonnement dans le second paragraphe (« Le Cameroun et le Nigeria ») y agrège un autre objectif implicite, la préservation par le Cameroun des droits de la population nigériane. Dans un environnement international fondé sur le principe du consensualisme, la reconnaissance « conventionnelle » par le Nigeria de la souveraineté camerounaise de l'article premier de l'accord est capitale[1609]. C'est en effet l'affirmation par le Nigeria de la « camerounité » de Bakassi qui met un terme, après la clôture du contentieux juridique, au contentieux plus large incluant le volet non justiciable du différend, lequel ne se réduit pas à un différend territorial.

Cependant, l'examen de cette clause montre qu'elle est plus politique que juridique. Elle permet au Nigeria d'entrer dans le processus de cession définitive de la souveraineté sur Bakassi au Cameroun sans « perdre la face ».

❖ L'obligation nigériane préalable au transfert d'autorité : le retrait des forces armées : le Nigeria reconnaît donc la souveraineté camerounaise[1610] (article 1). Il s'engage à retirer l'ensemble de ses forces armées de la péninsule dans les 60 jours à compter de la date de l'accord avec une possibilité exceptionnelle pour le Secrétaire général des Nations Unies de proroger ce délai de 30 jours (article 2)[1611]. Même si cela ne figure pas explicitement dans la lettre de l'accord, le retrait des forces armées du Nigeria n'est supposé se réaliser qu'après la signature de l'accord relatif aux régimes spéciaux transitoires. Il apparaît comme une opération politique négociée avec une contrepartie non comme une simple conséquence de la décision de la Cour en vertu de laquelle l'engagement de retrait devait, d'après les paragraphes 314 et 315 de l'arrêt du 10 octobre 2002, être « immédiat »[1612].

[1609] Initialement, Abuja a saisi Yaoundé d'une curieuse proposition. Le président Obasanjo suggère qu'en contrepartie du départ de ses forces armées, le Cameroun accepte une "cession d'administration" d'une partie de Bakassi – celle qui est appelée à faire l'objet d'un régime spécial pendant les sept années prévues de transition au terme de l'accord du 12 juin 2006 – au Nigeria, pour une période de 50 ans renouvelable. Moyennant quoi, le Nigeria accepterait que les richesses du sol et du sous-sol dans cette péninsule soient la propriété du Cameroun, et que la prospection et leur exploitation ne soient entreprises que d'un commun accord entre les deux Etats.

[1610] Article premier : le Nigeria reconnaît que la souveraineté sur la presqu'île de Bakassi est camerounaise conformément à l'arrêt de la Cour Internationale de Justice du 10 octobre 2002 dans l'affaire de la frontière terrestre et maritime entre le Cameroun et le Nigeria. Le Cameroun et le Nigeria reconnaissent la frontière terrestre et maritime entre les deux pays telle qu'elle est délimitée par l'arrêt et s'engagent à poursuivre le processus de mise en œuvre déjà entamé.

[1611] Article 2 : Le Nigeria s'engage à retirer l'ensemble de ses forces armées de la presqu'île de Bakassi dans les soixante jours à compter de la date de signature du présent accord. Si des circonstances exceptionnelles l'exigent, le Secrétaire général des Nations Unies peut prolonger ce délai autant que nécessaire, mais pour une durée totale n'excédant pas trente jours. Ce retrait se fera suivant les modalités prévues à l'annexe I du présent accord.

[1612] CIJ., *Frontière terrestre et maritime entre le Cameroun et le Nigeria* (*Cameroun c. Nigeria ; Guinée équatoriale (intervenant)*, arrêt du 10 octobre 2002, *Rec.*, p.70. Voir les développements de Alain-Didier Olinga sur le retrait des forces armées du Nigeria, *L'accord de Greentree..., op. cit.*, pp. 68-73.

Dans une contre-proposition formulée en 2005, les autorités du Cameroun avaient suggéré le départ définitif des troupes nigérianes de toute la presqu'île et le redéploiement immédiat des forces armées camerounaises sur cette partie du territoire. Il est clair que cette option n'a pas été retenue dans l'accord de Greentree. Ce dernier se « contente » dans l'article 2 d'évoquer le départ des troupes du Nigeria sans autre mention relative à l'échéance du déploiement des forces armées camerounaises. Il faut en déduire que ledit déploiement ne se fera qu'au terme des sept années présumées de transition. Cette disposition soulève plusieurs questions : quel est le régime juridique qui s'applique à toute la zone de Bakassi qui sera libérée par les forces nigérianes et ne fait pas partie de l'enclave concernée par les régimes de transition ? Qui va assurer, avant la période de 7 ans, l'ordre public dans la partie évacuée ? Questions ouvertes, que ne résout pas l'accord et qui préoccupent toujours nombre de spécialistes.

❖ L'obligation camerounaise postérieure au transfert d'autorité : la protection des ressortissants nigérians :

Le Cameroun devra, au sens de l'article 3[1613], garantir aux ressortissants nigérians vivant à Bakassi l'exercice des droits fondamentaux consacrés par le droit international des droits de l'Homme et les autres règles pertinentes de droit international. L'accord prévoit en effet que les 300 000 à 400 000 habitants de la presqu'île, principalement des familles de pêcheurs nigérians, ne seront pas incités à la quitter. Ils pourront, soit retourner dans leurs pays d'origine, soit rester sur place en respectant les lois camerounaises[1614]. Leur culture et leurs activités agricoles ou piscicoles seront respectées ; leurs biens et droits de propriété foncière coutumiers seront protégés, et il n'y aura pas de taxes ou d'impôts discriminatoires sur leurs activités[1615].

Cette disposition apparaît comme un « véritable accord dans l'accord » tant elle consolide les droits acquis des Nigérians donnant à la rétrocession de Bakassi au Cameroun des allures d'une succession d'Etats. De plus, elle

---

1613 Dans une version précédente du projet d'accord, cet article se référait aux « droits humains ». Le bureau des affaires juridiques a estimé qu'il fallait préciser les droits concernant la population locale de la presqu'île de Bakassi, en vue d'assimiler les droits de la population de la péninsule à ceux dont bénéficient leurs concitoyens dans le pays de leur nationalité respective.

1614 Voir le § 6 de l'article 2 de l'Annexe I « Zone concernée de la presqu'île de Bakassi » : « Conformément au paragraphe 4 de la présente Annexe, l'acquisition de terre dans la Zone par des ressortissants nigérians n'y étant pas établis au moment de la signature du présent Accord ne pourra se faire que conformément aux lois et aux règlements du Cameroun ». Interrogé sur le sort des ressortissants nigérians de la région à l'issue de la cérémonie de signature de l'accord de Greentree, le Secrétaire général a précisé : « They have an option to go back, to be repatriated and of course if they want to stay, they can do so under the laws of Cameroon. Normally, many Nigerians live in Cameroon as we know », *Cameroon tribune* du 14 juin 2006, p.10.

1615 ABENG MESSI (F.), *Le territoire et l'impôt en droit fiscal camerounais*, Thèse de Doctorat d'Etat en Droit/Ph.D, Université de Yaoundé II-Soa, 2015, 718 p., pp. 345, 365.

confère à l'accord de Greentree la teneur d'un accord semi-capitulaire[1616]. La limitation de la faculté de l'Etat camerounais d'exercer certaines fonctions est singulière et mérite d'être analysée. Il revient à chaque Etat souverain de fixer lui-même les modalités de gestion de sa population. Il convient de rappeler ici que l'accord de Greentree a été adopté en forme simplifiée. Il ne peut *a priori* aisément modifier une disposition de nature législative ou constitutionnelle.

Par ailleurs, l'article 3[1617] renvoie à des droits qui n'ont nullement besoin de l'accord pour être garantis. Ils le sont en principe en raison des normes fondamentales du droit international : les droits humains en particulier (interdiction de l'expulsion collective des étrangers, respect des particularismes linguistiques, culturels et religieux, droits des minorités, garantie de la nationalité, non discrimination, protection des biens[1618]). Il porte en outre sur des droits qui ne peuvent être garantis en vertu de l'accord, car ils sont régis par des dispositions nationales spécifiques[1619]. Il s'agit notamment de la liberté de poursuite des activités agricoles et piscicoles, des droits de propriété fonciers coutumiers[1620].

Ce point mérite d'être approfondi. Il faut une fois de plus se fier à l'opinion d'Alain-Didier Olinga. L'éminent juriste s'interroge sur le fait de savoir si l'engagement du Cameroun, dans l'accord du 12 juin 2006, de respecter les droits fonciers coutumiers des Nigérians dans la zone correspond à une forme adoucie de reconnaissance de la consolidation historique rejetée dans l'arrêt aux fins de l'attribution de la souveraineté territoriale.

1616 Dans son acception classique, les capitulations renvoient à « parce que rédigés en chapitres. Au sens du droit des conflits armés, une capitulation est un acte ayant pour objet la reddition négociée, partielle ou générale, conditionnelle ou inconditionnelle, des forces armées d'un belligérant. Elle se distingue de la reddition pure qui est un acte unilatéral » (C. ROUSSEAU, *Le droit des conflits armés*, Paris, Pedone, 1983, pp. 208-211). Au pluriel, anciennement, nom donné aussi à des conventions appelées capitulations militaires, par lesquelles un Etat fournissait ses contingents militaires à un autre Etat, en restant lui-même non belligérant. « Capitulations » : actes unilatéraux des autorités de l'Empire ottoman, des Etats barbares ou de certains Etats d'Orient et d'Extrême-Orient ou traités passés entre ces autorités et les pays occidentaux au terme desquels les étrangers dans ces pays dits « hors chrétienté » échappaient, dans une large mesure et sans réciprocité, à l'autorité des gouvernants et tribunaux locaux et étaient soumis dans la mesure correspondante, à leurs autorités nationales, spécialement aux consuls de leurs pays. J. SALMON (dir.), *Dictionnaire de droit international public, op.cit.*, p. 149.

1617 Article 3§1. Le Cameroun, après que le Nigeria lui aura transféré l'autorité, garantit aux ressortissants nigérians vivant dans la presqu'île de Bakassi l'exercice des libertés et droits fondamentaux consacrés par le droit international des droits de l'Homme et les autres règles pertinentes du droit international.

1618 Encore faut-il vérifier que les deux parties soient signataires des instruments internationaux y afférents.

1619 La connaissance du droit interne et son interprEtation ne sont pas aisées pour l'une ou l'autre partie. En outre, les dispositions d'un traité viennent en principe en rang supérieur aux lois nationales. Il est donc toujours utile de consolider lesdits droits dans un accord de ce genre.

1620Sur le sujet, P. I. BILIGHA BI HOUNDOUL, *L'exercice des droits fonciers par les ressortissants Nigérians dans la zone à régime spécial transitoire de la presqu'ile de Bakassi*, Mémoire DEA, Université de Yaoundé II, 2007-2008, 119 p.

Le régime des droits fonciers traditionnels paraît en effet avoir été investi d'une fonction plus ample et d'une envergure beaucoup plus importante que celle qu'avait conférée le juge international à des questions analogues (droits particuliers des ressortissants nigérians) dans l'arrêt du 10 octobre 2002. On pourrait s'enquérir du fondement juridique des droits fonciers et coutumiers dont un groupe humain peut disposer dans un Etat dont il n'a pas la nationalité. Le domaine national de première catégorie constitué de terres occupées et exploitées par les collectivités coutumières et les individus, est celui où s'exercent les droits fonciers coutumiers, c'est-à-dire les droits acquis sur la terre comme fonds sans titre formel. Mais ces droits sont régis par la coutume autochtone. En s'engageant à protéger les droits de propriété foncière des seuls Nigérians vivant dans la zone, au regard du droit positif de cet Etat, le Cameroun se base sur son régime foncier coutumier prévu à l'article 17 de l'ordonnance de 1974 et l'article 11 du décret de 2005 modifiant et complétant certaines dispositions du décret de 1976 sur l'obtention du titre foncier[1621].

L'examen conjoint des dispositions susvisées et du § 6 de l'annexe I de l'accord ne propose logiquement aucune autre alternative. L'accord ne comporte aucune disposition organisant la conciliation avec le droit camerounais. L'article 3 § 2 de l'accord prévoit simplement que le Cameroun, « après que le Nigeria lui aura transféré l'autorité dans la presqu'île de Bakassi », garantit aux ressortissants nigérians l'exercice des droits de l'homme et toutes les normes pertinentes de droit international et s'engage expressément à « protéger leurs biens ainsi que leurs droits coutumiers de propriété foncière ».

La particularité de l'article 3 réside dans le fait qu'il se situe dans le prolongement de la théorie institutionnaliste du droit[1622]. En effet, cette disposition érige en une « entité sociale » (c'est-à-dire en une institution) une multitude de sujets : les ressortissants nigérians de la presqu'île de Bakassi. Les règles qu'elle instaure ne sont pourtant que les instruments par lesquels l'ordre juridique essaie d'atteindre l'objectif, la finalité pour laquelle il s'est érigé en « institution », à savoir l'« organisation » sociale d'une entité. Cette organisation sociale passe non seulement par la réglementation normative des rapports personnels qui se tissent en son sein, mais laisse la voie ouverte à la mise en place d'organes, d'institutions qui permettraient à l'ordre juridique de

---

[1621] Documents joints en annexe.

[1622] Santi Romano est, avec le juriste français Maurice Hauriou, considéré comme le père de l'institutionnalisme juridique. Son maître ouvrage, *L'Ordinamento Giuridico* (1918) est encore regardé avec admiration par la communauté juridique italienne qui résume sa position, que l'on peut qualifier d'institutionnaliste, en ces termes : " J'ai voulu faire entrer dans le monde juridique ce fait de l'ordre social que l'on tenait généralement pour antécédent au droit". S. ROMANO, *L'ordre juridique*, Paris, Dalloz Sirey, 2002, 174 p., p. 25, voir également, C. SANTULLI, *Le Statut international de l'ordre juridique Etatique. Etude du traitement du droit interne par le droit international,* Paris, Pedone, 2001, xiv, 540 p.

structurer le « corps social » à Bakassi et d'être à son tour structuré par lui. Ce système ressemble à celui instauré à l'occasion de la délimitation des frontières maritimes entre l'Érythrée et le Yémen. Un régime de la pêche traditionnelle avait été érigé en tant qu'ordre juridique et par application de la théorie institutionnaliste du droit[1623].

En vérité, la liberté rédactionnelle adoptée par les parties, notamment dans l'article 3 de dans l'accord de Greentree, est étendue dans la mesure où il ne s'agit pas d'un accord de coopération servant à la fixation des modalités spécifiques de gestion des ressortissants d'un Etat dans l'autre. L'article 3 pose clairement le problème de la hiérarchie entre l'arrêt du 10 octobre 2002 et l'accord du 12 juin 2006. L'articulation entre les obligations du Cameroun et celles du Nigeria en vertu de l'arrêt (donc de l'article 94 de la Charte) d'une part, et de l'accord de Greentree d'autre part, paraît mal assurée relativement à ce point non envisagé par la décision de la Cour. La liberté transactionnelle des parties dans l'accord post-judiciaire apparaît comme une menace pour l'autorité de la chose jugée.

Une attitude nuancée s'impose bien évidemment. Le droit international ne connaît à l'heure actuelle d'autre limitation à la capacité des Etats dans la stipulation d'engagements conventionnels que celle que leur impose le corps des normes impératives de droit international général[1624]. Une telle mise en perspective doit être appréhendée dans un contexte de sortie de crise. Le Nigeria s'est toujours plaint de la maltraitance infligée à ses populations vivant dans la zone[1625]. Excessif, Hubert Onana Mfege estime à ce sujet : « Il est à craindre que le Nigeria ne finisse par transformer Bakassi en une « espèce du golfe de Guinée » où il pourra, à chaque fois, évoquer la protection de ses ressortissants pour s'ingérer dans les affaires intérieures du Cameroun et entretenir la dynamique conflictuelle »[1626].

❖ L'obligation de mise en œuvre de bonne foi de l'accord :

L'article 5 se réfère à la mise en œuvre de *bonne foi* de l'accord par les parties, avec les bons offices du Secrétaire général, de la France, des Etats-

---

[1623] G. DISTEFANO, « La sentence arbitrale du 17 décembre 1999 sur la délimitation des frontières maritimes entre l'Erythrée et le Yémen : quelques observations complémentaires », *A.F.D.I.*, vol. 46, pp. 255-284, p. 275.

[1624] Voir l'article 53 de la Convention de Vienne de 1969 sur le droit des traités.

[1625] Cet argument a été mis en évidence lors des sessions de la commission mixte créée en application du communiqué conjoint du 15 novembre 2002 à Genève. Cet article a été critiqué par l'opinion publique camerounaise, selon laquelle, le Nigeria, conscient qu'il lui était quasi impossible de rejeter le verdict de La Haye sur le différend frontalier qui l'oppose au Cameroun, et peu porté à " perdre la face " suite à une décision qui consacrait la souveraineté du Cameroun sur la presqu'île de Bakassi, décide de se déployer sur un autre front : la défense des intérêts des ressortissants nigérians vivant à Bakassi, et notamment sur les îles de Atabong et Abana.

[1626] H. ONANA MFEGE, *op.cit.*, p. 100.

Unis, de l'Allemagne et du Royaume-Uni de Grande-Bretagne comme témoins de cette application[1627]. Cette obligation devient dès lors conventionnelle. Une telle disposition paraît superfétatoire. Selon l'article 26 de la Convention de Vienne : « tout traité en vigueur lie les parties et doit être exécuté par elles de bonne foi ». Le principe de la bonne foi régit d'emblée l'ensemble des relations interétatiques. Ce point de vue est défendu par Geneviève Guyomar : « l'exécution des décisions juridictionnelles demeure traditionnellement confiée à la bonne foi »[1628] des plaideurs en droit international. Les parties sont donc tenues de respecter les dispositions de l'accord et l'obligation d'exécution demeure[1629]. De fait, cette conception semble trop large, voire vague, car elle ne caractérise pas suffisamment la face opposée qui est la mauvaise foi des parties. L'accord instaure en vue du suivi de son application une Commission composée des représentants du Cameroun, du Nigeria et des Etats témoins (article 6). C'est la manifestation évidente de la mauvaise foi des Etats en droit international. Les activités de cette institution sont programmées jusqu' à la fin du régime spécial transitoire (2013). Il s'agit, cette fois d'un véritable organe juridictionnel qui rend compte au Secrétaire général de l'ONU avec copie au président de la Commission mixte Cameroun-Nigeria[1630].

Nonobstant l'importance des obligations substantielles, il existe des problèmes particuliers.

3. Des lacunes

L'accord de Greentree soulève plusieurs problèmes particuliers et présente quelques lacunes, notamment au niveau de la durée des traités dans un article intitulé : « CIJ, Greentree : Bakassi, la paralysie du droit ?»[1631].

❖ L'article 4 précise que le Cameroun ne renonce en rien à sa souveraineté sur une partie quelconque de la presqu'île. Pour Alain-Didier Olinga : « De toutes ces dispositions, l'article 4 apparaît incontestablement la moins heureusement articulée. Il est d'une structure interne défectueuse et est

---

1627 Ce point sera repris dans l'examen des rapports entre l'ordre juridique international et l'application de l'accord.

1628 G. GUYOMAR, *Commentaire du Règlement de la Cour internationale de Justice adopté le 14 avril 1978 interprEtation et pratique*, *op. cit.*, p.5.

1629 Voir l'arrêt rendu par la CIJ. dans l'affaire du *Différend territorial entre la Libye et le Tchad,* (CIJ., *Différend territorial* (Jamahiriya arabe libyenne c. Tchad), arrêt du 13 février 1994, *Rec.*1994, pp. 19-28). La force du principe est affirmée dans l'affaire du *Projet Gabcykovo-Nagymaros* (CIJ., *Projet Gabcykovo Nagymaros* (Hongrie c. Slovaquie), arrêt du 25 septembre 1997, *Rec.* ; p. 68, § 114.

1630Contrairement à la commission mixte, voir Partie II, titre I, Chapitre I.

1631 F. OWONA MFEGUE, « CIJ, Greentree : Bakassi, la paralysie du droit », *Mutations*, 07/08/2008.

mal situé dans l'équilibre de l'instrument. Mal structurée, cette disposition l'est, car elle comporte deux paragraphes qui n'ont substantiellement aucun lien l'un avec l'autre. Le premier paragraphe traite des rapports juridiques entre l'Accord et les annexes, alors que le second est une clause de sauvegarde et d'interprétation. Il est mal situé, car son paragraphe aurait pu, soit constituer un article distinct, soit constituer le premier paragraphe de l'article 8, le second paragraphe aurait dû être un paragraphe de l'article 7 »[1632].

L'article 4 dispose en outre que « l'annexe I et la Carte constituant l'annexe II font partie intégrante du présent accord, etc. ». L'article 2 disposait déjà que le « retrait se fera selon les modalités prévues à l'annexe I du présent accord ». Or, l'accord, en son annexe I met en place, en vue de la protection des intérêts des populations concernées par la zone délimitée à l'annexe II, un régime transitoire en deux temps consécutif au retrait et conférant à Bakassi un statut spécial. Il le fait sans s'appesantir sur la question du retrait des forces armées nigérianes de la péninsule de Bakassi. L'annexe I ne fait nullement référence aux dispositions du texte de base de l'accord comme s'il était un instrument juridique autonome. C'est le 14 août 2013 que la totalité de la presqu'île est revenue sous souveraineté camerounaise. Le régime transitoire de « *self-restreint* » consenti par le gouvernement camerounais impose des limitations à l'exercice de ses prérogatives régaliennes. Le régime transitoire concédé au Nigeria impose des restrictions à l'exercice des prérogatives administratives et de police nigérianes.

❖ L'annexe II, de nature cartographique, est jointe à l'annexe I, et non pas à l'accord lui-même. Le deuxième paragraphe du point 1 de l'annexe prévoit en effet : « aux fins de la présente annexe, les précisions sur la délimitation de la zone sont données dans la carte jointe (annexe II) ». Cette carte de Bakassi détaille les limites de la zone. Les signatures des deux chefs d'Etat et du Secrétaire général des Nations Unies figurent sur le document. Mais la carte ne contient aucune coordonnée géographique. De fait, elle contraste avec la carte plus détaillée jointe à titre d'illustration au communiqué conjoint issu de la session extraordinaire de la Commission mixte du 11 mai 2007 au sujet de la frontière maritime entre le Cameroun et le Nigeria[1633]. L'annexe ne comporte par ailleurs aucun tableau. Elle délimite une zone qui ne passe pas immédiatement sous souveraineté camerounaise[1634]. Elle ne dit rien d'explicite sur les modalités de partage des ressources de la zone. Les parties pensaient probablement au pétrole et au gaz naturel en élaborant cette

---

[1632] A. D. OLINGA, *L'accord de Greentree du 12 juin 2006 relatif à la presqu'île de Bakassi, op. cit.*, p. 48.

[1633] Communiqué adopté lors de la 5ème session extraordinaire de la Commission mixte Cameroun-Nigeria, le 11 mai 2007.

[1634] Aux fins de la présente Annexe, les précisions sur la délimitation de la zone sont données dans la carte jointe (Annexe II).

disposition. Dans ce secteur se trouve la zone riche en ressources naturelles dont le Nigeria s'est engagé : « à ne pas entreprendre ou poursuivre l'exploitation des ressources naturelles du sous-sol (...) ni mener aucune activité portant atteinte à l'environnement (article 3 f) de l'annexe I) ».

Le gouvernement camerounais avait pourtant souhaité que deux précautions au moins soient prises pendant la période de transition s'agissant de l'exploitation des ressources du sous-sol. Du point de vue camerounais, aucune concession d'exploration ne devait être accordée à aucune compagnie pétrolière, et, parallèlement, des clés de répartition des revenus pétroliers pour l'activité en cours devaient être convenues entre le propriétaire des ressources (le Cameroun), et l'attributaire des concessions (le Nigeria). Les suggestions camerounaises n'ont pu prospérer à Greentree comme l'atteste la clause de l'article 3 f) de l'annexe I[1635].

Les engagements du Nigeria en vertu de l'annexe I, en particulier ceux tenant à l'exploitation des ressources naturelles, sont valables « pendant la période transitoire » qui lui est concédée, sans autre précision du moment de l'arrêt d'une éventuelle exploitation de ces ressources. Ce moment n'est évoqué ni dans l'accord ni dans ses annexes, pas plus que dans le procès-verbal sur les modalités d'application de l'accord de Greentree signé par les deux chefs d'Etat. Ce document relève simplement que « le premier rapport de la Commission de suivi comportera notamment des « informations sur les infrastructures pétrolières *off-shore* nigérianes dans les eaux camerounaises » ».

Le traitement lacunaire et opaque du problème de l'exploitation des ressources naturelles fait partie des « non-dits » de Greentree. Les silences servent la viabilité du prescrit conventionnel, instrument de facilitation de la mise en œuvre de l'arrêt. De même, les silences de l'arrêt ont des motivations relevant de la politique judiciaire de la Cour et de celle des parties visant à provoquer la négociation en évitant les points les plus litigieux[1636]. Cette attitude des parties s'explique par le contexte de l'instance judiciaire. Il convient de rappeler que l'une des critiques formulées par l'agent du Nigeria devant les juges de la Cour à La Haye portait sur l'absence d'investissements camerounais au profit des populations vivant dans la presqu'île. Il avait clairement exclu « que des investissements effectués à coup de milliards puissent par le seul effet de l'arrêt devenir la propriété du Cameroun »[1637]. Ce n'est pas le seul problème qui se pose.

[1635] Article 3 f) de l'Annexe I.

[1636] Partie II, Titre II, Chapitre II.

[1637] A. D. OLINGA, *L'accord de Greentree..*, *op.cit.*, p. 5.

❖ Les modalités de règlement des différends par la Commission de suivi de l'accord : une anomalie ?

L'article 6 de l'accord du 12 juin 2006 institue une Commission de suivi, « compétente pour résoudre tout différend relatif à l'interprétation et l'application du présent accord ». Pour la différencier de la Commission mixte des Nations Unies pour la mise en œuvre de l'arrêt de la CIJ du 10 octobre 2002, elle est désormais appelée « Comité de suivi ». Présidé par le représentant spécial du Secrétaire général de l'ONU et président de la Commission précitée, ce mécanisme *ad hoc* veille au bon déroulement de la période transitoire qui a cours jusqu'au 14 août 2013.

Il est donc à noter que la Commission de suivi est supervisée par la Commission mixte à laquelle elle rend compte, du reste, de ses travaux. D'ailleurs, la Commission mixte met à sa disposition des observateurs pour des missions de surveillance. Elle supervise les mesures destinées à prévenir le transfert ou l'afflux de ressortissants nigérians dans la région. Le champ d'intervention restreint de la Commission de suivi par rapport à celui de la Commission mixte[1638] s'explique également par le fait que la base de travail de la Commission de suivi demeure cantonnée à l'accord de Greentree, lequel ne couvre que partiellement l'étendue des questions tranchées par l'arrêt.

La Commission de suivi est compétente pour résoudre tout différend relatif à l'interprétation et à l'application du présent accord. Cette compétence, bien que cela ne soit pas explicite dans l'accord est, à défaut d'être inclusive de l'intervention de tout autre mécanisme international de règlement, du moins préalable à celle-ci. Les règles de procédure de règlement des différends liés à l'application de l'accord sont définies par la Commission de suivi elle-même. En cela, la Commission de suivi de l'application de l'accord de Greentree contraste fortement avec celle mise en place par le protocole d'accord du 12 juin 1995 relatif à l'organisation et au fonctionnement de l'Agence de gestion et de coopération entre la Guinée-Bissau et le Sénégal (AGC) d'une part et la République de Guinée-Bissau et la République du Sénégal d'autre part[1639].

Les compétences de la Commission de suivi de l'accord de Greentree apparaissent avoir été élaborées afin de tempérer les effets de la dernière version de la déclaration nigériane d'acceptation de la juridiction obligatoire de la Cour Internationale de Justice du 29 avril 1998. Cette dernière a exclu de la compétence de la Cour les différends relatifs particulièrement à « l'attribution, la délimitation ou la démarcation d'un territoire… sauf si le

[1638]La CMCN a un mandat et des bases de travail évolutifs.

[1639] Voir l'article 11 du protocole d'accord du 12 juin 1995 relatif à l'organisation et au fonctionnement de l'Agence de gestion et de coopération entre la Guinée-Bissau et le Sénégal (AGC) d'une part, la République de Guinée-Bissau et la République du Sénégal d'autre part : « Tout litige portant sur l'interprétation ou l'application du présent protocole d'accord sera réglé à l'amiable par voie de négociations entre les parties. A cet effet, il est créé une cellule de suivi comprenant les représentants des parties ».

gouvernement accepte expressément la juridiction de la Cour et dans les limites de cette acceptation ». Il est vrai qu'un éventuel contentieux concernerait selon les dispositions de l'article 36 § 2 du statut de la CIJ, « l'interprétation d'un traité » (a), y compris les dispositions relatives à l'interprétation de « tout point de droit international » (b), « la réalité de tout fait qui, s'il est établi, constituerait la violation d'un engagement international » (c). Il ne s'agirait pas directement d'une question d'attribution de la souveraineté territoriale, de délimitation ou de démarcation d'un territoire, même si la décision de l'instance saisie aurait un effet sur l'un ou l'autre aspect.

La nature et la portée des décisions de la Commission de suivi n'ont pas été précisées par la lettre de l'accord. On pourrait penser qu'elles dépendent des textes soumis à son examen. La compétence de la Commission de suivi en matière de règlement des différends n'est pas plus amplement détaillée dans l'annexe I. Sept ans après l'institution de ce mécanisme chargé de l'application de l'accord (en 2013), son m*odus operandi* n'est pas clairement décliné. Qui sont les titulaires du droit de saisine en dehors des Etats parties ? Les Etats témoins peuvent-ils saisir la Commission ou les ressortissants nigérians de la zone concernée durant le régime spécial transitoire ? Ce mécanisme aurait pu favoriser la mise en place d'un système authentique de réception des pétitions de la part d'un groupe humain (les autochtones de Bakassi) concerné par une situation internationalement spécifique.

Le différend qui confère compétence à la Commission peut être d'interprétation ou d'application. Or, ce sont deux éléments larges. L'interprétation par la Commission de suivi découle de l'assentiment des Etats en cause. Elle s'effectue sous réserve des modalités de prise de décision au sein de l'instance. Elle est donc conditionnée. Reste à déterminer la procédure de travail de la Commission, le droit applicable en cas de différends et la portée des décisions prises par la Commission. Par ailleurs, l'accord ne fait nullement mention d'un mécanisme de contrôle ou de surveillance. Durant la phase d'élaboration de l'accord, le Cameroun avait vainement souhaité que des dispositions traitant de tels mécanismes soient inscrites dans l'accord.

En vérité, le fonctionnement de la Commission de suivi mise en place reste relativement théorique comparé à celui technique de la Commission mixte Cameroun-Nigeria[1640]. Les activités de la Commission de suivi s'achèvent à la fin du régime spécial transitoire. Elles laissent éventuellement à la Commission mixte le soin de poursuivre sa propre tâche. La mission de cette dernière ne peut, dans tous les cas, être accomplie plus tôt puisqu'elle englobe d'un point de vue matériel celle de la Commission de suivi. La difficulté

[1640] Partie II, Titre II, Chapitre I.

majeure dans l'exercice des compétences en matière de règlement des différends attribuées à la Commission de suivi de l'accord de Greentree réside dans deux éléments principaux : d'une part, la subordination de ce mécanisme à la volonté politique concordante des Etats parties et tiers impliqués ; d'autre part, la pauvreté des clauses de règlement des différends.

Pour finir, il n'est pas excessif de souligner l'incongruité de certaines dispositions de règlement des différends et la vanité des clauses non assorties d'une garantie d'exécution. C'est le lot commun du droit international public. La Commission de règlement des différends relatifs à l'accord de Greentree n'a aucun pouvoir de contrainte nonobstant la présence en son sein des représentants des Nations Unies et des Etats témoins. Il s'agit tout au plus d'un simple mécanisme de consultation des parties en cas de différend. Or, ce n'est pas le procédé le plus efficace. Il aurait semblé plus logique d'introduire dans l'accord de Greentree une véritable clause relative au processus de règlement des différends.

Elle aurait pu retenir en premier lieu comme méthode de règlement la négociation directe en cas d'échec au terme d'un délai de six mois par exemple.

Une seconde phase aurait pu consister dans le recours à une procédure diplomatique impliquant un tiers impartial comme le Secrétaire général des Nations Unies. Le recours à un tiers judiciaire comme la Cour, voire une juridiction arbitrale, aurait également pu être envisagé. D'autres modes non juridictionnels de règlement des différends consacrés par la pratique internationale, à savoir la médiation, la conciliation, les bons offices ou la négociation provoquée, auraient pu être utiles. Ce type de solution n'aurait peut-être pas substantiellement changé la donne en raison de l'obligation de règlement pacifique des différends de l'article 33 de la Charte des Nations Unies. Mais dans l'hypothèse où les parties ne parviennent pas à s'entendre suite à un différend relatif à l'application de l'accord, il est utile d'essayer plusieurs solutions.

Enfin, les activités de cette Commission sont peu lisibles. Hormis quelques communiqués par voie de presse où des indications dans le rapport du Secrétaire général de l'ONU à l'Assemblée générale au sujet du Bureau des Nations Unies pour l'Afrique de l'Ouest (UNOWA)[1641], elles sont rarement détaillées[1642].

[1641] Voir par exemple le rapport du SGNU A/61/213 du 6 août 2006.

[1642] La vingt et unième session de la commission de suivi de la mise en œuvre de l'accord de Greentree relatif à la péninsule de Bakassi s'est tenue à Genève le 28 mars 2013. Elle était conduite par Saïd Djinnit, le représentant spécial du Secrétaire général des Nations Unies pour l'Afrique de l'Ouest et président de la Commission. Source : ww.un.org, consulté le 1/11/2012.

❖ Article 7.

Afin de bien circonscrire la portée de l'accord, les parties précisent qu'il « ne peut en aucune manière être entendu comme une interprétation ou modification de l'arrêt de la CIJ dont il est une simple modalité d'application » (article 7).

In jure, cette disposition confirme la primauté de l'arrêt sur l'accord consécutif à celui-ci. L'arrêt est une décision obligatoire et définitive (il est revêtu de la *res judicata*) alors que l'accord post-judiciaire est un instrument diplomatique renforçant son effectivité. Cette disposition nourrira le débat quant au sens et à la portée de l'accord[1643]. L'accord comporte de nombreux éléments susceptibles de contredire la lettre et l'esprit de l'arrêt. Et ce, en dépit des stipulations de l'article 4 § 2 de l'accord[1644]. Les régimes spéciaux transitoires d'une durée de 5 ans, le chronogramme de retrait « non immédiat » des forces armées, les concessions opérées par le Cameroun dans l'article 3 apparaissent comme autant d'engagements supplétifs ou d'inflexion importants. Ils dépassent le champs des obligations découlant de l'arrêt. Pour Justice Mbuh, militant de l'indépendance de la presqu'île de Bakassi : « *The Greentree agreement of 12 june 2006, for all errors as well as such false pretences to have been set aside by the law against alteration of ICJ judgement, article 7 of the agreements (...) while claiming not to be tempering with the ruling of the ICJ, in setting aside its Article 7, clearly violated the rule of Law* »[1645]. La portée de l'accord est déterminée par son suivi et son application.

Paragraphe 2. Le suivi et l'application de l'accord

Le suivi et l'application de l'accord de Greentree sont déterminés par une quête d'effectivité et d'efficacité. Dans cette optique, les mécanismes ou procédures de suivi ont été instaurés par cet accord. Ils ont pour objectif d'encadrer, c'est-à-dire à la fois de faciliter et de contrôler la non-conformité à l'accord, au besoin par des mesures de sanction [1646]. Il est utile d'examiner la logique de la répartition des compétences entre les différents protagonistes

[1643]*Infra, Section II.*

[1644] Article 4 : L'Annexe I et la carte constituant l'Annexe II font partie intégrante du présent Accord. Aucune disposition du présent accord ne pourra être interprétée comme impliquant une renonciation du Cameroun à sa souveraineté sur une parcelle quelconque de son territoire.

[1645] J. MBUH, « The Expected and Projected role of International Law in Resolving and Securing sustainable Peace and Security over the Bakassi Peninsula Dispute », *inConflict Resolution and Peace Building: the Role of NGO's in Historical Reconciliation and Territorial Issues,* Northeast Asian History Foundation, 27/09/2001, The 2nd International NGO Conference on History and Peace, Seoul, South Korea, 8-12 Octobre 2008.

1646 B. STERN, « Conclusions », in H. RUIZ FABRI, et L.A SICILIANO, J.-M. SOREL (dir), *L'effectivité des organisations internationales, Mécanismes de suivi et de contrôle*, Paris, Pedone, 2000, 338 p., p. 111.

de l'accord de Greentree en matière de suivi (A) et celle de l'application de l'accord (B).

A. La répartition des compétences entre les différents protagonistes de l'accord en matière de suivi

C'est l'article 5 de l'accord de Greentree qui fixe le rôle des uns et des autres en matière de suivi : « Le présent accord sera mis en œuvre de bonne foi par les parties, avec les bons offices du Secrétaire Général des Nations Unies au besoin. Les Nations Unies, la République fédérale d'Allemagne, les Etats-Unis d'Amérique, la République Française et le Royaume-Uni de Grande-Bretagne et d'Irlande du nord seront les témoins de son application ».

L'application de l'accord extrajudiciaire est donc assurée par les deux parties elles-mêmes, avec les bons offices permanents du Secrétaire général des Nations Unies[1647], par la Commission de suivi instaurée par l'accord, et par les Etats témoins. Certains de ces éléments ayant fait l'objet de discussions préalables[1648], seuls les aspects les plus significatifs seront évoqués.

❖ Les bons offices du Secrétaire général de l'ONU agissant au titre de l'article 99 de la Charte demeurent à la disposition des parties[1649]. Le procès-verbal sur les modalités d'application de l'accord donne des indications intéressantes sur son rôle dans le suivi de l'accord de Greentree. Il prévoit que : « Le Secrétaire Général entend suivre de près l'application de l'accord et ses bons offices seront en permanence à la disposition des parties qui pourront s'en prévaloir sur simple demande de l'une ou l'autre ou de toutes les deux ». Le même procès-verbal précise que : « Dans un délai d'un mois à compter de la signature de l'accord, le Secrétaire Général présentera aux parties et aux Etats témoins un rapport sur l'état d'avancement de la mise en œuvre de l'accord. De nouveaux rapports seront ensuite présentés à intervalle d'un mois, selon ce qu'il conviendra ». En somme, ce procès-verbal renseigne sur les divers moyens ou procédures utilisés en matière de suivi : rapports et discussions périodiques, etc. Le Secrétaire général de l'ONU est représenté par M. Saïd Djinnit, son représentant spécial pour l'Afrique de l'Ouest et président de la Commission mixte des Nations Unies pour la mise en œuvre de l'arrêt. Il n'intervient qu'exceptionnellement et le plus souvent pour des

---

1647 Partie I, Titre II, Chapitre II.

1648 Voir infra section II.

1649 J. CARDONA LLORENS, M. J. AZANAR GOMEZ, « Commentaire de l'Article 99 », *in* Jean-Pierre COT / A. PELLET (dir.), *op. cit.*, p. 2042 ; J. PEREZ DE CUELLAR, « Le rôle du Secrétaire général des Nations Unies », *R.G.D.I.P.*, 1985, n°2, p. 236.

occasions spécifiques, comme lors de la célébration des 10 années d'existence de la Commission mixte Cameroun-Nigeria.

❖ Au niveau des Etats concernés, le suivi est géré par deux Commissions : la Commission mixte Cameroun-Nigeria[1650]et la Commission de suivi de l'accord de Greentree. Déjà évoquée, cette dernière apparaît comme un organe à la fois technique et politique de surveillance et de contrôle, à composition plurilatérale, et à compétence plurielle, y compris contentieuse et temporaire. Organe collectif, elle comprend sous la présidence de Sir Kieran Prendergast (président de la Commission de suivi), les représentants des deux Etats (2 pour chacun), de l'ONU (2), les représentants des Etats témoins (1 pour chacun), sans oublier les membres de la CMCN qui participent aux travaux de la Commission de suivi. Celle-ci rend compte à la CMCN du reste de ces travaux.

Le concept d'Etats « témoins » a été suggéré par la partie camerounaise. Elle a fait savoir au Secrétaire général de l'ONU qu'elle souhaitait que les ambassadeurs de certains grands pays soient témoins de la conclusion du futur accord afin que la reconnaissance de sa souveraineté sur la presqu'île soit solennelle. C'est néanmoins la partie nigériane qui a été la première à formaliser une proposition dans ce sens sans l'avoir au préalable expliquée[1651]. Les témoins proposés par la République fédérale du Nigeria sont ceux qui ont été finalement retenus en tant que témoins (Allemagne, Etats-Unis, France et Grande-Bretagne). Mais à la différence de la formule proposée par le gouvernement de ce pays, les témoins se retrouvent véritablement impliqués dans le suivi de l'accord. Leur intervention n'est pas subordonnée à la demande d'une des parties. Le Nigeria avait en effet souhaité que le suivi de l'accord extrajudiciaire soit entièrement assumé par la Commission mixte Cameroun-Nigeria et non par un mécanisme *sui generis* telle la Commission de suivi.

La participation des Etats témoins concourt, sans pour autant s'y identifier juridiquement, à la mise en place d'un système de garantie internationale des situations territoriales[1652]. Cette technique a été appliquée à des territoires, à

[1650] Partie I, Titre II, Chapitre I.

[1651] En matière civile, le "témoin" est une personne physique, qu'une des parties fait citer à comparaître devant le juge pour qu'elle certifie sous serment l'existence d'un fait dont elle a une connaissance personnelle. D'après Jean Salmon, c'est la «Personne en présence de qui s'est accompli un fait et qui est appellé à l'attester en justice, sous la foi du serment ou d'une formule équivalente », *Dictionnaire…*, p. 1073.

[1652] A la suite de la Première Guerre mondiale, certains statuts territoriaux dont le respect était considéré comme essentiel pour la préservation de la paix, ont été assortis d'un mécanisme de garantie, pouvant associer la Société des nations et certains Etats. C'est le cas des Iles d'Åaland, dont la neutralisation et la non-fortification furent placées « sous la garantie combinée d'un groupe de Puissances et de la Société des Nations ». F. de VISSCHER, « La Convention relative à la non-fortification et à la neutralisation des Iles d'Åaland », *R.D.I.L.C.*, 1921, pp. 568-586, p. 568.

des villes ou à des voies fluviales ou maritimes[1653]. Il s'agit notamment de la zone de Tanger (acte d'Algésiras de 1923). La SDN donna encore sa garantie au statut des Îles d'Åaland et de Dantzig (ville libre de 1919 à 1939)[1654] et au territoire de la Sarre (statut donné en 1919 lors du traité de Versailles et conservé jusqu'à 1935), à la ville de Trieste et la ville de Mostar en Bosnie-Herzégovine[1655]. Les modalités d'application du statut international étaient chaque fois différentes. Toutefois, le principe qui les a guidées est demeuré constant : ces territoires ont été placés sous la protection et la garantie d'Etats ou d'organisations internationales comme la Société des nations (Dantzig)[1656]. Ils ont quelquefois été gouvernés par elle (la Sarre), ou encore administrés par plusieurs puissances (Tanger).

Le parallèle avec ces précédents s'arrête à ce niveau. L'accord du 12 juin 2006 ne constitue pas une « garantie » au sens *stricto sensu* de la part de puissances tierces. Ces dernières accordent une sorte de caution et de soutien moral et politique au règlement de paix en apposant leur signature au bas de l'accord à titre de témoins[1657].

La déclaration devant l'Assemblée générale des Nations Unies du 27 septembre 2006, du représentant du Cameroun auprès des Nations Unies, M.

1653 L'intérêt général à assurer, pour tous les Etats, la liberté de passage et de navigation est également à l'origine de la garantie de la neutralisation et la démilitarisation des détroits turcs, comprenant les Dardanelles, la mer de Marmara et le Bosphore, établie par la convention concernant le régime des détroits signée à Lausanne le 24 juillet 1923 ; convention conclue entre l'Empire britannique, la France, l'Italie, le Japon, la Bulgarie, la Grèce, la Roumanie, la Russie, l'Etat serbe-croate-slovène et la Turquie (publiée in R.T.S.d.N., 1924, vol. 28, pp. 116- 136). En raison de leur situation géographique stratégique, le régime des détroits turcs a fait l'objet de plusieurs conventions entre 1841 et 1923 qui consacrent la liberté de passage et limitent l'accès des navires de guerre, selon des formules différentes au gré de l'évolution des rapports internationaux. La Convention de Lausanne de 1923 a été révisée et remplacée par la Convention de Montreux du 20 juillet 1936 qui régit encore actuellement les détroits turcs. Voir R. LAPIDOTH, *Les détroits en droit international*, Paris, Pedone, 1972, (139 p.), spéc. pp. 75-90 ; B.B. JIA, *The Regime of Straits in International Law*, Oxford, Clarendon Press, 1998, (viii + 253 p.), spéc. pp. 110-115 ; A. ROUGIER, « La question des détroits et la Convention de Lausanne », *R.G.D.I.P.*, 1924, (pp. 309-338), voir not. pp. 330-336 sur la garantie inscrite à l'article 18 de la Convention.

1654 C.P.J.I., *Traitement des nationaux polonais et des autres personnes d'origine ou de langue polonaise dans le territoire de Dantzig*, avis consultatif du 4 février 1932, Série/E.

1655 Une telle situation s'avérait toutefois précaire : la Sarre optait, par référendum, pour son retour à l'Allemagne en 1935 ; Dantzig était annexée à l'Allemagne en 1939, puis à la Pologne en 1945 ; quant à Tanger, la ville perdait son statut international en 1956, lors de l'abolition du protectorat français sur le Maroc. Le régime international de Trieste n'ayant jamais pu entrer en vigueur et celui de Jérusalem n'existant qu'à l'Etat de projet, il n'est actuellement de territoire internationalisé que celui de l'Antarctique. *Encyclopedia Universalis*, Internationalisation.

1656 La SDN donna sa garantie par exemple au statut des Iles d'Åaland.

1657 C'est le cas de l'accord de Washington du 13 septembre 1993 contenant la déclaration des principes sur des arrangements sur l'administration autonome transitoire. Publié in *R.G.D.I.P.*, 1994, n° 1, pp. 264-273. Les Etats-Unis et la Russie ont signé cet accord en tant que témoins. Sur ce point, voir R. BEN ACHOUR, « L'accord isréalo-palestinien du 13 septembre 1993 », *R.G.D.I.P.*, 1994, n° 2, (pp. 337-375), spéc. pp. 357-359, par. 56-60).

Martin Belinga Eboutou, est très instructive quant à la nature diplomatique de l'engagement des témoins. Le diplomate remercie les quatre Etats d'avoir « accepté d'apporter, aux côtés des Nations Unies, leur caution morale et politique à l'accord de Greentree »[1658]. Il convient de noter qu'aucune disposition n'atteste de leur disponibilité à garantir « juridiquement » le respect de ce traité[1659].

Nonobstant l'article 6 de l'accord qui fait figurer les Etats témoins dans la Commission de suivi dudit accord, il manque un élément essentiel, à savoir la compétence reconnue à ces Etats témoins de prendre des mesures pour faire respecter l'accord consécutif à l'arrêt en cas de violation ou de se substituer aux parties si celles-ci se trouvent dans l'impossibilité de faire face à leurs engagements.

Le parrainage de quatre des cinq membres permanents de l'ONU constitue une assurance que le règlement intervenu sera respecté par les protagonistes. Cependant, un tel soutien n'a, à la différence de la garantie, qu'une valeur politique[1660]. Cette technique se démarque de celle employée dans le processus de paix et des accords d'Alger du 12 décembre 2002 entre l'Ethiopie et l'Erythrée[1661]. Les Etats témoins de ces accords étaient, au contraire de l'accord de Greentree, formellement considérés comme garants de son application[1662]. Le système des Etats témoins utilisé dans l'affaire de *la Frontière terrestre et maritime entre le Cameroun et le Nigeria* consiste en un mélange de souplesse et d'autorité. Ce procédé s'adapte aux mœurs juridiques africaines et devrait être un modèle à suivre en Afrique et dans le monde. En effet, la présence des grandes puissances dans le processus constitue une garantie sérieuse dans un contexte où des engagements bilatéraux n'avaient pas été respectés. Les Etats impliqués laissent néanmoins une grande latitude aux parties de manière à préserver leur crédibilité.

Au total, la présence de quatre des cinq membres permanents de l'ONU en tant que témoins confirme la centralité que l'Organisation a voulu imprimer à son rôle. A travers les Etats témoins, c'est l'ONU dans son ensemble qui joue le rôle de « tiers-témoin » et de « facilitateur ». Il est utile de voir comment la logique du suivi se concrétise dans les faits.

[1658] Source : http://www.un.org/webcast/ga/, consulté le 12/11/2011.

[1659] Sur ce point, voir R. BEN ACHOUR, « L'accord israélo-palestinien du 13 septembre 1993 », *R.G.D.I.P.*, 1994, n° 2, pp. 357-359, §§ 56-60.

[1660] La signature en tant que témoin n'implique aucunement la garantie du règlement. Le fait qu'elle ait un rôle essentiellement politique ne signifie pas qu'elle soit pour autant totalement dépourvue d'effets juridiques.

[1661] Voir doc. S/2000/1183.

[1662] Communiqué de presse sur le processus de paix entre l'Éthiopie et l'Erythrée du 23.02.2006 : « Le 22 février, à New York, les témoins de l'accord d'Alger du 12 décembre 2000 se sont réunis afin de mettre un terme à la stagnation du processus de paix entre l'Éthiopie et l'Erythrée ».

B. L'application de l'accord

L'accord de Greentree a été précédé par une série d'accords préparatoires à la rétrocession définitive de la presqu'île de Bakassi : l'accord du 16 mai 2003 pour le lac Tchad par lequel le Nigeria a cédé trente-trois villages au Cameroun qui, a à son tour, a rétrocédé deux villages ; l'accord du 14 juillet 2004 relatif à la frontière allant du lac Tchad à la mer.

Le processus de retrait des forces armées nigérianes de la péninsule de Bakassi et le transfert d'autorité à la République du Cameroun se sont déroulés en plusieurs phases.

❖ La première phase a eu lieu le 14 août 2006.

Après treize années d'occupation, les forces armées nigérianes se sont retirées de la presqu'île de Bakassi en transférant ainsi l'autorité à la République du Cameroun, exception faite pour la zone visée par les annexes I et II de l'accord de Greentree. En conformité avec l'annexe I de l'accord de Greentree, le retrait des forces armées nigérianes et le transfert d'autorité au Cameroun sur la presqu'île de Bakassi ne s'appliquent pas à la zone couvrant les localités de Jabane, Idabato et Akwabana. L'accord autorise le Nigeria à y conserver pendant deux ans non renouvelables, et dans le cadre d'une administration provisoire, son administration civile et une force de police nécessaire au maintien de l'ordre afin de faciliter une exécution graduelle de l'arrêt de la CIJ.

Une cérémonie de retrait des forces nigérianes et de transfert d'autorité au Cameroun a eu lieu dans la localité d'Akwa (baptisée Archibong Town par le Nigeria) en présence du représentant du Secrétaire général des Nations Unies et président de la Commission de suivi de l'accord de Greentree, Sir Kieran Prendergast, des représentants des parties et ceux des témoins de l'accord de Greentree. Le retrait et le transfert d'autorité sont concrétisés par la signature du document officiel par tous les protagonistes susmentionnés.

❖ Une étape supplémentaire (la deuxième) est franchie par la conclusion de l'accord du 11 mai 2007 concernant les aspects de la délimitation maritime et la presqu'île de Bakassi. Les parties y concrétisent la délimitation maritime sur la base de la carte 3433 de l'Amirauté britannique telle qu'opérée par la Cour dans son arrêt du 10 octobre 2002[1663].

Deux opérations déjà mentionnées doivent toutefois être menées pour assurer la viabilité du processus post-judiciaire :

[1663] Partie I, Titre II, Chapitre I.

- Le règlement de la question des concessions pétrolières à cheval sur la frontière. L'accord, a-t-on constaté, n'aborde pas cette question. Or, une coopération et un régime d'exploitation conjoint devraient être envisagés à l'instar de ceux existant entre la Guinée-Bissau et le Sénégal, le Nigeria et Sao Tomé et Principe, le Nigeria et la Guinée équatoriale, l'Angola (Cabinda) et la République du Congo. Ces pays ont instauré des zones d'exploitation commune de leurs ressources pétrolières[1664].
- La signature d'accords de coopération transfrontalière entre les parties. Un recensement des ressources exploitées par le Nigeria pendant toute la durée du différend dans la zone maritime serait utile.

❖ La troisième phase a eu lieu le 14 août 2008. Le 30 juillet 2008, soit quelques jours avant la réalisation effective du retrait, les ressortissants nigérians de la presquîle de Bakassi ont réussi à obtenir devant une Cour fédérale nigériane un ordre à l'encontre du gouvernement du Nigeria pour retarder son retrait tant que les questions de la compensation des populations lésées n'auront pas été réglées[1665]. Ce jugement national n'a pas pu retarder ou empêcher la réalisation d'une obligation internationale. A la date prévue, les deux parties ont procédé à la signature du document consacrant le retrait définitif des administrations civiles, des forces armées et de police nigérianes de Bakassi ainsi qu'au transfert d'autorité au Cameroun suivis de l'échange symbolique des drapeaux. Il est assorti d'une période transitoire de cinq ans allant jusqu'au 14 août 2013.

❖ La phase terminale (quatrième) a été inaugurée le 14 août 2013. Cette date marque le transfert total d'autorité au Cameroun sur la presqu'île de Bakassi et partant, la fin de la période du régime spécial transitoire de cinq ans en vigueur dans la péninsule depuis 2008, date du transfert d'autorité entre les deux pays. Ainsi est consacrée la fin des engagements du Cameroun pris au titre de l'accord du 12 juin 2006 et par lesquels il s'était engagé à faciliter aux ressortissants nigérians vivant dans la zone l'exercice de certains de leurs droits. Il est à rappeler que le gouvernement camerounais avait renoncé à appliquer sa législation douanière et sa législation sur l'immigration aux ressortissants nigérians vivant dans la zone et se rendant fréquemment au Nigeria dans le cadre de leurs activités, etc. (article 3). Cette partie du pays sera désormais administrée par l'Etat camerounais comme toutes les autres régions du pays. A titre d'illustration, les populations ayant opté pour la nationalité nigériane, qui ont choisi de rester au Cameroun, seront désormais considérées comme des étrangers et devront obtenir un permis de séjour. De nombreux contentieux relatifs aux droits fonciers coutumiers autrefois

---

[1664] Partie I, Titre II, Chapitre II. M. KEGNE KAMGA, *Délimitation maritime sur la côte atlantique africai*ne, Bruxelles, Bruylant, 2006, 317 p.

[1665] Information rapportée par la presse du Nigeria : Sunday Ejike Benjamin, « Nigeria Court Stops Bakassi Handover », *Daily Trust*, 1 août 2008.

accordés aux ressortissants nigérians de la zone sont susceptibles d'émerger au plan administratif interne[1666].

Par ailleurs, plusieurs dispositions ont été prises par l'Etat (nigérian) de Cross River. Etant donné que la Constitution nigériane n'autorise pas la dissolution d'une commune, les autorités ont trouvé une solution astucieuse à ce problème en délocalisant Bakassi dans une nouvelle commune baptisée « Nouvelle Bakassi ». Il semble pourtant que le sort des déplacés et réfugiés continue de se poser avec acuité dans cette zone. Le 7 mars 2013, près de 2000 d'entre eux auraient quitté Ikot Eyo Edem dans la localité d'Akpabuyo – une communauté de frontière Nigeria-Cameroun, suite au prétendu harcèlement des autorités camerounaises[1667]. Plusieurs communiqués du bureau des Nations Unies pour l'Afrique de l'Ouest mettent en évidence les difficultés de cohabitation entre populations résidant dans la presqu'île de Bakassi[1668].

Bien que des problèmes de sécurité[1669] aient retardé le travail de la Commission mixte Cameroun-Nigeria, 95 % de près de 1690 km de frontière terrestre commune ont été démarqués[1670]. La Commission de suivi de l'accord de Greentree a mené dix-neuf missions d'observation conjointes depuis le début du processus[1671] et vingt-deux réunions à New York et à Genève pour examiner les différents rapports de ces missions. Le 26 février 2012, le vice-premier ministre du Cameroun, M. Amadou Ali, et le ministre des Affaires

---

1666 Cet aspect invite à approfondir la question : J. OWONA, *Domanialité publique et expropriation pour cause d'utilité publique au Cameroun*, *op. cit.*, note 1590, 133. p., p. 50. M. ONDOA, « Le droit administratif français en Afrique francophone : contribution à l'étude de la réception des droits étrangers en droit interne », *R.J.P.I.C.*, n°2002-3 (sept-déc), p. 294 et suiv., p. 307.

1667 J. OKWE, « Nigeria: Windstorm Re-Displaces Bakassi Returnees» 25 mai 2013, source: allafrica.com.

1668 Lors de la 31ème session de la CMCN tenue à Yaoundé le 30 avril 2013, le représentant de l'ONU à la Commission mixte Cameroun-Nigeria, Saïd Djinnit disait : « *The UN Representative to the Cameroon-Nigeria Mixed Commission, Said Djinnit, has said residents of the Bakassi Peninsula should strive to live in peace with one another, irrespective of the proposed boundary adjustment in the peninsula* ».

1669 Les mesures de sécurité mises en place en raison de l'augmentation du nombre d'attentats terroristes perpétrés par le groupe terroriste Boko Haram dans le nord-est du Nigeria ont empêché la Commission de procéder à la démarcation le long de la partie nord de la frontière terrestre entre le Cameroun et le Nigeria. Source : Rapport du Secrétaire général sur les activités du Bureau des Nations Unies pour l'Afrique de l'Ouest S/2012/510, du 29 juin 2012. Le président nigérian de l'époque M. Olusegun Obasanjo, déclara : « T*he Greentree Agreement was a great achievement in conflict prevention, which practically reflected its cost-effectiveness when compared with the alternative of conflict resolution. It should represent a model for the resolution ofsimilar conflicts in Africa and the world at large* ». Dans le même esprit, le président Paul Biya a souligné l'importance de respecter la décision de la CIJ., en faisant valoir que leur crédibilité personnelle et celle de l'ONU dépendaient en grande partie de sa mise en œuvre et effective ».

1670 Partie I, Titre II, Chapitre I.

1671 Les participants ont examiné le rapport de la dix-septième mission d'observation qui s'est déroulée du 10 au 14 mars 2013.

étrangères du Nigeria, M. Olugbenga Ashiru, ont conclu au nom de leurs Etats respectifs un accord de coopération visant la collaboration transfrontalière, y compris à travers des patrouilles conjointes. Les deux pays participent en ce sens au développement d'une stratégie régionale de lutte contre la piraterie pilotée par la Communauté Economique des Etats de l'Afrique de l'Ouest (CEDEAO) et par la Communauté Economique des Etats de l'Afrique Centrale (CEAAC) dans le cadre de la résolution 2039 (2012) du Conseil de sécurité[1672]. Enfin, la Chambre des représentants du Nigeria a entamé le 7 mai 2013 le processus de ratification de l'accord de Greentree.

Au terme de ce survol de l'accord post-judiciaire signé sous les auspices de la communauté internationale, la richesse et la complexité de son contenu sont incontestables. Les parties se sont placées dans la filiation de l'arrêt de 2002 sur l'affaire de la *Frontière terrestre et maritime entre le Cameroun et le Nigeria* s'agissant spécifiquement de la presqu'île de Bakassi, mais non sans y apporter des nuances importantes. Cette décision avait transformé une déclaration diplomatique formulée à l'audience devant la Cour par laquelle le Cameroun s'engageait à assurer sa protection aux Nigérians habitant dans la presqu'île de Bakassi et le lac Tchad, en « obligation » juridique. Dans cette lignée, les parties ont prétendu inscrire l'accord du 12 juin 2006 dans *le continuum* de l'arrêt de la Cour. C'est ce qui explique la formule « simple modalité d'application de l'arrêt » qui a servi de paravent aux négociateurs. Cette optique allait dans le sens de la préservation de l'autorité et du prestige de la CIJ A l'évidence, l'accord a accordé des droits particuliers aux ressortissants nigérians de la presqu'île litigieuse. Cette attitude vient pallier la prudence du juge international qui avait jugé les arguments d'ordre humain et les effectivités du Nigeria insuffisants.

Outre la question de leur mise en œuvre dans les ordres étatiques, les engagements juridiques conventionnels postérieurs à l'arrêt du 10 octobre 2002 soulèvent le problème de la compatibilité de l'accord avec l'arrêt et partant, d'une hiérarchie entre l'un et l'autre. L'étude des fondements et du contenu de l'accord établit que les réponses à de telles interrogations présentent des nuances devant être considérées de manière plus détaillée. Le rapport entre les deux instruments juridiques ne devrait pas être apprécié à l'aune d'un critère de primauté/subordination, compatibilité/incompatibilité. Les parties peuvent, dans leurs relations réciproques, aménager si elles le désirent les obligations qui découlent pour elles d'une décision judiciaire. Il n'existe aucune règle internationale qui leur imposerait le contraire, si cet

[1672] Le Cameroun a accueilli les 24-25 juin 2013 à Yaoundé, un sommet des chefs d'Etat et de gouvernenent des pays de la CEDEAO et de la CEEAC consacré à la question de la piraterie dans le golfe de Guinée. Voir Partie II, Titre II, Chapitre II.

aménagement est le résultat de leur volonté commune[1673]. D'une manière générale, on s'aperçoit à ce stade que les points de droit traités par l'accord post-judiciaire sont caractérisés par un haut degré de conflictualité potentielle dont dépend l'effectivité de la décision de justice territoriale. Cela étant, la situation des parties qu'il encadre ne permet pas de conclusion sommaire. Il faut s'atteler à examiner le sens et la portée des arrangements camerouno-nigérians.

[1673] Dans cette affaire, la Guinée-Bissau avait, comme le Nigeria dans ce cas, rejeté à la fois la sentence arbitrale et l'arrêt de la Cour. *Délimitation maritime entre la Guinée et la Guinée-Bissau*, sentence du 14 février 1985, Recueil des sentences arbitrales, vol.XIX, pp. 149-196. CIJ., *Sentence arbitrale du 31 juillet 1989* (Guinée-Bissau c. Sénégal), arrêt du 12 novembre 1991, *Rec.*, pp. 52-184.

Chapitre 2. Sens et portée juridique des arrangements post-judiciaires

Les arrangements post-juridictionnels entre le Cameroun et le Nigeria affermissent les réflexions faites par divers commentateurs sur les effets des décisions des juridictions internationales permanentes[1674]. Le règlement des différends internationaux repose sur le consentement étatique. Tout recours à un mode spécifique est volontaire. La Charte des Nations Unies, dans son article 33, consacre la liberté du choix des Etats parties à un différend d'une procédure de règlement. Lorsqu'une obligation conventionnelle est prise à l'avance comme ce fut le cas avec l'adhésion du Cameroun et du Nigeria à la clause facultative de juridiction obligatoire de la CIJ, le pouvoir discrétionnaire des Etats parties se trouve néanmoins restreint. Toutefois, il ne faut pas perdre de vue les limites de l'application de ce dernier. Une fois la décision juridictionnelle remise aux parties en litige, elles retrouvent une certaine latitude.

Les Etats en litige détiennent la faculté de recourir d'un commun accord à tout autre mode que celui prévu par un engagement de caractère général ou spécial. Elles peuvent donc aménager les obligations qui découlent pour elles d'une décision[1675]. La doctrine le confirme. C'est ainsi que Georges Schwarzenberg fait remarquer que : « le principe de la chose jugée ne s'oppose pas aux négociations ultérieures. Il n'est pas interdit aux parties de signer un accord postérieur à la sentence, ni de participer à un traité multilatéral dont le respect est incompatible avec la sentence » (traduction libre)[1676]. Louis Delbez soutient également que : « si les parties le désirent, toutes les sentences peuvent être modifiées »[1677].

Au contraire de la *Guinée-Bissau c. Séné*gal[1678] qui avaient décidé d'un commun accord d'écarter la sentence de 1989 et l'arrêt de 1991 confirmant sa

---

1674 L. CONDORELLI, « L'autorité des décisions des juridictions internationales permanentes », *op.cit.*, pp. 279-313.Voir aussi dans le même ouvrage, le rapport introductif de la première journée de M. V. COUSSIRAT-COUSTÈRE, et P.-M. EISEMANN, « La procédure devant les juridictions internationales permanentes », in SFDI, *La juridiction internationale permanente*, Paris, Pédone, 1987, pp. 103-165.

1675 Cette possibilité a été admise par la Cour elle-même dans son arrêt du 24 février 1982 relatif à l'affaire du Plateau continental Tunisie-Libye (CIJ., *Plateau continental entre la Tunisie et la Libye* (Tunisie c. Jamahiriya arabe libyenne), arrêt du 24 février 1982, *Rec.*, § 24.

1676 G. SCHWARZENBERG, « La Fuerza Obligatoria de la Sentencias Internacionales », *R.D.I.*, 47-48, 1945, p. 217.

1677 L. DELBEZ, *op.cit.*, note 195, p. 135.

1678 CIJ., *Sentence arbitrale du 31 juillet 1989* (Guinée-Bissau c. Sénégal), arrêt du 12 novembre 1991, *Rec.*, pp. 52-184.

validité, le Cameroun et le Nigeria ont voulu inscrire leur accord dans le cadre de l'arrêt du 10 octobre 2002. Par-delà certaines fictions juridiques, et nonobstant l'arrêt, elles ont pris en compte certaines considérations d'ordre subjectif qui ont déterminé le sens et la portée des arrangements camerouno-nigérians. Ils sont les vecteurs d'un pluralisme juridique de fait[1679](Section 1) et posent des problèmes de validité juridique internationale et de constitutionnalité (Section 2).

Section 1. Une situation de pluralisme juridique de fait

L'accord de Greentree instaure un régime semi-capitulaire imposé à l'exercice de la souveraineté camerounaise dans une partie de la presqu'île de Bakassi, particulièrement à son ordre juridique. Il crée une situation de pluralisme juridique de fait. La conception pluraliste du droit ou « pluralisme juridique » vise des phénomènes relativement différents. Ceci impose une précision du sens qui lui sera donné dans cette section, afin d'éviter certaines confusions. En théorie du droit, le pluralisme juridique se conçoit comme la « coexistence d'une pluralité d'ordres juridiques distincts qui établissent entre eux des rapports de droit »[1680]. Le pluralisme ou le relativisme prescriptif selon Mireille Delmas-Marty évoque l'étude de système correspondant à la pluralité des groupes sociaux, en anthropologie juridique et en sociologie du droit. Sa signification « juridique », explique-t-elle, se dédouble pour désigner tantôt : « L'existence simultanée au sein d'un même ordre juridique de règles de droit différentes s'appliquant à des situations identiques, tantôt la coexistence d'une pluralité d'ordres juridiques distincts qui établissent ou non entre eux des rapports de droit »[1681].

Dans l'un et l'autre cas, le pluralisme juridique est associé à la notion d'ordre juridique. Certains auteurs visent par là « le fait spécifique que les mêmes personnes soient soumises à plusieurs ordres juridiques indépendants les uns des autres »[1682]. Enfin, François-Xavier Ost conçoit le pluralisme

---

1679 A. D. OLINGA, « L'accord de Greentree, la géopolitique au secours du droit international ; enjeux », *Bulletins d'analyses géopolitiques pour l'Afrique centrale*, Yaoundé, 29 octobre-décembre 2006, pp. 3-6., p. 6.

1680 F. RIGAUX, *Droit public et droit privé dans les relations internationales*, Paris, Pedone, 1977, p. 439. Id., *Droit international privé*, tome 1, Théorie générale, Bruxelles, Larcier, 1977, p. 113.

1681 M. DELMAS-MARTY, *Les forces imaginantes du droit : du relatif à l'universel*, Paris, Seuil, 2004, p. 226.

1682 Pour une position très proche, J. VANDERLINDEN, « Vers une nouvelle conception du pluralisme juridique », *R.R.J.D.P.*, 1993-2, pp. 573-583, p. 582, où l'auteur, récusant sa définition antérieure du pluralisme juridique, affirme : « le pluralisme juridique correspond à la « situation, pour un individu, dans laquelle des mécanismes juridiques, relevant d'ordonnancements différents, sont susceptibles de s'appliquer à cette situation ». F. OST, M. VAN DE KERCHOVE,

juridique comme « le simple fait que plusieurs systèmes juridiques coexistent au même moment »[1683]. La conception retenue à l'égard des arrangements entre les parties se rapproche de cette dernière signification. En effet, à l'encontre d'une vision unitaire du droit, le pluralisme[1684] part du principe qu'il existe, au sein des sociétés nigéro-camerounaises habitant la presqu'île de Bakassi, une multitude d'organisations sociales dans lesquelles se manifestent des phénomènes de droit.

Le rapprochement avec un condominium, s'il fait sourire peut dans une certaine mesure être esquissé. En effet par certains de ses aspects, l'accord post-jugement fait emprunter à Bakassi les traits d'un territoire sur lequel plusieurs Etats souverains exercent une souveraineté conjointe au terme d'un accord formel. Or, les seuls territoires terrestres historiquement connus sous cette dénomination avaient été le condominium anglo-égyptien sur le Soudan (1899-1956) et le condominium des Nouvelles-Hébrides (1906-1980), le projet de condominium hispano-britannique sur le détroit de Gilbratar ayant échoué le 7 novembre 2002[1685].

La clef de la question réside surtout dans l'arrêt du 10 octobre 2002 auquel les arrangements post-judiciaires sont subordonnés. Dans le § 316 précité, la Cour est catégorique sur la nécessité pour le Cameroun de protéger les droits des ressortissants nigérians vivant dans la presqu'île litigieuse. Cependant, nulle part, il n'est précisé que la souveraineté constatée ou attribuée du Cameroun est conditionnée à l'accomplissement d'actes précis à cette fin. Rien de cela dans l'arrêt. En revanche, l'article 3 de l'accord de Greentree est plus disert, notamment en ce qui concerne la protection de leurs biens et droits

---

De la pyramide au réseau ? Pour une théorie dialectique du droit, Bruxelles, Collection : Droit, 2002, 587 p., p. 185.

[1683] F. OST, M. VAN DE KERCHOVE, *De la pyramide au réseau pour une théorie dialectique du droit*, *op.cit.*, p. 186. J. G. BELLEY, *Pluralisme juridique*, *op.cit.*, p. 446 où ce sens est évoqué sub 1 b) « coexistence d'une pluralité d'ordres juridiques distincts, qui établissent ou non entre eux des rapports de droit ». J.-F. PERRIN, *Sociologie empirique du droit, pour l'Année Sociologique*, Helbing & Lichtenhahn, 1997, p. 39. « On observe donc l'existence d'une pluralité de systèmes ou d'ordres juridiques, dont les normes coexistent et agissent simultanément dans l'espace social ». Certains auteurs comme Etienne Leroy préfèrent parler de « multi juridisme ». « L'hypothèse du multi juridisme dans un contexte de sortie de modernité » in *Théories et émergence du droit : pluralisme, surdétermination, effectivité*, sous la direction de A. LAJOIE et al., Montréal-Bruxelles, Ed. Thémis-Bruylant, 1998, pp. 29 et suiv. Par contre, VANLINGEN estime que l'on a affaire dans ce cas à une pluralité de systèmes, mais non à un véritable pluralisme juridique. Voir Le pluralisme juridique, *op. cit.*, p. 39.

[1684] H. MOUTOUH, « Pluralisme juridique », in D. ALLAND et S. RIALS, (dir), *Dictionnaire de la culture juridique*, Paris, Lamy P.U.F., 2003, p. 1159.

[1685] Le 7 novembre 2002 avec un taux de participation au scrutin de 88%, 98,97% des Gilbratariens rejetèrent le projet de condominium hispano-britannique. Voir également, L. LOMBARD, « Gilbratar et le droit à l'autodétermination : perspectives actuelles »,in A.F.D.I., 2007, ,vol. 53, pp. 157-181, p. 174.

de propriété foncière coutumière[1686]. Cette disposition met en relief les particularités du droit national et celles des traditions juridiques locales variées.

Cette admission du pluralisme juridique semble à première vue difficilement justifiable. Le transfert d'autorité au Cameroun sur un territoire où le Nigeria a longuement exercé sa souveraineté implique la substitution d'un ordre juridique par un autre. Est-ce qu'on peut véritablement substituer un ordre juridique à un autre ? Charles Rousseau estimait certes à ce sujet qu'« un ordre juridique nouveau, comme celui qui s'instaure à la suite d'un transfert de souveraineté territoriale, ne peut, sans jeter un trouble profond dans les rapports sociaux, remettre en question l'existence de droits valablement acquis avant son instauration »[1687]. L'arrêt du 10 octobre 2002 implique une modification de l'autorité administrant la presqu'île de Bakassi[1688]. Il est réputé entraîner une substitution de l'ordre juridique camerounais à l'ordre juridique nigérian et non pas une coexistence des deux ordres.

Cette situation est décrite par Affef Ben Mansour : « A la suite de l'arrêt de la C.I.J dans l'affaire de la *Frontière terrestre et maritime entre le Cameroun et le Nigeria*, outre les populations des villages situés sur la ligne frontière terrestre, la population nigériane majoritaire de la péninsule de Bakassi attribuée au Cameroun a vu son statut changer à mesure que chacun des deux Etats prenait effectivement possession de la portion de territoire relevant de sa souveraineté. De nationaux, ces personnes deviennent, par l'intervention du jugement international, des étrangers vis-à-vis de la nouvelle administration et inversement. Cet état de fait a des conséquences non seulement sur leur statut, mais également sur leurs biens »[1689].

Cependant, l'accord post-arrêt a recours aux traditions juridiques locales ainsi qu'aux spécificités du droit foncier coutumier. Les parties semblent ainsi prendre en compte le fait qu'un système juridique repose également sur un imaginaire juridique et sur une pratique collective (un vécu juridique) invoqués par le défendeur durant la phase judiciaire[1690]. Le recours à de tels

---

[1686] Accord joint en Annexe.

[1687] CH. ROUSSEAU, *Les transformations territoriales des Etats et leurs conséquences juridiques*, Cours de droit international public, Paris, Les cours de droit, 1964-1965, p. 149.

[1688] En matière de délimitation territoriale, l'arrêt ou la sentence internationale n'est pas attributive de territoire. La décision juridictionnelle confime les droits pré-existants d'un Etat sur un territoire. Aussi la prise de possession de celui-ci vise-t-elle à mettre en adéquation les faits avec les droits de l'Etat.

[1689] A. BEN MANSOUR, *op.cit.*, note 10., p. 207.

[1690] Il en a été de même à la suite de l'arrêt de la CIJ. du 11 septembre 1992, dans le *Différend frontalier terrestre, insulaire et maritime entre El Salvador et le Honduras*, 15000 Salvadoriens se retrouvèrent sur le territoire du Honduras et 1000 Honduriens sur celui d'El Salvador. CIJ., *Différend frontalier terrestre, insulaire et maritime*, (El Salvador c. Honduras, (Nicaragua,

éléments ne saurait changer les termes du problème. En effet, l'accord d'exécution de l'arrêt *Cameroun c. Nigeria* fait cohabiter sur le territoire camerounais un groupe de ressortissants nigérians et une minorité linguistique nationale anglophone. Au lieu d'être régis par le dispositif de l'arrêt et/ou la Constitution formelle du Cameroun[1691], voire sa Constitution implicite[1692], les rapports entre les ordres juridiques camerounais et nigérian relativement aux droits des populations nigérianes dans la zone, se retrouvent encadrés par les « lois sociologiques de l'interdépendance constitutive de l'ordre social »[1693]. Dans cette perspective, les ressortissants nigérians de la zone jouissent de la qualité de sujets de l'ordre juridique camerounais, comme cela sera démontré sur-le-champ.

En effet, les règles relatives aux droits fonciers coutumiers, à la législation douanière et à la législation sur l'immigration les concernant sont des règles de cet ordre juridique. Les seuls bénéficiaires sont les ressortissants nigérians habitant la presqu'île de Bakassi. Ainsi, de telles règles ne peuvent s'adresser à eux que si l'on considère ces derniers comme les sujets de cet ordre juridique. L'ordre juridique nigérian n'en est pas évincé pour autant puisque la plupart de ces ressortissants appliquent la législation fiscale nigériane. En somme, les obligations des parties à l'égard des personnes physiques en la matière sont aménagées de manière à assurer, soit la coexistence de plusieurs systèmes juridiques sur le territoire de Bakassi, soit une approche du droit international insistant sur la pluralité de fait des ordres juridiques (nationaux, régionaux et international) dans la zone concernée par l'accord.

Sur de nombreux points, les parties ont mis en œuvre une vision du droit « conçu comme une sorte de bricolage pour relier par de multiples interactions judiciaires et normatives, spontanées et imposées, directes et indirectes, des ensembles juridiques (nationaux ou internationaux) que la décision judiciaire

---

intervenant), arrêt du 11 septembre 1992, *Rec.*, p. 351. Information fournie par T. DANIEL, « After Judgment Day », *The Razor's Edge*, p. 277.

[1691]Le 4 avril 2008, le président de la République du Cameroun a transmis à l'Assemblée nationale, convoquée en session ordinaire depuis le 12 mars 2008, le projet de loi n° 819/PJL/AN modifiant et complétant certaines dispositions de la loi n° 96/06 du 18 janvier 1996 portant révision de la Constitution du 02 juin 1972. Sur le sujet, M. ONDOA, Textes et documents du Cameroun (1815 – 2012) », Yaoundé, Editions le Kilimandjaro, 2013, 160 000 p., A. D. OLINGA, *La Constitution de la République du Cameroun*, Yaoundé, Presses de l'UCAC, 2006, 326 p.

[1692] Maurice HAURIOU a ébauché une distinction entre constitution politique et sociale. Cette dernière organiserait les rapports des individus et des groupements entre eux et avec l'Etat : *Précis de droit constitutionnel*, Paris, Librairie du Recueil Sirey, 2ème ed., 1929, p. 613. De manière similaire, Georges Gurvitch distinguait les souverainetés politiques et juridiques, cette dernière appartenant, selon lui, au droit spontané de la Nation et de la communauté internationale qui seraient les arbitres ultimes des rapports entre les ordres juridiques incluant celui de l'Etat. Voir G. GURVITCH, *Eléments de sociologie juridique*, Paris, Aubier, Montaigne,1940, pp. 202 et s.

[1693] Voir les théories d'Emile DURKHEIM sur le sujet, *De la division du travail social*, Paris, P.U.F., 9ème éd., 1973, préface de la seconde édition et conclusion générale, pp. 401-402.

avait séparés »[1694]. Il faut donc admettre à l'instar du doyen Jean Carbonnier comme une hypothèse fondamentale qu'à Bakassi, l'on n'a pas *a priori* affaire à un seul droit qui serait l'étatique camerounais, mais à une pluralité de droits concurrents, infra-étatiques, supra-étatiques[1695]. Cette hypothèse est certes généralement vraie. Toutefois, elle s'exprime avec acuité dans le cas d'espèce. Il semble un peu compliqué de relever cette perception dans l'imaginaire des sujets de droit affectés.

La clef de voûte de ce régime de droits particuliers aux ressortissants nigérians de la zone qui semble avoir joué un rôle non négligeable dans le *ratio decidendi* des deux parties doit inévitablement être recherchée dans le maintien à Bakassi d'un ordre juridique tiers (nigérian). De ce fait, l'accord de Greentree, base de la plupart des arrangements post-judiciaires, est un vecteur de pluralisme juridique. Il fait coexister deux ordres juridiques à Bakassi, camerounais et nigérian. Il est à noter que la coexistence pacifique des ordres juridiques susvisés résulte d'un ordre « négocié plutôt qu'imposé »[1696]. C'est ce qui constitue l'originalité du procédé. Il est utile de l'expliquer. Ne faut-il pas questionner la stabilité de ce montage juridique spécifique ? Rien ne prémunit les sujets de droit de la presqu'île de Bakassi d'un éventuel changement « brutal » de leur *habitus* ?

❖ L'article 3 de l'accord relatif à l'engagement du Cameroun de garantir aux ressortissants nigérians dans la presqu'île de Bakassi, l'exercice des libertés et droits fondamentaux consacrés par le droit international des droits de l'Homme[1697], des autres sources pertinentes du droit international général et celui des droits spécifiquement énumérés, consacre un « multi juridisme ». Cette disposition applicable à partir du transfert d'autorité au Cameroun, demeurera en vigueur « après que le Nigeria lui aura transféré l'autorité ». Le centre du système pluraliste mis en place par l'accord de Greentree ressort du maintien en vigueur du droit nigérian à Bakassi pendant sept ans dans le cadre d'un statut spécial visant au respect des droits acquis des Nigérians vivant à Bakassi (i). Il vise la protection des droits coutumiers, économiques et fonciers des ressortissants nigérians (ii).

- (i)- Les dispositions relatives au respect des droits acquis des ressortissants nigérians de Bakassi et le pluralisme juridique.

[1694] M. DELMAS MARTY, « Etudes juridiques comparatives et internationalisation du droit », *in* cours publié aux Editions du Seuil dans la série *Les forces imaginantes du droit*, p. 475.

[1695] J. CARBONNIER, *Flexible droit. Textes pour une sociologie du droit sans rigueur*, Paris, L.G.D.J., 1969, p. 14.

[1696] F. OST, M. VAN DE KERCHOVE, *De la pyramide au réseau. Pour une théorie dialectique du droit*, *op.cit.*, p. 186. J.G. BELLEY, *Pluralisme juridique*, *op.cit.*, 587 p., p. 44.

[1697] M. C. DJENA WAMBOU, « Les normes internationales relatives aux droits de l'homme et leur application dans la législation interne des Etats africains : problèmes et perspectives », *R.A.D.I.C.*, vol. 11, 199, pp. 51-66.

L'article 3 attribue à des citoyens étrangers les mêmes droits coutumiers que les nationaux par effet de l'application de l'accord du 12 juin 2006. Cette coexistence est favorisée par une histoire commune, une langue officielle et une culture administrative, politique, juridique et économique partagée. On recense une forte « colonie » nigériane au Cameroun, de même qu'une forte « colonie » camerounaise au Nigeria[1698]. La *lingua franca*, le « *pidgin English* » a considérablement servi la cause de l'intégration des populations camerounaises et nigérianes à la périphérie de la ligne frontière ouest entre les deux pays limitrophes[1699]. Ce point de vue est explicité à travers une approche sociopolitique par Aletum Tabuwe Michael: « *The socio-political relationship which the English people of Cameroon have had and are still having with Nigeria from the traditional African period, the colonial period, the mandatory period and the period of Independence* »[1700].

Nonobstant le rejet des effectivités ethniques dans l'arrêt du 10 octobre 2002, l'article 3 prévoit que : Le Cameroun, après que le Nigeria lui aura transféré l'autorité, garantit aux ressortissants nigérians vivant dans la presqu'île de Bakassi l'exercice des libertés et droits fondamentaux consacrés par le droit international des droits de l'Homme et les autres règles pertinentes du droit international. En particulier, il s'engage à protéger leurs biens ainsi que leurs droits de propriété foncière coutumiers.

Ainsi entendue, l'obligation de respecter et de protéger les populations affectées par la délimitation frontalière ne découle pas de l'arrêt[1701], mais de l'accord des Etats parties au différend. Cette disposition « internationalise » la condition juridique des ressortissants nigérians de la presqu'île de Bakassi en leur accordant des libertés et droits fondamentaux consacrés par les instruments internationaux de droits de l'Homme et autres sources de droit international[1702]. Ce traitement spécial des ressortissants nigérians de la zone

---

1698 Après la défaite allemande en 1916, la partie occidentale du Cameroun a été annexée à l'Empire de la Couronne britannique qui l'a administrée depuis Lagos, au Nigeria. En 1961, à l'indépendance de ce territoire, l'ONU organisa un référendum qui eut pour conséquence le rattachement de la partie sud du Cameroun sous tutelle britannique (*Southern Cameroons*) à la République du Cameroun et celui de la partie nord (*Northern Cameroons*) à la République fédérale du Nigeria.

1699 Sur le sujet, T. LOTHAR WEISS, *Migrants nigérians. La diaspora dans le Sud-Ouest du Cameroun*, Paris, Jean Delvert, 1998, 267 p.

1700 M. ALETUM TABUWE, « Bakassi Conflit, Socio-Political Approach », *Juridis Info,* n°21, janvier-février-mars 1995, pp. 44-48, p. 43.

1701 Cette obligation peut découler d'un engagement unilatéral de l'Etat au cours de la procédure devant la juridiction internationale. Voir, pour la consécration des actes unilatéraux comme source d'obligations : C.P.J.I., *Statut juridique du Groënland oriental* (Danemark c. Norvège), arrêt du 5 avril 1933, Série A/B, n°53, p. 69 ; CIJ., *Essais nucléaires* (Australie c. France) et (Nouvelle-Zélande c. France*)*, arrêts du 20 décembre 1974, *Rec*., respectivement pp. 267 et s., et pp. 472 et s.

1702 Il est intéressant de noter qu'il existe plusieurs instruments internationaux auxquels le Cameroun et le Nigeria sont parties et qui encadrent leurs obligations envers la population affectée par la délimitation frontalière : la Déclaration Universelle des Droits de l'Homme (1948), la Charte

paraît estimable. La garantie de la protection de ces droits par l'instrument conventionnel de 2006 prime sur les lois nationales dans l'ordre juridique camerounais.

Alain-Didier Olinga signale que cette protection est déjà substantielle au niveau national : « La loi constitutionnelle du 18 janvier 1996 a, de façon opportunément prémonitoire, inséré la protection des minorités dans la norme constitutionnelle. Mais, le défi risque d'être plus important avec une minorité au statut internationalement garanti précisément par l'accord de Greentree »[1703].

Cependant, l'article 3 (d) dudit accord peut être la source de différends. Le gouvernement camerounais s'engage par exemple à « ne pas forcer les ressortissants nigérians vivant dans la presqu'île de Bakassi à quitter la zone ou à changer de nationalité ». Cette disposition n'ajoute rien au principe général de droit international s'imposant aux Etats quant au respect des droits acquis des personnes privées sur la zone qui a changé de souverain. Les parties ne font donc que formaliser dans leur accord une obligation conventionnelle internationale encadrant tout changement de souveraineté sur un territoire ainsi que les obligations des Etats à l'égard des étrangers résidant sur leur territoire. Un chevauchement des règles relatives par exemple à l'expulsion individuelle de personnes de nationalité étrangère se livrant à des activités dangereuses ou illicites reste néanmoins possible, au regard du droit nigérian, du droit camerounais et du droit international.

- (ii).- La protection des droits de propriété foncière coutumiers

Ce point est celui où le pluralisme juridique se manifeste avec le plus de vivacité. L'accord de Greentree consacre des droits coutumiers de propriété foncière au profit des ressortissants résidant dans la zone concernée avant la date du 12 juin 2006. Il met en place un régime dérogatoire aux droits réels de tenure foncière coutumière en vigueur dans le droit foncier camerounais[1704]. Par application de cette disposition, les Nigérians de Bakassi, contrairement à ceux vivant dans le reste du Cameroun (3 millions au total), disposent désormais de « droits fonciers coutumiers ». De tels droits identiques à ceux que détiennent en la matière les citoyens camerounais se retrouvent protégés par un accord international. Ils n'en soulèvent pas moins de nombreux

---

Africaine sur les Droits Humains et des Peuples (1981), le Pacte International relatif aux droits civils et Politiques (1966), le Protocole facultatif se rapportant au Pacte international relatif aux droits civils et politiques (1966), etc.

1703 A.D. OLINGA, *L'accord de Greentre*, ...*op.cit.*, note 152, p. 83.

1704 P. I. BILIGHA BI HOUNDOUL, *L'exercice des droits fonciers par les ressortissants nigérians dans la zone à régime spécial transitoire de la presqu'île de Bakassi*, Mémoire DEA, Université de Yaoundé II, 2007-2008, 119 p.

problèmes au niveau national[1705]. A ce propos, une question peut être posée : les Nigérians qui habitent les villages dans la région du lac Tchad n'ont-ils pas droit à la même protection que ceux de Bakassi ?

L'accord du 12 juin 2006 tente de clarifier le régime juridique applicable aux ressortissants nigérians se situant dans une logique d'établissement permanent à Bakassi. Le contenu de l'arrêt, clair dans sa formulation, mais allusif quant au sort de ces populations, ne pouvait suffire. Bien que ce soit en dehors de toute décision judiciaire, une démarche similaire a été mise en œuvre. L'accord de paix entre Israël et la Jordanie encadre le statut des régions de Naharayim/Baqura et Zofar/Al-Ghamr. Ces régions se retrouvent sous souveraineté jordanienne. Toutefois, des droits fonciers et des intérêts privés des ressortissants israéliens sur le sol des régions concernées ont été juridiquement protégés[1706].

Dans ce cas précis, le point « d » de l'article 3 n'est pas suffisamment explicite[1707]. En outre, il contredit de nombreuses dispositions nationales. Par ailleurs, le § 6 de l'annexe I de l'accord énonce : « Conformément au paragraphe 4 de la présente Annexe, l'acquisition de terre dans la Zone par des ressortissants nigérians n'y étant pas établis au moment de la signature du présent accord ne pourra se faire que conformément aux lois et aux règlements du Cameroun ». Cette disposition porte sur les conflits de lois dans le temps. En principe, la loi foncière camerounaise entre en vigueur à partir du 12 juin 2006 sans effet rétroactif sur les situations juridiques antérieures.

De l'application immédiate de la loi camerounaise, on déduirait *a contrario* le principe d'une dérogation dont bénéficieraient les ressortissants nigérians établis dans la zone concernée avant la date du 12 juin 2006. Une telle dérogation aux règles contraignantes et restrictives du régime foncier des étrangers paraît déterminée par l'orientation moniste et la primauté accordée au droit international dans l'ordre juridique camerounais. A cet égard, des amendements des articles 10 et 17 de l'ordonnance n° 74/1 du 6 août 1974 fixant le régime foncier devraient être nécessaires. Il est utile de permettre aux autorités administratives camerounaises d'agir en toute légalité et garantir effectivement l'exercice des droits fonciers des ressortissants nigérians installés dans la zone concernée avant le 12 juin 2006.

L'identification du contenu réel du régime de protection des droits fonciers des Nigérians de la presqu'île de Bakassi est malaisée. En effet, les vestiges

---

1705 J. OWONA, *Domanialité publique et expropriation pour cause d'utilité publique au Cameroun*, Paris, L'Harmattan, 2012, 133 p., pp. 12, 34-35, 42.

1706 La frontière internationale entre Israël et la Jordanie est délimitée par référence au tracé de la frontière sous le mandat en ce qui concerne les doits fonciers dans la zone de Zofar/Al-Ghamr, *United Nations Publications*, 10 oct. 2003 - 662 p.

1707 Il prévoit de : « protéger leurs biens ainsi que leurs droits de propriété foncière coutumiers ».

du droit colonial influencent le régime juridique en vigueur dans la zone[1708]. Bien qu'ils soient régis par plusieurs autres instruments juridiques intervenus à cet effet, de tels droits sont encadrés par une procédure introduite au *Kamerun* allemand par l'arrêté du 27 mars 1888 du gouverneur allemand relatif à l'acquisition, à la perte et à la limitation des droits fonciers. Le système allemand concerné était fondé sur le registre cadastral ou "*Grün Buch*". Dans le système légué par l'administration coloniale anglaise du *Southern Cameroons*, la terre appartient à l'Etat qui la met en concession pour une durée plus ou moins longue. Dans le système français appliqué au Cameroun oriental, elle correspond à une propriété privée matérialisée par la détention d'un titre foncier. En 1974, les Camerounais ont toutefois apporté leur touche originale en reversant au domaine public de l'Etat toutes les terres non immatriculées. Dans ces conditions, l'accord de Greentree est, du fait de son article 3, susceptible d'être à l'origine de nombreux litiges dans le cadre de la procédure d'obtention d'un titre foncier pour les citoyens nigérians résidant sur les dépendances du domaine national camerounais.

Le régime foncier camerounais est syncrétique, ce qui ne facilite par l'examen des effets potentiels de l'accord par rapport à ce point. Par ailleurs, le système de titre foncier est encore en train de s'étendre progressivement à tout le pays. Etant donné l'enclavement de la région autour de Bakassi et la culture des populations autochtones, aucun véritable plan cadastral n'y a été dressé. La propriété des terres y est restée collective et traditionnelle. L'accord post-judiciaire ne règle en rien une situation déjà alambiquée. Les engagements pris dans l'accord sont sans lien avec l'arrêt. Ils sont susceptibles de paralyser l'efficacité et la complémentarité entre lesdits ordres juridiques étatiques. Pour y remédier, il conviendra d'adopter, au moins dans l'ordre juridique camerounais, d'autres mesures relatives à la répartition des compétences entre les organes étatiques en matière de « *Treaty power* ». D'ailleurs, les éléments relatifs aux droits accordés aux ressortissants nigérians dépassent le cadre de cette étude.

Outre le fait que les arrangements post-judiciaires sont susceptibles d'entraîner des disfonctionnements dans l'ordre interne des parties, le pluralisme juridique *de fait* occasionné par l'accord de Greentree pose des problèmes de validité juridique internationale, notamment de concession de souveraineté et de la constitutionnalité.

[1708] M. ONDOA, « Le droit administratif français en Afrique francophone : contribution à l'étude de la réception des droits étrangers en droit interne », *R.J.P.I.C.*, n°2002-3 (sept-déc), p. 294 et suiv., p. 307.

Section 2. Des problèmes de constitutionnalité et de concession de souveraineté

Les arrangements supplémentaires entre les parties sont à analyser au prisme de l'attitude du Nigeria. Malgré la déception que l'arrêt a causée dans ce pays, ses autorités sont entrées dans un cycle de négociations en vue de trouver le moyen le plus équitable de l'exécuter. L'équité diplomatique est réalisée à travers une solution extrajudiciaire acceptable pour les deux Etats. L'accord du 12 juin 2006 est ainsi venu suppléer l'inacceptable judiciaire que constitue la décision pour le moins controversée côté nigérian. Malgré cela, de nouvelles polémiques sont apparues. Le problème s'est posé encore une fois du côté nigérian. La question de la validité des arrangements entre les deux pays au regard de la Constitution des deux pays a été soulevée (Paragraphe II). Il convient au préalable d'apprécier les problèmes de constitutionnalité et d'abandon de souveraineté qu'il pose pour le Cameroun ? (Paragraphe I).

Paragraphe I. Problèmes de constitutionnalité et d'abandon de souveraineté par le Cameroun

L'accord de Greentree du 12 juin 2006 a suscité des réactions de désapprobation parmi les juristes camerounais[1709]. Même si la question de la constitutionnalité de l'accord a été peu débattue dans ce pays (A), un abandon de souveraineté à travers le régime spécial transitoire défini par l'accord peut être déploré (B).

A. La validité de l'accord de Greentree au regard de l'ordre constitutionnel camerounais

La question des rapports entre droit interne et droit international a fait couler beaucoup d'encre en son temps et a donné lieu à des écoles doctrinales

[1709] F. OWONA MFEGUE, « CIJ., Greentree… : Bakassi : paralysie du Droit ? » (*Mutations* 07/08/2008), site : http://www.africatime.com. Voir notamment l'opinion du Dr M. ABOYA. ENDONG, « Le Cameroun a fait beaucoup de concessions au Nigeria dans le domaine pétrolier », *La Nouvelle Expression*, 22 juin 2006.

[1709] Il faut retenir que pour les partisans du dualisme, les deux ordres juridiques sont strictement distincts et constituent chacun un ensemble indépendant, car ils n'ont pas les mêmes fondements et s'adressent à des sujets différents. Il en découle donc que tant le Cameroun que le Nigeria conservent jalousement une compétence exclusive pour organiser leur système juridique et une procédure de réception de l'accord de Greentree. Au contraire pour les monistes, droit international et droit interne ne font qu'un seul ordre juridique avec primauté du premier sur le second. Voir M. KDHIR, *Dictionnaire juridique de la Cour Internationale de Justice*, *op.cit.*, note 252, pp.72-73.

telles que le monisme et le dualisme qu'il n'y a pas lieu de récapituler ici. Toutefois, deux remarques d'ordre tout à fait général éclaireront le point ici traité.

- Dans l'ordre camerounais, l'incertitude quant à la primauté de l'accord de Greentree sur le droit national n'est pas de mise[1710]. La réforme constitutionnelle du 18 janvier 1996 assure la primauté du droit international dans l'ordre juridique interne[1711]. L'accord du 12 juin 2006 est, dès son introduction dans l'ordre juridique camerounais, supérieur à toutes les lois nationales. A titre d'illustration, l'article 3 de l'accord régissant les droits fonciers coutumiers des ressortissants nigérians de Bakassi prévaut sur l'ordonnance de 1974 fixant le régime foncier. Il faut toutefois garder à l'esprit le § 4 de l'annexe I prévoyant que « l'acquisition de terre dans la zone par des ressortissants nigérians n'y étant pas établis au moment de la signature du présent accord ne pourra se faire que conformément aux lois et aux règlements du Cameroun ».

Cet accord peut être invoqué devant les juridictions nationales sans la médiation d'un texte de réception comme c'est le cas dans le système dualiste[1712]. Bien que cette catégorie soit méconnue par la Constitution du Cameroun[1713], l'applicabilité directe de l'accord est conditionnée par son statut d'accord en forme simplifiée[1714] ou d'accord gouvernemental. L'accord de Greentree, pas plus que le droit interne camerounais[1715], ne renferme de disposition spécifique sur son entrée en vigueur. On peut néanmoins déduire de l'article 2 de l'accord et de la conduite des parties, qu'il engage l'Etat

---

1710 Pendant environ 35 années, marquant l'avènement de la réunification et l'unification du Cameroun, la place du droit international en tant que source de droit camerounais était ambivalente. Évoquée par les constitutions camerounaises du 1er septembre 1961 et du 2 juin 1972, ou par la jurisprudence nationale, comme une « source d'inspiration » (Loi n° 68/LF/3 du 11 juin 1968 portant code de la nationalité camerounaise), la question a fait l'objet d'une clarification lors de la réforme constitutionnelle du 18 janvier 1996.

1711 Dans le système constitutionnel moniste camerounais, l'accord de Greentree constitue le droit national. Les différences entre le droit international et le droit interne sont niées et l'un et l'autre sont pensés comme relevant d'un seul et même ordre juridique. Le monisme peut alternativement venir au soutien de la thèse de la primauté du droit interne et de celle de la primauté du droit international. J. SALMON, *Dictionnaire*, *op. cit.*, p. 713.

1712 Il faut néanmoins considérer que seules les dispositions à effet direct telles que les droits et obligations au profit ou à la charge des particuliers clairement formulés, peuvent faire l'objet d'une application directe. Par contre, dans le cas des obligations entre Etats telles que celles prévoyant l'adoption de mesures législatives ou réglementaires d'accompagnement du traité, l'application directe peut se trouver compromise du fait de la liberté du pouvoir législatif d'adopter ou non ces mesures.

1713 A. D. OLINGA, *La Constitution de la République du Cameroun*, Yaoundé (Terre africaine), Presses de l'U.C.A.C., 2006, 326 p.

1714 En principe, on distingue deux types d'accords en forme simplifiée : les traités conclus par la signature et les traités conclus par l'échange d'instruments.

1715 Avec son article 43 à 45, la Constitution ne réglemente que partiellement la procédure de conclusion des traités internationaux. Les dispositions qu'elle comporte ont surtout pour but de préciser le champ d'application de ces procédures.

camerounais par la seule signature de son représentant. L'affaire des *Iles d'Åaland* portée devant le Conseil de la SDN en 1920 édifie sur l'hypothèse de la compétence exclusive de l'Etat à travers son représentant[1716].

La question de la capacité constitutionnelle du chef de l'Etat camerounais de conclure un tel acte conventionnel a en effet été soulevée.

L'accord de Greentree est régi, du point de vue du droit interne camerounais, par le titre IV de la Constitution intitulé « Des traités ou accords internationaux », particulièrement par l'article 43 à 45[1717]. En droit camerounais, le président de la République dispose de l'exclusivité du pouvoir de conclure les traités et accords internationaux, que ce dernier soit précédé ou non d'une approbation parlementaire ou populaire[1718]. Le consentement de l'Etat, exprimé par le président de la République, bénéficie d'une présomption quasiment irréfragable de régularité, conformément à l'article 7 de la Convention de Vienne sur le droit des traités de 1969[1719].

Toutefois, la position de la Cour sur la question du consentement définitif de l'Etat à être lié par la signature de son représentant est équivoque dans l'arrêt du 10 octobre 2002. Concernant les accords de Maroua de 1975 qui avaient suscité des difficultés d'ordre constitutionnel au regard du droit nigérian en vigueur, la CIJ énonce d'une part, au § 266 de l'arrêt de 2002 que : « Le Nigeria affirme en outre que le Cameroun savait ou aurait dû savoir que

---

[1716] Voir la Convention de Marienheim de 1921 sur les Iles d'Aaland. Voir également l'affaire des Iles d'Aaland, jugée par une commission de juristes en 1920 (démilitarisation des Iles d'Aaland, J.O., S.D.N., 1920, suppl., n° 3, p. 17 et s. ; P. DAILLIER, M. FORTEAU, A. PELLET, *Droit international public*, *op.cit.,* p. 273 et p. 490.

[1717]Titre VI- Des traités et accords internationaux, Art. 43.- Le président de la République négocie et ratifie les traités et accords internationaux. Les traités et accords internationaux qui concernent le domaine de la loi, défini à l'article 26 ci-dessus, sont soumis, avant ratification, à l'approbation en forme législative par le Parlement....

[1718] Art. 36.- « (1) le Président de la République, après consultation du président du Conseil Constitutionnel, du président de l'Assemblée Nationale et du président du Sénat, peut soumettre au Référendum tout projet de réforme qui, bien que relevant du domaine de la loi, serait susceptible d'avoir des répercussions profondes sur l'avenir de la nation et les institutions nationales », etc. Comme le signale Claude Chayet au sujet des accords en forme simplifiée, « Ils peuvent être signés par un chef d'Etat, par le ministre des Affaires étrangères ou, avec l'autorisation de celui-ci, par un autre ministre ou même par un fonctionnaire d'un département ministériel autre que celui des Affaires étrangères. Leur entrée en vigueur, généralement non prévue par le texte, est par conséquent immédiate ». C. CHAYET, « Les accords en forme simplifiée », *A.F.D.I.,* 1957, vol. 3, p. 8.

[1719] Article 7 : Une personne est considérée comme représentant un Etat pour l'adoption ou l'authentification du texte d'un traité ou pour exprimer le consentement de l'Etat à être lié par un traité :

a) Si elle produit des pleins pouvoirs appropriés,

b) S'il ressort de la pratique des Etats intéressés d'autres circonstances qu'ils avaient l'intention de considérer cette personne comme représentant l'Etat à ces fins et de ne pas requérir la présentation de pleins pouvoirs. Sur le sujet, J. HOSTERT, « Droit international et droit interne dans la Convention de Vienne sur le droit des traités du 23 mai 1969 », *A.F.D.I.*, volume 15, 1969. pp. 92-121.

le chef d'Etat du Nigeria n'avait pas le pouvoir d'engager juridiquement le Nigeria sans en référer au gouvernement nigérian. La Cour relève à ce propos qu'un Etat n'est pas juridiquement tenu de s'informer des mesures d'ordre législatif ou constitutionnel que prennent d'autres Etats et qui sont, ou peuvent devenir, importantes pour les relations internationales de ces derniers »[1720] .

D'autre part, au § 265, la Cour affirme : « Les règles relatives au pouvoir de signer des traités au nom d'un Etat sont des règles constitutionnelles d'une importance fondamentale. Cependant, si la capacité d'un chef d'Etat à cet égard est restreinte, cette restriction n'est manifeste au sens du paragraphe 2 de l'article 46 que si, à tout le moins, elle a été rendue publique de manière appropriée »[1721].

Dans la lignée du régime commun consacré par l'article 46 de la Convention de Vienne du droit des traités[1722], la Cour considère que les règles de procédure et de compétence du droit interne peuvent constituer des motifs d'invalidité du consentement d'un Etat à être lié au plan international, seulement si ces règles sont importantes pour la stabilité de l'ordre constitutionnel et pour la légitimation du droit international dans cet ordre juridique. La position de la Cour ne permet pas de résoudre la question de l'influence de la violation du droit interne sur la validité des engagements internationaux s'agissant de l'accord de 2006. Elle a pourtant donné lieu à de nombreuses théories doctrinales, dont celle de la ratification imparfaite[1723].

Au regard de cet ensemble de données du droit camerounais et du droit international en la matière, l'accord de Greentree peut-il, à terme, être considéré comme ayant été régulièrement conclu par le Cameroun ? Le chef d'Etat de ce pays pouvait-il prendre des engagements conventionnels semi-capitulaires par voie de traité non soumis à l'approbation parlementaire ou populaire ?

C'est possible. En effet, il n'est pas nécessaire qu'intervienne, après la signature du chef de l'Etat camerounais, un deuxième acte quelconque. La préparation de l'accord de Greentree a été expressément entourée de discrétion. C'est la partie nigériane qui l'a souhaité afin de ne pas froisser la sensibilité de son opinion publique nationale[1724]. Cette expérience est à

[1720] CIJ., *Frontière terrestre et maritime entre le Cameroun et le Nigeria (Cameroun c. Nigeria ; Guinée équatoriale (intervenant),* arrêt du 10 octobre 2002, *Rec.*, 2002, § 80, p.303.

[1721] *Ibid.*

[1722] Article 46 : « Dispositions du droit interne concernant la compétence pour conclure des traités : 1. Le fait que le consentement d'un Etat à être lié par un traité a été exprimé en violation d'une disposition de son droit interne concernant la compétence pour conclure des traités ne peut être invoqué par cet Etat comme viciant son consentement, à moins que cette violation n'ait été manifeste et ne concerne une règle de son droit interne d'importance fondamentale ».

[1723] M. KAMTO, « La volonté de l'Etat en droit international », *op.cit.*, p. 74.

[1724] La lecture des mémorandums de l'ONU consultés au Secrétariat de l'organisation à New York en octobre 2009.

rapprocher de la conclusion de l'accord « secret » du 1er juin 1975 à Maroua par les présidents Ahidjo et Gowon. Or, la partie nigériane avait remis en cause cet instrument par lequel il était convenu de prolonger le tracé de la frontière maritime du Point 12 au Point G.

La compréhension est ici qu'indépendamment de toute considération nationale (au Cameroun et au Nigeria), maintenir la confidentialité de l'accord n'est pas compatible avec une éventuelle procédure de ratification par le Parlement. L'incompatibilité avec l'article 102 de la Charte des Nations Unies exigeant l'enregistrement des accords internationaux (ou d'autres accords) est manifeste. A défaut, de tels accords ne pouvaient être invoqués devant aucun organe des Nations Unies. Même si dans ce cas précis, il existait de bonnes raisons de penser que la mise en œuvre de cet accord ne serait pas nécessairement soumise à une ratification préalable. Il est politiquement inconcevable de gérer des questions liées à la souveraineté sur un territoire sur la base d'un accord secret. Du fait de l'histoire des accords personnels entre le Cameroun et son voisin, en particulier de la controverse autour de la question de la validité de la déclaration de Maroua au regard du droit constitutionnel alors en vigueur au Nigeria en 1975, les parties auraient dû agir avec plus de prudence à ce propos.

Vu l'importance des questions abordées, cet accord n'aurait pas dû être conclu sous la forme d'un accord en forme simplifiée[1725]. Alain-Didier Olinga considère également qu'une approbation préalable par le Parlement camerounais s'imposait. La question de la protection des droits fondamentaux des Nigérians est, d'après le juriste, trop fondamentale pour être traitée de cette façon[1726].

Cet argumentaire qui met en relief l'aspect crucial des questions visées par l'accord de Greentree, est à relativiser. Il ne doit pas faire abstraction des données de la pratique internationale. Les exemples d'accords en forme simplifiée portant sur des questions politiques tout aussi importantes que celles qui sont réglées par des traités formels ou solennels, sont légion[1727]. En l'occurrence, la mise en œuvre de l'accord découle du schéma constitutionnel général (régime d'assemblée, régime présidentiel, régime parlementaire, régime partisan, régime dictatorial). Elle est également influencée par le rapport de force entre organes internes[1728]. Pour toutes ces raisons, il aurait été préférable que l'accord soit examiné par la Cour suprême du Cameroun faisant office de Conseil constitutionnel, préalablement à son application.

1725 Accord international qui engage l'Etat par la seule signature de son représentant, sans recours à d'autres procédures internes. J. SALMON, *Dictionnaire juridique*, *op.cit.*, p. 15.

1726 A. D. OLINGA, *L'accord de Greentree*, *op.cit.*, p. 34.

1727 Voir P. DAILLIER, M. FORTEAU, A. PELLET, *Droit international public*, *op.cit.*, p. 160.

1728 *Ibid.*

L'interprétation littérale des articles 26 et 46 précités de la loi constitutionnelle camerounaise du 18 janvier 1996[1729] conduirait à conclure à l'irrégularité constitutionnelle de l'accord. Celle-ci résulterait de l'incompétence matérielle du président de la République du Cameroun à engager l'Etat sur des questions telles que le régime des libertés publiques et le régime foncier et domanial. D'après l'article 26, le statut des personnes, notamment celui des étrangers, et des droits fonciers coutumiers, relève du domaine de la loi. Par conséquent, le président de la République du Cameroun n'a pas la compétence matérielle pour modifier un régime de propriété foncière applicable aux étrangers conçu sur habilitation législative[1730].

Nonobstant la primauté du droit conventionnel international sur la législation interne camerounaise, un contrôle préalable de l'Exécutif (donc des actes pris par le Président) était nécessaire, soit par les citoyens directement (référendum), soit par le législateur (autorisation parlementaire). La mise à l'écart du Parlement camerounais, la contradiction en certains points de l'accord de Greentree avec « sa » « *Grund Norm* » (l'arrêt), la publicité non appropriée qui a entouré cet accord, sont autant d'éléments inhabituels dans la pratique des relations internationales. De ce point de vue, l'accord a été irrégulièrement conclu. Le consentement de l'Etat camerounais a été vicié au regard des dispositions de l'article 43 § 2 et de l'article 44 de la loi fondamentale du 18 janvier 1996[1731].

Malgré cela, les solutions apparemment les plus respectueuses du formalisme juridique ne sont pas nécessairement les plus appropriées. Les incohérences constitutionnelles de l'accord de Greentree sont typiques de celles liées à la plupart des accords en forme simplifiée. La primauté classique de l'Exécutif a nécessairement des limites. Cette primauté a-t-elle décidé l'Exécutif à un abandon de la souveraineté du Cameroun ?

[1729] L'article 26. (1) de la Constitution du Cameroun, énonce : « la loi est votée par le Parlement. Sont du domaine de la loi : a- Les droits, garanties et obligations fondamentaux du citoyen (…). Le régime domanial, foncier et minier ».

[1730] Loi n° 73-3 du 09 juillet 1973 autorisant le président de la République du Cameroun à fixer par ordonnance le régime foncier et domanial et la loi n°75-10 du 02 juillet 1975 ratifiant les ordonnances n° 74-1 et 74-2 du 6 août 1974 fixant respectivement le régime foncier ou domanial.

[1731] Art. 43.- Le président de la République négocie et ratifie les traités et accords internationaux. Les traités et accords internationaux qui concernent le domaine de la loi, défini à l'article 26 ci-dessus, sont soumis, avant ratification, à l'approbation en forme législative par le Parlement. Art. 44.- Si le Conseil Constitutionnel a déclaré qu'un traité ou accord international comporte une clause contraire à la Constitution, l'approbation en forme législative ou la ratification de ce traité ou de cet accord ne peut intervenir qu'après la révision de la Constitution.

B. Abandon de souveraineté par le Cameroun ?

Au Cameroun, plusieurs juristes ont dénoncé une cession de la souveraineté nationale[1732]. Elle résulterait de la logique de passage graduel de l'administration nigériane à la souveraineté camerounaise autolimitée en raison du régime transitoire mis en place par l'accord. Ces critiques méritent une attention soutenue.

La reconnaissance par le Nigeria de la souveraineté du Cameroun sur la presqu'île de Bakassi dans l'arrêt du 10 octobre 2002 ne pose aucun problème. Plus épineuse est la question de la faculté des parties de différer l'exécution des obligations judiciaires (article 2). Le cas le plus représentatif reste celui déjà évoqué du différend frontalier *Guinée-Bissau contre Sénégal*[1733]. L'accord de Greentree autorise le Nigeria à garder le contrôle sur la presqu'île de Bakassi qu'il occupe depuis le 21 décembre 1993 pendant sept années supplémentaires. Il lui accorde un délai de 60 jours pour retirer ses troupes de Bakassi, une période de 2 ans pour retirer son administration et sa police. Le régime transitoire spécial de 5 ans permet le maintien de sa législation et de ses forces armées à Bakassi jusqu'au 14 août 2013. Prenant en considération les garanties d'égalité offertes aux Nigérians résidant à Bakassi par l'arrêt de 2002[1734], le gouvernement camerounais a par ailleurs renoncé à exercer à leur encontre certains pouvoirs administratifs et en matière d'immigration.

[1732] F. OWONA MFEGUE, « CIJ, Greentree… : Bakassi : paralysie du Droit ? », *op.cit.*, note 1599 ; M. ABOYA. ENDONG, « Le Cameroun a fait beaucoup de concessions au Nigeria dans le domaine pétrolier », *…, op.cit.* Enfin, AKONO EVANG, « Quand le droit fait problème à Bakassi : propos sur la paradoxalité de l'accord de Greentree. », *op.cit.*

[1733] La Cour a rendu un arrêt validant la sentence arbitrale du 31 juillet 1989 à propos de la *Délimitation de la frontière maritime* des deux Etats et invitant les parties à s'accorder mutuellement sur le tracé non effectué intégralement par la sentence, notamment celui relatif à leurs zones économiques exclusives. Selon la solution proposée par l'arrêt, la frontière entre les deux Etats devait être définie sur la base de l'accord franco-portugais du 26 avril 1960 relatif à la frontière maritime, auquel devait s'ajouter le tracé délimitant les zones économiques exclusives de chacun des Etats concernés. Cependant, par l'accord du 14 octobre 1993 et le protocole d'accord du 12 juin 1995, la Guinée-Bissau et le Sénégal ont conclu un arrangement valable pour une durée de vingt ans renouvelable par tacite reconduction qui ne procédait à aucune délimitation *de novo*, mais créait plutôt une zone d'exploitation commune et de coopération. CIJ., *Sentence arbitrale du 31 juillet 1989* (Guinée-Bissau c. Sénégal), arrêt du 12 novembre 1991, *Rec.*, p. 142.

[1734] Pendant les audiences de l'affaire de la CIJ., *Frontière terrestre et maritime entre le Cameroun et le Nigeria, (Cameroun c. Nigeria, Guinée équatoriale, intervenant)*, arrêt du 10 octobre 2002, l'agent camerounais a affirmé que « fidèle à sa politique traditionnellement accueillante et tolérante, le Cameroun continuera à assurer sa protection aux Nigérians habitant la péninsule et ceux vivant dans la région du lac Tchad, qui semblent préoccuper tant le Nigeria ». Cette affirmation publique de l'agent du Cameroun constitue un acte unilatéral qui exprime la volonté de l'Etat et est créateur d'obligations à la charge de l'Etat camerounais. Cet engagement a été en outre renouvelé par le président du Cameroun lors d'une allocution télévisée. Plaidoirie de S. Exc. Ahmadou Ali, agent du Cameroun, 21 mars 2002, CR/2002/25, par. 31. Discours télévisé du 14 août 2008. Disponible sur le site du gouvernement camerounais : www.spm.gov.cm.

L'exercice de nombreux droits et privilèges régaliens[1735] par la République du Cameroun est donc restreint. Ce n'est qu'à partir du 14 août 2013 que ce pays a commencé à y exercer ses droits de souveraineté en toute plénitude . A cette échéance, le Nigeria aura « occupé » la presqu'île de Bakassi pendant exactement 20 ans.

L'annexe cartographique II est celle qui a délimité la zone qui passera sous souveraineté camerounaise en 2013 à la fin du régime spécial transitoire. Il s'agit de la zone pour laquelle l'article 3 f de l'annexe I demande aux parties de « ne pas entreprendre ou poursuivre l'exploitation des ressources naturelles du sous-sol de la Zone ni aucune activité portant atteinte à l'environnement ». Cette disposition est sommaire. De tels engagements demeurent valables durant la période transitoire concédée au Nigeria sans précision du moment de l'arrêt d'une éventuelle exploitation. Ce moment ne figure pas dans les annexes de l'accord ou dans le procès-verbal sur les modalités d'application de l'accord. Sur ce dernier document, il est simplement précisé que le premier rapport de la Commission de suivi comportera « des informations sur les infrastructures pétrolières off-shore dans les eaux territoriales camerounaises ». Le fait pour le Cameroun de n'avoir pas clairement spécifié les conditions de l'exploration, de l'exploitation et de la gestion des ressources de son plateau continental pourrait conduire à une concession de souveraineté sur un espace sur lequel il détient certes des « droits exclusifs », mais où les investissements les plus substantiels ont été opérés par la République fédérale du Nigeria. Ceci signifierait que le Nigeria exercerait sur le plateau continental camerounais des « droits souverains » au titre de l'exploitation des ressources dudit plateau, mais aussi des droits de souveraineté de nature territoriale. Comme il a été démontré, un *modus vivendi* a été trouvé[1736].

De ce qui précède, il ressort que la conciliation entre la souveraineté du Cameroun sur la presqu'île et la protection des droits acquis des ressortissants nigérians a conduit à un compromis politique. Sur le plan quantitatif, le traité post-judiciaire met à la charge du Cameroun plus d'obligations, par rapport au Nigeria. Le Cameroun a ainsi laissé l'impression qu'il négociait à travers l'accord de Greentree le départ définitif des Nigérians de Bakassi. L'accord apparaît comme un *« face-saver »* pour le Nigeria. Au final, il s'agit d'un accord « *win-win* ». Chaque partie y gagne. Que dire enfin de la constitutionnalité de l'accord de 2006 au regard de l'ordonnancement constitutionnel nigérian ?

1735 Selon l'article (f), le Cameroun s'engage à « prendre toutes mesures nécessaires afin de protéger et préserver de toute tracasserie ou de tout dommage tout ressortissant nigérian vivant dans la Zone ».

1736 Partie II, Titre II, Chapitre II.

Paragraphe 2. Une violation de la Constitution nigériane ?

La question déjà évoquée des rapports entre Etats fédérés et autorités fédérales a été au centre de la mise en œuvre par le Nigeria de l'arrêt rendu par la Cour[1737]. C'était déjà le cas dans les affaires *LaGrand*[1738]et *Avena*[1739]. Il en de même en ce qui concerne les ordonnances en indication de mesures conservatoires prises dans ces mêmes affaires et dans celle relative à *la Convention de Vienne sur les relations consulaires* (*Breard)* devant la Cour[1740].

La constitutionnalité de l'accord de Greentree a fait l'objet d'un débat politique et juridique au niveau de la chambre haute du parlement nigérian[1741]. Une motion a été présentée le 22 novembre 2007 par M. Bassey Ewa-Henshaw (sénateur de l'Etat de Cross River)[1742]. Elle a été soutenue par ses pairs[1743]. Le transfert de la presqu'île litigieuse au Cameroun est estimé contraire à la Constitution. L'accord n'aurait pas été ratifié par le Parlement conformément à l'article 12 § 1 de cette dernière. En vertu de cette disposition: « *No treaty between the Federation and any other country shall have the force of law to the extent to which any such treaty has been enacted into law by the National Assembly*»[1744].

Le Sénat a ainsi fait valoir que la ratification était une obligation constitutionnelle. Il a invité le chef de l'Etat de l'époque, M. Umaru Yar'Adua à soumettre sans tarder l'accord à l'Assemblée nationale. Il a également été demandé au gouvernement fédéral de stopper tout transfert d'une partie quelconque de la presqu'île, particulièrement les îles d'Abana et d'Atabon au Cameroun tant que l'accord n'aurait pas été ratifié par l'Assemblée nationale[1745].

Déjà dans sa déclaration de rejet du 23 octobre 2002, le gouvernement de la République fédérale du Nigeria évoquait l'incompatibilité entre l'arrêt de la Cour et sa Constitution[1746]. Le caractère tardif de l'initiative menée par les

---

1737 Partie I, Titre II, Chapitre I.

1738 CIJ., *LaGrand (Allemagne c. Etats-Unis*), arrêt du 27 juin 2001, *Rec*., p. 466.

1739 CIJ., *Avena et autres ressortissants mexicains*, (Mexique c. Etats-Unis d'Amérique), arrêt du 31 mars 2004, *Rec*., p. 12.

1740 CIJ., *Convention de Vienne sur les relations consulaires* (Paraguay c. Etats-Unis), radiation du rôle, ordonnance du 10 novembre 1998, *Rec*., p. 426.

1741 *Ibid.*

1742 Etat fédéré dont relevait jusque-là, au regard de l'annexe I, A de la Constitution nigériane de 1999, la presqu'île de Bakassi, avant le début de la rétrocession au Cameroun.

1743 *Ibid.*

1744 La Constitution du Nigeria est disponible sur www. Nigerialaws.com

1745 Ce processus a été initié le 7 mai 2013, voir *Infra*.

1746 Partie Titre I, chapitre I. Voir la déclaration de rejet de l'arrêt faite par le ministre fédéral des Transports du 23 octobre 2002.

sénateurs nigérians (soit une année et demie après l'accord du 12 juin 2006) et conjoncturel (faisant suite à de nouveaux incidents dans une zone de la péninsule déjà passée sous souveraineté du Cameroun) est important à relever[1747]. L'attitude des sénateurs nigérians était très difficile à tenir. Une telle levée de boucliers aurait éventuellement été admise au moment de la signature de l'accord, ou au début de sa mise en œuvre (1 an auparavant). En effet, l'accord entrait en vigueur à sa signature. Pourtant, aucune protestation de constitutionnalité n'avait été soulevée à l'époque.

L'arrêt de la Haute Cour fédérale nigériane du 31 juillet 2008 rendu à la suite de l'initiative des sénateurs nigérians a rejeté le transfert de la péninsule de Bakassi. Il a été décidé que l'accord était « unilatéral et contraire à l'article 12 §1 de la Constitution de 1999 ». En engageant son pays par cet accord, le président Olusegun Obasanjo aurait violé la Constitution puisque l'accord en question n'avait pas été ratifié par le Parlement conformément aux prescriptions de l'article précité. La prise de position des sénateurs nigérians interpelle. Un Etat peut-il s'abriter derrière les dispositions de son droit interne pour ne pas se soumettre à des obligations internationales qui ont été contractées librement ? Cette situation paraît possible uniquement s'il y a eu violation d'une règle interne d'importance fondamentale au moment de la conclusion de l'accord ? L'accord de Greentree entre-t-il du point de vue du droit nigérian dans cette catégorie de traités et accords internationaux soumis à ratification ? Qu'est-ce qui relève du droit national et du droit international concernant l'accord de 2006 ?

Les rapports entre l'ordre juridique international et les ordres internes peuvent être envisagés sous l'angle matériel[1748]. L'approche moniste affirme la primauté du droit international sur le droit interne. Dans ce cadre, le droit conventionnel international prime sur le droit national. La perspective dualiste de ces rapports considère que ces deux ordres juridiques sont indifférents l'un à l'autre. Leur seul point de contact serait la responsabilité internationale.

Dans la République fédérale du Nigeria se réclamant d'un dualisme rigide, une norme conventionnelle internationale doit faire l'objet d'un système « d'incorporation législative » au droit interne. Elle doit être réceptionnée dans ce droit en fonction de la nomenclature législative y existant. Ce devoir d'introduction est toutefois une obligation de résultat, non de moyen. La façon

---

[1747] Cependant, en date du 10 juillet 2006, soit un mois après la signature de l'Accord de Greentree, un mouvement nationaliste nigérian appelé The Okop Usem Leadership Council (OULC), alerte l'opinion publique nigériane « *The Okop Usem Leadership Council (OULC) wishes to draw your attention to on-going plan by the Federal Government to cede the Bakassi Island to Cameroon and invites you to join in efforts to legally challenge the unconstitutional effort of the federal government regarding the ceding and planned relocation of Bakassians. We urge you to identify and stand with us in this way to establish the supremacy of the Nigeria Constitution in order to strengthen democratic institutions that will sustain our beloved country, Nigeria* ». http://okopusem.org.

[1748] P. DAILLIER, M. FORTEAU, A. PELLET, *Droit international public*, *op. cit.*, p.105.

dont elle se réalise est laissée à la discrétion de l'Etat nigérian. Ce dernier demeure donc libre de considérer que son droit interne est d'ores et déjà en conformité avec l'accord de Greentree. Il n'a pas à prendre de mesure spécifique de réception ou d'incorporation au niveau interne.

De nombreuses incertitudes subsistent néanmoins. Le président du Nigeria de l'époque, M. Olusegun Obasanjo, a-t-il violé l'article 12 § 1 de la Constitution de 1999 en ne soumettant pas l'accord de Greentree à une procédure de ratification de l'Assemblée nationale ?[1749]

La question paraît avoir été tranchée sans ambiguïté par l'article 12 de la Constitution nigériane de 1999. Cette disposition réduit les pouvoirs du président au profit de l'Assemblée nationale. De ce point de vue, l'accord de Greentree serait inconstitutionnel, car le président ne l'a pas soumis à l'Assemblée nationale. Il ne faut pourtant pas se méprendre sur la portée juridique de l'article 12 § 1. Il importe ainsi de distinguer l'élaboration du traité et son application de la double nature de l'obligation du Nigeria (obligation en vertu du droit international et du droit national). L'article 12 § 1 ne porte pas sur les conditions de validité internationale des engagements internationaux ou les conditions d'expression du consentement définitif à être lié de la République fédérale du Nigeria. Il a pour objet les conditions d'applicabilité en droit interne desdits engagements.

Contrairement à certaines thèses, l'article 12 § 1 n'exige pas, afin que le Nigeria soit internationalement lié en vertu d'un instrument conventionnel, que ce dernier soit préalablement ratifié par l'Assemblée nationale. Il ne fait pas clairement allusion à l'idée de ratification. Il suggère plutôt qu'une disposition conventionnelle ne pourra recevoir application en tant que norme légalement valide au Nigeria que si elle a préalablement fait l'objet d'une incorporation en forme législative dans le droit local. Cette incorporation est le fondement de sa validité. En définitive, l'article 12 § 1 ne confère pas à l'Assemblée nationale un rôle juridique explicite dans la conclusion des traités.

Il est primordial de distinguer deux sortes d'opérations. La ratification désigne le mode d'expression du consentement du Nigeria à être lié par un accord ayant nécessairement fait l'objet au préalable d'une signature pour authentification par un représentant dûment autorisé[1750]. La mise en œuvre est le processus par lequel un traité valablement conclu par un Etat est adopté. Il doit pouvoir produire ses effets dans la sphère domestique à laquelle l'article

1749 Le texte ne se prononce pas sur le rôle du Sénat. Voir plus généralement sur ce sujet, C. ECONOMIDES, « Les rapports entre le droit international et le droit interne », Commission européenne pour la démocratie par le droit, Conseil de l'Europe, 1993, 24 p.

1750 Voir l'article 2 de la Convention de Vienne sur le droit des traités, 1969 : « b) Les expressions « ratification », « acceptation », « approbation » et « adhésion » s'entendent, selon le cas, de l'acte international ainsi dénommé par lequel un Etat établit sur le plan international son consentement à être lié par un traité.

12 s'applique, de même que l'article 31 de la liste législative exclusive[1751]. L'accord de Greentree de 2006 pouvait ne pas être soumis à la ratification sans que cette « omission » exonère le Nigeria des obligations internationales contractées par son président. Le choix du président Olusegun Obasanjo relève de la politique juridique extérieure de ce pays. Nul ne peut raisonnablement le soupçonner d'avoir voulu violer la Constitution de son pays.

Ce type d'accord peut également être ratifié par le président de l'Assemblée nationale conformément au modèle juridique britannique. En effet, l'Exécutif s'y trouve en mesure de ratifier un traité sans l'autorisation du Parlement. La position de la Chambre des Lords du Royaume-Uni dans l'affaire *JH Rayner Ltd c Département du Commerce et de l'Industrie* est enrichissante à cet égard : « The *Gouvernement (i.e. the executive) may negotiate, conclude, construe, observe, breach, repudiate or terminate a treaty. Parliament may alter the laws of the United Kingdom* »[1752]. Le conseil privé, dans le cas précédent de l'affaire *Procureur général du Canada c. Procureur général de l'Ontario,* précise que : « *It will be essential to keep in mind the distinction between (1) formation, and (2) the performance, of the obligations constituted by a treaty, using that word as comprising any agreement between two or more sovereign States. Parliament, no doubt, has a constitutional control over the Executive; but it cannot be disputed that the creation of the obligations undertaken in treaties and the assent to their form and quality are the function of the Executive alone. Once they are created, while they bind the State as against the other contracting parties, Parliament may refuse to perform them and so leave the State in default*»[1753].

Le professeur nigérian, B.O. Nwabueze a plaidé en faveur d'une modification de la Constitution nigériane afin d'attribuer un rôle plus direct à l'Assemblée nationale (de préférence au Sénat) dans le processus de ratification du traité d'une manière similaire à ce qui prévaut aux Etats-Unis et au Ghana[1754]. La pratique du Nigeria contraste avec celle de ces deux pays. Leurs chartes constitutives spécifient qu'aucun traité ne sera ratifié s'il n'a pas

---

[1751]Article 1 de la Convention de Vienne sur le droit des traités de 1969.

[1752]Case, n°1990, 2, AC, pp. 418-476.

[1753]1997, AC 326 AT 347-348, 1937. Dans le même sens, le professeur NWABUEZE affirme: « *Section 12 (1) of the 1979 Nigerian Constitution identical to section 12 (1) of the 1999 Nigerian Constitution reflects the inherited common law position that treaty-making is a purely executive act that requires subsequent implementation, that is domestication, within the country by way of legislation enacted by the legislature* ». O. NWABUEZE, *Federalism in Nigeria under the Presidential Constitution*, London, Sweet & Maxwell, 1983, pp. 255-256.

[1753] Voir (Amendement) Act 1998 - Commentaires de l'impact du droit international sur le droit nigérian », 2000, vol.12, *in Revue Africaine de Droit International et Comparé*, pp. 84-104 et plus récemment dans "Bringing Human Accueil Droits : un examen de la domestication des traités relatifs aux droits de l'homme au Nigeria ", *R.D.A.,* 2007, vol. 51 (2), pp. 249-284.

été approuvé par une majorité spécifiée dans le corps législatif fédéral[1755]. Jusqu'à ce qu'une modification éventuelle soit apportée à la Constitution nigériane, le pouvoir exécutif, par l'intermédiaire du président de la République, a la compétence de ratifier les traités sans la contribution de l'Assemblée nationale.

Cet argument est corroboré par l'affaire *Maganbhai Ishwarbhai Patel Union v. India*[1756]. La Constitution de l'Inde[1757] ressemble à celle du Nigeria. Un parallèle entre les deux peut donc être établi. En l'espèce, un différend frontalier entre l'Inde et le Pakistan avait été soumis à l'arbitrage international. La sentence arbitrale a statué que certains villages censés être indiens appartenaient au Pakistan. Lorsque le gouvernement fédéral de l'Inde a mis en œuvre la sentence, une plainte a été déposée au niveau des Etats fédérés. Elle contestait le pouvoir du gouvernement fédéral de céder le territoire indien à une puissance étrangère. La Cour suprême de l'Inde a estimé dans sa décision qu'une telle opération ne constituerait pas une cession du territoire de l'Inde. Le président de la Cour suprême, M. Hidayatullah, a declaré : « *The precedents of this Court are clear only on one point, namely, that no cession of Indian Territory can take place without a constitutional amendment* ».

Une exception subsiste si l'on considère la pratique du Royaume-Uni lorsque le traité implique une cession de territoire. Cette pratique est identique à celle du Nigeria. Dans ce cas précis, le traité nécessiterait l'approbation du Parlement. A ce sujet, Arnold Mc Nair considère non pas « comme une question de droit strict le fait que ces traités ne nécessitent pas de législation d'incorporation, mais comme une question de convention constitutionnelle d'une série de précédents modernes ». Selon lui, il est très peu probable qu'à l'avenir «*any cession will take place without statutory authority*»[1758]. La comparaison s'arrête à ce niveau. L'accord de Greentree n'est pas un traité de cession. Il n'emporte ni « cession, échange ou adjonction » de territoire[1759] ni un abandon (formel) de souveraineté. Il doit s'analyser en une technique de restitution de territoire puisque la presqu'île de Bakassi au moment de la conclusion de l'accord, ne relevait pas de la souveraineté du Nigeria, mais bien de celle du Cameroun.

De plus, l'entrée en vigueur immédiate de l'accord en forme simplifiée enlève à toute incorporation législative toute utilité pratique. Par courtoisie, le

---

[1755] Voir l'article II, section 2 de la Constitution des Etats-Unis et l'article 75 de la Constitution du Ghana.

[1756]Case n°1970), SCC 400.

[1757] Voir Constitution du 26 novembre 1949, telle que modifiée au 1er décembre 2007.

[1758]MC NAIR, « When Do British Treaties Involve legislation? », *BYIL*, vol.9, 1928, pp. 59-63.

[1759]« La cession d'un territoire veut bien dire renonciation par un Etat en faveur d'un autre Etat aux droits et titres que pourrait avoir au territoire en question le premier de ces Etats » : BEICHMANN, InterprEtation de l'article 260 du traité de Versailles, Allemagne c/ commission des réparations, sentence arbitrale 3 septembre 1924, *RSA*, vol. I., p. 443.

président nigérian aurait pu informer l'Assemblée nationale sur son intention de ratifier un traité, même s'il n'existe aucune obligation légale de le faire. Cette notification aurait été considérée comme une demande de l'Assemblée nationale visant à ratifier le traité. Une certaine frange de l'opinion publique nigériane a soutenu qu'une demande en ce sens a été envoyée au bureau du greffier de l'Assemblée nationale par le président Obasanjo en date du 14 juin 2006, c'est-à-dire deux jours après la conclusion de l'accord[1760].

En définitive, le président de la République fédérale du Nigeria, chef de l'Etat, représente son pays dans l'ensemble de ses relations internationales. Tous les actes internationaux juridiquement pertinents sont présumés être des actes de l'Etat. Même si ces pouvoirs ne sont pas conférés au président par la Constitution en termes explicites, la théorie des compétences implicites laisse penser qu'un chef d'Etat peut engager un processus consistant dans le réaménagement de l'assise territoriale. La pratique des Etats ayant conclu des arrangements relatifs à la mise en œuvre d'un arrêt tels que la Guinée-Bissau et le Sénégal, le Tchad et la Libye confirme que l'engagement des chefs d'État par la signature est le procédé le plus classique en la matière[1761].

Pour autant, il est utile de s'interroger sur la suite à réserver à un tel débat. Vu le précédent de la déclaration de Maroua dont la validité a fait l'objet de débats nourris devant la Cour, les deux Etats auraient pu faire preuve de plus de prudence en formalisant un nouveau lien conventionnel relatif à leur frontière. « Le Cameroun peut-il prétendre ignorer la Constitution nigériane de 1999 alors même que les développements de ces conseils devant la Cour ou de son juge *ad hoc* fourmillent de références au droit constitutionnel de ce pays pour contester la thèse nigériane de la non validité de la Déclaration de Maroua ? »[1762]. Tout au plus, le véritable problème que pose l'accord de Greentree du point de vue nigérian touche à la répartition des responsabilités

---

[1760] M. GABANITE: « *Undeterred, I went to the office of the clerk of the national assembly to find out if, and when Obasanjo sent the said agreement to the National Assembly. Records showed that the National Assembly received the Presidents letter on the Bakassi matter on the 14th of June 2006. But the actual agreement was signed in New York on June 12, 2006 two days before he (Obasanjo) sent a notice to the National Assembly. So who is lying ?* » *in* « Bakassi, Obasanjo, And Senate » publié sur le site de l'auteur de ces propos le 18 juin 2006.

[1761] Dans le premier cas, la Guinée-Bissau et le Sénégal ont précisé dans le protocole d'application de l'accord du 14 octobre 1993 que la passation de service effectuée le 18 novembre 1996 entre le ministère de la Pêche et des Transports maritimes de la République du Sénégal et l'Agence et la passation de service effectuée le 17 janvier 1997 entre le ministère des Pêches de la République de Guinée-Bissau et l'Agence, formalisent ainsi le transfert par les deux Etats de leurs droits et obligations en matière de gestion et d'exploitation des ressources halieutiques de la zone commune à l'Agence. Voir l'article 11 du Protocole d'Accord du 12 juin 1995 relatif à l'organisation et au fonctionnement de l'Agence de Gestion et de Coopération entre la Guinée-Bissau et le Sénégal (AGC) d'une part ; la République de Guinée-Bissau et la République du Sénégal d'autre part. Dans le second cas, l'article 9 de l'accord du 4 avril 1994 entre le Tchad et la Libye énonçait que « le présent accord entre en vigueur à la date de sa signature ».

[1762] A. D. OLINGA, *L'accord de Greentree…*, *op. cit.*, p. 43.

entre l'Assemblée nationale et le pouvoir exécutif tant au niveau du gouvernement local que de l'Etat fédéral concernant la protection des indigènes de Bakassi. Ce point a été soulevé de manière récurrente par les sénateurs nigérians dissidents[1763]. La question est en voie d'être réglée. Le 7 mai 2013, la Chambre des représentants du Nigeria a entamé le processus de ratification de l'accord de Greentree[1764].

Pour conclure ce chapitre, rappelons que du point de vue de l'ordre étatique nigérian, bien qu'il ait pour objet l'exécution d'un arrêt de la CIJ, l'accord du 12 juin 2006 demeure un instrument conventionnel traditionnel soumis au droit des traités. Il s'agit d'un dispositif de mise en œuvre d'une décision judiciaire dont le caractère contraignant découle d'abord de l'article 94 § 1 de la Charte. Appliquer l'accord de Greentree revient pour les parties à assumer leurs obligations en vertu de la Charte. L'instrument conventionnel se situe dans le cadre d'une décision juridictionnelle considérée comme intangible, mais qui provoque la négociation diplomatique entre les parties. Ce processus met ainsi un terme aux rebondissements de la procédure contentieuse engagée par le Cameroun et le Nigeria en 1994, et permet d'affirmer lors de la prise de possession totale de la presqu'île de Bakassi par le Cameroun (14 août 2013) qu'ainsi le contentieux de la *Frontière terrestre et maritime* entre les deux Etats prend fin. L'épilogue de ce différend frontalier dont la dimension humaine était prononcée affermit l'effectivité du droit du contentieux international.

Les arguments selon lesquels l'accord de Greentree aurait atténué l'autorité de chose jugée ou l'aurait préservée ne sont contradictoires qu'en apparence. Les parties ont associé le principe de la *res judicata* à un accord ultérieur. Elles ont considéré le maintien de la paix comme un principe structurant se concrétisant d'abord par une décision de nature obligatoire et définitive, et

---

[1763] Ils ont encouragé le gouvernement fédéral à prendre d'urgence des mesures pour la réhabilitation et la réinstallation immédiate des populations de la péninsule qui avaient déjà été déplacées. "Le Sénat compatit avec la population de Bakassi et des autres parties du Nigeria pour les difficultés qui leur ont été causées suite à la cession regrettable de leurs terres ancestrales au Cameroun", souligne la motion du sénateur Bassey Ewa-Henshaw, qui regrette, par ailleurs le fait qu'en dépit du mécontentement et de l'inquiétude de la population nigériane suite à l'arrêt de la CIJ., M. Obasanjo ait unilatéralement signé un accord rendant effectif ce jugement. "A ce jour, le soi-disant accord de Greentree n'a pas encore été présenté à l'Assemblée nationale pour examen comme requis par la Constitution", a fait remarquer le sénateur. M. Ewa-Henshaw a, en outre, noté que plus d'un an après leur déménagement, aucune dotation budgétaire n'a été faite à titre de dédommagement, de réinstallation ou de réhabilitation de ces populations, observant que l'intégration des personnes déménagées de Bakassi à Ikang s'avère difficile du fait de l'incapacité à harmoniser les intérêts politiques et le partage des charges publiques par les deux communautés.

[1764] La Chambre des représentants du Nigeria est la chambre basse de l'Assemblée nationale bicamérale du Nigeria. La chambre actuelle fut créée lors des élections du 12 avril 2003. Source: *The Vanguard* 8 mai 2013.

ensuite par la négociation par voie d'accord. La part de l'arrêt de la Cour dans les arrangements post-judiciaires demeure éminente. Dès lors, le débat sur le rapport entre l'arrêt et son protocole d'application est résiduel. Le secours de la diplomatie s'avère crucial pour l'exécution des décisions de justice territoriales impliquant des populations défavorables au changement de souveraineté.

Conclusion du titre

L'accord post-judiciaire et les arrangements subséquents entre les parties africaines, mais sous les auspices de la communauté internationale, correspondent à une conception très régionalisée du contentieux international. D'autres formes modernes et collectives d'organisation de la négociation, typiquement africaines, existent et qui pourraient être transposées en matière d'exécution de justice territoriale. Il s'agit du Mécanisme Africain d'Evaluation des Pairs (MAEP), du Nouveau Partenariat Economique pour le Développement de l'Afrique (NEPAD) ou de ceux appliqués dans le cadre du Conseil de Paix et Sécurité de l'Union africaine. Dans cette affaire, il a surtout été question de privilégier la négociation pour mettre en œuvre pacifiquement l'arrêt de la CIJ Le rôle de l'Organisation des Nations Unies, ainsi que de certains mécanismes *sui generis* est monumental. Il a permis que les parties arrivent à cette solution qui est très intéressante et pourrait être généralisée : l'exécution par la négociation provoquée puis entretenue par des arrangements de toute sorte. On touche ici à la fois à la force et à la faiblesse de la fonction juridictionnelle, c'est-à-dire à la relativité de *res judicata*. L'élément le plus important de la souscription à l'obligation d'exécuter l'arrêt réside non pas dans la juridicité de celle-ci, mais dans la volonté de l'Etat. C'est la volonté étatique qui fait de l'accord post-jugement et des arrangements qui en découlent, des instruments tendant à la promotion du droit dans les relations interétatiques.

Conclusion de la deuxième partie

Au terme de cette analyse, il semble essentiel d'affirmer que l'effectivité des décisions de justice territoriale est le plus souvent facilitée par une exécution négociée. Elle n'est pas incompatible avec la primauté du droit, pas plus qu'elle ne remet en cause la stabilité et la sécurité juridique en droit international. En effet, le principe de la *res judicata* est impuissant à assurer la prééminence de la décision judiciaire sur le volontarisme étatique. C'est la raison pour laquelle le secours de la négociation diplomatique s'avère indispensable notamment en ce qui concerne les décisions de justice territoriale. Cette technique ne constitue certes pas une spécificité du contentieux interafricain. Toutefois, le *modus operandi* de ce procédé dans son application aux litiges présentant des enjeux nationaux considérables, du fait de la présence de populations imbriquées, laisse entrevoir une certaine singularité. Utilisée en amont, pendant et en aval de la procédure judiciaire, la négociation se décline sous tous les tons. On passe ainsi de la méthode de la négociation provoquée à l'exécution négociée. Contrairement à l'assertion de la CPJI selon laquelle ses décisions étant obligatoires doivent être exécutées telles quelles[1765], on ne doit pas écarter l'éventualité que les parties adaptent les obligations imposées par le juge international à leurs intérêts respectifs. Ce gage d'efficacité correspond par ailleurs à la logique consensuelle de la Justice internationale.

L'inventivité des parties et des tiers réside dans leur façon de passer d'une Justice imposée à une Justice négociée conformément à la conception africaine du contentieux. Dans cette perspective et avec l'aide des tiers, ces acteurs organisent la négociation post-judiciaire au sein d'une Commission a*d hoc* de mise en œuvre de l'arrêt de la Cour. Riche de ses potentialités, cette institution devient le canal d'une relance de la coopération bilatérale entre les deux Etats et le cadre de la mise en place de projets de développement prioritaire de la presqu'île litigieuse. L'exécution a été différée du fait de ces nombreux compromis. Mais elle a été effective grâce au concours de la communauté internationale.

Il ne sert à rien d'aller vite si parfois seuls les détours permettent d'arriver à bon port et alors même que l'obligation d'exécuter l'arrêt de la CIJ est *in fine* une obligation de résultat.

[1765] C.P.J.I., *Société commerciale de Belgique*, (Belgique c. Grèce), arrêt du 15 juin 1939, Série A/B, n° 78, pp. 159 et s.

Conclusion de la deuxième partie

Conclusion générale

La richesse de l'arrêt du 10 octobre 2002 rendu en l'affaire de la *Frontière terrestre et maritime entre le Cameroun et le Nigeria* a été abondamment mise en évidence tout au long de ces développements. En dépeignant les multiples enjeux théoriques et pratiques qui encadrent la mise en œuvre des arrêts de la Cour par des procédés diplomatiques authentiques, il embellit le système d'exécution des décisions de justice territoriale. Cette contribution ne s'est pas faite sans difficulté. Subordonnée à l'attitude des Etats parties, l'étude de la mise en œuvre de cet arrêt conduit à une triple observation.

1. Le renforcement de l'effectivité de la décision de justice par le recours à la négociation provoquée

Face à de nombreuses difficultés, la négociation en vue de l'exécution de l'arrêt de la Cour est apparue comme la solution idoine. Elle s'est déroulée en deux phases distinctes, mais assez étroitement liées. La première phase se situe avant l'arrêt : le balisage diplomatique de l'exécution de son futur arrêt par la négociation provoquée du juge international. La seconde phase se situe après l'arrêt sous les auspices de la communauté internationale. Les parties ont eu recours à un mécanisme *sui generis* de mise en œuvre de la décision judiciaire. Elles ont conclu un accord d'exécution s'inspirant de manière fragmentaire de l'arrêt dont il était supposé n'être qu'une « simple » modalité d'application. Les deux phases envisagent la négociation comme mode d'exécution de l'arrêt au prisme du particularisme africain. Ceci montre le lien entre la spécificité des différends interafricains et la nécessité d'adapter au niveau régional, l'exercice de la justice internationale dans ses suites.

A propos de cet arrêt, on aura donc pratiquement tout expérimenté : la négociation directe, l'incitation judiciaire à la transaction dans l'arrêt de la Cour, les bons offices / la médiation du Secrétaire général de l'ONU aux fins de l'engagement des parties à respecter le futur arrêt. L'assistance diplomatique internationale s'est étendue même au-delà de la démarcation de la frontière par la mise sur pied d'un programme d'aide aux populations frontalières, ce qui est rarissime. Seules les mesures de représailles sollicitées dans les affaires du *Personnel diplomatique des Etats-Unis à Téhéran*[1766] et *Détroit de Corfou*[1767], et la procédure d'exécution forcée au titre de l'article 94 § 2 tentée dans l'affaire des *Activités militaires et paramilitaires des Etats-*

[1766] CIJ, *Personnel diplomatique et consulaire des Etats-Unis à Téhéran (Etats-Unis c. Iran)*, arrêt du 24 mai 1980, *Rec.*, p. 19.

[1767] CIJ., *Détroit de Corfou (Royaume-Uni de Grande-Bretagne et d'Irlande du Nord c. Albanie)*, arrêt du 9 avril 1949, *Rec.*, p. 4.

Unis au Nicaragua et contre celui-ci[1768], ne furent pas mises en œuvre. Grâce à l'arrêt du 10 octobre 2002, les parties ont réussi là où elles avaient échoué avant la saisine de la Cour : négocier. Le renforcement de l'effectivité des décisions de la Cour passe donc par le recours à la négociation dans leur exécution dans la plupart des cas. Cet impératif est exacerbé par des considérations sociologiques liées à l'allégeance des populations de la zone à l'Etat défavorisé par l'arrêt.

2. La diffusion d'un modèle d'exécution des décisions de justice territoriale

Aliment nécessaire de la construction doctrinale et élément nécessaire de la coutume, la jurisprudence est pour le juriste, surtout pour le juriste de droit international, un élément privilégié de son effort de systématisation. Arrêt de maturité, cette décision de justice était au carrefour d'une multitude d'interrogations portant sur l'évolution du droit international contemporain. La vision de l'application des décisions judiciaires qu'il propose est ample et souple. Des techniques exécutives, il fait apparaître la multitude des confluences tout en marquant la singularité de chacune d'entre elles. Ainsi, les facteurs les plus propices à l'effectivité des décisions de justice territoriale résident dans le recours à la négociation provoquée par les tiers entre les parties, et l'exécution négociée par celles-ci des décisions visées.

L'analyse pratique du sort réservé au prononcé de la Cour dans l'affaire *Cameroun c. Nigeria* met ainsi en évidence trois séries de conditions. Sans être propres à cet arrêt – elles sont valables pour toutes décisions de la CIJ – elles y sont plus puissamment incarnées.

- D'abord, par ses fondements normatifs et son cadre institutionnel, le *jus gentium* soumet les Etats à l'obligation juridique d'exécuter les décisions de la Cour. Cette obligation est prévue par la Charte des Nations Unies, en vertu de la règle *Pacta Sunt Servanda* et du principe juridique de la bonne foi.
- Ensuite, l'opération d'exécution proprement dite consiste en un processus complexe. Ce dernier peut être schématisé en une suite d'actes relevant de la coopération entre les deux Etats.
- En cas de rejet de l'arrêt de la Cour et de résistance des populations locales aux opérations d'exécution, la « machinerie » supra-étatique peine à contraindre les Etats à exécuter leurs obligations juridictionnelles. Le recours à la négociation s'avère un substitut efficace.

[1768] CIJ., *Activités militaires et paramilitaires au Nicaragua et contre celui-ci* (Nicaragua c. Etats-Unis), compétence de la Cour et recevabilité de la requête, arrêt du 26 novembre 1984, *Rec.*, p. 439 ; *Ibid.*, arrêt du 27 juin 1986, *Rec.*, pp. 27-28.

Cette expérience conforte *a posteriori* le pari audacieux par lequel il avait été tenté d'extrapoler le résultat déduit de l'examen d'un aspect particulier à la totalité du problème de l'exécution. Loin de constituer des procédés exclusivement juridiques, les techniques décrites dans cet ouvrage consistent en une combinaison de procédures juridictionnelles et négociées.

3. Une contribution à la réflexion sur la fonction du juge international, son caractère propre, ses conditions de mise en œuvre et ses limites éventuelles

Dans cette affaire, tout part de la politique judiciaire « sociale » du juge international. Elle facilite l'émergence d'une nouvelle donne qui prend en considération la souffrance des populations frontalières prises au piège de tracés frontaliers surannés[1769]. Tout en respectant les règles formelles du droit international, la Cour a laissé aux parties le soin de régler d'une manière concrète le différend qu'elles lui avaient soumis. Son raisonnement juridique est donc rattaché à la réalité. Ce dernier, s'il doit conformer sa réflexion aux normes prescrites, ne doit jamais se couper de son environnement et chercher à s'adapter au monde vivant. C'est toujours le cas, autant en droit interne qu'en droit international. L'approche finaliste que le juge international a de sa mission lui permet de jouer un rôle social plus vaste que celui qui lui avait été initialement confié. La diplomatie judiciaire de facilitation de l'exécution des arrêts de la Cour confirme avec le doyen Vedel que les deux piliers du droit sont « l'ordre et la Justice »[1770]. On doit alors reconnaître que l'idée de Justice (sociale) ne peut jamais quitter l'empire du droit.

Il est en outre essentiel de comprendre que la négociation a, à l'occasion de cette affaire, progressivement changé de consistance.

D'abord, la décision juridictionnelle est pensée comme un instrument de provocation de la négociation interétatique. Or, dans une conception étroite, et un peu ancienne de ce mode, il s'agissait d'une négociation bilatérale, à tendance pré-judiciaire. Dans une perspective élargie, la négociation post-judiciaire est un procédé plus souple, utilisable en amont de l'exécution forcée classique laborieuse, et dans l'espoir d'en faire l'économie. Or, sans dériver vers une vision étroite du rôle du juge, il importe de constater que cette considération relève du « réalisme diplomatique au secours de l'effectivité du

[1769] Un observateur judiciaire a rappelé ces paroles du président du Nigeria à Radio Nigeria : « Nous avons affaire à des êtres humains, pas seulement à une frontière » : P. WECKEL, « Chronique de jurisprudence internationale… », *op.cit.*, pp. 161-165.

[1770] G. VEDEL, « L'idée d'évolution, la souveraineté internationale et le droit des Gens », *R.G.D.I.P.*, n°1, Janvier-février, 1939, p.16.

droit international dit par la CIJ »[1771]. La solution proposée par la Cour n'est plus strictement juridique. Elle glisse vers le règlement politique[1772].

Au final, la technique d'exécution retenue dans cet ouvrage est transposable en matière territoriale :

- A d'autres Etats africains ;
- A d'autres Etats non africains en litige devant la Cour.

Les évolutions ayant modifié la conception de l'office du juge international (ici la Cour Internationale de Justice) corroborent, dans une certaine mesure, le phénomène de l'expansion de la fonction juridictionnelle à qui les Etats demandent toujours plus, et contre laquelle ils s'insurgent de plus en plus. Les suites de l'arrêt de la CIJ du 19 juin 2012 *Ahmadou Sadio Diallo (République de Guinée c. République démocratique du Congo (Indemnisation due par la République démocratique du Congo à la République de Guinée))* » invitent à la prudence[1773]. La République démocratique du Congo est supposée exécuter la décision de justice d'ici le 31 août 2013. A ce jour, les deux Etats ne se sont pas entendus[1774]. Doit-on s'en alarmer ? Il est rare que le chemin de la paix ne soit pas parsemé d'embûches.

Cette espèce et celle faisant l'objet de la recherche renseignent sur l'insuffisante intégration de l'ordre juridique international en vue d'un fonctionnement optimal de la Justice. Que peut-on conclure de ce recensement des manifestations de la fonction exécutive autorisé par l'arrêt de 2002, en particulier en ce qui concerne son efficacité ? Le concept d'efficacité est ici dans le sens le plus « aristotélicien de l'efficience de la cause ou plus communément de sa production dans la réalisation de son but qui est de garantir l'intégrité normative du système ou la conformité du comportement social à ses prescriptions ? »[1775]

[1771] A. ONDOUA, « Préface » in A. D. OLINGA, *L'accord de Greentree du 12 juin 2006 relatif à la presqu'île de Bakassi*, Paris, L'Harmattan, février 2009, p. 10.

[1772] L. CONDORELLI, *op.cit.*, p. 286.

[1773] CIJ., *Ahmadou Sadio Diallo (République de Guinée c. République démocratique du Congo* (Indemnisation due par la République démocratique du Congo à la République de Guinée)), arrêt du 30 novembre 2010, Rec., vol. II, p. 69. La Guinée avait saisi la Cour le 28 décembre 1998 et le 30 novembre 2010, la Cour internationale de Justice avait notamment dit que la RDC avait violé les droits fondamentaux de l'intéressé. La Cour avait également décidé que la République démocratique du Congo avait l'obligation de fournir une réparation appropriée, sous la forme d'une indemnisation, à la Guinée pour les conséquences préjudiciables résultant des violations d'obligations internationales commises par la RDC. La Cour avait décidé de régler elle-même la question de l'indemnisation au cas où les parties ne pourraient se mettre d'accord sur ce sujet dans les six mois à compter du prononcé de l'arrêt.

[1774] M. UBEDA-SAILLARD, « La diversité dans l'unité : l'arrêt rendu par la Cour internationale de Justice le 30 novembre 2010 dans l'affaire Ahmadou Sadio Diallo », *R.G.D.I.P.*, 2012, vol. 115, n° 4, pp. 897-923.

[1775] G. ABI. SAAB, « Cours général de droit international public », *op.cit.*, p. 309.

A cet égard, il convient d'éviter les jugements manichéens. L'efficacité de la fonction exécutive ne se mesure pas exclusivement à l'aune de sanctions. Elles demeurent exceptionnelles en droit international et ne s'appliquent que dans des circonstances très restrictives. L'efficacité se mesure par l'effet cumulatif ou total de la panoplie des techniques exécutives souples comme la négociation provoquée dont disposera désormais le système juridique pour garantir le respect des décisions judiciaires. Le manquement momentané d'un Etat à ses obligations juridictionnelles n'autorise pas à conclure à l'inefficacité du droit international ou à sa fonction purement rhétorique. L'efficacité de l'impulsion donnée à la négociation par les tiers illustre la solidité d'une approche s'articulant résolument autour du rôle de la « communauté internationale » (ici incarnée entres autres par l'ONU) comme agent d'exécution du système juridique international.

Dans le sillage de la constatation judiciaire obligatoire, les initiatives de paix se sont multipliées. On est aujourd'hui loin de l'affaire « Bakassi » et de ses soubresauts. Mais, force est de constater que le droit international et son application dans l'exécution des décisions de justice territoriale ne sont pas autonomes par rapport à la politique[1776] : « Dans un jeu de rapports interétatiques imprégnés de consensualisme et de volontarisme, l'impératif juridique semble n'avoir qu'une portée bien relative, tant il est vrai qu'à moins de prêcher le fétichisme juridique, on ne peut pas avoir la certitude que la règle de droit peut aplanir de manière définitive, toutes les tensions, contradictions et déficiences de ces rapports »[1777]. En la matière, tout se conjugue : la politique et le droit en fonction du contexte de la négociation : celle qui se dessine ou s'envisage en amont de la décision juridictionnelle et celle qui peut encore trouver sa place après. Au-delà de la relativité juridique propre à toute décision juridictionnelle, l'arrêt du 10 octobre 2002 a (entr) ouvert une nouvelle perspective inspirée du bien-fondé d'une approche sociologique du droit, ce qui est considérable.

[1776] Voir en ce sens, l'ouvrage de G. de LACHARRIERE, *op.cit.*, note 88.

[1777]. N. MOUELLE. KOMBI, « Les tâches prioritaires de la diplomatie : la sécurité par le droit international », *Revue Camerounaise des Relations Internationales*, vol. 3, n° 1, février 2996, p. 56.

Annexes

1. Carte de la presqu'île de Bakassi
2. Historique de l'affaire de la frontière terrestre et maritime entre le Cameroun et le Nigeria.
3. Accord concernant les modalités de retrait et de transfert d'autorité dans la presqu'île de Bakassi, 12 juin 2006.
4. Statement of the Federal Government of Nigeria on the Judgment of the International Court of Justice at The Hague (*Cameroon vs. Nigeria with Equatorial Guinea Intervening*).
5. Les 17 points en litige entre le lac Tchad et la presqu'île de Bakassi.
6. Communiqué de presse SG/SM/8368 publié à l'issue du sommet de Saint- Cloud, 5 septembre 2002.
7. Communiqué adopté à l'issue de la 1re réunion de la Commission mixte Cameroun-Nigeria en application du Communiqué conjoint du 15 novembre 2002, Yaoundé, 1-2 décembre 2002.
8. Communiqué adopté à l'issue de la 31e réunion de la Commission mixte Cameroun-Nigeria en application du Communiqué conjoint du 15 novembre 2002, Yaoundé le 26 avril 2013.
9. Carte : le pétrole du golfe de Guinée.

Annexe 1. Carte de la presqu'île de Bakassi

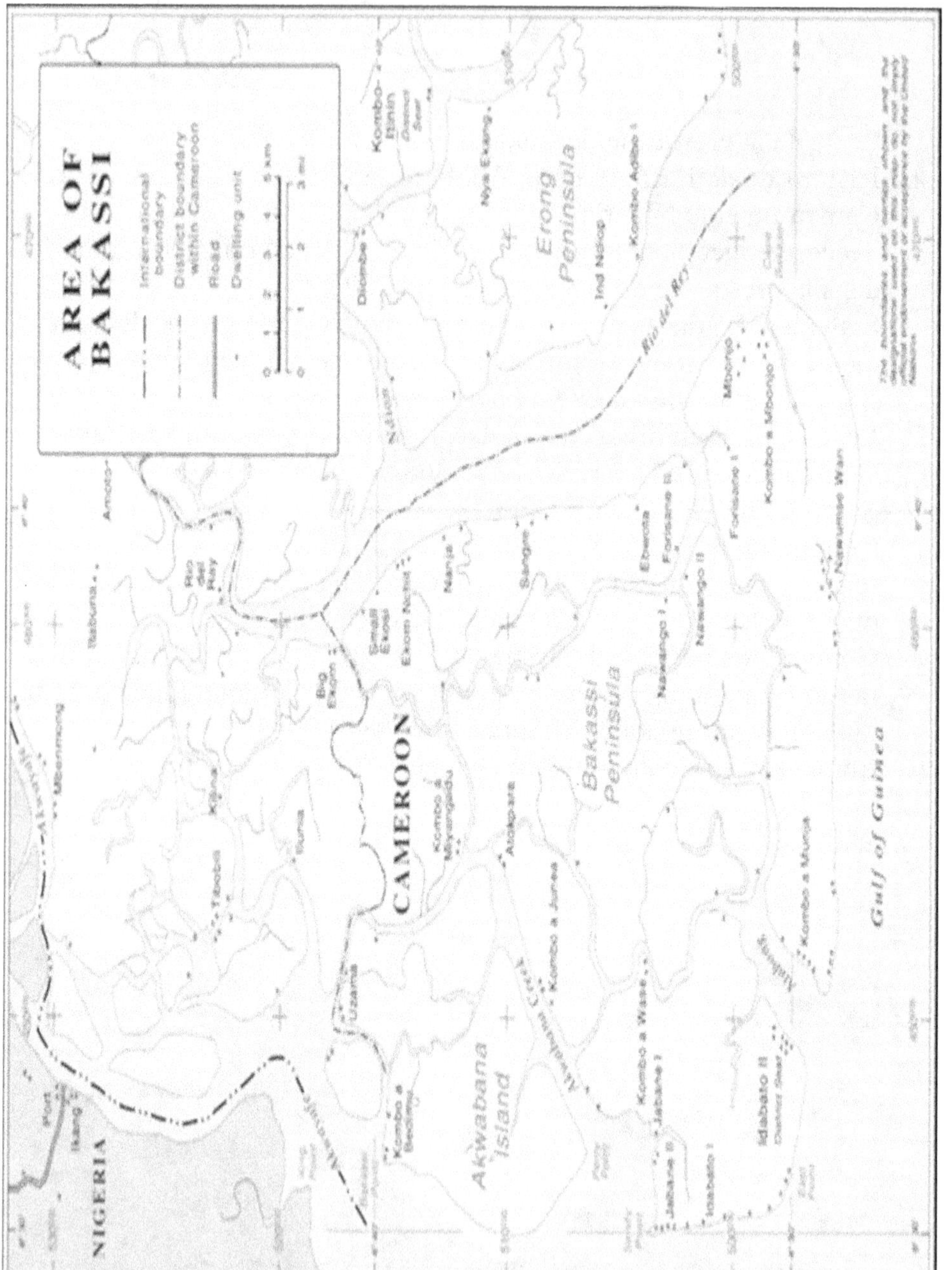

Annexe 2. Historique de l'affaire de la frontière terrestre et maritime entre le Cameroun et le Nigeria

L'historique des relations bilatérales camerouno-nigérianes retrace dans leur complexité les difficultés de la cohabitation entre un pays au territoire très étendu et régi par une structure fédérale et un autre aux dimensions plus modestes avec un régime unitaire décentralisé et un pouvoir central plus effectif. Afin de mieux situer la problématique des incertitudes frontalières, il y a intérêt à retracer la situation à partir des accords entre les puissances colonisatrices. En effet, la délimitation des frontières entre le Cameroun et le Nigeria fait l'objet des instruments juridiques couvrant la période allant du Congrès de Berlin (1884) à la fin de la colonisation (1960) d'une part et de l'indépendance des deux pays à nos jours d'autre part.

AVRIL – JUIN 1885 : *Accord germano-britannique.*
Il définit, au lendemain du partage de l'Afrique, les sphères d'influence de l'Allemagne et de la Grande-Bretagne à partir de la Côte du golfe de Guinée. Par cet accord, la séparation des sphères des deux puissances est délimitée sur la Côte par la rive droite du Rio del Rey qui se jette dans la mer entre 8°45' est et 8°46' ouest, rapporté au Méridien de Greenwich.

11 MARS 1913 : *Accord anglo-allemand.*
Il concerne le tracé de la frontière entre le Cameroun et le Nigeria de Yola à la mer et la réglementation de la navigation sur la Cross River. Cet accord résout toutes les ambiguïtés probables et sert de document de référence grâce à sa clarté sur le tracé de la frontière entre le Cameroun et le Nigeria.

1ER JUIN 1975 : *Déclaration de Maroua.*
Les chefs d'Etat camerounais et nigérian conviennent de prolonger le tracé de la frontière maritime du Point 12 au Point G.

10 AOUT 1991 : *Rencontre d'Abuja.*
Le chef de l'Etat camerounais Paul BIYA se rend à Abuja pour relancer les négociations sur les questions des frontières suite à la menace d'occupation des zones lacustres du Cameroun par les forces de l'ordre du Nigeria, sous prétexte de protéger les pêcheurs nigérians du lac Tchad.

21 DECEMBRE 1993 : *Invasion nigériane à Bakassi.*
Au mépris de la Charte de l'OUA, notamment des principes du respect des frontières héritées de la colonisation et du règlement pacifique des différends et au mépris de tous les accords conclus entre les deux pays depuis 1961, les forces armées nigérianes franchissent la frontière et s'installent dans la péninsule de Bakassi, précisément dans les localités de Jabane et Diamond.

29 MARS 1994 : *Saisine de la Cour Internationale de Justice.*

Requête introductive du Cameroun contre le Nigeria auprès de la Cour Internationale de Justice, demandant de reconnaître la souveraineté camerounaise sur la presqu'île de Bakassi. Le gouvernement de la République du Cameroun dépose au Greffe de la Cour une requête introductive d'instance contre le gouvernement de la République fédérale du Nigeria au sujet d'un différend présenté comme « portant essentiellement sur la question de la souveraineté sur la presqu'île de Bakassi ». Le Cameroun expose en outre dans sa requête que la « délimitation de la frontière maritime entre les deux Etats demeure partielle et [que] les deux parties ne peuvent malgré de nombreuses tentatives, se mettre d'accord pour la compléter ». Il prie en conséquence la Cour, « afin d'éviter de nouveaux incidents entre les deux pays... de bien vouloir déterminer le tracé de la frontière maritime entre les deux Etats au-delà de celui qui est fixé en 1975 ».

La requête invoque, pour fonder la compétence de la Cour, les déclarations par lesquelles les deux Parties acceptent la juridiction de la Cour au titre du paragraphe 2 de l'article 36 du Statut de la Cour. Conformément au paragraphe 2 de l'article 40 du Statut, la requête est immédiatement communiquée au gouvernement du Nigeria par le greffier.

6 JUIN 1994 :

Le Cameroun dépose au Greffe une requête additionnelle « aux fins d'élargissement de l'objet du différend » à un autre différend décrit dans cette requête additionnelle comme « portant essentiellement sur la question de la souveraineté sur une partie du territoire camerounais dans la zone du Lac Tchad ». Le Cameroun demande également à la Cour, dans sa requête additionnelle, de « préciser définitivement » la frontière entre les deux Etats, du lac Tchad à la mer, et la prie de joindre les deux requêtes et « d'examiner l'ensemble en une seule et même instance ». La requête additionnelle se réfère, pour fonder la compétence de la Cour, à la « base de .... Compétence... déjà...indiquée » dans la requête introductive d'instance du 29 mars 1994.

7 JUIN 1994 :

Le greffier communique la requête additionnelle au gouvernement du Nigeria.

FEVRIER 1996 :

Le Cameroun demande à la Cour Internationale de Justice d'adopter des mesures conservatoires après une nouvelle attaque du Nigeria.

15 MARS 1996 : *Mesures conservatoires de la Cour Internationale de Justice.*

La Cour Internationale de Justice recommande aux Parties d'éviter tout acte et en particulier de leurs forces armées qui risquerait de porter atteinte aux droits de l'autre partie au regard de tout arrêt que la Cour Internationale de Justice pourrait rendre en l'affaire ou qui risquerait d'aggraver ou d'étendre le différend porté devant elle.

11 JUIN 1998 : *Compétence de la Cour Internationale de Justice.*
La Cour Internationale de Justice rejette par un arrêt 7 des 8 exceptions soulevées par le Nigeria. Elle affirme sa compétence pour traiter le différend et juge les requêtes introductives et additionnelles du Cameroun recevables.

18 FEVRIER – 21 MARS 2002 :
Plaidoiries devant la Cour Internationale de Justice.

5 SEPTEMBRE 2002 :
Rencontre à Paris entre les présidents OBASANJO et BIYA, sous l'égide du Secrétaire Général des Nations Unies Kofi ANNAN. Les deux parties s'engagent à respecter la décision de la Cour Internationale de Justice.

10 OCTOBRE 2002 :
Arrêt de la Cour Internationale de Justice en faveur du Cameroun.

15 – 16 NOVEMBRE 2002 : *Rencontre de Genève.*
Les deux présidents renouvellent leur engagement à renoncer à l'usage de la force et à rechercher des moyens pacifiques de régler leurs différends frontaliers. Création d'une Commission mixte dirigée par un représentant de l'ONU et composée de 12 membres, six Camerounais et six Nigérians, et destinée à se réunir, alternativement, à Yaoundé et Abuja. Le Représentant spécial de Kofi ANNAN pour l'Afrique de l'Ouest basé à Dakar, M. Ahmedou OULD-ABDALLAH est désigné comme représentant de l'ONU. Cette 2e tripartite intervient un peu plus d'un mois après le verdict de la Cour Internationale de Justice, le 10 octobre.
Objectif : Ouvrir la voie à la mise en œuvre des dispositions pertinentes du verdict de la Cour.

GENEVE, 31 JANVIER 2004 :
Constat :
Les deux chefs d'Etat et le Secrétaire Général de l'ONU notent avec satisfaction les progrès significatifs réalisés :
- Adoption d'un programme de travail détaillé jusqu'à l'horizon 2005;
- Retrait sans heurts, de l'administration civile, de l'armée et des forces de police de la région du lac Tchad.
- Transfert d'autorité à la partie camerounaise
Perspectives :
Les deux chefs d'Etat conviennent de :

- Renforcer les mesures de confiance, par l'échange d'Ambassadeurs et l'ouverture de Consulats le long de la frontière commune ;
- Mettre en place des patrouilles mixtes de forces de sécurité ;
- Examiner la conclusion d'un traité d'amitié et de non-agression.

GENEVE, 11 MAI 2005 :

Constat :

Les deux chefs d'Etat et le Secrétaire Général de l'ONU notent avec satisfaction que :

- les visites sur le terrain, visant à préparer la démarcation se poursuivent ;
- les retraits et transferts d'autorité se sont effectués sans heurts le long de la frontière terrestre en juillet 2004 ;
- le personnel d'observation de la Commission mixte poursuit son travail dans d'excellentes conditions.

Perspectives :

- un nouveau programme de retrait des troupes nigérianes sera mis au point ;
- les deux chefs d'Etat se disent résolus à prendre toutes les mesures voulues pour garantir le bien-être et préserver les intérêts des populations concernées.

GREENTREE 12 JUIN 2006 :

Signature de l'accord entre la République du Cameroun et la République fédérale du Nigeria concernant les modalités de retrait et de transfert d'autorité dans la presqu'île de Bakassi. Le Nigeria reconnaît que la souveraineté sur la presqu'île de Bakassi est camerounaise conformément à l'arrêt de la Cour Internationale de Justice du 10 octobre 2002 dans l'affaire de *la Frontière terrestre et maritime entre le Cameroun et le Nigeria*. Le Cameroun et le Nigeria reconnaissent la frontière terrestre et maritime entre les deux pays telle qu'elle est délimitée par l'arrêt et s'engagent à poursuivre le processus de mise en œuvre déjà entamé.

Le Nigeria s'engage à retirer l'ensemble de ses forces armées de la presqu'île de Bakassi dans les soixante jours à compter de la date de la signature du présent Accord. Si des circonstances exceptionnelles l'exigent, le Secrétaire Général des Nations Unies peut prolonger ce délai, mais pour une durée totale n'excédant pas trente jours.

AKWA (Bakassi), 14 AOÛT 2006
Retrait effectif des forces armées nigérianes de la péninsule de Bakassi et transfert d'autorité à la République du Cameroun. Ce, en application de l'arrêt du 10 octobre 2002 de la Cour Internationale de Justice et en conformité avec l'accord de Greentree du 12 juin 2006.

27 AOÛT 2007 :
Création du Comité de coordination et de suivi de la mise en œuvre des programmes prioritaires à réaliser à Bakassi par le gouvernement camerounais.

CALABAR (Nigeria), 14 AOÛT 2008
Cérémonie officielle de transfert définitif d'autorité dans la presqu'île de Bakassi au Cameroun par le Nigeria conformément à l'accord de Greentree en présence des représentants des quatre Etats témoins (Etats-Unis, France, Allemagne et Grande-Bretagne) et du Représentant spécial du SG de l'ONU, président de la Commission mixte Cameroun-Nigeria, Saïd Djinnit.

BAKASSI (Cameroun), 14 AOÛT 2013
Prise de possession totale de la presqu'île de Bakassi par le Cameroun en application de l'Accord de Greentree du 12 juin 2006.

27 AOÛT 2007 :
Création d'un comité de coordination et de suivi de la mise en œuvre des programmes prioritaires à réaliser à Bakassi.

21 AOÛT 2017 :
Création du *Bakassi Peninsula Development Program* (Badep) afin d'impulser le peuplement de la péninsule de Bakassi.

Réactualisée par l'auteure, le 14 avril 2018

Annexe 3. Accord entre la République du Cameroun et la République fédérale du Nigeria concernant les modalités de retrait et de transfert d'autorité dans la presqu'île de Bakassi du 12 juin 2006

La République du Cameroun (ci-après "le Cameroun") et la République fédérale du Nigeria (ci-après "le Nigeria),
Réaffirmant leur volonté de mettre en œuvre pacifiquement l'arrêt de la Cour Internationale de Justice,
Se félicitant des efforts déployés dans ce sens par le Secrétaire Général des Nations Unies, notamment l'organisation des sommets tripartites et la mise en place de la Commission mixte Cameroun-Nigeria,
Considérant que la question du retrait et du transfert d'autorité dans la presqu'île de Bakassi doit être traitée dans un esprit de bonne volonté tourné vers l'avenir, afin d'ouvrir de nouvelles perspectives de coopération entre les deux pays après des décennies de relations bilatérales difficiles,
Déterminés à favoriser la consolidation de la confiance et de la paix entre les deux pays pour le bien-être de leurs populations et la stabilité dans la sous-région,
Ont résolu de conclure le présent Accord.

Article premier
Le Nigeria reconnaît que la souveraineté sur la presqu'île de Bakassi est camerounaise conformément à l'arrêt de la Cour Internationale de Justice du 10 octobre 2002 dans l'affaire de la *frontière terrestre et maritime entre le Cameroun et le Nigeria.* Le Cameroun et le Nigeria reconnaissent la frontière terrestre et maritime entre les deux pays telle qu'elle est délimitée par l'arrêt et s'engagent à poursuivre le processus de mise en œuvre déjà entamé.

Article 2
Le Nigeria s'engage à retirer l'ensemble de ses forces armées de la presqu'île de Bakassi dans les soixante jours à compter de la date de la signature du présent Accord. Si des circonstances exceptionnelles l'exigent, le Secrétaire Général des Nations Unies peut prolonger ce délai autant que nécessaire, mais pour une durée totale n'excédant pas trente jours. Ce retrait se fera suivant les modalités prévues à l'annexe I du présent Accord.

Article 3
1. Le Cameroun, après que le Nigeria, lui aura transféré l'autorité, garantit aux ressortissants nigérians vivant dans la presqu'île de Bakassi l'exercice des libertés et droits fondamentaux consacrés par le droit international des droits de l'homme et les autres règles pertinentes du droit international.
2. En particulier, il s'engage à :

a) Ne pas forcer les ressortissants nigérians vivant dans la presqu'île de Bakassi à quitter la zone ou à changer de nationalité ;
b) Respecter leur culture, leur langue et leurs croyances ;
c) Respecter leur liberté de poursuivre leurs activités agricoles et piscicoles ;
d) Protéger leurs biens ainsi que leurs droits de propriété foncière coutumiers ;
e) Ne pas prélever de manière discriminatoire d'impôts et taxes sur les ressortissants nigérians vivant dans la Zone ; et
f) Prendre toutes mesures nécessaires afin de protéger et préserver de toute tracasserie ou de tout dommage tout ressortissant nigérian vivant dans la Zone.

Article 4
L'annexe I et la carte constituant l'annexe II font partie intégrante du présent Accord.
Aucune disposition du présent accord ne pourra être interprétée comme impliquant une renonciation du Cameroun à sa souveraineté sur une parcelle quelconque de son territoire.

Article 5
Le présent Accord sera mis en œuvre de bonne foi par les Parties, avec les bons offices du Secrétaire Général des Nations Unies au besoin. Les Nations unies, la République fédérale d'Allemagne, les Etats-Unis d'Amérique, la République française et le Royaume-Uni de Grande-Bretagne et d'Irlande du nord seront les témoins de son application.
Article 6
1. Il est institué une Commission de suivi chargée de suivre l'application du présent accord. Cette Commission est composée des représentants du Cameroun, du Nigeria, des Nations Unies et les Etats témoins. La Commission de suivi surveillera la mise en œuvre de l'Accord par les deux Parties avec l'aide des observateurs des Nations Unies de la Commission mixte.
2. La Commission de suivi est compétente pour résoudre tout différend relatif à l'interprétation et l'application du présent Accord.
3. Les activités de la Commission de suivi cesseront à la fin de la période du régime spécial transitoire prévu au paragraphe 4 de l'annexe I du présent Accord.

Article 7
Le Présent Accord ne peut en aucune manière être entendu comme une interprétation ou une modification de l'arrêt de la Cour internationale de justice du 10 octobre 2002, dont il est une simple modalité d'application.

Article 8
Le présent Accord est rédigé en français et en anglais, les deux versions faisant foi.

Fait à Greentree (New York), le 12 juin 2006.

ANNEXE I
Zone concernée de la presqu'île de Bakassi

1. Afin de préparer les ressortissants nigérians vivant dans la Zone concernée de la presqu'île de Bakassi (ci-après "la zone") au transfert d'autorité à l'Etat du Cameroun, ladite Zone fera temporairement l'objet d'un régime spécial, conformément à la présente Annexe.
Aux fins de la présente Annexe, les précisions sur la délimitation de la zone sont données dans la carte jointe (annexe II).

2. a) Le Cameroun autorise le Nigeria à maintenir son administration civile et une force de police nécessaire au maintien de l'ordre dans la zone pendant une période non renouvelable de deux ans à compter de la fin du retrait des forces nigérianes. A l'issue de cette période, le Nigeria retirera son administration et sa force de police et le Cameroun reprendra l'administration de la Zone.
b) les Nations Unies et les Etats témoins seront invités à assister à la cérémonie de transfert d'autorité.

3. Pendant cette période, le Nigeria s'engage :
a) A ne pas entreprendre ou permettre dans la Zone des activités de nature à porter atteinte à la paix ou à la sécurité du Cameroun ;
b) A prendre toutes mesures nécessaires, sous la supervision des observateurs des Nations Unies de la Commission mixte Cameroun-Nigeria, pour empêcher tout transfert ou afflux de ses ressortissants dans la Zone ;
c) A n'entreprendre dans la Zone aucune activité qui compliquerait ou entraverait le transfert d'autorité au Cameroun ;
d) A n'équiper ses forces de police dans la Zone que de matériels légers strictement nécessaires au maintien de l'ordre et à leur défense personnelle ;
e) A garantir aux ressortissants camerounais désireux de regagner leur village dans la Zone l'exercice de leurs droits ;
f) A ne pas entreprendre ou poursuivre l'exploitation des ressources naturelles du sous-sol de la Zone ni aucune activité portant atteinte à l'environnement ;
g) A prendre toutes mesures nécessaires pour empêcher toute modification de la situation foncière de la Zone ; et
h) A ne positionner aucune force armée dans la Zone.
4. Après le transfert d'autorité de la Zone au Cameroun, celui-ci s'engage à appliquer à la zone un régime spécial transitoire pour une durée de cinq ans non renouvelable.
Dans le cadre de ce régime spécial transitoire, le Cameroun s'engage :

a) A faciliter aux ressortissants nigérians vivant dans la Zone l'exercice de leurs droits, et aux autorités civiles nigérianes l'accès aux populations installées dans la Zone ;
b) A ne pas appliquer sa législation douanière ni sa législation sur l'immigration aux ressortissants nigérians qui se rendent directement au Nigeria dans le but d'accéder à leurs activités ;
c) A autoriser les officiers et le personnel en uniforme des forces de police nigérianes à avoir accès à la zone, en collaboration avec la police camerounaise, avec un minimum de formalités, à des fins d'enquête sur des crimes et délits ou d'autres incidents impliquant exclusivement des ressortissants nigérians ; et
d) A accorder le passage inoffensif dans les eaux territoriales de la Zone aux navires civils battant pavillon du Nigeria conformément aux dispositions du présent Accord, à l'exclusion des navires de guerre nigérians.

5. A la fin de la période du régime spécial transitoire, le Cameroun exercera en toute plénitude ses droits de souveraineté sur la zone.

6. Conformément au paragraphe 4 de la présente Annexe, l'acquisition de terre dans la Zone par des ressortissants nigérians n'y étant pas établis au moment de la signature du présent Accord ne pourra se faire que conformément aux lois et aux règlements du Cameroun.

Annexe 4. Statement of the Federal Government of Nigeria on the judgement of the International Court of Justice at The Hague (Cameroun vs. Nigeria with Equatorial Guinea intervening)

The Federal Republic of Nigeria makes the following statement in respect of the judgment by the International Court of Justice in The Hague, in the case concerning the land and maritime boundary" between Cameroon and Nigeria.

The Government of Nigeria has substantially examined the implications of the judgment delivered by the International Court of Justice in The Hague on 10th October 2002. The decision of the Court covered five specific areas: 1. Lake Chad 2. The Land Boundary between Nigeria and Cameroon. 3. Bakassi 4. Cameroon's claim to a major share of offshore resources - particularly oil in the Gulf of Guinea and 5. Claims of both sides for reparations involving State responsibilities.

BAKASSI

In 1884, the Kings, Chiefs and people of Old Calabar signed a treaty of protection with Great Britain, that treaty did not give the British power to alienate all or any part of the land which they were supposed to protect. The protectorate included Bakassi. This is what they claimed to have done in 1913 when Great Britain allegedly ceded Bakassi to Germany. The Court, in disregard of the inalienable rights of the Kings, Chiefs and people of Old Calabar to their land and ancestral homes, upheld the Anglo-German Treaty of 1913 by which Britain ceded the Bakassi Peninsula to Germany. This treaty was essentially the basis of the judgment giving sovereignty over Bakassi to Cameroon. The Court, without any justification whatsoever, failed or refused to follow its own precedent set in the Advisory Opinion on Western Sahara where it recognized the local rulers' possession and title as superior to other forms of title. In the case of Bakassi, the root: of title belongs to title King, the Chiefs and the people of old Calabar. Neither Germany nor for that matter Cameroon could therefore claim Bakassi as t*errae nullius*. In the judgment in the case of the frontier dispute, Burkina Faso-Mali which the Court relied upon in the Nigeria vs. Cameroon judgment, they interpreted the first part of that paragraph (i.e. § 63 of that case) as being in favour of Cameroon but failed to take cognizance of the latter part of the paragraph which states that effectivites must invariably be given consideration. The Court failed to give that consideration.

The Court decided that during the League of Nations Mandate, and subsequently, the United Nations Trusteeship, Bakassi had been administered by Nigeria as part of the Mandate/Trust territory. However, the Court, having admitted that the Southern Cameroons plebiscite Order of 1960 "made no mention of any polling station bearing the name of a Bakassi Village" (and Nigeria knowing as a fact that they never participated), went ahead to presume that the inhabitants of Bakassi had indeed exercised their rights to self-determination.

Furthermore, the exercise of authority of traditional rulers, the Efik and Efiat toponymy of the territory, its ethnic affiliation with Nigeria and not with Cameroon, the long established permanent settlement of Nigerians which continues to exist undisturbed and the manifestation of sovereign acts, such as tax collection, census-taking, provision of education, judicial and public health services, which formed the basis of Nigeria's historical territorial title was totally disregarded in the judgment of the Court.

In the instant case, for purely political reasons, the Court, headed by a French President, upheld a legal position, which is contrary to all known laws and conventions, thus legitimizing and promoting the interests of former colonial powers at our expense. The French President of the Court and the English and German Judges should have disqualified themselves since the countries, which they represent, are, in essence, parties to the action or have substantial stakes. These Judges, as citizens of the colonial powers whose action had come under scrutiny, have acted judges in their own cause and thereby rendered their judgment virtually null and void. Nigeria does not accept that a Protectorate Treaty made without jurisdiction should take precedence over community's title rights and ownership existing from time immemorial. Great Britain could not have given to Germany what it did not have, for a stronger reason, what Germany did not have could not have been transferred to Cameroon.

Bakassi and the thirty-three villages in the Lake Chad area in Issue have, from time immemorial, been inhabited by Nigerians who owe their allegiance to local Nigerian rulers, State Governments and the Federal Government. These areas have always been administered by Nigerian authorities and there is no record or any evidence of their; having come under Cameroonian rule. The Court did not dispute this evidence but maintained, quite erroneously that the colonial treaties took precedence over the inalienable rights of ownership of the land by the Nigerian inhabitants.

Furthermore, all land and territory comprising the nation of Nigeria is specified in the Constitution of the Federal Republic of Nigeria 1999. Bakassi as a Local Government is so specified in Part 1 of the First Schedule to the Constitution. Being a nation ruled by law, we are bound to continue to exercise jurisdiction over these areas accordance with the Constitution. The responsibility for the amendment of the Constitution being that of the National Assembly of Nigeria and the State Assemblies, the Federal Government, all affected State Governments and Local Government Councils will continue to exercise their constitutional responsibilities over all Nigerian territory as specified in the Constitution until the National and various States Assemblies effect amendment to the Constitution.

ACCESS TO CALABAR

The Court also held that the, Maroua Declaration of June 1, 1975 was a valid international treaty binding on both Cameroon and Nigeria. The Maroua Declaration purported to delimit the maritime boundary between Nigeria and Cameroon from the point where the relevant; colonial treaty ended, down the Calabar and Cross River estuaries and out to sea to a point south of Bakassi. This is not acceptable to Nigeria.

Whilst the effect of the Courts decision is to grant sovereignty over Bakassi to Cameroon, it does not affect the right of innocent passage enjoyed under international law by all vessels, including Nigerian vessel, travelling to and from the sea to the west of Bakassi, whether on the Nigerian or the Cameroonian side of the Maroua line.

OFFSHORE OIL

The Court, in it's ruling, has indicated to Nigeria and Cameroon the direction of their international boundary south of the Maroua line. The line to be drawn between them will rapidly reach the outer limits of Equatorial Guinea's maritime Space. The effect of this line is to cut Cameroon off completely from access to Nigeria's offshore fields.

THE LAND BOUNDARY

Cameroon of her own Volition, put in issue 1800 kilometres of land boundary between Lake Chad and Bakassi; Nigeria made detailed submissions which identified areas of uncertainty and dispute, Nigeria did this in order to settle once and for all the outstanding boundary issues between the two States. In the event, the Court examined some 17 areas along the boundary, in each case ruling exactly where the boundary should run. The net result of this exercise has been that some 1,7,000 hectares of land have been affirmed as being Nigerian territory, including some significant Nigerian settlements, such as Sapeo, Tipsan, Lip and Mberogo. By contrast, some 4,000 hectares of disputed territory were held to be within Cameroon. In Some areas, such as at Turu in Adamawa State, the Court found that there has been substantial encroachment by Cameroon into Nigerian territory. The Court directs Cameroon to withdraw her administration and military or police forces from all the areas along the land boundary, which are now confirmed as being under the sovereignty of Nigeria, including Turu, Bourha Ouango and Nyaminyami.

LAKE CHAD

The main problem with Lake Chad has been the gradual drying out of the lake, which has taken place over the last 30 years. The lake, exceeding 25,000 sq. kilometres in area (previously the fourth largest fresh water lake in Africa), has been reduced to less than 2,000 sq. kilometres. The drying out of the Lake has had a huge impact on the local population. Many people depend on the lake for their livelihood, both for the fish it provides and on the farmlands of the region.

The Nigerian Local Government Areas in the Northeast have traditionally provided administrative services and infrastructure for the 60,000 or so Nigerians living in this area. Nevertheless, the Court has ruled that the colonial boundaries are to be respected. In the Lake Chad area, an international body, the Lake Chad Basin Commission (LCBC), comprising Nigeria, Cameroon, Chad, Niger and the Central African Republic has long been established. Representatives of the five States meet on a regular basis in order to coordinate efforts to preserve and protect the environment and people of this ecologically fragile area, the people are well used to cooperation under the leadership of the LCBC. Nigeria provides over 50% of the budget of the LCBC and looks forward to continued cooperation between the member States, including Cameroon in managing this area.

REPARATIONS

In addition to her territorial claims, Cameroon made substantial claims: against Nigeria for reparations to be paid on the basis that Nigeria has encroached on sovereign Cameroonian territory. Nigeria made corresponding claims against Cameroon. The Court rejected both claims. The Court ruled that it was sufficient for both Nigeria and Cameroon peacefully to return territories and did not require the parties to pay any compensation to one another.

CONCLUSION

Having studied the judgment as entered by the Court, it is apparent that a lot of fundamental facts were not taken into consideration in arriving at their declaration, Most disturbing of these being the difficulties arising from the Orders contained in the judgment, particularly, the Order relating to Nigerian communities in which their ancestral homes were adjudged to be in Cameroonian Territory but which are expected to maintain cultural, trade and religious affiliations with their kith and kin in Nigeria. Nigeria takes cognizance of these serious implications and therefore appeals to all her citizens at home and abroad to remain calm, positive and constructive until we can find a peaceful solution to the boundary issue between Nigeria and Cameroon.

We appreciate and thank the Secretary-General of the United Nations for brokering meeting at the highest political level between Nigeria and Cameroon before the judgment was delivered and for offering his good offices to broker a similar meeting now that the judgment has been delivered with a view to effecting reconciliation, normalization of relations and good neighborliness

Nigeria thanks all leaders of the international community who have expressed concern over the issue and re-assures them that she will spare no efforts to maintain peace between Nigeria and Cameroon and indeed in the entire region. However, Government wishes to assure Nigerians of its constitutional commitment to protect its citizenry. On no account will Nigeria abandon her people and their interests. For Nigeria, it is not a matter of oil or natural resources on land or in coastal waters; it is a matter of the welfare and well being of her people on their land.

We assure the people of Bakassi and all other Nigerian communities similarly affected by the judgment of the International Court of Justice on the support and solidarity of all other Nigerians. Nigeria will do everything possible to maintain peace in Bakassi or any other part of the border with Cameroon and will continue to avail itself of the good office of the Secretary-General of the United Nations and other well-meaning leaders of the International community to achieve peace and to maintain harmony and good neighborliness.

Annexe 5. Les 17 points en litige entre le lac Tchad et la presqu'île de Bakassi

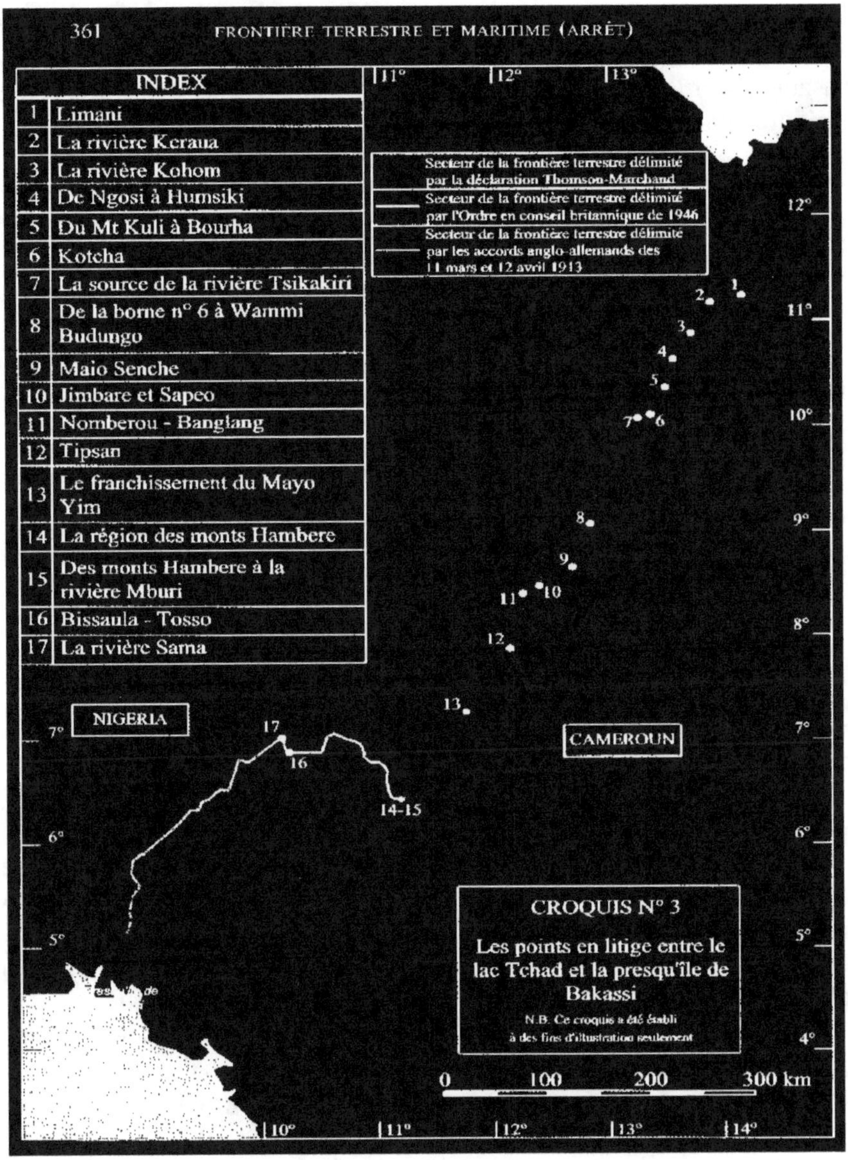

Annexe 6. Communiqué de presse SG/SM/8368 publié à l'issue du sommet de Saint-Cloud, 5 septembre 2002

Lors de son bref séjour à Paris, Son Excellence Monsieur le Président de la République du Cameroun a eu un entretien avec le président Olusegun Obasanjo (NDLR : le jeudi 5 septembre 2002), en présence de M. Kofi Annan, Secrétaire général de l'Organisation des Nations Unies.

A l'issue de cet entretien qui s'est déroulé dans une atmosphère empreinte de franchise et de cordialité, le porte-parole du Secrétaire général de l'ONU a rendu public le communiqué dont la teneur suit :

« A l'invitation du Secrétaire général, le Président Olusegun Obasanjo du Nigeria et le Président Paul Biya du Cameroun se sont rencontrés jeudi dernier à Paris, en présence du Secrétaire général pour aborder la question de la péninsule de Bakassi, ainsi que d'autres sujets d'intérêt commun.

Pendant leur rencontre, les deux présidents ont convenu de :

- respecter et mettre en œuvre la décision de la Cour internationale de Justice (CIJ) sur la Péninsule de Bakassi ;

- créer un mécanisme de mise en œuvre avec l'appui des Nations Unies ;

- reprendre à Abuja le 30 septembre les réunions de haut niveau de la Commission mixte.

Les deux présidents ont également reconnu qu'il fallait des mesures de renforcement de la confiance, y compris la démilitarisation éventuelle de la péninsule avec la possibilité de dépêcher les observateurs internationaux pour surveiller le retrait de toutes les troupes ; la visite prochaine du Président BIYA au Nigeria et l'exclusion des déclarations ou communiqués provocateurs sur la question de Bakassi par l'une ou l'autre partie.
Les deux présidents ont reconnu que la question de la péninsule de Bakassi devait être envisagée dans le contexte élargi des relations d'ensemble entre le Nigeria et le Cameroun. Dans ce contexte, les deux dirigeants ont exprimé leur détermination à restaurer les relations fraternelles et de bon voisinage qui existaient entre le Cameroun et le Nigeria jusqu'à ces derniers temps. Ils ont également discuté des possibilités de coopération dans le domaine économique, y compris le partenariat entre associés, par exemple dans les secteurs de l'eau et de l'électricité.

Les deux chefs d'Etat se sont félicités de cette initiative du Secrétaire général de l'Organisation des Nations Unies et l'en ont vivement remercié. Ils ont en outre remercié le peuple et le gouvernement français pour l'hospitalité et le cadre propice de travail qui leur ont été offerts ».

Annexe 7. Communiqué adopté à la première réunion de la commission mixte Cameroun-Nigeria créée en application du communiqué conjoint du 15 novembre 2002 à Genève Yaoundé, 1-2 décembre 2002

1. La Commission mixte Cameroun-Nigeria créée en application du Communiqué conjoint adopté à la réunion qui s'est tenue le 15 novembre 2002 à Genève entre Son Excellence le Président Paul Biya du Cameroun et Son Excellence le Président Olusegun Obasanjo du Nigeria, en présence du Secrétaire général de l'Organisation des Nations Unies, a tenu sa première réunion à Yaoundé (Cameroun) les 1er et 2 décembre 2002.

2. Cette réunion a mis en présence les membres camerounais de la Commission mixte, conduits par le ministre d'Etat chargé de la Justice et Garde des Sceaux du Cameroun, M. Amadou Ali, et ses membres nigérians, conduits par le Prince Bola Ajibola (Senior Advocate of Nigeria), ancien ministre de la Justice et ancien Haut-Commissaire du Nigeria au Royaume-Uni. Elle était présidée par le Représentant spécial du Secrétaire général M. Ahmedou Ould-Abdallah.

3. La réunion s'est déroulée dans une atmosphère cordiale et les délibérations ont été conduites de façon ouverte, constructive et transparente. Les deux délégations ont exprimé leur adhésion à la volonté de maintenir des relations de paix et de bon voisinage entre leurs deux pays qui avait animé les entretiens entre les Présidents Biya et Obasanjo à Paris le 5 septembre 2002 et à Genève le 15 novembre 2002.

4. Les délégations ont également exprimé leur détermination à amplifier et consolider les progrès réalisés lors de ces sommets, ainsi qu'à la réunion de la Commission conjointe Cameroun-Nigeria qui s'est tenue à Abuja le 30 septembre 2002.

5. La Commission mixte a décidé que les documents de travail de ses réunions seront l'arrêt de la Cour Internationale de Justice du 10 octobre 2002, le communiqué de presse publié à l'issue du sommet de Paris du 5 septembre 2002, le Communiqué conjoint adopté au sommet de Genève du 15 novembre 2002 et les autres documents qu'elle pourrait adopter à ses réunions.

6. La Commission mixte a aussi décidé qu'il faudrait qu'une mission conjointe d'évaluation émanant d'elle entreprenne une visite des zones concernées afin de lui permettre de mieux comprendre et apprécier les problèmes concrets qu'elle devra gérer et résoudre dans la mise en œuvre de son mandat tel qu'il est défini dans le Communiqué conjoint du 15 novembre.

7. En attendant, les deux parties ont réaffirmé leur engagement à respecter les droits des populations de l'autre pays établies dans les zones concernées et à leur accorder toute la protection prévue par le droit international des droits de l'homme.

8. La Commission mixte a également décidé de créer une Sous-Commission chargée de la démarcation de la frontière terrestre entre les deux pays. Cette sous-Commission sera composée de juristes et de cartographes des deux parties et des Nations Unies. Elle se réunira avant la fin du mois de janvier 2003 pour préparer une carte à petite échelle indiquant la frontière et pour examiner la nature et les caractéristiques des cartes nécessaires qu'il faudra préparer pour la démarcation. Sur la base de la présentation qui sera faite par la Sous-Commission, la Commission mixte déterminera le programme de travail de la Sous-Commission.

9. La Commission mixte est convenue d'envisager l'affectation d'officiers militaires de liaison des Nations Unies dans les deux pays à une date ultérieure.

10. En ce qui concerne les mesures de confiance, la Commission mixte a réaffirmé les mesures convenues lors des sommets de Paris et de Genève.

11. La Commission mixte a notamment décidé que la Commission du Bassin du Lac Tchad devrait être revitalisée le plus rapidement possible. Il sera fait appel à la communauté internationale pour l'assistance aux travaux de la Commission du Bassin du Lac Tchad.

12. La Commission mixte est également convenue que les deux Gouvernements devraient poursuivre le projet d'amélioration de la route Mamfe-Eyumojok-Ekok-Mfum-Ikom et les projets socio-économiques associés.

13. La Commission mixte a décidé que désormais, elle se réunira tous les deux mois ; le premier mardi du mois, étant entendu qu'elle pourra modifier la date de telle ou telle réunion si les circonstances l'exigent. En consultation avec les membres de la Commission, le Président est habilité à convoquer des réunions extraordinaires si nécessaire.

14. La Commission mixte est convenue de tenir sa prochaine réunion à Abuja (République fédérale du Nigeria) les 4 et 5 février 2003, avec une possibilité de prolongation le 6 février.

Annexe 8. Communiqué adopté à la trente-et-unième réunion de la commission mixte Cameroun-Nigeria créée en application du communiqué conjoint du 15 novembre 2002 à Genève, Yaoundé le 26 avril 2013

1. La Commission mixte Cameroun-Nigeria, mise en place en application du Communiqué conjoint adopté au sommet de Genève du 15 novembre 2002 entre Son Excellence Paul Biya, Président de la République du Cameroun et son Excellence Olusegun Obasanjo, GCFR, alors Président de la République fédérale du Nigeria, en présence de Son Excellence Kofi Annan, alors Secrétaire Général des Nations Unies, a tenu sa trente et unième Session Ordinaire à Yaoundé les 25 et 26 avril 2013. Son Excellence l'Ambassadeur Saïd Djinnit, Représentant Spécial du Secrétaire Général des Nations Unies, a présidé les délibérations de la Commission mixte. Le Vice-Premier Ministre Amadou Ali et l'Attorney-General Mohammed Bello Adoke, CFR, SAN, ont respectivement conduit les délégations du Cameroun et du Nigeria.

2. La Commission mixte a examiné et adopté le rapport de la 30e réunion de la Sous-Commission de la Démarcation, tenue à Yaoundé les 24 et 25 avril 2013. Elle félicite l'Equipe Technique mixte pour le succès des missions dont elle s'est acquittée dans la zone des monts Gotel et du village de Mada et note avec satisfaction que les questions pendantes peuvent être résolues dans l'esprit de coopération qui prévaut entre le Cameroun et le Nigeria.

3. En référence aux clauses du paragraphe 17 du rapport de la 30e réunion de la Sous-Commission de la Démarcation relatives au projet d'abornement, la Commission mixte donne son aval aux recommandations de la Sous-Commission et approuve le document de projet et ses annexes. Elle invite les Nations Unies à initier le processus d'appel d'offres concernant les Lots 1 et 2 des travaux d'abornement en étroite collaboration avec la structure tripartite disposant de l'autorité requise pour l'accomplissement de ses fonctions et responsabilités.

4. La Commission mixte a pris note avec satisfaction du rapport de la mission d'évaluation de l'Union européenne sur l'opération d'abornement. La Commission mixte a accepté toutes les recommandations du rapport d'évaluation et appelle toutes les Parties à poursuivre leur soutien au Projet.

5. La Commission mixte exprime sa gratitude à la Banque mondiale et à l'Union européenne pour leurs messages encourageants en réponse au récent appel de fonds lancé par son Président en vue de consolider les relations pacifiques entre le Cameroun et le Nigeria. La Commission mixte loue aussi les initiatives relatives aux projets de développement en faveur des populations concernées par l'opération de démarcation.

6. La Commission mixte loue les initiatives entreprises par les deux pays en vue de la mise en œuvre de leur accord portant création du Comité de sécurité transfrontalière et appelle les deux Gouvernements à consolider leurs efforts pour la sécurité de la sous-région.

7. La Commission mixte a pris note des progrès réalisés en vue de la production d'un film documentaire relatif aux activités de la Commission.

8. La Trente-deuxième Session de la Commission mixte se tiendra à Abuja les 12 et 13 septembre 2013 avec possibilité d'extension au 14 septembre 2013.

Annexe 9. Le pétrole du golfe de Guinée

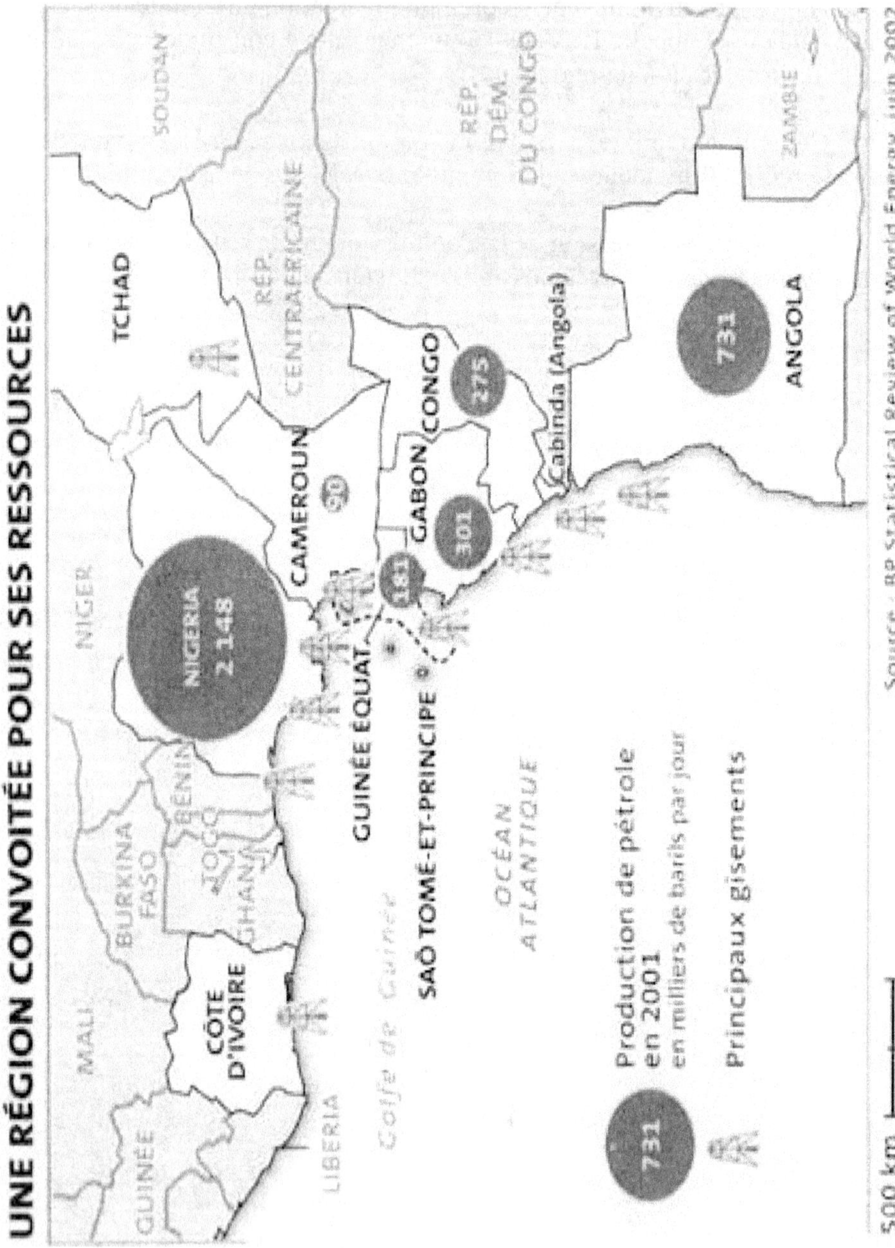

Bibliographie

I. GENERALITÉS

A. DROIT INTERNATIONAL PUBLIC

Ouvrages

ARBOUR (J. M), PARENT (G), *Droit international public*, Cowansville, Les Éditions Yvon Blais, 2012, 6e éd., 1222 p.

BOS, (M.), *Les conditions du procès en droit international public*, Leiden, Netherlands, BibliothecaVisseriana, E. J. Brill, 1957, 344 p.

CARBONNIER (J.), *Sociologie juridique*, Paris, PUF, 2e éd., 2004, 415 p.

CAVARE (L.), *Le droit international public positif*, Paris, Pedone, 1973, 3e éd., mise à jour par QUENEUDEC (J. P.), tome II, 952 p.

COMBACAU (J.), SUR (S.), *Droit international public*, Paris, Montchrestien, 10e éd., 2012, 822 p.

CORTEN, (O.) *L'utilisation du « raisonnable » par le juge international*, Bruxelles, Bruylant, 1997, 718 p.

COT (J.-P.), PELLET (A.), FORTEAU (M.), *La Charte des Nations Unies ? Commentaire article par article*, Paris, Economica, 3e éd., 2005, tome II, 2363 p.

CRAWFORD (J.), *Brownlie's Principles of Public International Law*, Oxford University Press, 2012, 8e éd., 888 p.

DAILLIER (P.), FORTEAU (M.), PELLET (A.), *Droit international public*, Paris, LGDJ, 8e éd., 2009, 1673 p.

DECAUX, (E.) *La réciprocité en droit international*, Paris, Librairie générale de droit et de jurisprudence, Bibliothèque de droit international, tome LXXXII, 1980, 374 p.

DELBEZ (L.), *Les principes généraux du droit international public*, Paris, LDGJ, 1964, 3e éd., 666 p.

DREYFUS (S.), *Droit des relations internationales, éléments de droit international public*, Synthèse, Paris, Cujas, 4e éd., 1992, 538p.

FORTEAU (M.), *Droit de la sécurité collective et droit de la responsabilité internationale de l'État*, Paris, Pedone, 2006, vi+699 p.

FORTIER, (V.), LEBEL-GRENIER (S.), (dir), *La neutralité et le droit,* Rencontres juridiques Montpellier-Sherbrooke, octobre 2012, Revue de Droit de l'Université de Sherbrooke, 2013, 196 p.

FRIEDMANN (W.), *De l'efficacité des institutions internationales*, Paris, Armand Colin, 1970, 200 p.
GERARD (Ph.), KERCHOVE M. VAN de), OST (F.) (dir.), *Droit négocié, droit imposé,* Bruxelles, Publications des Facultés universitaires Saint-Louis, 1996, 703 p.
GRISEL, (E.), *Les exceptions d'incompétence et d'irrecevabilité dans la procédure de la Cour internationale de Justice*, Ed. Herbert Lang & Cie, Berne, 1968, 241 p
GUILLAUME (G.), *Les grandes crises internationales et le droit*, Paris, Editions du Seuil, 1994, 319 p.
HICKS, (D.) *Eloge à la dignité : Le rôle essentiel qu'elle joue dans la resolution des conflits*, Paris, Nouveaux Horizons – ARS, 2015, 200 p.
HORCHANI (F.), *Les sources du droit international public*, Paris, LGDJ, 2008, 344 p.
KELSEN (H.), *The Law of the United Nations: A Critical Analysis of Its Fundamental Problems (Collected Writings of Rousseau)*, Londres, The Lawbook Exchange, Ltd, 2000, 1014 p.
KOLB (R.), *La bonne foi en droit international public, Contribution à l'étude des principes généraux de droit*, Paris, P.U.F., 2000, 756 p.
KOSKENNIEMI (M.), *La politique du droit international*, Paris, Pedone, 2007, 424 p.
LACHARRIERE (G. de), *La politique juridique extérieure,* Paris, Economica, 1983, 236 p.
LAUTERPACHT (H.), *The Function of Law in International Community*, Oxford, University Press, 2011, 512 p.
LEFEBVRE, (M.), *Le jeu du droit et de la puissance. Précis de relations internationales,* Paris Puf, 4e édition, 2013, 680 p.
MARTIN (P.-M.), *Les échecs du droit international*, Paris, PUF, 1996, 128 p.
OST (F.), KERCHOVE (M. VAN de), *De la pyramide au réseau ? Pour une théorie dialectique du droit,* Bruxelles, Publications des Facultés universitaires Saint-Louis, Collection : Droit, 2002, 608 p.
OUMBA. (P.), *Essai sur la contribution de la Cour internationale de Justice (CIJ) en matière des droits de l'homme*, Yaoundé, Presses de l'UCAC, Février 2016, 321 p.
PIAZZON, (T.), *La sécurité juridique*, Paris, Defrénois, 2009, 627 p.
OWONO, (J. F.) *Terrorisme ou paraterrorisme en afrique centrale : le cas de boko haram au Cameroun*, Paris, Connaissances, 2017, 197 p.
POP (I.), *Voisinage et bon voisinage en droit international*, Paris, Pedone, 1980, 391 p.
REUTER (P.), *Droit international public*, Paris, PUF, 7e éd., 1992, 595 p.
REUTER (P.), *Institutions et relations internationales*, Paris, PUF, 4e éd. 1992, 405 p.

ROUSSEAU (Ch.), *Droit international public, Les rapports conflictuels*, Paris, Sirey, 1983, tome V, 504 p. TERRE, (F.) *Introduction générale au droit*, Paris, Dalloz, 7e édition, 2006, 634 p.
VISSCHER (Ch. de), *Les effectivités en droit international public*, Paris, Pedone, 1967, 175 p.
VISSCHER (Ch. de), *Théories et réalités en droit international public*, Paris, Pedone, 4e éd., 1970, 451 p.
ZOLLER (E.), *La bonne foi en droit international public*, Paris, Pedone, 1978, 392 p.

Articles

ABI-SAAB (G.), « Cours général de droit international public », *RCADI*, 1987-VII, vol. 207, pp. 9-464.
ANDRASSY (J.), « Les relations internationales de voisinage », *RCADI*, 1951-II, vol. 79, pp. 73-182.
AGO (R.), « Science juridique et droit international », *RCADI*, 1956-II, vol. 90, pp. 851-958.
AZNAR GOMEZ (M.), « Une vision provisoire du droit international public, in *Regards d'une génération sur le Droit International*, JOUANNET (E.), *in* RUIZ FABRI (H.), SOREL (J.-M.) (dir.), Paris, Pedone, 2008, pp. 45-73.
BEIGZADEH (E.), « L'évolution du droit international public », *in* JOUANNET (E.), RUIZ FABRI (H.), SOREL (J.-M.) (dir.), Paris, Pedone, 2008, pp. 75-78.
BOUKONGOU, (J. D.), « L'esprit des droits africains », in *De l'esprit du droit africain. Mélanges en l'honneur de Paul Gérard POUGOUE*. CREDIJ/Wolters kluwer. 2014, pp.165-178
CANÇADO TRINDADE, (A. A.), « Le statut de la Cour Internationale de Justice », *United Nations Audiovisual Library of International Law*, 2016, p.7 et s.
CARBONNIER (J.), « Effectivité et ineffectivité de la règle de droit », *L'année sociologique*, 1958-VII, pp. 3-17.
CHEMILLER GENDREAU (M.), « Le droit international entre volontarisme et contrainte », in *Mélanges en l'honneur de Nicolas Valticos droit et justice*, Paris, Pedone, 1999, pp. 93-105.
CHEMILLIER-GENDREAU (M.), « Le droit international : droit proclamatoire et droit exécutoire (idéologie et/ou superstructure) », in *Réalités du droit international contemporain*, Actes du 4e colloque de Reims, Centre d'Etudes des relations internationales, Faculté de droit de Reims, 1977, pp. 46-70.
COMBACAU (J.), « Obligations de résultat et obligations de comportement, quelques questions et pas de réponses », in *Le droit international : Unité et diversité, Mélanges offerts à P. REUTER*, Paris, Pedone, 1981, pp. 181-204.

COMBACAU (J.), « Le droit international, bric-à-brac ou système ? », *Archives de philosophie du droit*, 1986, vol. 31, pp. 85-105.
CORTEN (O.) et KLEIN, (P.), « L'efficacité de la justice internationale au regard des fonctions manifestes et latentes du recours à la Cour Internationale de Justice », in R. BEN ACHOUR et S. LAGHMANI, *Justice et juridictions internationales*, Paris, A. Pedone, 2000, pp.33-71
DUBE, G. « Les sanctions du droit international public dans la Charte des Nations Unies », *Les Cahiers de droit*, 1962, 5 (1), pp. 98-103
DUPUY, (R. J.) « L'adaptation de la Cour Internatioanle de Justice au monde d'aujourd'hui », *RBDI*, 1966-1, pp.28-49
GHANTOUS, (M.), « Les mesures conservatoires indiquées par la Cour internationale de Justice dans le cadre de conflits territoriaux et frontaliers : Développements récents », *Canadian Yearbook of International Law*, Vol. 50, 2013, pp. 35-93
GIRAUD (E.), « Le droit international public et la politique », *RCADI*, 1963-III, vol. 110, pp. 419-809.
KAMTO (M.), « La volonté de l'Etat en droit international », *RCADI*, 2007, vol. 2, pp.9-428
KELSEN (H.), « Les rapports de système entre le droit interne et le droit international public », *RCADI*, 1926-IV, vol. 14, pp. 227-331.
LIMBURG (J.), « L'autorité de la chose jugée », *RCADI*, 1929-V, vol. 30, pp. 519-618.
MOHAMED SALAH (M.), « Le droit international, droit du plus fort ? », in *Regards d'une génération sur le Droit International,* JOUANNET (E.), H. RUIZ FABRI, SOREL (J.-M.) (dir.), Paris, Pedone, 2008, pp. 343 -382.
MORELLI (G.), « La théorie générale du procès international », *RCADI*, 1937-III, vol. 61, pp. 253-373.
PELLET (A.), « L'adaptation du droit international aux besoins changeants de la société internationale », *RCADI,* 2007, tome 329, Nijhoff, Leiden/Boston 2008, pp. 9-47.
PELLET (A.), « Article 38 », *in* A. ZIMMERMANN, Ch. TOMUSCHAT and K. OELLERS-FRAHM, *The International Court of Justice – A Commentary*, Oxford UP, 2006, pp. 677-792.
PELLET (A.), « Le rôle et la place du droit international dans la pratique – le point de vue des praticiens ; la pratique dans les travaux de la CDI » *inSFDI*, colloque de Genève, *La pratique et le droit international*, Paris, Pedone, 2004, pp. 259-263.
PELLET (A.), « Le droit international à l'aube du XXIe siècle (La société internationale contemporaine-permanences et tendances nouvelles », in *Cours général, Cours euro-méditerranéens de droit international*, vol. I, 1997, Aranzadi, Pamplona, 1998, pp. 19-112.
PELLET (A.), « Le droit », *in* BONIFACE (P.) (dir.), *La puissance internationale*, Paris, Dunod, 1994, pp. 145-156.

PELLET (A.), « Art du droit et "science" des relations internationales » *in* BADIE (B.) et PELLET (A.) (dir.), *Les relations internationales à l'épreuve de la science politique - Mélanges Marcel Merle*, Paris, Economica, 1993, pp. 353-369.

PELLET (A.), « Le sage, le prince et le savant » (A propos de "La politique juridique extérieure" de Guy de Lacharrière)", *JDI* (*Clunet*), 1985, pp. 407-414.

PILLEPICH (A.), « Commentaire de l'article 94 de la Charte », *in* La *Charte des Nations Unies ? Commentaire article par article*, COT (J.-P.), PELLET (A.), FORTEAU (M.) (dir.), Paris, Economica, 3e éd., 2005, tome II, pp. 1987-1998.

SANTULLI, (C.), « Observations sur les exceptions de recevabilité dans l'affaire du Mandat d'arrêt », *AFDI*, 2002, pp. 257- 280

SCELLE (G.), « Règles générales du droit de la paix », *RCADI*, 1933-IV, vol. 146, pp. 327-703.

SCELLE (G.), « Théorie et pratique de la fonction exécutive en droit international », *RCADI*, 1936-I, vol. 55, pp. 87-202.

SCHACHTER (O.), « International Law in Theory and Practice: General Course in Public International Law », *RCADI*, 1982-V, vol. 178, pp. 1-395.

SCHINDLER (D.), « Contribution à l'étude des facteurs sociologiques et psychologiques du droit international », *RCADI*, tome 46, 1933, vol. 4, pp. 233-325.

SUR (S.), « Le conseil de sécurité : blocage, renouveau et avenir », *Pouvoirs*, 2004/2 (n° 109), p. 61-74

TRIEPEL (H.), « Les rapports entre le droit interne et le droit international », *RCADI*, 1923-I, vol. 1, pp. 77-121.

VERHOEVEN (J.), « A propos de la fonction de juger en droit international public », in *Fonction de juger et pouvoir judiciaire, transformation et déplacements*, Ph. GERARD, F. OST et KERCHOVE (M. VAN de) (dir.), Bruxelles, Publication des facultés universitaires de Saint Louis, 1983, pp. 447-468.

VIRALLY (M.), « L'ONU devant le droit », *JDI*, 1972, n°3, pp. 501-533.

WECKEL, (P.), « L'apport récent des juridictions internationales non spécialisées à la protection des droits de l'homme », in G. COHEN-JONATHAN et J-F FLAUSS (dir.), *Droit international, droits de l'homme et juridictions internationales*, Bruxelles, Bruylant, 2004, pp.139-152

WITENBERG, (J.-C.) « La recevabilité des réclamations devant les juridictions internationales ', *RCADI*, 1932-III, t. 41, pp. 1-136

WOLFRUM (R.), « Means of Ensuring Compliance with and Enforcement of International Environmental Law », *RCADI*, 1998, vol. 272, pp. 9-154.

B. DROIT INTERNE (CAMEROUN, NIGERIA)

Ouvrages

CAYROL (N.), *Droit de l'exécution*, Paris, L.G.D.J, 2e édition, 2016, 488 p.

CUNIBERTI, (G.), NORMAND (C.) et CORNETTE, (F.), *Droit international de l'exécution. Recouvrement des créances civiles et commerciales,* Paris, L.G.D.J., 2011, 392 p.

GUINCHARD, (S.) et MOUSSA (T.), (dir.), *Droit et pratique des voies d'exécution*, Paris, Dalloz, 8e édition, 2015/2016, 2273 p.

KAMTO, (M.) *Droit administratif procesuel du Cameroun, Que faire en cas de litige avec l'administration*, Yaoundé, Presses Universitaires du Cameroun, 1990, 256 p.

KEUTCHA TCHAPNGA, (C.) *Precis du contentieux administratif au Cameroun, Aspects de l'évolution récente*, Paris, L'Harmattan, 2013, 324 p.

OKEKE (CH. N.), *The Theory and Practice of International Law in Nigeria*, lieu; Fourth Dimension Press, 1986, 316 p.

OLINGA (A. D.), « *La Constitution de la République du Cameroun* », Yaoundé : Terre africaine, Presses de l'UCAC, 2006, 326 p.

OLINGA, (A.D.) (dir), *Le Cameroun et le prétoire international*, Yaoundé, Afrédit, 2015, 420 p.

ONDOA (A.) (dir), « *La Constitution Camerounaise du 18 janvier 1996 : Bilan et perspectives* », Yaoundé, Afrédit, 2007, 267 p.

ONDOA (M.), *Textes et documents du Cameroun (1815 – 2012)*, Yaoundé, Editions le Kilimandjaro, 2013, 67 vol., 250 tomes, 160 p.

OWONA (J.), *Le contentieux administratif de la République du Cameroun*, Paris, L'Harmattan, 2011, 232 p.

OWONA (J.), *Droits constitutionnels et institutions politiques du monde contemporain*, Paris, L'Harmattan, 2010, 732 p.

OWONA (J.), *Droit administratif spécial de la République du Cameroun*, Paris, Edicef, 1985, 257 p.

Articles

AB-DER-HALDEN, (A) et ROUSSEL GALLE, (P.), « La conciliation améliorée », *Revue des procédures collectives,* n°4, juillet 2014, dossier 29, 7 p

GHARBI, (F.), « Le statut des déclarations d'acceptation de la juridiction obligatoire de la Cour internationale de justice », *Les Cahiers de droit*, 2002, 43(2), pp. 213–274 ;

GHARBI, (F.), « Le déclin des déclarations d'acceptation de la juridiction obligatoire de la Cour internationale de justice », *Les Cahiers de droit*, 2002, 43(3), pp. 433–502

OLINGA (A. D.), « Réflexions sur le droit international, la hiérarchie des normes et l'office du juge au Cameroun », *Juridis Périodique,* 2005, n°63, pp. 3-19.

ONDOUA (M.), « *Ajustement structurel et réforme des fondements théoriques des droits africains post coloniaux : Le cas du Cameroun* », *RASJ*, 2001, vol. 2, n°1, pp.79-117.

TELFORD, (M. E.), "Med-Arb: A Viable Dispute Resolution Alternative", *IRC Press Industrial Relations Centre*, Queen's University, 2000, 19 p.

VAN LEYNSEELE, (P.), « La « med-arb » et ses dérivés – plaidoyer pour un mode de résolution des conflits efficace », Liber amicorum Georges-Albert Dal, Bruxelles, Larcier, 2013, pp. 833-864.

II. BIBLIOGRAPHIE SPECIFIQUE

A. CONTENTIEUX INTERNATIONAL ET A LA PHASE POST-JUGEMENT EN GENERAL OU DEVANT LA CIJ

Ouvrages

ABI-SAAB (G.), *Les exceptions préliminaires dans la procédure devant la Cour internationale de Justice. Etude des notions fondamentales de procédure et de mise en œuvre*, Paris, Pedone, 1967, 280 p. AMR (M. S.), *The Role of the International Court of Justice as the Principal Judicial Organ of the United Nations*, The Hague/ London/New York, Kluwer Law International, 2003, 447 p.ASCENSCIO (H.), *L'autorité de chose décidée en droit international public*, Thèse de doctorat, Université Paris X, 1997, 690 p.AZAR (A.), *L'exécution des décisions de la Cour internationale de Justice*, Bruxelles, Bruylant, 2003, 328 p.BAE (C.), YOKSA CHAEDAN (T.), *Conflict Resolution and Peace Building The Role of NGOs in Historical Reconciliation and Territorial Issue,* Northeast Asian History Foundation, 2009, 238 p.BASTID (S.), *La fonction juridictionnelle dans les relations internationales*, Paris, Les Cours de droit, 1956-1957, 435 p.

BEN MANSOUR (A.), *La mise en œuvre des arrêts et des sentences des juridictions internationales*, Paris, Larcier, 2011, 622 p.

BOS (M.), *Les conditions du procès en droit international public*, Leiden, Bibliothèque Visserianna, E. J. BRILL, 1957, 344 p.

BRANT (L.), *L'autorité de la chose jugée en droit international public*, Paris, LGDJ, 2003, 396 p.

BULTERMAN (M. K.), KUIJER (M.) (dir.), *Compliance with Judgments of International Law, Proceedings of the Symposium organized in honor of Professor H.G. Schermers*, La Haye, Boston, Londres, Martinus Nijhoff Publishers, 1996, 172 p.

DAMROS (L.), *The International Court of Justice at a Crossroads*, lieu American Society of International Law Transnational Publishers, Inc., 1987, 511 p.
DAMROS (L.), PECK (C.), LEE (R. S.) (dir.), *Increasing the Effectiveness of the International Court of Justice, Proceedings of the ICJ/UNITAR Colloquium to Celebrate the 50th Anniversary of the Court*, La Haye, Boston, Londres, Martinus Nijhoff Publishers/UNITAR, 1997, 542 p.
DELBEZ (L.), *Les principes généraux du contentieux international*, Paris, LGDJ, 1962, 666 p.
DISTEFANO (G.), BUZZINI (G. P.), *Bréviaire de jurisprudence internationale. Les fondamentaux du droit international public*, 2e éd., Bruxelles, Bruylant, 2010, 1630 p.
DUBISSON (M.), *La Cour Internationale de Justice*, Paris, LGDJ, 1964, 470 p.
EL OUALI (A.), *Effets juridiques de la sentence Internationale*, Paris, LGDJ, 1984, 333 p.
FITZMAURICE (G.), *The Law and Procedure of the International Court*, Dordrecht, Nijhoff, 1986, 811 p.
GERARD (Ph.), KERCHOVE (M. VAN de), OST (F.). (dir.), *Fonction de juger et pouvoir judiciaire, transformations et déplacements*, Bruxelles, Publications des facultés universitaires Saint-Louis, 1983, 584 p.
GIRAUDEAU (G.), *Les différends territoriaux devant le juge international : entre droit et transaction*, Leiden, Nijhoff, 2013, 547 p.
GROSS (L.), *The Future of the International Court of Justice*, New York, Oceana Publications, 1976, 862 p.
GUILLAUME (G.), *La Cour Internationale de Justice à l'aube du XXe Siècle. Regard d'un juge*, Paris, Pedone, 2003, 331 p.
GUYOMAR (G.), *Commentaire du Règlement de la Cour internationale de Justice*, Paris, Pedone, 1983, 760 p.
HORCHANI (F.), *Le règlement pacifique des différends internationaux*, Centre de Publication Universitaire de Tunis, Bruxelles, Bruylant, 2002, 605 p. KELSEN (H.), *Peace Through Law*, Chapel Hill, The University of North Carolina Press, 1944, xii+155 p
KELSEN (H.), *The Law of the United Nations. A Critical Analysis of Its Fundamental Problems*, Londres, Stevens & Sons, 1951, xvii+994 p. LABRECQUE (G.), *La force et le droit : jurisprudence de la Cour Internationale de Justice*, Bruxelles, Bruylant, 2008, 646 p.
LAMBERT (E .), *Les effets des arrêts de la Cour Européenne des droits de l'homme, contribution à une approche pluraliste du droit européen des droits de l'homme*, Bruxelles, Bruylant, 1999, 624 p.
LAMBERT (E.)-ABDELGAWAD, *L'exécution des arrêts de la Cour Européenne des droits de l'homme,* Editions du Conseil de l'Europe, Strasbourg, Dossier sur les droits de l'homme, n° 19, 2002, 55 p.

LANG (C.), *L'affaire Nicaragua/Etats-Unis devant la Cour internationale de Justice*, Paris, LGDJ, tome 100, 1990, 293 p.
LAUTERPACHT (H.), *The Development of International Law by the International Court*, Stevens & Sons Limited, Londres, Cambridge, 1958, Grotius Publications Limited, reed. 1982, 408 p.
MABROUK, (M.), *Les exceptions de procédure devant les juridictions internationales*, Paris, L.G.D.J., 1966, 351 p.
METOU (B. M.), *Le rôle du juge dans le contentieux international. Le cas de la Cour Internationale de Justice*, Bruxelles, Bruylant, 2012, 626 p.
MULLER (A. S.), *The International Court of Justice: Its Future Role After Fifty Years*, Leiden, Martinus Nijhoff Publishers, 1997, 433 p.
NANTWI (E. K.), *The Enforcement of International Judicial Decisions and Arbitral Awards in Public International Law*, Leiden, A. W. Sijthoff, 1967, 209 p.
NJEM IBOUM (J.-B.), *L'arbitralisation de la Cour internationale de Justice : une étude critique,* Lieu, Editions Universitaires Européennes, 2010, 212 p.
ODUNTAN (G.), *The Law and Practice of the International Court of Justice, a critique of the contentious and Advisory Jurisdiction*, Enugu, *Fourth Dimension Publishers*, 1999, 262 p.
PAZARTZIS (P.), *Les engagements internationaux en matière de règlement pacifique des différends entre Etats*, vol. 104, Paris, LGDJ, 2008, 349 p.
PERRIN (D.), *La Cour Internationale de Justice et l'Afrique*, tomes 1 et 2, Presses Universitaires d'Aix-Marseille, 2005, 773 p.
REISMAN (W. M.), *Nullity and Revision: The Review and Enforcement of International Judgments and Awards*, Londres, New Haven, Yale University Press, 1971, 900 p.
REYNAUD (A.), La *volonté, la nature et le droit, Les différends du Plateau continental de la mer du nord devant la Cour Internationale de Justice*, Paris, LGDJ, 1975, 244 p.
ROSENNE (S.), *The Hague Peace Conferences of 1899 and 1907, an International Arbitration Reports and Documents*, T.M.C. Asser Press, 2001, 457 p.
ROSENNE (S.), *The International Court of Justice.An Essay in Political and Legal Theory*, Leiden, A.W. Sijthoff, 1957, 592 p.
ROSENNE (S.), *Procedure in the International Court of Justice: a Commentary on the 1978 Rules of the International Court of Justice*, La Haye, Nijhoff Publishers, 1983, 305 p.
ROSENNE (S.), *The Law and Practice of the International Court 1920-2005*, Leiden, Boston, Martinus Nijhoff Publishers, 2006, 4e éd., 4 vol., 1891 p.
RUIZ FABRI (H.), SICILIANOS (L.A.), SOREL (J.-M.) (dir.), *L'effectivité des organisations Internationales : mécanismes de suivi et de contrôle*, Paris, Pedone, 2000, 338 p.

RUIZ FABRI (H.), SOREL (J.-M.), *Le contentieux de l'urgence et l'urgence dans le contentieux devant les juridictions internationales : regards croisés*, Paris, Pedone, 2001, 210 p.
SANTULLI (C.), *Le Statut international de l'ordre juridique étatique. Etude du traitement du droit interne par le droit international*, Paris, Pedone, 2001, xiv+540 p.
SANTULLI (C.), *Droit du contentieux international*, Montchrestien, Paris, Pedone, 2005, 584 p.
SCHULTE (C.), *Compliance with decisions of the ICJ*, New York, Oxford University Press, 2004, XXXIII-500 p.
SOREL (J.-M.), POIRAT (F.), *Les procédures incidentes devant la CIJ : exercice ou abus de droit ?* Paris, Pedone, 2001, 158 p.
TUNCEL (E.), *L'exécution des décisions de la Cour internationale de Justice selon la Charte des Nations Unies*, Neuchâtel, Imprimerie H. Messeiller, 1960, 136 p.
VISSCHER (Ch. de), *Aspects récents du droit procédural de la Cour internationale de Justice*, Paris, Pedone, 1966, 219 p.
VISSCHER (Ch. de), *Théories et réalités du droit international public*, Paris, Pedone, 1970, 425 p.
VISSCHER (Ch. de), *Problèmes d'interprétation judiciaire en droit international public*, Paris, Pedone, 1963, 269 p.
WITENBERG (J. C.), *L'organisation judiciaire, la procédure et la sentence internationale*, Paris, Pedone, 1937, 350 p.

Articles

Articles francophones

ABI-SAAB (G.), « De l'évolution de la CIJ. Réflexions sur quelques tendances récentes », *RGDIP*, 1992, pp. 273-298.

ABI-SAAB (G.), « *The International Court of Justice as a World Court* », in *Essays in Honour of Sir R. Jennings*, Cambridge, Grotius, 1996, pp. 42 et s.
ASCENSIO (H.), « La notion de juridiction internationale en question », colloque SFDI de Lille, *La juridictionnalisation du droit international,* Colloque de Lille (2002), Paris, Pedone, 2003, pp. 163-202.
ATANGANA AMOUGOU (J.-L.), « La négociation dans l'exécution des arrêts de la CIJ », *RRDP*, vol.2006-2, pp. 1515-1539.
BASTID (S.), « Les problèmes territoriaux dans la jurisprudence de la CIJ », *RCADI*, vol.10, 1962-III, pp. 361-496.
BASTID (S.), « La jurisprudence de la Cour Internationale de Justice », *RCADI*, 1951-I, Vol.78,-III, pp. 579-686.

BAXTER (B. H. F.), « International Legal Aid in Practice: The ICJ Trust Fund », *AJIL*, 1993, pp. 659-668.
BEDJAOUI (M.), « La « fabrication » des arrêts de la Cour internationale de Justice », in *Le droit international au service de la paix, de la justice et du développement*, Mélanges Michel Virally, Paris, Pedone, 1991, pp. 87-107.
BEDJAOUI (M.), « The Reception by National Courts of Decisions of the International Tribunals », *NYUJILP,* 1995-1996, n°28, pp. 45-64.
BEDJAOUI (M.), « La place de la Cour internationale de Justice dans le système de maintien de la paix institué par la Charte des Nations Unies », déclaration de M. Mohammed Bedjaoui à la séance plénière de l'Assemblée générale des Nations Unies à sa 49e session le 13 octobre 1994, doc. A / 49 / PV. 29 ; et *Rev afric DIC*, 1996, n° 8, pp. 541-548.
BEDJAOUI (M.), « Le Président de la Cour Internationale de Justice », in *Mélanges Nicolas Valticos*, Paris, 1999, pp. 255-267.
BEDJAOUI (M.), « De quelques problèmes relatifs à l'exécution des décisions de la Cour Internationale de Justice », *Ann. de la CIJ,* 1994-1995, pp. 242 et s..
BOURQUIN (M.), « Dans quelle mesure le recours à des négociations diplomatiques est-il nécessaire avant qu'un différend puisse être soumis à la juridiction internationale », in *Hommages d'une génération de juristes au Président Basdevant,* Paris, Pedone, 1960, pp. 43-55.
CAFLISCH (L. C.), « Valeur et effets des déclarations faites par des juges ou des arbitres internationaux », *Mélanges Jiménez*, 1994, pp.1159-1180.
CANIVET, G. « L'influence de la comparaison des droits dans l'élaboration de la jurisprudence », in *Études offertes au professeur Philippe MALINVAUD*. Paris, Lexis Nexis, Litec, 2007, pp.133-144
CAVARE (L.), « L'arrêt de la CIJ du 18 novembre 1960 et les moyens d'assurer l'exécution des sentences arbitrales », in *Mélanges offerts à Henri Rolin : Problèmes de droit des gens*, Paris, Pedone, 1964, pp. 39-54.
CAVARE (L.), « La notion de juridiction internationale », *AFDI*, 1956, pp. 494-516.
CHEMILLIER GENDREAU (M.), « La Cour internationale de Justice : entre politique et droit », in *Le Monde Diplomatique*, n°512, novembre 1996, pp. 10-11.
CHOUKROUNE (L.), « La négociation diplomatique dans le cadre du règlement pacifique des différends. Théorie et pratique du droit international », *Hypothèses*, 2000/1, pp. 151-152.
CONDORELLI (L.), « La Cour internationale de Justice : 50 ans et (pour l'heure) pas une ride », *EJIL/JEDI*, 1995, pp. 388-401.
CONDORELLI (L.), « L'autorité des décisions des juridictions internationales permanentes », Colloque SFDI de Lyon, *Les juridictions internationales permanentes*, Paris, Pedone, 1987, pp. 277- 313.
CONDORELLI (L.), « Des lendemains qui chantent pour la justice internationale ? », in *Le droit international au service de la paix, de la justice*

et du développement, Mélanges offerts à M. Virally, Paris, Pedone, 1991, pp. 205 et s.

CORTEN (O.), KLEIN (P.), « L'efficacité de la justice internationale au regard des fonctions manifestes et latentes du recours à la Cour internationale de Justice », in BEN ACHOUR (R.) et LAGHMANI (S.) (dir.), *Justice et juridictions internationales*, colloque 2000, Paris, Pedone, pp. 33-71.

COUSSIRAT-COUSTERE (V.), EISENMANN (P.-M.), « La procédure devant les juridictions internationales permanentes », Colloque SFDI de Lyon, *Les juridictions internationales permanentes*, Paris, Pedone, pp. 103-166.

COUVREUR (Ph.), « A propos de l'effectivité de la Cour internationale de justice dans le règlement pacifique des différends internationaux », *AADI*, 1996, vol. 4, pp. 102-134.

COUVREUR (Ph.), « The Effectiveness of the International Court of Justice in the Peaceful Settlement of International Disputes » in MULLER (A. S.), *The International Court of Justice: Its Future Role after Fifty Year*, Leiden, Martinus Nijhoff, 1997, pp. 83- 116.

DAUBIE (C.), « L'autorité des arrêts de la Cour européenne des droits de l'homme : les problèmes soulevés par leur exécution », *RDH*, 1973, vol. 6, n°3-4, pp. 753-767.

DEHARO (G.), « Ce qu'exécuter veut dire…Une approche théorique de la notion d'exécution », *Droit et procédures*, juillet-août 2005, n°4, pp. 208-214.

DRAI (P.), « L'exécution des décisions judiciaires et les moyens de pression à la disposition du tribunal », *RIDC,* 1986, pp. 511 et s.

EL OUALI (A.), « La sentence internationale directement applicable», in *Mélanges Paul Reuter, le droit international, unité et diversité,* Paris, Pedone, 1981, pp. 269-291.

JENNINGS (R.), « Discours prononcé le 15 octobre 1993 à la quarante-septième session de l'Assemblée générale des Nations Unies », *Ann de la CIJ*, 1992-1993, pp. 265 et s.

GEAMANU (G.), « Développement d'une théorie et d'une méthodologie des négociations. Théorie et pratique des négociations en droit international », *RCADI*, 1980, vol. 166, pp. 365-448.

GEAMANU (G.), « Les négociations : moyen principal du règlement pacifique des différends internationaux », in *Essays in International Law in honour of Judge Manfred Lachs*, La Haye, 1984, pp. 375-387.

GHOZALI (N. E.), « La négociation diplomatique dans la jurisprudence internationale », *RBDI*, vol. 25, 1992, pp. 323-350.

GIARDINA (A.), « La mise en œuvre au niveau national des arrêts et des décisions internationaux », *RCADI*, 1979-IV, vol. 165, pp. 237-313.

GOY (G.), « Le sort de l'or monétaire pillé par l'Allemagne pendant la Seconde Guerre mondiale », *AFDI*, 1995, p. 382.

GRIESEL (E.), « Res judicata : l'autorité de la chose jugée en droit international », *Mélanges Georges Perrin*, 1984, Lausanne, Payot, pp. 139-160.

GROS (A.), « La recherche du consensus dans les décisions de la CIJ », in *Volkerrecht als Rechtsordnung, festdchrift fur Hermann Mosler*, Berlin, 1983, pp. 351 et suiv.

GUILLAUME (E.), « L'emploi de la force armée devant la Cour internationale de Justice. Tentatives d'instrumentalisation politique de l'organe judiciaire principal des Nations Unies », *AFRI*, 2002-3, pp. 215-249.

GUILLAUME (G.), « De l'exécution des décisions de la Cour internationale de justice », *RSDIE*, 1997, vol. 7, pp. 431-447, publié également dans GUILLAUME (G.), *La Cour internationale de Justice à l'aube du XXI*e *siècle. Le regard d'un juge*, Paris, Pedone, 2003, pp. 173-186.

GUILLAUME (G.), « Le suivi de l'exécution des décisions de la Cour Internationale de Justice au sein des organisations internationales », in *L'Effectivité des organisations internationales : mécanismes de suivi et de contrôle,* Athènes/Paris, Sakkoulas/Pedone, 2000, pp.123-135.

HEBRAUD (P.), « L'exécution des jugements civils », *RIDC*, 1957, pp. 170 et s.

JOUANNET (E.), « Existe-t-il de grands arrêts de la Cour internationale de Justice » *in* CHARALAMBOS (A.), (textes rassemblés par), *Les arrêts de la Cour internationale de Justice,* Dijon, Éditions Universitaires, pp. 208-218.

KAMTO (M.), « *Considérations actuelles sur l'inexécution des décisions de la Cour internationale de Justice* », *in* NDIAYE (T. M.) et WOLFRUM (W.) (eds) *Law of The Sea, Environmental Law and Settlement of Disputes*, Leiden/Boston, Martinus Nijhoff Publishers, 2007, pp. 215-234.

KAMTO (M.), « L'intitulé d'une affaire portée devant la CIJ », *RBDI*, 2001/1, vol. XXXIV, 2001, n° 1, pp. 5-22.

LA PRADELLE (A. de), « De l'exécution des décisions de justice internationale », *RDI*, 1934, p. 222.

LA PRADELLE (G. de), « Les fonctions des juridictions de l`ordre international », *JDI*, vol. 2, 1998, pp. 299-429.

LIMBURG (J.), « L'autorité de chose jugée des décisions des juridictions internationales », *RCADI*, vol. 30, 1929, pp. 519-618.

MERIGNHAC (A.), « De l'autorité de la chose jugée en matière de sentences internationales », *RGDIP*, 1905, pp. 606-625.

OST (F.), « Le rôle du juge. Vers de nouvelles loyautés ? », *Actes du colloque du 12 octobre 2001,* organisé en collaboration avec le Centre de Droit judiciaire de l'Université Catholique de Louvain et le séminaire interdisciplinaire des Facultés Universitaires Saint-Louis, Bruxelles, 2002, pp. 15-25.

OST (F.), « Juge-pacificateur, juge-arbitre, juge-entraîneur. Trois modèles de justice », in GERARD (Ph.), KERCHOVE (M. VAN de), OST (F.) (dir.), *Fonction de juger et pouvoir judiciaire, Transformations et déplacements*, Bruxelles, Publications des Facultés Universitaires Saint-Louis, 1983, pp. 1-70.

PALOMBINO (F.-M.), « Les arrêts de la Cour internationale de Justice devant le juge interne », *AFDI*, vol. 51, n° 51, 2005, pp. 121-139.

PELLET (A.), « Le glaive et la balance. Remarques sur le rôle de la CIJ en matière de maintien de la paix et de la sécurité internationales », in *International Law at a Time of Perplexity, Essays in Honour of Shabtaï Rosenne*, Y. DINSTEIN (dir.), Dordrecht, Martinus Nijhoff Publishers, 1989, pp. 539-566.

PELLET (A.), « Le renforcement du rôle de la Cour en tant qu'organe judiciaire principal des Nations Unies » in PECK (G.) and Lee (R. S.) eds., *Increasing the Effectiveness of the International Court of Justice - Proceedings of the ICJ/UNITAR Colloquium to Celebrate the 50th Anniversary of the Court*, Nijhoff/ Unitar, 1997, pp. 235-253; version en anglais mise à jour: « Strengthening the Role of the International Court of Justice as the Principal Judicial Organ of United Nations », *The Law & Practice of International Courts and Tribunals*, 2004, pp. 159-180.

PELLET (A.), « Le renforcement du rôle de la CIJ », *in* SANDOZ (Y.) (dir.), *Quel droit international pour le 21e siècle ? Actes du colloque de Neuchâtel,* Bruxelles, Bruylant, 2007, pp. 134-143

PELLET (A.), « Harmonie et contradictions de la justice internationale », *in,* BEN ACHOUR (R.) et LAGHMANI (S.) dirs., *Rencontres internationales de la Faculté des Sciences juridiques de Tunis, Harmonie et contradictions en droit international,* Pedone, Paris, 1996, pp. 195-214.

PELLET (A.), « Remarques sur l'(inefficacité) de la Cour Internationale de Justice et d'autres juridictions internationales », in *Liber Amicorum COT (J.-P.), Le Procès international*, Bruxelles, Bruylant, 2009, pp. 193-213.

PELLET (A.), « Remarks on proceedings before the ICJ? », *inThe Law and Practice of the International Courts and Tribunals*, 2006, pp. 163-182.

PEYRO LLOPIS (A.), « Après Avena : l'exécution par les Etats-Unis de l'arrêt de la Cour internationale de Justice », *AFDI*, 2005, pp. 140-161.

PROST (M.) et FOURET (J.), « Du rôle de la CIJ : peau neuve ou peau de chagrin ? Quelques réflexions sur l'arbitralisation de la Cour mondiale », *RQDI*, 2003, pp. 191-210.

RIALS (S.), « L'office du juge », *Droits*, 1989, p. 3.

ROS (N.), « La Cour internationale de Justice comme instrument de la paix par le droit », in *Etudes internationales,* vol. 25, n°2, 1994, pp. 273-293.

ROSENNE (S.), « *L'exécution et la mise en vigueur des décisions de la CIJ* », *RGDIP*, 1953, pp. 540-583.

RUIZ-FABRI (H.), « Le contentieux de l'exécution dans le règlement des différends de l'Organisation Mondiale du Commerce », *JDI,* 2000, p. 155.

SALMON (J.), « L'autorité des prononcés de la Cour internationale de La Haye », in *Arguments d'autorité et arguments de la raison en droit*, P. Vassart, éd., 1988, pp. 21-47.
SCHOCKWEILER (F.), « L'exécution des arrêts », *in Du droit international au droit de l'intégration, Liber Amicorum Pierre Pescatore*, Baden-Baden, 1987, pp. 613-635.
SIMONARD (A.), « L'exécution des décisions de justice internationale », in *La technique et les principes du droit public, Etudes en l'honneur de G. Scelle*, tome II, 1950, Paris, LGDJ, p. 871.
THIERRY (H.), « Le suivi des décisions juridictionnelles dans l'ordre international », *in Effectivité des organisations internationales : mécanismes de suivi et de contrôle*, Paris, Pedone, 2000, pp. 175-178.
TREVES (T.), « La prévention des conflits internationaux dans la Déclaration adoptée en 1988 par l'Assemblée générale de l'ONU », *AFDI,* vol. 34, 1988. pp. 436-453.
VIRALLY (M.), « Le champ opératoire du règlement judiciaire international », *RGDIP*, 1983, vol. 87, pp. 281-314.
VULCAN (C.), « L'exécution des décisions de la Cour internationale de Justice d'après la Charte des Nations Unies », *RGDIP*, 1947, pp. 187-205 ;
WECKEL (P.), « Les suites des décisions de la Cour internationale de justice », *AFDI*, 1996, pp. 428-442.

Articles anglophones

AJIBOLA (B. A.), « Compliance with Judgements of the International Court of Justice », *in.* BULTERMANN (M. K.) & KUJIR (M.) (dir.), *Compliance with Judgements of International Courts,* La Haye, Martinus Nijhoff Publishers, 1996, pp. 9-46.
JANAND (J. R. P.), « Execution of International Judicial Awards, Experience since 1945 », *UPLAR,* 1965, pp. 671-790.
BIEN-AIME (T.), « A Pathway to The Hague and beyond: The United Nations Trust Fund Proposal », *ILP,* 1990, vol. 22, pp. 671-708.
BROWN (C.), « Enforcement of ICJ Decisions in United States Courts », *MJILT*, Spring, 1987, pp. 73-92.
DEUTSCH (E. P.), « Problems of Enforcement of Decrees of International Tribunals », *ABAJ,* 1964, pp. 1134-1139.
FITZMAURICE (G.), « The Law and Procedure of the International Court of Justice, 1951-1954: Points of Substantive Law », *BYIL*, 1954, pp. 372-
FRANZONI (D. B.), « International Law: Enforcement of International Centre for Settlement Investment Disputes Arbitral Awards in the United States », *GJICL,* Spring, 1988, pp. 102-117.
KERLEY (E.), « Ensuring Compliance with Judgements of the International Court of Justice », in GROSS (L.), JESSUP (Ph.) & HAMBRO (E.), *The*

Future of theInternational Court of Justice, NY Oceana Publications, Dobbs Ferry, 1976, vol. 1, pp. 276-286.

LEE JONES (H.), « Why Comply? An Analysis of Trends in Compliance with Judgments of the International Court of Justice since Nicaragua », *AUWCL* November 2011, pp. 1-34.

LIAMZON (A. P.), « Jurisdiction and Compliance in Recent Decisions of the International Court of Justice », *JEDI/ EJIL*, 2007, pp. 815-852.

MACDONALD (R.), « Supervision of the Execution of the Judgements of the European Court of Human Rights », in *Droit et Justice, Mélanges offerts à Nicolas Valticos*, Paris, Pedone, 1999, pp. 417-437.

MAGID (P.), « The Post-Adjudicative Phase », *in* PECK (C.) & LEE (R. S.) (dir.), *Increasing the Effectiveness of the International Court of Justice, Proceedings of the ICJ/UNITAR Colloquium to Celebrate the 50th Anniversary of the Court,* La Haye, Boston, Londres, Martinus Nijhoff Publishers/UNITAR, 1997, pp. 325-347.

MERRILS (J. G.), « The International Court of Justice and the Adjudication of Territorial and Boundary Dispute », *EJIL*, vol. 13, 2000, pp. 873-901.

L (M. E.), « The Prospect for Enforcing Monetary Judgements of the International Court of Justice: A study of Nicaragua's Judgement against the United States », *VJIL*, 1990, pp. 891-902.

PAULSON (C.), « *Compliance with Final Judgments of the International Court of Justice since 1987* », *AJIL,* 2004, pp. 434-461.

REILLY (D. M.), ODONEZ (S.), « *Effects of the Jurisprudence of the International Court of Justice on National Courts* », *JILS,* 1995-1996, pp. 435-.

REISMAN (W. M.), « Enforcement of International Judgements and Awards », *AJIL*, 1969, pp. 1-27;

R. RYSSDAL, « The Enforcement System setup under the European Convention on Human Rights », *in* BULTERMANN (M. K.) & KUIJER (M.) (dir.), *Compliance with Judgements of International Courts,* La Haye, Martinus Nijhoff Publishers, 1996, pp. 49-84.

SCHACHTER (O.), « Enforcement of International Judicial and Arbitral Decisions», *AJIL*, 1960, pp. 1-24.

SCHREUR (A.), « The Implementation of International Judicial Decisions by Domestic Courts », *ICLQ*, 1975, vol. 24, pp. 153-.

SCHWEBEL (C.), « Relations between the International Court of Justice and the United Nations », in *Le droit international au service de la paix, de la justice et du développement*, Mélanges offerts à M. Virally, Pedone, 1991, pp. 431- 443.

SCHWEBEL (C.) « The Impact of the International Court of Justice », in *Justice in International Law*, Cambridge University Press, 2011, pp. 11-20

SHAW (M.), « *Settling Territorial Disputes», *in *Liber Amicorum J-P COT, Le Procès international*, Bruxelles, Bruylant, 2009, pp. 255-281.

SUGIHARA (T.), « The Judicial Function of the International Court of Justice with respect to disputes involving highly political issues» in A. S. MULLER, *The International Court of Justice: Its future Role after Fifty Year*, The Hague, 1997, pp. 117-152.

TANZI (A.), « Problems of Enforcement of Decisions of the International Court of Justice and the Law of the UN », *EJIL/JEDI*, 1995, vol. 4, pp. 539-572.

TANZI (A.), PITEA (C.), « Non-compliance Mechanisms/ Lessons Learned and the Way Forward », in T. TREVES, et *al.* (eds.), Non –Compliance Procedures and Mechanisms and the Effectiveness of International Environmental Agreements, The Hague, TMC, Asser Press, 2009, pp. 569-580.

TOLBERT (D.), « Enforcement of sentences », in TOLBERT (D.), RYDBERG, (A.) *Essays on ICTY Procedure and Evidence in Honor of Gabrielle Kirk McDonald*, Kluwer International Law, La Haye, 2001, pp. 533-543.

TREVES (T.), « The Settlement of Disputes and Non-Compliance Systems, in Non-Compliance Procedures and Mechanisms and the Effectiveness of International Environmental Agreements », The Hague, TMC, Asser Press, 2009, pp. 499-518.

WARIOBA (J. S.), « Monitoring Compliance with and Enforcement of Bonding Decisions of International Courts », *Max Planck Yearbook of United Nations Law*, 2001, vol. 5, pp. 41-52.

B. CONTENTIEUX SUR LA FRONTIERE TERRESTRE ET MARITIME ENTRE LE CAMEROUN ET LE NIGERIA ET A LA PHASE POST-JUDICIAIRE

ANENE (J. C.), *The international Boundaries of Nigeria, 1885-1960: the framework of an emergent African nation*, Nigeria, Humanities Press, 1970, 331 p.

ANTINYI ASEMAYA (J.), *Nigeria-Cameroon international boundaries and the dispute over Bakassi Peninsula,* Nigeria, Aboki Publishers, 2006, 153 p.

ASIWAJU, (A. I.) *Peaceful Resolution of African Boundary Conflicts: Imperatives for a Multidisciplinary and International Research Collaboration on the Bakassi Peninsula Dispute Settlement*, Nigeria, African Regional Institute, 2009, 180 p.

CHIA (N.), *The Basis of French intervention in Cameroon*, Nigeria, *NIP Publications*, 1994, 20 p.

CHIME (S.), *The Light of Bakassi: Outstanding Issues for Nigeria's Foreign Policy and Strategic Doctrine*, Nigeria, University of Jos, 1995 - 35 p.

DAKAS DAKAS (C. J.), *International Law on Trial Bakassi and the Eurocentricity of International Law,* Nigeria, St. Stephen Book House, J2003, 225 p.
DJIMELI (A. T.), *Bakassi sur les chemins escarpés d'une reconstruction,* Yaoundé, Editions Ifrikiya, 2011, 182 p.
EBA'A (G. R.), *L'affaire Bakassi, genèse, évolution et dénouement de l'affaire de la frontière terrestre et maritime entre le Cameroun et le Nigeria (1993-20002)*, Yaoundé, Presses de l'UCAC, 2013, 239 p.
EFIONG (U.), *Bakassi in international Politics,* Calabar, E.U. Aye, 2003 - 48 p.
FOGUI (J.-P.), *Les leçons du conflit de Bakassi*, Yaoundé, éd. Sopecam, 2010, 35 p.
LUKONG (H. V.), *The Cameroon-Nigeria Border Dispute: Management and Resolution1981-2011*, Lange RPCIG, 2011, 238 p.
MOUELLE KOMBI (N.), *La politique étrangère du Cameroun*, Paris, L'Harmattan, 1996, 240 p.
NGOMBA-ROTH (R.), *The Challenges of Conflict Resolution in Africa: The Case of Cameroon-Nigerian Border Conflic*t, Lit Verlag, 2008, 144 p.
NGONGO (L. P.), *Histoire des Institutions et des faits sociaux du Cameroun,* tome 1, 1884-1945, Paris, Berger-Levrault, 1987, 176 p.
NDAM NJOYA (A.), *Le Cameroun dans les relations internationales*, Paris, LGDJ/ Montchrestien, 1998, 414 p.
NGNIMAN (Z.), *La paix au Cameroun : un impératif absolu*, Édi'action, 2000, 202 p.
NGNIMAN (Z.), *Nigeria-Cameroun, la guerre permanente*, Yaoundé, éd. Clé, 1996, 173 p.
OBIOHA (E. E.), *Civil Society's Participation in Urban Crime Management in Nigeria Examining the Rise and Fall of Bakassi Boys in Anambra State,* Nigerian Institute of Social and Economic Research (NISER), 2006, 78 p.
OFIAJA (N. D.), *Stability and Instability in Politics: The Case of Nigeria and Cameroon*, New York Vantage Press, 1979, 223 p.
OKON ODIONG (A.), *Bakassi Peninsula: Growth, Conflict and Evolution. Migration to Relocation*, Nigeria, Odiong and Sons, 2008, 162 p.
OKONG AKAK (E.), *Who Owns Bakassi? Anie Enyene Bakassi?: A Critique of 1885-1913 Anglo-German Treaties and 1975 Gowon-Ahidjo Accord in Nigeria-Cameroon Boundary Dispute,* Calabar, Nigeria, The Author, 1999, 93 p.
OLINGA (A. D.), *L'accord de Greentree du 12 juin 2006 relatif à la presqu'île de Bakassi*, Paris, L'Harmattan, 2009, 184 p.
OLOA ZAMBO (A.), *L'affaire du Cameroun septentrional Cameroun/Royaume-Uni*, Paris, L'Harmattan, 2007, 288 p.
OMOTOSO (F.), *Bakassi: The Politics of a Territorial Dispute*, Netview Books, 2010, 324 p.

ONANA MFEGE (H.), *Le Cameroun et ses frontières : une dynamique géopolitique complexe*, Paris, L'Harmattan, 2005, 283 p.

ONANA MFEGE (H.), *Cameroun, Nigeria, ONU : entre force de la palabre et primauté du droit*, Paris, L'Harmattan, 2011, 215 p.

SANI (U.), *Bakassi Peninsula: The Autopsy of a Demised Territory*, Nigeria, New Dawn International, 2007, 222 p.

WEISS (L. T.), *Migrants nigérians. La diaspora dans le Sud-Ouest du Cameroun*, Paris, Jean Delvert, 1998, 267 p.

Articles

ABDOURAMAN (H.), « Le conflit frontalier Cameroun-Nigeria dans le lac Tchad : les enjeux de l'île de Darak, disputée et partagée », *Cultures & Conflits Frontières et logiques de passage,* n°72, 2008, pp. 57-76.

ADEBEKUN (O.), « International and Interstate Boundaries in Nigeria: Demarcation and Survey », *in* ASIWAJU (A. I.), PADENIYI (P. O.) (dir.), *Borderlands in Africa: a multidisciplinary and comparative Focus on Nigeria and West Africa*, Lagos, *University of Lagos Press*, pp. 205-213.

AGHEMELO (A. T.), IBHASEBHOR (S.), « Colonialism as a Source of Boundary Dispute and Conflicts among African States: The World Court Judgment on the Bakassi Peninsula and its Implications for Nigeria », *JSS*, 2006, vol. 13-3, pp. 177-181.

ALETUM TABUWE (M.), « Bakassi Conflict, Socio-Political Approach », *Juridis Info,* n°21, janvier-février-mars 1995, pp. 44-48.

ANGO ELA (P.), « Menace sur l'équilibre régional en Afrique Centrale, le conflit frontalier camerouno-nigérian », *Défense nationale*, mai 1997, pp. 49-54.

ANTUNES (N.), « The Pending Maritime Delimitation in the *Cameroon v Nigeria* Case: A Piece in the Jigsaw Puzzle of the Gulf of Guinea », *IJMCL*, 2000, vol. 15, pp. 163-192.

D'ARGENT (P.), « Des frontières et des peuples : l'affaire de la frontière terrestre et maritime entre le Cameroun et le Nigeria (arrêt sur le fond) », *AFDI*, vol. XLVIII, 2002, pp. 281-321.

ASIWAJU (A. I.), « The Bakassi Peninsula Crisis: An Alternative to War and Litigation », *in G. BLAKE* et als., éds., *Boundaries and Energy: Problems and Prospects*, La Haye, Kluwer Law International, 1998, 592 p.

ASOBIE (A.), « Nigeria, Cameroun and the unending Conflict over Bakassi », *Vanguard on line*, 6 juin 2006.

AWOUMOU (C.), « Le golfe de Guinée face aux convoitises », *Rapport 11e Assemblée Générale du CODESRIA*, Dakar, septembre 2005.

BARATI (H.), « Frontière terrestre et maritime (Cameroun c. Nigeria) : exceptions préliminaires, interprétation, intervention », *AFDI*, 1999, vol. XLV, pp. 371-412.

BECKER (P. H. F.), « Land and Maritime Boundary between Cameroon and Nigeria (Cameroon v. Nigeria: Equatorial Guinea Intervening) », *AJIL*, 2003, vol. 97, n°2, pp. 387-397.

BECKER (P. H. F.), « *Land and maritime Boundary between Cameroon and Nigeria* 11. 06. 1998 », *AJIL*, 1998, vol. 92, pp. 751-.

BEKONG NJINKENG (J.), « *International Dispute Settlement: Land and maritime Boundary between Cameroon and Nigeria - Origin of the Dispute and Provisional Measures*», *AJIL*, 1997, vol. 9, pp. 287-310.

CHOUALA (Y. A.), « La crise diplomatique de 2004 entre le Cameroun et la Guinée Equatoriale, fondements, enjeux et perspectives », *PRCSP*, vol. 12, n° spécial 2004-2005, pp. 50-60.

COT (J.-P.), « A propos de l'ordonnance du 15 mars 1996. La contribution de la CIJ au maintien de la paix et de la sécurité en Afrique », *AYIL*, 1997, vol. 5, pp.115-136.

KONING (D.), MBARGA (R. G), « Conflits pour les ressources naturelles de la péninsule de Bakassi : du global au local », *Écologie et Politique*, 2007, n° 34, pp. 93-103.

DIOP (C.), PLANTE (M.), ROCHETTE (D.), « Démarcation entre le Cameroun et le Nigeria : un nouveau modèle pour l'Afrique », *Communiqué Associations des Arpenteurs des Terres du Canada,* Septembre 2006, vol. 10, n°2, pp. 2-.

DRUZEK (J. D.), « *Gulf of Guinea Boundary Disputes*», *Boundary and Security Bulletin*, vol. 7, 1999-2000, pp. 83-95.

EKO EKO (L. M.), « Cameroun-Nigeria, vérité et mensonges sur Bakassi », *Mensuel panafricain d'analyses politiques*, Amandla, juillet-août 2005, pp. 1-7.

EKO EKO (L. M.), « Gestion des crises liées à l'exploitation pétrolière dans le golfe de Guinée », *Working Paper in Scientific and Technical Information, Laboratory of Strategic and Decision-making Information Engineering, Université de Marne-la-Vallée,* 30 avril, 2005.

ESSOMBE-EDIMO (J.), « Considérations juridiques sur le différend frontalier de la péninsule de Bakassi », *RADIC*, vol. 7, 1995, pp. 98-128.

EZE OSITA (C.), « *Nigeria and Cameroon before the International Court of Justice* », *in Pacific Settlement of Border Disputes: Lessons from the Resolution of the Bakassi Dispute, Meeting Note International Policy Conference held in the International Peace Institute*, New York, 18 juillet 2007, pp. 20-27.

GARCIA (T.), « Les mesures conservatoires rendues par la CIJ, le 15 mars 1996 dans le différend frontalier entre le Cameroun et le Nigeria », *AFDI*, vol. XLII, 1996, pp. 409-427.

GBDENDA. ODUNTAN (G.), «*The Demarcation of Straddling Villages in Accordance with the international Court of Justice Jurisprudence*: *The Cameroon–Nigeria Experience* », *OJCJIL*, vol. 5, I, pp. 79-114.

IRWIN (J. C.), « An Alternate Role for the ICJ: applied to *Cameroon v. Nigeria*», *DJILP*, 1998, vol. 26, n°4, pp.756-773.

JIBRIL (N.), « The Binding Dilemma from Bakassi to Badme, Making States Comply with Territorial Decisions of the international judicial Bodies », *AUILR*, 2004-3, pp. 633-677.

KAMTO (M.), « Le territoire du Cameroun et le droit international, rapport camerounais », *Cahiers de l'Association Henri Capitant, journées camerounaises sur le thème de la maîtrise du sol*, vol. XLI, 1990, Paris, Economica, pp. 115-120.

KAMTO (M.), « La jurisprudence internationale sur les décisions déjà rendues dans l'affaire de la *Frontière terrestre et maritime entre le Cameroun et le Nigeria* par la CIJ de La Haye », *RASJ*, 2000, pp. 122-136.

KAMTO (M.), « *The Bakassi Affair, Cameroon's Challenge for Peace*», *in Pacific Settlement of Border Disputes: Lessons from the Resolution of the Bakassi Dispute, Meeting Note International Policy Conference held in the International Peace Institute*, New York, 18 juillet 2007, pp. 13-19.

KONINGS (P.), « The Anglophone Cameroon-Nigeria Boundary: Opportunities and Conflicts », *African Affairs*, 2005, vol. 104-415, pp. 275–301.

KOUNGOU (L), « Comment construire la paix dans un espace post-conflictuel : le cas de Bakassi ? », *Afrique Contemporaine, n° 234,* vol. 2, 2010, pp. 11-24.

KWIATKOWSKA (B.), « Cameroon v. Nigeria and Maritime Boundary (preliminary objections): Judgment of 11 June 1998 », *Hague YBIL*, 1999, p. 15-41.

MBOME (F.), « Les relations entre le Cameroun et le Nigeria : l'affaire Bakassi », *Afrique 2000*, n°25, octobre-novembre-décembre 1996, pp. 11-20.

MBUH (J. M.), « The Expected and Projected Role of International Law in Resolving and Securing Sustainable Peace and Security over the Bakassi Peninsula Dispute », in *Conflict Resolution and Peace building: the role of NGO's in Historical Reconciliation and Territorial Issue*s, Seoul, Northeast Asian History Foundation, 2009, pp. 137-181.

MENJO BAYE (F.), « Implications of the Bakassi Conflict Resolution for Cameroon », *AJCR,* vol. 10, n°1, 2010, pp. 9-34.

MERRILLS (J. G.), «*The Land and Maritime Boundary Case The Intervention by Equatorial Guinea 21. 10. 1999 (Cameroon/Nigeria*) », *ICLQ*, vol. 49, 2000, p. 720.

MERRILLS (J. G.), « The Land and Maritime Boundary Case 11. 06. 1998 (Cameroon/Nigeria) », *ICLQ*, vol. 48, 1999, p. 651.

MERRILLS (J. G.), « The Land and the Maritime Boundary Case, Order of 15 march 1996 », *ICLQ*, 1997, pp. 865-884.

MOHAMED SALAH (M.), « La Commission mixte Cameroun-Nigeria, un mécanisme original de règlement des différends interétatiques », *AFDI*, 2005, pp. 162-184.

NDUMBE ANYU (J.), « The International Court of Justice and Border-Conflict Resolution in Africa: the Bakassi Peninsula Conflict», *Mediterranean Quarterly*, vol. 18, n°3, 2007, pp. 39-55.

NDEMBOU (S.), « La question de la souveraineté nationale dans la partie septentrionale du Cameroun », *Enjeux*, n° 6, janvier-mars 2001, p. 10.

NGANG (K.), « Understanding the Bakassi Conflict. A Showcase of Conflict Prevention in Practice », *European University Center for Peace Studies Research Paper*, 2007, Autriche, pp. 1-36.

NGUENDI IKOME (F.), « *The Cameroon-Nigeria Maritime Border and Territorial Conflict: would the Verdict of the ICJ engender lasting Pea*ce », *RDSP*, n° 54, Yaoundé, Cameroun (Avril-Mai-Juin 2003), pp. 77-84.

NTUDA EBODE (J.), « Le Cameroun et le Nigeria enterrent la hache de guerre à Bakassi. Et après ? », *Diplomatie*, n°35, novembre-décembre 2008, pp. 66-72.

OGOULAT (A. D.), « La Commission du Golfe de Guinée, instrument du renouveau maritime sous-régional », *Stratégique*, 2000, pp. 111-124.

OGWU (J.), « *Bakassi, Conflict Prevention, and the Path to Peace*», *in Pacific Settlement of Border Disputes: Lessons from the Resolution of the Bakassi Dispute, Meeting Note International Policy Conference held in the International Peace Institute*, New York, 18 juillet 2007, pp.12-14.

OLADIP O (S.), « Delimiting the territorial sea between Nigeria and Cameroon: a rational Approach », *ICLQ*, 1993, vol. 42, n°2, pp. 398-441.

OLUFEMI (E.), LIM (C.), « *Case Note: The Right of Passage Doctrine revisited: An Opportunity missed 11. 06. 1998 (Cameroon / Nigeria*) », *ILJIL*, 1999, vol. 12, p. 231.

OLINGA (A. D.), « L'accord de Greentree, la géopolitique au secours du droit international ; enjeux », *Bulletins d'analyses géopolitiques pour l'Afrique centrale*, Yaoundé, 29 octobre-décembre 2006, pp. 3-6.

OLINGA (A. D.), « Préservation de l'intégrité territoriale », *in Honneurs et fidélité, magazine des forces armées du Cameroun*, n° spécial 20 mai 2007, pp. 12-13.

OWONA MFEGUE (K. F.), « Cameroun, CIJ, Greentree : Bakassi : paralysie du droit ? » *Mutations,* 07/08/2008, p. 25.

PALCHETTI (P.), « La protection des intérêts d'Etats tiers par la CIJ : l'affaire de la *Frontière terrestre et maritime entre le Cameroun et le Nigeria* », *RGDIP*, vol. 107, 2003, pp. 865-884.

PERRIN (D.), « L'arrêt de la CIJ du 11 Juin 1998 dans l'affaire de la *Frontière terrestre et maritime entre le Cameroun et le Nigeria* », *L'Observateur des Nations Unies*, n°5, automne-hiver 1998, pp .185-199.

PLACCA (J.-B.) : « Négociations autour d'un malentendu », *JAE*, n°178 avril 1994, pp. 106-119.

PONDI (J. -E), ZANG (L.), « *The Camerooon-Nigeria Border Cooperation: Presentation and Analysis of bilateral Agreements and Treaties* », *RCRI*, vol.5, 1998- n°1-2 mai 2000, pp. 169-186.

PRICE (F.), « *The Bakassi Peninsula: The Border Dispute between Nigeria and Cameroon*», *ICE Case Studies*, n°163, novembre 2005, p. 12.

ROSSATANGA RIGNAULT (G.), « A propos de la Commission du Golfe de Guinée (CGG), Brèves considérations, sur une organisation naissante », *RAD*, avril-juin 2000, pp. 25-31.

RUIZ FABRI (H.) et SOREL (J.-M.), « Chronique de jurisprudence internationale de la Cour internationale de Justice. Affaire de la *Frontière terrestre et maritime entre le Cameroun et le Nigeria*- Ordonnance en indication de mesures conservatoires, 15 mars 1996 », *JDI*, vol. 124, 1997, pp. 843-852.

RUIZ FABRI (H.) et SOREL (J.-M.), « Chronique de jurisprudence internationale de la Cour internationale de Justice. Affaire de la *Frontière terrestre et maritime entre le Cameroun et le Nigeria* (*Cameroun c. Nigeria*) - Arrêt du 11 juin 1998 », *JDI*, vol. 126, 1999, pp. 869-877.

RUIZ FABRI (H.) et SOREL (J.-M.), « Chronique de jurisprudence internationale de la Cour internationale de Justice. Affaire de la *Frontière terrestre et maritime entre le Cameroun et le Nigeria* (*Cameroun c. Nigeria*) – Arrêt sur la demande en interprétation de l'arrêt du 11 juin 1998 en l'affaire de la *Frontière terrestre et maritime entre le Cameroun et le Nigeria* (*Cameroun c. Nigeria*), exceptions préliminaires (*Nigeria c. Cameroun*), 25 mars 1999 – Ordonnance sur la recevabilité des demandes reconventionnelles présentées par le Nigeria et la fixation des délais, 30 juin 1999 – Ordonnance sur la requête de la Guinée équatoriale aux fins d'intervention, 2 octobre 1999 », *JDI*, vol. 127, 2000, pp. 792-800.

RUIZ FABRI (H.) et SOREL (J.-M.), « Chronique de jurisprudence internationale de la Cour internationale de Justice. Affaire de la *Frontière terrestre et maritime entre le Cameroun et le Nigeria* (Cameroun c. Nigeria, Guinée équatoriale (intervenant), arrêt du 10 octobre 2002, *JDI*, vol. 130, 2003, pp. 873-886.

SALL (A.), « Actualité des conflits frontaliers en Afrique : l'ordonnance du 15 mars 1996 rendue par la Cour internationale de Justice dans le différend frontalier entre le Cameroun et le Nigeria », *AJIL*, 1997, vol. 9, pp. 183-196.

SHOLANKE (O.), « *Delimiting the territorial Sea between Nigeria and Cameroon: A rational Approach*», *ICLQ*, 2000, vol. 42, p. 398.

SZTUCKI (J.), « *Case Concerning Land and Maritime Boundary (Cameroon v. Nigeria*): provisional Measures Order of 15 march 1996», *LJIL*, vol. 10, 1997, pp. 341-358.

TANAKA (Y.), « Reflections on maritime Delimitation in the Cameroon/Nigeria Case », *ICLQ*, vol. 53, 2004, pp. 369-406.

UDOGU (E.), « *Historicizing and Contextualizing the Discourse on African international Law and a Concise Overview of the Pacific Settlement of the*

Cameroon-Nigeria Bakassi Peninsula Dispute », *African and Asian Studies,* vol. 7, n° 1, 2008, pp. 77-99.
UDOMBANA (N. J.), « *Ghost of Berlin Still Haunts Africa, The ICJ judgment on the land and maritime Boundary dispute between Cameroon and Nigeria* », *AYBIL*, vol. 13, 2002, pp. 13-61.
WECKEL (P.), « Chronique de jurisprudence internationale de la Cour Internationale de Justice. Arrêt du 10 octobre 2002 (Fond). *Frontière terrestre et maritime (Cameroun c. Nigeria)* », *JDI*, 2003, n°3, pp. 873-882.
WECKEL (P.) « Chronique de jurisprudence internationale. Cour Internationale de Justice. Arrêt du 10 octobre 2002 (fond). Fro*ntière terrestre et maritime (Cameroun c. Nigeria)* », *RGDI*P, vol. 107 n°1, 2003, pp.161-175.
WECKEL (P.) « Chronique de jurisprudence internationale. Ordonnance du 21 octobre 1999 », *RGDIP*, 2000, vol. 104, pp. 248-250.
WEISS (T. L.), « Le différend Cameroun-Bakassi : au-delà de Bakassi », *RIS,* 1996, n° 3, pp.108-120.
WILSON (Y. N.), « Effective international Dispute Resolution: a Case Study of the Bakassi Conflict between Cameroon and Nigeria », *RCEI*, n° 002, pp. 87-106.

C. LE FAIT REGIONAL, L'AFRIQUE (LES RELATIONS INTERNATIONALES AFRICAINES, LE DROIT INTERNATIONAL AFRICAIN)

Ouvrages

BARRAUD, (B.) *Théories du droit et pluralisme juridique. Les théories dogmatiques du droit et la fragilité du pluralisme juridique*, Marseille, Presses Universitaires d'Aix-Marseille - P.U.A.M., Collection : Inter-normes, Tome 1, 2017, 582 p.
BIDIMA (J. G.), *La palabre : une juridiction de la parole,* Paris, Éditions Michalon, 1997, 127 p
BIPOUN WOUM (J. M.), *Le droit international africain : problèmes généraux, règlement des conflits,* Paris, LGDJ, 1970, 327 p.
BENMESSAOUD (A.), TREDANO, *Intangibilité des frontières coloniales et espace étatique en Afrique*, Paris, LGDJ, 1989, 255 p.
BOSHAB (E.), *Pouvoir et droit coutumier à l'épreuve du* temps, Louvain-la-Neuve, Bruylant, 2007, 335 p.
BOUSTROS-GHALI (B.), *L'Organisation de l'Unité Africaine*, Paris, Pedone, 1969, 196 p.
BOUSTROS-GHALI (B.), *Les conflits de frontières en Afrique*, Paris, Ed. Techniques et économiques, 1972, 158 p.

CAMARA (K.), *Pouvoir et justice dans la tradition des peuples noirs ; philosophie et pratique,* Paris, L`Harmattan, 2004, 246 p.

FORTAS, A-C. *La surveillance de l'exécution des arrêts et décisions des cours européenne et interaméricaine des droits de l'homme : Contribution à l'étude du droit du contentieux international,* Institut René Cassin de Strasbourg, A. Pedone, 644 p.

GLELE-AHANHANZO (M.), *Introduction à l'Organisation de l'Unité africaine et aux organisations régionales africaines*, Paris, LGDJ, Bibliothèque africaine et malgache, 1986, 574 p.

GONIDEC (P. F.) (dir.), *Relations internationales africaines*, Paris, LGDJ, Bibliothèque africaine et malgache, tome 53, 1996, 209 p.

GONIDEC (P. F.), *Les systèmes politiques africains*, Paris, LGDJ, Bibliothèque africaine et malgache, tome 27, 2e éd., 1978, 431 p.

GONIDEC (P. F.), *Les droits africains, évolution et sources*, Paris, L.G.D.J., Bibliothèque africaine et malgache, tome 1, 1968, 279 p.

KAMTO (M.), *Pouvoir et droit en Afrique noire : Essai sur les fondements du constitutionnalisme dans les Etats d'Afrique noire francophone,* Paris, L.G.D.J., Bibliothèque africaine et malgache, 1987, 546 p

KADONY (N. K.), *Une introduction aux relations internationales africaines*, Paris, L'Harmattan, 2007, 206 p.

KUYU (C.) (dir), *À la recherche Droit africain du XXIe siècle*, Paris, Connaissances et savoirs, 2005, 265 p.

KWAM KOUASSI (E.), *Organisations internationales africaines*, Paris, Berger-Levrault, 1986, 479 p

LABRECQUE (G.), *Les Différends territoriaux en Afrique : Règlement juridictionnel*, Paris, L'Harmattan, 2006, 484 p.

MVUMBI-DI-NGOMA MAVUNGA, *Le règlement judiciaire des différends interétatiques en Afrique*, Fribourg, Editions Universitaires, 1992, 439 p.

NTAMPAKA (C.), *Introduction aux systèmes juridiques africains*, Namur, Presses Universitaires de Namur, n° 26, 2004, 183 p.

OLAWALE (E.), *La nature du droit coutumier africain*, Présence africaine, 1961, 315 p.

SACCO (R.), *Le droit africain, anthropologie et droit positif,* Paris, Dalloz, 2009, 553 p.

SINDJOUN (L.), Soci*ologie des relations internationales africaines*, Paris, Karthala, 2002, 239 p.

TOLLIMI (A.), *La résolution des conflits frontaliers en Afrique*, Paris, L'Harmattan, 237 p.

YAKEMTCHOUK (R.), *L'Afrique en droit international*, Paris, LGDJ, 1974, 319 p.

ZANGA (A.), *L'OUA et le règlement pacifique des différends*, Paris, Ed. ABC, 1998, 214 p.

BEDJAOUI (M.), « L'Afrique et l'Asie face à la Cour internationale de Justice », *AADI*, vol. 4, 1996, pp. 251-256.

BEDJAOUI (M.), « L'Afrique encore et toujours à l'encan ? », in *Les Nations Unies et le développement, le cas de l'Afrique*, Rencontres internationales de l'Institut d'études politiques d'Aix-en-Provence, Paris, Pedone, 1994, pp. 165-172.

BORELLA (F.), « Le régionalisme africain », *AFDI*, 1964, pp. 621-637.

BORELLA (F.), « Evolution récente de l'Organisation de l'Unité Africaine », *AFDI,* 1974, pp. 215-225.

BORELLA (F.), « Le système juridique de l'Organisation de l'Unité Africaine », *AFDI*, 1971, pp. 233-253.

BOUSTROS-GHALI (B.), « Le système régional africain », in *Régionalisme et universalisme dans le droit international africain, SFDI,* Colloque de Bordeaux (1976), Paris, Pedone, 1977, 358 p.

BROOHM (O. N.), « De la gestion traditionnelle à la gestion moderne des conflits : repenser les pratiques africaines », *Ethiopiques Littérature, philosophie, arts et conflits,* n°72, 2004, pp. 37- 48.

BUGORGUE-LARSEN, (L.), « Le fait régional dans la juridictionnalisation du droit international », SFDI, Colloque de Lille sur *la juridictionnalisation du droit international*, Paris, Pedone, 2003,

CAZALA, (J.) « La contestation de la compétence exclusive de la Cour de justice des Communautés européennes. Étude des relations entre divers systèmes de règlement des différends », *RTDE*, 2004, n° 3, pp. 505-532.

CHUKWUEMERIE (A.), « *The Internationalization of African Customary Law Arbitration* », *RADIC*, 2006, pp. 143-175.

COSTA, (J-P). « La prise en compte par la CEDH des contraintes nationales d'exécution », in Compte rendu du brainstorming du lundi 23 mai 2016 sur le thème de "L'exécution des arrêts de la Cour européenne des droits de l'homme", 1re Table Ronde, pp.11-15

DIAITE (I.), « L'OUA, l'ONU et le règlement pacifique des conflits interafricains », *Annales africaines*, Faculté des sciences juridiques et économiques de Dakar, 1975, pp. 9-34.

DJENA WAMBOU (M.-C.), « L'Afrique et le droit international de la mer », *AYIL*, vol.1, 1993, pp. 147-179.

GAUTRON (J. C.) : « Le régionalisme africain et le modèle interaméricain », *Annales africaines,* Faculté des sciences juridiques et économiques de Dakar, 1966, pp. 49-86.

GBDENDA. ODUNTAN, « *Africa before International Courts: The Generational Gap in International Adjudication and Arbitration* », *JWIT*, n° 6, 2004, pp. 975-1017.

GHERARI (H.), « Les frontières maritimes des Etats africains », *Le mois en Afrique,* février-mars 1985, pp. 22-36.

JIMENEZ (H.), « *International Boundaries in Africa*», in *National and International Boundaries Institute of International Public Law and International Relations of Thessaloniki,* vol. XIV, 1985, pp. 757-767.

KAMGA, (M.) « L'assistance judiciaire aux fins du règlement pacifique des différends internationaux devant la Cour internationale de Justice et le tribunal international du droit de la mer », in *L'Afrique et le droit international : variations sur l'organisation internationale, Liber amicorum Raymond Ranjeva,* Pedone, Paris, 2012, pp. 519-532.

LAMBERT ABDELGAWAD, (E.) « L'exécution des décisions des juridictions internationales des droits de l'homme : vers une harmonisation des systèmes régionaux », Bogotá, *ACDI,* Vol. 3 Especial, 2010, pp. 9-55

MAHIOU (A.), « L'Afrique et la CIJ : un bref aperçu de la pratique » in *L'Afrique et le droit international : variations sur l'organisation internationale, Liber amicorum Raymond Ranjeva,* Paris, Pedone, 2012, pp. 191-204.

PELLET, (A.) « Remarques cursives sur les contentieux « africains » devant la CIJ » in *L'Afrique et le droit international : variations sur l'organisation internationale, Liber amicorum Raymond Ranjeva,* Paris, Pedone, 2012, pp. 277-296.

QUENEDEC (J.-P.), « Remarques sur le règlement des conflits frontaliers en Afrique », *RGDIP*, 1970, pp. 69-77.

TCHIKAYA (B.), « La juridictionnalisation du règlement des conflits internationaux en Afrique », *RGDIP*, 2006, pp. 459-486.

TCHIKAYA (B.), « L'entrée historique des pays d'Afrique dans la jurisprudence internationale », *MJIL,* vol. 1, 2004, n° 2, pp. 242-258.

TOUZE, (S.) « La remise en cause de l'autorité des cours supranationales », Communication lors Colloque université Toulouse 1, capitole, sur le thème : *La protection des droits de l'homme par les Cours supranationales*. 9 octobre 2015, Support audiovisuel, source : Dailymotion.

VANDERLINDEN (J.), « Vers une nouvelle conception du pluralisme juridique », *RRJDP*, 1993, pp. 573-583.

YAKEMTCHOUK (R.), « Les frontières africaines », *RGDIP*, vol. 74, 1970, pp. 28-68.

ZIDOUEMBA (A. H.) : « Les sources de l'histoire des frontières de l'Ouest africain », *Bulletin de l'Institut Fondamental d'Afrique Noire* tome 39, octobre 1977, n°4, Dakar, pp. 695-835.

Commentazires, notes sous arrêts

COT (J.-P.), « L'affaire de la frontière des Andes (Sentence arbitrale de la reine Elisabeth II du 9 décembre 1966), *AFDI*, 1968, pp. 237-259.

DAVID (E.), « La sentence arbitrale du 14 février 1985 sur la délimitation de la frontière maritime Guinée/Guinée-Bissau », *AFDI*, vol. 31, 1985, pp. 350-389.

DECAUX (E.), « Arrêt de la chambre de la Cour Internationale de Justice dans l'affaire du différend frontalier Burkina Faso/République du Mali (Arrêt du 22 décembre 1986) », *AFDI*, 1986, pp. 215-238.

DIAITE (I.), « Le règlement du contentieux entre la Guinée-Bissau et le Sénégal relatif à la délimitation de leur frontière maritime », *AFDI*, vol. 41, 1995, pp.700-710.

DUTHEIL de La ROCHERE (J.), « L'affaire du canal de Beagle : sentence rendue par la Reine d'Angleterre le 22 avril 1977 », *AFDI,* 1977, pp. 408-435.

ENGELHARDT (E.), « De l'exécution de la sentence arbitrale de 1893 sur les pêcheries de Behring », *RGDIP*, 1898, pp. 193-358.

GAUTRON (J.-C.), « Création d'une chambre au sein de la Cour internationale de Justice, mesures conservatoires et médiation dans le différend frontalier entre le Burkina Faso et le Mali, ordonnance du 10/01/86 », *AFDI*, 1986, pp. 192-238.

GAUTRON (J.-C.), « La Libye et le Tchad devant la Cour Internationale de Justice ? », *AFDI*, 1989, pp. 205-215.

GUILHAUDIS (J. F.), « Remarques à propos des récents conflits territoriaux entre Etats africains (bande d'Aouzou, Ogaden, Saillant de Kyaka) », *AFDI,* 1979, pp. 223-243.

KAMTO (M.), « L'affaire de la délimitation de la frontière maritime Guinée/Guinée-Bissau sentence arbitrale du 14 février 1985 », *RFDI*, vol. 41, 1985, pp. 73-147.

KAMTO (M.), « Le contentieux de la frontière maritime entre la Guinée-Bissau et le Sénégal », *RGDIP*, 1997, n°3, pp. 695-735.

KAMTO (M.), « Les tentatives de règlement non-juridictionnel du différend territorial tchado-libyen à propos de la bande d'Aouzou », *RJPIC*, 1991/45, pp. 292-304.

KOHEN (M. G.), « Le règlement des différends territoriaux à la lumière de l'arrêt de la CIJ dans l'affaire Libye/Tchad », *RGDIP*, 1995/2, pp. 301-334.

LUCCHINI (L.), « Erythrée-Ethiopie : l'enlisement ? », *AFDI*, 2004, pp. 389-415.

LUCHINI (L.), « Le différend entre le Honduras et El Salvador devant la CIJ Aspects insulaires et maritimes », *AFDI,* 1992, pp. 427-459.

PAMBOU TCHIVOUNDA (G.), « Le droit international de l'interprétation des traités à l'épreuve de la jurisprudence, réflexions à partir de la sentence rendue le 15 février 1985 par le Tribunal arbitral pour la délimitation de la frontière maritime entre la Guinée et la Guinée-Bissau », *JDI*, 1986, pp. 627-650.

PERRIN (A.), « Affaire de l'île de Kasikili/Sedudu Botswana/Namibie), arrêt de la Cour Internationale de Justice du 13 décembre 1999 », *l'ONU*, 2000, n° 8, pp. 151-165.

RABIER (Y.), « Le règlement du contentieux territorial tchado-libyen sur Aouzou », *Politique Africaine*, 1994, n°55, pp. 140-146.

UBÉDA-SAILLARD (M.), « La diversité dans l'unité : l'arrêt rendu par la Cour... de Justice le 30 novembre 2010 dans l'affaire Ahmadou Sadio Diallo », *RGDIP*, 2011, n°4, pp. 897-934.

QUENEDEC (J.-P.), « L'affaire de la sentence arbitrale 31 juillet 1989 devant la CIJ (Guinée-Bissau c. Sénégal), *AFDI*, 1991, pp. 419-443.

QUENEDEC (J.-P.), « Le règlement du différend frontalier Burkina Faso/Mali par la Cour internationale de Justice », *RJPIC*, janv-fév.1988, n°1, pp. 29-41.

QUENEDEC (J.-P.), « L'arbitrage relatif à la détermination de la frontière maritime entre la Guinée-Bissau et le Sénégal du 31 juillet 1989 », *AFDI*, 1989, vol. 35, pp. 325-339.

STERN (B.), « L'affaire du différend frontalier Burkina Faso/Mali », *JDI*, 1988 (4), pp. 1177- 1184.

WECKEL (P.), « Chronique de jurisprudence internationale. Cour permanente d'arbitrage. Commission du tracé de la frontière Érythrée-Éthiopie. Décision du 13 avril 2002 relative à la délimitation de la frontière », *RGDIP*, 2002-03, vol. 106, n°3, pp. 695-707.

III. SUR LE TERRITOIRE : NOTION, ACQUISITION, DELIMITATION TERRITORIALE ET MARITIME ET COOPÉRATION TRANSFRONTALIÈRE

Ouvrages

BASTID (S.), *Le territoire dans le droit international contemporain*, D.E.S. de Droit public, 1953-1954, Les Cours de Droit, Paris, 421 p.

BROWLIE, (I.), *African Boundaries: A Legal and Diplomatic Encyclopaedia*, C Hurst and Co Publishers Ltd, 1979, 1391 p.

CHARNEY (J. I.), ALEXANDER (L. M.), *International Maritime Boundaries*, Dordrecht, Boston, Londres, Martinus Nijhoff Publishers, 1993, 2616 p.

CUKWURAH (A. O.), *The Settlement of Boundary Disputes in International Law*, Manchester, Manchester University Press, 1967, 267 p.

COURCEL (G. de), *L'influence de la Conférence de Berlin sur le droit colonial international*, Paris, Les Editions Internationales, 1935, 426 p.

FOUCHER (M.), *Fronts et frontières, un tour du monde géopolitique*, Paris, Fayard, 2e éd., 1991, 692 p.

FOUCHER (M.), *L'obsession des frontières*, Paris, Perrin, 2007, 249 p.

JENNINGS (R.), *The Acquisition of Territory in International Law*, Manchester University Press, Oceana Publication Inc, Spring, 1963, 130 p.

KEGNE KAMGA (M.), *Délimitation maritime sur la côte atlantique africaine,* Bruxelles, Bruylant, 2006, 317 p.

KOHEN (M.), *Possession contestée et souveraineté territoriale*, Paris, PUF, 1997, 579 p.
LABRECQUE (G.), *Les frontières maritimes internationales, géopolitique de la délimitation maritime*, Paris, L'Harmattan, collection Raoul-Dandurand, Géopolitique, 2004, 532 p.
LA PRADELLE (A. de), *La frontière. Etude de droit international,* Paris, Les Editions internationales, 1928, 368 p.
PRESCOTT (J. R. V.), *The Geography of Frontiers and Boundaries*, Chicago, Adline Publishing Company, 1965, 190 p.
PRESCOTT (J. R. V.), *The maritime political Boundaries of the World*, Londres & New York, Methuen, 1986, 333 p.
VISSCHER (Ch. de), *Problèmes de confins en droit international public*, Paris, Pedone, 1969, 200 p.

Articles

ADLER (R.), « Geographical Information in Delimitation, Demarcation and Management of International Land Boundaries », *Boundary and Territory Briefing*, 2001, vol. 3, n°4, pp. 76-78.
ANCEL (J.), « Les frontières, étude de géographie politique », *RCADI*, 1936, pp. 207-294.
AMILHAT-SZARY (A.-L.), « Frontières en partage », *Le Monde diplomatique*, avril 2013, p. 2.
BARDONNET (D.), « Equité et frontières terrestres », in *Le droit international : unité et diversité, Mélanges offerts à Paul Reuter,* Paris, Pedone, 1981, pp. 35-74.
BARDONNET (D.), « Frontières terrestres et frontières maritimes », *AFDI*, vol. 35, 1989, pp. 1-64.
BARDONNET (D.), « Les frontières terrestres et la relativité de leur tracé. Problèmes juridiques choisis », *RCADI*, vol. 153, 1976-V, p. 23.
BASTID (S.), « Les problèmes territoriaux dans la jurisprudence de la Cour internationale de Justice », *RCADI*, 1962-III, pp. 361-495.
DUTHEIL de La ROCHERE (J.), « Les procédures de règlement des différends frontaliers », *in La Frontière,* colloque SFDI de Poitiers, Paris, Pedone, 1980, pp. 112-150.
FIFE (R. E.), « Les accords faisant suite à l'arrêt de la Cour internationale de Justice en 1993 dans l'affaire entre le Danemark et la Norvège concernant la délimitation maritime dans la région située entre le Groenland et Jan Mayen », *Ann DM*, 2000, pp. 199-214.
GAULME (F.), « Tribus, ethnies, frontières », *Afrique contemporaine*, n° spécial 4e trimestre, 1992, pp. 43-49.
GEORGES (P.), « L'approche géographique de la réalité de frontière », *Relations internationales*, n° 63,1990, pp. 243-246.

LA PRADELLE (G. de), « Notions de territoire et d'espace dans l'aménagement des rapports internationaux contemporains », *RCADI*, 1977, pp. 425-472.

KAMTO (M.), « Le matériau cartographique dans les contentieux frontaliers et territoriaux », in *Liber amicorum BEDJAOUI (M.), London Kluwer Law International*, 1999, pp. 371-378.

KOHEN (M.), « Règlement territorial et maintien de la paix », *in* WECKEL (Ph.) (dir.) , *Le juge international et l'aménagement de l'espace. La spécificité du contentieux territorial*, Paris, Pedone, 1998, pp. 203-224.

SCELLE (G.), « Obsession du territoire », *in Symbolae Verzul*, La Haye, Martinus Nijhoff, 1958, pp. 347-361.

SOREL (J.-M.), « La frontière comme enjeu de droit international », *CERISCOPE Frontières*, 2011, article en ligne.

IV. TRAVAUX DE RECHERCHE

A. CONTENTIEUX SUR LA FRONTIERE LACUSTRE, TERRESTRE ET MARITIME ENTRE LE CAMEROUN ET LE NIGERIA ET A LA PHASE POST-JUDICIAIRE

Mémoires et rapports de stage

ALIYOU (S.), *La Cour internationale de Justice et les règles du droit international : contribution à l'étude de l'attitude des Etats de la CEMAC face au conflit de Bakassi et ses effets*, Mémoire de DEA, Université de Dschang, 56 p.

JANDELA (J. J.), *La défense des intérêts de l'Etat devant le prétoire international. Recherches sur la politique juridique extérieure du Cameroun.* Mémoire de Master en relations internationales, Yaoundé, IRIC, 2009-2010, 147 p.

ATANGA FONGUE (R.), *La consolidation du régime juridique de la clause facultative de juridiction obligatoire par l'arrêt du 11 juin 1998 en l'affaire de la Frontière terrestre et maritime Cameroun c/ Nigeria (Exceptions préliminaires)*, Mémoire de DESS, Yaoundé, IRIC, 1999, 71 p.

AWAL (M.), *L'intervention du tiers à l'instance devant la Cour Internationale de Justice : Le cas de la Guinée Equatoriale dans le différend frontalier terrestre et maritime entre le Cameroun et le Nigéri*a, Mémoire de DEA, FSJP/Université de Yaoundé II- SOA, 2005, 116 p.

BATJOBO (P.), *Le Golfe de Guinée, enjeux actuels et tentatives d'institutionnalisation*, Rapport IRIC, Yaoundé, RSD, juin 2002, 29 p.

BILIGHA BI HOUNDOUL (P. I.), *L'exercice des droits fonciers par les ressortissants nigérians dans la zone à régime spécial transitoire de la presqu'île de Bakassi*, Mémoire de DEA, Université de Yaoundé II, 2007-2008, 119 p.

BISSOHONG (A.), *L'arrêt de la Cour Internationale de Justice du 10 octobre 2002 portant règlement de différend frontalier sur la péninsule de Bakassi*, Mémoire de DEA, Université de Kisangani (R.D.C), 2002-2003, 145 p.

MAKON MA MBEB (A.), *L'arrêt du 10 octobre 2002 et le droit de la responsabilité internationale*, Mémoire de DEA, FSJP/Université de Yaoundé II- SOA, 2008-2009, 140 p.

MBPILLE (P.-E.), *La frontière terrestre entre le Cameroun et le Nigeria d'après la Cour Internationale de Justice, (CIJ, arrêt du 10 octobre 2002)*, Mémoire de DEA, Université de Douala-Cameroun, 100 p.

MEKA (G. P.), *La mise en œuvre de l'arrêt de la cour internationale de Justice du 10 octobre 2002 en l'affaire de la frontière terrestre et maritime entre le Cameroun et le Nigeria, rapport de stage académique*, Yaoundé, IRIC, octobre 2004, 84 p.

MGBALE MGBATOU (H.), *Le conflit frontalier Cameroun-Nigeria, explication socio-politique, enjeux et déterminants d'une crise bilatérale,* Mémoire de DESS en relations internationales, IRIC, 1999, 145 p.

MIKOAS (J. W.), *Les mécanismes de gestion des frontières terrestres entre le Cameroun et les Etats voisins*, Mémoire de DESS, Yaoundé, IRIC, 2008, 169 p.

NGAH (A.), *La délimitation frontalière dans la jurisprudence de la CIJ : le cas de l'arrêt du 10 octobre 2002 entre le Cameroun et le Nigeria*, Mémoire de DEA, FSJP/Université de Yaoundé II- SOA, 2008-2009, 150 p.

NTAMACK EPOH (P. S.), *La mise en œuvre des arrêts de la CIJ relatifs aux différends territoriaux en Afrique : essai de théorisation d'une pratique africaine*, Master en relations Internationales, IRIC, Université de Yaoundé II, 2010-2011, 136 p.

OLAGUNJU (O. P.), *ICJ: Cameroon and Nigerian view of Bakassi*, november 2009, LL.B Degree in the Faculty of Law, University of Ibadan, Nigeria, 69 p.

PLANIELLE (K.), *The United Nations Mediation in Africa: A Case-study of the Bakassi Conflict Intervention*, Magister in Conflict Transformation and Management at the School of Governmental and Social Sciences, Faculty of Arts of the Nelson Mandela Metropolitan University, 2011, 182 p.

TABE DIVINE (I.), *The Bakassi Conflict Resolution Process from 1994-2005, Balance street and Prospects*, Master en relations Internationales, IRIC, Université de Yaoundé II, 2006, 60 p.

TANGA BIANG (J.), *L'intervention de la Guinée équatoriale dans le différend frontalier camerouno-nigérian : fondements, effets et portée*, Mémoire de DESS, IRIC, Université de Yaoundé II, 2007, 120 p.

TAMBE EBOT (D.), *Les relations diplomatiques entre le Cameroun et le Nigeria depuis l'arrêt du 10 octobre 2002*, rapport de stage académique, Yaoundé, IRIC, Université de Yaoundé II, 2004, 60 p.

TOUA (F.-X.), *Les aspects politiques de la troisième session de la grande Commission mixte Cameroun - Nigeria*, Yaoundé, Rapport de stage IRIC, Université de Yaoundé II, décembre 2004, 24 p.

ZAMBO MVENG (J.-C.), *La mise en œuvre de l'arrêt de la CIJ du 10 octobre 2002*, Mémoire DEA en droit international, FSJP/Université de Yaoundé II-SOA, 2005-2006, 94 p.

Thèses

ABENG MESSI (F.), *Le territoire et l'impôt en droit fiscal camerounais*, Thèse de Doctorat d'Etat en Droit/Ph.D, Université de Yaoundé II-Soa, 2015, 718 p.

ATANGANA FOUDA (B. P.), *Les espaces maritimes du Cameroun : Une contribution à l'étude du droit de la mer* ; Thèse de Doctorat 3e cycle en relations internationales, Yaoundé, IRIC, Université de Yaoundé II, 1989, 278 p

BOUIFFROR, (S.), *Le pouvoir d'appréciation de la cour internationale de justice.*, Thèse, Paris-Nanterre, 5 décembre 2008.

DIAITE, (I.), *L'intervention devant les juridictions internationales,* Thèse de Doctorat, Université de Paris I, 1968, 816 p.

MGBALE MGBATOU (H.), *La politique camerounaise de résolution pacifique de la crise de Bakassi,* Thèse de doctorat de 3e cycle, Yaoundé, IRIC, Université de Yaoundé II, 2001, 352 p.

TIMSIT-DAUBA, (M.), *Les modes de saisine de la cour internationale de Justice à travers la jurisprudence et la doctrine*, Thèse de Doctorat en Droit Public, Université de Paris I, 1994.

TONYE (A. M.), *Les Commissions Mixtes dans la diplomatie camerounaise. Contribution à la connaissance de la diplomatie et de la politique étrangère du Camerou*n, Thèse de Doctorat 3e cycle en relations internationales, Yaoundé, IRIC, Université de Yaoundé II, 1989, 280 p.

III. DICTIONNAIRES

ALLAND (D.) et RIALS (S.) (dir.), *Dictionnaire de la culture juridique*, Paris, PUF, 2003, 1649 p

ANDRIANTSIMBAZOVINA, (J.), GAUDIN, (H.), MARGUENAUD, (J-P.), RIALS, (S.), SUDRE (F.), (dir.) *Dictionnaire des droits de l'homme*, Paris, PUF, 1re édition, 2008, 961 p.

BASDEVANT (J.), *Dictionnaire de la terminologie du droit international*, Paris, Sirey, 1960, 755 p.

BISSARDON (S.), *Droit et justice en citations et adages*, LexisNexis, Paris, 2011, 291 p.

CORNU (G.), *Vocabulaire juridique*, Paris, PUF, 2005, 955 p.
GUILLIENT (R.), et VINCENT (J.), *Lexique des termes juridiques*, Paris, Dalloz, 2002, 592 p.
MONCEF KDHIR, *Dictionnaire juridique de la Cour Internationale de Justice,* Paris, LGDJ, 1997, 527 p.
SALMON (J.) (dir.), *Dictionnaire de droit international public*, Bruxelles, Bruylant/AUF, 2001, 1198 p.

IV. DOCUMENTS OFFICIELS ENTRE LE CAMEROUN ET LE NIGERIA

1. Accord concernant les modalités de retrait et de transfert d'autorité dans la presqu'île de Bakassi, 12 juin 2006, avec ses annexes 1 et 2. Site Internet du Bureau des Nations Unies pour l'Afrique de l'Ouest :www.un.org/unowa.

CIJ, *Frontière terrestre et maritime entre le Cameroun et le Nigeria,* (Cameroun c. Nigeria), arrêt du 10 octobre 2002, *Rec.*, p. 303.

2. Commission mixte des Nations Unies pour la mise en œuvre de l'arrêt de la CIJ du 10 octobre 2002 du 1er décembre 2002 au 9 avril 2013 : Tous les communiqués adoptés par la Commission sont publiés sur le site Internet du Bureau des Nations Unies pour l'Afrique de l'Ouest : http://www.un.org/unowa/francais/index.htm.

3. Documents relatifs à la procédure contentieuse et plaidoiries disponibles sur le site de la CIJ : http://www.icj-cij.org

Adresses des sites Internet les plus consultés

A. Juridictions

CIJ/ CPJI: www.icj-cij.org

B. Organisations internationales et régionales

Organisation des Nations Unies : http://www.un.org
Centre de documentation : http://www.un.org/french/documents
Collection des traités : http://treaties.un.org
Union africaine : http://www.africa-union.org/root/ua/index/index.htm

C. Autorités nationales camerounaises et nigérianes

Présidence de la République du Cameroun
https://www.prc.cm/

Présidence de la République fédérale du Nigeria http://www.nigeria.gov.ng
Ministère des relations extérieures du Cameroun
www.diplocam.cm
Ministry foreign affairs federal republic Nigeria
www.mfa.gov.ng

D. Presse camerounaise et nigériane

www.cameroon-tribune.cm
http://www.vanguardngr.com

INDEX ALPHABÉTIQUE

(Les chiffres renvoient aux numéros de pages relatifs aux développements les plus significatifs)

D

E

F

P

R

S

T

Table des matières

Deuxième partie. Le renforcement de l'effectivité de la décision de justice par le recours à la négociation, p. 285

DROIT INTERNATIONAL
AUX ÉDITIONS L'HARMATTAN

Dernières parutions

LES TITRES DE NOBLESSE DE LA VICTIME DEVANT LA COUR PÉNALE INTERNATIONALE

Guy David Mbara A Betsem

Préface de Gilbert Bitti - Avant-propos de Jean Claude Tcheuwa

La victime a longtemps été tenue à l'écart du procès devant les juridictions pénales internationales d'avant le début du XIXè siècle. Depuis l'avènement de la Cour pénale internationale (CPI), la victime est désormais admise dans le procès pénal. Ces droits, qui ne sont autres que des titres de noblesse, confèrent donc des privilèges permettant à la victime d'accéder à une justice pénale internationale très sélective, mais surtout réservée à une certaine catégorie de personnes. La CPI pose la problématique du rôle de l'État dans la mise en oeuvre des droits des victimes.

(242 p., 25,5 euros)

ISBN : 978-2-343-16718-3, EAN EBOOK : 9782140111631

L'APPORT DE L'AFRIQUE À LA JUSTICE INTERNATIONALE PÉNALE

Jean-Baptiste Harelimana, Catherine Maia, Jean-François Akandji-Kombé

Préface de Robert Kolb - Postface de Fatou Bensouda

Quel est l'apport de l'Afrique au mouvement de pénalisation qui traverse le droit international ? Telle est la question à laquelle cet ouvrage propose d'apporter des éclairages au travers de contributions de plusieurs experts.

(Coll. Études africaines, 388 p., 38,5 euros)

ISBN : 978-2-343-15975-1, EAN EBOOK : 9782140107351

LA NATIONALITÉ ET L'APATRIDIE EN AFRIQUE

Charles Lasserre Yakite

Le droit à la nationalité est un droit humain fondamental reconnu par le droit international. Les apatrides ne peuvent se prévaloir de la protection de la nationalité et sont donc vulnérables à la privation de leurs droits. Les États africains doivent élaborer des cadres législatifs et mettre en place des politiques nationales pour lutter contre l'apatridie. Cet ouvrage vise à faire des recommandations à l'Union africaine et aux organisations internationales intéressées pour résoudre l'épineux problème de nationalité et de l'apatridie.

(Coll. Études africaines, 156 p., 17 euros)

ISBN : 978-2-343-15353-7, EAN EBOOK : 9782140104725

LE GÉNOCIDE DES LARIS AU CONGO

Dominique Kounkou

Dans toute l'histoire politique du Congo, les Lari ont connu persécutions, crimes et génocide. Quelle idéologie de la haine a justifié la programmation de leur extermination ? L'auteur, au moyen d'une enquête en continu, découvre que l'impunité de Sassou Nguesso, de son fils Christel et de tous les exécuteurs d'ordres les pousse à commettre des crimes dc sang et des crimes économiques. En outre, les présidents français et les réseaux financés par l'argent des Congolais, détourné par Sassou et son fils ne seraient-ils pas les complices de ce vaste génocide des Laris?

(120 p., 14 euros)

ISBN : 978-2-343-15760-3, EAN EBOOK : 9782140100512

DROIT DU CONTENTIEUX INTERNATIONAL AFRICAIN

Jurisprudences et théorie générale des différends africains

Saidou Nourou Tall

Préface de Ahadzi Nonou Koffi - Avant-propos de Mamadou Badji

Cet ouvrage de référence, très documenté, mêle à la fois la théorie générale du droit des contentieux et l'originalité et/ou spécificités des juridictions et justiciables africains. Il est une remarquable contribution à la compréhension et à la complexité des contentieux internationaux et de leur règlement sous le prisme du Droit.

(562 p., 50 euros)

ISBN : 978-2-343-15555-5, EAN EBOOK : 9782140097843

LE DROIT MARITIME DANS LA ZONE CEMAC

Eric Dibas-Franck

Volontairement limité au Droit maritime dans la communauté économique et monétaire de l'Afrique centrale (CEMAC), cet ouvrage a pour ambition de faire le point sur la construction du droit maritime dans cette zone en scrutant le Code communautaire de la marine marchande. Les grands problèmes contemporains du Droit maritime comparé ou international y trouvent des réponses précises. Le livre est également enrichi d'une jurisprudence inédite.

(Coll. Affaires maritimes et Transports, 258 p., 26 euros)

ISBN : 978-2-343-14948-6, EAN EBOOK : 9782140096082

L'AMÉNAGEMENT CONVENTIONNEL DE LA SOCIÉTÉ COMMERCIALE EN DROIT FRANÇAIS ET EN DROIT OHADA

Wendkouni Judicaël Djiguemdé

Préface de Bernard Saintourens

Toute législation en matière économique se doit d'être souple et adaptée à l'évolution du monde des affaires. Le droit des sociétés OHADA n'échappe pas à ce principe.Cette étude participe de l'élaboration d'un régime juridique adapté, permettant de sécuriser les aménagements conventionnels, signe d'une contractualisation du droit des sociétés.

(Coll. Le Droit aujourd'hui, 458 p., 42 euros)

ISBN : 978-2-343-14563-1, EAN EBOOK : 9782140096013

L'OCTROI DE MER

L'ultime réforme

Fred Le Breton

Survivance du passé colonial, l'octroi de mer est un impôt qui touche les Régions Ultra Périphériques (RUP) de Guadeloupe, Guyane, Martinique, Mayotte et La Réunion. La Communauté européenne ne voulant pas de restriction à la libre-circulation des marchandises, beaucoup prédisent la disparition prochaine de cet impôt. Cet ouvrage présente la lente mais inéluctable évolution de cette question qui, depuis des siècles, a toujours été au centre de la vie politique et économique dont seule une réponse juridique et fiscale de taille est attendue.

(352 p., 33 euros)

ISBN : 978-2-343-13752-0, EAN EBOOK : 9782140074141

LA COUR PÉNALE INTERNATIONALE

Entre nécessité de justice et impératif de paix

Dindio Konaté

Préface de Francis Dacko - Postface de Gaelle Carayon

La Cour pénale internationale (CPI), avancée notable en ce XXIè siècle, apparaît sous les feux des projecteurs. Au-delà des critiques dont elle fait l'objet, se posent la question de la justice et de la paix, deux notions que la Cour doit s'efforcer de conjuguer. L'avènement de la CPI a suscité beaucoup d'espoirs, mais pour que celle-ci joue pleinement son rôle, elle doit effectuer sa mue et se débarrasser des limites tant textuelles qu'opérationnelles qui minent son action. Certes, imparfaite, la CPI n'en demeure pas moins à ce jour le modèle le plus achevé d'une juridiction internationale pénale.

(Coll. Harmattan Côte-d'Ivoire, 226 p., 23 euros)

ISBN : 978-2-343-13616-5, EAN EBOOK : 9782140057724

DROIT DE L'INTÉGRATION AFRICAINE

Organisations communautaires en Afrique de l'Ouest, rapports entre les organisations sous-régionales, l'Union africaine et l'Organisation des Nations unies, défis prioritaires de l'intégration en Afrique

Kémoko Diakité

Préface de Abdoulaye Sakho

Cet ouvrage se veut une contribution à la réflexion sur les organisations d'intégration en Afrique, notamment ouest-africaine telles que la CEDEAO, l'UEMOA et l'OHADA. Il met en exergue le régime juridique des actes de la CEDEAO, de l'UEMOA et de l'OHADA, fait une analyse actualisée du droit communautaire matériel et évoque les réformes institutionnelles récentes des différentes organisations.

(192 p., 20 euros)

ISBN : 978-2-343-10024-1, EAN EBOOK : 9782140046858

LA PROBLÉMATIQUE DE LA RÉPRESSION DES CRIMES DE GUERRE ET DES CRIMES DE GÉNOCIDE EN AFRIQUE

Taïcha Maïga

La répression des crimes internationaux, dont les crimes de guerre et de génocide, constitue une préoccupation majeure pour la communauté internationale. Mais la mise en oeuvre d'une stratégie pénale commune est devenue problématique. La détermination de l'Union africaine et des États africains dans la voie de l'africanisation de la répression des crimes internationaux les a conduits à créer la Cour africaine de justice, des droits de l'homme et des peuples (CAJDHP) et les Chambres africaines extraordinaires (CAE). Cette africanisation de la répression des crimes internationaux permettra-t-elle cependant la fin de l'impunité en Afrique ?

(Coll. Harmattan Sénégal, 376 p., 37,5 euros)

ISBN : 978-2-343-12934-1, EAN EBOOK : 9782140048401

JUSTICE SOCIALE ET PAIX EN AFRIQUE

Réflexions sur les voies du droit

Halidou Yacouba

Face au malaise et à la crise endémique que traverse le processus démocratique africain, il importe de jeter un regard analytique et réflexif sur la problématique de la paix en Afrique. Cet ouvrage montre que la construction d'une paix civile et politique laisse entrevoir que sa condition première, originelle et fondamentale, c'est la justice entendue à la fois comme pratique du bien et application du droit.

(Coll. Études africaines, 296 p., 31 euros)

ISBN : 978-2-343-13042-2, EAN EBOOK : 9782140047138

LA DIFFUSION DU DROIT INTERNATIONAL PÉNAL DANS LES ORDRES JURIDIQUES AFRICAINS

Herman Blaise Ngameni

Préface de Franck Latty

L'Afrique est le terrain de prédilection du pluralisme juridique qui favorise la juxtaposition de l'ordre juridique moderne et l'ordre juridique traditionnel. L'articulation du droit international pénal avec les ordres juridiques africains est une condition de sa diffusion. Il importe pour les États africains de favoriser une coopération effective avec les juridictions pénales internationales qui ne sera possible qu'au sein de régimes politiques démocratiques. Ceci est nécessaire pour un véritable universalisme du droit international pénal.

(Coll. Études africaines, 682 p., 49 euros)

ISBN : 978-2-343-12855-9, EAN EBOOK : 9782140046162

LE RAPPORT DU DROIT ADMINISTRATIF NATIONAL AUX DROITS ADMINISTRATIFS ÉTRANGERS

Les cas de la France et de l'Espagne

Anna Neyrat

Préface de Fabrice Melleray

Les droits administratifs français et espagnol sont souvent présentés comme des idéaux types opposés dans leur rapport aux droits administratifs étrangers. Comme exportateur, le droit administratif français considère ses homologues étrangers comme un réceptacle de son influence ; comme importateur, le droit administratif espagnol les envisage comme source de son enrichissement. Si une telle présentation repose sur des raisons temporelles et culturelles qui ont fait du droit administratif français un modèle et de l'espagnol un imitateur, elle se révèle partiellement inexacte. Elle est notamment dépassée à l'heure de la globalisation. Cette recherche invite à poser un regard différent sur ces présupposés.

(Coll. Logiques Juridiques, 680 p., 49 euros)

ISBN : 978-2-343-16682-7, EAN EBOOK : 9782140114588

DROITS FONDAMENTAUX ET CRISE(S) DES SOLIDARITÉS

Fabien Bottini

La solidarité renvoie aux liens sociaux qui font le ciment d'une communauté. Si c'est pourquoi il semble plus juste de parler de solidarités au pluriel, l'Etat a pendant longtemps été leur garant au travers des droits sociaux fondamentaux. Mais le constat s'impose : des débats qui ont agité la réforme du droit du travail à ceux qui portent sur les régimes de retraites en passant par la crise des migrants ; des hésitations sur la place des territoires et de l'Union européenne dans la mise en oeuvre des politiques sociales à l'apparition d'un droit constitutionnel économique... Les interrogations ne manquent pas quant à savoir si ces droits fondamentaux parviennent encore à faire la solidarité. Si crises il y a, signent-elles la fin de l'âge d'or de la solidarité ou sa mutation ?

(Coll. Le Droit aujourd'hui, 276 p., 28,5 euros)

ISBN : 978-2-343-16201-0, EAN EBOOK : 9782140114274

DÉCLARATION DES DROITS DE L'HOMME ET DU CITOYEN

Postérité et actualité

Remi Puigventos

Responsables scientifiques : Jimmy Meersman et Rémi Puigventos

Le 26 août 1789, l'Assemblée constituante adopte les derniers articles du texte de la Déclaration des droits de l'homme et du citoyen qui, traversant les siècles, deviendra l'un des textes fondamentaux de la Cinquième République. Si la Déclaration de 1789 est l'une des pierres angulaires de la garantie des droits de l'homme, l'étude de sa postérité et de son actualité interroge. Le présent ouvrage contribue à en dévoiler les éléments les plus essentiels au travers d'une douzaine de contributions.

(Coll. Droit privé et sciences criminelles, 238 p., 25 euros)

ISBN : 978-2-343-16359-8, EAN EBOOK : 9782140112164

ANNUAIRE DES ENGAGEMENTS INTERNATIONAUX AYANT FAIT L'OBJET D'UNE LOI D'AUTORISATION SOUS LA VE RÉPUBLIQUE

Didier Jamot

Au cours de la Ve République, près de 2000 engagements internationaux ont fait l'objet d'une loi d'autorisation. Dans les années 1960, seulement 22% des lois votés par le Parlement avaient pour objet la ratification ou l'approbation de tels engagements, alors que désormais 40% des lois visent un tel objectif. Par conséquent, le nombre de normes internationales intégrées au droit interne est considérable. Mais leur importance n'est pas seulement quantitative : tout engagement international régulièrement ratifié et publié s'impose au législateur. Aucune loi ne peut ainsi lui être contraire. Par ailleurs, les conventions internationales embrassant l'ensemble des matières juridiques, plus aucune activité humaine n'échappe aux droits et obligations prévus par les conventions. Cet annuaire recense enfin ces engagements internationaux avec des index thématiques et par pays signataire.

(Coll. Logiques Juridiques, 432 p., 42 euros)

ISBN : 978-2-343-16237-9, EAN EBOOK : 9782140112089

Structures éditoriales du groupe L'Harmattan

L'Harmattan Italie
Via degli Artisti, 15
10124 Torino
harmattan.italia@gmail.com

L'Harmattan Hongrie
Kossuth l. u. 14-16.
1053 Budapest
harmattan@harmattan.hu

L'Harmattan Sénégal
10 VDN en face Mermoz
BP 45034 Dakar-Fann
senharmattan@gmail.com

L'Harmattan Cameroun
TSINGA/FECAFOOT
BP 11486 Yaoundé
inkoukam@gmail.com

L'Harmattan Burkina Faso
Achille Somé – tengnule@hotmail.fr

L'Harmattan Guinée
Almamya, rue KA 028 OKB Agency
BP 3470 Conakry
harmattanguinee@yahoo.fr

L'Harmattan RDC
185, avenue Nyangwe
Commune de Lingwala – Kinshasa
matangilamusadila@yahoo.fr

L'Harmattan Congo
67, boulevard Denis-Sassou-N'Guesso
BP 2874 Brazzaville
harmattan.congo@yahoo.fr

L'Harmattan Mali
Sirakoro-Meguetana V31
Bamako
syllaka@yahoo.fr

L'Harmattan Togo
Djidjole – Lomé
Maison Amela
face EPP BATOME
ddamela@aol.com

L'Harmattan Côte d'Ivoire
Résidence Karl – Cité des Arts
Abidjan-Cocody
03 BP 1588 Abidjan
espace_harmattan.ci@hotmail.fr

L'Harmattan Algérie
22, rue Moulay-Mohamed
31000 Oran
info2@harmattan-algerie.com

L'Harmattan Maroc
5, rue Ferrane-Kouicha, Talaâ-Elkbira
Chrableyine, Fès-Médine
30000 Fès
harmattan.maroc@gmail.com

Nos librairies en France

Librairie internationale
16, rue des Écoles – 75005 Paris
librairie.internationale@harmattan.fr
01 40 46 79 11
www.librairieharmattan.com

Librairie l'Espace Harmattan
21 bis, rue des Écoles – 75005 Paris
librairie.espace@harmattan.fr
01 43 29 49 42

Lib. sciences humaines & histoire
21, rue des Écoles – 75005 Paris
librairie.sh@harmattan.fr
01 46 34 13 71
www.librairieharmattansh.com

Lib. Méditerranée & Moyen-Orient
7, rue des Carmes – 75005 Paris
librairie.mediterranee@harmattan.fr
01 43 29 71 15

Librairie Le Lucernaire
53, rue Notre-Dame-des-Champs – 75006 Paris
librairie@lucernaire.fr
01 42 22 67 13

www.ingramcontent.com/pod-product-compliance
Lightning Source LLC
LaVergne TN
LVHW021130061026
849535LV00002B/197